W0072891

Stanislav Grof · Geburt, Tod und Transzendenz

STANISLAV GROF

Geburt, Tod und Transzendenz

Neue Dimensionen in der Psychologie

Kösel

Übersetzung aus dem Amerikanischen: Wolfgang Stifter, Wiesbaden. Die Originalausgabe erschien 1985 unter dem Titel »Beyond the Brain. Birth, Death and Transcendence in Psychiatry« bei The State University of New York Press, Albany, N.Y.

CIP-Kurztitelaufnahme der Deutschen Bibliothek

Grof, Stanislav:
Geburt, Tod und Transzendenz : neue Dimensionen in d. Psychologie / Stanislav Grof. [Übers. aus d. Amerikan. von Wolfgang Stifter]. – München : Kösel, 1985.
  Einheitssacht.: Beyond the brain ⟨dt.⟩
  ISBN 3-466-34117-5

Copyright 1985 by Stanislav Grof, M.D., Ph.D.
© 1985 für die deutsche Ausgabe by Kösel-Verlag GmbH & Co., München.
Printed in Germany. Alle Rechte vorbehalten.
Gesamtherstellung: Kösel, Kempten.
Umschlag: Günther Oberhauser, München.
Umschlagbild: Sammlung Dr. Stanislav Grof
ISBN 3-466-34117-5

Inhalt

Einleitung

Dieses Buch stellt den Versuch dar, die Ergebnisse fast drei Jahrzehnte langer Erforschung außergewöhnlicher Bewußtseinszustände, hervorgerufen durch psychedelische Drogen und verschiedene andere Methoden, in einem einzigen Band verständlich zusammenzufassen. Es dokumentiert mein Bemühen, eine große Anzahl von Beobachtungen, die viele Jahre lang tagtäglich meine wissenschaftlichen Annahmen wie meinen gesunden Menschenverstand herausgefordert haben, in umfassender Weise zu ordnen und zu integrieren. Aufgrund der überwältigenden Menge von verwirrenden Daten habe ich viele Male den theoretischen Rahmen neu gefaßt und mit verschiedenen ad hoc-Hypothesen aufgebessert – allerdings nur mit dem Ergebnis, daß ich ihn erneut ummodeln mußte.

Über die Jahre fiel es mir selber schwer, die Ergebnisse zu akzeptieren, die ich jetzt in diesem Buch beschreibe. Deshalb erwarte ich auch nicht von meinen Lesern, daß sie vieles von dem, was ich ihnen biete, auf gut Glauben hinnehmen, wenn sie nicht selber schon entsprechende Erfahrungen persönlicher Natur oder in der Arbeit mit anderen gemacht haben. Ich hoffe aber, daß die betreffenden Leser meine Darstellungen als unabhängige Bestätigung ihrer eigenen Fragen und Probleme begrüßen werden. Es war immer wieder erfreulich und ermutigend für mich, wenn ich an Berichte von anderen gelangte, die mir zeigten, daß ich mit meiner Suche nicht allein war.

Was die anderen Leser angeht, möchte ich besonders gern diejenigen erreichen, die offen genug sind, um meine Daten als Anreiz für eigene Untersuchungen aufzunehmen, sei es nun, um sie zu bestätigen oder zu widerlegen. Ich erwarte nicht, daß jeder die dargestellten Ergebnisse für bare Münze nimmt. Die technischen Mittel, mit deren Hilfe die beschriebenen Erfahrungen und Beobachtungen gemacht wurden, sind so detailliert beschrieben, daß Wiederholbarkeit gewährleistet ist. Allerdings ist das am meisten überzeugende Verfahren, die Anwendung psychedelischer Drogen, heutzutage mit erheblichen politischen, gesetzlichen und administrativen Schwierigkeiten verbunden. Die anderen in diesem Buch beschriebenen Methoden sind aber jedem, der ernsthaft auf diesem Gebiet forschen will, ohne weiteres zugänglich.

Die in diesem Buch besprochenen Daten könnten auch solche Forscher interessieren, die sich mit den gleichen oder mit verwandten Phänomenen im Rahmen anderer Disziplinen oder mit Hilfe anderer Techniken und Methoden befaßt haben. Dazu gehören beispielsweise Anthropologen, die Feldforschung bei

Naturvölkern betreiben und dort die Praktiken von Schamanen, Übergangsriten und Heilungszeremonien studieren. Weiter wären zu nennen: Thanatologen, die sich mit der Erfahrung des Sterbens oder anderen todesnahen Erfahrungen befassen; Psychotherapeuten, die in ihre Arbeit sehr stark die Sinne oder den Körper einbeziehen oder nicht-autoritäre Hypnose anwenden; Wissenschaftler, die im Labor mit bewußtseinsverändernden Techniken wie etwa mit Reizdeprivation oder -überflutung, mit Biofeedbacktechniken, mit holophonem Klang oder mit anderen Klangtechniken experimentieren; Psychiater, die Patienten mit akuten Formen von Bewußtseinsveränderung behandeln; Parapsychologen, die sich mit dem Phänomen der außersinnlichen Wahrnehmung befassen; und schließlich Physiker, die sich für die Beschaffenheit von Raum und Zeit sowie für die Auswirkungen der Quantenphysik auf das Verständnis der Beziehungen zwischen Materie und Bewußtsein interessieren.

Da ich selber Schwierigkeiten hatte, die neuen Beobachtungsergebnisse ohne wiederholte massive Bestätigung und vor allen Dingen ohne Kenntnis aus eigener persönlicher Anschauung zu akzeptieren, wurde mir klar, wie sinnlos es ist, die Daten der Bewußtseinsforschung aus dem Elfenbeinturm des eigenen alten Systems von Anschauungen heraus zu bewerten. Wie die Geschichte der Wissenschaft lehrt, erweist es sich als kurzsichtig, neue Beobachtungen und Untersuchungsergebnisse nur aufgrund der Tatsache abzulehnen, daß sie mit der gerade bestehenden Weltanschauung oder dem vorherrschenden wissenschaftlichen Paradigma unvereinbar sind. Ein gutes Beispiel für die Beschränktheit einer solchen Denkweise ist der nicht vorhandene Wille der Zeitgenossen Galileis, durch sein Fernrohr zu schauen, da sie ja zu wissen meinten, es könne unmöglich Krater auf dem Mond geben.

Wie ich glaube, sind viele der in diesem Buch diskutierten Probleme von so grundlegender Wichtigkeit und von so allgemeinem Interesse, daß sie auch vielen Laien, die nicht auf einem der oben genannten speziellen Forschungsgebiete tätig sind, nützlich sein können. Von besonderer Relevanz für ein breiteres Publikum dürften sein: die neuen Vorstellungen von der Realität und der menschlichen Natur, die Einbeziehung der mystischen Dimensionen der Existenz in die wissenschaftliche Weltanschauung, ein alternatives Verständnis emotionaler und psychosomatischer Probleme einschließlich einiger psychotischer Zustände, eine neue Strategie für die therapeutische Behandlung und die Selbsterforschung sowie Einsichten in die Zusammenhänge der gegenwärtigen globalen Krise. Meiner Erfahrung nach hat sich dieses Buch schließlich schon als Manuskript für viele Personen hilfreich erwiesen, die gerade einen Zustand veränderten Bewußtseins durchmachten. Es verhalf ihnen zu einem neuen Verständnis und einer neuen Strategie.

Als ich in der Anfangszeit meiner Forschung mit psychedelischen Drogen meinen Freunden und den nächsten Kollegen meine neuen überraschenden Beobachtungen mitteilen wollte, mußte ich mir eine wichtige Lektion erteilen lassen.

Schmerzhaft wurde deutlich, daß die aufrichtige und unzensierte Darstellung meiner Beobachtungen auf tiefen Unglauben und Mißtrauen stieß und ich ernsthaft Gefahr lief, beruflich disqualifiziert und ausgelacht zu werden. Von da an ging es mir nicht mehr darum, auf die bestmögliche Art und Weise die neuen Erkenntnisse in ihrer Gesamtheit zu artikulieren und weiterzugeben, sondern je nach Situation zu entscheiden, wie weit dies möglich und vernünftig war, welche Metaphern und welche Sprache ich dazu verwenden sollte, und wie ich die mitgeteilten Fakten in den bestehenden, von der Fachwelt akzeptierten Wissensstand eingliedern konnte.

In den ersten zehn Jahren meiner psychedelischen Forschungen in der CSSR fand ich nur eine Handvoll Freunde und Kollegen, die aufgeschlossen genug waren, das gesamte Spektrum der neuen Untersuchungsergebnisse zu akzeptieren und sich ernsthafte Gedanken über ihre wissenschaftlichen und philosophischen Folgerungen zu machen. Zwar gab es 1967, als ich die CSSR verließ, über 40 Forschungsprojekte über die Anwendung von psychedelischen Drogen, doch viele der beteiligten Kollegen versuchten, ihre klinische Arbeit und ihren theoretischen Bezugsrahmen auf die biographische Ebene zu beschränken. Sie mieden oder ignorierten die neuen Untersuchungsergebnisse oder versuchten, sie auf traditionelle Weise zu interpretieren.

Als ich in die USA kam und anfing, Vorlesungen über meine Forschungen in Europa zu halten, begann sich der Kreis gleichgesinnter Kollegen rasch zu erweitern. Zu meinen Freunden zählten nicht nur Forscher auf dem Gebiet psychedelischer Drogen, sondern auch Anthropologen, Parapsychologen, Neurophysiologen und Thanatologen, die gemeinsam mit mir entschlossen dafür kämpften, die Ergebnisse ihrer unkonventionellen persönlichen und wissenschaftlichen Bemühungen in die bestehende Wissenschaftsphilosophie zu integrieren. Viele von ihnen verfügten – ebenso wie ich – über Stöße von Aufzeichnungen über unveröffentlichte und nicht zur Veröffentlichung geeignete Daten und Beobachtungen, Artikel und sogar ganze Manuskripte, die sie nicht an ihre dem Weltbild von Newton und Descartes verhafteten Kollegen und die Öffentlichkeit weiterzugeben wagten. Nach so langen Jahren beruflicher Isolation war dies für mich eine sehr erfreuliche und ermutigende Entwicklung.

Ende der sechziger Jahre schloß ich mich einer kleinen Gruppe von Wissenschaftlern – unter ihnen Abraham Maslow, Anthony Sutich, James Fadiman u. a. – an, die wie ich der Ansicht waren, daß die Zeit dafür reif war, eine neue Bewegung in der Psychologie ins Leben zu rufen. Diese Bewegung sollte sich auf das Studium des Bewußtseins konzentrieren und die Bedeutung der geistigen Dimensionen der Psyche hervorheben. Nach mehreren Treffen, in denen es um die Klärung der neuen Konzepte ging, beschlossen wir, diese neue Richtung »transpersonale Psychologie« zu nennen. Schon bald darauf gründeten wir die Zeitschrift »Journal of Transpersonal Psychology« und die Vereinigung »Association for Transpersonal Psychology«.

Es war zwar sehr anregend, so etwas wie eine berufliche Identität gefunden zu haben, also mit einer rasch anwachsenden Gruppe gleichgesinnter Kollegen die gleichen Vorstellungen von Psychologie und Psychiatrie zu teilen, doch vermochte dies nicht vollständig meine alten Identitätsprobleme als Wissenschaftler zu lösen. Obwohl die transpersonale Psychologie über einen bestimmten Grad an innerer Festigkeit und Abgeschlossenheit verfügte, war sie doch nahezu vollständig vom Hauptstrom der Wissenschaft isoliert. So wie meine eigene Weltanschauung war auch sie dem Vorwurf ausgesetzt, irrational und unwissenschaftlich zu sein, also sich nicht mit dem »gesunden Menschenverstand« und der vorherrschenden wissenschaftlichen Denkweise vereinbaren zu lassen.

Diese Situation änderte sich schlagartig in den ersten zehn Jahren des Bestehens unserer transpersonalen Vereinigung. Es wurde deutlich, daß die transpersonale Orientierung weit über die engen Grenzen von Psychiatrie, Psychologie und Psychotherapie hinausging. In dieser Zeit knüpften wir auch wichtige Verbindungen zu revolutionären Entwicklungen in anderen Wissenschaftszweigen, zur Quantenphysik, System- und Informationstheorie, Forschung auf dem Gebiet dissipativer Strukturen, Gehirnforschung, Parapsychologie, Holographie und zum holonomen Denken. In letzter Zeit wurden auch neue theoretische Entwicklungen in der Biologie, Embryologie, Genetik und Verhaltenswissenschaft sowie die Entwicklung der holophonen Technologie einbezogen.

Viele der geistigen Pioniere in diesen verschiedenen Wissenschaftszweigen nahmen im Laufe der Jahre als Gastdozenten im Rahmen der jeweils 4 Wochen dauernden experimentellen Kursangebote teil, die meine Frau Christina und ich auch heute noch am Esalen-Institut in Big Sur, Kalifornien, durchführen. Dabei hatte ich Gelegenheit zu formellen und informellen Kontakten mit Frank Barr, Gregory Bateson, Joseph Campbell, Fritjof Capra, Duane Elgin, David Finkelstein, Elmer und Alyce Green, Michael Harner, Stanley Krippner, Rupert Sheldrake, Saul-Paul Siraq, Russel Targ, Charles Tart, Arthur Young und vielen anderen – alles Menschen, die mich ungemein bereicherten. Ich hatte auch die Möglichkeit zu einem innigen Gedankenaustausch mit Pionieren der transpersonalen Psychologie, mit Angeles Arrien, Arthur Hastings, Jack Kornfield, Ralph Metzner, John Perry, June Singer, Richard Tarnas, Frances Vaughan, Roger Walsh und Ken Wilber.

Diese Kontakte mit den verschiedenartigsten originellen und kreativen Menschen, die durch unsere vierwöchigen Seminare am Esalen-Institut ermöglicht wurden, bildeten die Hauptinspirationsquelle für die internationale Vereinigung »International Transpersonal Association« (ITA), die ich 1978 zusammen mit Michael Murphy und Richard Price, den Gründern des Esalen-Instituts, ins Leben rief. Die ITA unterschied sich von der »Association for Transpersonal Psychology« durch ihre ausdrückliche Hervorhebung des Internationalen und Interdisziplinären. In den ersten Jahren des Bestehens der ITA, in denen ich als ihr erster Vorsitzender fungierte, konnte ich große internationale Konferenzen in Boston,

Melbourne und Bombay organisieren. Diese Jahrestreffen der ITA ziehen auch heute Gruppen mit originellen Sprechern und eine große aufgeschlossene Zuhörerschaft an. Sie tragen nach wie vor dazu bei, die theoretischen Formulierungen zu präzisieren und die transpersonale Bewegung zu festigen.

Gegenwärtig scheint das neue wissenschaftliche Denken rasch an Antrieb zu gewinnen. Obwohl die faszinierenden Entwicklungen in den einzelnen Wissenschaftszweigen noch nicht in ein geschlossenes und umfassendes Wissenschaftsparadigma integriert worden sind, das das mechanistische Modell des Universums ablösen könnte, fügen sich mit einer Schnelligkeit wie nie zuvor immer neue Teile in dieses eindrucksvolle Puzzlespiel ein. Wie ich persönlich glaube, ist es für die Zukunft der Wissenschaft und möglicherweise auch für die Zukunft unseres Planeten außerordentlich wichtig, daß die neuen Entwicklungen von der Fachwelt akzeptiert werden. Aus diesem Grund habe ich all die neuen Erkenntnisse nicht in vereinfachter und popularisierter Weise veröffentlicht, was vielen Verlegern, mit denen ich verhandelte, wohl lieber gewesen wäre. Vielmehr spürte ich das starke Bedürfnis, die Ergebnisse meiner Forschungen zum Thema Bewußtsein im Licht der genannten revolutionären Entwicklungen in den anderen Wissenschaftszweigen darzustellen, also den Zusammenhang mit den Entwicklungen herzustellen, die so wichtig für meine eigene persönliche und berufliche Entwicklung waren.

Der Darstellung meiner Ergebnisse geht also ein Kapitel über das aufkommende Wissenschaftsparadigma voraus, in dem ich die Arbeit vieler anderer Forscher und Denker zusammenfasse und das den übergeordneten Rahmen für das übrige Buch liefert. Diejenigen Leser, die mit diesen Entwicklungen bereits vertraut sind oder sich ausschließlich für die Originaldaten interessieren, können sich in Kapitel 2 auf den dritten Abschnitt beschränken, in dem es um die theoretische Herausforderung von Seiten der modernen Bewußtseinsforschung geht, und auf Abschnitt 5, der den Titel trägt »Der holonome Ansatz: Neue Prinzipien und neue Perspektiven«. Im übrigen enthält das Buch – angefangen mit dem Abschnitt »Dimensionen der menschlichen Psyche« – vorwiegend Originaldaten oder kritische Auswertungen der Arbeit anderer aus der Sicht meiner eigenen Beobachtungen.

Einer der tiefgehendsten Einflüsse auf mein Denken war die Entdeckung holonomer Prinzipien, wie sie sich in den Arbeiten von Gottfried Wilhelm Leibniz, Jean Baptiste Fourier, Dennis Gabor, David Bohm, Karl Pribram und Hugo Zucarelli finden. Es sind dies die revolutionären Alternativen zur mechanistischen Vorstellung, daß »der Geist im Gehirn enthalten« sei, die das holonome Denken »Jenseits des Gehirns« (so der Untertitel der amerikanischen Originalausgabe dieses Buches) nahelegt und die für Psychiatrie, Psychologie und Psychotherapie neue Dimensionen öffnen.

1 Die Beschaffenheit der Realität: Auf dem Weg zu einem neuen Paradigma

Die Wissenschaftsphilosophie und die Rolle des Paradigmas

In mehreren Abschnitten dieses Buches werde ich auf wichtige Beobachtungen aus verschiedenen wissenschaftlichen Teilbereichen eingehen, die sich nicht in den Rahmen der mechanistischen Wissenschaft fügen und sich nicht mit dem traditionellen Theorien der Psychiatrie, Psychologie, Anthropologie und Medizin erklären lassen. Einige dieser neueren Untersuchungsergebnisse sind von so weitreichender Bedeutung, daß eine drastische Revision unseres gegenwärtigen Verständnisses der menschlichen Natur und sogar der Beschaffenheit der Realität notwendig erscheint. Ich finde es deshalb angemessen, zu Beginn einen Abstecher in die Wissenschaftsphilosophie zu machen und einige moderne Vorstellungen über die Beziehung zwischen wissenschaftlichen Theorien und der Realität zu diskutieren. Ein erheblicher Teil des Widerstands traditionsorientierter Wissenschaftler gegen den Zustrom neuer, revolutionärer Daten beruht auf einem fundamentalen Mißverständnis der Beschaffenheit und der Funktion wissenschaftlicher Theorien. In den letzten Jahrzehnten haben Philosophen und Wissenschaftshistoriker wie Thomas Kuhn (105), Philipp Frank (46), Karl Popper (154, 155) und Paul Feyerabend (42) viel Klarheit auf diesem Gebiet geschaffen. Die Pionierarbeit dieser Denker verdient, hier kurz umrissen zu werden.

Seit der industriellen Revolution kann sich die westliche Wissenschaft gewaltiger Erfolge rühmen. Sie ist zu einer mächtigen Kraft geworden, die das Leben von Millionen Menschen prägt. Ihre materialistische und mechanistische Orientierung hat beinahe die Theologie und die Philosophie als die Leitprinzipien der menschlichen Existenz ersetzt und unsere Welt in einem unvorhergesehenen Ausmaß verwandelt. Die technischen Triumphe waren so erstaunlich, daß erst in letzter Zeit einige wenige Menschen die absolute Autorität der Wissenschaft bei der grundlegenden Lebensgestaltung in Frage zu stellen wagten. Die Lehrbücher der verschiedenen Wissenschaftszweige haben die Tendenz, die Geschichte der Wissenschaft als eine geradlinige Entwicklung zu beschreiben, in der sich das Wissen über das Universum nach und nach angesammelt hat und im heutigen Wissensstand gipfelt. In diesem Rahmen werden wichtige Persönlichkeiten für die Entwicklung des wissenschaftlichen Denkens so geschildert, daß sie an denselben Problemen und nach denselben festgelegten Regeln gearbeitet haben, die nach den neuesten Errungenschaften als wissenschaftlich gelten. Jeder historische Abschnitt wissenschaftlicher Ideen und Methoden wird als einer von logischen Schritten gewertet, die das Universum immer genauer beschreiben und der letzten Wahrheit über unsere Existenz immer näher kommen.

Eine genaue Analyse der Wissenschaftsgeschichte und -philosophie läßt aber deutlich werden, daß hier ein grob verzerrtes und romantisierendes Bild vom tatsächlichen Ablauf der Dinge gezeichnet wird. Man kann sehr wohl überzeugend argumentieren, daß die Geschichte der Wissenschaft alles andere als geradlinig verläuft, und daß die einzelnen Wissenschaftszweige trotz ihrer technischen Erfolge nicht unbedingt zu einer immer genaueren Beschreibung der Realität führen. Der prominenteste Vertreter dieses ketzerischen Standpunkts ist ein Physiker und Wissenschaftshistoriker, Thomas Kuhn. Seine Untersuchung der Entwicklung wissenschaftlicher Theorien und Revolutionen wurde zunächst durch die Beobachtung bestimmter fundamentaler Unterschiede zwischen den Sozialwissenschaften und den Naturwissenschaften inspiriert. Ihm fiel auf, wie viele Unstimmigkeiten es innerhalb der Sozialwissenschaften über die Art der grundlegenden Probleme und theoretischen Ansätze gab und wie stark sie waren. Diese Situation schien im schroffen Gegensatz zu der Situation in den Naturwissenschaften zu stehen. Obwohl es unwahrscheinlich war, daß Astronomen, Physiker und Chemiker sicherere und endgültigere Antworten hatten als Psychologen, Anthropologen und Soziologen, schien die zuerst genannte Gruppe aus irgendeinem Grund in keine ernsthaften Kontroversen über grundlegende Probleme verwickelt zu sein. Dieser auffälligen Diskrepanz ging Kuhn in einer intensiven Erforschung der Geschichte der Wissenschaft weiter nach, die nach 15 Jahren zur Veröffentlichung seines bahnbrechenden Buchs »Die Struktur wissenschaftlicher Revolutionen« (105) führte.

Im Laufe dieser Untersuchung wurde immer offenkundiger, daß aus historischer Perspektive sogar die Entwicklung der sogenannten strengen Wissenschaften alles andere als glatt und eindeutig verläuft. Die Geschichte der Wissenschaft ist keineswegs ein Prozeß allmählicher Ansammlung von Daten und der Formulierung immer genauerer Theorien. Statt dessen zeigt er deutlich zyklischen Charakter mit bestimmten Stufen und einer eigentümlichen Dynamik. Er verläuft nach bestimmten Gesetzen. Die Veränderungen in ihm können verstanden und sogar vorhergesagt werden. Der zentrale Begriff in Kuhns Theorie, der all dies ermöglicht, ist der des Paradigmas. Im weitesten Sinn kann ein *Paradigma* als eine Konstellation von Überzeugungen, Wertvorstellungen und Techniken definiert werden, die alle Mitglieder eines bestimmten Wissenschaftsbereichs akzeptieren. Einige Paradigmata haben grundlegenden philosophischen Charakter und sind sehr allgemein und umfassend, andere wiederum bestimmen das wissenschaftliche Denken in bestimmten, ziemlich eng umrissenen Forschungsbereichen. Demnach kann ein Paradigma für alle Naturwissenschaften maßgeblich sein, ein anderes für die Astronomie, die Physik, die Biochemie oder die Molekularbiologie, wiederum ein anderes hingegen für so hochspezialisierte und esoterische Bereiche wie die Virusforschung oder die Gentechnik.[1]

Ein Paradigma spielt für die Beobachtungen und Experimente im Rahmen der Wissenschaft eine wesentliche Rolle. Die Anerkennung eines bestimmten Paradigmas ist eine absolut unerläßliche Voraussetzung für jedes ernsthafte wissenschaftliche Unterfangen. Die Realität ist äußerst komplex. Es ist deshalb unmöglich, sich mit ihr vollständig zu befassen. In der Wissenschaft werden nicht alle an einem bestimmten Phänomen beteiligten Variablen beobachtet und berücksichtigt, nicht alle denkbaren Experimente durchgeführt, nicht alle Manipulationen im Labor oder in der Klinik vorgenommen. Dies zu leisten ist unmöglich. Der Wissenschaftler muß das jeweils behandelte Problem auf einen praktikablen Umfang reduzieren. Die damit verbundene Auslese wird von dem augenblicklich vorherrschenden Paradigma bestimmt. Auf diese Weise kann nicht vermieden werden, daß ein ganz bestimmtes Überzeugungssystem in die Forschung einfließt.

Die Beobachtungen selber legen nicht ganz bestimmte und unzweideutige Lösungen fest. Einerseits vermag kein einzelnes Paradigma alle verfügbaren Fakten zu erklären, andererseits lassen sich für die Interpretation ein- und derselben Daten viele verschiedene Paradigmata heranziehen. Welcher Aspekt eines komplexen Phänomens ausgewählt wird und welche von allen denkbaren Experimenten überhaupt oder zuerst durchgeführt werden, hängt von vielen Faktoren ab – von Zufällen bei der Untersuchung, der allgemeinen Bildung und der speziellen Schulung des Wissenschaftlers, seinen früheren Erfahrungen auf anderen Gebieten, seinem individuellen Charakter, von ökonomischen und politischen Faktoren sowie von anderen Variablen. Die Beobachtungen und Experimente können und müssen den Bereich akzeptabler wissenschaftlicher Lösungen drastisch beschneiden. Ohne dieses Element würde »science« zu »science fiction«. Damit allein kann aber eine bestimmte Interpretation oder ein bestimmtes Überzeugungssystem nicht vollständig gerechtfertigt werden. Es ist deshalb im Prinzip unmöglich, Wissenschaft zu betreiben, ohne bestimmte a priori-Überzeugungen oder grundlegende metaphysische Annahmen zu machen und bestimmte Antworten über die Beschaffenheit der Realität und des menschlichen Wissens bereit zu haben. Die Relativität eines jeden Paradigmas aber – unabhängig davon, wie zeitgemäß oder überzeugend es formuliert sein mag – sollte vom Wissenschaftler deutlich erkannt werden und von ihm nicht mit der Wahrheit über die Wirklichkeit verwechselt werden.

Nach Thomas Kuhn spielen Paradigmata in der Wissenschaftsgeschichte eine entscheidende, wenn auch komplexe und mehrdeutige Rolle. Wie schon oben begründet, sind sie für den wissenschaftlichen Fortschritt absolut unerläßlich. In bestimmten Entwicklungsstadien aber sind sie mit einer theoretischen Zwangsjacke vergleichbar, die die Möglichkeit neuer Entdeckungen und die Erschließung neuer Realitätsbereiche drastisch einschränkt. Wie die Wissenschaftsgeschichte lehrt, scheinen Paradigmen in ihrer progressiven und reaktionären Funktion nach dem folgenden vorhersagbaren Muster hin- und herzuschwanken:

Die frühen Entwicklungsstadien der meisten Wissenschaften – von Thomas Kuhn als *prä-paradigmatische Perioden* bezeichnet – sind durch ein theoretisches Chaos und den Wettstreit vieler voneinander abweichender Ansichten über die Natur gekennzeichnet. Keine dieser Ansichten kann als eindeutig unzutreffend zurückgewiesen werden, da sie alle mit den Beobachtungen und den wissenschaftlichen Methoden ihrer Zeit grob vereinbar sind. Aus dieser Situation erwächst ein dominierendes Paradigma, das einen einfachen, eleganten und plausiblen Rahmen für die Daten liefert, der die Mehrzahl der verfügbaren Beobachtungen gut zu erklären scheint und der sich auch als Leitfaden für die weitere Forschung anbietet.

Sobald ein Paradigma vom größten Teil der Fachwelt akzeptiert wird, erhält es den Charakter einer Vorschrift dafür, wie man wissenschaftliche Probleme angehen soll. An diesem Punkt neigt man auch dazu, es mit einer genauen Beschreibung der Realität zu verwechseln, statt es als eine nützliche Landkarte, eine bequeme Annäherung oder ein Organisationsmodell für die gegenwärtig verfügbaren Daten zu sehen. Eine solche Verwechslung der Landkarte mit dem tatsächlichen Territorium ist typisch für die Geschichte der Wissenschaft. Die begrenzten Erkenntnisse über die Natur, die in aufeinanderfolgenden historischen Abschnitten existiert haben, sind von den Wissenschaftlern ihrer Zeit als umfassendes Abbild der Realität gesehen worden, das nur in den Details unvollständig war. Diese Beobachtung ist so augenfällig, daß es für einen Historiker leicht wäre, die Entwicklung der Wissenschaft als eine Geschichte von Fehlern und Eigentümlichkeiten statt von einer systematischen Datenanhäufung und einer allmählichen Annäherung an die letzte Wahrheit darzustellen.

Ist ein Paradigma einmal akzeptiert worden, so wird es zu einem hochwirksamen Katalysator für den wissenschaftlichen Fortschritt. Kuhn bezeichnet diese Stadium als die *Periode der normalen Wissenschaft*. Die meisten Wissenschaftler verbringen ihre ganze Zeit damit, normale Wissenschaft zu betreiben. Deswegen ist in der Vergangenheit dieser spezielle Aspekt der wissenschaftlichen Aktivität gleichbedeutend geworden mit dem Begriff Wissenschaft selber. Die normale Wissenschaft basiert auf der Annahme, daß die Fachwelt weiß, wie das Universum beschaffen ist. Die führende Theorie definiert nicht nur, was die Welt ist, sondern auch, was sie nicht ist; sie legt fest, was möglich ist, und auch, was im Prinzip unmöglich ist. Thomas Kuhn beschreibt die Forschung als ein eifriges und hingebungsvolles Bemühen, die Natur in die von der fachlichen Ausbildung übernommenen theoretischen Schubladen zu zwängen. Solange das Paradigma als selbstverständlich genommen wird, hält man nur die Probleme für legitim, die vermutlich gelöst werden können. Damit wird ein rapider Fortschritt der normalen Wissenschaft garantiert. Unter diesen Umständen unterdrückt die Fachwelt – oft zu erheblichem Schaden der Wissenschaft – alle Neuheiten, da sie ihre Grundsätze zu untergraben drohen.

Paradigmen sind nicht nur Feststellungen über die Beschaffenheit von Natur und

Realität, sie definieren auch den zulässigen Problembereich, legen die akzeptablen Methoden zu seiner Erschließung fest und setzen Qualitätskriterien für Lösungen. Bei einem solchen Einfluß eines Paradigmas werden alle wissenschaftlichen Grundsätze in einem bestimmten Bereich drastisch umdefiniert. Einige Probleme, die früher als entscheidend wichtig galten, können nun für irrelevant oder unwissenschaftlich erklärt, andere einem anderen Wissenschaftszweig zugeteilt werden. Umgekehrt können einzelne Fragen, die früher überhaupt nicht existierten oder als trivial abgetan wurden, plötzlich das Siegel höchster wissenschaftlicher Bedeutung tragen. Sogar in Bereichen, in denen das alte Paradigma seine Gültigkeit behält, werden die Probleme nicht mehr so wie früher gesehen, sondern umgemodelt und umdefiniert. Die normale Wissenschaft unter dem Einfluß des neuen Paradigmas verträgt sich nicht mehr mit dem, was man in Übereinstimmung mit dem alten Paradigma praktizierte, ja sie ist damit sogar unvereinbar.

In der normalen Wissenschaft werden eigentlich nur Rätsel mit bekanntem Ergebnis gelöst. Die Ergebnisse sind im wesentlichen vom Paradigma im voraus festgelegt und bieten kaum Neues. Der Schwerpunkt ruht darauf, wie man zu den Ergebnissen gelangt, und Ziel ist es, das führende Paradigma weiter zu artikulieren sowie zu seinem Gültigkeitsbereich und der Präzision seiner Anwendung beizutragen. Die normale Forschung häuft deshalb Daten an, weil die Wissenschaftler nur die Probleme auswählen, die mit den bereits bestehenden theoretischen und praktischen Mitteln gelöst werden können. Die Ansammlung grundsätzlich neuen Wissens ist unter diesen Umständen nicht nur selten und unwahrscheinlich, sondern im Prinzip gar nicht erst zu erwarten. Neue Entdeckungen können nur gemacht werden, wenn die auf dem bestehenden Paradigma basierenden Vorannahmen über die Natur und technischen Hilfsmittel versagen. Neue Theorien können nicht entstehen, ohne daß sich destruktive Veränderungen in den alten Ansichten über die Natur ergeben.

Eine radikal neue Theorie ist nie lediglich ein Zusatz zu bestehendem Wissen. Sie formt bisher gültige Grundregeln um, erfordert eine drastische Revidierung oder Neuformulierung bisheriger Theorien und geht mit einer Neubewertung bestehender Fakten und Beobachtungen einher. Nach Thomas Kuhn verdienen nur solche Ereignisse die Bezeichnung wissenschaftliche Revolutionen. Sie können sich in einem bestimmten, eng umschriebenen Bereich menschlichen Wissens ereignen oder weitreichende Auswirkungen auf mehrere Wissenschaftszweige haben. Als hervorspringende Beispiele für Veränderungen dieser Art lassen sich nennen: der Übergang von der Aristotelischen zur Newtonschen und von der Newtonschen zur Einsteinschen Physik, vom geozentrischen System des Ptolemäus zur Astronomie von Kopernikus und Galilei, oder von der Phlogistontheorie zur Chemie Lavoisiers. In jedem Fall mußte eine weithin anerkannte und verdiente wissenschaftliche Theorie zugunsten einer anderen, die im Prinzip mit ihr unvereinbar war, aufgegeben werden. Dies führte immer zu einer Neudefinition der Probleme, die im Rahmen der wissenschaftlichen Forschung von Bedeutung waren. Es wurde auch immer neu festgelegt, was als ein relevantes Problem zu gelten hatte und welche Wertmaßstäbe an seine legitime Lösung anzulegen waren. Damit ergab sich eine dramatische Wandlung in der wissenschaftlichen Anschauung. Man darf ohne Übertreibung sagen, daß sogar die Wahrnehmung der Welt beeinflußt wurde.

Thomas Kuhn weist darauf hin, daß sich jede wissenschaftliche Revolution durch eine Phase des theoretischen Chaos ankündigt, in der sich die normale Wissenschaft allmählich in eine – wie er sie nennt – *außerordentliche Wissenschaft* verwandelt. Früher oder später führt die alltägliche wissenschaftliche Praxis automatisch zur Entdeckung von Ungereimtheiten oder Anomalien. In vielen Fällen funktionieren bestimmte Teile technischer Ausrüstung nicht so, wie das Paradigma es vorhersagt, häufen sich zahlreiche Beobachtungen an, die sich in keinster Weise in bestehende Überzeugungen fügen, oder widersteht ein Problem hartnäckig wiederholten Lösungsversuchen von seiten prominenter Vertreter der Fachwelt.

Solange ein Paradigma seine Faszination auf die Wissenschaftler ausübt, genügen Anomalien nicht, um die Gültigkeit der grundlegenden Annahmen in Frage zu stellen. Anfangs neigt man dazu, unerwartete Ergebnisse als Folge von Forschungsmängeln abzutun, da ja der Spielraum möglicher Ergebnisse durch das Paradigma klar definiert ist. Werden aber die Beobachtungen durch wiederholte Experimente bestätigt, kann es zu einer Krise kommen. Aber selbst dann geben die Wissenschaftler nicht das Paradigma auf, das diese Krise bedingt. Hat eine wissenschaftliche Theorie erst einmal den Status eines Paradigmas erreicht, dann wird sie erst für ungültig erklärt, wenn eine tragfähige Alternative zur Verfügung steht. Der Mangel an Übereinstimmung zwischen den Forderungen des Paradigmas und den Beobachtungen in der Wirklichkeit reicht nicht aus. Eine Zeitlang wird die Diskrepanz als Problem gewertet, das sich schließlich durch zukünftige Umänderungen und Neuformulierungen ergibt.

Wenn sich aber nach einer Phase langwierigen und vergeblichen Bemühens die Anomalie plötzlich als mehr als nur ein übliches wissenschaftliches Rätsel erweist, beginnt für den betroffenen Wissenschaftszweig das Stadium der außerordentlichen Wissenschaft. Die größten Kapazitäten auf diesem Fachgebiet konzentrieren sich auf dieses Problem. Die Forschungskriterien lockern sich und die Experimentatoren werden offener für gewagte Alternativen. Es werden immer mehr widerstreitende und zunehmend voneinander abweichende Theorien formuliert. Die Unzufriedenheit mit dem bestehenden Paradigma wächst und wird immer unverblümter zum Ausdruck gebracht. Die Wissenschaftler öffnen sich philosophischen Überlegungen und sind bereit, über Grundsätze zu diskutieren – eine Situation, die im Stadium der normalen Forschung unvorstellbar ist. Vor und während wissenschaftlicher Revolutionen gibt es auch tiefgehende Debatten über legitime Methoden, Probleme und Beurteilungskriterien. In einem solchen Zustand wachsender Krise wird die professionelle Unsicherheit immer größer. Das Versagen alter Regeln bedingt eine intensive Suche nach neuen.

In dieser Übergangsperiode überschneiden sich die Probleme, die vom alten, mit denen, die vom neuen Paradigma gelöst werden können. Das überrascht keineswegs, da Wissenschaftsphilosophen immer wieder demonstriert haben, daß sich bestimmte Datenkonstellationen immer mit mehr als nur einem theoretischen Konstrukt erklären lassen. Wissenschaftliche Revolutionen sind diejenigen Phasen, in denen nicht wie sonst Daten angehäuft werden, sondern in denen das ältere Paradigma ganz oder teilweise durch ein neues Paradigma, das mit dem alten unvereinbar ist, ersetzt wird. Die Entscheidung zwischen zwei widerstreitenden Paradigmen kann nicht mit Hilfe der Bewertungsprozeduren der normalen Wissenschaft gefällt werden. Letztere sind ein unmittelbares Produkt des alten Paradigmas, das in Frage gestellt wird, und ihre Gültigkeit hängt wesentlich vom Ergebnis des Widerstreits ab. Das Paradigma bestätigt sich also lediglich selber; es kann überzeugend wirken, aber nicht wirklich durch logische oder gar wahrscheinlichkeitstheoretische Argumente überzeugen.

Die zwei widerstreitenden Schulen haben ernsthafte Probleme mit der Kommunikation oder der Sprache. Sie gehen von unterschiedlichen Grundsätzen, Annahmen über die Wirklichkeit und Definitionen von Elementarbegriffen aus. Daraus resultiert, daß sie nicht einmal einer Meinung sind, was die wesentlichen Probleme, ihre Beschaffenheit und ihre Lösungsmöglichkeiten angeht. Ihre Kriterien für Wissenschaft sind nicht dieselben, ihre Argumente sind vom Paradigma abhängig, und eine sinnvolle Konfrontation ist unmöglich, wenn es nicht gelingt, die Begriffe der einen Schule in die Sprache der anderen zu übertragen. Innerhalb des neuen Paradigmas werden die alten Begriffe drastisch umdefiniert und erhalten eine vollkommen neue Bedeutung. Auf diese Weise scheinen sie in einem völlig anderen Zusammenhang miteinander zu stehen. Als charakteristische Beispiele lassen sich die unterschiedlichen Bedeutungen der Begriffe Materie, Raum und Zeit in der Newtonschen und in der Einsteinschen Physik anführen. Irgendwann einmal wird auch ein Werturteil formuliert werden, da verschiedene Paradigmata in den Problemen, die sie lösen, und in den Fragen, die sie unbeantwortet lassen, voneinander abweichen. Die Kriterien für die Bewertung dieser Situation liegen aber vollkommen außerhalb des Rahmens der normalen Wissenschaft.

Wissenschaftler, die normale Wissenschaft betreiben, sind hauptsächlich damit beschäftigt, Probleme zu lösen. Sie nehmen das Paradigma für bare Münze und haben kein Interesse daran, seine Gültigkeit zu überprüfen. Tatsächlich investieren sie viel, um seine Grundannahmen weiter zu bewahren. Dies geschieht teilweise aus verständlichen menschlichen Beweggründen, wie etwa um die Zeit und die Energie wettzumachen, die sie in ihrer Ausbildung oder für akademische Leistungen, für die sie das jetzt in Frage gestellte Paradigma ausgeschöpft haben, aufgewendet hatten. Das Problem hat aber sehr viel tiefere Wurzeln und geht über menschliche Irrtümer oder Emotionen hinaus. Es berührt den Kern des Wesens eines Paradigmas und dessen Rolle für die Wissenschaft.

Ein wesentlicher Teil des Widerstandes beruht darauf, daß man sich auf das Paradigma als ein wahres Abbild der Realität stützt und von ihm letztlich die Lösung aller Probleme erhofft. Der Widerstand gegen das neue Paradigma ist also bei genauester Betrachtung eben die Einstellung, die die normale Wissenschaft ermöglicht. Ein Wissenschaftler, der normale Wissenschaft betreibt, gleicht einem Schachspieler, dessen Aktivitäten und Fähigkeiten im Rahmen des Spiels entscheidend von einem Satz starrer Regeln abhängen. Ziel des Spiels ist es, nach den optimalen Lösungen innerhalb dieser *von vornherein* gegebenen Regeln zu suchen. Unter diesen Umständen wäre es absurd, diese in Frage stellen oder gar ändern zu wollen. Sowohl der Schachspieler als auch derjenige, der normale Wissenschaft betreibt, nehmen die Spielregeln als gegeben hin. Diese stellen den Satz von Prämissen, die für das Problemlösen erforderlich sind. Im Gegensatz zu anderen kreativen Bereichen ist in der Wissenschaft das Neue um seiner selbst willen nicht erwünscht.

Die Überprüfung eines Paradigmas erfolgt also erst, nachdem wiederholte Fehlschläge bei der Lösung eines wichtigen Problems eine Krise verursacht und damit zum Widerstreit zweier rivalisierender Paradigmen geführt haben. Der neue Kandidat für ein Paradigma muß bestimmten essentiellen Kriterien genügen, um sich zu qualifizieren. Er muß eine Lösung für wesentliche Probleme in Bereichen bieten, in denen das alte Paradigma versagte. Zudem muß die Problemlösungskapazität seines Vorgängers nach dem Paradigmawechsel gewahrt bleiben. Außerdem muß der neue Ansatz die Lösung zusätzlicher Probleme in neuen Bereichen versprechen. In wissenschaftlichen Revolutionen gibt es jedoch immer sowohl Gewinne als auch Verluste. Letztere werden normalerweise vertuscht oder stillschweigend akzeptiert, solange nur der Fortschritt gewährleistet ist.

So vermochte die Mechaniklehre Newtons – im Gegensatz zu den dynamischen Lehren von Aristoteles und Descartes – nicht die Beschaffenheit der Anziehungskräfte zwischen Materieteilchen zu erklären, sondern nahm einfach die Schwerkraft als gegeben hin. Diese Frage wurde später von der allgemeinen Relativitätstheorie aufgegriffen und beantwortet. Die Gegner Newtons sahen in seiner Betonung innewohnender Kräfte einen Rückfall in das frühe Mittelalter. Ähnlich verhielt es sich mit der Theorie Lavoisiers, die nicht die Frage beantworten konnte, warum verschiedene Metalle einander so ähnlich waren. Mit dieser Frage hatte sich die Phlogistontheorie erfolgreich auseinandergesetzt. Erst im 20. Jahrhundert war die Wissenschaft wieder in der Lage, dieses Problem anzugehen. Die Gegner Lavoisiers erhoben auch den Vorwurf, die Verwerfung »chemischer Prinzipien« zugunsten von Laborelementen sei ein Rückschritt von einer erwiesenen Erklärung zu einer bloßen Bezeichnung. Auf ähnliche Weise haben Einstein und andere Physiker gegen die vorherrschende probabilistische Interpretation der Quantenphysik opponiert.

Die Entscheidung für das neue Paradigma erfolgt nicht in Stufen, Schritt für Schritt, unter der Last unerbittlicher Beweise oder logischer Argumente. Sie hat den Charakter einer plötzlichen Veränderung, vergleichbar mit einem Figur-Grund-Wechsel in der Wahrnehmung, und folgt dem Alles-oder-Nichts-Prinzip. Wissenschaftler, die sich ein neues Paradigma zu eigen gemacht haben, sprechen von einem Aha-Erlebnis, von der plötzlichen Lösung eines Problems, oder von einem Blitz der Intuition. Die Gründe dafür sind ziemlich komplex. Zusätzlich zu der Fähigkeit des Paradigmas, die Situation zu berichtigen, die das alte Paradigma in die Krise gestürzt hat, nennt Kuhn Beweggründe irrationaler Art, durch die persönliche Lebensgeschichte bedingte Eigentümlichkeiten, den bisherigen Ruf oder die Nationalität des Urhebers u. a. Die ästhetischen Merkmale des Paradigmas können ebenfalls eine bedeutende Rolle spielen, etwa seine Eleganz, seine Einfachheit oder seine Schönheit.

In der Wissenschaft gibt es die Tendenz, die Konsequenzen eines Paradigmawechsels lediglich als eine Neuinterpretation früherer Daten zu verstehen. Nach dieser Ansicht sind die Beobachtungen selber eindeutig durch die Beschaffenheit der objektiven Welt und des Wahrnehmungsapparats festgelegt. Diese Ansicht selber aber ist paradigmabedingt und zählt zu den Grundsätzen der kartesianischen Weltanschauung. Beobachtungsrohdaten sind weit davon entfernt, nur das wiederzugeben, was wahrgenommen wird. Äußere Reize dürfen nicht mit Wahrnehmungen oder Empfindungen verwechselt werden. Letztere werden durch Erfahrung, Erziehung, Sprache und Kultur geprägt. Unter bestimmten Bedingungen können ein- und dieselben Reize zu unterschiedlichen Wahrnehmungen und unterschiedliche Reize zu ein- und denselben Wahrnehmungen führen. Ersteres kann durch sogenannte Kippfiguren verdeutlicht werden (Ente oder Kaninchen bzw. Vase oder Profile zweier menschlicher Gesichter), letzteres wird demonstriert durch eine Versuchsperson, die durch Umkehrlinsen blickt und lernt, ihre Wahrnehmung der Welt zu korrigieren. Es gibt keine neutrale Beobachtungssprache, die nur auf den Eindrücken auf der Netzhaut basiert. Die Vorstellungen von der Beschaffenheit der Reize, der Sinnesorgane und ihrer wechselseitigen Beziehungen geben die vorherrschende Theorie von der Wahrnehmung und dem menschlichen Geist wieder.

Der Wissenschaftler, der ein neues Paradigma akzeptiert, interpretiert nicht die Realität in einer neuen Weise, sondern ist wie jemand, der durch Umkehrlinsen blickt. Er sieht dieselben Gegenstände und dieselbe Anordnung von Gegenständen und ist sich dessen auch bewußt, doch erscheinen sie ihm in ihrem Wesen und in vielen Details vollkommen umgewandelt. Ohne Übertreibung läßt sich sagen, daß sich mit der Veränderung eines Paradigmas die Welt der Wissenschaftler verändert. Sie benutzen neue Beobachtungsinstrumente, schauen woandershin, beobachten andere Dinge und nehmen sogar vertraute Objekte in einem völlig neuen Licht wahr. Nach Kuhn kann dieser radikale Umschwung in der Wahrnehmung mit der plötzlichen Versetzung auf einen anderen Planeten verglichen werden. Wissenschaftliche Fakten und das Paradigma lassen sich nicht mit absoluter Klarheit trennen. Die Welt des Wissenschaftlers verändert sich quantitativ und qualitativ durch neue Veränderungen sowohl faktischer als auch theoretischer Art.

Die Verfechter eines revolutionären Paradigmas verstehen ihre theoretische Neuerung nicht als eine letztlich wiederum nur relative Wahrnehmung der Wirklichkeit. Sie neigen dazu, das alte Paradigma als falsch abzutun und das neue Paradigma als die richtige Beschreibung der Realität aufzufassen. Im strengen Sinn war aber keine der alten Theorien falsch, solange sie nur auf die Phänomene angewendet wurde, die sie angemessen erklären konnte. Lediglich ihre Übertragung auf andere Bereiche war falsch. Nach Kuhn können daher alte Theorien bewahrt werden und ihre Richtigkeit behalten, wenn ihr Anwendungsbereich nur auf die Phänomene und den Grad der Beobachtungsgenauigkeit beschränkt wird, der durch die bereits gegebenen experimentellen Belege abgedeckt wird. Das bedeutet, daß kein Wissenschaftler mit dem Anspruch auf wissenschaftliche Autorität über irgendein Phänomen sprechen kann, das noch nicht beobachtet wurde. Strenggenommen dürfen Forscher sich nicht auf ein Paradigma stützen, wenn sie Neuland betreten oder einen Präzisionsmaßstab anlegen, der theoretisch noch nie beansprucht wurde. Aus dieser Sicht hätte noch nicht einmal die Phlogistontheorie jemals widerlegt werden können, wenn sie nicht auf Phänomene übertragen worden wäre, bei deren Erklärung sie versagte.

Nach einem Paradigmawechsel kann die alte Theorie in gewisser Hinsicht als Spezialfall der neuen gesehen werden, doch muß man sie zu diesem Zweck neu formulieren und umwandeln. Diese Revidierung ist nur möglich, weil sich der Wissenschaftler die Vorteile einer nachträglichen Einsicht zunutze machen kann. Eine solche Revidierung geht mit einer Veränderung der Bedeutung von Grundsätzen einher. Die Newtonsche Mechanik kann als ein Sonderfall der Einsteinschen Relativitätstheorie aufgefaßt werden und man kann auch erklären, warum diese Lehre innerhalb ihrer Anwendungsgrenzen auch ihren Dienst tut. Doch die Grundbegriffe wie Raum, Zeit und Masse haben sich drastisch verändert und sind nicht mehr mit den Begriffen in ihrem ursprünglichen Sinn vergleichbar. Die Newtonsche Mechaniklehre bewahrt ihre Gültigkeit, solange sie nicht auf hohe Geschwindigkeiten angewendet wird oder unbegrenzte Richtigkeit ihrer Beschreibungen und Vorhersagen beansprucht. Alle historisch bedeutsamen Theorien stimmten mit den beobachteten Fakten überein, wenn auch nur mehr oder weniger. Es gibt keine abschließende Antwort auf irgendeiner Stufe der wissenschaftlichen Entwicklung, ob und wie weit eine einzelne Theorie die Tatsachen angemessen erklärt. Es ist aber absolut sinnvoll, zwei Paradigmen miteinander zu vergleichen und zu fragen, welches von beiden den beobachteten Fakten gerechter wird. In jedem Fall aber sollten Paradigmata lediglich als

Modelle und niemals als endgültige Beschreibungen der Wirklichkeit aufgefaßt werden.

Das Akzeptieren eines neuen Paradigmas fällt selten leicht, da dies von verschiedenen Faktoren emotionaler, politischer und administrativer Art abhängt und nicht lediglich eine Sache der Logik ist. Je nach Art und Wirkungsbereich des Paradigmas und den speziellen Umständen kann es länger als eine Generation dauern, bevor sich die neue Sicht der Wirklichkeit in der Fachwelt voll etabliert hat. Die Äußerungen zweier großer Wissenschaftler sollen dies verdeutlichen. So schreibt Charles Darwin gegen Ende seines Buches *Über die Entstehung der Arten durch natürliche Zuchtwahl* (31): »Obwohl ich von der Wahrheit der in diesem Buche ... mitgeteilten Ansichten vollkommen durchdrungen bin, so hege ich doch keineswegs die Erwartung, erfahrene Naturforscher davon zu überzeugen, deren Geist von einer Menge von Tatsachen erfüllt ist, welche sie seit einer langen Reihe von Jahren gewöhnt sind, von einem dem meinigen ganz entgegengesetzten Gesichtspunkte aus zu betrachten ... aber ich blicke mit Vertrauen auf die Zukunft, auf junge und strebende Naturforscher, welche beide Seiten der Frage mit Unparteilichkeit zu beurteilen fähig sein werden« (S. 556, 557). Noch deutlicher wird Max Planck in seiner wissenschaftlichen Selbstbiographie (151): »Eine neue wissenschaftliche Wahrheit pflegt sich nicht in der Weise durchzusetzen, daß ihre Gegner überzeugt werden und sich als belehrt fühlen, sondern vielmehr dadurch, daß die Gegner allmählich aussterben und daß die heranwachsende Generation von vornherein mit der Wahrheit vertraut gemacht ist« (S. 22). Ist das neue Paradigma erst einmal akzeptiert und in die Wissenschaft eingegliedert worden, findet man seine Grundannahmen in den einschlägigen Lehrbüchern. Da diese Quellen wissenschaftlicher Autorität sind und einen pädagogischen Auftrag haben, müssen sie nach jeder wissenschaftlichen Revolution umgeschrieben werden. Wie es aber ihre Eigenart ist, tendieren sie dazu, nicht nur Details, sondern sogar die Existenz der Revolutionen, aus denen diese Details hervorgingen, zu verbergen. Die Wissenschaft wird als eine Reihe einzelner Entdeckungen und Erfindungen beschrieben, die in ihrer Gesamtheit den modernen Wissensstand ausmachen. Es hat daher den Anschein, als ob die Wissenschaftler schon von den ersten Anfängen an genau die Ziele verfolgt hätten, die das neueste Paradigma widerspiegeln. In den historischen Darstellungen beschreiben die Texte in der Regel nur den Aspekt der Arbeit einzelner Wissenschaftler, der als Beitrag zum gegenwärtigen Standpunkt aufgefaßt werden kann. So wird bei der Diskussion der Newtonschen Mechanik nicht erwähnt, welche bedeutsame Rolle Newton Gott zugewiesen hat oder welches Interesse er für die Astrologie und die Alchemie hegte, die ein wesentlicher Bestandteil seiner Philosophie waren. Entsprechend kann man nirgendwo nachlesen, daß die kartesianische Dualismus von Geist und Körper die Existenz Gottes implizierte. In den Standardlehrbüchern wird gewöhnlich nicht darüber gesprochen, daß viele Begründer der modernen Physik wie Einstein, Bohm, Heisenberg, Schrödinger,

Bohr und Oppenheimer ihre Entdeckungen nicht nur voll vereinbar mit der mystischen Weltschau fanden, sondern sogar in einem gewissen Sinn mit ihren wissenschaftlichen Arbeiten in mystische Bereiche vordrangen. Sind die Lehrbücher einmal umgeschrieben worden, dann scheint die Wissenschaft erneut eine geradlinige Anhäufung von Daten zu sein und hat die Geschichte der Wissenschaft wiederum den Charakter eines schrittweisen Anwachsens von Wissen. Die Rolle menschlicher Irrtümer und Eigenheiten wird heruntergespielt und der zyklische Charakter der Paradigmata mit ihren periodischen Wechseln wird verschleiert. So ist der Boden für ein sicheres Betreiben normaler Wissenschaft bereitet, zumindest so lange, bis sich das nächste Mal genügend Beobachtungen angesammelt haben, die das soeben akzeptierte Paradigma wiederum in Frage stellen.

Ein anderer wichtiger Philosoph, dessen Arbeiten vom Standpunkt unserer Diskussion höchste Bedeutung zukommt, ist Philipp Frank. In seinem zukunftsträchtigen Werk *Philosophy of Science* (46) nimmt er eine lebendige und detaillierte Analyse der Beziehungen zwischen beobachtbaren Fakten und wissenschaftlichen Theorien vor. Es gelingt ihm, den Mythos zu zerstreuen, wissenschaftliche Theorien könnten von verfügbaren Tatsachen logisch abgeleitet werden und seien durch die Beobachtungen der phänomenalen Welt eindeutig festgelegt. Als historische Beispiele zitiert er die Geometrie von Euklid, Riemann und Lobatschewskij, die Newtonsche Mechanik sowie die Einsteinsche Relativitätstheorie und Quantenphysik und gewährt dabei bemerkenswerte Einsichten in die Beschaffenheit und Dynamik wissenschaftlicher Theorien.

Nach Frank basiert jedes wissenschaftliche System auf einer kleinen Anzahl von Grundsätzen über die Realität oder Axiomen, die als selbstverständlich hingenommen werden. Die Richtigkeit dieser Axiome wird nicht durch logische Überlegung erschlossen, sondern ist das Produkt direkter Intuition.[2] Durch einen strikt logischen Denkprozeß läßt sich von den Axiomen ein System anderer Sätze oder sogenannter Theoreme ableiten. Das resultierende Gedankengebäude ist rein logischer Natur. Es bestätigt sich selber, und seine Richtigkeit ist im wesentlichen von den physikalischen Vorgängen in der Welt unabhängig. Die Beziehungen zwischen einem solchen System und den empirischen Beobachtungen müssen nun überprüft werden, um den Grad seiner praktischen Anwendbarkeit und Entsprechung zur Wirklichkeit zu bestimmen. Zu diesem Zweck müssen die theoretischen Elemente in Form von »operationalen Definitionen« (im Sinne von Bridgman) beschrieben werden.[3] Nur dann lassen sich der Grad und die Grenzen der Anwendbarkeit eines theoretischen Systems auf die materielle Realität feststellen.

Die der Euklidschen Geometrie oder der Newtonschen Mechanik innewohnende logische Richtigkeit ist nicht durch die Entdeckung zerstört worden, daß sie sich nur innerhalb bestimmter Grenzen auf die physikalische Realität anwenden lassen. Nach Frank sind alle Hypothesen ihrem Wesen nach spekulativ. Der

Unterschied zwischen einer rein philosophischen und einer wissenschaftlichen Hypothese ist der, daß letztere empirisch überprüft werden kann. Es ist nicht mehr von Bedeutung, daß eine wissenschaftliche Theorie dem gesunden Menschenverstand entspricht. Diese Forderung ist seit Galileo Galilei irrelevant. Sie kann phantastisch und absurd sein, solange sie sich nur auf der Basis jedermann zugänglicher Erfahrungen überprüfen läßt.

Umgekehrt ist eine direkte Feststellung über die Beschaffenheit des Universums, die nicht experimentell getestet werden kann, reine metaphysische Spekulation und keine wissenschaftliche Theorie. Äußerungen wie »alle existierenden Dinge sind materieller Natur und es gibt keine rein geistige Welt« oder »das Bewußtsein ist ein Produkt der Materie« fallen ganz klar in diese Kategorie, egal wie selbstverständlich sie dem gesunden Menschenverstand oder einem mechanistisch orientierten Wissenschaftler erscheinen mögen.

Die radikalste Kritik der wissenschaftlichen Methodologie und ihrer gegenwärtigen Praxis stammt von Paul Feyerabend. In seinem höchst provokativen Buch *Wider den Methodenzwang. Entwurf einer anarchistischen Erkenntnistheorie* (42) argumentiert er mit Nachdruck, daß die Wissenschaft nicht von einem System fester, unveränderter und absoluter Prinzipien bestimmt wird und auch nicht bestimmt werden kann. In der Vergangenheit finden sich eindeutige Belege dafür, daß die Wissenschaft ihrem Wesen nach anarchistisch ist. Die Verletzungen grundlegender erkenntnistheoretischer Regeln waren nicht einfach Zufall, sie waren schon immer für den wissenschaftlichen Fortschritt absolut notwendig. Die erfolgreichsten wissenschaftlichen Forschungen sind nie ausschließlich von rationaler Methodik geleitet worden. In der Wissenschaftsgeschichte im allgemeinen sowie in Zeiten großer Umwälzungen im besonderen hätte eine strengere Anwendung des Kanons der jeweils vorherrschenden wissenschaftlichen Methodik die Entwicklung nicht beschleunigt, sondern vielmehr zum Stillstand gebracht. Die Kopernikanische Revolution und andere wichtige Entwicklungen in der modernen Wissenschaft überlebten nur, weil wiederholt gegen die Vernunft verstoßen wurde.

Die sogenannte »Konsistenzbedingung«, wonach eine neue Hypothese mit akzeptierten Hypothesen übereinstimmen muß, ist unvernünftig und hemmt die Produktivität. Sie schafft eine Hypothese aus der Welt, nicht weil sie an den Fakten vorbeigeht, sondern weil sie im Konflikt mit einer anderen Theorie steht. Auf diese Weise schützt und bewahrt sie in der Regel die ältere Theorie, nicht die bessere. Hypothesen, die etablierten Theorien widersprechen, führen uns zu Belegen, die nicht auf andere Weise herbeigeschafft werden können. Fakten und Theorien sind enger miteinander verknüpft, als es die konventionelle Wissenschaft annimmt. Bestimmte Tatsachen können gar nicht erst ohne Hilfe von Alternativen zu den etablierten Theorien ans Tageslicht gebracht werden.

Wenn man sich Problemen der empirischen Überprüfung widmet, dann erscheint es dringend geboten, einen ganzen Satz einander überschneidender, den Tatsachen gerechter, aber miteinander unvereinbarer Theorien anzuwenden. Die Erfindung von Alternativen zu der Ansicht, die im Mittelpunkt der Diskussion steht, macht einen wesentlichen Teil der empirischen Methode aus. Es genügt nicht, Theorien mit Beobachtungen und Tatsachen zu vergleichen. Die Daten, die man im Rahmen eines bestimmten Denkmodells erhält, sind nicht unabhängig von den grundlegenden theoretischen und philosophischen Annahmen dieses Modells. Ein wirklich wissenschaftlicher Vergleich zweier Theorien muß die »Tatsachen« und »Beobachtungen« im Kontext der Theorie, die gerade geprüft wird, behandeln.

Da die Fakten, Beobachtungen und sogar Bewertungskriterien »paradigmagebunden« sind, werden die wichtigsten formalen Eigenschaften einer Theorie nicht durch ihre Analyse, sondern durch die Gegenüberstellung mit anderen Theorien ermittelt. Wenn also ein Wissenschaftler oder eine Wissenschaftlerin den empirischen Gehalt ihres Standpunktes maximieren wollen, müssen sie eine pluralistische Methodologie anwenden, d. h. rivalisierende Theorien einführen und Denkmodelle mit Denkmodellen statt mit Erfahrungen vergleichen.

Es gibt keinen Gedanken oder kein Gedankengebäude, wie uralt oder absurd es auch erscheinen mag, das nicht unser Wissen bereichern kann. So mögen alte spirituelle Systeme und Mythen von Urvölkern seltsam und unsinnig wirken, nur weil man ihren wissenschaftlichen Gehalt nicht kennt oder dieser durch Anthropologen bzw. Philologen, die mit den einfachsten physikalischen, medizinischen oder astronomischen Kenntnissen nicht vertraut sind, entstellt wurde. In der Wissenschaft kann die Vernunft nicht überall regieren und das Irrationale nicht vollständig ausgeschlossen werden. Es gibt keine einzige interessante Theorie, die mit allen Fakten in ihrem Bereich übereinstimmt. Wir müssen feststellen, daß alle Theorien bestimmte quantitative Ergebnisse nicht zu reproduzieren vermögen und daß sie auch in qualitativer Hinsicht bis zu einem erstaunlichen Grad ungeeignet sind.

Alle Methodologien, auch die sinnfälligsten, haben ihre Grenzen. Neue Theorien sind zu Beginn auf einen ziemlich engen Bereich von Fakten beschränkt und werden nur langsam auf andere Bereiche übertragen. Der Modus dieser Übertragung wird selten durch die Elemente festgelegt, die den Inhalt ihrer Vorgänger ausmachen. Der sich entfaltende Begriffsapparat der neuen Theorie legt schon bald seine eigenen Probleme und Problembereiche offen. Viele frühere Fragen, Tatsachen und Beobachtungen, die nur im aufgegebenen Zusammenhang sinnvoll sind, erscheinen plötzlich unsinnig und irrelevant; sie werden entweder vergessen oder beiseite geschoben. Umgekehrt erhält eine ganze Reihe vollkommen neuer Fragen entscheidendes Gewicht.

Die obige Diskussion wissenschaftlicher Revolutionen, der Dynamik von Paradigmata und der Funktion von Theorien in der Wissenschaft mag bei dem heutigen Leser den Eindruck hinterlassen, in erster Linie historisch bedeutsam zu sein. Man könnte leicht annehmen, daß der letzte wichtige theoretische

Umschwung in den ersten Jahrzehnten dieses Jahrhunderts stattgefunden hat und daß sich die nächste wissenschaftliche Revolution irgendwann einmal in ferner Zukunft abspielen wird. Die zentrale Botschaft dieses Buches ist aber, daß sich die westliche Wissenschaft einem Paradigmawechsel von bisher nie gekanntem Ausmaß zu nähern scheint. Diese Umwälzung wird unsere Vorstellungen von der Realität und der menschlichen Natur verändern, die Lücke zwischen der Weisheit der Antike und der modernen Wissenschaft schließen und die Gegensätze zwischen östlicher Spiritualität und westlichem Pragmatismus aussöhnen.

Der kartesianisch-Newtonsche Geist der mechanistischen Wissenschaft[4]

In den letzten drei Jahrhunderten ist die westliche Wissenschaft vom kartesianisch-Newtonschen Paradigma beherrscht worden. Dieses Denkmodell beruht auf den Arbeiten des französischen Philosophen René Descartes und des britischen Wissenschaftlers Isaac Newton. Auf der Basis dieses Modells hat die Physik erstaunliche Fortschritte gemacht und sich unter allen anderen Wissenschaftszweigen einen besonderen Ruf erworben. Ihre konsequente Anwendung mathematischer Prinzipien, ihre Effizienz beim Lösen von Problemen sowie die erfolgreiche Übertragung physikalischer Erkenntnisse auf verschiedene Bereiche des Alltagslebens haben Standards und Modelle für die gesamte Wissenschaft gesetzt. Die Möglichkeit, grundlegende Konzepte und Untersuchungsergebnisse mit dem von der Newtonschen Physik entwickelten Modell des Universums in Einklang zu bringen, wurde zu einem wichtigen Kriterium für seriöse Wissenschaftlichkeit in komplexeren und weniger entwickelten Bereichen wie in der Biologie, der Medizin, der Psychologie, der Psychiatrie und der Soziologie. Zu Anfang hatte dieses Festhalten an einem mechanistischen Weltbild einen sehr positiven Effekt auf den Fortschritt in diesen Disziplinen. Im Laufe der weiteren Entwicklung aber verloren die vom kartesianisch-Newtonschen Paradigma abgeleiteten Theorien ihre revolutionäre Kraft und wurden zu einem ernsthaften Hindernis für die wissenschaftliche Forschung und den Fortschritt.

Seit Beginn des 20. Jahrhunderts kam es in der Physik zu tiefgreifenden und radikalen Veränderungen, die über das mechanistische Weltbild und all die Grundannahmen des kartesianisch-Newtonschen Paradigmas hinausgingen. Im Laufe der Zeit wurden diese außergewöhnlichen Neuerungen für die meisten Wissenschaftler anderer Disziplinen unübersichtlich, esoterisch und unverständlich. Die Folge davon war, daß sich beispielsweise die Medizin, die Psychologie und die Psychiatrie nicht mehr an diese rapiden Veränderungen anpassen und sie in ihre Denkmodelle eingliedern konnten. So wird das Weltbild, das in der modernen Physik schon lange als überholt gilt, in vielen Bereichen noch immer für wissenschaftlich gehalten, natürlich zum Schaden des zukünftigen Fortschritts. Beobachtungen und Daten, die mit dem mechanistischen Modell des Universums in Konflikt stehen, werden verworfen oder verheimlicht, und Forschungsprojekte, die für das dominierende Paradigma nicht von Relevanz sind, haben keine Chance, mit öffentlichen Mitteln gefördert zu werden. Exemplarisch dafür sind die Parapsychologie, alternative Heilmethoden, die Forschung mit psychedelischen Drogen, die Thanatologie sowie bestimmte Bereiche anthropologischer Feldforschung. In den letzten zwei Jahrzehnten ist der entwicklungs- und produktivitätshemmende Charakter des alten Paradigmas besonders offenkundig geworden, speziell in den Wissenschaftszweigen, die den Menschen zum Gegenstand ihrer Forschung haben. In der Psychologie, der Psychiatrie und der Anthropologie hat die theoretische Spaltung einen so hohen Grad erreicht, daß diese Disziplinen unmittelbar vor einer schweren Krise zu stehen scheinen, deren Ausmaß mit der Krise vergleichbar ist, die die Physik zur Zeit des Michelson-Morley-Experiments erschütterte. Es besteht das dringende Bedürfnis nach einem grundlegenden Paradigmawechsel, der dem ständig größer werdenden Zustrom von revolutionären Daten aus verschiedenen Bereichen, die sich absolut nicht mit den alten Modellen vereinbaren lassen, gerecht wird. Viele Forscher meinen, daß das neue Paradigma auch eine Überbrückung der Kluft ermöglichen sollte, die gegenwärtig die traditionelle Psychologie und Psychiatrie von der tiefen Weisheit des alten und östlichen Denkens trennt. Bevor ich im einzelnen auf die Gründe für die kommende wissenschaftliche Revolution und ihre mögliche Richtung eingehe, möchte ich die charakteristischen Merkmale des alten Paradigmas, dessen Angemessenheit nun ernsthaft in Frage gestellt wird, näher beschreiben.

Das mechanistische Universum Newtons ist ein Universum aus fester Materie, deren Grundbausteine kleine und unzerstörbare Teilchen, die Atome, sind.[5] Sie sind ihrem Wesen nach passiv und unveränderlich. Newtons wichtigster Beitrag zu dem sonst vergleichbaren Modell der griechischen Atomisten bestand in einer präzisen Definition der Kraft, die zwischen den Teilchen wirksam ist. Er bezeichnete sie als die Schwerkraft und stellte den Grundsatz auf, daß sie direkt proportional zu den beteiligten Massen und umgekehrt proportional zum Quadrat ihrer Entfernung sei. In Newtons System hat die Schwerkraft ziemlich mysteriösen Charakter. Sie wird als eine intrinsische Eigenschaft der Körper, auf die sie einwirkt, betrachtet. Diese Einwirkung erfolgt unmittelbar über die Entfernung hinweg.

Ein anderes wesentliches Charakteristikum des Newtonschen Universums ist der dreidimensionale Raum der klassischen Euklidschen Geometrie, der absolut, konstant und immer in Ruhe ist. Die Unterscheidung zwischen Materie und leerem Raum ist klar und eindeutig. Entsprechend gilt die Zeit als absolut, autonom und unabhängig von der materiellen Welt. Sie fließt gleichförmig und unveränderlich von der Vergangenheit durch die Gegenwart in die Zukunft. Nach Newton können alle physikalischen Prozesse auf Bewegungen materieller Punkte zurückgeführt werden, die sich aus der zwischen ihnen wirksamen und ihre gegenseitige Anziehung bedingenden Schwerkraft ergeben. Newton war in der Lage, zur Beschreibung der Dynamik dieser Kräfte den neuen mathematischen Ansatz der Differentialrechnung, den er eigens zu diesem Zweck entworfen hatte, zu Hilfe zu nehmen.

Daraus resultiert die Vorstellung, daß das Universum ein gigantisches Uhrwerk mit vollkommen deterministischem Charakter sei. Die Teilchen bewegen sich nach ewigen und unveränderlichen Gesetzen. Die Ereignisse und Prozesse in der materiellen Welt werden von Ursache-Wirkungs-Ketten bestimmt. Daraus folgt, daß es – zumindest im Prinzip – möglich sein müßte, jede vergangene Situation im Universum genau zu rekonstruieren oder alle zukünftigen Ereignisse mit absoluter Sicherheit vorherzusagen. Praktisch ist dies eigentlich nie möglich. Der Grund dafür wird aber in der Tatsache gesehen, daß wir keine detaillierten Informationen über alle die Variablen erhalten können, die in einer bestimmten Situation beteiligt sind. Theoretisch wird ein solches Unterfangen niemals ernstlich in Frage gestellt. Diese grundlegende metaphysische Annahme stellt ein wesentliches Element des mechanistischen Weltbilds dar. Ilya Prigogine (161) nennt diesen Glauben an eine unbegrenzte Vorhersagbarkeit den »Grundmythos der klassischen Wissenschaft«.

Ein anderer wichtiger Einfluß in der Wissenschaftsphilosophie und -geschichte der letzten zwei Jahrhunderte ging von René Descartes aus, einem der größten französischen Philosophen. Sein wichtigster Beitrag zu dem vorherrschenden Paradigma war die extreme These von einem absoluten Dualismus zwischen Geist (res cogitans) und Materie (res extensa). Daraus leitete sich der Glaube ab, daß die materielle Welt objektiv, ohne Bezug zum menschlichen Beobachter, beschrieben werden könne. Diese Vorstellung half bei der rapiden Entwicklung der Naturwissenschaften und der Technik, aber in ihrer letzten Konsequenz führte sie zu einer ernsthaften Vernachlässigung einer Betrachtungsweise, die menschliche Wesen, die Gesellschaft und das Leben auf diesem Planeten in ein Ganzes einbezieht. In einem gewissen Sinne erwies sich das Vermächtnis Descartes' als ein widerspenstigeres Element in der westlichen Wissenschaft als das mechanistische Weltbild Newtons. Sogar Albert Einstein (26), das Genie, das die Newtonsche Physik in ihren Grundfesten erschütterte, allein die Relativitätstheorie formulierte und die Quantentheorie einführte, vermochte nicht, sich vom Geist des kartesianischen Dualismus zu befreien.

Immer wenn wir vom kartesianisch-Newtonschen Paradigma sprechen, sollten wir uns dessen bewußt sein, daß die mechanistische Wissenschaft des Westens das geistige Erbe dieser zwei großen Denker verzerrt hat. In den Philosophien und Weltanschauungen Newtons wie auch Descartes' spielte Gott eine wesentliche Rolle. Newton war ein zutiefst spiritueller Mensch, der großes Interesse an Astrologie, Okkultismus und Alchemie hatte. Wie sein Biograph John Maynard Keynes (100) es ausdrückte, war er einer der letzten großen Magier und nicht der erste große Wissenschaftler. Er glaubte zwar, daß das Universum seiner Beschaffenheit nach materiell sei, dachte aber nicht, daß dessen Ursprung mit materiellen Ursachen erklärt werden könne. Nach seiner Vorstellung war es Gott, der zu Anfang die Materieteilchen, die zwischen ihnen wirkenden Kräfte und die Gesetze ihrer Bewegung erschaffen hatte. Nachdem das Universum erschaffen worden war, funktionierte es weiter wie eine Maschine und kann auch wie eine solche beschrieben und verstanden werden. René Descartes glaubte, die Welt existiere objektiv und unabhängig vom menschlichen Beobachter. Ihre Objektivität beruht aber auf der Tatsache, daß sie ständig von Gott wahrgenommen wird.

Die westliche Wissenschaft hat Newton und Descartes in der gleichen Weise behandelt, wie Marx und Engels es mit Hegel taten. Bei der Formulierung der Prinzipien des dialektischen und historischen Materialismus sezierten sie Hegels Phänomenologie des Weltgeistes. Sie behielten seine Dialektik, ersetzten aber Geist durch Materie. Ähnlich entspricht das theoretische Denken in vielen Wissenschaftszweigen einer direkten logischen Erweiterung des kartesianisch-Newtonschen Modells, doch die Vorstellung von einer göttlichen Intelligenz, die den Spekulationen dieser zwei großen Denker zugrundelag, verschwand. Ein systematischer, radikaler und konsequenter philosophischer Materialismus wurde die neue ideologische Basis des modernen wissenschaftlichen Weltbilds.

Das kartesianisch-Newtonsche Modell hat sich in all seinen zahlreichen Verzweigungen und Anwendungen in verschiedenen Bereichen als außerordentlich erfolgreich erwiesen. Es leistete einen umfassenden Beitrag zur Erklärung der Grundmechanismen des Sonnensystems und ließ sich auch effektiv auf das Verständnis der kontinuierlichen Bewegung von Flüssigkeiten, der Schwingung elastischer Körper und der Thermodynamik anwenden. Es wurde zur Basis und zur treibenden Kraft hinter den bemerkenswerten Fortschritten in den Naturwissenschaften im 18. und 19. Jahrhundert.

Die Wissenschaftszweige, die sich an Newton und Descartes orientierten, haben ein detailliertes Bild vom Universum entworfen, wonach dieses ein ungeheuer komplexes mechanisches System und eine Ansammlung von passiver und träger Materie darstellt. Es entwickelt sich ohne jede Beteiligung des Bewußtseins und der kreativen Intelligenz. Demnach soll vom Urknall angefangen über die Expansion der Milchstraßensysteme hinweg bis hin zur Bildung des Sonnensystems und der frühen geophysikalischen Prozesse, die diesen Planeten schufen, die kosmische Evolution einzig und allein von blinden mechanischen Kräften geleitet worden sein. Nach diesem Modell entstand das Leben im Urozean als das Ergebnis rein zufälliger chemischer Reaktionen. Der Zellaufbau der organischen Materie und die höheren Formen des Lebens entwickelten sich mechanisch ohne Beteiligung jedes intelligenten Prinzips durch Zufallsmutation von Genen und natürliche Selektion von Lebensformen, die das Überleben des Stärkeren garantierte. Dies resultierte schließlich in einem verästelten phylogenetischen System, in dem verschiedene Spezies nach zunehmender Komplexität hierarchisch angeordnet sind.

Dann – irgendwo hoch oben im Darwinistischen Stammbaum – passierte etwas Spektakuläres und bisher Unerklärliches: die unbewußte und träge Materie wurde sich ihrer selbst und der sie umgebenden Welt bewußt. Obwohl sich der an diesem wundersamen Ereignis beteiligte Mechanismus vollkommen selbst den gröbsten Ansätzen wissenschaftlicher Spekulation entzieht, wird die Richtigkeit dieser metaphysischen Annahme für bare Münze genommen und die Lösung dieses Problems stillschweigend an die zukünftige Forschung verwiesen. Die Wissenschaftler sind sich noch nicht einmal darüber einig, auf welcher Stufe der Evolution das Bewußtsein entstand. Die Überzeugung aber, daß es sich auf lebende Organismen beschränkt und ein sehr hoch entwickeltes Zentralnervensystem erfordert, ist ein Grundpostulat der materialistischen und mechanistischen Weltanschauung. Das Bewußtsein wird als das Produkt hoch organisierter Materie – des Zentralnervensystems – und als Begleiterscheinung physiologischer Prozesse im Gehirn aufgefaßt.[6]

Die Annahme, daß das Bewußtsein ein Produkt des Gehirns sei, ist natürlich nicht vollkommen willkürlich. Sie basiert auf einer Unmenge von Beobachtungen im Rahmen der klinischen und experimentellen Neurologie und Psychiatrie, die enge Verbindungen zwischen verschiedenen Bewußtseinsaspekten und physiologischen oder pathologischen Hirnprozessen wie Traumen, Tumoren oder Infektionen nahelegen. So können beispielsweise eine Gehirnquetschung oder mangelnde Sauerstoffzufuhr zu einem Bewußtseinsverlust führen. Ein Tumor oder eine traumatische Schädigung des Schläfenlappens bewirken mannigfaltige Verzerrungen bewußter Prozesse, die sich eindeutig von Verletzungen des Stirnlappens unterscheiden. Gehirninfektionen oder bestimmte Medikamente mit psychoaktiven Eigenschaften wie Schlafmittel, Stimulantien oder psychedelische Drogen haben charakteristische Bewußtseinsveränderungen zur Folge. Gelegentlich sind die mit neurologischen Störungen verbundenen Bewußtseinsveränderungen so spezifisch, daß sie zur richtigen Diagnose beitragen können. Außerdem kann sich an eine erfolgreiche Gehirnoperation oder andere medizinische Eingriffe eine deutliche Besserung der klinischen Symptome anschließen.

Diese Beobachtungen demonstrieren ohne jeden Zweifel, daß es eine enge Verbindung zwischen dem Bewußtsein und dem Gehirn gibt. Sie beweisen aber damit nicht automatisch, daß das Bewußtsein vom Gehirn produziert wird. Die Logik dieses von der mechanistischen Wissenschaft gezogenen Schlusses ist höchst problematisch, und es lassen sich selbstverständlich theoretische Systeme vorstellen, die die vorhandenen Daten vollkommen anders interpretieren. Dies kann an einem einfachen Beispiel verdeutlicht werden, nämlich anhand eines Fernsehapparats. Die Qualität von Bild und Ton hängt entscheidend vom richtigen Funktionieren aller Bestandteile ab. Sind einige davon nicht in Ordnung oder werden sie zerstört, dann ergeben sich ganz bestimmte Bild- oder Tonverzerrungen. Ein Fernsehmechaniker kann den nicht funktionierenden Bestandteil anhand der Art der Verzerrung erkennen und das Problem beseitigen, indem er das betreffende Teil ersetzt oder repariert. Niemand von uns würde dies aber als wissenschaftlichen Beweis dafür ansehen, daß das Programm im Fernsehapparat erzeugt wird, da das Fernsehen ja ein Werk des Menschen ist und man bestens weiß, wie es funktioniert. Dies ist jedoch genau die Schlußfolgerung, die die mechanistische Wissenschaft in bezug auf das Gehirn und das Bewußtsein gezogen hat. In diesem Zusammenhang verdient es erwähnt zu werden, daß Wilder Penfield, der weltberühmte Neurochirurg, der auf dem Gebiet der Gehirnforschung bahnbrechende Leistungen vollbracht und Grundlegendes zur modernen Neurophysiologie beigetragen hat, eine ähnliche Ansicht vertritt. In seinem letzten Buch *Mystery of the Mind* (144), in dem er sein Lebenswerk zusammenfaßt, äußert er tiefen Zweifel, daß das Bewußtsein ein Produkt des Gehirns sei und sich auf der Basis der Gehirnanatomie und -physiologie erklären ließe.

Nach Auffassung der materialistischen Wissenschaft sind individuelle Organismen ihrem Wesen nach voneinander getrennte Systeme, die mit ihrer Umwelt und den anderen Organismen nur mit Hilfe der Sinnesorgane kommunizieren können. All diese Arten von Kommunikation werden durch bekannte Energieformen vermittelt. Geistige Prozesse werden in Form von Reaktionen des Organismus auf die Umwelt und auf kreative Neukombinationen von Sinneseindrücken erklärt, die im Laufe seines Lebens auf ihn eingewirkt haben und die im Gehirn in Form von Gedächtnisspuren gespeichert sind. Hier greift die materialistische Psychologie auf das Credo der englischen Empirikerschule zurück, wie es John Locke (121) knapp formuliert hat: »Nihil est in intellectu quod non ante fuerit in sensu« – es gibt nichts im Intellekt, was nicht vorher mit den Sinnen wahrgenommen worden wäre.

Aufgrund des linearen Charakters der Zeit gehen vergangene Ereignisse unrettbar verloren, wenn sie nicht in speziellen Gedächtnissystemen gespeichert werden. Erinnerungen jeder Art müssen demnach ein jeweils bestimmtes materielles Substrat besitzen. Es sind dies die Zellen des Zentralnervensystems oder der physiochemische Kode der Gene. Die Erinnungen an Ereignisse im Leben des einzelnen Organismus sind in bestimmten Teilen des Zentralnervensystems gespeichert. Die Psychiatrie hat die überwältigenden klinischen Belege dafür akzeptiert, daß diese Erinnerungen beim Menschen nicht nur bewußt reaktiviert, sondern unter bestimmten Umständen die ihnen zugrundeliegenden Ereignisse in einer lebhaften und komplexen Weise wiedererlebt werden können. Das einzige theoretisch vorstellbare Substrat für die Übertragung von Informationen von den Vorfahren und der Stammesgeschichte ist der physiochemische Kode der DNS- und RNS-Moleküle. Das gegenwärtige medizinische Modell erkennt die Möglichkeit einer solchen Übertragung in bezug auf die Informationen an, die die embryologische Entwicklung, die konstitutionellen Faktoren, die Erbanlagen,

Abb. 1. Bild von einer psychedelischen Sitzung, in der der Klient seine biologische Geburt wiedererlebte. Die destruktiven uterinen Kräfte werden als mythologische, vogelähnliche Monstren dargestellt. Der zerbrechliche und erschrockene Fötus hängt an der Nabelschnur.

Abb. 8. Das amniotische Universum: Identifikation mit der glückseligen Existenz des Fötus in einem Gefühl der Einheit mit dem ganzen Kosmos. Dieses Bild wurde durch eine von der ersten perinatalen Matrix bestimmten LSD-Sitzung inspiriert.

die Charaktermerkmale oder Talente der Eltern und ähnliche Phänomene betreffen, aber natürlich nicht in bezug auf komplexe Erinnerungen an spezielle Ereignisse, die vor der Empfängnis stattgefunden haben.

Unter dem Einfluß des Freudschen Modells haben sich die dominierenden Psychiatrie- und Psychotherapierichtungen die Auffassung zu eigen gemacht, daß das neugeborene Kind eine »tabula rasa« (eine blanke oder ausradierte Tafel) sei und daß seine Entwicklung vollständig vom Ablauf seiner frühen Erfahrungen bestimmt werde. Die heutige medizinische Theorie verneint die Möglichkeit einer Speicherung des Geburtserlebnisses im Gedächtnis des Kindes. Der Grund dafür, den man üblicherweise in den medizinischen Lehrbüchern findet, ist die mangelnde Reife der Gehirnrinde des Neugeborenen (die unvollständige Ausbildung der Myelinscheiden in den Neuronen des Gehirns). Die einzigen vorgeburtlichen Einflüsse, die im allgemeinen die Psychiater und Psychologen in ihren entwicklungstheoretischen Spekulationen anerkennen, sind Vererbung, vage konstitutionelle Faktoren, physische Schädigung des Organismus und eventuelle Unterschiede in der relativen Stärke verschiedener Instinkte.

Nach Auffassung der materialistischen Psychologie ist der Zugang zu jeglichen neuen Informationen nur möglich durch das direkte Einwirken neuer Reize oder durch die Kombination alter Daten miteinander bzw. mit neu erworbenen Daten. Die mechanistische Wissenschaft versucht sogar solche Phänomene wie menschliche Intelligenz, Kunst, Religion, Ethik und die Wissenschaft selber als das Ergebnis materieller Prozesse im Gehirn zu erklären. Die Wahrscheinlichkeit, daß sich die menschliche Intelligenz aus dem chemischen Schlamm des Urozeans bis zu ihrem heutigen Stand einzig und allein durch die Abfolge zufälliger mechanischer Prozesse entwickelt hat, ist vor kurzem treffend mit der Wahrscheinlichkeit verglichen worden, daß sich durch einen Wirbelsturm über einem gigantischen Schrottplatz zufällig ein Jumbo-Jet zusammenfügt. Diese höchst unwahrscheinliche Annahme ist eine metaphysische Aussage, die nicht mit den gegenwärtigen wissenschaftlichen Methoden bewiesen werden kann. Sie ist alles andere als ein Stück wissenschaftlicher Information, wie es die Verfechter dieser These leidenschaftlich behaupten, sondern beim gegenwärtigen Wissensstand nur wenig mehr als einer der Leitmythen der westlichen Wissenschaft.

Die mechanistische Wissenschaft hat sich eine viele Jahrzehnte lange Übung bei der Verteidigung ihres Glaubenssystems angeeignet. Sie belegt jeden, der in seiner Wahrnehmung oder seinen Theorien stärker von kartesianisch-Newtonschen Modellvorstellungen abweicht, mit dem Begriff »psychotisch« und wertet jegliche Untersuchung, die zu paradigmatisch unvereinbaren Ergebnissen führt, als wissenschaftlich unsaubere Arbeit ab. Diese Strategie hat sich vermutlich am schädlichsten auf Theorie und Praxis der Psychiatrie ausgewirkt. Die gegenwärtige psychiatrische Theorie ist nicht in der Lage, adäquate Erklärungsmodelle für viele verschiedenartige Phänomene zu liefern, die außerhalb des durch frühere Lebenserfahrungen geprägten Bereichs des Unbewußten liegen, etwa die perinatalen oder transpersonalen Erfahrungen, die ich in einem späteren Abschnitt dieses Buches ausführlicher besprechen werde.

Da eine genaue Kenntnis transbiographischer (jenseits früherer Erfahrungen liegender) Erlebnisbereiche für ein echtes Verständnis der meisten Probleme, mit denen es die Psychiatrie zu tun hat, unerläßlich ist, hat diese Situation ernste Konsequenzen. Insbesondere ist ein tieferes Verständnis des psychotischen Prozesses faktisch unmöglich, ohne die transpersonale Dimension der Psyche anzuerkennen. So liefern die bestehenden Erklärungsmodelle oberflächliche und nicht überzeugende psychodynamische Interpretationen. Sie reduzieren die beteiligten Probleme auf biographische Faktoren aus der frühen Kindheit oder postulieren unbekannte biochemische Faktoren, die sie als Grundlage für die Verzerrungen der »objektiven Realität« oder anderer bizarrer und unverständlicher Erscheinungen annehmen.

Die Erklärungsschwäche des alten Paradigmas wird noch offenkundiger im Hinblick auf bedeutsame soziokulturelle Phänomene wie den Schamanismus, die Religion, die Mystik, die Übergangsriten von Naturvölkern, die alten Mysterien und die Heilungszeremonien verschiedener vorindustrieller Kulturen. Die gegenwärtige Tendenz, mystische Erfahrungen und das spirituelle Leben auf kulturell akzeptierte quasi-psychotische Zustände, auf primitiven Aberglauben oder auf ungelöste frühkindliche Konflikte und Abhängigkeiten zu reduzieren, offenbart ein schwerwiegendes Unverständnis ihrer wahren Natur. Freuds Versuch, die Religion mit der Zwangsneurose gleichzusetzen, mag bestenfalls in bezug auf einen Aspekt der Religion, nämlich auf das Ausüben von Ritualen, als relevant betrachtet werden. Er geht aber völlig an der wesentlichen Bedeutung von unmittelbaren visionären Erfahrungen anderer Realitäten vorbei, die diese für die Entwicklung aller großen Religionen gehabt haben. Gleichermaßen zweifelhaft sind die zahlreichen, von der Psychoanalyse inspirierten Theorien, die historische Ereignisse apokalyptischen Ausmaßes wie Kriege, blutige Revolutionen, Völkermord und totalitäre Systeme mit Kindheitstraumen und anderen Ereignissen aus der Lebensgeschichte der beteiligten Personen erklären wollen.

Die Tatsache, daß die alten Modelle für die Erklärung verschiedener Phänomene nicht mehr ausreichen, ist nur ein Aspekt ihrer negativen Rolle innerhalb der Psychiatrie. Sie üben sich auch stark hemmend auf eine aufgeschlossene Erforschung solcher neuer Beobachtungen und Bereiche aus, die mit ihren Grundannahmen über die Realität unvereinbar zu sein scheinen. Dies läßt sich daran verdeutlichen, daß die dominierenden Psychologie- und Psychiatrierichtungen immer noch zögern, eine Unmenge von Daten aus vielen verschiedenen Gebieten anzuerkennen, so etwa aus der Praxis der Jungschen Analyse und der neuen Selbsterfahrungtherapien, aus der Thanatologie, aus der Forschung mit psychedelischen Drogen, aus modernen parapsychologischen Untersuchungen und aus Berichten von »seherisch begabten Anthropologen«.

Ein starres Festhalten am kartesianisch-Newtonschen Paradigma hat sich besonders schädlich auf die Praxis der Psychiatrie und Psychotherapie ausgewirkt. Dies ist zum größten Teil für die inadäquate Anwendung des medizinischen Modells auf die psychiatrischen Bereiche verantwortlich, die sich mit Lebensproblemen statt mit geistigen Krankheiten auseinandersetzen. Das von der westlichen Wissenschaft geschaffene Weltbild ist pragmatisch nützlich und trägt dazu bei, die gegenwärtig verfügbaren Informationen und Daten zu ordnen. Es wurde aber im allgemeinen als zutreffende und umfassende Beschreibung der Wirklichkeit mißverstanden. Aufgrund dieses erkenntnistheoretischen Irrtums gilt mit dem kartesianisch-Newtonschen Weltbild übereinstimmendes Wahrnehmen und Denken als wesentliches Kriterium für geistige Gesundheit und Normalität. Stärkere Abweichungen von dieser »richtigen Realitätssicht« werden als Anzeichen für ernsthafte psychopathologische Veränderungen gewertet, die eine Störung oder Beeinträchtigung der Sinnesorgane und des Zentralnervensystems, also eine Krankheit widerspiegeln. In diesem Zusammenhang werden außergewöhnliche Bewußtseinszustände fast ausnahmslos als symptomatisch für eine Geisteskrankheit gesehen. Schon der Begriff »veränderte Bewußtseinszustände« macht deutlich, daß die korrekte Wahrnehmung der »objektiven Realität« verzerrt oder verfälscht ist. Angesichts solcher Bedingungen erscheint die Annahme, daß diese Zustände irgendeine ontologische oder erkenntnistheoretische Relevanz haben, als absurd. Ebenso unwahrscheinlich wäre die Vermutung, daß diese außergewöhnlichen Bewußtseinsformen, die ihrem Wesen nach als pathologisch gelten, irgendein therapeutisches Potential beinhalten. So dominiert in der psychiatrischen Therapie die Auffassung, daß Symptome und ungewöhnliche Phänomene jeder Art beseitigt werden müssen und die betroffene Person zu allgemein akzeptierten Wahrnehmungs- und Erfahrungsformen zurückzuführen sei.

Die theoretischen Herausforderungen der modernen Bewußtseinsforschung

Seit Bestehen der modernen Wissenschaft haben Generationen von Forschern mit großer Begeisterung und Entschlossenheit die verschiedenen Wege eingeschlagen, die vom kartesianisch-Newtonschen Paradigma nahegelegt wurden. Sie waren schnell bei der Hand, wenn es darum ging, theoretische Formulierungen und Beobachtungen abzulehnen, die einige der von der Fachwelt akzeptierten grundlegenden philosophischen Annahmen in Frage gestellt hätten. Die meisten Wissenschaftler sind durch ihre fachliche Ausbildung so gründlich vorprogrammiert worden oder haben sich durch ihre praktischen Erfolge so beeindrucken und mitreißen lassen, daß sie ihr Modell im wahrsten Sinne des Wortes als akkurate und erschöpfende Beschreibung der Realität auffaßten. In dieser Atmosphäre wurden zahllose Beobachtungen aus verschiedenen Bereichen systematisch verworfen, verheimlicht oder gar lächerlich gemacht, weil sie mit dem mechanistischen und reduktionistischen Denken, das von vielen mit dem wissenschaftlichen Denken schlechthin gleichgesetzt wurde, unvereinbar waren.

Lange Zeit waren die Erfolge dieses Bemühens so verblüffend, daß sie die praktischen und theoretischen Fehlschläge verdeckten. Angesichts der sich rapide entwickelnden Krisen in der Welt, die den stürmischen wissenschaftlichen Fortschritt begleiten, wurde es zunehmend schwieriger, nur seine positiven Seiten zu sehen. Die alten wissenschaftlichen Modelle bieten zweifellos keine befriedigenden Lösungen der menschlichen Probleme, denen wir uns auf individueller, sozialer, internationaler und globaler Ebene gegenübersehen. Viele prominente Wissenschaftler haben auf unterschiedliche Weise den zunehmenden Verdacht geäußert, daß das mechanistische Weltbild der westlichen Wissenschaft erheblich zu der gegenwärtigen Krise beigetragen, wenn nicht sogar sie verursacht hat.

Ein Paradigma ist mehr als nur ein nützliches theoretisches Modell für den Wissenschaftler. Durch indirekte Beeinflussung des einzelnen und der Gesellschaft prägt seine Philosophie die Welt. Die kartesianisch-Newtonsche Wissenschaft hat ein sehr negatives Bild vom Menschen geschaffen. Es stellt ihn als eine biologische Maschine dar, die von instinkthaften tierischen Impulsen gesteuert wird. Höhere Werte wie spirituelles Bewußtsein, Liebe, ästhetische Bedürfnisse oder der Gerechtigkeitssinn finden in ihm keinen richtigen Platz. All diese Dinge werden als Abkömmlinge von Grundinstinkten gesehen oder als Kompromisse, die der menschlichen Natur eigentlich fremd sind. Nach dieser Vorstellung gelten der Individualismus, der Egoismus, der Wettbewerb und das Prinzip des »Überlebens des Stärkeren« als natürliche und ihrem Wesen nach gesunde Neigungen. Die materialistische Wissenschaft, die geblendet war von ihrem Bild der Welt als einem Konglomerat aus mechanisch interagierenden getrennten Einheiten, erwies sich als unfähig, den Wert und die lebenswichtige Bedeutung von Kooperation, Synergie und ökologischen Anliegen zu erkennen.

Ihre stupenden technischen Errungenschaften, mit deren Hilfe die meisten materiellen Probleme der Menschheit gelöst werden konnten, erwiesen sich als Bumerang. Sie haben eine Welt geschaffen, in der ihre größten Triumphe – die Atomenergie, die Weltraumraketen, die Kybernetik, die Laser-Technik, die Computer und andere elektronische Vorrichtungen sowie die Wunder der modernen Chemie und Bakteriologie – unser Leben bedrohen und sich zu einem leibhaftigen Alptraum gewandelt haben. Wir haben jetzt eine politisch und ideologisch geteilte Welt, die im Schatten ökonomischer Krisen, der Umweltverschmutzung und des Gespenstes des Atomkriegs steht. Angesichts dieser Situation fragen immer mehr Leute nach dem Sinn und Zweck eines rapiden technischen Fortschritts, der weder von emotional reifen Menschen kontrolliert noch von einer Spezies nutzbar gemacht wird, die genügend entwickelt ist, um mit ihren gewaltigen Errungenschaften konstruktiv umzugehen.

Je mehr sich die ökonomische, sozio-politische und ökologische Situation in der Welt verschlechtert, desto mehr Menschen scheinen die Strategie einseitiger Manipulation und Beherrschung der materiellen Welt aufzugeben und nach Antworten in ihrem Innern zu suchen. Man interessiert sich zunehmend für eine Bewußtseinsentwicklung, von der man sich eine Alternative zur globalen Zerstörung erhofft. Dies zeigt sich in einer wachsenden Popularität der Meditation und anderen alten und fernöstlichen spirituellen Praktiken, der Selbsterfahrungstherapien und einer klinischen sowie experimentellen Bewußtseinsforschung. Diese Aktivitäten haben erneut die Tatsache ins Licht gerückt, daß traditionelle Paradigmen nicht in der Lage sind, eine große Anzahl unvereinbarer Beobachtungen aus vielen verschiedenen Bereichen zu erklären und einzuordnen.

In ihrer Gesamtheit sind die Daten aus solchen Beobachtungen von wesentlicher Bedeutung. Sie machen das dringende Bedürfnis nach einer drastischen Revidierung unserer Grundvorstellungen von der menschlichen Natur und der Beschaffenheit der Realität deutlich. Viele aufgeschlossene Theoretiker und Praktiker der Psychologie und Psychiatrie sind sich der Tatsache bewußt, daß zwischen der gegenwärtigen Form ihrer Wissenschaften und den großen alten oder östlichen spirituellen Traditionen – den verschiedenen Arten des Yoga, dem Kaschmir-Shaivismus, dem tibetanischen Vajrayana, dem Taoismus, dem Zen-Buddhismus, dem Sufismus, der Kabbalah oder der Alchemie – eine abgrundtiefe Kluft besteht. Der Reichtum an tiefgründigem Wissen über die menschliche Psyche und das Bewußtsein, der sich in diesen Systemen über die Jahrhunderte und sogar Jahrtausende angesammelt hat, ist von der westlichen Wissenschaft nicht adäquat anerkannt, erforscht und integriert worden.

Auch Anthropologen, die Feldforschung in nichtwestlichen Kulturen betreiben, haben seit Jahrzehnten über verschiedenartige Phänomene berichtet, für die traditionelle Theoriesysteme nur oberflächliche und wenig überzeugende oder überhaupt keine Erklärungen liefern. Obwohl viele außergewöhnliche kulturspezifische Beobachtungen wiederholt in reichhaltig dokumentierten Untersuchungen beschrieben worden sind, werden diese in der Regel achtlos übergangen oder als primitiver Glaube und Aberglaube bzw. als psychopathologische Phänomene einzelner Personen oder ganzer Gruppen interpretiert. In diesem Zusammenhang verweisen wir auf die Erfahrungen und Praktiken von Schamanen, die Trancezustände, die Rituale von Naturvölkern, spirituelle Heilungspraktiken oder die Entwicklung verschiedener paranormaler Fähigkeiten bei einzelnen Personen oder ganzen sozialen Gruppen. Diese Situation ist noch viel komplizierter, als sie auf Anhieb erscheinen mag. Informelle und vertrauliche Kontakte mit Anthropologen haben mich davon überzeugt, daß viele von ihnen beschlossen haben, über gewisse Aspekte ihrer Feldforschung nicht zu berichten, weil sie sonst fürchten, von traditionell orientierten Kollegen ausgelacht oder geächtet zu werden und ihr professionelles Image zu gefährden.

Die theoretischen Unzulänglichkeiten und Fehlschläge des alten Paradigmas beschränken sich nicht auf Daten aus exotischen Kulturen. Es wird ebensosehr von westlichen Untersuchungen in Klinik und Labor in Frage gestellt. Die Experimente mit Hypnose, Reizentzug und Reizüberflutung, willentlicher Kontrolle internaler Zustände, Biofeedback und Akupunktur haben viele alte und östliche Praktiken in einem neuen Licht erscheinen lassen, aber mehr theoretische Probleme aufgeworfen als befriedigende Antworten gegeben. Die psychedelische Forschung hat in einer Hinsicht Klarheit in viele historische und anthropologische Daten gebracht, die früher Verwirrung schafften, nämlich in Daten über Schamanismus, Mysterienkulte, Übergangsriten, Heilungszeremonien und paranormale Phänomene nach dem Gebrauch heiliger Pflanzen. Gleichzeitig bestätigte sie einen großen Teil des alten Wissens über das Bewußtsein, das die Naturvölker und die Völker des Ostens besitzen, und brachte einige grundlegende philosophische Annahmen der mechanistischen Wissenschaft ins Wanken. Wie ich später ausführlich besprechen werde, haben die Experimente mit psychedelischen Drogen das konventionelle Verständnis von Psychotherapie, die traditionellen Modellvorstellungen von der menschlichen Psyche, das bisherige Bild vom Menschen und sogar Grundannahmen über die Beschaffenheit der Realität nachhaltig erschüttert.

Die Beobachtungen aus der psychedelischen Forschung sind keineswegs auf den Gebrauch von psychisch wirksamen Substanzen eingeengt. Die im wesentlichen gleichen Erfahrungen finden sich im Zusammenhang mit modernen Psychotherapieformen, die keine solchen Substanzen zu Hilfe nehmen, und in den Körpertherapien, etwa in der Jungschen Analyse, in der Psycho-Synthese, in verschiedenen neo-reichianischen Therapien, in der Gestalttherapie, in modifizierten Formen der Primärtherapie, im katathymen Bilderleben mit Musik, im Rolfing, in verschiedenen Rebirthing-Techniken, in der Technik des Past-Life Regression und in den »Beichtsitzungen« der Scientology-Bewegung. Eine von meiner Frau Christina und mir entwickelte Technik, die holonome Integration oder holotrope Therapie, kombiniert unter Verzicht auf Drogen oder Medikamente kontrollierte Atemübungen, anregende Musik und gezielte Körperarbeit. Diese Behandlungsform kann ein weites Erlebensspektrum öffnen, das praktisch mit dem Spektrum des psychedelischen Erlebens identisch ist; sie soll in einem späteren Abschnitt (S. 362 ff) beschrieben werden.

Eine andere wichtige Quelle von Informationen, die die etablierten Paradigmen der mechanistischen Wissenschaft in Frage stellen, ist die moderne parapsychologische Forschung. Es ist zunehmend schwieriger geworden, Daten aus vielen methodisch sauberen und sorgfältig durchgeführten Experimenten von vornherein zu ignorieren oder zu leugnen, nur weil sie sich nicht mit dem traditionellen Vorstellungssystem vereinbaren lassen. Respektable Wissenschaftler mit hervorragendem Ruf wie Joseph Banks Rhine, Gardner Murphy, Jules Eisenbud, Stanley Krippner, Charles Tart, Elmer und Alyce Green, Arthur Hastings, Russell Targ und Harold Puthoff haben zahlreiche Hinweise auf die Existenz von

Telepathie, Hellsehen, Astralprojektion, Telekryptoskopie, mediale Diagnose und Heilung oder Psychokinese angesammelt, die Schlüsselfunktion für ein neues Verständnis der Wirklichkeit besitzen. Interessant ist, daß moderne, mit der Quantenlehre vertraute Physiker paranormalen Phänomenen im allgemeinen ein ernsthafteres Interesse entgegenbringen als traditionelle Psychiater und Psychologen. In diesem Zusammenhang sollten wir auch die faszinierenden Daten aus der Thanatologie erwähnen. Diese legen u. a. nahe, daß klinisch tote Personen häufig die Situation in ihrer Umgebung vollkommen richtig wahrnehmen können, und zwar von Punkten, die ihnen nicht einmal bei vollem Bewußtsein zugänglich wären.

Statt all die Ergebnisse aus den genannten Bereichen zusammenfassend darzustellen und ihren gemeinsamen Nenner zu verdeutlichen, möchte ich mich im folgenden auf Beobachtungen aus der psychedelischen Forschung, insbesondere aus der LSD-Psychotherapie, beschränken. Für dieses Vorgehen habe ich mich nach einiger Überlegung entschieden, und zwar aus mehreren gewichtigen Gründen. Die meisten Forscher, die sich mit der Wirkung psychedelischer Drogen befassen, sind zu dem Schluß gekommen, daß diese Substanzen am besten als Verstärker oder Katalysatoren geistiger Prozesse verstanden werden können. Sie scheinen nicht drogenspezifische Zustände herbeizuführen, sondern bereits bestehende Matrizen oder Potentiale des menschlichen Geistes zu aktivieren. Die Person, die sie einnimmt, gerät nicht in eine »toxische Psychose«, die zu den psychischen Funktionen im Normalzustand wenig oder gar keinen Bezug hat. Sie begibt sich statt dessen auf eine phantastische Reise in ihr Unbewußtes und Überbewußtes. Die Drogen erschließen also den Zugang zu einer Vielfalt sonst verborgener Phänomene, die dem menschlichen Geist innewohnende Fähigkeiten repräsentieren und eine wichtige Rolle in der Dynamik normaler geistiger Prozesse spielen.

Da das Spektrum psychedelischen Erlebens den gesamten Erlebensbereich umfaßt, der beim Menschen möglich ist, beinhaltet es auch die bereits genannten Phänomene in anderen, mit Drogen nicht in Beziehung stehenden Bereichen, etwa in Zeremonien von Naturvölkern, in verschiedenen spirituellen Praktiken, in den Selbsterfahrungstherapien, in modernen Labortechniken, in der parapsychologischen Forschung und in biologischen Notsituationen oder Sterbeerlebnissen. Gleichzeitig ermöglicht der verstärkende und katalytische Effekt psychedelischer Drogen eine Herbeiführung ungewöhnlicher Bewußtseinszustände von außerordentlicher Klarheit und Intensität, dies zudem unter kontrollierten Bedingungen und mit großer Verläßlichkeit. Diese Tatsache stellt für den Forscher einen beträchtlichen Vorteil dar und macht die psychedelischen Phänomene für ein systematisches Studium besonders geeignet.

Der wichtigste und offenkundigste Grund für die Beschränkung der Diskussion auf die psychedelische Forschung ist mein eigenes seit langem bestehendes wissenschaftliches Interesse für dieses Gebiet. Da ich mehrere tausend Sitzungen mit LSD und anderen bewußtseinsverändernden Substanzen durchgeführt und selber viele Male psychedelische Zustände erlebt habe, schreibe ich mir für diesen Bereich eine fachliche Kompetenz zu, an der es mir in diesem Maße bezüglich der anderen relevanten Bereiche mangelt. Seit 1954, als ich mich zum ersten Mal für psychedelische Drogen interessierte und mich mit ihnen vertraut machte, habe ich persönlich über 3000 LSD-Sitzungen geleitet und hatte außerdem Zugang zu mehr als 2000 Aufzeichnungen über Sitzungen, die von Kollegen und Kolleginnen in der CSSR und den USA durchgeführt wurden. Die Versuchspersonen in diesen Experimenten waren »normale« Freiwillige, verschiedene Gruppen psychiatrischer Patienten und Personen, die an Krebs starben. Die Gruppe der freiwilligen Nicht-Patienten setzte sich zusammen aus Psychiatern und Psychologen, Wissenschaftlern anderer Disziplinen, Künstlern, Philosophen, Theologen, Studenten und Studentinnen sowie psychiatrischen Krankenschwestern und -pflegern. Die Patienten mit emotionalen Störungen fielen in verschiedene diagnostische Kategorien. Dazu gehörten u. a. Personen mit verschiedenen Formen von Depression, mit Psychoneurosen, Alkoholsucht, Schlafmittelsucht, sexuellen Abnormitäten, psychosomatischen Störungen, Borderline-Syndromen und Schizophrenie. Die beiden Hauptmethoden in diesen Untersuchungen – die psycholytische und die psychedelische Therapie – habe ich an anderer Stelle ausführlich beschrieben (69).

In den Jahren meiner klinischen Arbeit mit psychedelischen Drogen wurde immer offenkundiger, daß sich die Beschaffenheit des LSD-Erlebens und zahlreiche Beobachtungen im Rahmen der psychedelischen Therapie nicht angemessen mit dem kartesianisch-Newtonschen Bild vom Universum und speziell mit den vorherrschenden neurophysiologischen Modellen des Gehirns erklären ließen. Nach jahrelangen theoretischen Kämpfen und Verwirrungen kam ich zu dem Schluß, daß die Daten aus der LSD-Forschung eine drastische Revidierung der existierenden Paradigmen für die Psychologie, Psychiatrie, Medizin und möglicherweise die Wissenschaft im allgemeinen dringend erforderlich machten. Gegenwärtig habe ich kaum Zweifel, daß unser heutiges Bild vom Universum, vom Wesen der Realität und insbesondere vom Menschen oberflächlich, unrichtig und unvollständig ist.[7]

Im folgenden will ich kurz die wichtigsten Beobachtungen aus der LSD-Psychotherapie schildern, die ich für ernsthafte Herausforderungen der vorherrschenden psychiatrischen Theorie, der heutigen medizinischen Anschauungen und des auf Isaac Newton und René Descartes zurückgehenden Modells vom Universum halte. Einige dieser Beobachtungen stehen im Zusammenhang mit bestimmten formalen Charakteristika der psychedelischen Zustände, andere mit ihrem Inhalt und wiederum andere mit einigen offenbar außergewöhnlichen Verbindungen zwischen ihnen und der Struktur der äußeren Realität. Ich möchte an dieser Stelle noch einmal betonen, daß die folgende Diskussion nicht nur für psychedelische Zustände gilt, sondern auch für verschiedene Zustände veränderten Bewußtseins, die sich spontan einstellen oder die durch andere Mittel als Drogen herbeigeführt werden. Alle Fragen, mit denen wir uns befassen, beziehen sich deshalb generell auf das Verständnis des menschlichen Geistes sowohl in seinen gesunden als auch in seinen kranken Manifestationen.

Ich möchte mit einer kurzen Beschreibung der *formalen Charakteristika außergewöhnlicher Bewußtseinszustände* anfangen. In psychedelischen Sitzungen und in anderen ungewöhnlichen Sinneserfahrungen können Abfolgen verschiedener dramatischer Ereignisse mit einer Lebhaftigkeit, Unmittelbarkeit und Intensität wahrgenommen werden, die der normalen Wahrnehmung der materiellen Welt entspricht oder sie sogar übertrifft. Obwohl der optische Aspekt dieser Sequenzen für die meisten Leute am hervorstechendsten ist, können auch in allen anderen Sinnesbereichen sehr realistische Erlebnisse auftreten. Gelegentlich dominieren vereinzelte überstarke Geräusche, menschliche und tierische Stimmen, ganze Musikfolgen, intensive physische Schmerzen oder andere Körperempfindungen sowie deutlich wahrnehmbare Geschmäcker und Gerüche. Der Denkprozeß kann in äußerst tiefgehender Weise beeinflußt werden, und unter Umständen interpretiert der Intellekt die Realität in einer Weise, die für die betreffende Person im Normalzustand ganz und gar nicht charakteristisch ist. Die Beschreibung der Hauptelemente des Erlebens in außergewöhnlichen Bewußtseinszuständen wäre unvollständig, ohne das breite Spektrum von heftigen Emotionen zu erwähnen, das normalerweise zu beobachten ist.

Viele psychedelische Erfahrungen haben offenbar eine Allgemeinqualität, die auch alltäglichen Erfahrungen eigen ist. Sie spielen sich in einem dreidimensionalen Raum ab, wobei die Zeit linear verläuft. Es finden sich aber schnell weitere recht typische Erlebensmerkmale. Der psychedelische Zustand umfaßt viele Ebenen und Dimensionen. Wenn Ereignisse in einer Weise ablaufen, die für das kartesianisch-Newtonsche Raum-Zeit-Schema typisch ist, dann scheint dies nur eine Möglichkeit von unendlich vielen zu sein. Alle Möglichkeiten des psychedelischen Erlebens aber besitzen die Charakteristika, die wir sonst mit der Wahrnehmung der materiellen Welt der »objektiven Realität« in Verbindung bringen.

Personen im LSD-Rausch sprechen häufig von Bildern, doch besitzen diese nicht die Eigenschaften unbeweglicher Photographien. Vielmehr sind sie in ständiger dynamischer Bewegung und vermitteln in der Regel Aktion und dramatisches Geschehen. Doch auch der Begriff »innerer Film«, der so häufig in Berichten über LSD-Erlebnisse auftritt, trifft das Charakteristische nicht. In der Kinematographie wird die Dreidimensionalität des Geschehens auf der Leinwand künstlich durch die Bewegung der Kamera vorgetäuscht. Der Raum muß in die Zweidimensionalität des Films »hineingelesen« werden und hängt letztlich von der Interpretation des Betrachters ab. Im Gegensatz dazu haben psychedelische Visionen echten dreidimensionalen Charakter und tragen alle Merkmale der alltäglichen Wahrnehmung bzw. können sie zumindest in bestimmten Fällen tragen. Sie scheinen einen spezifischen Raum einzunehmen und können aus unterschiedlichen Richtungen und Winkeln mit einer echten Parallaxe gesehen werden. Es ist möglich, wie mit einem Zoom-Objektiv verschiedene Stufen und Ebenen des Erlebenskontinuums herauszuholen, feine Strukturen wahrzunehmen oder zu rekonstruieren und durch transparente Media der anvisierten Objekte wie etwa durch eine Zelle, einen embryonalen Körper, Teile einer Pflanze oder einen Edelstein hindurchzusehen. Diese willentlich gesteuerte Brennpunkteinstellung ist nur ein Mechanismus, mit dem die Bilder verwischt oder deutlich gemacht werden können. Man kann die Bilder auch scharfe Konturen annehmen lassen, indem man die Verzerrungen, die durch Angst, Abwehrmechanismen oder Widerstände entstehen, überwindet, oder indem man den Inhalt sich zeitlich linear entfalten läßt.

Ein wesentliches Merkmal psychedelischen Erlebens ist die Transzendierung von Raum und Zeit. Das lineare Kontinuum zwischen dem Mikro- und dem Makrokosmos, das für unser alltägliches Bewußtsein so absolut bestimmend zu sein scheint, existiert nicht mehr. Die wahrgenommenen Objekte können jede Größendimension haben, es können sowohl Atome, Moleküle und einzelne Zellen als auch astronomische Körper, Sonnen- und Milchstraßensysteme sein. Die Phänomene aus dem Bereich der »mittleren« Dimension, die wir direkt mit unseren Sinnen erfassen, stehen gleichrangig neben solchen, die gewöhnlich nur mit Hilfe komplizierter technischer Vorrichtungen wie Mikroskopen oder Teleskopen unserer Wahrnehmung zugänglich gemacht werden können. Im Erleben ist der Unterschied zwischen Mikrokosmos und Makrokosmos willkürlich. Beide können sich nach Belieben austauschen. Im LSD-Rausch kann man sich als einzelne Zelle, als Fötus oder als Milchstraßensystem erleben, und zwar sowohl gleichzeitig als auch abwechselnd durch einfache Brennpunktverschiebung.

In ähnlicher Weise wird auch die Linearität zeitlich abfolgender Ereignisse transzendiert. Szenen aus verschiedenen lebensgeschichtlichen Zusammenhängen können gleichzeitig ablaufen und durch ihre Erlebensmerkmale in einer sinnvollen Verbindung miteinander stehen. So können ein traumatisches Kindheitserlebnis, eine schmerzliche biologische Geburt und so etwas wie eine Erinnerung an ein tragisches Ereignis in einer früheren Inkarnation gleichzeitig Teil eines komplexen Erlebensmusters sein. Und wiederum hat die betreffende Person die Wahl, sich auf irgendeine dieser Szenen zu konzentrieren, sie alle gleichzeitig zu erleben oder sie abwechseln zu lassen, während sie sinnvolle Verbindungen zwischen ihnen entdeckt. Der lineare Zeitabstand, der unsere Alltagserfahrung beherrscht, existiert nicht mehr und Ereignisse aus verschiedenen lebensgeschichtlichen Phasen treten in Clustern auf, wenn ihnen die gleiche starke Emotion oder ein ähnlicher intensiver körperlicher Schmerz gemeinsam ist.

In psychedelischen Zuständen gibt es viele Erlebensalternativen zum Newtonschen Modell der linearen Zeit und des dreidimensionalen Raums, das für unsere Alltagsexistenz charakteristisch ist. In solchen Zuständen können Ereignisse aus der jüngsten oder fernen Vergangenheit und aus der Zukunft mit einer Lebhaftigkeit und Vielschichtigkeit erlebt werden, wie sie im alltäglichen Bewußtsein nur dem gegenwärtigen Augenblick anhaften. Es gibt psychedelische Erfahrungen, in denen sich die Zeit enorm zu verlangsamen oder zu beschleunigen scheint, in denen sie rückwärts fließt oder ganz zu existieren aufhört. Sie kann zirkulär oder zirkulär und linear gleichzeitig wirken, spiralenförmig voranschreiten oder bestimmte Abweichungs- und Verzerrungsmuster zeigen. Sehr häufig wird die Zeit als Dimension transzendiert und nimmt räumliche Merkmale an. Vergangenheit, Gegenwart und Zukunft erscheinen zu ein- und demselben Zeitpunkt nebeneinandergestellt. Gelegentlich berichten Personen im LSD-Rausch auch von verschiedenen Zeitreisen. Sie wandern zurück in die historische Vergangenheit, durchschreiten Zeitschleifen oder treten überhaupt aus der zeitlichen Dimension heraus und an einer anderen Stelle wieder ein.

Die Wahrnehmung des Raumes kann ähnliche Wandlungen durchmachen. In außergewöhnlichen Bewußtseinszuständen werden die Enge und Begrenzung eines Raumes mit nur drei Koordinaten deutlich spürbar. Personen im LSD-Rausch berichten häufig, daß sie den Raum und das Universum als gekrümmt und in sich selber geschlossen erleben, oder sie sind in der Lage, Welten mit vier, fünf oder mehr Dimensionen wahrzunehmen. Andere haben das Gefühl, sie seien ein dimensionsloser Punkt im Bewußtsein. Der Raum läßt sich als ein willkürliches Konstrukt und als eine Projektion des Geistes sehen, die keineswegs objektive Existenz besitzt. Unter bestimmten Umständen werden beliebig viele einander durchdringende Universen verschiedener Ordnung in holographischer Koexistenz wahrgenommen. Wie schon im Fall der Zeitreisen kann man eine lineare Verlegung an einen anderen Ort durch eine geistige Reise im Raum erleben. Man kann einen direkten und unmittelbaren Transport durch eine Raumschleife mitmachen oder überhaupt die räumliche Dimension verlassen und an einer anderen Stelle wieder betreten.

Ein weiteres Charakteristikum psychedelischer Zustände ist die Transzendierung der scharfen Trennung zwischen Materie, Energie und Bewußtsein. Innere Visionen können so realistisch sein, daß sie Phänomene der materiellen Welt täuschend nachahmen, und umgekehrt kann das, was im alltäglichen Leben als feste und greifbare Materie erscheint, in Energiemuster, einen kosmischen Tanz von Vibrationen oder ein Spiel des Bewußtseins auseinanderfallen. Die Welt voneinander getrennter Individuen und Objekte wird durch ein Wirrwarr von Energiemustern und Bewußtsein ersetzt, in dem verschiedene Arten und Ebenen von Begrenzungen nur spielerischen und willkürlichen Charakter haben. Diejenigen, die ursprünglich die Materie als die Grundlage der Existenz ansahen und den Geist für ihren Abkömmling hielten, können zunächst entdecken, daß das Bewußtsein ein unabhängiges Prinzip im Sinne des psychophysischen Dualismus darstellt und es schließlich als die einzige Realität akzeptieren. In kosmischen und allumfassenden Erlebnissen wird die Dichotomie zwischen Sein und Nicht-

Sein überschritten. Form und Leere erscheinen als gleichwertig und austauschbar.

Ein sehr interessanter und wichiger Aspekt psychedelischer Zustände ist das Auftauchen komplexer Erfahrungen mit verdichtetem oder zusammengesetztem Inhalt. Im Laufe einer LSD-Psychotherapie können einige solcher Erlebnisse als vielfach determinierte Symbolbildungen entschlüsselt werden, die in höchst kreativer Weise Elemente aus vielen verschiedenen, emotional und thematisch miteinander verbundenen Bereichen kombinieren.[8] Es gibt eine deutliche Parallele zwischen diesen dynamischen Strukturen und den Traumbildern, wie sie von Sigmund Freud (54) analysiert wurden. Andere verdichtete Erfahrungen scheinen viel homogener zu sein. Sie spiegeln nicht viele verschiedene Themen und Bedeutungsebenen – auch solche widersprüchlicher Natur – wider, sondern stellen die Pluralität des Inhalts in vereinheitlichter Form durch Summierung verschiedener Elemente dar. Zu dieser Kategorie zählen Erfahrungen wie die zweifache Einheit mit einer anderen Person oder ein Bewußtsein, das das Bewußtsein einer ganzen Gruppe von Personen, der gesamten Bevölkerung eines Landes (etwa Indien, das zaristische Rußland, das Dritte Reich) oder gar der gesamten Menschheit einschließt. Andere wichtige Beispiele wären archetypische Erfahrungen von der großen oder schrecklichen Mutter, von dem Mann oder der Frau, vom Vater, vom Liebhaber, vom kosmischen Menschen oder von der Gesamtheit des Lebens als eines kosmischen Phänomens.

Diese Tendenz zur Schaffung verdichteter oder zusammengesetzter Bilder äußert sich nicht nur im inneren Erleben bei einer psychedelischen Erfahrung. Sie ist auch für ein häufiges und wichtiges Phänomen verantwortlich, nämlich die illusorische Verwandlung anwesender Personen oder der physischen Umgebung. Diese tritt als Folge des auftauchenden unbewußten Materials bei einer Person im LSD-Rausch auf, die ihre Augen offen hält. Die resultierenden Erfahrungen sind komplexe Gemische aus Wahrnehmungen der Außenwelt und den aus dem Unbewußten projizierten Elementen. So kann ein Therapeut gleichzeitig in seiner normalen Identität und als Elternteil, Henker, archetypische Erscheinung oder Charakter aus einer früheren Inkarnation wahrgenommen werden. Das Behandlungszimmer kann sich in das Kinderzimmer, die entbindende Gebärmutter, in eine Todeszelle, ein Bordell, eine Eingeborenenhütte und viele andere Dinge verwandeln, die aber gleichzeitig auf einer anderen Ebene ihre ursprüngliche Identität bewahren.

Das letzte besondere Merkmal außergewöhnlicher Bewußtseinszustände, das hier erwähnt werden muß, ist die Transzendierung des Unterschieds zwischen dem Ich und den Elementen der Außenwelt, oder – allgemeiner ausgedrückt – zwischen dem Teil und dem Ganzen. In einer LSD-Sitzung kann man sich selber als jemand oder etwas anderes erleben, und zwar mit oder ohne Verlust der ursprünglichen Identität. Die Erfahrung, daß man selber nur ein unendlich kleiner und isolierter Bruchteil des Universums ist, läßt sich offenbar mit der gleichzeitigen Erfahrung vereinbaren, jeder andere Teil dieses Universums oder die Gesamtheit der Existenz zu sein. Personen im LSD-Rausch können gleichzeitig oder abwechselnd viele verschiedene Formen der Identität annehmen. Das eine Extrem ist die volle Identifikation mit einer isolierten, begrenzten und entfremdeten biologischen Kreatur, die in einem materiellen Körper wohnt oder dieser Körper selber ist. In dieser Form unterscheidet sich der einzelne von allen und allem anderen und bildet nur einen nahezu unendlich kleinen und letztlich unbedeutenden Bruchteil des Ganzen. Das andere Extrem ist die volle Identifikation mit dem undifferenzierten Geist des Universums oder der Leere, also mit dem gesamten kosmischen Netzwerk und der Gesamtheit der Existenz. Die zuletzt genannte Erfahrung ist paradox, da sie sowohl das Inhaltslose als auch das alles Beinhaltende umfaßt. Nichts existiert in einer konkreten Form, doch alles ist als Möglichkeit oder im Keim vorhanden.

Die Beobachtungen im Zusammenhang mit dem *Inhalt außergewöhnlicher Erlebnisse* fordern das kartesisch-Newtonsche Paradigma noch mehr heraus als die oben beschriebenen formalen Charakteristika. Jeder aufgeschlossene LSD-Therapeut, der schon zahlreiche psychedelische Sitzungen durchgeführt hat, ist mit einer Unmenge von Daten konfrontiert worden, die sich nicht in die bestehenden wissenschaftlichen Theoriensysteme einfügen lassen. In vielen Fällen gibt es keine Erklärung, weil es an Informationen über die möglichen Kausalzusammenhänge mangelt, in anderen ist eine solche sogar unvorstellbar, wenn man die gegenwärtigen Postulate der mechanistischen Wissenschaft beibehält.

In meiner Arbeit mit LSD fand ich es schon vor langer Zeit unmöglich, die Augen vor einem ständigen Zustrom erstaunlicher Daten zu schließen, nur weil diese nicht mit den Grundannahmen der gegenwärtigen Wissenschaft vereinbar waren. Ich durfte mich auch nicht mehr damit trösten, daß es irgendwelche vernünftige Erklärungen für sie geben müßte, obwohl ich mir solche nicht in den kühnsten Träumen vorstellen konnte. Ich verschloß mich nicht mehr der Möglichkeit, daß sich unser gegenwärtiges wissenschaftliches Weltbild – wie schon so viele Anschauungen zuvor – als oberflächlich, unrichtig und inadäquat erweisen könnte. An diesem Punkt fing ich an, all die verwirrenden und widersprüchlichen Beobachtungen zu registrieren, ohne sie beurteilen oder erklären zu wollen. Sobald ich nicht mehr von den alten Modellen abhängig war und mich lediglich als teilnehmender Beobachter fühlte, wurde ich mir nach und nach dessen bewußt, daß es bedeutsame Vorstellungen sowohl in den alten und östlichen Philosophien als auch in der westlichen Wissenschaft gab, die verblüffende und vielversprechende Erklärungsalternativen boten.

Ich habe bereits in einem anderen Rahmen ausführlich die wichtigsten Beobachtungen aus der LSD-Forschung beschrieben, die das mechanistische Weltbild ins Wanken bringen. In diesem Kapitel will ich nur kurz die hier relevanten Untersuchungsergebnisse zusammenfassen und den interessierten Leser auf die Originalquelle verweisen.[9] Bei der Analyse des Inhalts psychedelischen Erlebens hat es sich für mich als nützlich erwiesen, zwischen vier Haupttypen von Erfahrungen zu unterscheiden. Die oberflächlichsten von ihnen, d. h. solche, zu denen der Durchschnittsmensch den leichtesten Zugang hat, sind die Erfahrungen *abstrakter* oder *ästhetischer* Art. Sie haben keinen speziellen symbolischen Gehalt, der mit der Persönlichkeit des betreffenden Menschen in Verbindung steht, und lassen sich – wie in traditionellen Lehrbüchern der Medizin nachzulesen – mit anatomischen und physiologischen Merkmalen der Sinnesorgane erklären. Auf dieser Ebene psychedelischer Zustände habe ich nichts gefunden, was sich einer Interpretation im streng kartesianisch-Newtonschen Sinn widersetzen würde.

Die nächste Ebene psychedelischen Erlebens ist die *psychodynamische* oder *biographische* Ebene bzw. die *Ebene der Erinnerungen*. Hierzu gehören das komplexe Wiedererleben emotional befrachteter Erfahrungen aus verschiedenen Lebensabschnitten und symbolische Erlebnisse, die sich als Variationen oder Neukombinationen von Daten des bisherigen Lebens entschlüsseln lassen. Am ehesten lassen sie sich mit Traumbildern vergleichen, wie die Psychoanalyse sie beschreibt. So ist auch die Freudsche Theorie für die Erklärung der Phänomene auf dieser Ebene äußerst nützlich. Die meisten dieser Erfahrungen tangieren nicht das kartesianisch-Newtonsche Modell. Das ist auch nicht verwunderlich, da ja Freud selber ausdrücklich und voll bewußt von den Prinzipien der Newtonschen Mechanik Gebrauch gemacht hat, als er das Theoriengebäude der Psychoanalyse entwarf.

Es mag vielleicht überraschen, daß Ereignisse in den ersten Lebenstagen und -wochen – wenn auch nur gelegentlich – mit photographischer Genauigkeit wiedererlebt werden können. Auch scheinen Erinnerungen an ernsthafte körperliche Traumen wie ein Erlebnis des beinahe Ertrinkens, Verletzungen, Unfälle, Operationen und Krankheiten von größerer Bedeutung zu sein als Erinnerungen an psychische Traumen, wie sie von der gegenwärtigen Psychologie und Psychiatrie hervorgehoben werden. Sie sind offenbar für die Entwicklung verschiedener emotionaler und psychosomatischer Störungen direkt relevant. Dies trifft sogar für Erinnerungen an Ereignisse im Umfeld von Operationen zu, die unter Vollnarkose durchgeführt wurden. So neu und überraschend aber einige dieser Ergebnisse für die Medizin und Psychiatrie auch sein mögen, sie lassen noch nicht die Notwendigkeit eines umfassenden Paradigmawechsels erkennen.

Ernsthaftere theoretische Probleme schaffen die psychedelischen Erfahrungen des dritten Typs, die ich als *perinatale* Erfahrungen bezeichne.[10] Klinische Beobachtungen aus der LSD-Psychotherapie legen nahe, daß das Unbewußte des Menschen Erinnerungskonstellationen oder Matrizen enthält, deren Aktivierung zum Wiedererleben der biologischen Geburt und zu einer ernsthaften Auseinandersetzung mit dem Tod führt. Das resultierende Erleben von Tod und Wiedergeburt ist in der Regel begleitet von einer Öffnung innerlich angelegter spiritueller Bereiche, die unabhängig sind von Rasse, Kultur und Erziehung des betroffenen

Abb. 2. Erlebnis von Tod und Wiedergeburt aus einer perinatalen LSD-Sitzung. Der Körper der Klientin erhebt sich aus Tod und Dunkelheit mit Bildern von Friedhöfen, Särgen und brennenden Kerzen. Sie reckt ihre Arme hoch, und ihr Kopf scheint sich in einer transzendenten Lichtquelle aufzulösen.

Menschen. Diese Art der psychedelischen Erfahrung wirft zwei wichtige theoretische Probleme auf.

Personen im LSD-Rausch können also Elemente ihrer biologischen Geburt in all ihrer Komplexität und manchmal mit erstaunlichen, objektiv nachweisbaren Einzelheiten wiedererleben. Ich konnte die Richtigkeit vieler solcher Erlebnisse bestätigen, wenn die Bedingungen dafür günstig waren, und zwar häufig bei Personen, die vorher keine Kenntnisse von den Umständen ihrer Geburt besessen hatten. Sie konnten Eigenheiten und Anomalien ihrer fötalen Lage, Einzelheiten der Entbindung, geburtshelferische Maßnahmen und Details der nachgeburtlichen Pflege erkennen. Dazu gehörten beispielsweise wiedergeweckte Erinnerungen an eine Steißlage, an eine placenta previa, an eine um den Hals geschlungene Nabelschnur, an während der Geburt verwendetes Rizinusöl, an Geburtszangen, an verschiedene Manipulationen mit den Händen, an verschiedene Betäubungsmittel sowie an spezielle Wiederbelebungsmaßnahmen. (S. Abb. 1, S. 33.)

49

Die Erinnerungen an diese Ereignisse scheinen auch im Gewebe und in den Zellen des Körpers zu wohnen. Das Wiedererleben des Geburtstraumas kann mit der erneuten psychosomatischen Aktivierung aller einschlägigen physiologischen Symptome einhergehen, wie etwa mit einer Pulsbeschleunigung, mit Würgen und gleichzeitigen heftigen Veränderungen der Hautfarbe, mit einer Speichel- und Schleimüberproduktion, mit übermäßigen, von Energieentladungen unterbrochenen Muskelspannungen, mit spezifischen Haltungen und Bewegungen sowie mit dem Auftreten von Quetschwunden und Muttermalen. Dies sind Anzeichen dafür, daß das Wiedererleben der Geburt unter LSD-Einwirkung mit biochemischen Körperveränderungen gekoppelt sein könnte, die die damalige Situation kopieren, wie es sich etwa anhand eines niedrigen Sauerstoffgehalts im Blut, biochemischer Anzeichen für Streß und besonderer Merkmale des Kohlehydratstoffwechsels zeigt. Diese komplexe Neuinszenierung der Geburtssituation, die sich bis auf subzellulare Prozesse und biochemische Reaktionsketten zu erstrecken scheint, bringt konventionelle wissenschaftliche Modelle in ernste Verlegenheit.

Es gibt aber andere Aspekte des Tod-Wiedergeburt-Prozesses, die sich sogar noch schwieriger erklären lassen. Die Symbole, die die Erfahrungen des Sterbens und Wiedergeborenwerdens begleiten, können vielen verschiedenen Kulturen entnommen sein, selbst wenn die entsprechenden mythologischen Themen der unter LSD-Einwirkung stehenden Person vorher nicht bekannt waren. Gelegentlich tauchen nicht nur die verbreiteten Symbole für den Tod-Wiedergeburt-Prozeß aus der jüdisch-christlichen Tradition auf – die Demütigung und Folterung Christi, sein Tod am Kreuz und seine Auferstehung –, sondern auch Einzelheiten der Isis und Osiris-Legende oder der Mythen des Dionysos, Adonis, Attis, Orpheus, Mithra, des nordischen Gottes Baldur bzw. ihrer kaum bekannten mesoamerikanischen Gegenstücke. Der Reichtum an Informationen, der manchmal unter LSD-Einwirkung zutage tritt, ist wahrlich bemerkenswert.

Die kritischste und ernsthafteste Herausforderung an das kartesianisch-Newtonsche Modell vom mechanistischen Universum geht von den psychedelischen Phänomenen der letzten Kategorie aus. Es handelt sich um ein ganzes Spektrum von Erlebnissen, für die ich den Begriff *transpersonal* geprägt habe. Der gemeinsame Nenner dieser reichhaltigen Gruppe von außergewöhnlichen Erfahrungen ist das Gefühl, daß das eigene Bewußtsein die Grenzen des Ich überschritten und das Raum-Zeit-System transzendiert hat.

Viele Erfahrungen dieser Kategorie lassen sich als Regression in die historische Vergangenheit und Erforschung des biologischen, kulturellen oder spirituellen Vorlebens interpretieren. Nicht selten werden in psychedelischen Sitzungen sehr konkrete und realistische Episoden aus dem fötalen und embryonalen Stadium erlebt. Viele berichten auch von lebhaften Erinnerungen auf der zellularen Ebene des Bewußtseins, die ihre Existenz als Samen und Ei zur Zeit der Empfängnis widerzuspiegeln scheinen. Manchmal geht die Regression offenbar noch weiter

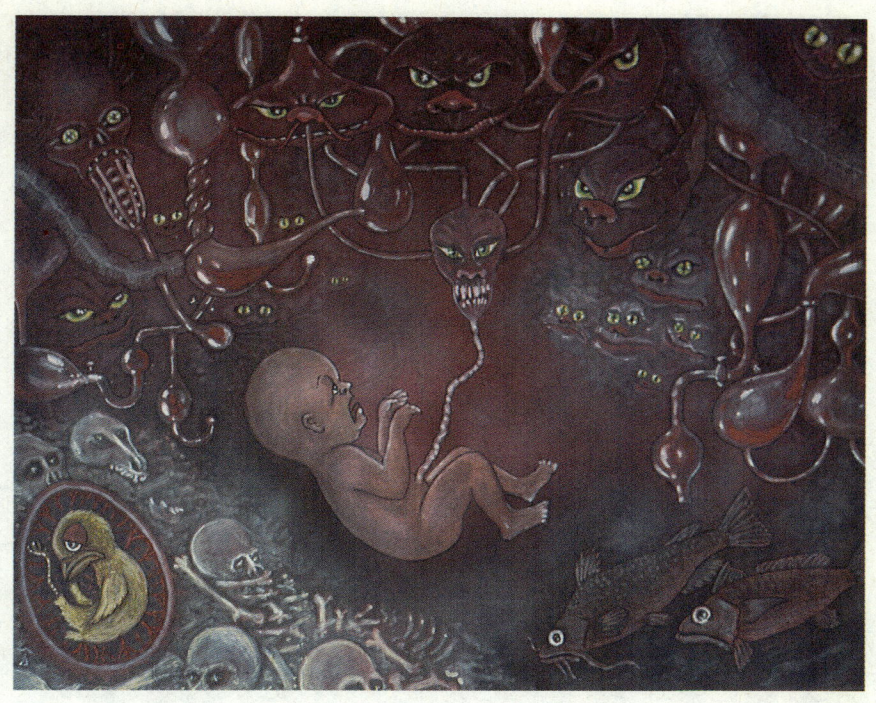

Abb. 9. Der »schlechte Mutterleib«, wie er in einer hochdosierten LSD-Sitzung erlebt wurde: Der Klient identifiziert sich mit dem gequälten Fötus, der in einem von heimtückischen Dämonen betriebenen Laboratorium Folter und Schrecken ausgesetzt ist. Erlebnisse dieser Art finden sich unter den hauptsächlichen Ursprüngen der Paranoia. Wie das Bild zeigt, ist dieser Zustand verwandt mit dem des Huhn-Embryo, der von seinen eigenen Abfallprodukten vergiftet wird, und dem von Fischen in verschmutzten Gewässern.

Abb. 16. Eine zerschmetternde Begegnung mit der Bösen Mutter in Gestalt der indischen Göttin Kali, wie sie in einer psychedelischen Sitzung im Augenblick des Ich-Tods erlebt wurde. Archetypische Hingabe an das weibliche Prinzip, ausgedrückt im rituellen Küssen der blutenden Genitalien der Göttin, entspricht dem Wiedererleben der Erinnerung an oralen Kontakt mit der mütterlichen Vagina im Augenblick der Geburt.

und die betreffende Person hat das feste Gefühl, Episoden aus dem Leben ihrer biologischen Vorfahren oder gar aus der gesamten Existenz eines Kollektivs oder einer Rasse wiederzuerleben. Gelegentlich berichten Personen unter LSD-Einwirkung auch von Erfahrungen, in denen sie sich mit verschiedenen Tieren im Stammbaum der Evolution identifizieren oder in denen sie das deutliche Empfinden haben, Ereignisse aus ihrer Existenz in einer früheren Inkarnation wiederzuerleben.

Andere transpersonale Phänomene beinhalten ein Überschreiten der räumlichen statt der zeitlichen Grenzen. Hierzu gehören die Erfahrungen, das Bewußtsein einer anderen Person, einer Gruppe von Personen oder der gesamten Menschheit zu besitzen. Es können sogar die Grenzen einer rein menschlichen Erfahrung verlassen werden. An ihre Stelle tritt dann so etwas wie das Bewußtsein von Tieren, Pflanzen oder leblosen Gegenständen. Im Extremfall ist es möglich, sich der gesamten Schöpfung, des ganzen Planeten oder gar des gesamten materiellen Universums bewußt zu sein.

Personen, die in psychedelischen Sitzungen solche transpersonalen Erlebnisse haben, öffnet sich der Zugang zu detaillierten und ziemlich esoterischen Kenntnissen über die entsprechenden Aspekte des materiellen Universums, die bei weitem den Grad ihrer Allgemeinbildung und ihrer speziellen Kenntnisse auf diesen Gebieten überschreiten. So gewähren die Berichte von Personen, die unter LSD-Einwirkung Episoden aus ihrer embryonalen Existenz, den Augenblick ihrer Empfängnis und Elemente eines Bewußtseins auf der Ebene von Zellen, Körpergewebe und Körperorganen erleben, reichhaltige und medizinisch korrekte Einsichten in die anatomischen, physiologischen und biochemischen Aspekte der beteiligten Prozesse. Ähnlich bringen Erlebnisse aus dem Leben der Vorfahren, Elemente des kollektiven und rassischen Unbewußten im Jungschen Sinn und Erinnerungen an »frühere Inkarnationen« recht bemerkenswerte Einzelheiten über bestimmte historische Ereignisse und Kostüme sowie über Architektur, Waffen, Kunst oder religiöse Praktiken der jeweiligen Kulturen ans Tageslicht. Diejenigen, die im LSD-Rausch Ereignisse aus der Phylogenese wiedererlebten oder das Bewußtsein von Tieren lebender Arten hatten, empfanden diese Erlebnisse nicht nur als ungewöhnlich authentisch und überzeugend, sondern gewannen auch außerordentliche Einblicke in die Psychologie, Ethologie, in spezielle Verhaltensweisen, komplexe Reproduktionszyklen und Werbetänze verschiedener Spezies.

Viele Personen unter LSD-Einwirkung hatten unabhängig voneinander die Gewißheit, daß das Bewußtsein nicht ein Produkt des Zentralnervensystems sei und als solches nicht auf Menschen und höhere Wirbeltierarten beschränkt sei. Sie empfanden es als ein Hauptmerkmal jeder Form von Existenz, das sich nicht auf etwas anderes zurückführen oder von etwas anderem ableiten läßt. Diejenigen, die sich mit dem Bewußtsein von Pflanzen oder Pflanzenteilen identifiziert hatten, erhielten manchmal bemerkenswerte Einsichten in botanische Prozesse wie die Keimsprossung, die Photosynthese in Blättern, die Bestäubung oder den Austausch von Wasser und Mineralien in Wurzeln. Ebenso häufig findet sich ein Gefühl der Identifikation mit dem Bewußtsein von anorganischer Materie oder anorganischen Prozessen, wie etwa von Gold, Granit, Wasser, Feuer, Blitzen, Wirbelstürmen, vulkanischen Aktivitäten oder sogar einzelnen Atomen und Molekülen. Wir schon im Fall der oben erwähnten Phänomene können auch hier überraschend korrekte Einsichten vermittelt werden.

Eine andere wichtige Gruppe von transpersonalen Erlebnissen umfaßt Telepathie, mediale Diagnose, Hellsehen, Hellhören, Präkognition, Psychometrie, außerkörperliche Erfahrungen, und andere paranormale Phänomene. Einige von ihnen sind charakterisiert durch ein Überschreiten der normalen zeitlichen Begrenzungen, andere der räumlichen Begrenzungen, oder sie stellen eine Kombination aus beidem dar. Da viele andere Formen transpersonaler Phänomene ebenfalls recht häufig den Zugang zu neuen Informationen über außersinnliche Kanäle verschaffen, wird die klare Trennung zwischen Psychologie und Parapsychologie – wenn man die Existenz transpersonaler Erfahrungen anerkennt – gegenstandslos oder erscheint zumindest willkürlich.

Die Existenz transpersonaler Phänomene verstößt gegen die fundamentalsten Annahmen und Prinzipien der mechanistischen Wissenschaft. Sie implizieren so scheinbar absurde Vorstellungen wie die Relativität und Willkürlichkeit aller physikalischen Grenzen, nichtlokale Verbindungen im Universum, Kommunikation mit unbekannten Mitteln und über unbekannte Kanäle, Erinnerungen ohne materielles Substrat, Nicht-Linearität der Zeit oder ein Bewußtsein, das alle lebenden Formen (einschließlich einzelliger Organismen und Pflanzen) und sogar die anorganische Materie umfaßt.

In vielen transpersonalen Erfahrungen geht es um Ereignisse aus dem Mikrokosmos oder Makrokosmos – aus Bereichen, die mit den menschlichen Sinnen nicht direkt wahrgenommen werden können – oder aus Zeitabschnitten, die historisch dem Ursprung des Sonnensystems, des Planeten Erde, der lebenden Organismen, des Nervensystems und des Menschen vorausgehen. Diese Erlebnisse legen deutlich nahe, daß jeder von uns in einer noch nicht geklärten Weise Informationen über das ganze Universum oder die Gesamtheit der Existenz besitzt, den potentiellen Zugang zu allen ihren Teilen hat und in einem gewissen Sinn das gesamte kosmische Netzwerk selber *ist* – wie er auch gleichzeitig nur einen unendlich kleinen Teil dieses Kosmos, ein isoliertes und unbedeutendes biologisches Wesen darstellt.

Der Inhalt der bisher besprochenen Erfahrungen enthält Elemente aus der Welt der Phänomene. Obwohl ihr Inhalt den Gedanken in Frage stellt, daß sich das Universum aus objektiv existierenden, voneinander getrennten materiellen Gegenständen zusammensetzt, geht er nicht über das hinaus, was die westliche Welt als »objektive Realität« – im Sinne dessen, was wir in normalen Bewußtseinszuständen wahrnehmen – betrachtet. Es wird generell akzeptiert, daß wir

Abb. 3. »Zellulare Ebene des Bewußtseins: Die Botschaft des DNS«. Zeichnung von Terrell P. Watson.

einen komplexen Stammbaum von menschlichen und tierischen Vorfahren haben, daß wir Teil eines bestimmten rassischen und kulturellen Erbes sind und daß wir eine komplexe biologische Entwicklung von der Verschmelzung zweier Keimzellen bis zu einem hochdifferenzierten Metazoon durchgemacht haben. Unsere Alltagserfahrung weist darauf hin, daß wir in einer Welt leben, die aus einer unendlichen Anzahl anderer Elemente als uns selber besteht – aus anderen Menschen, Tieren, Pflanzen und leblosen Gegenständen. Wir akzeptieren dies alles auf der Grundlage direkter Sinneswahrnehmung, von Übereinkunft, empirischen Beweisen und wissenschaftlicher Forschung. In transpersonalen Erfahrungen des Zurückgehens in die Vergangenheit[11] oder der Überschreitung der räumlichen Grenzen ist es also nicht so sehr der Inhalt, der uns überrascht, sondern die Möglichkeit, verschiedene Aspekte der phänomenalen Welt außerhalb von uns direkt zu erfahren und sich mit ihnen im Bewußtsein zu identifizieren. Unter normalen Umständen würden wir diese Aspekte als vollkommen getrennt von uns und erlebensmäßig unzugänglich betrachten. Im Fall der niedrigen Tiere, der Pflanzen und der anorganischen Materie dürften wir wohl auch davon überrascht sein, daß ein Bewußtsein auch dort existiert, wo wir es nicht erwarten. In Beispielen der klassischen außersinnlichen Wahrnehmung ist es wiederum nicht der Inhalt dieser Erfahrungen, der ungewöhnlich oder überraschend ist, sondern die Art und Weise, wie wir bestimmte Informationen über andere Menschen erhalten, oder die Wahrnehmung einer Situation, die nach den Regeln des gesunden Menschenverstands und der bestehenden wissenschaftlichen Paradigmata für uns unerreichbar sein müßte.

Die ohnehin schon gewaltige theoretische Brisanz dieser Beobachtungen wird aber noch weiter durch die Tatsache verschärft, daß in psychedelischen Sitzungen transpersonale Erfahrungen, die die materielle Welt korrekt widerspiegeln, auf derselben Ebene und in enger Verflechtung mit anderen Erfahrungen auftreten, deren Inhalt *nicht* mit der in der westlichen Zivilisation vorherrschenden Weltanschauung übereinstimmt. In diesem Zusammenhang können wir die Jungschen Archetypen als Beispiel anführen, die Welt der Götter, Dämonen, Halbgötter und Superhelden sowie komplexe Inhalte aus Mythologie, Legende und Märchen. Selbst diese Erfahrungen können verbunden sein mit richtigen Einblicken in die Folklore, die religiösen Symbole und die mythischen Strukturen verschiedener Kulturen, mit denen jemand vor der LSD-Sitzung nicht vertraut war oder für die er sich nicht interessiert hatte. Zu den allgemeinsten und umfassendsten Erfahrungen dieser Art zählen die Identifikation mit dem kosmischen Bewußtsein, dem Geist des Universums oder dem Nichts.

Die Tatsache, daß transpersonale Erfahrungen den Zugang zu richtigen Informationen über verschiedene, der betreffenden Person zuvor nicht bekannte Aspekte des Universums vermitteln können, erfordert allein schon eine fundamentale Revision unserer Vorstellungen von der Beschaffenheit der Realität und den Beziehungen zwischen Bewußtsein und Materie. Ebenso brisant ist die

Entdeckung archetypischer und mythologischer Bereiche oder Wesenheiten, die anscheinend eine eigene Existenz führen und nicht als Abkömmlinge der materiellen Welt wegerklärt werden können. Es gibt aber noch weitere, höchst verblüffende Informationen, denen ein neues Paradigma gerecht werden muß.

In vielen Fällen scheinen transpersonale Erfahrungen in psychedelischen Sitzungen auf das Engste mit dem Geschehen in der materiellen Welt verbunden zu sein. Solche *dynamischen Wechselbeziehungen zwischen inneren Erfahrungen und der Welt der Erscheinungen* lassen vermuten, daß das, was am psychedelischen Geschehen beteiligt ist, die physischen Grenzen des betreffenden Menschen überschreitet. Eine detaillierte Analyse und Diskussion dieses faszinierenden Phänomens muß einer zukünftigen Veröffentlichung vorbehalten bleiben, da sie sorgfältige Einzelfallanalysen erfordert. An dieser Stelle möchte ich nur kurz die allgemeinen Merkmale dieses Phänomens beschreiben und ein paar charakteristische Beispiele anführen.

Wenn während des psychedelischen Prozesses bestimmte transpersonale Themen aus dem Unbewußten der betreffenden Person auftauchen, so geht dies häufig damit einher, daß bestimmte äußere, an und für sich höchst seltene Ereignisse, die zu diesem inneren Thema in einem direkten und spezifischen Zusammenhang stehen, gerade dann auftreten. Das Leben einer solchen Person weist zu diesem Zeitpunkt eine erstaunliche Anhäufung äußerst ungewöhnlicher Zusammentreffen auf. Sie scheint mit den Worten Carl Gustav Jungs (91) vorübergehend in einer Welt der Synchronizität statt der einfachen linearen Kausalität zu leben. So häuften sich verschiedene gefährliche Ereignisse und Umstände im Leben bestimmter Personen gerade dann, als sie sich in ihren LSD-Sitzungen dem Erlebnis des Ich-Tods näherten. Diese Situationen verschwanden auf nahezu magische Weise, wenn dieser Erlebnisprozeß abgeschlossen war. Es hatte den Anschein, als ob diese Menschen aus irgendeinem Grund die Erfahrung ihrer eigenen Vernichtung durchmachen mußten, doch hatten sie die Wahl, dies in symbolischer Weise in ihrer Innenwelt oder aber in der Realität geschehen zu lassen.

Ähnlich kann sich ein Jungscher Archetyp, der während der psychedelischen Therapie im Bewußtsein einer Person auftaucht, in ihrem Leben in seinem Grundmotiv manifestieren. Wenn sie beispielsweise in einer Sitzung mit den Problemen des Animus, der Anima oder der bösen Mutter konfrontiert wird, dann tauchen in der Regel ideale Repräsentanten dieser archetypischen Bilder in ihrem Alltag auf. Oder wenn Elemente aus dem kollektiven oder rassischen Unbewußten bzw. mythologische Themen aus einer bestimmten Kultur die LSD-Sitzung einer Person beherrschen, dann kann dies in ihrem Alltagsleben verblüffend häufig von Ereignissen begleitet sein, die mit der betreffenden geographischen oder kulturellen Zone in Verbindung stehen: Angehörige dieser bestimmten ethnischen Gruppe tauchen in ihrem Leben auf, sie erhält unerwartete Briefe oder

Einladungen zum Besuch des betreffenden Landes, oder es häufen sich die spezifischen Themen in Büchern, die ihr geschenkt werden, bzw. in Filmen oder Fernsehprogrammen, die zu dieser Zeit laufen.

Eine andere interessante Beobachtung dieser Art machte ich in Verbindung mit Erinnerungen an frühere Inkarnationen. Einige Personen erleben während ihrer LSD-Sitzung gelegentlich lebhafte und komplexe Handlungszusammenhänge aus anderen Kulturen und anderen Zeitabschnitten, die alle die Qualität von Erinnerungen besitzen und gewöhnlich von ihnen selber als Episoden aus früheren Leben beschrieben werden. Während sich bei ihnen diese Erfahrungen entfalten, sehen sie gewöhnlich bestimmte Personen aus ihrem jetzigen Leben als wichtige Figuren in diesen karmischen Situationen. In diesen Fällen werden häufig gegenwärtige Spannungen, Probleme und Konflikte mit diesen Personen erkannt oder als Abkömmlinge der destruktiven karmischen Muster interpretiert. Das Wiedererleben und Lösen solcher karmischen Probleme geht in der Regel mit dem Gefühl einer tiefen Erleichterung, einer Befreiung von den »Fesseln des Karmas« und dem Empfinden höchsten Glücks einher.

Die sorgfältige Überprüfung der Dynamik jener zwischenmenschlichen Konstellation, die als Abkömmling des gelösten karmischen Musters gesehen wurde, führt häufig zu erstaunlichen Ergebnissen. Die Gefühle, Einstellungen und Verhaltensweisen der Menschen, die von der unter LSD-Einwirkung stehenden Person als Hauptfiguren in einem Zusammenhang aus einer früheren Inkarnation erkannt wurden, verändern sich häufig in einer bestimmten Weise, nämlich hin zu grundlegender Übereinstimmung mit den Ereignissen in der psychedelischen Sitzung. Es muß darauf hingewiesen werden, daß diese Veränderungen ganz unabhängig eintreten und nicht konventionell, also mit Hilfe eines einfachen Ursache-Wirkung-Modells, erklärt werden können. Zum Zeitpunkt der psychedelischen Erfahrung kann zwischen den beteiligten Personen eine Entfernung von Hunderten oder Tausenden Kilometern bestehen, und die Veränderungen können sich selbst dann einstellen, wenn es überhaupt keine physische Kommunikation zwischen den betreffenden Menschen gibt. Die Gefühle und Verhaltensweisen der vorgeblichen Hauptfiguren werden unabhängig von Faktoren beeinflußt, die in keinster Weise mit der speziellen LSD-Erfahrung in Verbindung stehen, doch scheinen die charakteristischen Veränderungen bei allen Beteiligten nach einem allgemeinen Muster und zur gleichen Zeit, mit nur wenigen Minuten Abstand, abzulaufen.

Ähnliche Fälle von außergewöhnlicher Synchronizität treten sehr häufig in Verbindung mit verschiedenen anderen Formen transpersonaler Phänomene auf. Anscheinend gibt es eine verblüffende Parallele zwischen solchen Ereignissen und den Grundannahmen des Bellschen Theorems aus der modernen Physik (12), das ich später noch besprechen werde. Beobachtungen dieser Art werden aber keineswegs nur im Zusammenhang mit psychedelischen Zuständen gemacht. Sie finden sich auch im Rahmen einer Jungschen Analyse oder verschiedener

Selbsterfahrungstherapien, im Laufe meditativer Praxis oder in spontanen Aufwallungen transpersonaler Elemente im alltäglichen Bewußtsein.

Nach der Beschreibung der wichtigsten Beobachtungen aus der psychedelischen Forschung, die den gesunden Menschenverstand und die bestehenden wissenschaftlichen Paradigmata herausfordern, erscheint es von Interesse, die *Veränderungen in der Weltanschauung* der Personen, die selber perinatale und transpersonale Erfahrungen durchgemacht haben, näher zu betrachten. Dies hat besondere Bedeutung im Hinblick auf die Diskussion im nächsten Abschnitt, der sich mit den dramatischen Veränderungen in der wissenschaftlichen Weltanschauung im Laufe dieses Jahrhunderts beschäftigt.

Solange man unter LSD-Einwirkung mit Phänomenen konfrontiert wird, die im Prinzip Dinge aus dem bisherigen Leben betreffen, stellen sich keine größeren Veränderungen im Weltbild ein. Im Laufe der Erforschung der traumatischen Vergangenheit neigt man zu der Erkenntnis, daß bestimmte Aspekte oder Bereiche des Lebens dem eigenen Wesen nicht entsprechen, weil sie nichts anderes darstellen als blinde und automatisierte Wiederholungen bestimmter Fehlverhaltensweisen, die in der frühen Kindheit erworben wurden. Das Wiedererleben solcher traumatischer Ereignisse, die diese Verhaltensmuster bedingten, hat in der Regel einen befreienden Effekt und ermöglicht eine klarere Wahrnehmung und Differenzierung der Dinge. Es führt auch zu angemesseneren Reaktionen in den bisher beeinträchtigten Beziehungen und Situationen. Typische Beispiele dafür wären etwa eine gestörte Einstellung gegenüber Autoritätspersonen als Folge traumatischer Erfahrungen mit dominierenden Eltern, durch Geschwisterrivalität geprägte Beziehungen mit Gleichaltrigen oder beeinträchtigte sexuelle Beziehungen aufgrund von eingeschliffenen Verhaltensmustern in der Beziehung zum Elternteil des anderen Geschlechts.

Sobald Personen unter LSD-Einwirkung die perinatale Ebene betreten und die Doppelerfahrung von Geburt und Tod durchmachen, erkennen sie in der Regel, daß sich die mangelnde Selbstverwirklichung in ihrem bisherigen Leben nicht auf bestimmte Abschnitte oder Bereiche beschränkt. Sie haben plötzlich das Empfinden, daß ihr Gesamtbild von der Realität und ihre generelle Strategie zur Daseinsbewältigung falsch und unecht war. Viele bisherigen Einstellungen und Verhaltensweisen, die früher natürlich erschienen und fraglos akzeptiert wurden, werden jetzt als absurd und irrational erlebt. Es wird deutlich, daß sie auf die Angst vor dem Tod zurückzuführen sind und Überbleibsel eines ungelösten Geburtstraumas darstellen. So werden jetzt eine hektische Lebensweise, quälender Ehrgeiz, Wettbewerbsstreben, das Bedürfnis, sich selber zu beweisen, und Genußunfähigkeit als unnötige Alpträume wahrgenommen, aus denen man erwachen kann. Diejenigen, die den Tod-Wiedergeburt-Prozeß bis zu seinem Ende durchmachen, stellen die Verbindung mit inneren spirituellen Quellen her und erkennen, daß ein mechanistisches und materialistisches Weltbild in der Angst vor Geburt und Tod wurzelt.

Im Anschluß an die Erfahrung des Ich-Tods wächst häufig die Fähigkeit, das Leben zu genießen, in einem beträchtlichen Maß. Zukunft und Vergangenheit werden weniger wichtig als der gegenwärtige Augenblick, und an die Stelle eines hektischen Strebens nach Zielen tritt eine Faszination vom Geschehen des Lebens an sich. Für die betreffende Person besteht die Welt aus Energiemustern statt aus fester Materie, und ihre Abgrenzungen gegen die übrige Welt werden weniger absolut und mehr fließend. Zwar sieht sie die Spiritualität jetzt als eine wichtige Kraft im Universum, doch ist für sie immer noch die Welt der Erscheinungen die objektive Realität. Die Zeit bleibt weiterhin linear, der Raum euklidisch und das Prinzip der Kausalität unangetastet, obwohl der Ursprung vieler Probleme jetzt im Prozeß der Geburt statt in der frühen Kindheit gesehen wird.

Die tiefgreifendsten und grundlegendsten Veränderungen in der Auffassung von der Realität stellen sich in Verbindung mit verschiedenen Formen transpersonaler Erfahrungen ein. Sobald das LSD den transpersonalen Bereich aufschließt, werden die Grenzen linearer Kausalität bis ins Unendliche erweitert. Die betreffende Person hält es jetzt für durchaus möglich, daß wichtige Einflüsse auf ihre Psyche nicht nur von ihrer biologischen Geburt, sondern auch von verschiedenen Aspekten und Stadien ihrer embryonalen Entwicklung, ja sogar von Umständen zur Zeit ihrer Empfängnis oder ihrer Einnistung im Mutterleib ausgehen. Mehr noch, sie bezieht Erinnerungen aus dem Leben ihrer Vorfahren und ihrer Rasse oder überhaupt aus der Phylogenese, eine bewußte Intelligenz des DNS-Moleküls und metaphysische Aspekte des genetischen Kodes, die Dynamik archetypischer Strukturen und eine Reinkarnation mit dem Gesetz des Karma als plausible Denkmodelle zur Erklärung des enorm erweiterten Erlebensspielraums mit ein.

Wenn jemand am alten medizinischen Modell festhält, wonach es ein materielles Substrat für das Gedächtnis geben muß, dann ist er nun der Auffassung, daß der Kern einer einzelnen Zelle – des Samens oder des Eis – nicht nur die in medizinischen Lehrbüchern aufgeführten Informationen über die Anatomie, Physiologie und Biochemie des Körpers, über konstitutionelle Faktoren, über vererbliche Anfälligkeiten für bestimmte Krankheiten und über Charaktermerkmale der Eltern enthält, sondern auch komplexe Erinnerungen aus dem Leben unserer menschlichen und tierischen Vorfahren sowie detaillierte und zugängliche Daten über alle Kulturen der Welt. Da unter LSD-Einwirkung auch eine bewußte Identifikation mit Pflanzen und anorganischer Materie bis hin zu molekularen, atomaren und subatomaren Strukturen sowie mit kosmogenetischen und erdgeschichtlichen Ereignissen erfolgt, müßte er letztlich postulieren, daß in Samen und Ei das gesamte Universum in irgendeiner verschlüsselten Form enthalten ist. An diesem Punkt erscheinen Alternativmodelle, die sich an die Mystik anlehnen, sehr viel angemessener und vernünftiger als ein mechanistisches Weltbild.

Gleichzeitig untergraben viele transpersonale Erfahrungen häufig die Vorstellung, daß die Zeit linear und der Raum dreidimensional sein muß, da sie im eigenen Erleben viele alternative Möglichkeiten präsentieren. Die Materie neigt nicht nur zu einer Auflösung in spielerische Energiemuster, sondern in ein vollkommenes kosmisches Vakuum. Form und Leere werden zu relativen und letztlich austauschbaren Begriffen.

Hat jemand erst einmal eine größere Anzahl von verschiedenen transpersonalen Erfahrungen gemacht, dann erscheint ihm das kartesianisch-Newtonsche Weltbild als ernsthaftes philosophisches System unhaltbar. Es wird zu einem zwar pragmatisch nützlichen, aber grob vereinfachenden, oberflächlichen und willkürlichen Modell zur Strukturierung der alltäglichen Erfahrungen. Man hält sich zwar immer noch an die Vorstellungen von fester Materie, der Dreidimensionalität des Raums, der in eine Richtung verlaufenden Zeit und der linearen Kausalität, doch wird das philosophische Verständnis der Existenz sehr viel komplexer und differenzierter. Es nähert sich dem Weltbild, das für die großen mystischen Traditionen der Welt charakteristisch ist. Das Universum wird als ein unendliches Gewebe aus Abenteuern im Bewußtsein erlebt und Dichotomien wie die zwischen dem Erlebenden und dem Erlebten, zwischen Form und Leere, Zeit und Zeitlosigkeit, Determinismus und freiem Willen oder Existenz und Nicht-Existenz sind transzendiert worden.

Ein neues Verständnis von Wirklichkeit, Existenz und menschlicher Natur

Die im vorigen Abschnitt dargestellten Beobachtungen, insbesondere jene in Verbindung mit transpersonalen Erlebnissen, lassen sich eindeutig nicht mit den meisten Grundannahmen der mechanistischen Wissenschaft vereinbaren. Sie sind aber mit großer Zuverlässigkeit feststellbar und von so vielen unabhängigen Quellen bestätigt worden, daß man ihre Existenz nicht mehr leugnen kann. Es läßt sich auch nur schwer vorstellen, daß sie in die gegenwärtige Wissenschaft auf Kosten einiger geringfügiger oder gar umfassender Neuformulierungen des führenden Paradigmas integriert werden könnten. Die einzige Lösung scheint eine grundlegende und drastische Revidierung unseres Denkens zu sein, ein Paradigmawechsel von enormem Ausmaß und mit weitreichenden Auswirkungen.

In einer gewissen Hinsicht ist diese Entwicklung recht logisch und gar nicht überraschend. Das wissenschaftliche Denken in der heutigen Medizin, Psychiatrie, Psychologie und Anthropologie entspricht ja einer direkten Erweiterung des aus dem 17. Jahrhundert stammenden kartesianisch-Newtonschen Modells vom Universum. Da alle Grundannahmen dieser Vorstellung von Realität hinter den Erkenntnissen der Physik des 20. Jahrhunderts weit zurückstehen, scheint es nur natürlich, daß in allen sich direkt von ihr ableitenden Wissenschaftszweigen früher oder später mit tiefgreifenden Veränderungen zu rechnen ist.

Es läßt sich ohne große Mühe demonstrieren, daß die meisten Daten aus der LSD-Psychotherapie – so rätselhaft und unverständlich sie vom Standpunkt der mechanistischen Wissenschaft aus auch sein mögen – viel weniger Kopfzerbrechen bereiten, wenn man auf sie Erkenntnisse aus der Quantenphysik, der Informations- und Systemtheorie, der Kybernetik oder neueren Untersuchungen aus der Neurophysiologie und Biologie anwendet. Die moderne Bewußtseinsforschung hat viel Material zusammengetragen, das das Weltbild der großen mystischen Traditionen stützt. Gleichzeitig haben revolutionäre Entwicklungen in anderen Wissenschaftsbereichen die mechanistische Weltanschauung in ihren Grundfesten erschüttert. Damit verringerte sich die Kluft zwischen Wissenschaft und Mystik, die in der Vergangenheit so absolut und unüberbrückbar erschien. In diesem Zusammenhang ist auch erwähnenswert, daß viele große Wissenschaftler, die Revolutionäres auf dem Gebiet der Physik geleistet haben – Albert Einstein, Niels Bohr, Erwin Schrödinger, Werner Heisenberg, Robert Oppenheimer, David Bohm u. a. –, ihr wissenschaftliches Denken mit Spiritualität und einer mystischen Weltanschauung in Einklang fanden. In den letzten Jahren ist in einer ganzen Reihe von Büchern und Artikeln die zunehmende Annäherung zwischen Wissenschaft und Mystik beschrieben worden.[12]

Um zu demonstrieren, wie sich die auf der Basis der Quantenphysik entwickelnde Weltanschauung und die oben beschriebenen Beobachtungen aus der Bewußtseinsforschung miteinander vereinbaren lassen und einander ergänzen, möchte ich kurz die theoretische Revolution in der Physik des 20. Jahrhunderts darstellen. Ich folge dabei den umfassenden Ausführungen Fritjof Capras in seinem Buch *Das Tao der Physik* (25). In diesem Zusammenhang ist eine Parallele hervorzuheben, die nicht einfach zufällig ist, sondern tiefere Bedeutung hat. Das kartesianisch-Newtonsche Modell war nicht nur adäquat, sondern sogar sehr erfolgreich, solange die Physiker Phänomene unserer Alltagswelt oder die »Zone der mittleren Dimensionen« erforschten. Als sie aber über die Grenzen der gewöhnlichen Wahrnehmung hinausgingen und in die Mikrowelt der subatomaren Prozesse und die Makrowelt der Astrophysik vordrangen, erwies sich das kartesianisch-Newtonsche Modell als unhaltbar. Entsprechend treten automatisch tiefgreifende Veränderungen in theoretischen Vorstellungen von unserer Welt und im metaphysischen Verständnis bei Personen unter LSD-Einwirkung, bei Meditierenden und bei anderen »Reisenden in die Innenwelt« auf, sobald sie den transpersonalen Bereich betreten. Eine Wissenschaft, die den Zeugnissen außergewöhnlicher Bewußtseinszustände Rechnung trägt, kann gar nicht anders als sich von den Fesseln des kartesianisch-Newtonschen Modells befreien.

Die revolutionären Veränderungen in der Physik, die das Ende des Newtonschen Modells ankündigten, fingen bereits im 19. Jahrhundert an, nämlich mit den berühmten Experimenten Faradays und den theoretischen Spekulationen Maxwells über elektromagnetische Phänomene. Die Arbeit dieser beiden Forscher führte zu dem neuartigen Konzept des Kraftfelds, das den Newtonschen Begriff der Kraft ersetzte. Im Gegensatz zu den Newtonschen Kräften können Kraftfelder unabhängig von materiellen Körpern untersucht werden. Dies war die erste große Abweichung von der Newtonschen Physik. Sie führte zu der Entdeckung, daß das Licht ein rasch wechselndes elektromagnetisches Feld ist, das durch den Raum in Form von Wellen wandert. Die auf dieser Entdeckung basierende Theorie des Elektromagnetismus konnte die Unterschiede zwischen Radiowellen, sichtbarem Licht, Röntgenstrahlen und kosmischen Strahlen auf Unterschiede in der Frequenz zurückführen und alle unter den gemeinsamen Nenner des elektromagnetischen Felds bringen. Viele Jahre aber stand die Elektrodynamik weiterhin im Bann des Newtonschen Denkens. Daraus resultierte die Vorstellung, daß elektromagnetische Wellen Vibrationen einer sehr leichten raumfüllenden Substanz mit der Bezeichnung Äther seien. Die Existenz von Äther wurde durch das Michelson-Morley-Experiment widerlegt. Es war kein geringerer als Albert Einstein, der klar formulierte, daß elektromagnetische Felder etwas Eigenes darstellten, das durch den leeren Raum wandern konnte.

Die ersten Jahrzehnte dieses Jahrhunderts brachten unerwartete Entdeckungen in der Physik, die das Newtonsche Modell des Universums vollends in Frage stellten. Die Meilensteine in dieser Entwicklung waren zwei Arbeiten, die 1905 von Albert Einstein veröffentlicht wurden. In der ersten formulierte er die Prinzipien seiner Speziellen Relativitätstheorie. In der zweiten schlug er eine neue Betrachtungsweise des Lichts vor, die später von einem Physikerteam zur Quantentheorie der atomaren Prozesse ausgearbeitet wurde. Die Relativitätstheorie und das neue Atommodell warfen alle Grundkonzepte der Newtonschen Physik – die Existenz einer absoluten Zeit und eines absoluten Raums, die materielle Beschaffenheit des Universums, die Definition physikalischer Kräfte, das streng deterministische Erklärungssystem und das Ideal einer objektiven Beobachtung von Phänomenen ohne Berücksichtigung des Beobachters – über den Haufen.

Nach der Relativitätstheorie ist der Raum nicht dreidimensional und die Zeit nicht linear. Beide sind nicht eigenständig, sondern vielmehr auf das Engste miteinander verknüpft und bilden zusammen ein vierdimensionales Kontinuum mit der Bezeichnung »Raum-Zeit«. Der Zeitfluß erfolgt nicht wie im Newtonschen Modell geradlinig und einförmig, sondern hängt von den Standorten der Beobachter und ihren relativen Geschwindigkeiten in bezug auf das beobachtete Ereignis ab. Darüber hinaus heißt es in der 1915 formulierten Allgemeinen Relativitätstheorie, die noch nicht endgültig durch Experimente bestätigt ist, daß das Raum-Zeit-Gebilde durch die Gegenwart massiver Objekte beeinflußt wird. Die Unterschiede im Gravitationsfeld in verschiedenen Teilen des Universums wirken sich auf den Raum krümmend aus, was zur Folge hat, daß die Zeit unterschiedlich schnell voranschreitet.

So sind also nicht nur alle Raum- und Zeitmessungen relativ. Sogar die gesamte Struktur des Raum-Zeit-Gebildes hängt von der Verteilung der Materie ab, und die Unterscheidung zwischen Materie und leerem Raum verliert ihre Bedeutung. Die Newtonsche Vorstellung von festen Materieteilen, die sich in einem Raum mit euklidischen Merkmalen bewegen, gilt jetzt nur noch in der »Zone der mittleren Dimensionen«. In der Astrophysik und in kosmologischen Spekulationen ist das Konzept eines leeren Raums irrelevant. Im Gegensatz dazu haben die Entwicklungen in der atomaren und subatomaren Physik das Bild von der festen Materie zerstört.

Das Abenteuer der Erforschung des subatomaren Bereichs begann um die Jahrhundertwende mit der Entdeckung der Röntgenstrahlen und der Strahlung radioaktiver Substanzen. Die Experimente Rutherfords mit Alphateilchen ließen deutlich erkennen, daß Atome nicht aus harter und fester Materie bestanden, sondern aus großen Räumen, in denen kleine Teilchen – die Elektronen – um den Atomkern kreisten. Die Untersuchung atomarer Prozesse konfrontierte die Wissenschaftler mit einer ganzen Reihe von seltsamen Paradoxien, die immer dann auftraten, wenn sie die neuen Beobachtungen im Rahmen der traditionellen Physik zu erklären versuchten. In den zwanziger Jahren gelang es schließlich einer internationalen Forschergruppe, der Niels Bohr, Louis de Broglie, Werner Heisenberg, Erwin Schrödinger, Wolfgang Pauli und Paul Dirac angehörten, mathematische Formeln für die subatomaren Geschehnisse aufzustellen.

Es fiel nicht leicht, die Konzepte der Quantentheorie und ihre philosophischen Implikationen zu akzeptieren, auch wenn ihre mathematische Formulierung die beteiligten Prozesse angemessen widerspiegelte. Nach dem »Planetenmodell« des Atoms bestand dieses aus leerem Raum und nur winzigen Materieteilchen. Die Quantentheorie demonstrierte aber, daß selbst diese Teilchen nicht fest waren. Vielmehr besaßen die subatomaren Teilchen sehr abstrakte Eigenschaften und zeigten eine paradoxe Doppelnatur. Je nach Anordnung der experimentellen Situation erschienen sie manchmal als Teilchen und manchmal als Wellen. Eine ähnliche Zweideutigkeit hatte man schon im Rahmen der Erforschung des Lichts beobachtet. In manchen Experimenten zeigte es die Eigenschaften eines elektromagnetischen Feldes, in anderen schien es die Form differenzierbarer Energiequanten oder Photonen anzunehmen, die ohne Masse waren und sich immer mit Lichtgeschwindigkeit fortbewegten.

Die Fähigkeit ein- und desselben Phänomens, sich einmal als Teilchen, einmal als Welle zu manifestieren, ist ein offenkundiger Verstoß gegen die Aristotelische Logik. Die Vorstellung von einem Teilchen impliziert die Beschränkung auf ein kleines Volumen oder eine endliche Region des Raums, die von einer Welle hingegen die diffuse Ausbreitung über weite Raumbereiche. In der Quantenphysik schließen beide Beschreibungen einander aus, sind aber für ein umfassendes Verständnis des betreffenden Phänomens gleich notwendig. Dies drückt sich in einer logischen Hilfskonstruktion aus, die Niels Bohr (19,20) das *Komplementa-*

ritätsprinzip nannte. Dieses neue Ordnungsprinzip in der Wissenschaft verschlüsselt das Paradoxon, statt es zu lösen. Es nimmt die logische Diskrepanz zwischen zwei Wirklichkeitsaspekten, die einander ausschließen, aber für die erschöpfende Beschreibung eines Phänomens notwendig sind, als gegeben hin. Nach Auffassung Bohrs ist dies die Folge einer unkontrollierbaren Wechselbeziehung zwischen dem Gegenstand der Beobachtung und der Beobachtungsmethode. Die Frage der Kausalität und der vollständigen Objektivität existieren auf der Quantenebene in dem Sinn, wie sie gewöhnlich verstanden wurden, nicht mehr.

Der scheinbare Widerspruch zwischen dem Teilchen- und dem Wellenkonzept wurde in der Quantentheorie in einer Weise gelöst, die gerade die Grundlagen des mechanistischen Weltbilds zu Fall bringt. Im subatomaren Bereich existiert Materie nicht mit Sicherheit an bestimmten Orten, sondern zeigt »Tendenzen zu existieren«, und atomare Ereignisse treten nicht mit Sicherheit zu bestimmten Zeiten und in bestimmter Weise auf, sondern haben »Tendenzen aufzutreten«. Diese Tendenzen können in Form von mathematischen Wahrscheinlichkeitsgleichungen ausgedrückt werden, die die charakteristischen Eigenschaften von Wellen widerspiegeln. Die Wellentheorie des Lichts oder subatomarer Teilchen sollte aber nicht allzu konkret verstanden werden. Die Wellen, um die es dabei geht, sind nicht dreidimensionale Konfigurationen, sondern mathematische Abstraktionen oder »Wahrscheinlichkeitswellen«, aus denen die Chancen herauszulesen sind, die Teilchen zu einem bestimmten Zeitpunkt und an einem bestimmten Ort vorzufinden.

Die Quantenphysik legt also ein wissenschaftliches Modell vom Universum nahe, das in scharfem Gegensatz zu dem der klassischen Physik steht. Auf der subatomaren Ebene löst sich die Welt fester materieller Objekte in ein komplexes Muster von Wahrscheinlichkeitswellen auf. Darüber hinaus hat die sorgfältige Analyse des Beobachtungsprozesses gezeigt, daß die subatomaren Teilchen für sich allein genommen bedeutungslos sind. Sie können nur als Wechselwirkungen zwischen den Vorbereitungen eines Experiments und den darauffolgenden Messungen verstanden werden. Die oben erwähnten Wahrscheinlichkeitswellen spiegeln also letztlich nicht die Wahrscheinlichkeit von Dingen wider, sondern die Wahrscheinlichkeit von Wechselwirkungen.

Die Erforschung der subatomaren Welt endete nicht mit der Entdeckung des Atomkerns und des Elektrons. Zuerst wurde das Atommodell um zwei weitere »Elementarteilchen« – das Proton und das Neutron – erweitert. Je mehr aber die Physiker ihre experimentellen Techniken verfeinerten und neue Vorrichtungen entwickelten, um so mehr subatomare Teilchen wurden festgestellt. Gegenwärtig geht ihre Zahl in die Hunderte. Im Laufe dieser Experimente wurde klar, daß eine vollständige Theorie subatomarer Phänomene neben der Quantenphysik auch die Relativitätstheorie einbeziehen muß, da sich die Geschwindigkeit der Teilchen häufig der Lichtgeschwindigkeit nähert. Nach Albert Einstein hat Masse nichts mit Substanz zu tun, sondern ist eine Energieform. Die Gleichwertigkeit von Masse und Energie brachte er in der berühmten Formel $E = mc^2$ zum Ausdruck. Die spektakulärste Konsequenz der Relativitätstheorie war der experimentelle Nachweis, daß Materieteilchen aus reiner Energie erzeugt und umgekehrt wieder in Energie überführt werden können. Die Relativitätstheorie hat nicht nur den Teilchenbegriff drastisch revidiert, sondern auch die Vorstellung von den zwischen ihnen wirksamen Kräften. Die gegenseitige Abstoßung und Anziehung der Teilchen wird in relativistischer Beschreibung als Austausch anderer Teilchen gesehen. So vertritt man jetzt die Auffassung, daß Kraft und Materie ihren Ursprung in dynamischen Mustern mit der Bezeichnung Teilchen haben. Die gegenwärtig bekannten Teilchen lassen sich nicht weiter unterteilen. In der mit Kollisionsprozessen arbeitenden Hochfrequenzphysik kann Materie wiederholt geteilt werden, aber nie in kleinere Stücke. Die resultierenden Fragmente sind Teilchen, die aus der Energie im Kollisionsprozeß hervorgehen. Die subatomaren Teilchen sind also gleichzeitig zerstörbar und unzerstörbar.

Die Feldtheorien sind über die klassische Unterscheidung zwischen Materieteilchen und dem Nichts hinausgegangen. Nach der Einsteinschen Gravitationstheorie und der Quantenfeldtheorie können Teilchen nicht von dem sie umgebenden Raum getrennt werden. Sie stellen nichts anderes dar als Verdichtungen eines kontinuierlichen Feldes, das sich über den gesamten Raum erstreckt. Die Feldtheorie besagt, daß virtuelle Teilchen spontan aus dem Nichts entstehen und wieder im Nichts verschwinden. Die Entdeckung der dynamischen Qualität des »physikalischen Vakuums« gehört zu den wichtigsten der modernen Physik. Es befindet sich in einem Zustand der Leere, doch enthält es potentiell alle Formen aus der Welt der Teilchen.[13]

Dieser kurze Abriß der Entwicklungen in der modernen Physik wäre unvollständig, ohne ein radikales Denkmodell zu erwähnen, das für unsere weitere Diskussion besonders relevant ist, nämlich die sogenannte »Bootstrap«-Theorie, die von Geoffrey Chew (28) formuliert wurde. Obwohl sie speziell nur für einen Typ subatomarer Teilchen – die Hadronen – ausgearbeitet wurde, stellt sie in ihren Konsequenzen ein allgemeines naturphilosophisches System dar. Nach der »Bootstrap«-Philosophie kann die Natur nicht auf fundamentale Einheiten wie Elementarteilchen oder Felder reduziert werden. Sie läßt sich nur durch ihren inneren Zusammenhalt begreifen. Das Universum ist letztlich ein unendliches Gewebe aus wechselseitig verknüpften Ereignissen. Keine der Eigenschaften irgendeines Teils dieses Gewebes ist elementar und grundlegend. Alle spiegeln die Eigenschaften der anderen Teile wider. Deshalb wird die Struktur des gesamten Netzwerks nicht durch einzelne Bestandteile determiniert, sondern durch die Gesamtübereinstimmung ihrer wechselseitigen Beziehungen. Im Gegensatz zum Newtonschen Modell und seinen Abkömmlingen läßt sich das Universum nicht als Ansammlung von Einheiten betrachten, die nicht weiter analysiert werden können und von vornherein gegeben sind. Nach der Naturphilosophie des »Bootstrap«-Modells gibt es keine Grundbestandteile der Materie, ja noch nicht einmal irgendwelche grundlegenden Naturgesetze oder zwingende Prinzipien. Alle Theorien über natürliche Phänomene einschließlich der Naturgesetze werden in diesem Zusammenhang als Kreationen des menschlichen Geistes aufgefaßt. Sie sind Begriffsschemata, die der Wirklichkeit mehr oder weniger gut gerecht werden, aber nicht mit richtigen Beschreibungen der Realität oder mit der Realität selber verwechselt werden dürfen.

Die Entwicklung der Physik des 20. Jahrhunderts verlief keineswegs glatt. Sie war nicht nur durch brillante Leistungen gekennzeichnet, sondern auch durch theoretische Wirren und dramatische menschliche Konflikte. Es dauerte lange, bis die Physiker akzeptierten, daß sie die Grundannahmen der klassischen Physik und das allgemein anerkannte Bild von der Wirklichkeit aufgeben mußten. Die neue Physik machte nicht nur Veränderungen in den Vorstellungen von Materie, Raum, Zeit und linearer Kausalität erforderlich, sondern mußte auch die Erkenntnis hinnehmen, daß das Widersprüchliche zum Wesen des neuen Modells vom Universum gehörte. Lange nachdem die mathematischen Formulierungen der Relativitätstheorie und der Quantentheorie abgeschlossen, akzeptiert und integriert wurden, sind sich die Physiker alles andere als einig darüber, wie sie diese Denkmodelle philosophisch interpretieren sollen und welche metaphysischen Implikationen sie haben. So gibt es allein in bezug auf die Quantentheorie mehrere Hauptrichtungen der Interpretation ihrer mathematischen Formulierungen (80,142).

Theoretische Physiker mögen zwar fortgeschritten und revolutionär in ihren Ansichten sein, doch sind sie in einer Welt der klassischen Wissenschaft groß geworden und leben auch heute weiterhin in ihr. Viele von ihnen scheuen eine Auseinandersetzung mit den beunruhigenden philosophischen Fragen, die durch die Quantentheorie aufgeworfen wurden, und entscheiden sich für einen *streng pragmatischen* Ansatz. Sie begnügen sich mit der Tatsache, daß die mathematischen Formeln der Quantentheorie die experimentellen Ergebnisse genau vorhersagen, und halten dies für das einzig Wesentliche.

Eine andere wichtige Annäherung an die Probleme der Quantentheorie beruht auf *stochastischen Interpretationen*. Bei der Beschäftigung mit den Ereignissen in der phänomenalen Welt machen Physiker immer dann von statistischen Modellen Gebrauch, wenn sie nicht alle mechanischen Einzelheiten des von ihnen untersuchten Systems kennen. Diese unbekannten Faktoren bezeichnen sie als »verborgene Variable«. Diejenigen Wissenschaftler, die die stochastische Interpretation der Quantentheorie bevorzugen, versuchen zu demonstrieren, daß sie im wesentlichen eine klassische Theorie probabilistischer Prozesse sei und daß eine radikale Abweichung vom theoretischen Rahmen der klassischen Physik unnötig und irreführend war. Viele teilen mit Albert Einstein die Ansicht, daß die Quantentheorie eine Art statistischer Mechanik sei und immer nur zu Durchschnittswerten der gemessenen Größen führe. Auf einer tieferen Ebene aber würde jedes einzelne System von deterministischen Gesetzen bestimmt, die erst in der Zukunft durch verfeinerte Untersuchungsmethoden entdeckt würden. In der klassischen Physik sind die verborgenen Variablen lokale Mechanismen. John Bell aber führte den Beweis, daß in der Quantenphysik solche verborgenen Variablen – falls es sie gibt – unmittelbar wirksame nicht-lokale Verbindungen zum Universum sein müßten.

Die *Kopenhagener Schule,* die mit den Namen Niels Bohr und Werner Heisenberg verknüpft ist, war bis 1950 die führende Interpretationsrichtung in der Quantenphysik. Sie hebt das Prinzip der lokalen Kausalität hervor, wobei sie aber das Risiko eingeht, die objektive Existenz der Mikrowelt in Frage zu stellen. Nach dieser Ansicht gibt es keine Realität, solange sie nicht wahrgenommen wird. Je nach experimenteller Anordnung zeigen sich verschiedene einander ergänzende Aspekte der Realität. Die Tatsache der Beobachtung ist es, die das ungebrochene Ganze stört und Paradoxien erzeugt. Die unmittelbare Erfahrung der Realität hat überhaupt nichts Paradoxes an sich. Nur wenn der Beobachter versucht, die Geschichte seiner Wahrnehmung zu konstruieren, dann tauchen diese Paradoxien auf. Das liegt daran, daß es keine klare Trennlinie zwischen uns und der Realität, die wir als außerhalb von uns existierend wahrnehmen, gibt. Die Realität wird durch geistige Akte konstruiert und hängt davon ab, was und wie wir etwas beobachten wollen.

Es hat auch Tendenzen unter theoretischen Physikern gegeben, die Paradoxien der Quantenphysik durch Neuerungen an der Basis wissenschaftlicher Theorien zu lösen. Bestimmte Entwicklungen in der Mathematik und der Philosophie haben den Gedanken hervorgebracht, daß der Grund für die aufgetauchten Probleme in der Logik zu suchen sei, die wissenschaftlichen Theorien zugrunde liege. Über diesen Weg kam es zu Versuchen, die Boolesche Logik der gewöhnlichen Sprache durch eine *Quantenlogik* zu ersetzen, in der die übliche logische Bedeutung solcher Worte wie »und« und »entweder-oder« verändert wird.

Die bei weitem phantastischste Interpretation der Quantentheorie ist wohl die *Vielweltenhypothese,* die sich mit den Namen Hugh Everett III, John Archibald Wheeler und Neill Graham verbindet. Dieser Ansatz beseitigt die Unstimmigkeiten in konventionellen Interpretationen und den »Zusammenbruch der Wellenfunktion«, der durch den Akt der Beobachtung hervorgerufen wird. Dies geschieht allerdings auf Kosten einer drastischen Revision unserer grundlegendsten Annahmen über die Realität. Es wird postuliert, daß sich das Universum in jedem Augenblick in eine unendliche Anzahl von Universen teilt. Aufgrund dieser vielfachen Verzweigung werden alle Möglichkeiten, die in den mathematischen Formeln der Quantentheorie ausgedrückt sind, auch tatsächlich realisiert, aber in verschiedenen Universen. Die Realität ist die unendliche Zahl all dieser Universen, die in einem sie alle einschließenden »Überraum« existieren. Zwischen den einzelnen Universen gibt es keine Kommunikation, so daß keine Widersprüche möglich sind.

Am radikalsten aus der Sicht der Psychologie, Psychiatrie und Parapsychologie sind die Interpretationen, die der *Psyche eine entscheidende Rolle auf der Quantenebene* zuschreiben. Die dieses Denkmodell vertretenden Autoren meinen, daß der Geist oder das Bewußtsein die Materie beeinflußt oder gar erzeugt. In diesem Zusammenhang wären die Arbeiten von Eugene Wigner, Edward Walker, Jack Sarfatti und Charles Musès zu nennen.

Es würde den Rahmen dieses Buchs sprengen, wenn ich detaillierter auf die faszinierenden und weitreichenden Veränderungen in den Vorstellungen vom Universum und von der Beschaffenheit der Realität eingehen würde, die durch die Quanten- und Relatitivätstheorie suggeriert werden. Der interessierte Leser wird relevante Informationen in speziellen Büchern zu diesem Thema finden, die von Fachleuten geschrieben wurden. Es gibt allerdings einen weiteren Punkt, der wegen seiner großen Wichtigkeit kurz angesprochen werden soll. Albert Einstein, dessen Arbeiten den Anstoß zur Entwicklung der Quantenphysik gaben, widersetzte sich bis zum Ende seines Lebens energisch der Vorstellung, daß das Wahrscheinlichkeitsprinzip eine grundlegende Rolle in der Natur spielen solle. Er drückte dies in seinem berühmten Satz aus: »Der Herrgott würfelt nicht«. Selbst nach zahlreichen Diskussionen und Auseinandersetzungen mit den führenden Vertretern der Quantenphysik hielt er an der Überzeugung fest, daß irgendwann in der Zukunft eine deterministische Interpretation im Sinne von »verborgenen lokalen Variablen« möglich sein würde. Um zu beweisen, daß Bohrs Interpretation der Quantentheorie falsch war, ersann Einstein ein Gedankenexperiment, das später als das Einstein-Podolsky-Rosen-(EPR-)Experiment bekannt wurde. Ironischerweise bildete gerade dieses Experiment mehrere Jahrzehnte später die Grundlage für John Bells Theorem, das bewies, daß das kartesianische Realitätskonzept mit der Quantentheorie unvereinbar ist (12,26).

Zu der vereinfachten Version der EPR-Experiments gehören zwei Elektronen, die in entgegengesetzter Richtung kreiseln, so daß ihr Gesamtspin Null beträgt. Man vergrößert nun die Entfernung zwischen ihnen so lange, bis sie makroskopisch geworden ist. Zwei voneinander unabhängige Beobachter stellen dann ihren jeweiligen Spin fest. Die Quantentheorie sagt voraus, daß in einem System aus zwei Teilchen, deren Gesamtspin Null ist, ihr jeweiliger Spin um jede beliebige Achse immer korreliert, d. h. entgegengesetzt, ist. Obwohl vor der eigentlichen Messung nur von Spintendenzen gesprochen werden kann, werden diese Tendenzen durch den Akt der Messung in Gewißheiten umgewandelt. Dem Beobachter steht es frei, welche Meßachse er verwenden will, und damit wird sofort der Spin des anderen Teilchens, das Tausende von Kilometern entfernt sein kann, festgelegt. Nach der Relativitätstheorie kann kein Signal schneller als das Licht sein. Die Situation ist also im Prinzip undenkbar. Die unmittelbare nicht-lokale Verbindung zwischen diesen Teilchen kann deshalb nicht durch Signale im Einsteinschen Sinn zustandekommen. Eine Kommunikation dieser Art geht über das konventionelle Konzept der Informationsübermittlung hinaus. Das

Bellsche Theorem bringt die Physiker in ein schwieriges Dilemma. Es weist darauf hin, daß die Welt entweder objektiv nicht real ist, oder daß sie durch Kanäle verbunden ist, über die Kommunikation schneller als das Licht erfolgt. Nach Henry Stapp (187) beweist Bells Theorem die »tiefe Wahrheit, daß das Universum entweder grundsätzlich gesetzlos oder grundsätzlich untrennbar ist«.

Obwohl die Physik auf der Grundlage der Quanten- und Relativitätstheorie die überzeugendste und radikalste Kritik am mechanistischen Weltbild lieferte, wurden wichtige Revisionen auch durch verschiedene Forschungen in anderen Wissenschaftsbereichen inspiriert. Drastische Veränderungen ähnlicher Art gingen durch Entwicklungen in der Kybernetik, der Informationstheorie, der Systemtheorie und der Theorie logischer Symbole in das wissenschaftliche Denken ein. Einer der wichtigsten Vertreter dieses kritischen Trends in der modernen Wissenschaft ist Gregory Bateson.[14] Nach seiner Ansicht beruht ein Denken in Begriffen wie Substanz oder diskrete Objekte auf einem schwerwiegenden erkenntnistheoretischen Irrtum, nämlich einem Irrtum in der logischen Symbolik. Im alltäglichen Leben haben wir es nie mit Objekten zu tun, sondern mit Sinnesumwandlungen oder -botschaften über Unterschiede. Im Sinne Korzybskis (103) haben wir nur Zugang zu Landkarten, nicht zum eigentlichen Gelände. Die Informationen, Unterschiede, Formen und Muster, die unsere Erkenntnisse über die Welt ausmachen, sind dimensionslos und können nicht in Raum und Zeit lokalisiert werden. Die Informationen fließen in Kreisläufen, die über die konventionellen Grenzen des Individuums hinausgehen und die Umwelt miteinschließen. Auf der Basis eines solchen wissenschaftlichen Denkens ist es absurd, die Welt als Ansammlung isolierter Objekte und Einheiten zu betrachten, im Individuum, in der Familie und der Spezies die Darwinschen Überlebensformen zu sehen, Unterschiede zwischen Geist und Körper zu machen oder sich mit der Ich-Körper-Einheit (dem von der Hülle der Haut umgebenen Ich im Sinne Alan Watts) zu identifizieren. Wie auch in der Quantenphysik hat sich der Schwerpunkt von der Substanz und dem Objekt auf Formen, Muster und Prozesse verlagert.[15]

Die Systemtheorie ermöglichte eine neue Definition des Geistes und seiner Funktionsweise. Sie zeigte, daß jede Vereinigung von Teilen und Komponenten, die sich der Komplexität eines geschlossenen Kausalkreislaufs nähert und die entsprechenden Energierelationen besitzt, geistige Merkmale hat. Sie reagiert auf Unterschiede, verarbeitet Informationen und korrigiert sich selber. In diesem Sinne kann man von geistigen Eigenschaften verschiedener Zellen, Gewebe und Organe des Körpers sprechen, von geistigen Eigenschaften einer kulturellen Gruppe oder einer Nation, eines ökologischen Systems, oder – wie es Lovelock im Rahmen seiner Gaia-Theorie (123) getan hat – sogar des gesamten Planeten. Und wenn wir jetzt einen umfassenderen Geist in Betracht ziehen, der alle Hierarchien auf den geistig niedrigeren Ebenen integriert, dann muß selbst ein so kritischer und skeptischer Wissenschaftler wie Gregory Bateson zugeben, daß dieser der Vorstellung von einem immanenten Gott nahekommt.

Eine andere tiefgehende Kritik an den Grundkonzepten der mechanistischen Wissenschaft ergab sich aus den Arbeiten des Nobelpreisträgers Ilya Prigogine (161) und seiner Kollegen und Kolleginnen in Brüssel sowie in Austin (Texas). Die traditionelle Wissenschaft stellt das Leben als einen spezifischen, seltenen und letztlich sinnlosen Prozeß dar, als eine unbedeutende und zufällige Anomalie, die wie Don Quichote gegen das absolute Diktat des zweiten thermodynamischen Gesetzes kämpft. Dieses düstere Bild vom Universum, geprägt von einer allmächtigen Tendenz in Richtung auf wachsende Zufälligkeit und Entropie und einen unausweichlichen Hitzetod, gehört nun der Vergangenheit an. Es wurde zerstört durch Prigogines Untersuchungen an sogenannten »dissipativen Strukturen«[16] in bestimmten chemischen Reaktionen und durch seine Entdeckung eines neuen Prinzips, das solchen Reaktionen zugrundeliegt, nämlich des Prinzips »Ordnung durch Fluktuation«. Weitere Untersuchungen ergaben, daß dieses Prinzip nicht auf die Ebene chemischer Prozesse beschränkt ist, sondern einem Grundmechanismus für die Entfaltung evolutionärer Prozesse in allen Bereichen entspricht. Es gilt ebenso für Atome wie Milchstraßensysteme, für einzelne Zellen wie Menschen und schließlich für Gesellschaften und Kulturen.

Als Resultat dieser Beobachtungen war es möglich, eine einheitliche Evolutionstheorie aufzustellen, in der das vereinigende Prinzip nicht der feste Zustand ist, sondern das dynamische Gefüge der offenen, nicht im Gleichgewicht befindlichen Systeme. Solche Systeme sind auf allen Ebenen und in allen Bereichen Träger einer allgemeinen Evolution, die gewährleistet, daß sich das Leben zu immer neueren dynamischen und komplexen Formen entwickelt. Aus dieser Sicht erscheint das Leben selber in einem völlig anderen Licht als bisher aus dem engen Blickwinkel des organischen Lebens. Immer wenn Systeme durch vergangene Entropieproduktionen erstickt werden, mutieren sie zu neuen Formen. Dieselbe Energie und dasselbe Prinzip bestimmen die Evolution auf allen Ebenen, sei es auf der Ebene der Materie, der Lebenskräfte, der Informationsprozesse oder der geistigen Prozesse. Mikro- und Makrokosmos sind zwei Aspekte einer vereinigten und vereinigenden Entwicklung. Das Leben gilt nicht mehr als ein Phänomen, das sich in einem unbeseelten Universum entfaltet. Das Universum selber erhält immer mehr Lebenscharakter.

Obwohl die einfachste Ebene, auf der die Selbstorganisation untersucht werden kann, die Ebene dissipativer Strukturen ist, die sich in selbsterneuernden chemischen Reaktionen bilden, entspricht die Anwendung dieses Prinzips auf biologische, psychologische und sozio-kulturelle Phänomene keineswegs einem reduktionistischen Denken. Im Gegensatz zum Reduktionismus der mechanistischen Wissenschaft beruhen solche Interpretationen auf einer grundlegenden Übereinstimmung, auf der Verwandtschaft der selbstorganisierenden Mechanismen auf vielen Ebenen.

Aus dieser Sicht sind Menschen keine höheren Lebewesen als andere lebende Organismen. Sie leben nur gleichzeitig auf mehr Ebenen als Lebensformen, die früher in der Evolution aufgetreten sind. Hier hat die Wissenschaft die Wahrheit der philosophia perennis wiederentdeckt, nämlich daß die Evolution der Menschheit ein wesentlicher und sinnvoller Teil der Evolution des Universums ist. Die Menschen sind wichtige Wirkelemente in dieser Evolution. Sie sind ihr nicht hilflos ausgesetzt, sondern sind sie selber.

Wie die Physik der Quanten- und Relativitätstheorie, diese neue Wissenschaft vom Werden, die alte Wissenschaft vom Sein ersetzt, so verlagert sich auch hier der Schwerpunkt von der Substanz auf den Prozeß. In diesem Rahmen ist die Struktur ein beiläufiges Produkt miteinander verknüpfter Prozesse, und sie hat mit den Worten von Erich Jantsch nichts Festeres an sich als ein stehendes Wellenmuster im Zusammenfluß zweier Flüsse oder als das Grinsen einer Cheshire-Katze.[17]

Die neueste ernsthafte Kampfansage an das mechanistische Denken ist die Theorie des britischen Biologen und Biochemikers Rupert Sheldrake, wie er sie in seinem revolutionären und höchst kontroversen Buch *Das schöpferische Universum* (183) ausgeführt hat. Sheldrake lieferte eine brillante Kritik an den begrenzten Erklärungsmöglichkeiten der mechanistischen Wissenschaft und an deren Unfähigkeit, grundlegend bedeutsame Probleme der Morphogenese in der individuellen Entwicklung und der Evolution von Spezies, Probleme der Genetik oder Fragen der Entwicklung instinktiver und komplexerer Verhaltensformen zu lösen. Die mechanistische Wissenschaft befaßte sich nur mit dem quantitativen Aspekt der Phänomene, mit dem, was Sheldrake die »energetische Verursachung« nennt. Diese sagt nichts über den qualitativen Aspekt aus, über die Entwicklung von Formen oder die »formale Verursachung«. Nach Sheldrake sind lebende Organismen nicht lediglich komplexe biologische Maschinen, und das Leben kann nicht auf chemische Reaktionen reduziert werden. Form, Entwicklung und Verhalten von Organismen werden durch »morphogenetische Felder« eines Typs geprägt, der sich gegenwärtig weder entdecken noch messen läßt und der nicht in der Physik bekannt ist. Diese Felder werden durch Form und Verhalten früher lebender Organismen derselben Spezies durch direkte raumzeitliche Verbindungen gestaltet und haben kumulative Eigenschaften. Wenn eine kritische Anzahl von Mitgliedern einer Spezies bestimmte organismische Eigenschaften entwickelt oder eine bestimmte Verhaltensweise lernt, dann werden diese automatisch von anderen Mitgliedern der Spezies erworben, auch wenn es keine Kontakte zwischen ihnen im konventionellen Sinn gibt.[18] Das Phänomen der »morphischen Resonanz«, wie Sheldrake es nennt, beschränkt sich nicht auf lebende Organismen und läßt sich an so elementaren Phänomenen wie dem Wachstum von Kristallen demonstrieren.

Wie unplausibel und absurd diese Theorie einem mechanistisch orientierten Verstand auch erscheinen mag, sie läßt sich überprüfen – im Gegensatz zu den grundlegenden metaphysischen Annahmen des materialistischen Weltbilds. Sogar jetzt schon, in ihrer Anfangsphase, wird diese Theorie durch Experimente an Ratten und durch Beobachtungen an Affen gestützt. Sheldrake ist sich der Tatsache wohl bewußt, daß seine Theorie weitreichende Implikationen für die Psychologie besitzt, und hat selber schon eine Verbindung zum kollektiven Unbewußten im Sinne Jungs gezogen.

Der Überblick über neue erstaunliche Entwicklungen in der Wissenschaft wäre unvollständig, ohne die Arbeiten von Arthur Young (213, 214) zu erwähnen. Seine *Prozeß-Theorie* bietet sich wie kaum eine andere als ein wissenschaftliches Metaparadigma der Zukunft an. Diese Theorie ordnet und interpretiert Daten aus vielen verschiedenen Wissenschaftsbereichen – aus der Geometrie, der Quantentheorie, den Relativitätstheorien, der Chemie, der Biologie, der Botanik, der Zoologie, der Psychologie und der Geschichte – und faßt sie in einer kosmologischen Vision zusammen. Youngs Modell des Universums hat vier Ebenen, die durch Freiheits- und Beschränkungsgrade definiert sind, und sieben aufeinanderfolgende Stadien: Licht, subatomare Teilchen, Atome, Moleküle, Pflanzen, Tiere und Menschen. Young gelang es, ein Grundmuster des universellen Prozesses zu entdecken, das sich auf verschiedenen Evolutionsstufen in der Natur ständig wiederholt. Zur Schlüssigkeit dieses Paradigmas kommt hinzu, daß es mit ihm – wie mit dem periodischen System der Elemente von Mendelejew – gelingt, natürliche Phänomene und ihre besonderen Aspekte vorherzusagen.

Young überbrückte mit seiner Theorie die Kluft zwischen Wissenschaft, Mythologie und philosophia perennis. Sein Metaparadigma bezieht nicht nur die höchsten Errungenschaften der wissenschaftlichen Erkenntnis mit ein, sondern berücksichtigt auch nicht objektive und nicht definierbare Aspekte der Realität weit jenseits der akzeptierten Grenzen der Wissenschaft. Da es unmöglich ist, Youngs Theorie in angemessener Weise darzustellen, ohne tief in verschiedene Wissenschaftsbereiche einzudringen, muß der interessierte Leser auf seine Originalwerke verwiesen werden.

Gegenwärtig ist es zweifellos nicht möglich, all die verschiedenen revolutionären Entwicklungen in der modernen Wissenschaft, die ich in diesem Abschnitt umrissen habe, in einem zusammenhängenden und umfassenden neuen Paradigma zu vereinigen. Sie scheinen aber alle eines gemeinsam zu haben, nämlich die feste Überzeugung ihrer Vertreter, daß das von der kartesianisch-Newtonschen Wissenschaft geschaffene mechanistische Weltbild die Realität nicht mehr in treffender und zwingender Weise beschreibt.

Die Vorstellung, daß der Kosmos mit einer gigantischen Maschine zu vergleichen ist, die sich aus unzähligen einzelnen Objekten zusammensetzt und unabhängig vom Betrachter existiert, hat sich überholt und ist in die historischen Archive der Wissenschaft eingegangen. Das ihrem heutigen Stand entsprechende Modell stellt das Universum als ein einheitliches und unteilbares Gewebe aus Ereignissen und Beziehungen dar. Seine Teile sind verschiedene Aspekte und Muster eines großen Prozesses von unvorstellbarer Komplexität. Wie schon James Jeans (87) vor über 50 Jahren sagte, gleicht das Universum der modernen Physik mehr einem großen Gedanken als einer großen Maschine. Als die Wissenschaftler bis zu den tiefsten Strukturen der Materie vordrangen und die mannigfaltigen Aspekte der Prozesse in der Welt untersuchten, wurde das, was als feste Substanz erschien, immer flüchtiger, und schließlich blieben nur noch archetypische Muster, abstrakte mathematische Formeln und eine universelle Ordnung übrig. Es ist deshalb gar nicht so abwegig, die Möglichkeit in Betracht zu ziehen, daß das verbindende Prinzip im kosmischen Gewebe das Bewußtsein ist, das Bewußtsein im Sinne eines elementaren und nicht weiter rückführbaren Merkmals der Existenz.[19]

Nach diesem Überblick über einige erstaunliche Entwicklungen in der modernen Wissenschaft möchte ich auf die schon früher dargestellten Beobachtungen aus der modernen Bewußtseinsforschung zurückkommen. Die meisten sind ohne jeden Zweifel mit dem kartesianisch-Newtonschen Paradigma der mechanistischen Wissenschaft unvereinbar. Es ist deshalb besonders interessant, ihre Beziehung zu verschiedenen Elementen des aufkommenden neuen wissenschaftlichen Weltbildes zu untersuchen. Das revolutionäre Potential der Daten aus der modernen Bewußtseinsforschung scheint von der Beobachtungsebene abhängig zu sein. So bieten Erlebnisse auf der Ebene der Erinnerungen aus dem Vorleben keine ernsthaften Probleme für etablierte Denkmodelle und können mit geringfügigen Abänderungen der bestehenden Theorien erklärt werden. Die perinatalen Erlebnisse verlangen schon nach massiveren Änderungen, doch ist es vorstellbar, daß auch sie ohne einen radikalen Paradigmawechsel integriert werden können. Die transpersonalen Erlebnisse hingegen lassen das mechanistische Denkmodell vollends zusammenbrechen und verlangen nach Neuerungen auf der Elementarebene wissenschaftlicher Theorien. Die notwendigen drastischen Revisionen werden sich speziell auf die Wissenschaftszweige auswirken, die immer noch im Bann des kartesianisch-Newtonschen Paradigmas stehen und die Prinzipien dieses aus dem 17. Jahrhundert stammenden Modells mit den Prinzipien der Wissenschaft gleichsetzen.

Fritjof Capra (25, 26) u. a. haben demonstriert, daß das aus der modernen Physik hervorgehende Weltbild sich immer mehr der mystischen Weltschau annähert. Dasselbe gilt weitaus mehr für die moderne Bewußtseinsforschung, da diese sich direkt mit den Bewußtseinszuständen, der eigentlichen Domäne der mystischen Schulen, befaßt. Als Folge davon lassen sich auch die revolutionären Konzepte der Bewußtseinsforschung immer besser mit denen der modernen Physik vereinbaren. Das eben Gesagte bedarf aber einiger Worte der Erklärung und Verdeutlichung. Eine Konvergenz zwischen Physik und Mystik bedeutet nicht Identität oder gar eine zukünftige Verschmelzung. Tendenzen, die Situation in dieser Weise zu interpretieren, sind mit Recht kritisiert worden. Eine besonders scharfe Kritik stammt von Ken Wilber in seinem Aufsatz *Physics, Mysticism and the New*

Holographic Paradigm (208). Er weist darauf hin, daß in der »philosophia perennis«, der »immerwährenden Philosophie« der überall und zu aller Zeit gleichbleibenden Grundwahrheiten, Sein und Bewußtsein in hierarchischen Ebenen geordnet sind, angefangen von den beschränktesten und fragmentarischsten bis hin zu den höchsten, feinsten und einheitlichsten Formen. In den meisten Systemen werden die folgenden wichtigsten Ebenen angenommen: (1) die *physikalische* Ebene, zu der die nicht lebende Materie bzw. Energie gehört; (2) die *biologische* Ebene, zu der die lebende und empfindende Materie bzw. Energie gehört; (3) die *psychologische* Ebene, auf der es um den Geist, das Ich und das logische Denken geht; (4) die *feinstoffliche* Ebene, die die parapsychologischen und archetypischen Phänomene umfaßt; (5) die *kausale* Ebene, die durch Formlosigkeit und vollkommene Transzendenz charakterisiert ist; und (6) die Ebene des *absoluten Bewußtseins* und des Bestehens aller Ebenen des Spektrums an sich.

In der mystischen Weltschau transzendiert jede Ebene des Spektrums die Ebenen unter ihr und schließt sie mit ein, aber nicht umgekehrt. Da in der *philosophia perennis* die niedrigere Ebene von der höheren durch einen als »Involution« bezeichneten Prozeß geschaffen wird, läßt sich die höhere Ebene nicht aus der niedrigeren erklären. Jede Ebene hat einen eingeschränkteren und kontrollierteren Bewußtseinsbereich als die Ebene über ihr. Die Elemente der niedrigeren Welten sind nicht in der Lage, die höheren Welten zu erfahren, und haben auch kein Bewußtsein von ihrer Existenz, obwohl sie von ihnen durchdrungen sind.

Die Mystiker unterscheiden zwei Formen der gegenseitigen Durchdringung, die horizontale innerhalb jeder Ebene und die vertikale zwischen den Ebenen. Auf jeder Ebene herrscht Holoarchie, d. h. alle Elemente sind etwa im Rang gleich und durchdringen sich gegenseitig. Zwischen den Ebenen fehlt die Gleichwertigkeit und dominiert die hierarchische Ordnung. Die Entdeckungen der Physik haben nur einen Bruchteil der mystischen Weltschau bestätigt. Die Physiker haben das Dogma vom Primat der festen, unzerstörbaren Materie, das die Grundlage für die materialistische Weltanschauung bildete, zerstört. Als sie die subatomaren Phänomene erforschten, löste sich die Materie in abstrakte Bewußtseinsmuster und -formen auf. Sie demonstrierten auch die horizontale Einheit und die gegenseitige Durchdringung auf der ersten Ebene der oben genannten Hierarchien.

Die Informationstheorie und die Systemtheorie haben eine ähnliche Situation auf den Ebenen 2 und 3 nachgewiesen. Die neuen Entdeckungen in Physik, Chemie und Biologie sagen aber nichts über die höheren Ebenen der mystischen Hierarchie aus. In dieser Beziehung haben die genannten wissenschaftlichen Entwicklungen nur indirekte Bedeutung. Indem sie dem mechanistischen Weltbild, das die Mystik und die Spiritualität lächerlich machte, die Grundlage entzogen, schufen sie ein Klima, das gegenüber der Bewußtseinsforschung aufgeschlossener war. Der Zugang zu den übrigen Ebenen des Spektrums der philosophia perennis bleibt aber ausschließlich Entwicklungen in wissenschaftlichen Disziplinen vorbehalten, die die Bewußtseinsphänomene direkt erforschen. Dies dürfen wir nicht außer acht lassen, wenn wir jetzt die Beziehung zwischen den Beobachtungen in der modernen Bewußtseinsforschung und den neuen Entwicklungen in anderen Wissenschaftszweigen untersuchen.

Die transpersonalen Erlebnisse fallen in zwei Hauptkategorien. Die erste umfaßt Phänomene, deren Inhalt zu verschiedenen Elementen der materiellen Welt – zu anderen Personen, Tieren, Pflanzen und unbeseelten Objekten oder Prozessen – in einer direkten Beziehung steht. In der zweiten Kategorie eröffnen sich Erlebensbereiche, die eindeutig außerhalb dessen stehen, was in der westlichen Welt allgemein als objektive Realität anerkannt wird. Hierzu gehören beispielsweise verschiedene archetypische Visionen, mythologische Sequenzen, Erlebnisse der Beeinflussung durch Götter oder Dämonen, Begegnungen mit körperlosen oder übermenschlichen Wesen und die Identifikation mit dem Geist des Universums oder dem überkosmischen Nichts.

Die erste Kategorie von Erlebnissen läßt sich noch in zwei weitere Gruppen unterteilen. Das Unterscheidungsprinzip ist hier die Art der konventionellen Barriere, die überschritten zu werden scheint. Bei manchen Erlebnissen ist diese in erster Linie die Aufteilung des Raumes und die Getrenntheit von den übrigen Dingen, bei anderen die Beschränkung durch die Linearität des konventionellen Zeitbegriffs. Erlebnisse dieser Art bilden ein unüberwindliches Hindernis für die kartesianisch-Newtonsche Wissenschaft, für die Materie etwas Festes ist, Begrenzung und Getrenntheit absolute Eigenschaften des Universums sind, und die Zeit als geradlinig verlaufend und nicht umkehrbar gilt. Anders verhält es sich mit dem modernen wissenschaftlichen Weltbild, das das Universum als ein unendliches einheitliches Gewebe aus gegenseitigen Beziehungen darstellt und alle Grenzen als letztlich willkürlich und überwindbar betrachtet. Die scharfe Trennung zwischen Objekt und leerem Raum ist überwunden worden, und man zieht die Möglichkeit subatomarer Verbindungen in Betracht, die die von der mechanistischen Wissenschaft akzeptierten bzw. für sie akzeptablen Kanäle umgehen. Auch gilt es in der modernen Physik als durchaus plausible Hypothese, daß ein Bewußtsein außerhalb des Gehirns von Menschen und höheren Wirbeltieren existiert. Manche Physiker sind sogar der Meinung, daß in zukünftige Theorien über die Beschaffenheit der Materie und Spekulationen über das physikalische Universum das Bewußtsein als primärer Faktor und als das wichtigste verbindende Prinzip im kosmischen Gewebe eingehen muß. Wenn in einem gewissen Sinn das Universum ein aus einem Stück bestehendes und einheitliches Gewebe ist und einige seiner Bestandteile offensichtlich bewußt sind, dann müßte dies für das ganze System gelten. Es ist natürlich vorstellbar, daß verschiedene Teile in unterschiedlichem Grade bewußt sind und verschiedene Formen von Bewußtheit manifestieren.

Aus dieser Sicht sind Unterteilungen des letztlich unteilbaren kosmischen Gewebes unvollständig, willkürlich und wandelbar. Angesichts dieser Tatsache gibt es keinen Grund, der dagegen spräche, daß dies auch für die im Erleben vorhandenen Grenzen zwischen den Einheiten des Bewußtseins gilt. Es läßt sich vorstellen, daß unter bestimmten Umständen jemand seine Identität mit dem kosmischen Netzwerk zurückgewinnen und jeden Aspekt seiner Existenz bewußt erfahren kann. Im ähnlichen Sinn wären bestimmte Formen der außersinnlichen Wahrnehmung, in denen die konventionellen Grenzen des Raums überschritten werden, mit diesem Modell vereinbar. Was etwa die Telepathie, die mediale Diagnose, die Kryptoskopie oder die Astralprojektion angeht, so stellt sich nicht mehr die Frage, ob solche Phänomene möglich sind, sondern was sie daran hindert, zu jeder beliebigen Zeit aufzutreten. Mit anderen Worten: man setzt sich jetzt mit dem Problem auseinander, was in einem seinem Wesen nach leeren und materielosen Universum, dessen wahre Natur unteilbare Einheit ist, den Anschein von Festigkeit, Getrenntheit und Individualität hervorruft.

Transpersonale Erlebnisse, in denen die Begrenzungen des Raums überschritten werden, lassen sich auch recht gut mit dem Weltbild vereinbaren, das auf der Informationstheorie und der Systemtheorie basiert. In diesem Ansatz wird ebenfalls die Vorstellung von einem Universum vertreten, in dem die Grenzen willkürlich sind, feste Materie nicht existiert und dem Muster die höchste Bedeutung zukommt. Zwar wird das Bewußtsein nicht ausdrücklich einbezogen, doch kann man in diesem Zusammenhang sehr wohl über geistige Prozesse in Verbindung mit Zellen, Körperorganen, niedrigeren Organismen, Pflanzen, ökologischen Systemen, sozialen Gruppen oder dem gesamten Planeten sprechen.

Was Erlebnisse betrifft, in denen die Grenzen der Zeit überschritten werden, so hat die mechanistische Wissenschaft als einzige Alternativen für die Interpretation der Aktivierung von Ereignissen aus der Vergangenheit das materielle Substrat des Zentralnervensystems oder den genetischen Kode anzubieten. Diesen Ansatz könnte man – wenn auch unter den größten Schwierigkeiten – auf bestimmte vergangene Erfahrungen anwenden, auf Erfahrungen im embryonalen Zustand sowie Erfahrungen, die die Ahnen, das Rassenkollektiv oder die Gesamtheit der phylogenetischen Vorfahren gemacht haben. Es wäre aber in diesem Rahmen völlig absurd, ernsthaft solche Erlebnisse in Betracht zu ziehen, in denen sich historische Episoden aus Situationen wiederholen, mit denen der einzelne nicht biologisch verbunden ist. Beispiele dafür wären Elemente des Jungschen kollektiven Unbewußten aus Kulturen anderer Rassen oder Erlebnisse aus früheren Inkarnationen. Dasselbe gilt für Zeiträume, die vor dem Ursprung des Zentralnervensystems überhaupt, des Lebens, dieses Planeten oder des Sonnensystems liegen. Ähnlich ist jede Vorausnahme von zukünftigen Ereignissen unvorstellbar, da das Zukünftige noch nicht geschehen ist.

Die moderne Physik hat aufgrund ihrer weiteren Auslegung des Zeitbegriffs einige faszinierende Erklärungsmöglichkeiten anzubieten. So gibt die Einsteinsche Relativitätstheorie, in der der dreidimensionale Raum und die lineare Zeit durch ein vierdimensionales Raum-Zeit-Kontinuum ersetzt werden, einen interessanten Rahmen für das Verständnis bestimmter transpersonaler Erlebnisse ab, in denen es um Ereignisse aus anderen historischen Zeitabschnitten geht. Die spezielle Relativitätstheorie zieht unter bestimmten Umständen ein umgekehrtes Fließen der Zeit in Betracht. Die modernen Physiker haben sich daran gewöhnt, die Zeit als etwas zu behandeln, was sich vorwärts und rückwärts bewegen kann. So entsprechen beispielsweise in der Interpretation der Raum-Zeit-Diagramme der Hochfrequenzphysik, der sogenannten Feynman-Diagramme, die zeitlich nach vorne gerichteten Bewegungen von Teilchen den zeitlich rückwärts gerichteten Bewegungen entsprechender Antiteilchen.

John Wheeler hat in seinem Buch *Geometrodynamics* (204) Parallelen zwischen Ereignissen in der physikalischen Welt und solchen in außergewöhnlichen Bewußtseinszuständen postuliert. Seine Vorstellung von einem Hyperraum macht theoretisch unmittelbare Verbindungen zwischen allen Elementen des Universums ohne die durch die Lichtgeschwindigkeit gesetzten Einschränkungen der Einsteinschen Theorie möglich. Auch haben die von der Einsteinschen Relativitätstheorie postulierten außergewöhnlichen Veränderungen von Raum-Zeit, Materie und Kausalität im Zusammenhang mit der Kontraktion von Sternen und den »schwarzen Löchern« ihre Parallelen im Erleben in Zuständen veränderten Bewußtseins. Zwar ist es gegenwärtig unmöglich, die Konzepte der modernen Physik zu den Beobachtungen aus der modernen Bewußtseinsforschung in eine direkte und leicht verständliche Beziehung zu setzen, doch sind die Parallelen verblüffend. Wenn wir bedenken, welche außergewöhnlichen Modelle Physiker für die Erklärung ihrer Beobachtungen auf der einfachsten aller Realitätsstufen benötigen, wird offenkundig, wie absurd die Tendenz der mechanistischen Psychologie ist, die Existenz von Phänomenen zu leugnen, die dem nüchternen gesunden Menschenverstand widersprechen oder die nicht auf so reale Ereignisse wie die Beschneidung oder die Sauberkeitserziehung zurückgeführt werden können.

Im Gegensatz zu den genannten Phänomenen befindet sich die Kategorie der transpersonalen Erlebnisse, deren Inhalt keine Parallelen in der natürlichen Realität hat, eindeutig außerhalb der Reichweite der Physik. Aber selbst hier scheint es einen grundlegenden Unterschied zwischen ihrem Status im Rahmen des kartesianisch-Newtonschen Paradigmas und dem im Rahmen des modernen wissenschaftlichen Weltbildes zu geben. Im mechanistischen Modell besteht das Universum aus unzählig vielen materiellen Teilchen und Objekten. Die Existenz nicht-materieller Seinsformen, die nicht mit den gewöhnlichen Mitteln und nicht bei normalem Bewußtsein beobachtet oder entdeckt werden kann, wird im Prinzip geleugnet. Die Erfahrung solcher Seinsformen würde in die Welt krankhaft veränderter Bewußtseinszustände und Halluzinationen verbannt und philosophisch als irgendwie geartete Verzerrung von Sinneseindrücken »objektiv existierender Elemente« interpretiert werden.

Im modernen Weltbild lassen sich sogar die materiellen Bestandteile der Welt auf abstrakte Muster und das »dynamische Vakuum« zurückführen. Im einheitlichen Gewebe des Universums sind alle Strukturen, Formen und Grenzen letztlich willkürlich. Form und Leere sind relative Begriffe. Ein Universum mit solchen Eigenschaften schließt nicht prinzipiell die Möglichkeit der Existenz wie auch immer gearteter Seinsformen aus, etwa auch nicht die Möglichkeit der Existenz mythologischer und archetypischer Formen.

Wir haben schon früher erwähnt, daß transpersonale Erlebnisse häufig mit Ereignissen in der Außenwelt sinnvoll verbunden sind, und zwar in einer Weise, die sich nicht mit den Gesetzen der linearen Kausalität erklären läßt. Carl Gustav Jung (91) hat in seiner klinischen Tätigkeit viele eindrucksvolle Zusammentreffen dieser Art beobachtet. Um sie zu erklären, postulierte er die Existenz eines akausalen Verknüpfungsprinzips, das er *Synchronizität* nannte. Er definierte diese als das gleichzeitige Auftreten eines bestimmten psychischen Zustandes und eines oder mehrerer äußerer Ereignisse, die sinnvolle Parallelen zu dem gegenwärtigen subjektiven Zustand zu besitzen scheinen. Nach diesem Prinzip verknüpfte Ereignisse haben einen offensichtlichen thematischen Bezug, obwohl es keine, mit linear-kausalen Gesetzen erklärbare Verbindung zwischen ihnen gibt. Viele Personen, die als psychotisch gelten, erleben verblüffende Beispiele von Synchronizität. In den gleichgültigen und voreingenommenen Untersuchungen durch Psychiater kartesianisch-Newtonscher Orientierung werden alle Hinweise auf sinnvolle Zusammentreffen routinemäßig als Beziehungswahn abgetan. Es besteht aber kein Zweifel, daß es neben psychopathologischen Interpretationen offenkundig nicht bezogener Ereignisse echte Fälle von Synchronizität gibt. Situationen dieser Art fallen zu sehr ins Auge und sind zu häufig, als daß sie völlig außer acht gelassen werden könnten. Es ist deshalb recht ermutigend und erfrischend, daß moderne Physiker die Existenz vergleichbarer Phänomene unter den peinlich genau kontrollierten Bedingungen ihrer Laborexperimente anerkennen mußten. Bells Theorem und die dadurch inspirierten Experimente verdienen in diesem Zusammenhang besondere Beachtung.

Die Parallelen zwischen dem Weltbild moderner Physiker und der Welt der Erlebnisse von Mystikern und Personen im psychedelischen Rausch sind in der Tat sehr weitreichend, und es gibt gute Gründe für die Annahme, daß sie noch weitergehen werden. Der grundlegende Unterschied zwischen den Schlußfolgerungen, die auf der wissenschaftlichen Analyse der Außenwelt basieren, und denjenigen, die durch das tiefe Eindringen in die Innenwelt nahegelegt werden, liegt darin, daß in der modernen Physik die Welt des Paradoxen und Transrationalen nur durch abstrakte mathematische Gleichungen beschrieben werden kann, während sie in den außergewöhnlichen Bewußtseinszuständen direkt und unmittelbar erfahren wird.

Personen, die in Mathematik und Physik beschlagen waren, berichteten wiederholt, daß sie in LSD-Sitzungen erhellende Einsichten in verschiedene Konzepte und Konstrukte erhielten, die sie sich bei normalem Bewußtsein überhaupt nicht oder nicht anschaulich vorstellen konnten. Zu diesen Konzepten und Konstrukten gehörten u. a. Riemanns Geometrie eines n-dimensionalen Raums, Minkowskis Raum-Zeit, die nicht-Euklidische Geometrie, der Zusammenbruch natürlicher Gesetze in einem schwarzen Loch und Einsteins allgemeine und spezielle Relativitätstheorie. Die Krümmung von Raum und Zeit, ein unendliches, aber in sich abgeschlossenes Universum, die Austauschbarkeit von Masse und Energie, unendliche Mengen verschiedener Ordnung, Nullmengen verschiedener Größe – all diese schwierigen Konzepte der Mathematik und Physik wurden von manchen subjektiv erfahren und in einer völlig neuen Weise verstanden. Es war sogar möglich, direkte Entsprechungen im Erleben zu Albert Einsteins berühmten Gleichungen auf der Basis der Lorentzschen Transformationen zu finden. Diese Beobachtungen waren so eindrucksvoll, daß sie ein zukünftiges Forschungsprojekt rechtfertigen würden, in dem prominente Physiker die Möglichkeit erhielten, psychedelische Zustände für die theoretische Inspiration und ein kreatives Problemlösen zu erfahren.

Die Tatsache, daß so viele Beobachtungen aus der Erforschung tiefer Bewußtseinsbereiche mit den Entwicklungen in der modernen Physik vereinbar sind und die Grenzen des kartesianisch-Newtonschen Modells aufzeigen, ist höchst ermutigend und vielversprechend. Sie sollte dabei mithelfen, die neuen Ansätze in den Augen der Fachwelt zu legitimieren. Die potentielle Bedeutung der Bewußtseinsforschung mit oder ohne Anwendung psychedelischer Drogen geht über die eng gesteckten Grenzen der herkömmlichen Psychologie und Psychiatrie weit hinaus. Aufgrund der Komplexität ihres Untersuchungsgegenstandes haben sich Vertreter dieser beiden Wissenschaftsdisziplinen in der Vergangenheit bemüht, eine feste Verankerung in der Physik, der Chemie, der Biologie und der Medizin zu schaffen und damit den Ruf einer exakten Wissenschaft zu bekommen. Diese Anstrengungen waren zwar historisch und politisch gesehen notwendig, doch vernachlässigten sie die Tatsache, daß die verwickelten Phänomene, die von Psychologie und Psychiatrie studiert werden, in ihrer Gesamtheit nicht mit Konstrukten solcher Wissenschaftszweige erklärt werden können, die sich mit einfacheren und grundlegenderen Aspekten der Realität befassen.

Die Ergebnisse psychologischer Forschung sollten selbstverständlich nicht im Widerspruch zu Grundgesetzen der Physik und Chemie stehen. Die Wissenschaft vom Bewußtsein aber, die Phänomene mit einzigartigen und besonderen Merkmalen untersucht, sollte das Recht haben, Eigenes zum Verständnis der Welt beizutragen und Ansätze oder beschreibende Systeme zu verwenden, die für ihre Zwecke am besten geeignet sind. Da letztlich alle Wissenschaftsdisziplinen auf den Sinneswahrnehmungen aufgebaut sind und Produkte des menschlichen Geistes darstellen, erscheint es offensichtlich, daß die Bewußtseinsforschung Gültiges für jeden Bereich der Erforschung der physikalischen Welt beitragen kann. In diesem Zusammenhang ist hervorzuheben, daß die Kenntnis vieler in diesem Buch beschriebener Phänomene den mit ihnen zu vereinbarenden Entwicklungen in der modernen Physik um Jahrhunderte oder gar Jahrtausende vorausging. Sie wurden von den Psychiatern achtlos übergangen oder in den psychopathologischen Bereich verbannt, weil sie nicht in das kartesianisch-Newtonsche Modell integriert werden konnten und dessen Grundpostulaten widersprachen.

Es lohnt sich, aus dieser Sicht einen Blick auf die Konvergenz zwischen moderner Physik, Mystik und Bewußtseinsforschung zu werfen. Die Parallelen gehen zwar sehr weit und versetzen in Staunen, doch sind sie zumeist formaler Natur. Sie können nur diejenigen transpersonalen Erlebnisse erklären, in denen sich jemand bewußt mit verschiedenen Aspekten des materiellen Universums in der Vergangenheit, der Gegenwart oder der Zukunft identifiziert. In der mystischen Literatur findet sich ein ganzes Spektrum an zusätzlichen Realitätsbereichen, das sich den konventionellen Ansätzen der materialistischen Wissenschaft entzieht. Das auf der Quanten- und Relativitätstheorie basierende neue Realitätsmodell ist über das Konzept der festen, unzerstörbaren Materie und der voneinander getrennten Objekte hinausgegangen und stellt das Universum als ein komplexes Gewebe aus Ereignissen und Beziehungen dar. In der letzten Analyse verlieren sich die Spuren jeglicher materieller Substanz in der uranfänglichen Leere des dynamischen Nichts. Der Physiker kann aber sehr wenig über die verschiedenen besonderen Formen aussagen, die der kosmische Tanz auf anderen Realitätsebenen annimmt. Die Einsichten aus den Erlebnissen in außergewöhnlichen Bewußtseinszuständen legen die Existenz einer nicht greifbaren und unermeßlichen, sich ihrer selbst bewußten Intelligenz nahe, die alle Realitätsebenen durchdringt. Aus diesem Ansatz geht hervor, daß das höchste Prinzip der Existenz und die letzte Realität ein reines Bewußtsein ohne spezifischen Inhalt ist. Aus diesem Bewußtsein kann alles im Kosmos abgeleitet werden. Mit einem spielerischen Sinn für Exploration, Abenteuer, Drama, Kunst und Humor schafft es zahllose phänomenale Welten. Dieser Aspekt der Realität mag zwar außerhalb der Reichweite von Methoden der exakten Wissenschaften liegen, könnte aber für ein echtes Verständnis des Universums und seine vollständige Beschreibung unerläßlich sein.

Es läßt sich nur schwer vorstellen, daß die Physik gegenwärtig oder zu irgendeinem zukünftigen Zeitpunkt innerhalb der Einschränkungen ihrer Disziplin den Zugang zu diesem letzten Mysterium finden könnte. Man würde also lediglich den alten Fehler wiederholen, wenn man sich von der Physik ihr neues Paradigma leihen und es zur allein bestimmenden Grundlage der Bewußtseinsforschung machen würde. Wichtig ist, im Besitz eines Paradigmas zu sein, daß aus den Bedürfnissen unserer eigenen Disziplin erwächst, und Versuche zu machen, die Kluft zu anderen Disziplinen zu überbrücken, statt mit ihnen zu wetteifern. Die Bedeutung neuer Entwicklungen in der Physik für das Studium des Bewußtseins liegt daher mehr in der Zerstörung der theoretischen Zwangsjacken der mechanistischen kartesianisch-Newtonschen Wissenschaft und nicht so sehr in der

Aufstellung eines neuen, auch für die Bewußtseinsforschung verpflichtenden Paradigmas.

An diesem Punkt erscheint es angemessen, die Auswirkungen der genannten Daten aus der Quanten- und Relativitätstheorie, aus der modernen Bewußtseinsforschung und aus anderen Bereichen der Wissenschaft des 20. Jahrhunderts auf das Verständnis der Psyche und der menschlichen Natur zu betrachten. Die mechanistische Wissenschaft hat in der Vergangenheit eine unzählige Menge von Untersuchungsergebnissen angesammelt, die nahelegen, daß Menschen in einem sehr weit zutreffenden Grad als getrennte materielle Einheiten verstanden und behandelt werden können, als ihrem Wesen nach biologische Maschinen, die sich aus ihren Bestandteilen – etwa den Organen, den Geweben und den Zellen – zusammensetzen. In diesem Rahmen galt das Bewußtsein als Produkt physiologischer Prozesse im Gehirn.[20]

Angesichts der in diesem Buch besprochenen neuen Untersuchungsergebnisse aus der Bewußtseinsforschung läßt sich die Vorstellung, daß der Mensch nichts anderes als eine biologische Maschine sei, als alleingültiges Denkmodell nicht mehr halten. In tiefgehendem logischen Widerspruch zu dieser traditionellen Denkweise stützen die neuen Daten recht eindeutig die Ansicht, die von den mystischen Traditionen aller Zeiten vertreten worden ist, nämlich daß Menschen unter bestimmten Umständen auch als unermeßlich weite Bewußtseinsfelder fungieren können, in denen die Grenzen des physikalischen Körpers, des Raumes und der Zeit im Sinne Newtons und der linearen Kausalität überschritten werden. Diese Situation hat große Ähnlichkeit mit dem Dilemma, auf das die modernen Physiker bei der Untersuchung subatomarer Teilchen stießen, als sie nämlich feststellten, daß Licht und Materie sowohl die Eigenschaften von Wellen als auch die Eigenschaften von Teilchen annehmen können. Nach dem von Niels Bohr aufgestellten Komplementaritätsprinzip, das er zur Lösung dieses Paradoxons entwickelte, sind beide Konzepte – das Wellen- und das Teilchenkonzept – für eine umfassende Beschreibung des Lichts und der subatomaren Teilchen notwendig. Welle und Teilchen sind zwei einander ergänzende und gleich notwendige Aspekte ein und derselben Realität. Jedes Beschreibungskonzept ist nur teilweise richtig und hat einen beschränkten Anwendungsbereich. Welcher von beiden Aspekten sich manifestiert, hängt vom Experimentator und den experimentellen Bedingungen ab.

Bohrs Komplementaritätsprinzip bezieht sich speziell auf Phänomene der subatomaren Welt und kann nicht mechanisch auf andere Problembereiche übertragen werden. Es setzt aber einen interessanten Präzedenzfall für andere Disziplinen, insofern als es ein Paradoxon kodifiziert, statt es zu lösen. Meiner Ansicht nach haben sich in den Wissenschaften, die sich mit dem Menschen befassen – in der Medizin, der Psychiatrie, der Psychologie, der Parapsychologie, der Anthropologie, der Thanatologie u. a. – genügend widersprüchliche Daten angesammelt, die die Aufstellung eines vergleichbaren Prinzips voll rechtfertigen würden.

Es mag zwar aus der Sicht der klassischen Logik absurd und unmöglich erscheinen, doch ist die Natur des Menschen in ähnlicher Weise doppeldeutig. Manchmal legt sie mechanistische Interpretationen nahe, in denen der Mensch mit seinem Körper und den Organfunktionen gleichgesetzt wird. Manchmal aber zeigt sie ein ganz anderes Bild, das vermuten läßt, daß der Mensch auch als unermeßlich weit ausgedehntes Bewußtseinsfeld fungieren kann, in dem Materie, Raum, Zeit und lineare Kausalität transzendiert werden. Um nun den Menschen umfassend und erschöpfend zu beschreiben, müssen wir die paradoxe Tatsache akzeptieren, daß er sowohl materielles Objekt bzw. biologische Maschine als auch immaterielles Bewußtseinsfeld ist. In der Physik hängen die Ergebnisse subatomarer Experimente vom Konzept und vom Ansatz des Experimentators ab. In einem gewissen Sinn führen Wellenfragen zu Wellenantworten und Teilchenfragen zu Teilchenantworten. Es ist vorstellbar, daß im Falle des Menschen die Vorstellung des Untersuchers von seinem Wesen und die experimentelle Anordnung die eine oder die andere Seite der menschlichen Natur deutlicher zum Vorschein bringt.

Wir könnten dem Beispiel Niels Bohrs folgen und uns mit einem einfachen Nebeneinander dieser beiden widersprüchlichen, aber einander ergänzende Bilder begnügen, also jedes von ihnen als teilweise richtig betrachten. Bestimmte Entwicklungen in der Mathematik, der Physik und der Gehirnforschung haben jedoch die Existenz neuer Mechanismen zum Vorschein gebracht, die eine vielversprechende Perspektive eröffnen. Möglicherweise können beide anscheinend nicht zu vereinbarende Vorstellungen vom Menschen zu einem zukünftigen Zeitpunkt in eleganter und umfassender Weise integriert werden. Die in dieser Hinsicht relevanten Daten stammen aus dem Bereich der Holographie, der Theorie des »holomovement« (der »Ganzbewegung«) von David Bohm, und den Gehirnforschungen von Karl Pribram. Die nun folgende Diskussion holographischer Prinzipien sollte nicht als Entwurf eines neuen physikalischen Modells für die Bewußtseinsforschung verstanden werden, sondern die Phantasie anregen und zukünftigen Spekulationen den Weg weisen. Es wird nicht behauptet, daß die Welt ein Hologramm sei, sondern daß die Holographie die Existenz bestimmter neuer Prinzipien offenlegt, die eventuell das Wesen der Realität bestimmen.

Der holonome Ansatz: Neue Prinzipien und neue Perspektiven

In den letzten drei Jahrzehnten haben wichtige Entwicklungen in der Mathematik, der Lasertechnologie, der Holographie, der Quantenphysik und der Gehirnforschung zur Entdeckung neuer Prinzipien geführt, die für die moderne Bewußtseinsforschung und für die Wissenschaft im allgemeinen von großer Tragweite sind. Es handelt sich hierbei um die sogenannten *holonomen* oder *holographi-*

schen bzw. *Hologramm-Prinzipien*. Sie bieten faszinierende Alternativen zum konventionellen Verständnis der Beziehungen zwischen dem Ganzen und seinen Teilen. Am besten lassen sie sich am Speichern, Reaktivieren und Kombinieren von Informationen mit Hilfe der Technik der optischen Holographie demonstrieren.

Ich möchte aber an dieser Stelle gleich betonen, daß es noch zu früh ist, um – wie bereits in der Vergangenheit geschehen – von der »holonomen Theorie des Universums und des Gehirns« sprechen zu können. Gegenwärtig haben wir es lediglich mit einem Mosaik aus wichtigen und höchst interessanten Daten und Theorien aus verschiedenen Wissenschaftsbereichen zu tun, die noch nicht in einem umfassenden theoretischen Rahmen integriert worden sind. Der holonome Ansatz aber, der den Schwerpunkt auf die Interferenz von vibrierenden Mustern statt auf mechanische Interaktion und auf die Information statt auf die Substanz legt, ist angesichts der modernen wissenschaftlichen Auffassung von der vibrierenden Natur des Universums sehr vielversprechend. Die neuen Einsichten sind anwendbar auf so grundlegende Probleme wie die ordnenden und organisierenden Prinzipien der Realität und des Zentralnervensystems, die Verteilung von Informationen im Kosmos und im Gehirn, die Natur des Gedächtnisses, die Mechanismen der Wahrnehmung sowie die Beziehungen zwischen dem Ganzen und seinen Teilen.

Der moderne holonome Ansatz zum Verständnis des Universums hat seine historischen Vorläufer in den spirituellen Philosophien des alten Indien und des alten China sowie in der Monadologie des großen deutschen Philosophen und Mathematikers Gottfried Wilhelm Leibniz (113). Die Transzendierung der konventionellen Unterscheidung zwischen dem Ganzen und den Teilen – einer der wichtigsten Beiträge des holonomen Modells – ist auch ein wesentliches Merkmal verschiedener Formen der philosophia perennis.

Ein schönes Beispiel zur Veranschaulichung des holonomen Prinzips ist die poetische Beschreibung des Halsschmucks des vedischen Gottes Indra. Im *Avatamsaka-Sutra* heißt es: »Im Himmel Indras, so sagt man, hängt ein Netzwerk von Perlen so angeordnet, daß du beim Anblick einer Perle alle anderen in dieser widergespiegelt siehst. Genauso ist jeder Gegenstand in der Welt nicht bloß er selbst, sondern ein Teil jedes anderen, er *ist* in Wirklichkeit alles andere.« Und Sir Charles Eliot (35), der diese Textstelle zitiert, fügt hinzu: »In jedem Staubkörnchen sind Buddhas ohne Zahl vorhanden.«

Ein entsprechendes Bild aus der alten chinesischen Tradition findet sich in der Hwa Yen-Schule der buddhistischen Philosophie, einer ganzheitlichen Anschauung des Universums, die wohl eine der tiefsten Einsichten verkörpert, die der menschliche Geist jemals hervorgebracht hat.[21] Die Kaiserin Wu, der es nicht gelang, die komplizierten Schriften der Hwa Yen-Schule zu begreifen, bat Fa Tsang, einen der Begründer dieser Schule, ihr eine praktische und einfache Demonstration der wechselseitigen Abhängigkeit im Kosmos zu geben. Fa Tsang hing zunächst eine brennende Kerze an die Decke eines Raumes, dessen Inneres vollständig mit Spiegeln ausgestattet war, um die Beziehung des Einen zu dem Vielen zu demonstrieren. Dann plazierte er in die Mitte des Raums einen kleinen Kristall. Er zeigte ihr, wie sich alles rundherum in diesem Kristall widerspiegelte, und veranschaulichte damit, wie in der letzten Wirklichkeit das unendlich Kleine das unendlich Große und das unendlich Große das unendlich Kleine enthielt, ohne sich zu behindern. Nach dieser Demonstration beklagte sich Fa Tsang darüber, daß dieses statische Modell nicht in der Lage wäre, die ständige, vieldimensionale Bewegung im Universum und die unbehinderte gegenseitige Durchdringung von Zeit und Ewigkeit sowie von Vergangenheit, Gegenwart und Zukunft widerzuspiegeln (45).

In der Jaina-Tradition wird das holonome Weltverständnis in einer höchst anspruchsvollen Weise kultiviert. Nach der jainistischen Kosmologie besteht die phänomenale Welt aus einem unendlich komplexen System von Illusionen getäuschter Bewußtseinseinheiten oder Shivas, die in Materie in unterschiedlichen Stadien des kosmischen Zyklus gefangen sind. Dieses Denkmodell verbindet das Bewußtsein und den Shiva-Begriff nicht nur mit menschlichen oder tierischen Formen, sondern auch mit Pflanzen und anorganischen Objekten bzw. Prozessen. Die Monaden der Leibnizschen Philosophie (113) haben viele Merkmale der jainistischen Shivas. Alles Wissen über das gesamte Universum kann aus den Informationen über eine einzige Monade erschlossen werden. Es ist in diesem Zusammenhang interessant, daß von Leibniz auch der Begründer des mathematischen Verfahrens war, das zur Entwicklung der Holographie beitrug.

Die Technik der Holographie kann als höchst eindrucksvolle Veranschaulichung der Prinzipien des holonomen Ansatzes dienen. Es scheint deshalb angebracht, unsere Diskussion mit einer Beschreibung ihrer grundlegenden technologischen Prinzipien zu beginnen. Die Holographie ist ein Photographieverfahren ohne Anwendung von Linsen, mit dem man dreidimensionale, ungewöhnlich wirklichkeitsgetreue Abbilder von materiellen Gegenständen herstellen kann. Die mathematischen Prinzipien dieser revolutionären Technik wurden von dem britischen Wissenschaftler Dennis Gabor gegen Ende der vierziger Jahre entwickelt. 1971 erhielt Gabor für seine Leistungen den Nobelpreis. Die Hologramme und die Holographie beruhen nicht auf den Prinzipien der geometrischen Optik, in denen sich das Licht aus diskreten Teilchen oder Photonen zusammensetzt. Die holographische Methode baut vielmehr auf dem Prinzip der Übereinanderschichtung und auf Interferenzmustern des Lichts auf. Sie setzt voraus, daß das Licht als ein Wellenphänomen begriffen wird. Die geometrisch-optischen Prinzipien gelten bei verschiedenen optischen Instrumenten, etwa beim Fernrohr, beim Mikroskop oder beim Photoapparat. Diese nutzen das von den Gegenständen reflektierte Licht und seine Intensitäten, nicht seine Phase. In der mechanischen Optik gibt es keine Vorrichtung für das Aufzeichnen der Interferenzmuster. Genau das aber macht das Wesentliche der Holographie aus, die auf der Interferenz eines

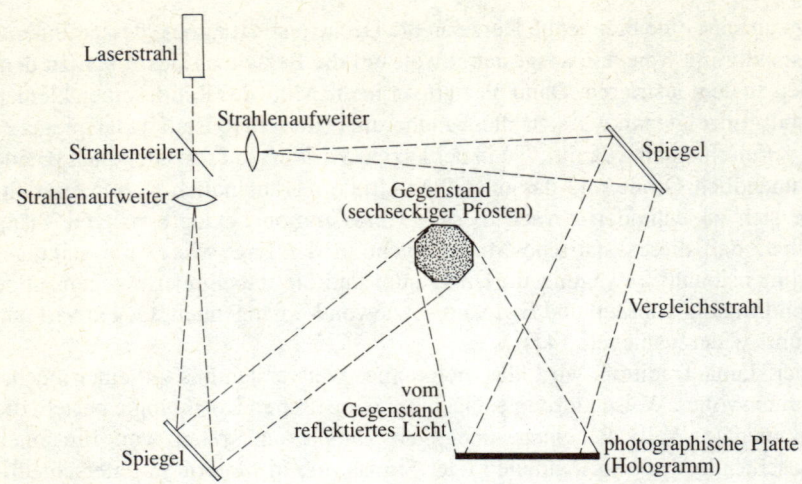

Laserstrahl

Strahlenaufweiter

Strahlenteiler

Strahlenaufweiter

Spiegel

Gegenstand
(sechseckiger Pfosten)

Vergleichsstrahl

vom
Gegenstand
reflektiertes Licht

Spiegel

photographische Platte
(Hologramm)

Die Technik der Holographie: Ein Laserstrahl wird durch einen halbversilberten Spiegel geteilt. Ein Teil (der Arbeitsstrahl) geht durch den Spiegel hindurch und wird auf das zu photographierende Objekt gerichtet. Dort wird er von ihm reflektiert und erreicht die photographische Platte. Der andere Teil (Vergleichsstrahl) wird direkt auf die Platte reflektiert. Wenn sich die beiden Laserstrahlen wieder vereinigen, wird das Interferenzmuster in der Filmschicht festgehalten. Die spätere Illumination dieses aufgezeichneten Interferenzmusters erzeugt ein dreidimensionales Abbild des photographierten Gegenstands.

reinen monochromatischen und kohärenten Lichts (Licht einer einzigen Wellenlänge) basiert. In der eigentlichen Technik der Holographie wird ein Laserstrahl geteilt und mit Hilfe zweier Spiegel auf das zu photographierende Objekt geworfen (siehe Abbildung). Das resultierende Interferenzmuster wird auf einer photographischen Platte festgehalten. Die nachfolgende Illumination dieser Platte mit Laserlicht ermöglicht eine dreidimensionale Abbildung des ursprünglichen Gegenstands.

Die holographischen Bilder haben viele Eigenschaften, die sie als die denkbar besten Modelle für psychedelische Phänomene und andere Erlebnisse in außergewöhnlichen Bewußtseinszuständen erscheinen lassen. Sie ermöglichen die Veranschaulichung vieler formaler Merkmale von LSD-Visionen wie auch verschiedener wichtiger Aspekte ihres Inhalts. Die rekonstruierten Bilder sind dreidimensional und von einer lebendigen Wirklichkeitsnähe, die der alltäglichen Wahrnehmung der materiellen Welt nahekommt oder ihr sogar ebenbürtig ist. Im Gegensatz zu den Bildern in der heutigen Kinematographie ist die Dreidimensionalität holographischer Bilder nicht lediglich vorgetäuscht. Sie haben echte räumliche Merkmale, einschließlich einer echten Parallaxe.[22] Sie ermöglichen die selektive Konzentration der Aufmerksamkeit auf verschiedene Ebenen und eine Wahrnehmung innerer Strukturen durch transparente Medien. Durch eine

Veränderung des Brennpunkts läßt sich die Wahrnehmungstiefe beeinflussen und man kann nach Belieben verschiedene Teile des Sichtfeldes verschwimmen lassen oder schärfer machen. So gibt es beispielsweise heutzutage verfeinerte holographische Techniken, bei denen man Filme mit mikroskopisch feiner Körnung verwendet. Mit diesen kann man ein Hologramm von einem Blatt herstellen, an dem man durch die Änderung der Einstellung an einem Mikroskop die Zellstruktur studieren kann.

Eine Eigenschaft, die für Modellvorstellungen von der Welt psychedelischer und mystischer Phänomene besondere Relevanz besitzt, ist die unglaubliche Kapazität für die Speicherung von Informationen. In der Filmschicht, die in der herkömmlichen Photographie nur für ein Bild geeignet ist, können bis zu mehrere hundert Bilder festgehalten werden. Durch aufeinanderfolgende Aufnahmen kann ein Bild mit zwei Personen oder einer ganzen Gruppe gemacht werden, wobei man jedesmal den Aufnahmewinkel beibehalten oder ihn leicht verändern kann. Im ersteren Fall erzeugt die nachfolgende Illumination des entwickelten Films ein zusammengesetztes oder verdichtetes Bild der betreffenden zwei Personen oder der Gruppe (etwa aller Mitarbeiter eines wissenschaftlichen Instituts oder aller Mitglieder einer Fußballmannschaft). Auf gleichem Raum stellt dieses Bild keinen von ihnen in seiner Besonderheit und alle gleichzeitig dar. Diese echt zusammengesetzten Bilder sind ein außerordentlich treffendes Modell für einen bestimmten Typus transpersonaler Erlebnisse, nämlich für archetypische Vorstellungen etwa vom kosmischen Menschen, von der Frau, der Mutter, dem Vater, dem oder der Geliebten, dem Trickster, dem Narren, dem Märtyrer, oder für verallgemeinerte Visionen von einem Volk oder einem Berufsstand, etwa für Visionen von *dem* Juden oder *dem* Wissenschaftler.

Ein ähnlicher Mechanismus scheint in einem anderen Phänomen, das man häufig in psychedelischen Sitzungen beobachten kann, wirksam zu sein, nämlich im Erlebnis der Verwandlung von Personen oder Dingen in der Umgebung. So können der Therapeut oder die Therapeutin gleichzeitig als solche selbst oder als Vater, Mutter, Henker, Richter, Teufel, alle Männer oder alle Frauen zugleich wahrgenommen werden. Das Behandlungszimmer kann in seiner alltäglichen Form und zwischendurch immer wieder als Harem, Renaissanceschloß, mittelalterliches Verlies, Todeszelle oder als Hütte auf einer Südseeinsel erscheinen.

Werden holographische Bilder aus verschiedenen Winkeln aufgenommen, so können alle Aufnahmen durch Wiederherstellung der ursprünglichen Aufnahmebedingungen der Reihe nach einzeln aus derselben Filmschicht herausgeholt werden. Dies veranschaulicht einen anderen Aspekt visionärer Erlebnisse, nämlich daß im gleichen Wahrnehmungsfeld zahllose Bilder wie durch Zauberei rasch hintereinander entstehen und wieder vergehen können.

Die einzelnen holographischen Abbildungen können als getrennt voneinander wahrgenommen werden, doch sind sie gleichzeitig wesentliche Bestandteile einer sehr viel breiteren, undifferenzierten Matrix von Interferenzmustern des

Lichts, aus denen sie ursprünglich hervorgingen. Diese Tatsache läßt sich als ein elegantes Modell für andere Arten oder Aspekte transpersonalen Erlebens verwenden. Die holographischen Bilder können so aufgenommen werden, daß die im einzelnen abgebildeten Gegenstände oder Personen verschiedenen Raum einnehmen, wie etwa in Simultanaufnahmen eines Paares oder einer Gruppe von Menschen. In diesem Fall zeigt sie das Hologramm als zwei voneinander getrennte Individuen oder als eine Gruppe von Leuten. Jeder aber, der mit den Prinzipien der Holographie vertraut ist, weiß, daß sie auch als ein vollkommen undifferenziertes Lichtfeld gesehen werden können, das durch bestimmte Interferenzmuster die Illusion der Getrenntheit erzeugt. Eben diese Relativität von Getrenntheit und Einheit, vom Teil und dem Ganzen ist für die mystische und psychedelische Erfahrung wesentlich. Es läßt sich nur schwer ein idealeres Modell und pädagogisches Hilfsmittel als die Holographie vorstellen, um diesen sonst unverständlichen und paradoxen Aspekt außergewöhnlicher Bewußtseinszustände zu verdeutlichen.

Die interessantesten Eigenschaften von Hologrammen sind wohl die, die sich auf das »Gedächtnis« und die Reaktivierung gespeicherter Informationen beziehen. In vermischten Hologrammen ist das Gedächtnis mehr oder weniger gleichmäßig verteilt. Jeder kleine Teil, der groß genug ist, um das gesamte Muster der Lichtbrechung zu enthalten, enthält auch die Informationen über die Gesamtgestalt. Je kleiner der Teil des Hologramms ist, der für die Wiederherstellung des Bildes verwendet wird, desto schwächer ist auch das Auflösungsvermögen bzw. desto höher das Rauschverhältnis, doch die Gesamteigenschaften des Ganzen werden beibehalten. Die holographische Technik ermöglicht auch die künstliche Herstellung von Bildern nicht existierender Objekte durch Kombinieren verschiedener Einzelinputs. Dieser Mechanismus könnte für die zahlreichen Kombinationen und symbolischen Variationen des unbewußten Materials, die man in psychedelischen Sitzungen und Träumen beobachten kann, verantwortlich sein.

Die Merkmale der Speicherung und Reaktivierung von Informationen in holographischen Systemen eröffnen auch interessante neue Möglichkeiten der Interpretation bestimmter wichtiger Aspekte des psychedelischen Erlebens oder bestimmter Phänomene in der Freudschen Psychoanalyse. Sie könnten die Tatsache erklären, daß jede individuelle psychische Gestalt – sei es eine Vision, eine Phantasie, ein psychosomatisches Symptom oder ein Gedanke – enorm viel über die Persönlichkeit des oder der Betreffenden aussagt. Die freien Assoziationen und die analytische Arbeit in Verbindung mit jedem winzigen Detail des Erlebens können somit erstaunlich viele Informationen über den betreffenden Menschen zutage bringen. Eine andere Beobachtung, die im Zusammenhang mit dieser Eigenschaft holographischer Systeme stehen kann, ist die Tatsache, daß eine bestimmte unbewußte Gestalt eventuell in vielen symbolischen Variationen und Verkleidungen auftritt, ehe sie schließlich ohne jede Verzerrung bewußt wird.

Das Phänomen des verteilten Gedächtnisses läßt vielleicht auch am besten die Tatsache verstehen, daß Personen unter LSD-Einwirkung in bestimmten Bewußtseinszuständen Zugang zu Informationen über beinahe jeden Aspekt des Universums haben. Der holographische Ansatz ermöglicht auch sich vorzustellen, wie die durch das Gehirn vermittelten Informationen in jeder seiner Zellen enthalten sind, oder wie die genetischen Informationen über den gesamten Organismus in jeder einzelnen Körperzelle gespeichert werden.

In einem Modell vom Universum, in dem – wie im Modell der mechanistischen Wissenschaft – der Schwerpunkt auf Substanz und Quantität ruht, unterscheidet sich ein Teil vom Ganzen in offenkundiger und absoluter Weise. In einem Modell hingegen, das das Universum als ein System von Schwingungen darstellt und in dem der Aspekt der Information statt der der Substanz hervorgehoben wird, gilt diese Unterscheidung nicht mehr. Dieser radikale Umschwung, der sich einstellt, wenn man das Schwergewicht von der Substanz auf die Information verlagert, kann am menschlichen Körper verdeutlicht werden. Obwohl jede Zelle des Körpers nur ein ganz gewöhnlicher Teil von ihm ist, besitzt sie über den genetischen Kode den Zugang zu allen Informationen über ihn. Es läßt sich vorstellen, daß in ähnlicher Weise alle Informationen über das Universum anhand eines jeden seiner Teile gewonnen werden können. Die Demonstration dessen, wie elegant sich der scheinbar absolute Unterschied zwischen dem Teil und dem Ganzen auflöst, ist vermutlich der wichtigste Einzelbeitrag des holographischen Modells zur Theorie der modernen Bewußtseinsforschung.

Die geschilderten Parallelen zwischen der Holographie und den psychedelischen Erfahrungen sind höchst bemerkenswert, insbesondere wenn man bedenkt, daß sich diese Technologie noch in ihren Anfangsstadien befindet. Man vermag kaum vorherzusagen, wie weit sich ihre Entwicklung in naher Zukunft auswirken wird. Zwar sind die Probleme in Verbindung mit einer dreidimensionalen holographischen Kinematographie und Fernsehtechnik beträchtlich, doch liegt ihre Lösung durchaus im Bereich des Möglichen. Ein anderes eindrucksvolles Anwendungsgebiet der Holographie, das sich noch im Anfangsstadium befindet, ist das Erkennen von Buchstaben, Mustern und Symbolen sowie das Übersetzen von einer Symbolsprache in eine andere.

Das Hologramm ist in seiner Funktion als theoretisches Modell für das Verständnis des Wesens der Ganzheit zwar extrem nützlich, doch hält es lediglich auf statische Weise eine Bewegung komplexer elektromagnetischer Felder fest. Dies verdeckt gewisse wichtige Eigenschaften und Möglichkeiten der Holographie. In Wirklichkeit ist die Bewegung der Lichtwellen (und anderer Schwingungsphänomene) überall vorhanden und breitet sich im Prinzip über das gesamte Universum von Raum und Zeit aus. Diese Felder unterliegen quantenmechanischen Gesetzen und implizieren die Eigenschaften der Diskontinuität und Nichtlokalität. Die Gesamtheit aller Schwingungsprozesse geht daher weit über das hinaus, was sich der wissenschaftlichen Beobachtung offenbart.

Neuere revolutionäre Entdeckungen des argentinisch-italienischen Forschers Hugo Zucarelli übertrugen das holographische Modell auch auf die Welt akustischer Phänomene. Zucarelli wurde schon früh in seinem Leben von den Problemen beeindruckt, die in Verbindung mit der Fähigkeit verschiedener Organismen standen, Geräusche mit ihren akustischen Wahrnehmungsorganen zu lokalisieren. Durch eine sorgfältige Untersuchung und Analyse der Mechanismen, mit denen verschiedene Spezies im Stammbaum der Evolution die Geräuschquellen genau identifizieren können, kam er zu dem Schluß, daß die bestehenden Modellvorstellungen vom Hören wichtige Eigenschaften der akustischen Wahrnehmung beim Menschen nicht zu erklären vermochten. Die Tatsache, daß Menschen die Quelle von Geräuschen ohne Kopfbewegungen oder Verstellungen des Ohrs ausmachen können, legte die Vermutung nahe, daß der Vergleich zwischen den Intensitäten der akustischen Reizung des rechten und des linken Ohrs nicht der Mechanismus für die menschlichen Fähigkeiten in diesem Bereich war. Dazu kam, daß Menschen, die auf einer Seite kein Hörvermögen mehr besitzen, immer noch Geräusche lokalisieren können. Um alle Merkmale des räumlichen Hörens angemessen zu erklären, mußte man also postulieren, daß die akustische Wahrnehmung beim Menschen holographischen Prinzipien unterworfen ist. Das machte die Annahme erforderlich, daß das menschliche Ohr sowohl Sender- als auch Empfängerfunktion hat.

Durch wirklichkeitsgetreue Nachahmung dieser Mechanismen beim Aufnehmen von Geräuschen entwickelte Zucarelli die Technologie des holophonen Klangs. Holophone Aufnahmen vermögen die akustische Wirklichkeit mit all ihren räumlichen Eigenschaften in einem Maß zu reproduzieren, daß es ohne ständige visuelle Kontrolle praktisch unmöglich ist, zwischen der Wahrnehmung der aufgenommenen Phänomene und den tatsächlichen Geschehnissen in der dreidimensionalen Welt zu unterscheiden. Außerdem bewirkt das Hören holophoner Aufnahmen von Ereignissen, die andere Sinne stimulieren, in der Regel Synästhesien, d. h. die entsprechenden Wahrnehmungen in anderen Sinnesbereichen. So weckt das Geräusch einer sich öffnenden und schließenden Schere dicht über der Kopfhaut den realistischen Eindruck, daß einem die Haare geschnitten werden. Das Summen eines elektrischen Haartrockners kann die Empfindung verursachen, daß heiße Luft durch die Haare geblasen wird. Hört man jemanden, der ein Streichholz anzündet, dann vermeint man deutlich den verbrannten Schwefel zu riechen, und mit der Stimme einer Frau, die einem etwas ins Ohr flüstert, glaubt man auch ihren Atem wahrzunehmen.

Die Technik des holophonen Klangs hat ohne Zweifel tiefgehende Auswirkungen auf viele Bereiche des menschlichen Lebens. Sie revolutionierte nicht nur das Verständnis der Physiologie und Pathologie des Hörens, sondern eröffnet auch ungeahnte Anwendungsmöglichkeiten in Psychiatrie, Psychologie und Psychotherapie, im Rahmen der Massenmedien und der Unterhaltungsindustrie, in der Kunst, in Religion, Philosophie und vielen anderen Gebieten.

Die geschilderten außergewöhnlichen Wirkungen der holophonen Technologie werfen auch ein völlig neues Licht auf die Tatsache, daß dem Klang in verschiedenen spirituellen Philosophien und mystischen Schulen eine große Bedeutung beigemessen wird. Die in alten indischen Philosophien angenommene wesentliche Rolle des kosmischen Lauts OM bei der Erschaffung der Welt, die tiefe Verbindung zwischen verschiedenen akustischen Schwingungen und den einzelnen Chakras im Tantra- und Kundalini-Yoga, die mystischen und magischen Eigenschaften, die den Lauten im hebräischen und ägyptischen Alphabet zugeschrieben werden, die Verwendung von Klängen als heilige Maßnahme im Schamanismus und in Heilungszeremonien von Naturvölkern sowie als hochwirksames Mittel zur Vermittlung der Erfahrung anderer Wirklichkeiten – all dies sind nur einige wenige Beispiele für die übergeordnete Funktion, die der Klang in der Geschichte der Religionen innehat. Die Entdeckung des holophonen Klangs ist somit ein wichtiger Beitrag zu einem sich abzeichnenden Paradigma, das die Kluft zwischen moderner Wissenschaft und alter Weisheit überbrückt.

Die Möglichkeiten der Holographie und Holophonie mögen zwar faszinierend sein, doch sollte man sich zum jetzigen Zeitpunkt nicht hinreißen lassen und sie wahllos und im allzu wörtlichen Sinn auf die Bewußtseinsforschung übertragen. Schließlich können Hologramme und holophone Aufnahmen nur bestimmte wesentliche Aspekte von Ereignissen in der materiellen Welt kopieren, wohingegen das Spektrum transpersonaler Erlebnisse viele Phänomene umfaßt, die zweifellos aktive Kreationen der Psyche sind und nicht einfach Replikationen von existierenden Objekten und Ereignissen oder ihren Abkömmlingen und Neukombinationen. Außerdem gibt es in außergewöhnlichen Bewußtseinszuständen bestimmte Phänomene, die gegenwärtig nicht direkt vom holonomen Modell abgeleitet werden können, wenn auch einige von ihnen in der Form der Synästhesien, die durch holophonen Klang verursacht werden, auftreten. Dazu gehören das Empfinden von Temperaturwechsel und körperlichen Schmerzen, Empfindungen des Tastsinns, die Wahrnehmung verschiedener Gerüche und Geschmäkker, verschiedene emotionale Merkmale u. a.

Im Falle der optischen Holographie existieren die holographischen Bilder, das Lichtfeld, dem sie entstammen, sowie der Film, der sie reproduziert, auf der gleichen Realitätsebene. Bei normalem Bewußtsein können sie alle gleichzeitig wahrgenommen oder entdeckt werden. Entsprechend sind unter normalen Bewußtseinsbedingungen auch sämtliche Elemente eines holophonen Systems unseren Sinnen und Instrumenten zugänglich.

David Bohm, ein prominenter theoretischer Physiker, der früher Mitarbeiter von Albert Einstein war und grundlegende Texte über die Relativitätstheorie sowie die Quantenmechanik verfaßt hat, stellte ein revolutionäres Modell des Universums auf, das die holonomen Prinzipien in Bereiche ausweitet, die sich gegenwärtig nicht direkt beobachten und wissenschaftlich untersuchen lassen. Um die

Kopfzerbrechen bereitenden Paradoxien der modernen Physik zu lösen, erweckte Bohm die Theorie der verborgenen Variablen, die von so bedeutenden Physikern wie Heisenberg und von Neumann schon lange als widerlegt betrachtet worden war, zu neuem Leben. Die sich daraus ergebende Sicht der Realität macht eine weitgehende Umformulierung der grundlegenden philosophischen Annahmen der westlichen Wissenschaft notwendig.[23]

Bohm stellt die Realität im allgemeinen und das Bewußtsein im besonderen als ein ungebrochenes und zusammenhängendes Ganzes dar, das sich in einem niemals endenden Prozeß der Veränderung befindet, den er »holomovement« (wörtlich: Ganzbewegung) nennt. Die Welt ist in einem ständigen Fluß, und stabile Strukturen jeglicher Art sind nichts anderes als Abstraktionen. Jedes beschreibbare Objekt, jede Einheit oder jedes Ereignis leiten sich von einem undefinierbaren und unbekannten Ganzen ab.

Die Phänomene, die wir direkt mit unseren Sinnen und mit Hilfe wissenschaftlicher Instrumente wahrnehmen – also die gesamte Welt, die von der mechanistischen Wissenschaft untersucht wird –, ist nur ein Bruchstück der Wirklichkeit, nämlich die *entfaltete* bzw. *ausgefaltete* (explicate) Ordnung. Sie stellt eine Sonderform dar, die in einer umfassenderen Existenzform enthalten ist und aus ihr hervorgeht. Diese wird als *eingefaltete* potentielle (implicate) Ordnung bezeichnet. In dieser »impliziten« Ordnung sind Raum und Zeit nicht mehr die maßgeblichen Faktoren, die die Abhängigkeitsbeziehungen zwischen verschiedenen Elementen bzw. ihre Unabhängigkeit bestimmen. Verschiedene Aspekte der Existenz stehen in einem sinnvollen Zusammenhang mit dem Ganzen und sind nicht einfach isolierte Bausteine, sondern erfüllen bestimmte Funktionen im Hinblick auf einen Endzweck. Das Bild vom Universum, das hier gezeichnet wird, hat Ähnlichkeit mit einem lebenden Organismus, dessen Organe, Gewebe und Zellen nur in Beziehung zum Ganzen begriffen werden können.

Bohm hat seine Theorie in erster Linie im Hinblick auf dringliche Probleme der Physik entworfen, doch hat sie revolutionäre Implikationen nicht nur für das Verständnis der physikalischen Realität, sondern des Phänomens des Lebens, des Bewußtseins und der Funktion von Wissenschaft und Wissen im allgemeinen. Nach Bohms Theorie läßt sich das Leben nicht mit toter Materie erklären oder daraus ableiten. Andererseits kann man keine scharfe und absolute Trennung zwischen beiden vornehmen. Sowohl das Leben als auch die tote Materie haben ihren gemeinsamen Ursprung im »holomovement«. Die tote Materie bildet ein relativ autonomes Unterganzes, in dem das Leben »implizit« enthalten ist, sich aber nicht bedeutsam manifestiert.

Im Gegensatz zu den Idealisten und Materialisten meint Bohm, daß Materie und Bewußtsein sich nicht aufeinander zurückführen lassen. Beide sind Abstraktionen der impliziten Ordnung, die ihre gemeinsame Grundlage bildet, und stellen somit eine untrennbare Einheit dar. Entsprechend sind das Wissen über die Wirklichkeit im allgemeinen und die Wissenschaft im besonderen Abstraktionen des einen großen Flusses. Sie sind nicht Reflexionen über die Realität und von ihr unabhängige Beschreibungen, sondern ein wesentlicher Teil des »holomovement«. Das Denken hat zwei wichtige Aspekte: auf sich allein gestellt ist es mechanisch und bezieht seine im allgemeinen unangemessene und irrelevante Ordnung vom Gedächtnis. Es kann aber auch direkt auf die Intelligenz reagieren, die ein freies, unabhängiges und nicht schon beeinflußtes Element ist, das im »holomovement« seinen Ursprung hat. Wahrnehmung und Wissen, einschließlich der wissenschaftlichen Theorien, sind Ergebnisse kreativer Aktivitäten, die sich mit künstlerischen Schaffensprozessen vergleichen lassen, aber nicht objektive Widerspiegelungen einer unabhängig existierenden Realität. Die wahre Realität ist unmeßbar, und echte Einsichten stellen gerade das Unmeßbare als das Wesentliche der Realität heraus.

Die begriffliche Zerstückelung der Welt, die für die mechanistische Wissenschaft charakteristisch ist, droht einen Zustand schwerer Disharmonie zu schaffen und hat gefährliche Folgen. Sie neigt nicht nur dazu, zu trennen, was untrennbar ist, sondern auch zu vereinigen, was sich nicht vereinigen läßt, und damit artifizielle Strukturen hervorzubringen, etwa nationale, ökonomische, politische und religiöse Gruppen. Sich darüber den Kopf zu zerbrechen, was anders ist und was nicht, bedeutet über alles verwirrt zu sein. Das unausweichliche Resultat sind emotionale, ökonomische, politische und ökologische Krisen. Bohm wies auch darauf hin, daß diese theoretische Zerstückelung durch die Struktur unserer Sprache gefördert wird, die eine Trennung in Subjekt, Verb und Objekt vollzieht. Er legte den Grundstein zu einer neuen Sprache, dem »rheomode« (Rheomodus). Diese Sprache macht es unmöglich, beobachtbare Tatsachen mit Hilfe isoliert existierender Dinge, die ihrem Wesen nach statischer Natur sind, zu erklären, und beschreibt die Welt in einem Zustand des Fließens, also als einen dynamischen Prozeß.

Nach Bohms Ansicht ist die gegenwärtige Situation der westlichen Wissenschaft auf das Engste mit der Verwendung optischer Linsen verknüpft. Die Erfindung von Linsen ermöglichte eine Ausweitung wissenschaftlicher Forschungen über die klassische Ordnung hinaus in die Bereiche von Objekten, die für das unbewaffnete Auge zu klein, zu groß, zu weit entfernt oder in zu rascher Bewegung sind. Der Gebrauch von Linsen verstärkt die Wahrnehmung der verschiedenen Teile eines Gegenstandes und ihrer wechselseitigen Beziehungen. Dies fördert die Tendenz zum analytischen und synthetischen Denken.

Einer der wichtigsten Beiträge der Holographie besteht darin, daß sie zu einem unmittelbaren Einblick in die ungeteilte Ganzheit verhilft, die ein wesentliches Merkmal des aus der Quantenmechanik und der Relativitätstheorie hervorgehenden Weltbildes ist. Die modernen Naturgesetze sollten in erster Linie dieses ungebrochene Ganze hervorheben, in dem jedes alles andere impliziert, statt eine Analyse in voneinander getrennte Teile vorzunehmen, wie es der Gebrauch von Linsen nahelegt.

David Bohm ging vermutlich von allen Physikern am weitesten, als er das Bewußtsein ausdrücklich in seine theoretischen Spekulationen einbezog. Nach Fritjof Capras Ansicht gehören David Bohms Theorie des »holomovement« und Geoffrey Chews »bootstrap«-Philosophie zu den einfallsreichsten und philosophisch tiefgründigsten Ansätzen zum Verständnis der Wirklichkeit. Er weist auf die enge Verwandtschaft zwischen ihnen hin und erwägt die Möglichkeit, daß sie in der Zukunft zu einer umfassenden Theorie physikalischer Phänomene verschmelzen. »Beide Betrachtungsweisen beruhen auf einer Anschauung von der Welt als einem dynamischen Gewebe von Zusammenhängen; beide messen dem Begriff der Ordnung eine zentrale Rolle bei; beide verwenden Matrizen, um Wandel und Umgestaltung darzustellen, sowie die Topologie, um Ordnungskategorien zu klassifizieren« (26).

Kaum vorstellbar ist, wie sich David Bohms Vorstellungen vom Bewußtsein, vom Denken und von der Wahrnehmung in die herkömmlichen mechanistischen Ansätze der Neurophysiologie und Psychologie einfügen könnten. Doch hat es in neuerer Zeit einige revolutionäre Entwicklungen in der Gehirnforschung gegeben, die die Situation erheblich verändert haben. Der Neurochirurg *Karl Pribram* (157–160) hat ein originelles und einfallsreiches Modell vom Gehirn entworfen, in dem er postuliert, daß bestimmte wesentliche Aspekte von Hirnfunktionen auf holographischen Prinzipien beruhen. Bohms Modell vom Universum und Pribrams Modell vom Gehirn sind zwar noch nicht zu einem umfassenden Paradigma integriert worden, doch weckt die Tatsache große Hoffnungen, daß beide die holographischen Prinzipien hervorheben.

Pribram, der sich durch seine jahrzehntelangen experimentellen Forschungen auf den Gebieten der Neurochirurgie und Elektrophysiologie einen besonderen Ruf erworben hatte, sieht die Anfänge seines holographischen Modells in den Untersuchungen seines Lehrers, Karl Lashley. Dieser hatte in zahlreichen Experimenten mit Ratten, in denen er sich mit dem Problem der Lokalisation psychischer und physiologischer Funktionen in verschiedenen Gehirnbereichen befaßte, die Entdeckung gemacht, daß Erinnerungen in jedem Teil der Gehirnrinde gespeichert waren und daß ihre Intensität von der Gesamtheit der intakten kortikalen Zellen abhing. In seinem Buch *Brain Mechanisms and Intelligence* (110) vertrat er die Meinung, daß das Feuern von Millionen Neuronen im Gehirn zu stabilen Interferenzmustern führt, die sich über die gesamte Großhirnrinde ausbreiten und die Grundlage für alle Informationen des Wahrnehmungssystems und des Gedächtnisses bilden. Pribram bemühte sich nun, die im Zusammenhang mit dieser Art Experimente auftauchenden theoretischen Probleme zu lösen, und stieß dabei auf bestimmte erstaunliche Eigenschaften optischer Hologramme. Er gelangte zu der Erkenntnis, daß ein auf holographischen Prinzipien basierendes Modell der Gehirnfunktionen viele seiner scheinbar rätselhaften Eigenschaften erklären könnte, etwa die gewaltige Speicherungskapazität, die Verteilung der gespeicherten Erinnerungen, die Fähigkeit des sensorischen Systems zur bildhaf-

94

ten Vergegenwärtigung früherer Wahrnehmungsinhalte, die Projektion der vorgestellten Wahrnehmungsinhalte weg vom Ort ihrer Speicherung, einige wichtige Aspekte von assoziativen Erinnerungen usw.

Bei näherem Eindringen in die Materie kam Pribram zu dem Schluß, daß der holographische Prozeß als höchst ernstzunehmendes Erklärungsprinzip für die Neurophysiologie und die Psychologie in Betracht gezogen werden müsse. In seinem Buch *Languages of the Brain* (157) und in einer Reihe von Aufsätzen formulierte er die grundlegenden Prinzipien eines Modells, das später als das holographische Modell des Gehirns bekannt werden sollte. Nach seinen Forschungen waren die Hologramme, die sich am besten für einen Vergleich eigneten, jene, die in Form der sogenannten Fourierschen Transformationen ausgedrückt werden konnten. Das Fourier-Theorem besagt, daß jedes Muster, wie komplex es auch sei, in einen Satz vollkommen regelmäßiger Sinuswellen zerlegt werden kann. Durch die Anwendung der identischen Transformation können die Wellenmuster wieder in das ursprüngliche Bild zurück überführt werden.

Die holographische Hypothese widerspricht nicht der spezifischen Lokalisation von Funktionen in verschiedenen Systemen des Gehirns. Die Funktionslokalisation hängt weitgehend von Verbindungen zwischen dem Gehirn und peripheren Strukturen ab. Diese bestimmen, *was* verschlüsselt wird. Die holographische Hypothese bezieht sich auf das Problem der Verbindungen innerhalb eines jeden Systems, die festlegen, *wie* Ereignisse verschlüsselt werden. Ein anderer interessanter Ansatz zur Lösung des Lokalisationsproblems geht von Dennis Gabors Auffassung aus, daß der Fourier-Bereich durch ein »Fenster«, das die Bandbreite einschränkt, in Informationseinheiten mit der Bezeichnung *Logone* zerlegt werden kann. Das Fenster läßt sich so anpassen, daß die Informationsverarbeitung manchmal in erster Linie im holographischen Bereich, andere Male wiederum vor allem im Raum-Zeit-Bereich erfolgt. Dies wirft ein interessantes Licht auf das Rätsel, daß Gehirnfunktionen sowohl lokalisiert als auch verteilt erscheinen.

Pribrams Hypothese ist eine echte Alternative zu den beiden Modellen von der Funktionsweise des Gehirns, die bis vor kurzem als die einzig möglichen galten, nämlich die Feldtheorie und die Theorie der Merkmalskorrespondenz. Beide Theorien betonen die *Isomorphie*. Sie postulieren, daß die Repräsentierung eines Reizes im Zentralnervensystem seine grundlegenden Eigenschaften in der Wirklichkeit widerspiegelt. Nach der Feldtheorie erzeugt die Sinnesreizung Gleichstromfelder, die die gleiche Form wie der Reiz haben. Die Merkmalskorrespondenztheorie besagt, daß eine bestimmte Zelle oder ein bestimmter Zellverband in einzigartiger Weise auf ein bestimmtes Merkmal des Sinnesreizes reagiert. Diese lineare Entsprechung oder Identität zwischen der phänomenalen Erfahrung und ihrer Darstellung im Gehirn fehlt in der holographischen Hypothese, so wie es auch keine lineare Entsprechung zwischen dem bei richtiger Illuminierung des Films entstehenden Bild und der Struktur des Hologramms gibt.

Die holographische Hypothese zielt nicht darauf ab, alle Probleme der Gehirnphysiologie und der Psychologie zu lösen. Aber schon in ihrem jetzigen Stadium weist sie der zukünftigen Forschung neue und vielversprechende Wege. Überzeugende experimentelle Daten und mathematische Beschreibungen gibt es bisher für die optische und die akustische Wahrnehmung sowie das Körperempfinden.

Pribram sah sich in der Lage, seine holographische Hypothese mit wichtigen Aspekten der Gehirnanatomie und -physiologie in Verbindung zu bringen (159–160). Neben der normalen Übertragung neuronaler Impulse zwischen dem Zentralnervensystem und den peripheren Rezeptoren und Effektoren unterstrich er auch die Bedeutung langsamer Potentialschwankungen zwischen den Synapsen, die auch in der Abwesenheit nervöser Impulse auftreten. Diese gehen von Zellen mit zahlreichen dendritischen Fortsätzen und kurzen oder gar keinen Axonen aus. Während die neuronalen Impulse dem »Alles-oder-Nichts-Prinzip« gehorchen, sind diese langsamen Potentialveränderungen fein abgestuft und werden an den Verbindungsstellen zwischen den Neuronen kontinuierlich stärker und schwächer. Pribram meint, daß diese »parallele Verarbeitung« für die holographische Funktionsweise des Gehirns von großer Wichtigkeit ist. Das Zusammenwirken der beiden genannten Systeme führt zu Wellenphänomenen, die holographischen Prinzipien gehorchen.[24]

Die langsamen Potentialschwankungen reagieren sehr fein auf verschiedene Einflüsse. Hier eröffnet sich eine interessante Basis für Spekulationen über die Beziehungen zwischen dem Bewußtsein und den Gehirnmechanismen und auch für theoretische Überlegungen über die psychischen Auswirkungen psychoaktiver Drogen und Medikamente sowie verschiedener bewußtseinsverändernder Techniken ohne die Anwendung von Drogen. Besondere Aufmerksamkeit verdient aus dieser Sicht die Technik der holonomen Integration, bei der Hyperventilation mit Musik und gezielter Körperarbeit kombiniert wird. Eine Besprechung dieser Technik findet sich in einem späteren Abschnitt dieses Buchs. Von besonderem Interesse sind in diesem Zusammenhang auch die Meditation und das Biofeedback, in denen Gehirnwellen mit niedriger Frequenz eine wichtige Rolle spielen.

Wie ich schon früher erwähnte, sind die Theorien von David Bohm und Karl Pribram weit davon entfernt, in ein umfassendes Paradigma integriert zu werden. Selbst wenn eine solche Synthese in Zukunft geleistet würde, könnte der resultierende theoretische Rahmen nicht alle Phänomene, die in der modernen Bewußtseinsforschung beobachtet werden, befriedigend erklären. Pribram und Bohm befassen sich zwar mit Problemen der Psychologie, Philosophie und Religion, doch leiten sie ihre wissenschaftlichen Daten in erster Linie aus den Bereichen der Physik und der Biologie ab, wohingegen in vielen psychedelischen und mystischen Zuständen nichtmaterielle Ebenen der Realität unmittelbar erfahren werden. Der holonome Ansatz lenkt aber zweifellos ein seriöses wissenschaftliches Interesse auf viele transpersonale Phänomene, für die das grobe und schwerfällige mechanistische Paradigma lediglich ein überhebliches Lächeln übrig hat. Solange man sich bemüht, die neuen Untersuchungsergebnisse aus der Bewußtseinsforschung zu Daten aus anderen wissenschaftlichen Disziplinen in Beziehung zu setzen statt – wie einige entschiedene Verfechter der philosophia perennis – die allgemeine wissenschaftliche Entwicklung vollständig zu ignorieren, kann man sich von den neuen theoretischen Rahmenkonzepten aussichtsreiche Perspektiven erhoffen.

Ich selber ziehe im Hinblick auf die Bewußtseinsforschung Modelle vor, die sich in erster Linie auf Beobachtungen in Disziplinen stützen, die sich mit dem menschlichen Erleben befassen, also auf Beobachtungen aus der Psychologie, der Anthropologie, der Parapsychologie, der Thanatologie, der philosophia perennis u. a. Bei der Ausarbeitung dieser Modelle kann man sich von Entwicklungen in anderen Disziplinen, die damit vereinbar sind und auf solider Grundlage ruhen, inspirieren lassen.

Da eine perfekte Integration verschiedener Ansätze selbst in verschiedenen Bereichen der Physik, die Phänomene auf der gleichen Realitätsebene beschreiben, noch nicht gelungen ist, wäre es absurd, eine vollkommene Synthese von Systemen zu erwarten, die sich auf verschiedene hierarchische Ebenen beziehen. Es läßt sich aber vorstellen, daß bestimmte universelle Prinzipien entdeckt werden, die für verschiedene Bereiche gelten, auch wenn sie in jedem von ihnen in einer spezifischen Form auftreten. Wichtige Beispiele in dieser Beziehung wären etwa Prigogines »Ordnung durch Fluktuation« (161) und René Thoms »Katastrophe« (196). Mit diesen Einschränkungen vor Augen können wir uns nun einem Vergleich zwischen verschiedenen Beobachtungen aus der Bewußtseinsforschung und dem holonomen Modell des Universums und des Gehirns zuwenden.

Bohms Konzept von der eingefalteten und der ausgefalteten Ordnung sowie der Gedanke, daß bestimmte wichtige Aspekte der Realität der Erfahrung und wissenschaftlichen Untersuchung unter gewöhnlichen Umständen nicht zugänglich sind, besitzen unmittelbare Relevanz für das Verständnis außergewöhnlicher Bewußtseinszustände. Personen, die verschiedene solcher Bewußtseinszustände erlebt haben – auch gebildete und hochintelligente Wissenschaftler verschiedener Disziplinen –, äußerten häufig, daß sie in verborgene Realitätsbereiche eingedrungen seien, die sie nicht als Fiktion empfanden und die in einem gewissen Sinn in der alltäglichen Realität bereits enthalten und ihr übergeordnet schienen. Der Inhalt dieser »impliziten« oder »eingefalteten« Realität müßte demnach u. a. Elemente aus dem kollektiven Unbewußten, historische Ereignisse, archetypische und mythologische Phänomene sowie Verbindungen zu früheren Inkarnationen beinhalten.[25]

Bisher haben viele traditionell orientierte Psychiater und Psychologen die Manifestationen Jungscher Archetypen als Phantasieprodukte interpretiert, die

Abstraktionen tatsächlicher Sinneswahrnehmungen anderer Leute, Tiere, Gegenstände und Ereignisse in der materiellen Welt darstellen oder aus ihnen konstruiert sind. Die Auseinandersetzungen zwischen der Jungschen Psychologie und der vorherrschenden mechanistischen Orientierung im Hinblick auf die Archetypenlehre ist eine moderne Neuauflage der Streitgespräche über die Ideenlehre Platons, die über Jahrhunderte zwischen den Nominalisten und den Realisten geführt wurden. Die Nominalisten vertraten die Auffassung, daß die platonischen Ideen lediglich abstrakte »Namen« für Phänomene in der materiellen Welt seien, wohingegen die Realisten ihnen eine eigenständige Existenz auf einer anderen Realitätsebene zuschrieben. In einer erweiterten Version der Holonomie-Theorie könnten die Archetypen als Phänomene sui generis, als kosmische Prinzipien, die in der impliziten Ordnung eingewoben sind, verstanden werden.

Der Umstand, daß bestimmte archetypische Visionen so erfolgreich durch die Holographie nachgeahmt werden können, läßt einen tiefen Zusammenhang zwischen archetypischen Gesetzmäßigkeiten und dem Wirken holonomer Prinzipien möglich erscheinen. Dies gilt insbesondere für archetypische Formen, die Verallgemeinerungen biologischer, psychologischer oder sozialer Rollen darstellen, etwa die Bilder von der großen oder schrecklichen Mutter bzw. dem großen oder schrecklichen Vater, vom Kind, vom Märtyrer, vom kosmischen Menschen, vom Trickster, vom Tyrannen, von Animus und Anima oder vom Schatten. Die Erlebniswelt kulturell gefärbter Archetypen, etwa verschiedener konkreter Gottheiten und Dämonen, Halbgötter, Helden und mythologischer Themen, könnten als Phänomene der impliziten Ordnung begriffen werden, die eine spezifischere Verbindung zu bestimmten Aspekten der expliziten Ordnung besitzen. Auf jeden Fall aber müssen archetypische Phänomene als Ordnungsprinzipien verstanden werden, die der materiellen Wirklichkeit übergeordnet sind und ihr vorausgehen, nicht aber als deren Abkömmlinge.

Zu den transpersonalen Phänomenen, die sich am leichtesten zu der Holonomie-Theorie in Beziehung setzen lassen, gehören solche, die Elemente aus der »objektiven Realität« einbeziehen, etwa die Identifizierung mit anderen Menschen, Tieren, Pflanzen und anorganischen Aspekten der Realität in der Vergangenheit, Gegenwart und Zukunft. Hier bieten die wesentlichen Merkmale des holonomen Weltverständnisses – die Relativität von Grenzen, die Transzendierung der Aristotelischen Dichotomie zwischen dem Teil und dem Ganzen, die Einfaltung und Verteilung von Informationen im gesamten System – Erklärungsansätze, die höchst vielversprechend sind. Die Tatsache, daß Raum und Zeit im holographischen Bereich ebenfalls eingefaltet sind, wäre demnach sehr gut mit der Beobachtung zu vereinbaren, daß transpersonale Erlebnisse dieser Art nicht durch die üblichen räumlichen oder zeitlichen Grenzen gebunden sind.

Alltägliche Erfahrungen der materiellen Welt, die sich mit dem kartesianisch-Newtonschen Modell des Universums voll vereinbaren lassen, wären in diesem Zusammenhang als ein Produkt selektiver und stabilisierter Ausrichtung auf den expliziten oder ausgefalteten Aspekt der Realität zu betrachten. Umgekehrt könnten transzendentale Zustände von höchst undifferenziertem, universellem und allumfassendem Charakter – etwa die erlebnismäßige Identifikation mit dem Absoluten oder dem Nichts – als direkte Erfahrung der impliziten Ordnung oder des »holomovement« in ihrer bzw. seiner Gesamtheit interpretiert werden. Dieses Konzept müßte alle die von der philosophia perennis beschriebenen Ebenen einschließen, nicht lediglich die Ebenen, die für die Beschreibung von physikalischen oder biologischen Phänomenen unmittelbar notwendig erscheinen.

Andere Arten transpersonaler Erlebnisse – etwa die Sakralisierung des Alltagslebens, die Manifestation eines Archetyps in der alltäglichen Realität, die Wahrnehmung des Partners bzw. der Partnerin als Verkörperung des Animus, der Anima oder des Göttlichen – wären dann als Übergangsformen zu betrachten, in denen Elemente aus der expliziten und der impliziten Ordnung kombiniert sind. Alle genannten Beispiele haben einen gemeinsamen Nenner, der für diese Denkweise eine absolut notwendige Voraussetzung ist: die Annahme, daß das Bewußtsein zumindest im Prinzip oder aber immer Zugang zu allen Formen der expliziten und der impliziten Ordnung besitzt.

Das Holonomie-Modell bietet auch vielversprechende Möglichkeiten im Hinblick auf das Verständnis bestimmter extremer paranormaler Phänomene, von denen in der spirituellen Literatur immer wieder die Rede ist, die aber von der mechanistischen Wissenschaft als absurd abgetan werden. Die Psychokinese, die Materialisation und Dematerialisation, die Levitation und andere übernormale Erscheinungen sowie »Siddhis«, die die Macht des Geistes über die Materie demonstrieren, verdienen in diesem Rahmen das Interesse der Wissenschaft. Wenn die grundlegenden Annahmen der Holonomie-Theorie über die explizite und die implizite Ordnung die Realität genügend zutreffend widerspiegeln, dann kann man sich vorstellen, daß bestimmte außergewöhnliche Bewußtseinszustände die direkte Erfahrung der impliziten Ordnung und ein Eingreifen in diese Ordnung vermitteln. Es wäre also demnach möglich, Phänomene der phänomenalen Welt durch Beeinflussung der sie erzeugenden Matrix, die in der impliziten Ordnung enthalten ist, zu modifizieren. Diese Art des Eingreifens wäre für die mechanistische Wissenschaft absolut unvorstellbar, weil es die konventionellen Ursache-Wirkung-Ketten überschreiten würde und nicht mit einer Energieübertragung innerhalb der expliziten Ordnung der Realität, wie wir sie kennen, verbunden wäre.

Alles spricht dafür, daß wir einem bedeutsamen Paradigmawechsel zustreben. Gegenwärtig haben wir es mit einem reichhaltigen Mosaik aus neuen theoretischen Konzepten zu tun, denen bestimmte allgemeine Merkmale gemeinsam sind, und wir erleben eine radikale Abkehr von den mechanistischen Modellen. Die Synthese und Integration all dieser erstaunlichen neuen Entwicklungen in der Wissenschaft wird eine schwierige und komplexe Aufgabe sein, und es ist die

Frage, ob sie überhaupt durchführbar ist. Auf jeden Fall dürfte ein solches umfassendes Paradigma der Zukunft, das all die verschiedenen Daten aus der Quantenphysik, der Systemtheorie, der Bewußtseinsforschung und der Neurophysiologie sowie die Erkenntnisse aus den alten und östlichen spirituellen Philosophien, über den Schamanismus sowie über Rituale und Heilpraktiken bei Naturvölkern zu integrieren imstande ist, einander ergänzende Dichotomien auf drei verschiedenen Ebenen darstellen: auf der Ebene des Kosmos, der des Individuums und der des menschlichen Gehirns. Das Universum hätte seine phänomenalen, expliziten oder ausgefalteten Aspekte sowie seine transzendentalen, impliziten oder eingefalteten Aspekte. Die entsprechende Ergänzung auf der Ebene des Menschen wäre durch das Bild von der biologischen Maschine im kartesianisch-Newtonschen Sinn und durch das eines unbegrenzten Bewußtseinsfeldes gegeben. Eine ähnliche Dichotomie würde sich in der Doppelnatur des Gehirns widerspiegeln, in der die mit einem Digitalrechner vergleichbare Funktionsweise mit der von holonomen Prinzipien bestimmten parallelen Verarbeitungsweise kombiniert ist. Zwar vermag man im Augenblick noch nicht diese Vorstellungen zu festigen und ein in sich stimmiges Modell aufzustellen, doch schon in seinen Anfangsphasen bietet der holonome Ansatz der durch Kontroversen geprägten modernen Bewußtseinsforschung ungeahnte Möglichkeiten.

2 Dimensionen der menschlichen Psyche: Eine Kartographie des Innenraums

Einer der bedeutendsten Beiträge der modernen Bewußtseinsforschung zu dem sich abzeichnenden neuen wissenschaftlichen Weltbild war eine vollkommen neue Anschauung von der menschlichen Psyche. Während das traditionelle Modell der Psychiatrie und Psychoanalyse den Personbegriff in den Mittelpunkt stellt und streng auf der biographischen Ebene bleibt, hat die moderne Bewußtseinsforschung neue Ebenen, Bereiche und Dimensionen erschlossen. Eine umfassende Darstellung dieses neuen Modells würde den Rahmen dieses Buches sprengen und ist schon an anderer Stelle veröffentlicht worden (67). Ich möchte hier nur kurz seine wesentlichen Merkmale skizzieren, wobei ich den Schwerpunkt besonders auf die Beziehung zu dem aufkommenden neuen Wissenschaftsparadigma lege.

Im Bewußtsein gibt es keine klaren Grenzen, doch lohnt es sich aus didaktischen Gründen, zwischen vier deutlich voneinander abgehobenen Ebenen oder Bereichen der menschlichen Psyche und den jeweils zugehörigen Erfahrungen zu unterscheiden: 1. der sensorischen Barriere, 2. dem individuellen Unbewußten, 3. der Ebene von Geburt und Tod und 4. dem transpersonalen Bereich. Erlebnisse aller dieser Kategorien sind den meisten Menschen ohne weiteres möglich. Sie lassen sich in Sitzungen mit psychedelischen Drogen ebenso beobachten wie in verschiedenen modernen Formen der Selbsterfahrungstherapie, in denen mit dem Atem, mit Musik, mit Tanz und mit dem Körper gearbeitet wird. Bewußtseinsverändernde Labortechniken wie etwa Biofeedback, Schlafentzug, Reizdeprivation oder Reizüberflutung sowie verschiedene, den kinästhetischen Sinn beeinflussende Maßnahmen können ebenfalls viele dieser Phänomene erzeugen. Es gibt die verschiedensten spirituellen Praktiken aus dem Altertum und dem Osten, die eigens dafür gedacht sind, das Auftreten dieser Phänomene zu erleichtern. Viele Erlebnisse dieser Art können sich auch in spontanen Episoden von Bewußtseinsveränderung einstellen. Das gesamte Erlebnisspektrum dieser vier Bereiche ist auch schon von Historikern und Anthropologen beschrieben worden, und zwar im Zusammenhang mit verschiedenen Prozeduren von Schamanen, mit Übergangsriten und Heilungszeremonien bei Naturvölkern, mit Tod- und Wiedergeburtmysterien sowie mit Trancetänzen in ekstatischen Religionen.

Die sensorische Barriere und das individuelle Unbewußte

Die Techniken, mit denen man in die Bereiche des Unbewußten vordringen kann, aktivieren in der Regel zuerst die Sinnesorgane. Auf diese Weise beginnt für viele Personen, die mit solchen Techniken experimentieren, die Selbsterforschung mit verschiedenen Sinneserfahrungen. Sie sind mehr oder weniger abstrakter Natur und haben keine auf die betreffende Person bezogene symbolische Bedeutung. Sie können ästhetischen Genuß vermitteln, führen aber zu keinem tieferen Verständnis des Selbst.

Veränderungen dieser Art können in jedem Sinnesbereich auftreten. Bei weitem am häufigsten aber sind optische Phänomene. Das Sichtfeld hinter den geschlossenen Augenlidern wird in den Farben reichhaltiger und lebendiger, und die betreffende Person kann verschiedene geometrische oder architektonische Formen wahrnehmen, beispielsweise dynamische Kaleidoskopmuster, mandalaähnliche Konfigurationen, Arabesken, gotische Kirchenschiffe, Decken von Moscheen und vielfach verwobene Muster, die an mittelalterliche Verzierungen oder orientalische Teppiche erinnern. Visionen dieser Art können bei jeder Form tiefer Selbsterfahrung auftreten, sind aber besonders intensiv nach der Einnahme von psychedelischen Drogen. Die Veränderungen im akustischen Wahrneh-

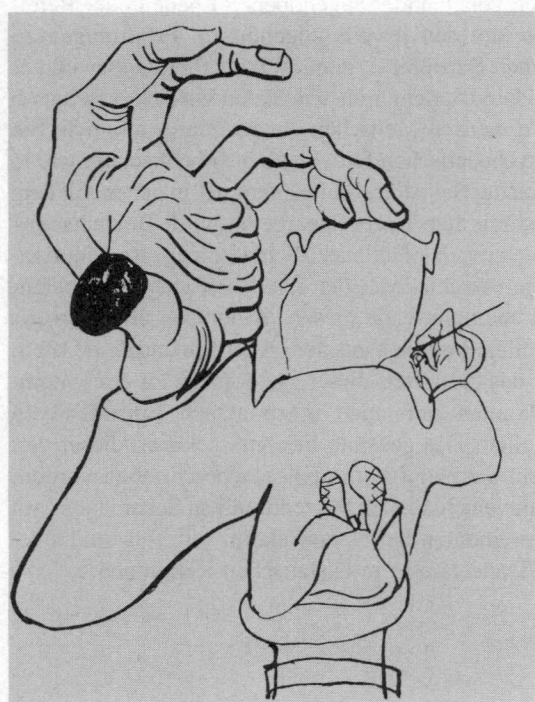

Abb. 4. Zeichnung aus der Serie eines tschechischen Malers aus einem der frühen LSD-Experimente, durchgeführt von Dr. J. Rubicek in Prag. Das erste Bild zeigt dramatische, unspezifische Verzerrungen des Körperbildes.

102

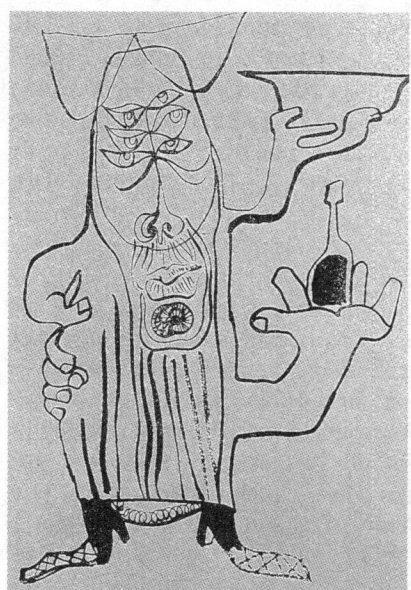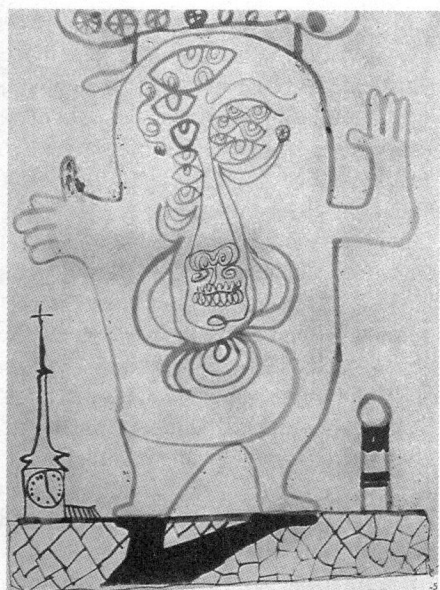

Abb. 5. Zwei weitere Bilder aus der Serie des von Dr. Rubicek behandelten tschechischen Malers: (a) Kombinierte Vision einer Krankenschwester, die eine Abführmittel-Schale hält, und einem Kellner mit einer Flasche Rotwein. (b) Illusorische Verwandlung eines Verkehrspolizisten, wie der Künstler ihn sah, als er nach dem Experiment nach Hause gefahren wurde.

mungsfeld können sich als Klingeln in den Ohren, als Geräusche zirpender Grillen, als Summen, als Glockengeläute oder als Dauertöne von hoher Frequenz bemerkbar machen. Sie werden unter Umständen von verschiedenen ungewöhnlichen taktilen Empfindungen in verschiedenen Teilen des Körpers begleitet. Gerüche und Geschmäcker können in diesem Stadium ebenfalls auftreten, doch sind sie bei weitem nicht so häufig.

Sinneserfahrungen dieser Art haben für den Prozeß der Selbsterfahrung und Selbstfindung nur wenig Bedeutung. Sie scheinen eine Barriere darzustellen, die man überwinden muß, ehe die Reise in das Unbewußte beginnen kann. Manche Aspekte dieser Sinneserfahrungen lassen sich mit bestimmten anatomischen und physiologischen Eigenschaften der Sinnesorgane erklären. So scheinen beispielsweise die geometrischen Visionen die innere Struktur der Retina und anderer Teile des optischen Systems widerzuspiegeln.

Der nächste Bereich, der sich sehr leicht dem Erleben erschließt, ist das individuelle Unbewußte. Phänomene, die zu dieser Kategorie gehören, sind zwar von erheblicher theoretischer und praktischer Relevanz, doch brauchen wir nicht viel Zeit für ihre Beschreibung aufzuwenden, weil sich die meisten herkömmlichen psychotherapeutischen Ansätze auf diese Ebene der Psyche beschränken. Zu diesem Thema gibt es eine überaus reichhaltige, wenn auch von sehr viel

Widersprüchen geprägte Literatur. Erlebnisse, die aus dem Bereich des individuellen Unbewußten stammen, haben Bezug zu bedeutsamen Ereignissen und Umständen aus dem Vorleben – angefangen von der Geburt bis zur Gegenwart –, die emotional stark besetzt sind. Auf dieser Stufe der Selbsterforschung kann eine verdrängte, bisher nicht integrierte traumatische Erinnerung oder irgendeine unvollständige psychische Gestalt aus dem Unbewußten auftauchen und den Inhalt des Erlebens bilden.

Dazu muß eine einzige Bedingung erfüllt sein: das Thema muß eine genügende emotionale Relevanz haben. Hier liegt ein gewaltiger Vorteil von auf das Erleben konzentrierten Selbsterfahrungstherapien gegenüber den vorwiegend verbalen Ansätzen. Techniken, die das Unbewußte direkt aktivieren, scheinen selektiv das emotional bedeutsamste Material zu verstärken und seine Bewußtwerdung zu erleichtern. Sie haben deshalb die Funktion einer Art inneren Radars, das das System abtastet und die Inhalte mit der stärksten emotionalen Besetzung aufspürt. Dies befreit den Therapeuten nicht nur von der Aufgabe, das Relevante vom Irrelevanten zu trennen, sondern bewahrt ihn oder sie auch vor Entscheidungen, die zwangsläufig durch die theoretische Orientierung und viele andere Faktoren verzerrt sind.[1]

Im großen und ganzen läßt sich das biographische Material, das im Rahmen einer Selbsterfahrungstherapie auftaucht, mit der Freudschen Theorie oder einer ihrer Abkömmlinge angemessen verstehen. Es gibt aber mehrere wichtige Unterschiede zu den herkömmlichen dynamischen Psychotherapieformen. In einer bis in tiefe Schichten vordringenden Selbsterfahrungstherapie wird das biographische Material nicht erinnert oder rekonstruiert, es kann voll wiedererlebt werden. Dies schließt nicht nur Gefühle, sondern auch Körperempfindungen, bildhafte Vergegenwärtigung einzelner Elemente und andere Sinneswahrnehmungen ein. Ein typisches Beispiel dafür ist die vollständige Regression zurück auf die Entwicklungsstufe zum Zeitpunkt eines erinnerten Ereignisses.

Ein anderer wichtiger Unterschied besteht darin, daß die relevanten Erinnerungen und andere biographische Elemente nicht getrennt voneinander auftauchen, sondern voneinander abgehobene dynamische Konstellationen bilden, für die ich die Bezeichnung COEX-Systeme (aus dem englischen »systems of condensed experience) geprägt habe. Die COEX-Systeme enthalten Erinnerungen (und assoziierte Phantasien) aus unterschiedlichen Lebensabschnitten, deren gemeinsamer Nenner eine starke emotionale Besetzung von der gleichen Qualität, eine starke körperliche Empfindung der gleichen Art oder irgendein anderes wichtiges Element ist. Ich faßte die COEX-Systeme zunächst als Prinzipien auf, die die Dynamik des individuellen Unbewußten regelten, und erkannte ihre Wichtigkeit für das Verständnis der inneren Prozesse auf dieser Ebene. Später wurde aber deutlich, daß die COEX-Systeme ein allgemeines Prinzip darstellen, das auf allen Ebenen der Psyche wirksam ist und sich nicht auf den biographischen Bereich beschränkt.

Die meisten biographischen COEX-Systeme sind mit bestimmten Aspekten des Geburtsprozesses dynamisch verbunden. Perinatale Themen und ihre Elemente besitzen wiederum spezifische assoziative Verknüpfungen zu ähnlichen Erlebnissen im transpersonalen Bereich. Es ist deshalb für eine dynamische Konstellation nicht untypisch, daß sie Material aus mehreren Lebensabschnitten, vom Vorgang der biologischen Geburt und aus bestimmten transpersonalen Bereichen wie etwa Erinnerungen aus früheren Inkarnationen, Identifizierung mit Tieren und mythologische Handlungsabfolgen enthält. Hierbei spielt die im Erleben vorhandene Ähnlichkeit zwischen diesen Themen von unterschiedlichen Ebenen der Psyche eine wichtigere Rolle als irgendein konventionelles Kriterium des kartesianisch-Newtonschen Weltbildes, sei es, daß zwischen den beteiligten Ereignissen Jahre oder Jahrhunderte liegen, daß zwischen dem menschlichen und dem tierischen Erleben gewöhnlich ein himmelhoher Unterschied besteht oder daß Elemente der »objektiven Realität« mit archetypischen und mythologischen Elementen kombiniert sind.

In der traditionellen Psychologie, Psychiatrie und Psychotherapie konzentriert man sich ausschließlich auf psychische Traumen. Körperlichen Traumen wird kein direkter Einfluß auf die psychologische Entwicklung und keine Beteiligung am Entstehen psychopathologischer Phänomene zugeschrieben. Dies steht in einem auffallenden Gegensatz zu Beobachtungen aus Stadien einer sehr tiefen Selbsterfahrung, in denen Erinnerungen an körperliche Traumen wichtiger als alles anderere zu sein scheinen. In der psychedelischen Behandlung und in anderen intensiven Selbsterfahrungstherapien ist das Wiedererleben lebensbedrohlicher Krankheiten, Verletzungen und Operationen oder etwa von Situationen, in denen man beinahe ertrunken wäre, extrem häufig. Die Bedeutung solcher Erlebnisse übersteigt zweifellos bei weitem die der gewöhnlichen psychischen Traumen. Die Emotionen und Körperempfindungen, die aus Situationen, in denen das Überleben oder die Unversehrtheit des Organismus bedroht waren, übriggeblieben sind, scheinen eine wesentliche Rolle bei der Entwicklung verschiedener psychopathologischer Formen zu spielen, ein Umstand, der bisher von der akademischen Wissenschaft nicht erkannt wurde.

Leidet beispielsweise ein Kind an einer lebensbedrohlichen Krankheit, etwa an Diphtherie, bei der es zu ersticken glaubt, so wird dieses Erlebnis nicht als Trauma mit bleibenden Auswirkungen gewertet. Die konventionelle Psychologie würde sich auf die Tatsache konzentrieren, daß das Kind zum Zeitpunkt des Krankenhausaufenthalts von seiner Mutter getrennt und damit emotional depriviert war. Eine intensive Selbsterfahrungstherapie macht aber deutlich, daß Traumen mit lebensbedrohlicher Thematik bleibende Spuren hinterlassen und erheblich zur Entwicklung emotionaler und psychosomatischer Störungen beitragen, etwa zur Entwicklung von Depressionen, Angstzuständen oder Phobien, sadomasochistischen Tendenzen, sexuellen Problemen, Migränekopfschmerzen oder Asthma.

Die Erfahrungen schwerer körperlicher Traumen stellen einen natürlichen Übergang zwischen der biographischen Ebene und dem im folgenden beschriebenen Bereich dar, dessen Hauptelement das Doppelphänomen von Geburt und Tod ist. Sie beinhalten Erlebnisse aus dem Leben der betreffenden Peson und sind deshalb ihrer Natur nach biographisch. Die Tatsache aber, daß sie sie bis an den Rand des Todes brachten und mit extremen Beschwerden und Schmerzen verbunden waren, verbindet sie mit dem Geburtstrauma. Aus einleuchtenden Gründen kommt Erinnerungen an Krankheiten und Traumen, in denen das Atmen beeinträchtigt war – etwa Erinnerungen an eine Lungenentzündung, eine Diphtherie, einen Keuchhusten oder eine Situation, in der man beinahe ertrunken wäre – in diesem Zusammenhang eine besondere Bedeutung zu.

Die Begegnung mit Geburt und Tod: Die Dynamik perinataler Matrizen

Je tiefer der Prozeß der Selbsterfahrung dringt, desto stärker kann das Element des emotionalen und körperlichen Schmerzes werden. Er kann einen so extremen Grad erreichen, daß die betreffende Person der Meinung ist, sie habe die Grenzen des individuellen Leidens überschritten und verspüre nun den Schmerz einer ganzen Gruppe von Menschen, der gesamten Menschheit oder gar allen Lebens überhaupt. Typische Beispiele dafür sind Erlebnisse, in denen man sich mit verwundeten oder sterbenden Soldaten identifiziert, mit Gefangenen von Konzentrationslagern oder Kerkern, mit verfolgten Juden und Frühchristen, mit Mutter und Kind während der Geburt oder mit Tieren, die von einem Feind angegriffen und zerfleischt werden. Erlebnisse auf dieser Ebene sind gewöhnlich von heftigen physiologischen Reaktionen begleitet, etwa von verschieden starken Erstickungsanfällen, von beschleunigtem Puls und starkem Herzklopfen, von Übelkeit und Erbrechen, von Veränderungen der Gesichtsfarbe, von Schwankungen der Körpertemperatur, von spontan auftretenden Hautausschlägen oder Quetschungen, von krampfhaften Zuckungen, von Zittern, von Verkrümmungen des Körpers oder anderen auffallenden motorischen Phänomenen.
Auf der biographischen Ebene müssen sich nur diejenigen, die tatsächlich schon mit dem Tod in enge Berührung gekommen sind, in ihrer Selbsterfahrung mit der Bedrohung ihres Lebens auseinandersetzen. Auf dieser Ebene des Unbewußten hingegen beherrscht die Todesthematik das Bild vollkommen. Die Personen, deren Leben oder körperliche Unversehrtheit noch nicht ernstlich bedroht waren, können in diesen Bereich des Erlebens unmittelbar hineingeraten. Bei den anderen wird in der Regel das Wiedererleben schwerer Traumen, Operationen oder Verletzungen stärker und geht schließlich in ein Erlebnis der oben beschriebenen Art über.

Das Erlebnis der Konfrontation mit dem Tod auf dieser Ebene ist gewöhnlich eng mit verschiedenen anderen Phänomenen verknüpft, die mit dem Geburtsvorgang im Zusammenhang stehen. In Erlebnissen dieser Art hat man nicht nur das Gefühl, um seine Geburt bzw. Entbindung zu kämpfen, sondern viele der physiologischen Begleiterscheinungen sind auch für den tatsächlichen Vorgang der Geburt typisch. Sehr häufig empfinden sich die betreffenden Personen als Föten und können verschiedene Aspekte ihrer biologischen Geburt mit sehr spezifischen und nachprüfbaren Einzelheiten wiedererleben. Das Element des Todes kann sich in der gleichzeitigen oder abwechselnden Identifizierung mit alternden, leidenden oder sterbenden Menschen bemerkbar machen. Obwohl nicht das gesamte Spektrum der Erlebnisse auf dieser Ebene auf das erneute Durchleben der biologischen Geburt zurückgeführt werden kann, scheint das Geburtstrauma doch ein wesentlicher Aspekt dieses Prozesses zu sein. Aus diesem Grund ziehe ich es vor, diesen Bereich des Unbewußten als »perinatal« zu bezeichnen.[2]

Die Verbindung zwischen der biologischen Geburt und den oben beschriebenen Erlebnissen ist sehr tiefgehender und spezifischer Natur. Dies macht es möglich, mit Hilfe der für eine Geburt typischen Phasen ein theoretisches Modell zu konstruieren, das die Dynamik des Unbewußten auf der perinatalen Ebene verstehen hilft. Die Tod- und Wiedergeburterlebnisse treten in Form charakteristischer Themenverbindungen auf, deren grundlegende Merkmale von bestimmten anatomischen, physiologischen und biochemischen Aspekten der aufeinanderfolgenden Phasen der Geburt, mit denen sie verknüpft sind, logisch abgeleitet werden können. Wie ich weiter unten noch darstellen werde, bietet die Anlehnung an die biologische Geburt neue Einsichten in den dynamischen Aufbau verschiedener psychopathologischer Formen und läßt revolutionäre therapeutische Möglichkeiten sichtbar werden.

Trotz seiner engen Verbindungen mit dem Geburtsvorgang geht der perinatale Prozeß über den rein biologischen Aspekt hinaus und besitzt wichtige philosophische und spirituelle Dimensionen. Er sollte deshalb nicht reduktionistisch allein vom konkreten Geburtsvorgang her verstanden werden. Wer selber in seinem Erleben ganz in dieser Sphäre des Unbewußten gefangen ist oder sich als Forscher intensiv mit den Phänomenen auf dieser Ebene befaßt, dem mag die biologische Geburt als allumfassendes Erklärungsprinzip ausreichend erscheinen. Meiner eigenen Ansicht nach ist jedoch die theoretische Anlehnung an den tatsächlichen Geburtsvorgang lediglich ein nützliches Modell, dessen Anwendbarkeit auf Phänomene aus einem bestimmten Bereich des Unbewußten beschränkt bleibt. Dringt der Selbsterfahrungsprozeß in transpersonale Bereiche ein, muß man über dieses Modell hinausgehen und einen anderen Ansatz zu Hilfe nehmen.

Es gibt bestimmte wichtige Merkmale des Tod- und Wiedergeburtprozesses, die deutlich darauf hinweisen, daß perinatale Erlebnisse nicht einfach mit dem Wiedererleben der biologischen Geburt gleichgesetzt werden können. Bestimmte

Erlebnisabfolgen besitzen unstrittig einen therapeutischen Wert und ermöglichen das Durcharbeiten problematischer Gefühle und Körperempfindungen. Sie führen auch zu einem tiefgreifenden Wandel in der Persönlichkeit. Die Begegnung mit Geburt und Tod auf dieser Erfahrungsebene geht in der Regel mit einer existentiellen Krise von außerordentlichem Ausmaß einher, in deren Verlauf sich der einzelne ernsthaft mit dem Sinn des Lebens und mit seinen grundlegenden Wertvorstellungen und Lebensbewältigungsstrategien auseinandersetzt. Die Krise läßt sich nur lösen, wenn man die Verbindung zu tief im Innern wohnenden spirituellen Dimensionen der Psyche und Elementen des kollektiven Unbewußten herstellt. Die daraus resultierenden Persönlichkeitsveränderungen scheinen mit solchen Wandlungen vergleichbar zu sein, die im Zusammenhang mit alten Tempelmysterien oder Initiations- und Übergangsriten bei Naturvölkern beschrieben worden sind. Die perinatale Ebene ist somit eine wichtige Berührungsfläche zwischen dem individuellen und dem kollektiven Unbewußten oder zwischen der traditionellen Psychologie und der Mystik oder transpersonalen Psychologie.

Die Tod- und Wiedergeburtserlebnisse, die die perinatale Ebene des Unbewußten widerspiegeln, sind sehr vielfältig und komplex. Sie treten in vier typischen Mustern oder Konstellationen auf. Dabei scheint es eine tiefere Entsprechung zwischen diesen Themengruppen und den klinischen Stadien des biologischen Geburtsvorgangs zu geben. Für die Theorie und Praxis der therapeutischen Arbeit auf dieser Ebene des Erlebens hat es sich als sehr nützlich erwiesen, die Existenz hypothetischer dynamischer Matrizen zu postulieren, die die Prozesse in diesem Bereich des Unbewußten bestimmen. Ich habe diese Matrizen als *perinatale Grundmatrizen* bezeichnet.

Die Matrizen haben nicht nur eigene emotionale und psychosomatische Inhalte, sondern fungieren auch als Ordnungsprinzipien für Material aus anderen Bereichen des Unbewußten. Auf der biographischen Ebene sind Elemente wichtiger COEX-Systeme, die körperliche Mißhandlung, Bedrohung, Trennung, Schmerz oder Ersticken zum Inhalt haben, mit speziellen Aspekten der perinatalen Grundmatrizen eng verknüpft. Die Ausfaltung des perinatalen Bereichs weist auch häufig verschiedene transpersonale Elemente auf, etwa archetypische Visionen von der großen Mutter oder der bösen Muttergöttin, der Hölle, dem Fegefeuer, dem Paradies oder dem Himmel, mythologische oder historische Szenen, Identifikation mit Tieren und Erinnerungen an frühere Inkarnationen. Wie im Fall der verschiedenen COEX-Systeme ist auch hier das Bindeglied die gleiche Qualität von Emotionen oder Körperempfindungen bzw. die Ähnlichkeit der Umstände. Die perinatalen Matrizen haben auch spezifische Beziehungen zu verschiedenen Aspekten der Aktivitäten in den Freudschen erogenen Zonen, der oralen, analen, urethralen und phallischen Zone.

Im folgenden will ich kurz die biologische Basis der einzelnen perinatalen Grundmatrizen, ihre Merkmale im Erleben, ihre Funktion als Ordnungsprinzipien für andere Arten von Erlebnissen sowie ihre Verbindung zu Aktivitäten in den verschiedenen erogenen Zonen darstellen (siehe die Übersicht auf S. 110f). Die Bedeutung der perinatalen Ebene des Unbewußten für eine neue Auffassung von psychopathologischen Erscheinungen sowie spezifische Beziehungen zwischen einzelnen perinatalen Grundmatrizen und verschiedenen emotionalen Störungen werden Gegenstand eines eigenen Kapitels sein.

Perinatale Grundmatrix I:

Die biologische Grundlage dieser Matrix ist die Erfahrung der ursprünglichen symbiotischen Einheit des Fötus mit dem mütterlichen Organismus in der intrauterinen Existenz. In störungsfreien Phasen des Lebens im Mutterleib können die Bedingungen für das Kind nahezu ideal sein. Verschiedene physikalische, chemische, biologische und psychische Faktoren können aber diesen Zustand ernsthaft beeinträchtigen. Auch wird in der Regel in den letzten Schwangerschaftsphasen die Situation für das Kind ungünstiger, da es gewachsen ist, seine Bewegungsfreiheit stärker eingeschränkt ist und die Plazenta relativ unzureichend geworden ist.

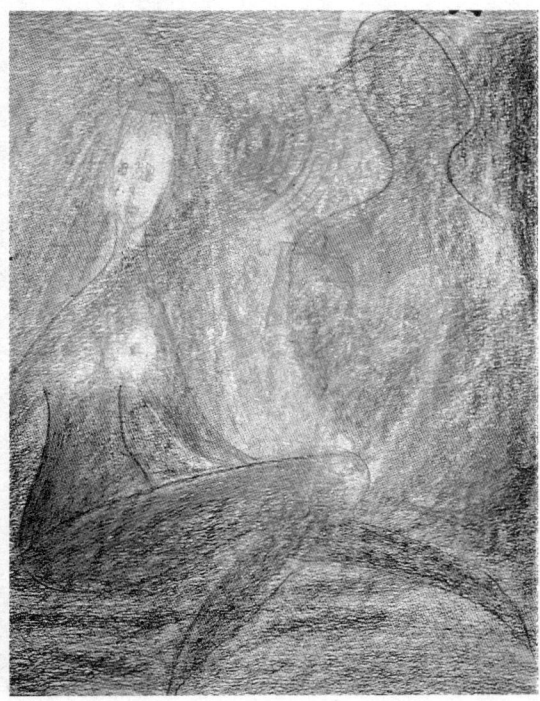

Abb. 6. Gefühl des Einsseins mit dem Therapeuten: Erlebnis aus einer psychedelischen Sitzung, in der es um Wiedererleben der symbiotischen Einheit mit dem mütterlichen Organismus im Uterus und während des Stillens ging.

Übersicht über die perinatalen Grundmatrizen

Matrix I	Matrix II	Matrix III	Matrix IV
Zugehörige psychopathologische Syndrome			
Schizophrene Symptomatik (paranoide Psychosen, Gefühle der mystischen Vereinigung, Begegnungen mit metaphysischen Kräften des Bösen); Hypochondrie (fremdartige und bizarre Körperempfindungen); hysterische Halluzinose und Verwechslung von Tagträumen mit der Wirklichkeit	Schizophrene Psychosen (Empfindungen von Höllentorturen, Wahrnehmung der Welt als etwas Sinnloses und »Gemachtes«); schwere gehemmte »endogene« Depressionen; irrationale Minderwertigkeits- und Schuldgefühle; Hypochondrie (schmerzhafte Körperempfindungen); Alkohol- und Drogensucht	Schizophrene Psychosen (sadomasochistische und skatologische Elemente, Selbstverstümmelung, abnormes Sexualverhalten); agitierte Depression; sexuelle Perversionen (Sadomasochismus, männliche Homosexualität, Trinken von Urin und Kotessen); Zwangsneurose; psychogenes Asthma, Tics und Stottern, Konversions- und Angsthysterie; Frigidität und Impotenz; Neurasthenie; traumatische Neurosen; Organeurosen; Migränekopfschmerzen; Enuresis und Enkompresis; Schuppenflechte; Magengeschwüre	Schizophrene Psychosen (Tod- und wahnhaftes Wiedergeburterlebnisse, Sendungsbewußtsein, Erlebnisse des Weltuntergangs und der Neuerstehung der Welt, der Rettung und Erlösung sowie der Identifikation mit Jesus Christus); manischone Symptomatik; weibliche Homosexualität; Exhibitionismus
Zugehörige Aktivitäten in den Freudschen erogenen Zonen			
Libidinöse Befriedigung in allen erogenen Zonen; libidinöse Gefühle beim Wiegen und Baden; teilweise Annäherung an diesen Zustand nach oraler, analer, urethraler oder genitaler Befriedigung oder einer Entbindung	Orale Frustrationen (Durst, Hunger, Schmerzempfindungen); Kot- und/oder Urinverhaltung; sexuelle Frustration; Kälte-, Schmerz- oder andere unangenehme Empfindungen	Kauen und Verschlucken von Essen; orale Aggressionen gegen einen Gegenstand; Defäkieren und Urinieren; anale und urethrale Aggressionen; sexueller Orgasmus; phallische Aggression; Entbindung eines Kindes; statoakustische Erotik (lactatio, Turnen, intensive Hobbys, Fallschirmspringen)	Sättigung von Durst und Hunger; Genuß beim Saugen; libidinöse Gefühle nach dem Defäkieren, dem Urinieren, dem sexuellen Orgasmus oder einer Entbindung
Zugehörige Erinnerungen aus dem Leben nach der Geburt			
Situationen aus dem späteren Leben, in denen wichtige Bedürfnisse befriedigt wurden, etwa glückliche Augenblicke aus dem Säuglings- und Kindesalter (liebevolle Zuwendung von der Mutter, Spiel mit anderen Kindern, harmonisches Familienleben etc.); erfüllende Liebe; Romanzen; Ausflüge oder Urlaubsreisen in eine schöne Umgebung; Genuß von Kunstwerken mit hohem äs-	Situationen, die mit Gefahr für Leib und Leben verbunden waren (Kriegserlebnisse, Unfälle, Verletzungen, Operationen, schmerzhafte Krankheiten, Situationen, in denen man dem Ertrinken oder Ersticken nahe war, Gefängnisaufenthalte, Gehirnwäsche und illegale Verhöre, körperliche Mißhandlungen etc.); schwere psychische Traumen (emotionale Deprivation, Ablehnung, bedrohliche	Kämpfe, Auseinandersetzungen und Abenteuer (aktive Angriffe in Schlachten und Revolutionen, Erlebnisse aus der Wehrdienstzeit, unruhige Flugreisen, Fahrten auf stürmischem Meer, gefährliche Autofahrten, Boxkämpfe); sinnesberauschende Erlebnisse (Karneval, Jahrmärkte und Nightclubs, wilde Partys, sexuelle Orgien etc.); Situationen, in denen man als Kind sexuelle Aktivi-	Zufälliges Entkommen aus gefährlichen Situationen (Ende von Kriegen oder Revolutionen, Überleben eines Unfalls oder einer schweren Operation); Überwindung schwieriger Hindernisse durch eigenes Bemühen; Strapazen und heftige Anstrengungen, die von Erfolg gekrönt wurden; Naturszenen (Frühlingsbeginn, Ende eines Sturms auf dem Meer, Sonnenaufgang etc.)

thetischen Wert; Schwimmen im Meer und in klaren Seen etc.

Situationen, erdrückende Familienatmosphäre, Verspottung und Demütigung usw.)

täten von Erwachsenen beobachtete; Situationen, in denen man Opfer von Verführung oder Vergewaltigung war; bei Frauen: Entbindung ihrer Kinder

Zugehörige Phänomene in LSD-Sitzungen

Ungestörtes intrauterines Leben: Positive Erinnerungen an das Leben im Mutterleib; »ozeanische« Ekstase; Erlebnisse der Einheit mit dem Kosmos; Archetypus von Mutter Natur; Visionen vom Himmel und vom Paradies.
Störungen des intrauterinen Lebens: Negative Erinnerungen an das Leben im Mutterleib (fötale Krisen, Krankheiten und Aufregungen der Mutter, Zwillingssituation, Abtreibungsversuche); kosmisches »Verschlungenwerden«; paranoides Denken; unangenehme Körperempfindungen (»Kater«, »Kältegefühle und feine Spasmen«, unangenehme Geschmäcker, Ekel, das Gefühl, vergiftet zu werden); Visionen von Dämonen verschiedener Kulturen der Welt, Begegnungen mit bösartigen metaphysischen Kräften.

Verschlingender Malstrom, gefährliche Mutterspinnen, würgende Schlangen und Kraken; heftiges körperliches und psychisches Leiden; Empfindung einer unerträglichen und ausweglosen Situation, die nie enden wird; verschiedene Visionen von der Hölle; das Gefühl, in einer Falle oder einem Käfig (ohne Ausweg) gefangen zu sein; quälende Schuld- und Minderwertigkeitsgefühle; apokalyptische Visionen von der Welt (Schrecken von Kriegen und Konzentrationslagern, Terror der Inquisition; gefährliche Seuchen; Krankheiten; Gebrechlichkeit und Tod usw.); Gefühle der Sinnlosigkeit und Absurdität der menschlichen Existenz; Erleben der Welt als etwas »Gemachtes« und maschinell Künstliches; unheilvolle dunkle Farben und unangenehme körperliche Erscheinungen (Druckgefühle, Herzklopfen, Hitze- und Kälteempfindungen, Schwitzen, Atemnot).

Intensivierung des Leidens bis zu kosmischen Dimensionen; gleichzeitiges Empfinden von Lust und Schmerz; »vulkanische« Ekstase; leuchtende Farben; Explosionen und Feuerwerk; sadomasochistische Orgien; Mord und Blutopfer; aktive Teilnahme an blutigen Schlachten; wilde Abenteuer und Erkundung gefahrvollen Terrains; orgiastische sexuelle Gefühle; Harems- und Karnevalsszenen; Tod- und Wiedergeburterlebnisse; religiöse Blutopfermotive (Blutopfer bei den Azteken, Christi Leiden und Tod auf dem Kreuz, Dionysos etc.); intensive Körperreaktionen (Druckschmerzen, drohendes Ersticken, Muskelspannungen, die sich tremor- und zuckungsartig entladen, Übelkeit und Erbrechen, heftige Hitze- und Kälteempfindungen, Schwitzen, Herzbeschwerden, mangelnde Schließmuskelkontrolle)

Plötzliches Nachlassen eines starken Drucks; Erweiterung des Raums; Visionen von gigantischen Hallen; strahlendes Licht und wunderschöne Farben (himmelblau, golden, Regenbogen, Pfauenfedern); »epiphanische« oder »verleuchtende« Ekstase; Gefühle der Wiedergeburt und Erlösung; Wunsch nach einem einfachen Leben; Intensivierung der Sinneseindrücke; Gefühle der Brüderlichkeit; humanitäre und karitative Neigungen; gelegentlich manische Aktivität und Größenwahnvorstellungen; Übergang zu Elementen der ersten perinatalen Grundmatrix; angenehme Gefühle können durch eine *Krise bei der Nabelschnurdurchtrennung* unterbrochen werden: stechende Schmerzen am Nabel, Aussetzen der Atmung, Todes- und Kastrationsängste, Veränderungen der Körperlage, aber kein Druck von außen.

Zugehörige Entbindungsstadien

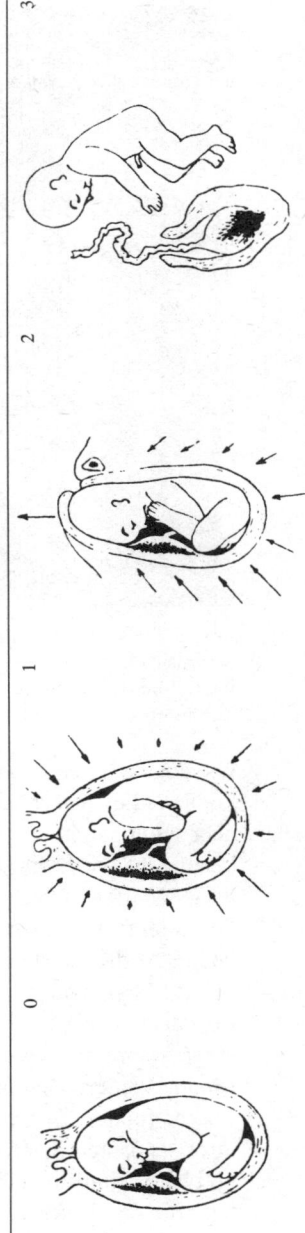

0   1   2   3

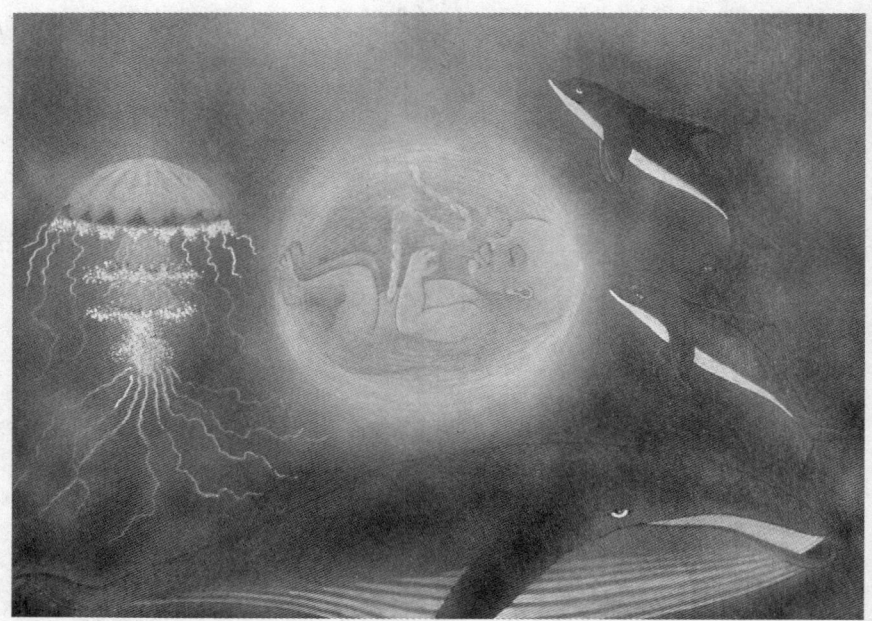

Abb. 7. Der ozeanische Mutterleib: ein Zustand gelöster Ekstase, erfahren in einer von der ersten perinatalen Grundmatrix bestimmten LSD-Sitzung. Im Erleben entspricht die Identifikation mit der intrauterinen Existenz des Fötus dem Gefühl, Ozean zu werden und sich mit verschiedenen Lebensformen des Wassers zu vereinen.

Die angenehmen und unangenehmen Erinnerungen an das Leben im Mutterleib können die tatsächlichen biologischen Gegebenheiten widerspiegeln. Zudem aber kann sich bei Personen, deren Erleben von der ersten Grundmatrix beherrscht wird, ein ganzes Spektrum an Bildern und Themen finden, die mit dieser Matrix nach den Gesetzen des Erlebens auf dieser Ebene verbunden sind. Der *ungestörte intrauterine Zustand* wird manchmal von anderen Erfahrungen begleitet, die mit diesem das Fehlen von Grenzen und Hindernissen gemeinsam haben, etwa von einem ozeanischen Bewußtsein, von der Identifikation mit Lebensformen des Wassers (etwa mit einem Wal, einem Fisch, einer Qualle, einer Anemone oder einer Seetangpflanze) oder dem Aufgehen im interstellaren Raum. Weitere charakteristische und logische Begleiterscheinungen des glückseligen fötalen Zustands sind Vorstellungen von der Natur, in denen sie sich von ihrer schönsten Seite zeigt, etwa als Mutter Natur, die Geborgenheit ausstrahlt und bedingungslos nährt. Archetypische Bilder aus dem kollektiven Unbewußten, die in diesem Zusammenhang auftauchen, sind die Vorstellungen vom Himmel oder vom Paradies der verschiedenen Kulturen. Das Erleben der ersten Grundmatrix enthält auch Elemente der kosmischen Einheit und der mystischen Vereinigung. (S. Abb. 8, S. 34.)

112

Die *Störungen des intrauterinen Lebens* sind von Bildern und Erlebnissen begleitet, die die Gefahren unter Wasser, schmutzige Wasserströme, eine verseuchte oder ungastliche Natur und heimtückische Dämonen zum Inhalt haben. Die mystische Auflösung aller Grenzen wird psychotisch verzerrt und erhält paranoide Untertöne.

Positive Aspekte der ersten Grundmatrix sind eng mit der Erfahrung der symbiotischen Einheit an der Mutterbrust, mit positiven COEX-Systemen und mit Erinnerungen an Situationen verbunden, die von innerem Frieden, Befriedigung, Entspannung oder schönen Naturszenerien geprägt sind. Ähnliche selektive Verbindungen gibt es auch zu verschiedenen Formen positiver transpersonaler Erfahrungen. Umgekehrt sind negative Aspekte der ersten Grundmatrix gewöhnlich mit bestimmten negativen COEX-Systemen und entsprechenden negativen transpersonalen Elementen verknüpft.

Was die Freudschen erogenen Zonen angeht, so fallen die positiven Aspekte der ersten Grundmatrix mit dem biologischen und psychischen Zustand zusammen, in dem es keine Unlustspannungen gibt und alle Partialtriebe befriedigt sind. Negative Aspekte dieser Matrix scheinen spezifische Verbindungen zu körperlicher Übelkeit und Verdauungsstörungen mit Dyspepsie zu haben.

Perinatale Grundmatrix II:

Dieses Erfahrungsmuster steht in Verbindung mit den ersten Anfängen der biologischen Geburt und ihrer ersten klinischen Phase. Hier wird das ursprüngliche Gleichgewicht der intrauterinen Existenz gestört, zunächst durch alarmierende chemische Signale, dann durch Muskelkontraktionen. Wenn sich dieses Stadium voll entfaltet, wird der Fötus in periodischen Abständen durch Gebärmutterspasmen zusammengepreßt. Die Cervix ist geschlossen, und der Weg nach außen ist noch nicht erkennbar. (S. Abb. 9, S. 51.)

Wie schon im Fall der vorhergehenden Matrix kann die biologische Situation in ziemlich konkreter und realistischer Weise wiedererlebt werden. Symbolisch wird der Anfang der Geburt von der Erfahrung des *kosmischen Verschlungenwerdens* begleitet. Die Person, deren Erleben von der zweiten perinatalen Grundmatrix beherrscht wird, wird von immer stärker werdenden Gefühlen der Angst überwältigt und sieht ihr Leben in unmittelbarer Gefahr. Sie kann aber die Ursache dieser Gefahr nicht eindeutig erkennen und neigt dazu, die Welt paranoid zu interpretieren. Sehr charakteristisch für diese Phase ist das Erlebnis, in die Mitte einer dreidimensionalen Spirale, eines Trichters oder eines Strudels erbarmungslos hineingezogen zu werden. Gleichwertig mit der Vision von einem vernichtenden Mahlstrom ist das Erlebnis, von entsetzlichen Ungeheuern wie einem riesigen Drachen, einem Leviathan, einer Pythonschlange, einem Krokodil oder einem Wal verschlungen zu werden. Ebenso häufig werden Angriffe von Riesenkraken oder Riesenspinnen erlebt. Eine weniger dramatische Version des gleichen Erlebnisses ist der Abstieg in eine gefahrvolle Unterwelt, in ein weitverzweigtes Grottensystem oder in ein verwirrendes Labyrinth. Die mythologische Entsprechung zu diesem Motiv scheint der Beginn der Reise des Helden zu sein. Verwandte religiöse Themen sind der Fall der Engel und der Verlust des Paradieses.

Einige dieser Bilder mögen einem analytisch Denkenden seltsam vorkommen, doch offenbaren sich in ihnen die Gesetzmäßigkeiten des Erlebens auf dieser Ebene. Der Strudel symbolisiert eine ernsthafte Gefahr für einen Organismus, der frei im Wasser treibt, und zwingt ihm eine eindeutige Bewegungsrichtung auf. Die Situation des Verschlungenwerdens stellt den Übergang von der Freiheit in eine lebensbedrohliche Beschränkung dar und ist vergleichbar mit der Situation des Fötus, der in die Beckenöffnung der Mutter hineingepreßt wird. Eine Krake fesselt mit ihren Fangarmen Organismen, die frei im Meer schwimmen, und eine Spinne fängt Insekten, die bisher ungehindert herumfliegen konnten.

Das symbolische Gegenstück zum voll entwickelten ersten Stadium der Entbindung ist die Erfahrung der *Ausweglosigkeit* oder *Hölle*. Auf dieser Ebene des Erlebens herrscht das Gefühl vor, in einer alptraumhaften Welt wie in einem Käfig gefangen und unglaublichen psychischen sowie körperlichen Qualen ausgesetzt zu sein. Die Situation wird in der Regel als absolut unerträglich empfunden. Sie scheint ohne Ende und hoffnungslos zu sein. Das lineare Zeitempfinden geht verloren, und ein Ende der Qualen oder irgendein Ausweg scheinen undenkbar. Dies kann zu einer Identifikation mit Gefangenen von Kerkern oder Konzentrationslagern führen, mit Insassen einer Irrenanstalt, mit den Sündern in der Hölle, oder mit archetypischen Figuren, die die ewige Verdammnis symbolisieren, etwa mit dem wandernden Juden Ahasver, dem Fliegenden Holländer, mit Sisyphus, Tantalus oder Prometheus.

Die Person, deren Erleben unter dem Einfluß der zweiten perinatalen Grundmatrix steht, ist auch blind für alles Positive in der Welt oder in ihrem Leben. Typisch sind quälende Gefühle metaphysischer Einsamkeit, Hilflosigkeit, Hoffnungslosigkeit, Minderwertigkeit, existentieller Verzweiflung und Schuld. Was die ordnende Funktion dieser Matrix anbelangt, so zieht sie COEX-Systeme mit Erinnerungen an Situationen an, in denen man passiv und hilflos von destruktiven Kräften überwältigt wurde, ohne entfliehen zu können. Ebenfalls hinzutreten können transpersonale Motive mit ähnlichen Merkmalen.

Im Hinblick auf die Freudschen erogenen Zonen scheint diese Matrix mit unlustvoll erlebten Spannungen oder Schmerzen in Verbindung zu stehen. Auf der oralen Ebene sind es Hunger, Durst, Übelkeit und schmerzhafte Reize, auf

Abb. 10. Das Erleben beim Beginn der biologischen Geburt und dem einsetzenden Einfluß der zweiten perinatalen Grundmatrix in einer hochdosierten LSD-Sitzung. In voller Identifikation mit dem Fötus fühlt sich der Klient in einen monströsen, vernichtenden Malstrom hineingezogen.
Abb. 11. Vision aus einer von der Anfangsphase der zweiten perinatalen Grundmatrix bestimmten psychedelischen Sitzung. Die einsetzenden Wehen, erlebt als die Attacke einer monströsen Krake.

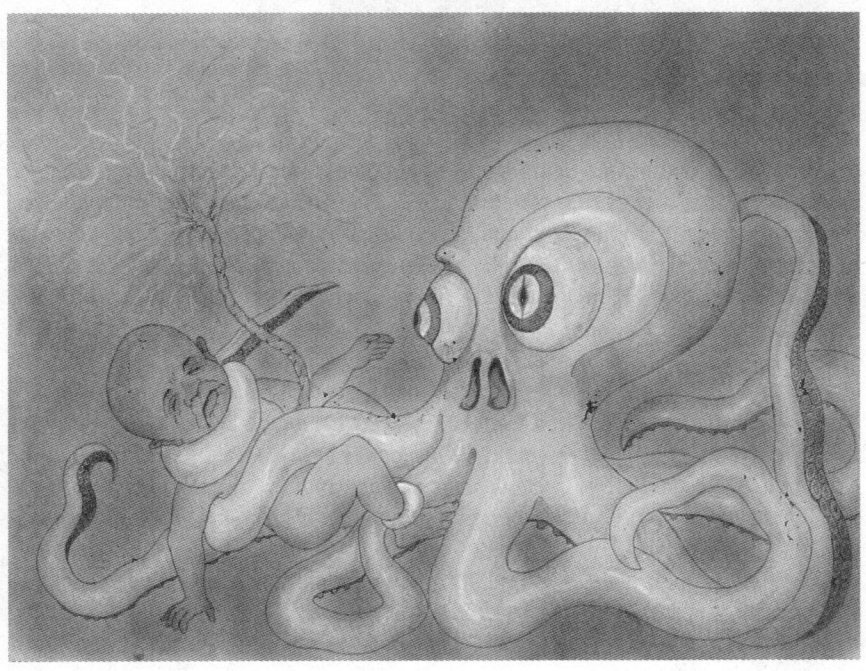

Abb. 12. Dieses Bild des Schweizer Malers Hansruedi Giger verbindet die anatomische Zerbrechlichkeit des Fötus mit aggressiver Maschinerie und einschnürenden, an die Geburt erinnernden Stahlbändern um den Kopf herum. (Aus: Necronomium.)

der analen Ebene sind es Schmerzen im Enddarm und Kotverhaltung, auf der urethralen Ebene sind es Blasenschmerzen und Harnverhaltung. Die entsprechenden Empfindungen auf der genitalen Ebene sind sexuelle Frustration und übermäßige Spannungen, Vaginakrämpfe, Hodenschmerzen und die schmerzhaften Kontraktionen, die bei Frauen in der ersten klinischen Phase der Geburt auftreten.

Perinatale Grundmatrix III:

Viele wesentliche Merkmale dieser komplexen Erlebensmatrix lassen sich von ihrer Verbindung mit der zweiten klinischen Phase der biologischen Geburt herleiten. In diesem Stadium setzen sich die Gebärmutterkontraktionen fort, doch im Gegensatz zum vorhergehenden Stadium ist die Cervix erweitert und ermöglicht dadurch eine allmähliche Fortbewegung des Fötus durch den Geburtskanal. Damit einher gehen ein gewaltiger Kampf ums Überleben, massiver mechanischer Druck von außen sowie häufig Sauerstoffmangel und drohendes Ersticken. In den letzten Phasen der Geburt kann der Fötus in enge Berührung mit biologischen Stoffen wie Blut, Schleim, Fruchtwasser, Urin oder gar Kot kommen.

Aus der Sicht des Erlebens ist die dritte perinatale Grundmatrix sehr weitläufig und kompliziert. Neben dem realistischen Wiedererleben verschiedener Aspekte des tatsächlichen Kampfes im Geburtskanal finden sich sehr verschiedenartige Phänomene, die in typischen Themenabfolgen auftreten. Dazu gehören vor allen Dingen das Motiv des titanischen Kampfes, sadomasochistische Erlebnisse, heftige sexuelle Erregung, Erlebnisse mit Dämonen, skatologische Erlebnisse und die Begegnung mit dem Feuer. Alle diese Elemente sind in den Rahmen des Prozesses von *Tod und Wiedergeburt* eingefügt.

Der Aspekt des titanischen Kampfes wird unmittelbar verständlich, wenn man bedenkt, welche gewaltigen Kräfte in dieser Geburtsphase wirksam werden. Der zarte Kopf des Kindes wird durch starke Gebärmutterkontraktionen, die einen Druck von 20 bis 50 Newton ausüben, in die enge Beckenöffnung gepreßt. Jemand, der mit diesem Aspekt der dritten perinatalen Grundmatrix konfrontiert wird, verspürt mächtige Energieströme, die sich aufstauen und in explosiver Weise entladen. Charakteristische symbolische Themen in diesem Zusammenhang sind entfesselte Naturelemente (Vulkanausbrüche, elektrische Stürme, Erdbeben, Gezeitenwellen oder Wirbelstürme), gewalttätige Szenen aus Kriegen oder Revolutionen und technische Motive (thermonukleare Reaktionen, Atombomben und Raketen). Zu den etwas gemäßigteren Versionen dieses Erlebnismusters zählen gefährliche Abenteuer, etwa die Teilnahme an einer Jagd oder Kämpfe mit wilden Tieren, die Erforschung gefahrvollen Terrains und die Eroberung von Neuland. Entsprechende archetypische Themen sind Bilder vom Fegefeuer, vom Jüngsten Gericht, große Taten von Superhelden und mythologische Kämpfe von kosmischem Ausmaß zwischen Dämonen und Engeln oder zwischen Göttern und Titanen.

Die sadomasochistischen Aspekte dieser Matrix spiegeln die Mischung aus Aggressionen wider, die vom weiblichen Fortpflanzungssystem gegen den Fötus gerichtet werden, und aus den heftigen Reaktionen des Kindes auf das drohende Ersticken, die Schmerzen und die Angst. Häufige Motive in diesem Zusammenhang sind das Blutopfer, die Selbstopferung, die Folter, die Hinrichtung, die Ermordung, sadomasochistische Praktiken und die Vergewaltigung.

Die erlebnismäßige Logik der sexuellen Komponente des Tod- und Wiedergeburtprozesses läßt sich auf Anhieb nicht so leicht erkennen. Sie kann durch die bekannte Beobachtung erklärt werden, daß drohendes Ersticken und unmenschliches Leiden im allgemeinen eine seltsame Form intensiver sexueller Erregung hervorrufen. Die Erlebnisse auf der perinatalen Ebene sind gekennzeichnet durch eine überaus heftige Intensität des Sexualtriebs, der mechanisch und ungerichtet ist und pornographische oder abweichende Merkmale hat. In den zu dieser Kategorie gehörenden Erlebnissen wird Sex mit Tod, Gefahr, biologischen Elementen, Aggressionen, selbstzerstörerischen Impulsen, körperlichen

Schmerzen und Spiritualität (aufgrund der Nähe zur vierten perinatalen Grundmatrix) kombiniert.

Die Tatsache, daß die sexuelle Erregung auf der perinatalen Ebene mit Lebensgefahr, Angst, Aggressionen und biologischen Elementen gepaart ist, hat wesentliche Bedeutung für das Verständnis sexueller Abweichungen und anderer Formen sexueller Pathologie. Diese Verbindungen werden in einem späteren Abschnitt eingehender besprochen.

Das Element des Dämonischen in diesem Stadium des Tod- und Wiedergeburtprozesses kann sowohl den Therapeuten als auch den Klienten vor schwierige Probleme stellen. Durch den unheimlichen Charakter der auftretenden Motive können beide zögern, sich mit ihnen auseinanderzusetzen. Die häufigsten Themen in diesem Zusammenhang sind der Hexensabbath (Walpurgisnacht, s. Abb. 13), Höllenorgien oder Schwarze Messen und die Versuchung. Der gemeinsame Nenner der Geburtserfahrung in dieser Phase und dem Hexensabbath oder der Schwarzen Messe ist eine eigentümliche Mischung aus Tod, sexuellen Abweichungen, Angst, Aggressionen, skatologischen Elementen und verzerrten spirituellen Impulsen (s. Abb. 14, S. 121).

Der skatologische Aspekt des Tod- und Wiedergeburtprozesses besitzt seine natürliche biologische Grundlage in dem Umstand, daß das Kind in den letzten Geburtsstadien in enge Berührung mit Exkrementen und anderen biologischen Stoffen kommen kann. Die perinatalen Erlebnisse übertreffen aber in der Regel bei weitem das, was das Neugeborene eventuell wirklich erlebt hat. Sie können das Gefühl vermitteln, in Exkrementen zu schwimmen, in Abfällen oder Kloaken herumzukriechen, Kot zu essen, Blut oder Urin zu trinken oder sich in Fäulnis zu befinden.

Das Element des Feuers wird entweder in seiner gewöhnlichen Form erlebt – als Identifikation mit einem Brandopfer – oder in einer archetypischen Form als reinigendes Feuer (Pyrokatharsis), das alles Schlechte und Verdorbene im Menschen zerstört und ihn auf seine spirituelle Wiedergeburt vorbereitet. Das Feuer ist das am wenigsten verständliche Element der Geburtssymbolik. Als biologische Begleiterscheinung käme vielleicht die kulminierende Überreizung des Neugeborenen und das damit verbundene wahllose »Feuern« peripherer Neuronen in Frage. Interessanterweise haben Mütter in dieser Phase der Geburt häufig das Empfinden, daß ihre Vagina wie Feuer brenne. In diesem Zusammenhang verdient auch erwähnt zu werden, daß beim Verbrennen feste Stoffe in Energie umgewandelt werden. Das Erlebnis des Feuers begleitet auch den Ich-Tod, nach dem sich der Betreffende philosophisch mit Energiemustern und nicht mit fester Materie identifiziert.

Die religiösen und mythologischen Symbole dieser Matrix haben überwiegend das Opfer und die Selbstopferung zum Thema. Sehr häufig sind Szenen aus präkolumbianischen Opfritualen, Visionen von der Kreuzigung Christi oder die Identifikation mit Jesus Christus, sowie die Verehrung der schrecklichen Göttin-

Abb. 13. Hexensabbath auf dem Blocksberg. An diesem, durch den Hexensabbath berühmten Platz spielt auch die Walpurgisnacht in Goethes Faust. Der alte Holzschnitt zeigt das bekannte Ritual, bei dem Meister Leonhard auf den Anus geküßt wird, während die Orgien beginnen.

nen Kali, Coatlicue oder Rangda. Die ebenfalls häufigen Szenen aus der Teufelsanbetung und der Walpurgisnacht wurden bereits erwähnt. Eine andere Gruppe von Bildern bezieht sich auf religiöse Rituale und Zeremonien, in denen Sex und wildes rhythmisches Tanzen kombiniert sind, etwa die Anbetung des Phallus, Fruchtbarkeitsriten oder verschiedene Stammeszeremonien von Naturvölkern. Ein klassisches Symbol für den Übergang von der dritten zur vierten perinatalen Grundmatrix ist der legendäre Vogel Phönix, dessen alte Form im Feuer stirbt und dessen neue sich aus der Asche erhebt und sich zur Sonne emporschwingt.

Es gibt mehrere wesentliche Merkmale dieses Erlebnismusters, die es von dem zuvor beschriebenen Muster der Ausweglosigkeit unterscheiden. Die Situation erscheint nicht hoffnungslos, und die Person, die sich in ihr befindet, ist auch nicht hilflos. Sie ist aktiv beteiligt und hat das Gefühl, daß ihr Leiden eine ganz bestimmte Richtung und ein Ziel besitzt. In der Sprache der Religion ausgedrückt ähnelt diese Situation mehr dem Fegefeuer als der Hölle. Außerdem spielt die Person, deren Erleben von der dritten perinatalen Grundmatrix bestimmt wird, nicht mehr die Rolle eines hilflosen Opfers, sondern die eines Beobachters. Sie kann sich gleichzeitig mit beiden Seiten identifizieren, und zwar bis zu dem Punkt, an dem sich kaum mehr auseinanderhalten läßt, ob sie nun der Angreifer oder das Opfer ist. Während die Situation der Ausweglosigkeit ausschließlich mit Leiden verbunden ist, steht das Tod- und Wiedergeburterlebnis an der Grenze zwischen Leiden und Ekstase oder verbindet beides. Es erscheint angemessen, dieses Erlebnis als »vulkanische Ekstase« – im Gegensatz zur »ozeanischen Ekstase« der Einheit mit dem Kosmos – zu charakterisieren.

Bestimmte Merkmale verbinden die dritte perinatale Grundmatrix mit COEX-Systemen, die sich aus Erinnerungen an intensive und gefährliche sinnesstarke und insbesondere sexuelle Erlebnisse, an Auseinandersetzungen und Kämpfe, an aufregende, aber gefährliche Abenteuer, an Vergewaltigung und sexuelle Orgien oder an Situationen mit biologischem Material zusammensetzen. Ähnliche Verbindungen bestehen auch zu gleichgearteten transpersonalen Erlebnissen.

Im Hinblick auf die Freudschen erogenen Zonen steht diese Matrix im Zusammenhang mit physiologischen Aktivitäten, die nach einer längeren Phase der Spannung plötzliche Erleichterung und Entspannung bringen. Auf der oralen Ebene sind es das Kauen und Herunterschlucken von Essen (bzw. umgekehrt das Erbrechen), auf der analen und urethralen Ebene das Defäkieren und das Urinieren, und auf der genitalen Ebene die Steigerung zum sexuellen Orgasmus und die Empfindungen einer entbindenden Frau in der zweiten Geburtsphase.

Perinatale Grundmatrix IV:

Diese perinatale Matrix steht in einem sinnvollen Zusammenhang mit der dritten klinischen Entbindungsphase, der eigentlichen Geburt des Kindes. In diesem

Abb. 14. Dieses Bild des Schweizer Malers Hansruedi Giger verbindet Elemente von Aggression, Kreuzigung und Tod in dämonischer Atmosphäre mit den Motiven der Sexualität und der Schlange, die sich – die perinatale Herkunft der Vision unterstreichend – wie eine Boa constrictor um den Körper der Frau windet. (Aus: Necronomium.)

letzten Stadium geht der quälende Geburtskampf zu Ende. Das Vorwärtstreiben durch den Geburtskanal erreicht seinen Höhepunkt, und auf die extreme Steigerung von Schmerzen, Spannungen und sexueller Erregung folgen unmittelbar Entspannung und Erleichterung. Das Kind ist geboren und sieht nach langer Dunkelheit zum ersten Mal das grelle Licht des Tages (oder des Operationsraums). Nach der Durchtrennung der Nabelschnur ist die körperliche Trennung von der Mutter abgeschlossen, und das Kind steht am Beginn seiner neuen Existenz als anatomisch eigenständiges Individuum.

Wie schon im Fall der anderen Matrizen scheinen einige der zugehörigen Erlebnisse die tatsächlichen biologischen Ereignisse während der Geburt wie auch bestimmte geburtshelferische Maßnahmen wirklichkeitsgetreu wiederzugeben. Aus einleuchtenden Gründen ist dieser Aspekt im Fall der vierten perinatalen Grundmatrix sehr viel reichhaltiger als die konkreten Erinnerungen im Rahmen der anderen Matrizen. Die speziellen Details lassen sich auch leichter nachprüfen. Dazu gehören Besonderheiten des Geburtsmechanismus, die Art der verwendeten Betäubungsmittel, Hilfeleistungen während der Geburt mit Händen oder Instrumenten sowie Einzelheiten der Erfahrungen und der Pflege nach der Geburt.

Das symbolische Gegenstück zu diesem letzten Entbindungsstadium ist das *Wiedergeburtserlebnis,* das das Ende des kampfreichen Tod- und Wiedergeburtprozesses anzeigt. Paradoxerweise hat die Person auf dieser Stufe des Erlebens zu dem Zeitpunkt, an dem nur ein Schritt sie von einer großen Befreiung trennt, das Gefühl, unmittelbar vor einer gewaltigen Katastrophe zu stehen. Dies führt häufig zu einer festen Entschlossenheit, die Erfahrung an dieser Stelle abzubrechen. Wird sie dann doch zugelassen, so wird der Übergang von der dritten zur vierten perinatalen Grundmatrix von einem Gefühl der absoluten Vernichtung auf allen nur vorstellbaren Ebenen begleitet, von körperlicher Zerstörung, von emotionaler Auflösung, von intellektueller Niederlage, von tiefster moralischer Verirrung und von absoluter Verdammnis mit transzendentalen Ausmaßen. Diese Erfahrung des »Ich-Todes« scheint unmittelbar eine schonungslose Zerstörung aller Bezugspunkte im früheren Leben des betreffenden Menschen nach sich zu ziehen. Wird dieser Ich-Tod in seiner letzten und vollständigen Form erlebt[3], dann bedeutet er das unwiderrufliche Ende der philosophischen Identifikation mit dem, was Alan Watts als das »von Haut umhüllte Ich« bezeichnete.

Auf dieses Erlebnis der totalen Vernichtung und des »Aufschlagens auf dem Boden des Kosmos« folgen unmittelbar Visionen von blendend weißem oder goldenem Licht, das übernatürliche Schönheit ausstrahlt. Es kann mit der Offenbarung von göttlichen archetypischen Wesen, mit den leuchtenden Farben eines Regenbogens oder mit den herrlichen Mustern eines Pfauengefieders in Verbindung gebracht werden. Auch können sich in diesem Zusammenhang Visionen der Natur einstellen, wie sie im Frühling zu neuem Leben erwacht oder nach einem Gewitter in neuer Frische erstrahlt. Die Person, die unter dem Einfluß

Abb. 15. Eine Erlebnis-Sequenz während des Übergangs von der dritten zur vierten perinatalen Grundmatrix. Das erste Bild (a) zeigt eine gigantische und drohende Golem-ähnliche Gestalt, die den Zugang zum Licht blockiert. – Das zweite Bild (b) spiegelt ein späteres Stadium des Prozesses wider: das Hindernis ist überwunden, und der Klient steht der jetzt frei zugänglichen aufgehenden Sonne gegenüber, die er umarmt. (Sammlung Dr. Milan Hauser, Prag.)

123

dieser Erlebnisse steht, verspürt eine tiefe Befreiung und Erlösung. Sie fühlt sich frei von Angst, Depressionen oder Schuld, geläutert und unbelastet. Damit einher geht eine ganze Fülle positiver Emotionen gegenüber der eigenen Person, gegenüber anderen und gegenüber der Existenz im allgemeinen. Die Welt erscheint als ein schöner und sicherer Ort, und die Lebensfreude wird ungemein gesteigert[4].

Die Symbole für dieses Erlebnis von Tod und Wiedergeburt können aus vielen Bereichen des kollektiven Unbewußten stammen, da jede größere Kultur ihre eigenen mythologischen Formen dieses Phänomens besitzt. Der Ich-Tod kann in Verbindung mit verschiedenen zerstörerischen Gottheiten – mit Moloch, Shiva, Huitzilopochtli, Kali oder Coatlicue (s. Abb. 16, S. 52) – oder in Form der vollkommenen Identifizierung mit Jesus Christus, Osiris, Adonis, Dionysos bzw. einem anderen mythischen Wesen, das geopfert wurde, erfahren werden. Die göttliche Erscheinung kann Gott vollkommen abstrakt als hell leuchtende Lichtquelle oder je nach Religion mehr oder weniger personifiziert darstellen. Ebenso häufig sind Erlebnisse der Begegnung oder Vereinigung mit den großen Muttergöttinnen wie der Jungfrau Maria, Isis, Lakshmi, Parvati, Hera oder Kybele.

Was den biographischen Bereich angeht, so können Erinnerungen an persönliche Erfolge und das Ende von gefährlichen Situationen, das Ende von Kriegen oder Revolutionen, das Überleben von Unfällen oder die Genesung nach schweren Krankheiten wach werden.

Im Hinblick auf die Freudschen erogenen Zonen ist die vierte perinatale Grundmatrix mit dem Zustand der Befriedigung verbunden, der unmittelbar auf Aktivitäten folgt, die unlustvolle Spannungen gelöst haben, also mit der Sättigung des Hungers durch Essen, mit erleichterndem Erbrechen, Defäkieren und Urinieren, mit dem sexuellen Orgasmus und mit der erfolgreichen Geburt eines Kindes.

Jenseits des Gehirns: Die Ebene der transpersonalen Erfahrungen

Wie schon früher erwähnt haben transpersonale Erlebnisse viele fremdartige Merkmale, die die Grundannahmen der materialistischen Wissenschaft und des mechanistischen Weltbildes vollkommen in Frage stellen. Sie treten zwar im Verlauf einer sehr intensiven Selbsterfahrung auf, doch lassen sie sich nicht einfach als intrapsychische Phänomene im konventionellen Sinn interpretieren. Einerseits bilden sie das Ende eines Kontinuums, das auch noch die biographischen und perinatalen Erlebnisse umfaßt, andererseits scheinen sie häufig direkt – ohne Vermittlung durch die Sinnesorgane – von Informationsquellen gespeist zu werden, die eindeutig außerhalb des konventionell definierten Bereichs des

Individuums liegen. In transpersonalen Erlebnissen kann man sich mit anderen Menschen oder mit Mitgliedern anderer Spezies identifizieren, man kann Zugang zu mikroskopischen und astronomischen Bereichen gewinnen, die sonst ohne technische Hilfsmittel nicht wahrgenommen werden können, und man kann in historische und prähistorische Zeiten, in die Zukunft, an weit abgelegene Orte oder in andere Dimensionen der Existenz versetzt werden.

Die Ebene der Erinnerungen steht in Beziehung zur individuellen Lebensgeschichte und ist ihrer Natur nach eindeutig biographisch. Perinatale Erlebnisse scheinen den Übergang von der personalen zur transpersonalen Ebene zu bilden. Dieser Umstand wird in ihrer Verbindung zu Geburt und Tod, also zum Anfang und Ende der individuellen Existenz, deutlich. Die transpersonalen Phänomene selber decken Verbindungen zwischen Individuum und Kosmos auf, die wir gegenwärtig mit unserem Verstand nicht fassen können. Wir können lediglich sagen, daß sich irgendwann während der Ausfaltung des perinatalen Bereichs ein seltsamer Möbius-artiger Sprung ereignet, durch den das Eindringen in das individuelle Unbewußte Erlebnissphären aufschließt, die das gesamte Universum umfassen, oder – anders ausgedrückt – durch den sich das individuelle Unbewußte zum Überbewußten wandelt.

Der gemeinsame Nenner dieser sonst sehr reichhaltigen und weitläufigen Gruppe von Phänomenen ist das Empfinden, daß das eigene Bewußtsein über die Grenzen des Ich hinausgegangen ist und die Beschränkungen von Raum und Zeit überschritten hat. Im »normalen« oder gewöhnlichen Bewußtseinszustand erfahren wir uns selber als innerhalb der Grenzen unseres physischen Körpers existierend. Unsere Wahrnehmung der Umwelt wird durch die physikalisch vorgegebene Reichweite der äußeren Sinnesorgane eingeschränkt. Sowohl unsere Innenwahrnehmung (Interozeption) als auch die Wahrnehmung unserer Außenwelt (Exterozeption) bewegen sich innerhalb der gewöhnlichen räumlichen und zeitlichen Grenzen. Unter normalen Bedingungen erleben wir in lebendiger Weise nur unsere gegenwärtige Situation und unsere unmittelbare Umgebung, wir *erinnern* uns lediglich an vergangene Ereignisse und wir haben *Ahnungen* oder *Phantasien* von der Zukunft.

In transpersonalen Erlebnissen scheinen eine oder mehrere der genannten Beschränkungen nicht mehr zu existieren. Viele zu dieser Kategorie gehörende Erlebnisse werden von den Betreffenden als Zurückversetzung in historische Zeiten und als Erforschung ihrer biologischen und spirituellen Vergangenheit interpretiert. In verschiedenen Formen intensiver Selbsterfahrung sind sehr konkrete und realistische Erlebnisse nicht ungewöhnlich, die sich als Erinnerungen an Ereignisse im Fötus- und Embryoalter erweisen. Viele Personen berichten auch von lebhaften Eindrücken auf der Ebene eines zellularen Bewußtseins, die ihre Existenz als Samen oder Ei zum Zeitpunkt der Empfängnis widerzuspiegeln scheinen. Manchmal geht die Reise in die Vergangenheit offenbar noch weiter, und die Betreffenden sind überzeugt, Ereignisse aus dem Leben ihrer Vorfahren oder gar aus der gesamten Existenz einer Rasse oder eines Kollektivs wiederzuerleben. Gelegentlich wird auch von Erlebnissen berichtet, in denen sich die Betreffenden mit verschiedenen tierischen Vorfahren im Stammbaum der Evolution identifizieren oder in denen sie sich sicher sind, in eine frühere Inkarnation zurückversetzt zu werden. (S. Abb. 17, S. 149.)

In anderen transpersonalen Phänomenen werden weniger die zeitlichen als die räumlichen Grenzen überschritten. Hierzu gehören die Erlebnisse des Verschmelzens mit einer anderen Person in einen Zustand der Zweieinigkeit oder der vollständigen Identifikation mit ihr, das Annehmen des Bewußtseins einer ganzen Gruppe von Menschen oder seine Ausweitung auf die gesamte Menschheit. Auf ähnliche Weise können die Grenzen der spezifisch menschlichen Erfahrung überschritten und das Bewußtsein von Tieren, Pflanzen oder sogar leblosen Gegenständen und Prozessen angenommen werden. Im Extremfall ist es möglich, sich in seinem Bewußtsein mit allen Geschöpfen, mit unserem Planeten oder mit dem gesamten materiellen Universum zu identifizieren. Ein anderes Phänomen, das im Zusammenhang mit der Überschreitung der normalen räumlichen Grenzen steht, ist das Annehmen des Bewußtseins von verschiedenen Teilen des Körpers, etwa des Bewußtseins verschiedener Organe, Gewebe oder einzelner Zellen. Hinzu kommt die bedeutsame Kategorie transpersonaler Erlebnisse, die verschiedene außersinnliche Wahrnehmungen beinhalten, etwa außerkörperliche Erfahrungen, Telepathie, Präkognition, Hellsehen und Hellhören sowie Raum- und Zeitreisen.

In einer großen Gruppe transpersonaler Erlebnisse scheint die Erweiterung des Bewußtseins über die phänomenale Welt und das Raum-Zeit-Kontinuum, wie wir es im alltäglichen Leben wahrnehmen, hinauszugehen. Sehr häufige Beispiele sind Erlebnisse der Begegnung mit Geistern verstorbener Menschen oder übermenschlichen Geistwesen. Personen, die unter LSD-Einwirkung stehen, berichten auch häufig von Visionen archetypischer Formen, einzelner Gottheiten und Dämonen sowie komplexer mythologischer Handlungsabfolgen. Hinzu treten noch das intuitive Verständnis universeller Symbole, die Erfahrung des Fließens von Chi-Energie, wie es die chinesische Medizin und Philosophie beschreiben, und die Erregung von Kundalini-Energie oder die Aktivierung verschiedener Chakras. Im Extremfall scheint das individuelle Bewußtsein die Gesamtheit der Existenz zu umfassen und sich mit dem Geist des Universums oder dem Absoluten zu identifizieren. Die letztmögliche aller Erfahrungen ist aber offenbar die des über- und metakosmischen Nichts, der rätselhaften uranfänglichen Leere, die sich ihrer selbst bewußt ist und die gesamte Existenz im Keim enthält.

Die oben ausgeführte erweiterte Kartographie des Unbewußten hat große Bedeutung für jeden ernsthaften wissenschaftlichen Versuch, Phänomene wie den psychedelischen Zustand, den Schamanismus, die Religion, die Mystik, die Übergangsriten, die Mythologie, die Parapsychologie und die Schizophrenie zu verstehen. Diese Kartographie ist nicht nur von akademischem Interesse. Wie ich in einem späteren Kapitel noch zeigen werde, hat sie tiefgehende und revolutionäre Auswirkungen auf das Verständnis psychopathologischer Phänomene und eröffnet neue, von der traditionellen Psychiatrie ungeahnte therapeutische Möglichkeiten.

Das Spektrum des Bewußtseins

Die im vorigen Abschnitt gezeichnete »Landkarte« des Innenraums wirft ein interessantes Licht auf die gegenwärtige Verwirrung in der Welt der Tiefenpsychotherapie und die Auseinandersetzungen zwischen ihren verschiedenen Schulen. Das dargestellte Gesamtkonzept paßt zu keinem der bestehenden Ansätze, doch die verschiedenen Erlebnisebenen lassen sich adäquat mit verschiedenen psychologischen Systemen oder alten spirituellen Philosophien beschreiben. Schon früh in meiner psychedelischen Forschung machte ich die Beobachtung, daß die Patienten während einer psycholytischen Behandlung mit LSD in der Regel von einem Freudschen zu einem Rankianisch-Reichianisch-existialistischen und schließlich zu einem Jungschen Stadium überwechselten (66). Die Bezeichnungen für die einzelnen Stadien spiegeln die Tatsache wider, daß die jeweiligen Theorien die besten verfügbaren Modelle zum Verständnis der Phänomene in diesen aufeinanderfolgenden Therapieabschnitten boten. Es wurde auch deutlich, daß kein westliches psychologisches System bestimmten Phänomenen gerecht werden konnte, die in fortgeschrittenen Therapiestadien oder auf tieferen Ebenen der psychedelischen Erfahrung auftraten. Hier mußte man auf die alten und fernöstlichen spirituellen Philosophien wie das Vedanta, verschiedene Yogasysteme, den Kaschmir-Shaivismus, den Mahayana-Buddhismus, das Vajrayana, den Taoismus oder den Sufismus zurückgreifen. Wie sich unzweifelhaft herausstellte, kann das gesamte Spektrum des menschlichen Erlebens nicht mit einem einzigen psychologischen System beschrieben werden. Jede Hauptebene der Bewußtseinsentwicklung erfordert ein vollkommen andersgeartetes Erklärungsmodell.

Der gleiche Gedanke wurde unabhängig von mir von Ken Wilber entwickelt und sehr detailliert in seinen Büchern *Spectrum of Consciousness* (207), *The Atman Project* (209) und *Halbzeit der Evolution* (210) ausgearbeitet. Wilbers Konzept der Spektrumpsychologie beinhaltet ein Bewußtseinsmodell, daß die Einsichten der großen psychologischen Schulen des Westens und die Grundprinzipien einer »psychologia perennis« integriert, d. h. einer Auffassung vom menschlichen Bewußtsein, die die bedeutsamsten Erkenntnisse der »philosophia perennis« in eine psychologische Sprache umsetzt. Nach Wilbers Meinung spiegeln sich in der großen Vielfalt der psychologischen und psychotherapeutischen Schulen nicht so sehr unterschiedliche Interpretationen der gleichen Probleme oder Unterschiede in der Methodik wider, sondern unterschiedliche Ebenen des Bewußtseinsspektrums, auf die sich die einzelnen Schulen jeweils beziehen. Der Hauptfehler aller dieser voneinander abweichenden Richtungen besteht darin, daß sie ihren Ansatz in der Regel verallgemeinern und auf das ganze Spektrum anwenden wollen, wo er doch eigentlich nur für eine bestimmte Bewußtseinsebene gilt. Jede dieser Hauptrichtungen der westlichen Psychotherapie ist deshalb mehr oder weniger »korrekt«, wenn sie auf der ihr zugehörigen Ebene bleibt, und jede macht sich grober Verzerrungen schuldig, sobald sie unangemessen auf andere Bänder des Bewußtseinsspektrums angewendet wird. Eine wirklich umfassende und integrierte Psychologie der Zukunft wird sich jeder der einander ergänzenden Einsichten, die die einzelnen psychologischen Schulen beitragen, bedienen.

Seit seinem ersten Buch hierzu, *The Spectrum of Consciousness* (207), hat Wilber sein Modell verfeinert und weiterentwickelt und es auch mit Erfolg auf die Entwicklung des individuellen menschlichen Bewußtseins sowie der Geschichte der Menschheit angewendet. In *The Atman Project* (209) nimmt er eine transpersonale Interpretation der Ontologie und Kosmologie vor, die in kreativer Weise viele westliche psychologische Schulen und Systeme der philosophia perennis integriert. Diese allumfassende Betrachtungsweise bezieht die Entwicklung des Bewußtseins aus der materiellen Welt und vom Individuum zum Atman-Brahman ebenso ein wie die umgekehrte Entwicklung von der absoluten Wirklichkeit zu den manifesten Welten. Der Prozeß der Bewußtseinsentwicklung verläuft demnach sowohl nach außen, vom Unterbewußten zum Ich-Bewußtsein, als auch nach innen, vom Ich-Bewußtsein zum Überbewußten. Wilbers Ansichten in diesem Zusammenhang und das Konzept des Atmanprojekts sind für das Thema dieses Buches so wichtig, daß sie besondere Erwähnung verdienen.

Wilbers Beschreibung der nach außen gerichteten Bewußtseinsentwicklung beginnt mit dem *pleromatischen* Stadium, dem undifferenzierten Bewußtseinszustand des Neugeborenen, das weder zeit- noch raum- noch gegenstandsgebunden ist und den Unterschied zwischen dem Ich und der materiellen Welt nicht kennt. Das darauf folgende *uroborische* Stadium, das in enger Verbindung mit der Nahrungsaufnahme steht, enthält die erste primitive und unvollständige Unterscheidung zwischen dem Subjekt und der materiellen Welt. Es fällt mit der frühen oralen Phase der libidinösen Entwicklung zusammen. Das *typhonische* Stadium ist charakterisiert durch die erste vollständige Differenzierung zwischen Subjekt und materieller Umwelt. In diesem Stadium entsteht das organische Ich oder das Körper-Ich, das durch das Lustprinzip sowie instinkthafte Dränge und Entladungen beherrscht wird. Dieses Stadium schließt die anale und die phallische Phase der libidinösen Entwicklung ein. Der Erwerb der Sprache, geistiger Funktionen und des Denkens kennzeichnet das *verbale Ich*-Stadium. Hier differenziert sich das Ich vom Körper und erhält geistig-verbalen Charakter. Der Prozeß führt weiter in das *geistige Ich*-Stadium, das mit der Entwicklung linearen, abstrakten und begrifflichen Denkens sowie der Identifikation mit einem Selbstbild einhergeht. Die nach außen gerichtete Entwicklung des Bewußtseins und gewöhnlich auch die der Persönlichkeit hat schließlich ihren Höhepunkt im *zentaurischen* Stadium, einer Integration von Ich, Körper, Persona und Schatten auf hoher Ebene.

Die zentaurische Ebene ist die höchste Stufe der Bewußtseinsentwicklung, die von der mechanistischen Wissenschaft des Westens anerkannt und ernstgenommen wird. Die westlichen Psychiater und Psychologen leugnen entweder die Existenz irgendwelcher höherer Bewußtseinsstufen oder sie stempeln sie zu psychopathologischen Phänomenen ab. In der Vergangenheit mußten diejenigen, die an Erkenntnissen über höhere Bewußtseinszustände interessiert waren, sich an die großen Weisen oder die mystischen Schulen des Ostens und Westens wenden. Im letzten Jahrzehnt aber hat die transpersonale Psychologie die komplexe Aufgabe in Angriff genommen, die Weisheit der »ewigen« Philosophie und Psychologie mit den Theoriengebäuden der westlichen Wissenschaft zu vereinen. Ken Wilbers Arbeiten stellen auf diesem Gebiet eine große Leistung dar.

Wilbers Modell der Bewußtseinsentwicklung endet nicht mit dem zentaurischen Stadium. Er sieht dieses als Übergang zu transpersonalen Existenzbereichen an, die über das Ich-Bewußtsein ebenso weit hinausgehen wie das Ich-Bewußtsein über das typhonische Stadium. Der erste dieser transpersonalen Bereiche der nunmehr nach innen gerichteten Bewußtseinsentwicklung ist die *niedrigere feinstoffliche* Ebene, die den astralpsychischen Bereich umfaßt. Auf dieser Ebene ist das Bewußtsein, das sich weiter aus Ich und Körper herausdifferenziert, in der Lage, über die gewöhnlichen Fähigkeiten des grobstofflichen Körper-Ich hinauszugehen. Hierzu gehören die außerkörperlichen Erfahrungen, okkulte Phänomene, Auras, Astralreisen, Präkognitionen, telepathische Phänomene, Hellsehen, psychokinetische Phänomene usw. Die *höhere feinstoffliche* Ebene ist der Bereich der authentischen religiösen Intuition, der symbolischen Visionen sowie der Wahrnehmung göttlichen Lichts und Klangs, höherer Geistwesen und archetypischer Formen.

Jenseits der höheren feinstofflichen Ebene liegt der *kausale* Bereich. Die niedrigere Ebene dieses Bereichs umfaßt das Bewußtsein einer über allem stehenden Gottheit, dem Ursprung der archetypischen Formen. Auf der höheren Ebene werden alle Formen radikal transzendiert und verschmelzen mit der grenzenlosen Strahlung des höchsten formlosen Bewußtseins. Auf der Ebene *der letzten Einheit* schließlich nimmt das Bewußtsein vollständig seine ursprüngliche Existenzform an, es erwacht zum Sein aller Phänomene – der grobstofflichen, feinstofflichen und kausalen – an sich. An diesem Punkt erweist sich jeder Augenblick des gesamten Weltgeschehens als das eigene Wesen, außerhalb dessen es nichts gibt und vor dem es nichts gegeben hat. Die Formen sind identisch mit dem Nichts, das Gewöhnliche und das Außergewöhnliche, das

Weltliche und das Übernatürliche sind ein und dasselbe. Dies ist der Endzustand, auf den die gesamte kosmische Entwicklung zustrebt.

In Wilbers Modell ist die Kosmologie mit einem Prozeß verbunden, der in der umgekehrten Richtung verläuft. Sein Modell beschreibt, wie phänomenale Welten aus der Ureinheit durch fortschreitende Reduktion und durch Ausfaltung höherer Strukturen in niedrigere entstehen. Dabei folgt Wilber ausschließlich dem Text des Tibetanischen Totenbuchs oder des Bardo Thödol, das das Durchwandern der Zwischenstadien oder Bardos zum Zeitpunkt des Todes schildert.

Einer der originellsten Beiträge aus Wilbers Arbeiten ist die Tatsache, daß er im wesentlichen identische oder zumindest ähnliche Prinzipien und Mechanismen aufdecken konnte, die hinter der verwirrenden Vielfalt der zahlreichen Stadien der nach außen und innen gerichteten Bewußtseinsentwicklung stehen. Seine verschiedenen Konzepte werden zweifellos Standardelemente einer transpersonalen Psychologie der Zukunft werden.

Sein grundlegendstes und aufschlußreichstes Konzept ist aber das Atmanprojekt. Ihm gelang nämlich der äußerst überzeugende Nachweis, daß die treibende Kraft auf allen Ebenen der Evolution (ausgenommen auf der Ebene der Ureinheit des Atman selber) die intensive Suche des Individuums nach der ursprünglichen kosmischen Einheit ist. Aufgrund der den einzelnen Stufen innewohnenden Beschränkungen gelingt dies aber nur in Form unbefriedigender Kompromisse. Dies ist die Erklärung für die verschiedenen Mißerfolge dieses Projekts, die zum Verlassen der beteiligten Ebenen und zur Umwandlung in das nächste Stadium führen.

Wilber wendete dieses Modell nicht nur auf die Entwicklung des Individuums an, sondern auch auf die der gesamten Menschheit. In *Halbzeit der Evolution* (210) gelingt ihm in der Tat eine grundlegend neue Interpretation der Geschichte und der Anthropologie. Der Umfang des vorliegenden Buches gestattet mir nicht, seinen einzigartigen Beiträgen zur transpersonalen Psychologie gerecht zu werden. Der interessierte Leser sei deshalb auf Wilbers Werke im Original verwiesen. Ehe ich dieses Kapitel abschließe, möchte ich aber noch kurz auf die Bereiche eingehen, in denen meine eigenen Arbeiten und die in diesem Buch dargestellten Konzepte trotz der sonst weitgehenden Übereinstimmung von Wilbers Modell abweichen.

Wilber hat hervorragende Arbeit geleistet, indem er eine erfolgreiche Synthese scheinbar unvereinbarer Daten aus den verschiedensten Bereichen und Disziplinen vornahm. Seine Kenntnisse der Literatur sind wahrhaft enzyklopädisch zu nennen, sein analytischer Verstand ist systematisch und durchdringend, und die Klarheit seiner Logik höchst bemerkenswert. Um so mehr überrascht es, daß er nicht die Unmenge an Daten aus alten und modernen Quellen berücksichtigte, die die ausschlaggebende psychologische Bedeutung der vorgeburtlichen Erfahrungen und des Geburtstraumas offenbaren. Nach meiner Auffassung ist die Kenntnis der perinatalen Dynamik wesentlich für jedes ernsthafte Verständnis der Probleme im Zusammenhang mit den Religionen, der Mystik, den Übergangsriten, des Schamanismus und der Psychosen. Wilbers Beschreibung der nach außen gerichteten Bewußtseinsentwicklung beginnt mit dem undifferenzierten pleromatischen Bewußtsein des Neugeborenen und endet mit der letzten Einheit mit dem Absoluten. Seine Beschreibung der nach innen gerichteten Bewußtseinsentwicklung, die sich eng an das Tibetanische Totenbuch anlehnt, setzt beim letztmöglichen Bewußtsein, dem reinen und makellosen Dharmakaya, an, führt durch die drei Bardos und endet mit dem Augenblick der Empfängnis. Der Komplexität der embryonalen Entwicklung und der darauf folgenden Stadien der biologischen Geburt wird in seinem System, das sonst in allen anderen Bereichen penibel ausgearbeitet ist, keine Beachtung geschenkt.

Ein anderer wichtiger Unterschied zwischen meinen Beobachtungen und Wilbers Modell betrifft das Phänomen des Todes. Für Wilber ist das Thanatoskonzept verbunden mit einer Umwandlung des Bewußtseins von einem Stadium in das nächste. Er setzt das Sterben mit dem Aufgeben der ausschließlichen Identifikation mit einer bestimmten Bewußtseinsstruktur gleich. Dadurch wird ein Fortschreiten von einer Stufe zur nächsten möglich. Er macht aber keinen Unterschied zwischen dem »Tod« eines Stadiums der Bewußtseinsentwicklung und den Erfahrungen im Zusammenhang mit dem biologischen Tod. Dies steht in krassem Gegensatz zu den Beobachtungen aus der psychedelischen Therapie und anderen Formen intensiver Selbsterfahrung, wonach die Erinnerungen an lebensbedrohliche Ereignisse, einschließlich die Erinnerungen an die Geburt, eine Kategorie von besonderer Bedeutung ausmachen.

Diese Erkenntnis macht deutlich, daß es wichtig ist, zwischem dem Prozeß des Übergangs von einer Entwicklungsstufe zur nächsten und dem Geburtstrauma sowie anderen, das Überleben des Organismus bedrohenden Ereignissen zu unterscheiden. Die zuletzt genannten Erfahrungen gehören einer anderen logischen Kategorie an und nehmen eine Metaposition gegenüber den Prozessen ein, die Wilber bei der Beschreibung des Thanatos einbezieht. Sie gefährden die Existenz des Organismus als individuelle Einheit ungeachtet seines Entwicklungsstadiums. Eine kritische Bedrohung des Überlebens kann während des embryonalen Zustands, in jeder Phase des Geburtsvorgangs und in jedem Alter ohne Rücksicht auf das Stadium der Bewußtseinsentwicklung eintreten. Lebensgefährliche Situationen in der vorgeburtlichen Existenz oder während der Geburt scheinen sogar wesentlich an der Entstehung eines Gefühls der Trennung und Isolation und nicht – wie Wilber meint – der Entstehung des Gefühls der Zerstörung beteiligt zu sein.[5]

Nach meiner Auffassung kann das Verständnis der menschlichen Natur ohne eine angemessene Berücksichtigung der Geburt und des Todes nur unvollständig und unbefriedigend sein. Die Integration dieser Elemente würde Wilbers Modell noch mehr logische Stimmigkeit und einen größeren pragmatischen Wert verleihen.

Bis dahin vermag es aber nicht, wichtige klinische Daten zu erklären und bleibt Wilbers Beschreibung der therapeutischen Implikationen seines Modells der am wenigsten überzeugende Teil seiner Arbeit, gerade für Kliniker, die gewohnt sind, sich mit den praktischen Problemen der Psychopathologie auseinanderzusetzen.

Der letzte Punkt, den ich in diesem Zusammenhang erwähnen möchte, ist der Umstand, daß Wilber mit Nachdruck die Linearität sowie die radikale Unterschiedlichkeit von »Prä«- und »Trans«-Phänomenen hervorhebt (etwa die Gegenüberstellung von präpersonal und transpersonal oder von Prä-Ich- und Post-Ich-Stufen usw.). So sehr ich auch im Prinzip einer Meinung mit Wilber bin, scheint mir doch der absolute Charakter seiner Darstellungen übertrieben. Die Psyche ist ihrem Wesen nach multidimensional oder holographisch, und wenn man sie mit einem linearen Modell abzubilden versucht, führt dies unweigerlich zu Verzerrungen und Irrtümern. Dies wird ein ernsthaftes Problem für jede Beschreibung der Psyche bleiben, solange man sich ausschließlich verbaler Mittel bedient.

Nach meinen eigenen Beobachtungen nimmt die Bewußtseinsentwicklung nach dem zentaurischen Stadium nicht einen linearen Verlauf, sondern faltet sich in einem gewissen Sinn in sich selber aus. Im Laufe dieses Prozesses kehrt das Individuum zu früheren Entwicklungsstadien zurück, bewertet sie aber aus der Sicht eines reifen Erwachsenen. Gleichzeitig wird es sich deutlich bestimmter Aspekte und Qualitäten dieser Stadien bewußt, die ihnen schon seit jeher innewohnen, die es aber damals im Zusammenhang mit der linearen Entwicklung nicht wahrgenommen hat. Somit hat die Trennung von »Prä«- und »Trans«-Phänomenen paradoxen Charakter. Sie sind weder vollkommen voneinander verschieden, noch sind sie vollkommen miteinander identisch.

Wird diese Erkenntnis auf psychopathologische Probleme angewendet, dann dürften die Unterscheidungskriterien für den entwicklungsbedingten und den pathologischen Zustand mehr im Gesamtzusammenhang liegen, in der Art und Weise, wie der Betreffende mit diesem Zustand umgeht und ihn in das alltägliche Leben integriert, und nicht in der Natur der mit ihm einhergehenden Erfahrungen. Eine detailliertere Diskussion der oben angesprochenen Punkte und einiger anderer Fragen, die Wilbers faszinierende und inspirierende Arbeiten aufwerfen, würde den Rahmen dieses Buches sprengen und muß einer gesonderten Veröffentlichung vorbehalten bleiben.

3 Die Welt der Psychotherapie: Auf dem Weg zu einem integrativen Ansatz[1]

Die Beobachtungen im Rahmen der psychedelischen Forschung und anderer Formen intensiver Selbsterfahrung machten es möglich, ein Element der Klarheit und Vereinfachung in das hoffnungslose Labyrinth der rivalisierenden psychotherapeutischen Schulen zu bringen. Schon eine oberflächliche Betrachtung der westlichen Psychologie läßt grundsätzliche Meinungsverschiedenheiten und Kontroversen enormen Ausmaßes in bezug auf die Grundmechanismen des menschlichen Geistes, das Wesen emotionaler Störungen und die psychotherapeutischen Techniken erkennen. Dies gilt nicht nur für Schulen, die Produkte *a priori* unvereinbarer philosophischer Ansätze sind – etwa des Behaviorismus und der Psychoanalyse –, sondern auch für die Richtungen, deren Begründer ursprünglich die gleichen oder zumindest sehr ähnliche Grundsätze vertraten. Am besten läßt sich dies an einem Vergleich der von Sigmund Freud stammenden Theorie der klassischen Psychoanalyse mit den Systemen von Alfred Adler, Wilhelm Reich, Otto Rank und Carl Gustav Jung verdeutlichen, die zu Anfang seine Bewunderer und ergebenen Schüler waren.

Die Situation wird noch komplizierter, wenn wir die psychologischen Systeme berücksichtigen, die von den großen spirituellen Traditionen in Ost und West entwickelt worden sind, etwa verschiedene Formen des Yoga, den Zen-Buddhismus, das Vajrayana, den Taoismus, den Sufismus, die Alchemie oder die Kabbalah. Zwischen den meisten westlichen Psychotherapieschulen und diesen hochentwickelten Theorien des Geistes, die auf jahrhundertelanger Versenkung in die Bewußtseinsphänomene beruhen, klafft ein unüberwindbarer Abgrund.

Was mir half, einige der augenfälligsten Widersprüche in diesem Zusammenhang zu lösen – und zwar ziemlich unerwartet –, waren Beobachtungen von systematischen Veränderungen im Inhalt psychedelischer Erlebnisse, die zur Höhe der LSD-Dosis und zur Zahl der bereits erfolgten Sitzungen im Rahmen einer Behandlungsserie in Beziehung standen. In der psycholytischen Therapie wurde ein Patient in seinen ersten LSD-Sitzungen gewöhnlich mit verschiedenen Ereignissen aus seiner Lebensgeschichte konfrontiert. Während dieser Phase des Erinnerns und Analysierens konnten viele Erlebnisse mit Hilfe der klassischen Psychoanalyse gedeutet werden. Gelegentlich waren die autobiographischen Erfahrungen so beschaffen, daß sie sich ebenso gut oder noch besser mit der Adlerschen Theorie interpretieren ließen. Bestimmte Aspekte von Übertragungsmechanismen in psychedelischen Sitzungen und insbesondere in der Phase nach dem Drogenerlebnis hatten wichtige zwischenmenschliche Komponenten, die sich mit Hilfe der Prinzipien von Sullivan verstehen und angehen ließen.

Sobald aber die Patienten über dieses »Freudsche« Stadium hinausgingen, konzentrierten sich die Sitzungen auf eine Konfrontation mit dem Tod und der biologischen Geburt auf einer tiefen Erlebnisebene. An diesem Punkt verloren die genannten Systeme ihren Wert für das Verständnis der beteiligten Prozesse. Bestimmte Aspekte des Tod-Wiedergeburt-Prozesses, insbesondere die Bedeutung des Todes und die Frage nach dem Sinn des Lebens, legten eine Interpretation mit Hilfe der Existentialphilosophie und der darauf basierenden Psychotherapie nahe. Orgiastische Energieentladungen und die daraus resultierende Lösung des »Charakterpanzers«, die in weniger heftiger Form auch im autobiographischen Stadium zu beobachten waren, steigerten sich während des perinatalen Prozesses zu extremen Ausmaßen. Mit einigen Modifikationen schienen hier die theoretischen Konzepte und die therapeutischen Kunstgriffe von Wilhelm Reich von äußerstem Nutzen zu sein.

Das Kernelement im komplexen dynamischen Geschehen des Tod-Wiedergeburt-Prozesses scheint das Wiedererleben des biologischen Geburtstraumas zu sein. Die Bedeutung dieses Traumas für die Psychologie und die Psychotherapie hat Otto Rank entdeckt und in seiner Pionierarbeit *Das Trauma der Geburt* (163) dargestellt. Obwohl sich Ranks Auffassung von der Natur dieses Traumas nicht mit den Beobachtungen im Rahmen der psychedelischen Forschung und Therapie deckt, können viele seiner Aussagen und Erkenntnisse, wenn sich das Geschehen auf die perinatale Ebene konzentriert, von großem Wert sein. Aufgrund dieser Tatsache bezeichne ich dieses Stadium der psychedelischen Therapie manchmal als das »Ranksche« Stadium. Dies entspricht aber nicht genau der klinischen Realität, da der Tod-Wiedergeburt-Prozeß sehr viel mehr beinhaltet als nur das Wiedererleben der biologischen Geburt.

Carl Gustav Jung ist sich der Bedeutung von Tod und Wiedergeburt auf psychischer Ebene wohl bewußt gewesen und hat sorgfältig verschiedene kulturelle Variationen dieses Themas untersucht. Seine Psychologie erweist sich als äußerst nützlich für die Interpretation des spezifischen Inhalts vieler perinataler Erlebnisse, insbesondere für das Verständnis mythologischer Bilder und Motive, die häufig in diesem Zusammenhang auftauchen. Sie scheint aber an den Beziehungen zwischen diesem Muster und der biologischen Geburt des einzelnen Menschen sowie den bedeutsamen physiologischen Dimensionen dieses Phänomens vorbeizugehen. Die Anwesenheit von archetypischen Elementen im Tod-Wiedergeburt-Prozeß spiegelt die Tatsache wider, daß eine Konfrontation mit den Phänomenen von Geburt und Tod auf einer tiefen Erlebnisebene die betreffende Person spirituell und mystisch öffnet und ihr den Zugang zu den transpersonalen Bereichen erschließt. Diese Verbindung besitzt ihre Parallelen im spirituellen Leben und in den rituellen Praktiken verschiedener Kulturen aller Zeitalter, etwa in den Initiationsriten von Schamanen, den Übergangsriten, den Treffen von ekstatischen Sekten oder den alten Mysterien von Tod und Wiedergeburt. In einigen Fällen kann ein von solchen Systemen benutzter symbolischer Rahmen für die Interpretation und das Verständnis so mancher perinataler Sitzungen angemessener sein als eine eklektische Kombination aus Rankschen, Reichschen, existentialistischen und Jungschen Konzepten.

Sobald sich das psychedelische Erleben in transpersonale Bereiche bewegt, jenseits der Pforte von Geburt und Tod, sind es von den westlichen psychologischen Schulen nur noch die Jungsche Psychologie und bis zu einem gewissen Grad die Psychosynthese von Assagioli, die die beteiligten Prozesse angemessen zu interpretieren vermögen. An diesem Punkt der LSD-Erfahrung dominieren die philosophischen, spirituellen, mystischen und mythologischen Aspekte. Da ich von der westlichen psychologischen und psychiatrischen Tradition herkomme, neige ich dazu, dieses Stadium der psychedelischen Therapie als das »Jungsche« Stadium zu bezeichnen, obwohl die Psychologie C. G. Jungs viele der hier auftretenden Phänomene nicht behandelt. Die Psychotherapie auf dieser Ebene ist nicht mehr unterscheidbar vom spirituellen und philosophischen Streben des einzelnen nach der Einheit mit dem Kosmos. Verschiedene Formen der philosophia perennis sowie die von ihnen abgeleiteten spirituellen und psychologischen Systeme erweisen sich in diesem fortgeschrittenen Therapiestadium als ausgezeichnete Orientierungshilfen sowohl für den Klienten als auch für den Therapeuten – wenn man überhaupt noch diese Bezeichnungen für zwei Menschen gebrauchen will, die nun zu zwei gemeinsam Suchenden geworden sind.

Die obige Diskussion konzentrierte sich auf die Veränderungen im Inhalt der therapeutischen Sitzungen mit der wachsenden Häufigkeit der Drogeneinnahme. Eine ähnliche Entwicklung kann aber auch in Verbindung mit einer Verstärkung der LSD-Dosis nachgewiesen werden. Kleinere Dosen schließen in der Regel den autobiographischen Bereich auf, eventuell in Kombination mit einigen abstrakten Sinneserfahrungen. Eine höhere Dosis bewirkt gewöhnlich eine Konfrontation mit der perinatalen Ebene und erhöht die Chancen für ein Vordringen in transpersonale Bereiche. In diesem Zusammenhang erscheint es sinnvoller, von Ebenen der psychedelischen Erfahrung statt von Stadien des Umwandlungsprozesses zu sprechen. Diese Beziehungen lassen sich nur in den ersten psychedelischen Sitzungen beobachten. Jemand, der gründlich das autobiographische Material durchgearbeitet und die perinatalen Erlebnisinhalte integriert hat, wird in den nachfolgenden Sitzungen schon auf kleinere Dosen von LSD mit transpersonalen Erfahrungen reagieren. In diesem Fall steht die Dosis im Zusammenhang mit der Intensität der Erfahrung, nicht mit ihrem Typus.

Wie ich im Laufe der Zeit festgestellt habe, lassen sich die geschilderten Beobachtungen, die zuerst im Rahmen der psychedelischen Therapie gemacht wurden, ebenso auf Selbsterfahrungstherapien ohne Zuhilfenahme von Drogen anwenden. Techniken mit weniger Tiefenwirkung erlauben somit die Erforschung autobiographischer Bereiche, wohingegen solche mit einer größeren

Tiefenwirkung den Zugang zum perinatalen Prozeß oder zu transpersonalen Bereichen erschließen können. Die systematische Anwendung einer effektiven Selbsterfahrungstechnik wird parallel zur LSD-Therapie zunächst Ereignisse aus dem bisherigen Leben, dann den Tod-Wiedergeburt-Prozeß und schließlich transpersonale Phänomene erleben lassen. Diese Feststellung ist natürlich nur eine statistische Aussage. Im Einzelfall verläuft diese Entwicklung nicht unbedingt linear und hängt auch wesentlich von verschiedenen Faktoren ab, von den spezifischen Merkmalen der benutzten Techniken, von der Orientierung des Therapeuten, von der Einstellung des Klienten und von der Qualität der therapeutischen Beziehung.

Wie die geschilderten Beobachtungen deutlich werden lassen, kann die verwirrende Situation in der westlichen Psychologie mit ihrem nahezu undurchdringlichen Dschungel von rivalisierenden Schulen weitgehend durch die Erkenntnis aufgeklärt werden, daß sie nicht alle über das gleiche Thema sprechen. Ich habe bereits weiter oben im Zusammenhang mit der Besprechung der Spektrumpsychologie darauf hingewiesen, daß es verschiedene Bereiche der Psyche und unterschiedliche Bewußtseinsebenen mit jeweils spezifischen Merkmalen und Gesetzmäßigkeiten gibt. Die Gesamtheit der psychischen Phänomene kann demnach nicht auf ein paar einfache gemeinsame Elemente reduziert werden, insbesondere nicht auf einige wenige biologische und physiologische Mechanismen. Zudem besitzt die Welt des Bewußtseins nicht nur viele Ebenen, sondern auch viele Dimensionen. Aus diesem Grund ist jede Theorie, die sich auf das kartesianisch-Newtonsche Weltbild und auf lineare Beschreibungen beschränkt, zwangsläufig unvollständig und voll von Unstimmigkeiten. Sie läuft auch Gefahr, mit anderen Theorien im Widerspruch zu stehen, die verschiedene Bruchstücke der Realität hervorheben, ohne sich dessen explizit bewußt zu sein.

So scheint das Hauptproblem der westlichen Psychotherapie darin zu liegen, daß sich einzelne Forscher aus unterschiedlichen Gründen auf eine bestimmte Bewußtseinsebene konzentrierten, ihre Beobachtungen aber auf die menschliche Psyche in ihrer Gesamtheit verallgemeinerten. Aus diesem Grund sind ihre Theorien unrichtig, wenn sie Allgemeingültigkeit beanspruchen, vermögen aber eine nützliche und einigermaßen zutreffende Beschreibung der jeweiligen Bewußtseinsebene oder einer ihrer Hauptaspekte zu leisten. Viele der bestehenden Systeme können deshalb in bestimmten Stadien des Selbsterfahrungsprozesses angewendet werden, doch keines von ihnen ist so umfassend und vollständig, daß es sich als alleiniges Hilfsmittel rechtfertigen ließe. Eine wirklich effektive Psychotherapie und Selbsterfahrung erfordert einen breiten theoretischen Rahmen, der auf der Erkenntnis der Vielfalt der Bewußtseinsebenen beruht und damit dem sektiererischen Chauvinismus der gegenwärtigen Schulen den Boden entzieht.

Nach dieser allgemeinen Einführung möchte ich nun die speziellen Erkenntnisse über die Konzepte der wichtigsten therapeutischen Schulen darstellen, die auf

Beobachtungen aus intensiver Selbsterfahrung mit oder ohne Anwendung psychedelischer Drogen beruhen. Ich werde zunächst jedes dieser Systeme kurz beschreiben und dann auf seine wichtigsten theoretischen und praktischen Probleme, seine Widersprüche zu anderen Schulen und die für eine Integration in eine umfassende Theorie der Psychotherapie notwendige Revidierung oder Neuformulierung eingehen.

Sigmund Freud und die klassische Psychoanalyse

Die Entdeckung der Grundprinzipien der Tiefenpsychologie war die bemerkenswerte Leistung eines einzelnen Mannes, des österreichischen Psychiaters Sigmund Freud. Er führte die Methode der freien Assoziation ein, wies die Existenz eines unbewußten Anteils der Psyche nach und beschrieb dessen dynamische Beziehungen, formulierte die Grundmechanismen, die an der Ätiologie der Psychoneurosen und vieler anderer emotionaler Störungen beteiligt sind, entdeckte die Sexualität des Kindes, entwarf die Technik der Traumdeutung, beschrieb die Phänomene der Übertragung und entwickelte die Grundprinzipien der psychotherapeutischen Intervention. Da Freud im Alleingang die psychischen Bereiche erschloß, die bis zum damaligen Zeitpunkt der westlichen Wissenschaft verborgen geblieben waren, ist es verständlich, daß sich seine Konzepte ständig änderten, sobald er mit neuen Problemen konfrontiert wurde.

Ein Element aber, das durch alle diese Veränderungen hindurch konstant blieb, war Freuds tiefes Bedürfnis, die Psychologie als eine wissenschaftliche Disziplin zu etablieren. Er begann seine Arbeit in dem festen Glauben, daß die Wissenschaft eines Tages Ordnung und Einsicht in das scheinbare Chaos geistiger Prozesse bringen und sie mit Hilfe von Gehirnfunktionen erklären würde. Obwohl sich die Aufgabe, psychische Phänomene auf physiologische Prozesse zu reduzieren, als unüberwindlich herausstellte, verlor er nie dieses letzte Ziel aus seinen Augen. Er war immer empfänglich für den Gedanken, daß sich die Psychoanalyse neuen wissenschaftlichen Entdeckungen – sei es in der Psychologie selber oder in der Physik, der Biologie und der Physiologie – anpassen müßte. Es ist deshalb interessant, dem nachzugehen, welche der Vorstellungen Freuds die Prüfung durch neue Entdeckungen bestanden und welche einer grundsätzlichen Revision bedürfen. Einige dieser Revidierungen spiegeln die dem kartesianisch-Newtonschen Paradigma innewohnenden Beschränkungen und die Tatsache wider, daß sich die philosophischen und metaphysischen Grundlagen der Wissenschaft nach Freud drastisch geändert haben. Andere hängen mehr mit seinen eigenen persönlichen Beschränkungen und seiner kulturellen Prägung zusammen.

In diesem Zusammenhang verdient besonders hervorgehoben zu werden, daß Freud sehr stark von seinem Lehrer Ernst Brücke beeinflußt wurde, dem Begründer der wissenschaftlichen Richtung, die als die Helmholtzsche Schule der Medizin bekannt ist. Nach seiner Ansicht waren alle biologischen Organismen komplexe atomare Systeme, die von strengen Gesetzmäßigkeiten bestimmt werden, insbesondere vom Prinzip der Erhaltung der Energie. Die einzigen in biologischen Organismen wirksamen Kräfte waren die der Materie innewohnenden physikalisch-chemischen Prozesse, die sich letztlich auf die Kräfte der Anziehung und Abstoßung reduzieren ließen. Ganz im Geist dieser Helmholtzschen Schule formte Freud seine Beschreibung psychischer Prozesse in Anlehnung an die Newtonsche Mechanik. Die vier Grundprinzipien des psychoanalytischen Ansatzes – das dynamische, das ökonomische, das topographische und das genetische Prinzip – entsprechen denn auch haargenau den Grundkonzepten der Newtonschen Physik.

Das dynamische Prinzip:

In der Newtonschen Mechanik werden materielle Teilchen und Objekte von Kräften bewegt, die sich von der Materie unterscheiden. Die Kollisionen zwischen diesen Teilchen und Objekten gehorchen ganz bestimmten Gesetzen. Entsprechend werden in der Psychoanalyse alle geistigen Prozesse mit Hilfe des Zusammenwirkens und des Zusammenpralls psychischer Kräfte erklärt. Sie können einander potenzieren und hemmen oder miteinander in Konflikt stehen und verschiedene Kompromißbildungen eingehen. Schließlich verlaufen sie in einer bestimmten Richtung, entweder auf eine motorische Entladung zu oder weg von ihr. Die bedeutsamsten Kräfte, die zum dynamischen Geschehen in der Psyche beitragen, sind instinktive Triebe. Newtons Prinzip der Aktion und Reaktion wurde ebenfalls von Freud übernommen und wirkte sich darin aus, daß er in Gegensätzen dachte. Seine Tendenz, verschiedene Aspekte psychischer Funktionen als Serie gegensätzlicher Phänomene darzustellen, ist auch von Psychoanalytikern als schwerwiegende theoretische Beschränkung angesehen worden.

Das ökonomische Prinzip:

Der quantitative Aspekt der Newtonschen Mechanik erwies sich als weitgehend für ihren praktischen Erfolg und ihr hohes wissenschaftliches Ansehen verantwortlich. Massen, Kräfte, Entfernungen und Geschwindigkeiten ließen sich als meßbare Größen ausdrücken, deren Beziehungen untereinander in Form mathematischer Gleichungen beschrieben werden konnten. Freud kam zwar nicht im entferntesten an diese starren Kriterien der Physik heran, doch betonte er häufig, welche wichtige Rolle die energetische Ökonomie in psychischen Prozessen spielte. Den psychischen Repräsentanzen der instinktiven Triebe und den ihnen entgegenwirkenden Kräften schrieb er eine jeweils bestimmte Energieladung oder Kathexis zu. Die Energieverteilung zwischen Input, Verbrauch und Output war von entscheidender Bedeutung. Die Funktion des psychischen Apparates bestand darin, das Aufstauen dieser Energien zu verhindern und die gesamte Menge an Erregung so niedrig wie möglich zu halten. Die Größe der Erregung wurde auch als die treibende Kraft hinter dem Lust-Unlust-Prinzip angesehen, das in Freuds Denken eine wichtige Rolle spielte.

Das topographische oder strukturelle Prinzip:

Während man in der modernen Physik getrennte materielle Einheiten der phänomenalen Welt als Erscheinungsformen untrennbar miteinander verbundener dynamischer Prozesse betrachtet, beschäftigt sich die Newtonsche Mechanik mit einzelnen materiellen Teilchen und Objekten, die in einem Euklidischen Raum gegenseitig aufeinander einwirken. Entsprechend werden in Freuds topographischen Beschreibungen eng miteinander verknüpfte dynamische Prozesse als spezifische Einzelstrukturen des psychischen Apparates hingestellt, die miteinander in einem psychischen Raum mit Euklidischen Merkmalen interagieren. Gelegentlich warnte Freud davor, solche Konzepte wie das Es, das Ich und das Über-Ich allzu wörtlich zu nehmen. Er betrachtete sie lediglich als Abstraktionen und bezeichnete jeden Versuch, sie zu bestimmten Gehirnfunktionen und -strukturen in Beziehung zu setzen, als »Gehirnmythologie«. In seinen Schriften aber haben sie alle die Eigenschaften materieller Objekte im Newtonschen Sinn, nämlich Ausdehnung, Masse, Lage und Bewegung. Sie können nicht den gleichen Raum einnehmen und somit sich nicht bewegen, ohne sich gegenseitig zu verdrängen. Sie prallen zusammen und können unterdrückt, überwältigt oder zerstört werden. Dieser Ansatz gipfelt in der Vorstellung, daß es ein beschränktes Quantum an Libido und sogar Liebe gibt. In der klassischen Analyse stehen die Objektliebe und die Selbstliebe miteinander in Konflikt und Wettstreit.

Das genetische[2] oder historische Prinzip:

Eines der charakteristischsten Merkmale der Newtonschen Mechanik ist der strikte Determinismus. Die Kollisionen zwischen Teilchen und Objekten erfolgen in linearen Ursache-Wirkung-Ketten. Die räumlich-zeitliche und die kausale Beschreibung von Ereignissen werden vereinigt. Die ursprünglichen Bedingungen eines Systems bestimmen somit in ausschließlicher Weise seinen Zustand zu allen späteren Zeitpunkten. Prinzipiell wäre es möglich, bei Kenntnis *aller* Variablen aus dem gegenwärtigen Zustand des untersuchten Systems dessen Zustand zu jedem früheren oder späteren Zeitpunkt zu erschließen.
Die These von der absoluten Determiniertheit psychischer Prozesse war einer der wichtigsten Beiträge Freuds. Jedes psychische Ereignis wurde als das Ergebnis

und zugleich als die Ursache anderer psychischer Ereignisse angesehen. Der psychogenetische Ansatz der Psychoanalyse versucht, das Erleben und das Verhalten des einzelnen Menschen von früheren ontogenetischen Abschnitten und Anpassungsmustern herzuleiten. Will man das gegenwärtige Verhalten vollständig begreifen, muß man die ihm vorausgehenden Ereignisse untersuchen, insbesondere die psychosexuellen Erlebnisse in der frühen Kindheit. Die Erfahrungen in den aufeinanderfolgenden Stadien der libidinösen Entwicklung, die Lösung der Kindheitsneurose sowie die Konflikte im Zusammenhang mit der kindlichen Sexualität bestimmen in entscheidender Weise das gesamte spätere Leben.

Ein anderes wichtiges Merkmal, das die Psychoanalyse mit der kartesianisch-Newtonschen Wissenschaft teilt, ist die Annahme, daß es einen objektiven und unabhängigen Beobachter gibt. Der Patient, so glaubt man, kann beobachtet werden, ohne daß wesentliche störende Einflüsse vom Beobachter ausgehen. Diese Vorstellung ist zwar in der Ich-Psychologie erheblich modifiziert worden, doch wird in der klassischen Psychoanalyse die Ansicht vertreten, daß das Leben des Patienten auch während der Therapie weiterhin nahezu ausschließlich durch die ursprünglichen lebensgeschichtlich-psychogenetischen Bedingungen bestimmt wird.

Nach der Darstellung der allgemeinen Prinzipien, auf denen die Psychoanalyse aufgebaut ist, können wir nun ihre wichtigsten spezifischen Beiträge umreißen. Sie lassen sich in drei inhaltliche Kategorien unterteilen: in die Triebtheorie, in das Modell des psychischen Apparates sowie in die Prinzipien und Techniken der psychoanalytischen Therapie. Im großen und ganzen war Freud der Überzeugung, daß die psychische Entwicklung des einzelnen Menschen mit der Geburt beginnt. Er hielt das Neugeborene in dieser Hinsicht für eine *tabula rasa,* für eine blanke oder ausgewischte Tafel. Gelegentlich zog er die Möglichkeit vager konstitutioneller Prädispositionen oder sogar archaischer Erinnerungen phylogenetischen Ursprungs in Betracht. So meinte er, daß die Kastrationsphantasien kleiner Jungen ein Überbleibsel aus Zeiten seien, in denen zur Bestrafung tatsächlich der Penis abgeschnitten wurde, oder daß bestimmte totemistische Elemente in der Psyche die historische Realität des brutalen Vatermords durch die Vereinigung der Brüder widerspiegelten. Ähnlich ließen sich gewisse Aspekte der Traumsymbolik nicht aus den Lebenserfahrungen des einzelnen Menschen herleiten und schienen Ausdruck einer archaischen Sprache der Psyche zu sein. Für praktische Zwecke aber dienten zur Erklärung des psychischen Geschehens autobiographische Faktoren, angefangen mit den frühen Kindheitserlebnissen.

Eine entscheidende Rolle schrieb Freud den Trieben zu, die er als Kräfte ansah, die Psyche und Soma miteinander verbanden. In den frühen Jahren der Psychoanalyse postulierte Freud einen grundlegenden Dualismus zwischen dem Sexualtrieb oder der Libido und den nichtsexuellen, der Selbsterhaltung dienenden Ich-Trieben. Wie er meinte, waren die psychischen Konflikte, die aus dem Widerstreit zwischen diesen Trieben resultierten, verantwortlich für die Entstehung der Psychoneurosen und verschiedener anderer psychischer Phänomene. Der Libido schenkte Freud weitaus größere Beachtung als den Ich-Trieben.

Freud entdeckte weiter, daß der Ursprung der Sexualität in der frühen Kindheit lag, und stellte mehrere Entwicklungsphasen der Sexualität fest (53). Nach seiner Auffassung beginnen die psychosexuellen Aktivitäten während des Saugens an der Mutterbrust, wobei der Mund des Säuglings eine erogene Zone bildet (orale Phase). Im Verlauf der Sauberkeitserziehung verschiebt sich der Schwerpunkt von Empfindungen während der Defäkation (anale Phase) auf Empfindungen während des Urinierens (urethrale Phase). Schließlich werden im Alter von etwa vier Jahren diese prägenitalen Partialtriebe integriert und von genitalen Trieben, die den Penis oder die Klitoris betreffen, abgelöst (phallische Phase). Damit fallen auch der Ödipus- und der Elektrakomplex zusammen, eine vorwiegend positive Einstellung gegenüber dem andersgeschlechtlichen Elternteil und eine aggressive Haltung gegenüber dem gleichgeschlechtlichen Elternteil. Freud ordnet in diesem Zusammenhang der Überbewertung des Penis und dem Kastrationskomplex eine entscheidende Rolle zu. Der kleine Junge gibt seine ödipalen Neigungen aus Angst vor Kastration auf, das kleine Mädchen löst sich von seiner ursprünglichen Bindung an die Mutter und konzentriert ihre Gefühle auf den Vater, weil sie von der »kastrierten« Mutter enttäuscht ist und hofft, von ihrem Vater einen Penis oder ein Kind zu bekommen.

Eine allzu heftige erotische Betätigung oder umgekehrt Frustrationen, Konflikte und Traumen, die sie stören, können eine Fixierung auf verschiedenen Stadien der libidinösen Entwicklung bewirken. Eine solche Fixierung und eine ungelöste ödipale Situation führen unter Umständen zu Psychoneurosen, sexuellen Perversionen und anderen psychopathologischen Erscheinungsformen. Freud und seine Nachfolger entwickelten ein detailliertes dynamisches Modell, in dem verschiedene emotionale und psychosomatische Störungen mit spezifischen Eigenheiten der libidinösen Entwicklung und der Ich-Reifung in Beziehung gesetzt werden.

Freud führte auch Schwierigkeiten in zwischenmenschlichen Beziehungen auf Faktoren zurück, die die Entwicklung vom Stadium des primären Narzißmus des Säuglings, das durch Selbstliebe gekennzeichnet ist, zu differenzierten Objektbeziehungen, in denen die Libido auf andere Menschen gerichtet wird, beeinträchtigen.

In den Anfangszeiten seiner psychoanalytischen Explorationen und Spekulationen hob Freud besonders das Lustprinzip hervor, eine angeborene Tendenz, nach Lust zu streben und Schmerz zu vermeiden. Er betrachtete es als das Hauptregulierungsprinzip der menschlichen Psyche. Schmerzen und seelische Qualen standen nach seiner Meinung im Zusammenhang mit einem Übermaß an nervösen Reizen, das Wesen der Lust sah er in der Entladung von Spannungen und im Abbau von Erregung. Das Gegenstück zum Lustprinzip wurde dann das Realitätsprinzip, eine erlernte Funktion, die durch die Anforderungen der Umwelt und die Notwendigkeit des Aufschubs unmittelbarer Lustbefriedigung bedingt ist. In seinen späteren Untersuchungen fiel es Freud allerdings immer schwerer, die klinischen Fakten mit seiner Auffassung von der beherrschenden Rolle des Lustprinzips in Einklang zu bringen.

Ursprünglich brachte er die Aggression hauptsächlich mit dem Sadismus in Verbindung und glaubte, daß diese sich auf jeder Stufe der psychosexuellen Entwicklung im Rahmen der Partialtriebe äußerte. Da aber die Aggression so manche eindeutig nicht-sexuellen Aspekte besaß, klassifizierte er sie eine Zeitlang als Ich-Trieb. Später unterschied er zwischen nicht-sexueller Aggression und Haß, die zu den Ich-Trieben gehörten, und den libidinösen Aspekten des Sadismus, die in eindeutiger Verbindung mit dem Sexualtrieb standen. Den Sadismus selber betrachtete er als eine Verschmelzung von Sexualität und Aggression, die in erster Linie auf die Frustration von Bedürfnissen zurückzuführen war.

Freud mußte sich aber mit einem noch ernsthafteren Problem auseinandersetzen. Er wurde sich der Tatsache bewußt, daß aggressive Impulse in vielen Fällen nicht der Selbsterhaltung dienten und somit nicht den Ich-Trieben zugeordnet werden konnten. Dies kam in vielen Fällen sehr deutlich zum Vorschein, etwa in den selbstzerstörerischen und suizidalen Neigungen von depressiven Patienten, in der Selbstverstümmelung mancher geistig gestörter Menschen, in sich selber beigebrachten Verletzungen von masochistischen Personen, in einem unerklärlichen, sich in der menschlichen Psyche offenbarenden Leidensbedürfnis, im Zwang zur Wiederholung selbstschädigenden und Schmerz verursachenden Verhaltens, oder in der mutwilligen Destruktivität von kleinen Kindern. Freud beschloß deshalb, die Aggression als einen eigenständigen Trieb zu behandeln, dessen Quelle in der Skelettmuskulatur zu finden sei und dessen Ziel in der Zerstörung liege. Damit wurde das im wesentlichen negative Menschenbild der Psychoanalyse abgerundet, wird die Psyche jetzt nicht nur von Grundtrieben beherrscht, sondern wohnt ihr auch eine bedeutsame zerstörerische Komponente inne. In den früheren Schriften Freuds war die Aggression als Reaktion auf Frustration und die mangelnde Befriedigung libidinöser Impulse aufgefaßt worden.

In seinen späten Spekulationen postulierte Freud die Existenz zweier Kategorien von Trieben: solcher, die der Erhaltung des Lebens dienen, und solcher, die ihm entgegenwirken und es wieder in einen anorganischen Zustand überführen wollen. Er sah einen tiefen Zusammenhang zwischen diesen beiden Gruppen von Trieben und zwei gegeneinander gerichteten Trends in den physiologischen Prozessen des menschlichen Organismus, dem Anabolismus und dem Katabolismus. Anabolische Prozesse tragen zum Wachstum, zur Entwicklung und zur Speicherung von Nahrung bei, katabolische Prozesse stehen in Verbindung mit dem Verbrennen von Stoffwechselreserven und dem Energieverbrauch.

Freud sah auch einen Zusammenhang zwischen der Aktivität dieser Triebe und dem Schicksal zweier Gruppen von Zellen des menschlichen Organismus, der

Keimzellen, die potentiell ewig bestehen, und den regulären Körperzellen, die sterblich sind. Der Todestrieb ist schon seit dem ersten Augenblick des Bestehens des Organismus wirksam und führt ihn allmählich in ein anorganisches System über. Dieser destruktive Trieb kann und muß teilweise von seinem ursprünglich selbstzerstörerischen Ziel abgelenkt und gegen andere Organismen gerichtet werden. Es scheint keine Rolle zu spielen, ob sich der Todestrieb gegen Objekte in der Außenwelt oder gegen den Organismus selber richtet, solange er nur sein Ziel, die Zerstörung, erreicht.

Freuds endgültige Formulierungen über die Rolle des Todestriebs erschienen in seinem letzten größeren Werk *Abriß der Psychoanalyse* (58). Darin wird die fundamentale Dichotomie zwischen zwei mächtigen Kräften, dem Liebestrieb (Eros) und dem Todestrieb (Thanatos), zum Grundstein seines Verständnisses psychischer Prozesse. Sie beherrschte Freuds Denken in den letzten Jahren seines Lebens. Diese bedeutsame Revidierung der psychoanalytischen Theorie rief aber nicht viel Begeisterung bei seinen Nachfolgern hervor und wurde auch nicht vollständig in die weitere Entwicklung der Psychoanalyse integriert. Rudolf Brun (24) hat eine ausführliche statistische Untersuchung an Arbeiten, die sich mit Freuds Todestriebtheorie befassen, vorgenommen und festgestellt, daß in den meisten von ihnen Freuds Konzept deutlich abgelehnt wurde.

Viele Autoren haben Freuds Interesse für den Tod und die Eingliederung des Thanatos in die Trieblehre als Fremdkörper in der Entwicklung seines psychologischen Theoriengebäudes betrachtet. Man zog auch den Schluß, daß ein durch das hohe Alter bedingter intellektueller Abbau sowie persönliche Faktoren für diese unerwartete Dimension in seinem Denken verantwortlich waren. Seine späten Gedanken sind von einigen als das Ergebnis seiner eigenen pathologischen Beschäftigung mit dem Sterben, seiner Reaktion auf den Krebs, an dem er litt, und des Todes enger Familienangehöriger interpretiert worden. Brun hat in der erwähnten Arbeit die Ansicht geäußert, daß Freuds Todestriebtheorie weitgehend auch als eine Reaktion auf die Massentötung im Ersten Weltkrieg zu verstehen sei.

Freuds frühe topographische Theorie der Psyche, die er zu Beginn dieses Jahrhunderts in seinem Buch *Die Traumdeutung* (54) entwarf, leitete sich von der Analyse von Träumen, der Dynamik psychoneurotischer Symptome und psychopathologischer Phänomene im alltäglichen Leben ab. Er unterschied drei Bereiche der Psyche, die durch ihr Verhältnis zum Bewußtsein charakterisiert waren: das Unbewußte, das Vorbewußte und das Bewußte. Das Unbewußte enthält Elemente, die dem Bewußtsein im wesentlichen unzugänglich sind, und die nur auf dem Weg über das Vorbewußte, das eine Art psychische Zensur bildet, bewußt werden können. Es enthält die psychischen Repräsentanzen von Trieben, die einst bewußt waren, aber als unakzeptabel gewertet und deshalb aus dem Bewußtsein verbannt und verdrängt worden waren. Die gesamte Aktivität des Unbewußten wird vom Lustprinzip, dem Streben nach Erregungsabfuhr und

Befriedigung, beherrscht. Aus diesem Grund ist das Denken im Unbewußten dem Primärvorgang unterworfen, d. h. es übergeht logische Verbindungen, hat keine Vorstellung von der Zeit, kennt keine Negative und läßt bereitwillig die Existenz von Widersprüchen zu. Es versucht, seine Ziele mit Hilfe solcher Mechanismen wie Verdichtung, Kompromißbildung und Symbolisierung zu erreichen.

Das Vorbewußte enthält diejenigen Elemente, die unter bestimmten Umständen in das Bewußtsein gelangen können. Es ist bei der Geburt noch nicht vorhanden, sondern entwickelt sich in der Kindheit parallel mit dem Ich. Sein Ziel besteht darin, Unlust zu vermeiden und die Entladung von Triebenergie hinauszuschieben. Aus diesem Grund ist das Denken im Vorbewußten dem Sekundärvorgang unterworfen, in dem die logische Analyse und das Realitätsprinzip dominieren. Zu seinen wichtigsten Funktionen gehören die psychische Zensur und die Verdrängung von Triebimpulsen. Das Bewußte schließlich steht in Verbindung mit den Wahrnehmungsorganen, es kontrolliert die motorische Aktivität und reguliert die qualitative Verteilung der psychischen Energie.

Diese topographische Theorie erwies sich als ziemlich problematisch. Es wurde deutlich, daß die Abwehrmechanismen, die Schmerz oder Unlust abwenden, ursprünglich nicht dem Bewußtsein zugänglich waren. Die verdrängende Instanz konnte also nicht mit dem Vorbewußten gleichgesetzt werden. Auch widersprach die Existenz unbewußter Bestrafungsbedürfnisse der Vorstellung, daß die für die Verdrängung verantwortliche moralische Instanz mit den Kräften des Vorbewußten in Verbindung stand. Zudem enthielt das Unbewußte zweifellos so manche archaische Elemente, die nie bewußt gewesen waren, etwa Urphantasien phylogenetischer Natur und bestimmte Symbole, die unmöglich der persönlichen Erfahrung entsprungen sein konnten.

Freud ersetzte schließlich das Konzept von den Systemen des Bewußten, Vorbewußten und Unbewußten durch sein berühmtes Modell des psychischen Apparates, in dem er das dynamische Zusammenspiel dreier voneinander getrennter psychischer Komponenten, des Es, des Ich und des Über-Ich, postulierte. Das Es stellt in diesem Zusammenhang ein Urreservoir an Triebenergien dar, die ichfremd sind und vom Primärvorgang bestimmt werden. Das Ich behält seine ursprüngliche enge Verbindung zum Bewußtsein und zur Außenwelt bei, doch übt es verschiedene unbewußte Funktionen aus. Es wendet Impulse aus dem Es mit Hilfe spezifischer Abwehrmechanismen ab.[3] Außerdem kontrolliert es den Wahrnehmungs- und Bewegungsapparat. Das Über-Ich bildet die jüngste unter den strukturellen Komponenten der Psyche und entwickelt sich vollständig erst mit der Lösung des Ödipuskomplexes. Einer seiner Aspekte ist das Ich-Ideal, das den Versuch widerspiegelt, einen hypothetischen Zustand der narzißtischen Vollkommenheit, der in der frühen Kindheit existierte, und positive Elemente der Identifikation mit den Eltern zu bewahren. Der andere Aspekt ist das Gewissen oder der »Dämon«. Es setzt sich aus den introjizierten Verboten der Eltern zusammen, die durch die Kastrationsdrohung besonderes Gewicht erhalten. In der Regel führen das Streben nach Männlichkeit beim Jungen und das Streben nach Weiblichkeit beim Mädchen zu einer stärkeren Identifikation mit dem Über-Ich des gleichgeschlechtlichen Elternteils.

Das Über-Ich ist meistens unbewußt tätig. Freud stellte zudem fest, daß ein bestimmter Aspekt des Über-Ich wild und grausam ist und damit unverkennbar seine Herkunft aus dem Es verrät. Er machte diesen Aspekt für die bei manchen psychiatrischen Patienten festzustellenden extremen Selbstbestrafungs- und Selbstzerstörungstendenzen verantwortlich. Neuere Beiträge zur Freudschen Theorie hoben die Rolle der Triebe und Objektbindungen hervor, die in der präödipalen Entwicklungsphase des Über-Ich gebildet werden. Diese prägenitalen Vorläufer des Über-Ich spiegeln Projektionen der eigenen sadistischen Triebe des Kindes und einen primitiven Gerechtigkeitssinn auf der Basis von Vergeltung wider.

Freuds revidiertes Modell von der Psyche beinhaltete auch eine neue Theorie der Angst, jenem Symptom, das das Kernproblem der dynamischen Psychiatrie darstellt. In der ersten Theorie Freuds wurde die biologische Grundlage der Angst im Sexualtrieb gesehen. In den sogenannten »Aktualneurosen« – der Neurasthenie, der Hypochondrie und der Angstneurose – wurde die Angst auf unangemessene Abfuhr libidinöser Energien, etwa im Zusammenhang mit abnormen sexuellen Praktiken (Enthaltsamkeit oder coitus interruptus), und den daraus resultierenden Mangel an angemessener psychischer Verarbeitung sexueller Spannungen zurückgeführt. Die »Psychoneurosen« hatten ihre Ursache in der Störung der normalen Sexualfunktion durch psychische Faktoren. Die Angst wurde als das Produkt verdrängter Libido betrachtet. Diese Theorie berücksichtigte aber nicht die objektive Angst, die als Reaktion auf eine realistische Gefahr auftritt. Sie beinhaltete zudem einen logischen Zirkelschluß: die Angst wurde als das Ergebnis der Verdrängung libidinöser Impulse erklärt, die Verdrängung selber aber war das Resultat unerträglicher Emotionen, zu denen natürlich auch die Angst gehörte.

In seiner neuen Angsttheorie unterschied Freud zwischen Realangst und neurotischer Angst, die beide eine Reaktion auf Gefahren für den Organismus darstellen. In der Realangst handelt es sich um eine konkrete Gefahr, die von außen kommt, in der neurotischen Angst ist die Gefahrenquelle nicht bewußt. Im Säuglings- und Kindesalter tritt Angst als Folge übermäßiger Triebreizung auf. Später hat sie den Charakter der Antizipierung von Gefahr und nicht den einer Reaktion auf sie. Die Signalangst mobilisiert Schutzvorkehrungen, entweder Vermeidungsmechanismen, um einer realen oder nur phantasierten Gefahr von außen zu entfliehen, oder psychische Abwehrmechanismen, um mit der übermäßig starken Trieberregung fertig zu werden. Die Neurosen sind das Ergebnis eines teilweisen Versagens des Abwehrsystems. Ein vollständiger Zusammenbruch führt zu Störungen psychotischen Ausmaßes, die mit starken Verzerrungen des Ich und der Wahrnehmung der Realität einhergehen.

Wie die Freudsche Theorie weist auch das psychoanalytische Konzept der Behandlungssituation und der eigentlichen therapeutischen Technik eine starke Beeinflussung durch das kartesianisch-Newtonsche Denken auf. Das therapeutische Grundarrangement – der Patient liegt auf der Couch und der Therapeut sitzt unsichtbar für ihn hinter seinem Kopf – verkörpert das Ideal des »objektiven Beobachters«. Es läßt die feste Überzeugung der mechanistischen Wissenschaft durchblicken, daß eine wissenschaftliche Beobachtung ohne störende Einwirkung auf den untersuchten Gegenstand oder Vorgang möglich ist.

Die kartesianische Dichotomie zwischen Geist und Körper findet ihren Ausdruck in der psychoanalytischen Praxis, sich ausschließlich auf psychische Prozesse zu konzentrieren. Körperliche Äußerungen werden im psychoanalytischen Prozeß als Widerspiegelungen oder umgekehrt als Auslöser psychischer Ereignisse aufgefaßt. Die therapeutische Technik selber beinhaltet aber keinerlei direkte physische Intervention. Jeder Körperkontakt mit dem Patienten wird streng tabuisiert. Manche Psychoanalytiker warnen sogar davor, dem Patienten die Hand zu schütteln, weil sie darin eine potentielle Gefährdung der therapeutischen Beziehung aus der Sicht des Übertragungs-Gegenübertragungs-Prozesses erblicken.

Die Spaltung zwischen Geist und Körper in der Psychoanalyse wird dadurch vervollständigt, daß das therapeutische Problem von seinem breiteren zwischenmenschlichen, sozialen und kosmischen Umfeld rigoros isoliert wird. Psychoanalytiker weigern sich in der Regel, mit Ehegatten oder anderen Familienangehörigen des Patienten in engeren Kontakt zu treten oder sie anderweitig in die Behandlung einzubeziehen, übergehen die meisten sozialen Umstände des Lebens ihrer Patienten und sperren sich gegen jegliche echte Anerkennung transpersonaler und spiritueller Faktoren. Die dynamische Grundlage für die beobachtbaren äußeren Erscheinungen sind Triebimpulse, die nach Abfuhr drängen, und die verschiedenen Gegenkräfte, die hemmend wirken. Die therapeutischen Bemühungen des Analytikers konzentrieren sich auf die Beseitigung der Hindernisse, die eine mehr unmittelbare Äußerung dieser Kräfte verhindern. In dieser Widerstandsanalyse verbleibt man ausschließlich auf der verbalen Ebene. Der Therapeut hat die Aufgabe, aus bestimmten äußeren Anzeichen die Konstellation der symptombildenden Kräfte zu rekonstruieren, diese Kräfte in der therapeutischen Beziehung wieder aufleben zu lassen und durch die Übertragungsanalyse die ursprünglich verdrängten infantilen Sexualwünsche freizulegen, sie in die reife Sexualität des Erwachsenen umzuwandeln und in die Persönlichkeitsentwicklung zu integrieren.

In einer psychoanalytischen Sitzung befindet sich der Patient in einer passiven, unterlegenen und höchst unvorteilhaften Situation. Er liegt auf der Couch, sieht den Analytiker nicht, und soll ohne Fragen zu stellen frei assoziieren. Der Analytiker übt totale Kontrolle über die Situation aus. Er beantwortet normalerweise keine Fragen, behält es sich vor, zu schweigen oder Interpretationen zu geben, und wertet jede Mißhelligkeit als Anzeichen für den Widerstand des Patienten.[4] Die auf der Freudschen Theorie basierenden Interpretationen des Therapeuten bestimmen explizit oder implizit den Behandlungsverlauf und lassen keinen Raum für Exkursionen in neue Bereiche. Vom Therapeuten wird erwartet, daß er sich nicht persönlich engagiert, daß er objektiv und kühl bleibt und jedes Anzeichen für eine »Gegenübertragung« unter Kontrolle behält.

Der Patient produziert freie Assoziationen, doch als die therapeutisch wirksamen Elemente werden der Therapeut und seine Interpretationen betrachtet. Er gilt als eine gereifte und geistig gesunde Persönlichkeit mit den nötigen theoretischen und praktischen Kenntnissen. Der Einfluß des medizinischen Modells ist deshalb sehr stark und unverkennbar, trotz der Tatsache, daß die Psychoanalyse ein psychologisches Verfahren zur Behandlung emotionaler Störungen ist.

Der Hauptschwerpunkt einer Analyse ruht auf der Rekonstruktion der traumatischen Vergangenheit und ihrer Wiederbelebung in der Übertragungsdynamik. Dieses Verfahren basiert also auf einem streng deterministischen, historischen Modell. Freuds Auffassung vom therapeutischen Erfolg ist mechanistischer Natur. Er betont das Freisetzen aufgestauter Energien und ihre konstruktive Verwendung (Sublimierung). Im Hinblick auf den außergewöhnlichen Aufwand an Zeit, Geld und Energie nimmt sich Freuds explizite Formulierung des Therapieziels recht bescheiden aus, nämlich das extreme Leiden des Neurotikers in die normale Misere des Alltagslebens umzuwandeln.

Nach diesem kurzen Überblick über die Grundkonzepte der klassischen Psychoanalyse und ihrer theoretischen sowie praktischen Wandlungen möchte ich gern Freuds Beiträge aus der Sicht von Beobachtungen im Rahmen intensiver Selbsterfahrungstherapien, insbesondere aber der LSD-Forschung, diskutieren. Im allgemeinen kann man die Regel aufstellen, daß die Psychoanalyse einen nahezu idealen theoretischen Rahmen abgibt, solange sich die LSD-Sitzungen auf der autobiographischen Ebene des Unbewußten bewegen. Wäre das Wiedererleben vergangener Ereignisse die einzige Kategorie von Phänomenen, die in diesem Zusammenhang beobachtet werden können, dann ließe sich die LSD-Psychotherapie geradezu als Laborbeleg für die psychoanalytischen Grundanschauungen verwenden. Die psychosexuellen Zusammenhänge und die Grundkonflikte der menschlichen Psyche, wie sie von Freud beschrieben wurden, treten mit ungewöhnlicher Klarheit und Lebendigkeit sogar in Sitzungen mit völlig unbefangenen Personen zutage, die noch nie analysiert worden sind, keine psychoanalytischen Bücher gelesen haben und auch sonst nicht explizit oder implizit mit einer bestimmten Lehre indoktriniert worden sind. Unter der Einwirkung von LSD regredieren solche Personen in die Kindheit und sogar in das frühe Säuglingsalter, erleben verschiedene psychosexuelle Traumen und komplexe Empfindungen in Verbindung mit der infantilen Sexualität wieder, und werden mit Konflikten in bezug auf Aktivitäten in verschiedenen libidinösen Zonen konfrontiert. Sie müssen die elementaren psychischen Probleme, die die Psychoanalyse beschrieben hat, erneut durcharbeiten, etwa den Ödipus- oder den Elektrakomplex, das Trauma der Entwöhnung, die Kastrationsangst, den Penisneid und Konflikte im Zusammenhang mit der Sauberkeitserziehung. Die LSD-Forschung bestätigte auch Freuds dynamische Kartographie der Psychoneurosen und psychosomatischen Störungen mit ihren spezifischen Verbindungen zu verschiedenen libidinösen Zonen und Stadien der Ich-Entwicklung.

Freuds Theorie muß aber in zwei wichtigen Punkten revidiert werden, um bestimmte bedeutsame und allgemein beobachtbare Erlebnisse auf der autobiographischen Ebene des Unbewußten zu verstehen. Einmal muß das Konzept der dynamischen Steuerungssysteme, die emotional relevante Erinnerungen ordnen und für die ich die Bezeichnung COEX-Systeme geprägt habe, eingeführt werden. Ich habe sie schon weiter oben kurz dargestellt. Eine nähere Beschreibung findet sich in meinem Buch *Topographie des Unbewußten* (67). Der zweite Punkt betrifft die außerordentliche Bedeutung körperlicher Traumen, etwa von Operationen, Krankheiten und Verletzungen, die die Freudsche Psychologie nicht erkannt und berücksichtigt hat. Solche Erinnerungen spielen eine wichtige und eigenständige Rolle bei der Entstehung verschiedener emotionaler und psychosomatischer Symptome. Außerdem stellen sie die Verbindung zu entsprechenden Elementen der perinatalen Ebene her.

Dies sind aber relativ geringfügige Probleme, die sich ohne weiteres beseitigen ließen. Der grundlegende Irrtum der Psychoanalyse besteht in der ausschließlichen Betonung von Ereignissen in der Lebensgeschichte eines Menschen und des individuellen Unbewußten. Sie versucht, Untersuchungsergebnisse, die für einen oberflächlichen und engen Bereich des Bewußtseinsspektrums höchst relevant sind, auf andere Bewußtseinsebenen und die gesamte menschliche Psyche zu übertragen. Ihr Hauptfehler ist also der, daß sie die Bedeutung der perinatalen und der transpersonalen Ebene des Bewußtseins nicht gebührlich anerkennt. Nach Freud ist die Entstehung und die Dynamik emotionaler Störungen nahezu ausschließlich auf Erlebnisse nach der Geburt zurückzuführen.

In den Selbsterfahrungstherapien wird aber in überwältigender Weise deutlich, daß Kindheitstraumen nicht die primären pathogenen Ursachen sind, sondern lediglich Bedingungen für die Manifestation von Energien und Inhalte aus tieferen Bewußtseinsschichten schaffen. Die Symptome emotionaler Störungen besitzen in der Regel eine komplexe dynamische Struktur mit vielschichtigem und multidimensionalem Charakter. Die autobiographischen Faktoren machen nur eine Komponente in diesem schwer überschaubaren Netzwerk aus. Wichtige Ursachen für emotionale Probleme finden sich fast immer im perinatalen und transpersonalen Bereich.

Die Einbeziehung der perinatalen Ebene in die Kartographie des Unbewußten hat für die psychoanalytische Theorie weitreichende Folgen. Sie klärt viele ihrer Probleme und rückt sie in ein vollkommen anderes Licht, ohne dabei den

Abb. 17. Aus einer transpersonalen LSD-Sitzung, in der die Patientin Elemente des kollektiven Unbewußten erlebte. Sie wurde Mitglied einer alten Kultur, die sie jedoch weder dem Namen noch der historischen Zeit oder der geographischen Lage nach identifizieren konnte.

Abb. 21. Szenen des Hexensabbath zeigen die traditionellen Fortbewegungsmittel des magischen Flugs: Ziegenböcke, Schweine und Besen. Das Bild verbindet Elemente mittelalterlicher Schnitzereien und Kupferstiche.

►

Abb. 20. Das Gemälde von Clovis Trouille »Mon Tombeau« (Meine Grabstätte) weist viele Charakteristika der dritten perinatalen Grundmatrix auf, die in satanischen Orgien und in den Ritualen Schwarzer Messen vorkommen. Diese Mischung aus Sex und Tod wird durch das ganze Arrangement dieser seltsamen Orgie ausgedrückt: den Friedhof, einen Grabstein mit vaginaler Öffnung, nackte Frauen, die in Särgen und auf Gräbern liegen und ein phallisches Monument auf dem Friedhof verehren. Das Element der Blasphemie ist dargestellt durch frivole nackte Nonnen, die in einem Nachtgeschirr aufgestellte Monstranz und den verunstalteten, schreienden Christus. Ein breites Spektrum sadomasochistischer Motive und skatologischer Tiere (Kröte, Eidechse und Fledermäuse) vervollständigen das Bild.

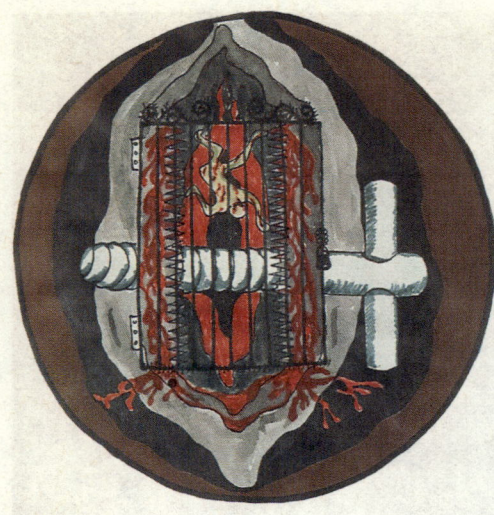

Abb. 19. Das erste und letzte Bild einer fünfteiligen Serie von einer perinatalen LSD-Sitzung, die die enge Verbindung zwischen Sexualität und Geburtstrauma veranschaulicht. Im Verlauf des Prozesses von Tod und Wiedergeburt verwandeln sich die mütterlichen Genitalien von einem mörderischen Instrument in ein Symbol der Sicherheit, des Nährenden und der Transzendenz (Wechsel von der zweiten und dritten zur vierten und schließlich zur ersten perinatalen Grundmatrix).

Das erste Bild (a) zeigt die mütterliche Vagina als eine Verbindung aus Gefängnis, Folterkammer und gigantischer Presse. Vom zweiten bis vierten Bild tritt, entsprechend dem Verlauf des Geburtsprozesses, ein steter Wandel vom Abstoßenden und Erschreckenden zum Dekorativen und Spirituellen ein. Im letzten Bild (b) erscheint dann die Klientin in einem Mandala, getragen von zwei kosmischen Händen. Die Vagina der Mutter, ihre eigenen Genitalien und die unterstützenden, nährenden Hände tragen die gleichen Pfauen-Ornamente. Die Vorstellung von weiblichen Genitalien ist nun nicht mehr von der Erinnerung an die Geburt beeinflußt, sondern von der an vorgeburtliche Existenz.

Freudschen Ansatz in seiner Gesamtheit in Frage zu stellen. Was eine Verschiebung des Schwerpunkts von der lebensgeschichtlich determinierten Dynamik psychosexueller Zusammenhänge zur Dynamik der perinatalen Grundmatrizen ermöglicht, ohne dabei die meisten bedeutsamen Untersuchungsergebnisse der Psychoanalyse anzweifeln zu müssen, ist eine im Erleben gegebene tiefe Verbindung zwischen dem Muster der biologischen Geburt, dem sexuellen Orgasmus und den physiologischen Aktivitäten in den einzelnen erogenen Zonen (oral, anal, urethral und phallisch). Die dynamischen Zusammenhänge zwischen diesen biologischen Funktionen habe ich auf der Übersicht über die perinatalen Grundmatrizen (S. 110 f) dargestellt.

Die Erkenntnis der perinatalen Dynamik und ihre Eingliederung in die Kartographie des Unbewußten ermöglichen ein einfaches, elegantes und schlüssiges Erklärungsmodell für viele Phänomene, die für die theoretischen Spekulationen Sigmund Freuds und seiner Nachfolger eine Crux waren. Im Bereich der Psychopathologie gelang es der Psychoanalyse nicht, befriedigende Erklärungen für den Sadomasochismus, die Selbstverstümmelung, den sadistischen Mord und den Selbstmord zu geben. Sie wurde auch nicht mit dem Rätsel des wilden und grausamen Anteils des Über-Ich fertig, der ein Abkömmling des Es zu sein scheint. Freuds Vorstellungen von der weiblichen Sexualität und der Weiblichkeit im allgemeinen gehören zweifellos zum Schwächsten, was die Psychoanalyse zu bieten hat, und grenzen ans Bizarre und Lächerliche. Es mangelt ihnen an jedem echten Verständnis der weiblichen Psyche oder des weiblichen Prinzips und stellt Frauen mehr oder weniger mit kastrierten Männern gleich. Die Psychoanalyse hat auch nur oberflächliche und nicht überzeugende Interpretationen für ein ganzes Spektrum von Phänomenen bei psychiatrischen Patienten zur Hand. Auf diesen Punkt werde ich in einem späteren Kapitel noch ausführlich zu sprechen kommen.

Wenden wir das Freudsche Denken auf kulturelle Phänomene an, so müssen wir feststellen, daß es keine überzeugende Erklärung für eine Reihe anthropologischer und historischer Beobachtungen zu geben vermag, etwa für den Schamanismus, die Übergangsriten, die visionären Erlebnisse, die Mysterienreligionen, die mystischen Traditionen, die Kriege, die Völkermorde und die blutigen Revolutionen. Alle diese Erscheinungen lassen sich nur mit dem Konzept der perinatalen (und transpersonalen) Ebene der Psyche angemessen begreifen. Die geringe therapeutische Effektivität der Psychoanalyse sollte an dieser Stelle ebenfalls als ein ernsthafter Mangel dieses sonst faszinierenden Gedankengebäudes erwähnt werden.

Bei einer ganzen Reihe von Gelegenheiten kam Freuds Genie nahe an die Erkenntnis der perinatalen Ebene des Unbewußten heran. Er diskutierte wiederholt einige ihrer wesentlichen Elemente, und viele seiner Aussagen befassen sich – wenn auch nicht explizit – mit Problemen, die in enger Verbindung mit dem Tod- und Wiedergeburtprozeß stehen. Er war der erste, der mutmaßte, daß die

Angst im Zusammenhang mit dem Geburtstrauma die tiefste Wurzel und der Prototyp für alle weiteren Ängste im Leben sein könnte. Leider ging er diesem faszinierenden Gedanken nicht weiter nach und machte keinen Versuch, ihn in die Psychoanalyse zu integrieren. Später übte er heftige Kritik an den Spekulationen seines Schülers Otto Rank (163), der dem Elementarerlebnis der Geburt eine universelle Bedeutung zuschrieb und auf dieser Grundlage eine drastische Revision der Psychoanalyse vornahm. In den Schriften Freuds und seiner Nachfolger findet man eine überraschend klare Trennung zwischen der Interpretation und Auswertung prä- bzw. perinataler und postnataler Ereignisse. Das Material in freien Assoziationen und Träumen, das in Verbindung mit der Geburt oder der intrauterinen Existenz steht, wird durchweg als »Phantasie« bezeichnet, wohingegen dem Material aus der Zeit nach der Geburt gewöhnlich der Charakter von Erinnerungen an tatsächliche Ereignisse eingeräumt wird. Ausnahmen von dieser Regel sind die Schriften von Otto Rank (163), Nandor Fodor (43) und Lietaert Peerbolte (117), die ein echtes Verständnis der peri- und pränatalen Dynamik beinhalten.

Wie man aus der Literatur der klassischen und heute vorherrschenden psychoanalytischen Richtungen entnehmen kann, ist der Tod im Unbewußten nicht repräsentiert. Die Angst vor dem Tod wird abwechselnd als Kastrationsangst, Angst vor Kontrollverlust, Angst vor einem heftigen sexuellen Orgasmus oder als vom Über-Ich gegen die eigene Person gekehrte Todeswünsche gegenüber einer anderen Person interpretiert (40). Freud war nie ganz mit seiner These zufrieden, daß das Unbewußte oder das Es den Tod nicht kennen, und hatte immer mehr Schwierigkeiten, die Bedeutung des Todes für die Psychologie und Psychopathologie zu leugnen.

In seinen späten Schriften führte er den Todestrieb oder Thanatos als ein zumindest gleichwertiges Gegenstück zu Eros oder Libido ein. Freuds Auffassung vom Tod zeichnet aber kein richtiges Bild von seiner Rolle im perinatalen Erleben. Er war weit von der Erkenntnis entfernt, daß im Rahmen des Tod- und Wiedergeburtprozesses Geburt, Sexualität und Tod eine untrennbare Triade bilden, die im engen Zusammenhang mit dem Erlebnis des Ich-Todes steht. Freud hatte aber in bemerkenswerter Weise die psychologische Bedeutung des Todes erkannt und war damit – wie in vielen anderen Hinsichten – seinen Nachfolgern weit voraus.

Ein Modell, das die perinatale Dynamik einbezieht, hat immense Vorteile. Es vermag nicht nur eine angemessenere und umfassendere Interpretation vieler psychopathologischer Phänomene und ihrer dynamischen Zusammenhänge zu leisten, sondern diese auch in logischer und natürlicher Weise mit den anatomischen, physiologischen und biochemischen Aspekten des Geburtsprozesses zu verbinden. Wie ich später noch im einzelnen darstellen werde, läßt sich das Phänomen des Sadomasochismus mühelos aus der dritten perinatalen Grundmatrix – mit ihrer engen Verknüpfung zwischen Sexualität, Schmerz und Aggression – ableiten. Die Mischung aus Sexualität, Aggression, Angst und skatologischen Aspekten, die ein anderes wesentliches Charakteristikum dieser Matrix darstellt, schafft einen natürlichen Rahmen für das Verständnis anderer sexueller Abnormitäten und Störungen. Auf dieser Ebene sind Sexualität und Angst zwei Facetten ein und desselben Prozesses, und keine läßt sich aus der anderen erklären. Damit rücken auch Freuds frustrierende Bemühungen, die Angst aus der Verdrängung libidinöser Gefühle und umgekehrt die Verdrängung aus der Angst und anderen negativen Emotionen abzuleiten, in ein neues Licht.

Die dritte perinatale Grundmatrix ist auch dadurch gekennzeichnet, daß in einer äußerst brutalen, lebensbedrohlichen und Schmerzen bereitenden Situation verschiedene Triebimpulse im Übermaß produziert werden, die Möglichkeit jeglicher motorischer Äußerung aber blockiert ist. Dies scheint die natürliche Grundlage für die tiefsten Wurzeln des Freudschen Über-Ich zu schaffen, das grausam, wild und primitiv ist. Seine Verbindungen zum Schmerz, zum Masochismus, zur Selbstverstümmelung, zur Gewalttätigkeit und zum Selbstmord (Ich-Tod) werden leicht verständlich und haben nichts Rätselhaftes mehr an sich, wenn man es als Introjektion des gnadenlosen Geschehens im Geburtskanal ansieht.

Aus der Sicht der perinatalen Dynamik erscheint das Bild der »vagina dentata«, der weiblichen Genitalien, die töten oder kastrieren können – Freud hatte es als Produkt einer primitiven kindlichen Phantasie angesehen –, als eine realistische Einschätzung des wahren Sachverhalts, die auf einer bestimmten Erinnerung basiert. Im Laufe der Entbindung sind unzählige Kinder von diesem Organ getötet, beinahe getötet oder schwer geschädigt worden. Die Zusammenhänge zwischen der »vagina dentata« und den Kastrationsängsten offenbaren sich in unmißverständlicher Weise, wenn man ihnen bis zu ihrem tatsächlichen Ursprung nachgeht, nämlich dem Durchtrennen der Nabelschnur. Damit klären sich sowohl das Paradoxon, daß die Kastrationsangst bei beiden Geschlechtern auftritt, als auch die Tatsache, daß die Patienten in ihren freien Assoziationen in einer Psychoanalyse die Kastration mit Tod, Trennung, Vernichtung und Erstikken gleichsetzen. Das Bild von der »vagina dentata« ist somit eine Verallgemeinerung aus einer Situation, in der sie realistisch wahrgenommen wurde. Nicht die Wahrnehmung ist falsch, sondern ihre Verallgemeinerung.

Die Entdeckung der perinatalen Ebene des Unbewußten löst auch einen schweren logischen Widerspruch im psychoanalytischen Denken auf, den man sich angesichts der Scharfsinnigkeit seiner Vertreter kaum erklären kann. Nach Ansicht Freuds, seiner Nachfolger und vieler durch ihn inspirierter Theoretiker können Ereignisse, die sehr früh im Leben des Kindes, nämlich während der oralen Phase auftreten, tiefgehende Auswirkungen auf die spätere psychische Entwicklung haben. Dies wird generell auch für relativ unscheinbare Aspekte in der Umwelt des Kindes angenommen. So meinte Harry Stack Sullivan (189), daß das an der Mutterbrust saugende Kind mit seiner oralen erogenen Zone feine Unterschiede wahrnehmen könne, etwa zwischen der »guten«, der »bösen« und der »falschen

Brust« zu trennen vermag[5]. Nun fragt man sich: wie können im Erleben ein und desselben Organismus, der sich als ein solcher Kenner der weiblichen Brust erweist, die nur wenige Tage oder Wochen zurückliegenden extremen Belastungen durch die Entbindung – der lebensbedrohliche Sauerstoffmangel, der extreme mechanische Druck, der quälende Schmerz und ein ganzes Spektrum von anderen alarmierenden Anzeichen für Lebensgefahr – spurlos vorübergegangen sein? Nach den Beobachtungen in einer psychedelischen Therapie sind verschiedene biologische und psychologische Aspekte des Stillens von großer Wichtigkeit. Wie man aber aus den obigen Ausführungen entnehmen kann, besitzt das Geburtstrauma wohl viel stärkere Relevanz. Das Kind muß erst sicher empfinden können, ob es den lebensspendenden Sauerstoff bekommt, und dann erst kann es auch Hunger oder Kälte empfinden, merkt es, ob die Mutter an- oder abwesend ist, und unterscheidet zwischen Nuancen beim Saugen an der Mutterbrust.

Geburt und Tod sind Ereignisse von elementarer Bedeutung, die eine Metaposition gegenüber allen anderen Lebenserfahrungen einnehmen. Sie sind das Alpha und das Omega der menschlichen Existenz. Somit muß ein psychologisches System, das sie nicht einbezieht, zwangsläufig oberflächlich, unvollständig und begrenzt anwendbar bleiben. Die Tatsache, daß die Psychoanalyse vielen Aspekten des psychotischen Erlebens, einer Reihe anthropologischer Ergebnisse, parapsychologischen Phänomenen und historischen Greueltaten (Krieg und Revolution, Totalitarismus und Völkermord) nicht gerecht wird, verdeutlicht, daß an all diesen Dingen perinatale und transpersonale Faktoren maßgeblich beteiligt sind und damit die Reichweite der klassischen Freudschen Analyse überschritten ist.

Die obige Diskussion der Psychoanalyse wird vielleicht so manchen ihrer heutigen Adepten nicht zufriedenstellen, da sie sich auf die klassischen Freudschen Konzepte beschränkt und wichtige neuere Entwicklungen nicht berücksichtigt. Ich möchte deshalb diesen Abschnitt mit ein paar Bemerkungen über die Theorie und Praxis der Ich-Psychologie abschließen. Die Ursprünge der Ich-Psychologie lassen sich bereits in den Schriften von Sigmund und Anna Freud nachweisen. Zu ihrer heutigen Form ist sie in den letzten vier Jahrzehnten von Heinz Hartmann, Ernst Kris, Rudolph Löwenstein, René Spitz, Margaret Mahler, Edith Jacobson, Otto Kernberg, Heinz Kohut u. a. entwickelt worden (17). Die grundlegenden theoretischen Modifikationen der klassischen Psychoanalyse umfassen eine differenzierte Ausarbeitung des Konzepts der Objektbeziehungen, die Hervorhebung ihrer zentralen Rolle in der Persönlichkeitsentwicklung, sowie die Auseinandersetzung mit den Problemen der sozialen Anpassung, des angeborenen Ich-Apparates, den konfliktfreien Zonen in der Psyche, der durchschnittlich zu erwartenden Umweltbedingungen, des Narzißmus, usw. Die Ich-Psychologie hat das Spektrum der psychoanalytischen Interessen erheblich erweitert, angefangen bei der normalen menschlichen Entwicklung bis hin zu schweren psychopathologischen Formen. Die theoretischen Veränderungen spiegeln sich auch in den therapeutischen Techniken wider. Technische Neuerungen wie der Ich-Aufbau, die Dämpfung von Triebimpulsen und die Korrektur von Verzerrungen und Charakterstrukturen ermöglichten die Ausweitung der psychotherapeutischen Arbeit auf Patienten mit mangelnder Ich-Stärke und Borderlinesymptomen.

So wichtig diese Entwicklungen im Rahmen der Psychoanalyse auch sein mögen, sie beschränken sich wie die Freudsche Orientierung auf die biographische Ebene. Sie erkennen und akzeptieren nicht die Bedeutung der perinatalen und der transpersonalen Ebene der Psyche und sind damit unfähig, zu einem echten Verständnis psychopathologischer Erscheinungen zu gelangen. Sie befassen sich weiterhin in l'art-pour-l'art-Manier mit der Verfeinerung von Konzepten für einen Bereich der Psyche, der für ihr Verständnis nicht wesentlich ist. An vielen Borderlinesyndromen und psychotischen Zuständen sind maßgeblich negative Aspekte der perinatalen Matrizen oder der transpersonalen Ebene beteiligt.

Gleichzeitig ist aber die Ich-Psychologie nicht in der Lage, hochwirksame Verfahren zur Heilung und Persönlichkeitsumwandlung zu ersinnen und anzuwenden, die mit einem Vordringen des Erlebens in die transpersonalen Sphären der Psyche möglich sind. Aus der Sicht der in diesem Buch diskutierten therapeutischen Strategien geht es im wesentlichen nicht darum, mit raffinierten verbalen Manövern das Ich zu schützen und aufzubauen, sondern dabei behilflich zu sein, es im Erleben zu transzendieren. Die Erfahrung des Ich-Todes und die nachfolgenden Erlebnisse des Eins-Seins – sowohl in symbiotisch-biologischer als auch in transzendentaler Hinsicht – werden zu Quellen neuer Kraft und persönlicher Identität. Diese Konzepte und Mechanismen sind von den Vorstellungen der Ich-Psychologie aber ebenso weit entfernt wie von den Vorstellungen der klassischen Freudschen Analyse.

Die berühmten Renegaten: Alfred Adler, Wilhelm Reich und Otto Rank

Freuds epochemachenden Entdeckungen auf dem Gebiet der Tiefenpsychologie zogen eine kleine Gruppe brillanter Forscher und Denker an, die Mitglieder seines engeren Wiener Kreises wurden. Aufgrund der Neuartigkeit und der Komplexität der auftauchenden Probleme sowie der intellektuellen Eigenständigkeit mancher der besten Schüler Freuds war die psychoanalytische Bewegung von den ersten Anfängen an mit Kontroversen und Meinungsverschiedenheiten belastet. Im Laufe der Jahre beschlossen mehrere der prominenten Anhänger Freuds, die Bewegung zu verlassen bzw. wurden dazu gezwungen, und gründeten ihre eigenen Schulen. Wie man mit Interesse feststellen kann, sind viele Elemente der in diesem Buch vertretenen Grundauffassung in den Ansichten dieser berühmten Renegaten enthalten. Sie wurden aber als einander ausschließende Alternativen präsentiert und nicht in die Hauptrichtung der Psychoanalyse oder die akademische Psychologie integriert. Bei der nun folgenden Darstellung der theoretischen und praktischen Abweichungen von der Psychoanalyse möchte ich mich nicht an den tatsächlichen historischen Ablauf der Ereignisse halten, sondern jede Richtung mit besonderem Blick auf die Bewußtseinsebenen, auf die sie sich konzentriert, besprechen.

Alfred Adlers Individualpsychologie (1) blieb wie die Freudsche Psychoanalyse auf die biographische Ebene beschränkt, setzte aber unterschiedliche Schwerpunkte. Im Gegensatz zu Freuds Determinismus war Adlers Ansatz deutlich teleologisch und finalistisch geprägt. Freud erforschte die historischen und kausalen Aspekte der Pathogenese von Neurosen und anderer psychischer Phänomene, Adler interessierte sich für ihren Zweck und ihr endgültiges Ziel. Nach seiner Auffassung ist das Leitprinzip jeder Neurose das imaginäre Ziel, ein »vollkommener Mensch« zu werden. Die sexuellen Triebe und die Neigungen zu verschiedenen sexuellen Perversionen, die von Freud so in den Vordergrund gerückt wurden, sind nur sekundäre Ausdrucksformen dieses Leitprinzips. Das Überwiegen von sexuellen Themen im Phantasieleben des Neurotikers ist nur ein Jargon, ein »modus dicendi«, der das Streben nach diesem männlichen Ziel symbolisiert. Dieses Streben nach Überlegenheit, Vollständigkeit und Perfektion spiegelt ein inniges Bedürfnis wider, tiefe Minderwertigkeits- und Unzulänglichkeitsgefühle zu kompensieren.

Adlers Individualpsychologie hob unter den zur Neurose beitragenden Faktoren besonders stark die »konstitutionelle Minderwertigkeit« einiger Organe oder Organsysteme hervor, die morphologisch oder funktional sein kann. Das Streben nach Überlegenheit und Erfolg ist vollkommen subjektiv geprägt. Es basiert auf der Selbsteinschätzung und Selbstachtung, und die Methoden, die zum Ziel führen sollen, hängen von den allgemeinen Lebensbedingungen ab, insbesondere von der biologischen Ausstattung und der Umwelt im frühen Kindesalter. Adlers Konzept der Minderwertigkeit ist breiter gefaßt, als es auf Anhieb erscheinen mag. Es bezieht u. a. Unsicherheit und Angst mit ein. Entsprechend ist das Streben nach Überlegenheit letztlich ein Verlangen nach Perfektion und Vollkommenheit und impliziert auch eine Suche nach dem Sinn im eigenen Leben. Die tieferen und verborgenen Hintergründe hinter diesem Minderwertigkeitsgefühl sind die Erinnerung an die Hilflosigkeit im Kindesalter und als letztes die Ohnmacht angesichts der Unabwendbarkeit des Todes. Der Minderwertigkeitskomplex kann über den Mechanismus der Überkompensation zu großen Leistungen führen und im Extremfall ein Genie schaffen. Adlers Lieblingsbeispiel war ein stotternder Junge mit einem Tic, Demosthenes, der später zum größten Redner aller Zeiten wurde. In weniger glücklichen Fällen kann dieser Mechanismus eine Neurose erzeugen.

Im Gegensatz zu Freuds Bild vom fragmentarischen und von seiner Vergangenheit getriebenen Menschen versteht Adler diesen als ein organisches und zweckgerichtetes System mit dem Ziel der Selbstverwirklichung und des sozialen Überlebens. Das Individuum und sein Überleben sind das Ergebnis dynamisch miteinander verwobener somatischer, psychischer und sozialer Prozesse. Sein Bedürfnis nach Einordnung in das soziale Milieu und gleichzeitig nach Abgrenzung führen zu einem Muster aktiver Anpassung. Das aufwachsende Kind wählt aus seiner komplexen Vergangenheit einen beständigen und kohärenten Lebensstil aus. Nach Adlers Auffassung stehen bewußte und unbewußte Prozesse nicht miteinander im Konflikt, sondern repräsentieren zwei Aspekte eines einheitlichen Systems, die dem gleichen Zweck dienen. Ereignisse, die nicht hineinpassen, werden als unwichtig betrachtet und vergessen. Wir sind uns der Gedanken und Gefühle, die unserer Selbsteinschätzung schmerzlich widersprechen, nicht bewußt. Das Problem besteht nicht darin, daß Menschen Schachfiguren im Spiel historisch bedingter unbewußter Kräfte sind, sondern daß sie gar nicht die Ziele und Werte kennen, die sie selber geschaffen oder akzeptiert haben.

Adler hebt als ein besonders wichtiges Kriterium für psychische Gesundheit soziale Gefühle hervor. Ein gesunder Lebensstil ist auf das Streben nach Kompetenz und sozialem Erfolg gerichtet sowie darauf, dies mit dem Nutzen für die Allgemeinheit in Einklang zu bringen. Die Vorstellung von einer normalen Entwicklung beinhaltet einen individuellen, konsequenten, aktiven und kreativen Lebensstil, das Streben nach einem selbstgesteckten Ziel, angeborene soziale Interessen und die Fähigkeit zum Zusammenleben mit anderen.

Eine neurotische Disposition wird in der Kindheit durch Überbehütung, Vernachlässigung oder eine Kombination aus beidem geschaffen. Dies bewirkt ein negatives Selbstkonzept, ein Gefühl der Hilflosigkeit und eine Vorstellung von der sozialen Umwelt, in der diese im Prinzip unfreundlich, feindselig, strafend, deprivierend, fordernd oder frustrierend erscheint. Als Folge davon entwickelt das unsichere Individuum in seinem Privatleben ein manipulatives, egozentrisches und unkooperatives Wesen. Es hat keinen Gemeinsinn und integriert sich nicht in gesellschaftliche Interessen. Adler hat sehr ausführlich verschiedene Formen und Äußerungen einer »privaten Logik« – die Logik der Neurotiker, Psychotiker, Süchtigen und Kriminellen – besprochen. Generell war er immer stärker an der Beobachtung und Beschreibung eines einzelnen Menschen als an diagnostischen Kategorisierungen und klinischen Klassifikationen interessiert. Nach seiner Auffassung kann der Neurotiker Probleme nicht bewältigen und keine Freude am Zusammenleben mit anderen haben, weil er aufgrund seiner Kindheitserlebnisse eine komplexe private Landkarte entwickelt hat, die ihm in erster Linie Richtungen und Wege weist, wie er sich selber schützen kann. Diese Landkarte ist in sich geschlossen und sehr resistent gegenüber Veränderungen, da sie das einzige Anpassungsmuster repräsentiert, das der betreffende Mensch sich aneignen konnte. Er fürchtet neue korrigierende Erfahrungen und betrachtet weiterhin eine Reihe verschiedener höchst idiosynkratischer und fehlerhafter Annahmen über die anderen Menschen und die Welt im allgemeinen als einzig gültig. Leidet der Neurotiker noch immer an einem Gefühl des realen oder zumindest eingebildeten Versagens, so akzeptiert der Psychotiker die soziale Realität nicht als das letztlich gültige Kriterium und flüchtet sich in eine private Phantasiewelt, die seine Hoffnungslosigkeit und Verzweiflung wegen seines Versagens in der realen Welt kompensieren soll.

In seiner therapeutischen Praxis hob Adler besonders die aktive Rolle des Therapeuten hervor. Er macht dem Patienten die Gesellschaft verständlich, analysiert seinen Lebensstil und seine Ziele, schlägt spezifische Abänderungen vor, ermutigt, flößt Hoffnung ein, stellt das Selbstvertrauen des Patienten wieder her und hilft ihm, seine Stärken und Fähigkeiten zu verwirklichen. Adler betrachtete das Verständnis des Therapeuten für den Aufbau der Persönlichkeit des Patienten als wesentlich, die Einsichten des Patienten in seine Beweggründe, Absichten und Ziele schienen ihm als Voraussetzung für therapeutische Veränderungen nicht notwendig zu sein. Nach Adlers Auffassung war das Freudsche Konzept der Übertragung unrichtig und irreführend, ein unnötiges Hindernis für den therapeutischen Fortschritt. Er betonte lediglich, daß der Therapeut Wärme, Vertrauenswürdigkeit, Zuverlässigkeit und Interesse am Wohlergehen des Patienten in der Hier-und-Jetzt-Situation ausstrahlen solle.

Die Beobachtungen aus der LSD-Forschung und den Selbsterfahrungstherapien lassen den theoretischen Konflikt zwischen Freud und Adler in einem neuen Licht erscheinen. Allgemein betrachtet beruht diese Kontroverse auf dem Irrtum, daß die Komplexität der Psyche auf ein paar einfache Grundprinzipien reduziert werden kann. Dieser Eckpfeiler der mechanistischen Wissenschaft wird jetzt sogar in der Physik, in Theorien über die materielle Realität, aufgegeben, wie das Beispiel der »bootstrap«-Naturphilosophie von Geoffrey Chew (28) lehrt. Die menschliche Psyche ist so komplex, daß viele verschiedene Theorien aufgestellt werden können, die alle logisch und in sich schlüssig sind und bestimmten wichtigen Beobachtungen gerecht werden, dennoch aber unvereinbar oder sogar gegensätzlich erscheinen. Genauer gesagt ist die Auseinandersetzung zwischen der Psychoanalyse und der Individualpsychologie darauf zurückzuführen, daß das gesamte Bewußtseinsspektrum mit seinen verschiedenen Ebenen nicht erkannt wird. In diesem Sinne sind beide Systeme unvollständig und oberflächlich, da sie sich ausschließlich auf die biographische Ebene beschränken und den perinatalen sowie transpersonalen Bereich nicht einbeziehen. Zwar tauchen in beiden Systemen Projektionen verschiedener Elemente aus diesen vernachlässigten Bereichen der Psyche auf, aber in verzerrter oder verwässerter Form.

Die Hervorhebung des Sexualtriebs bei Freud und die Betonung des Machtwillens und des männlichen Protestes bei Adler scheinen so lange unvereinbar zu sein, als sich die Kenntnisse der Psyche auf die biographische Ebene beschränken und nicht die Dynamik der perinatalen Matrizen einbeziehen. Wie ich schon früher im einzelnen beschrieben habe, sind heftige sexuelle Erregung (mit oralen, analen, urethralen und genitalen Komponenten) sowie Gefühle der Hilflosigkeit, die sich mit aggressiver Selbstbehauptung abwechseln, wesentliche und untrennbare Aspekte der dritten perinatalen Grundmatrix. Obwohl im Rahmen des Tod- und Wiedergeburtprozesses vorübergehend der sexuelle Aspekt oder der Machtaspekt dominieren können, sind beide auf das engste miteinander verknüpft. Eine an späterer Stelle (S. 215 f) referierte Untersuchung über das sexuelle Profil von Männern, die eine Machtstellung besitzen, kann hier als wichtiges Beispiel angeführt werden.

Die tieferen Wurzeln sexualpathologischer Phänomene finden sich in der dritten perinatalen Grundmatrix, in der starke libidinöse Erregung mit Todesangst, Schmerzen, Aggressionen und Berührung mit Körperausscheidungen der Mutter verknüpft sind. Die Ursachen von Unzulänglichkeits- und Minderwertigkeitsgefühlen sowie einer niedrigen Selbstachtung lassen sich also noch über biographische Bedingungen in der frühen Kindheit hinaus zurückverfolgen, nämlich zu der Hilflosigkeit des Kindes in der lebensbedrohlichen und überwältigenden Geburtssituation. Freud und Adler konzentrierten sich also auf jeweils eine von zwei Kategorien psychischer Kräfte, die auf einer tieferen Ebene zwei Seiten ein und desselben Prozesses darstellen.

Die Konfrontation mit dem Tod, das zentrale Thema des perinatalen Prozesses, hat das Denken beider Forscher nachhaltig beeinflußt. Freud postulierte in seinen letzten theoretischen Schriften die Existenz eines Todestriebs, dem er maßgebliche Bedeutung zuschrieb. Seine biologische Orientierung hinderte ihn daran, die Möglichkeit einer psychischen Transzendierung des Todes zu sehen, und ließ ihn ein düsteres und pessimistisches Bild von der menschlichen Existenz entwerfen. Adlers Leben und Werk wurden ebenfalls sehr stark vom Problem des Todes bestimmt. Für Adler war die Unfähigkeit, den Tod zu verhindern und zu beherrschen, eine der tiefsten Ursachen für Unzulänglichkeitsgefühle. In diesem Zusammenhang ist es interessant, daß Adler als maßgeblichen Grund für seine Entscheidung, Arzt zu werden – also einen Beruf zu ergreifen, in dem man den Tod zu bekämpfen versucht –, ein eigenes Nah-Tod-Erlebnis im Alter von fünf Jahren ansah. Wahrscheinlich hat dies auch seine Spuren in Adlers theoretischen Spekulationen hinterlassen.

Nach Beobachtungen im Rahmen intensiver Selbsterfahrungstherapien zu schließen, besitzt das entschlossene Streben nach äußerlichen Zielen und Erfolgen nur geringen Wert für die Bewältigung von Minderwertigkeitsgefühlen und einer niedrigen Selbstachtung, wie das tatsächliche Ergebnis dieser Bemühungen auch aussehen mag. Unzulänglichkeitsgefühle können nicht gelöst werden, indem man sie mit allen Kräften überkompensiert, sondern indem man sich ihnen im Erleben stellt und sich ihnen ergibt. Sie lösen sich dann im Prozeß von Ich-Tod und Wiedergeburt auf. Danach entsteht ein neues Selbstbild auf der Grundlage des Bewußtseins der Einheit mit dem Kosmos. Der wahre Mut liegt in der Bereitschaft, diesen erschütternden Prozeß der Selbstkonfrontation durchzumachen, nicht im heroischen Kampf um das Erreichen äußerlicher Ziele. Gelingt es dem einzelnen Menschen nicht, seine wahre Identität in seinem Innern zu finden, dann werden alle Bemühungen, durch Manipulierung der Außenwelt und durch äußerliche Errungenschaften dem eigenen Leben einen Sinn zu geben, scheitern und in den Irrfahrten eines Don Quichote enden.

Ein anderer bedeutender Renegat der psychoanalytischen Schule war der österreichische Psychiater und politische Aktivist Wilhelm Reich. Er behielt zwar Freuds Hauptthese von der maßgeblichen Rolle sexueller Faktoren in der Ätiologie der Neurose bei, modifizierte sie aber erheblich durch die Betonung einer »Sexualökonomie«, des Gleichgewichts zwischen Energieaufladung und -entladung bzw. zwischen sexueller Erregung und Entspannung. Nach Auffassung Reichs ist es die Unterdrückung der sexuellen Gefühle zusammen mit der sie begleitenden charakterlichen Einstellung, die die wahre Neurose ausmacht. Die klinischen Symptome sind nur ihre äußerlichen Erscheinungsformen. Die ursprünglichen Traumen und sexuellen Gefühle werden durch komplexe Muster chronischer Muskelspannungen, den sogenannten »Charakterpanzer«, in Verdrängung gehalten. Der Begriff »panzern« bezieht sich darauf, daß sich der einzelne Mensch gegen schmerzliche und bedrohliche Erfahrungen von außen und innen schützt. Reich sah im repressiven Einfluß der Gesellschaft den entscheidenden Faktor, der zum unvollständigen sexuellen Orgasmus und zum Energiestau beiträgt. Ein neurotischer Mensch erhält das Gleichgewicht, indem er seine überschüssige Energie durch Muskelspannungen bindet und auf diese Weise die sexuelle Erregung einschränkt. Ein gesunder Mensch besitzt eine solche Einschränkung nicht. Seine Energie ist nicht im Muskelpanzer gebunden und kann frei fließen.
Reichs Beiträge zur Therapie haben große Bedeutung und dauerhaften Wert (166). Seine Unzufriedenheit mit den Methoden der Psychoanalyse ließ ihn ein System entwickeln, das er Charakteranalyse und später charakteranalytische Vegetotherapie nannte. Sie stellte eine radikale Abkehr von der klassischen Freudschen Technik dar, da sie sich auf die Neurosenbehandlung aus biophysikalischer Sicht konzentrierte und physiologische Elemente enthielt. Reich arbeitete mit Hyperventilation, verschiedenen körperlichen Manipulierungen und direktem physischen Kontakt, um die festgefahrenen Energien zu mobilisieren und die Blockierungen zu beseitigen. Der Patient sollte die Fähigkeit entwickeln, sich voll und ganz den spontanen und unwillkürlichen Körperbewegungen, die normalerweise mit dem Atmungsprozeß verknüpft sind, hinzugeben. War dies erreicht, so produzierte das Auf und Ab des Atems eine wellenförmige Bewegung des Körpers, die Reich den Orgasmusreflex nannte. Er glaubte, daß die Patienten, die in der Therapie diesen Reflex erreichten, fähig waren, sich in einer sexuellen Situation voll hinzugeben und einen Zustand vollkommener Befriedigung zu erreichen. Durch den vollständigen Orgasmus entladen sich alle überschüssigen Energien des Organismus und der Patient bleibt symptomfrei.

Je weiter Reich seine Theorien entwickelte und seine Gedanken in die Tat umzusetzen versuchte, desto mehr verstrickte er sich in Kontroversen. Da er den repressiven Einfluß der Gesellschaft als einen der Hauptfaktoren in emotionalen Störungen erkannte, verband er seine Neuerungen in der psychotherapeutischen Praxis mit radikalen politischen Aktivitäten als Mitglied der Kommunistischen Partei. Dies führte aber schließlich zum Bruch sowohl mit den psychoanalytischen Kreisen als auch mit der kommunistischen Bewegung. Nach der Auseinandersetzung zwischen Reich und Freud wurde Reichs Name aus der Liste der Internationalen Psychoanalytischen Vereinigung gestrichen. Die Veröffentlichung seiner heftigen Kritik an der Massenpsychologie des Faschismus führte zu seinem Ausschluß aus der Kommunistischen Partei. In späteren Jahren war Reich immer mehr von der Existenz einer kosmischen Urenergie überzeugt, aus der durch einen komplizierten Differenzierungsprozeß drei große Existenzbereiche hervorgehen: die mechanische Energie, die anorganische Masse und die lebende Materie (171). Diese Energie, die Reich das *Orgon* nannte, läßt sich visuell, thermisch, elektroskopisch und mit Hilfe von Geiger-Müller-Zählern nachweisen. Sie unterscheidet sich von der elektromagnetischen Energie, und eine ihrer Haupteigenschaften ist die Pulsation. Nach Reichs Auffassung sind die Dynamik des Orgons und die Beziehungen zwischen »massenfreier Orgonenergie« und »Orgonenergie, die zu Materie geworden ist« wesentlich für jedes echte Verständnis des Universums, der Natur und der menschlichen Psyche. Das Strömen des Orgons und seine dynamischen Überlagerungen sind für die verschiedenartigsten Phänomene verantwortlich, etwa für die Schaffung subatomarer Teilchen, für den Ursprung von Lebensformen, für Reifungsprozesse, für die Fortbewegung, für die sexuelle Aktivität und die Fortpflanzungsprozesse, für psychische Phänomene, für Wirbelstürme, für die aurora borealis und für die Bildung von Galaxien.

Reich entwarf spezielle Orgonakkumulatoren, Boxen, die seiner Überzeugung nach gesammeltes und konzentriertes Orgon enthielten und für therapeutische Zwecke genutzt werden konnten. Die Orgontherapie beruht auf der Annahme, daß Soma und Psyche bioenergetisch im pulsierenden Lustsystem (im Blut und im vegetativen Nervensystem) wurzeln, und eben auf diese gemeinsame Quelle psychischer und körperlicher Funktionen soll sie einwirken. Die Orgontherapie ist deshalb weder ein psychologisches noch ein physiologisch-chemisches, sondern eher ein biologisches Verfahren, das Störungen der Pulsation im autonomen System beseitigen soll. Wilhelm Reich, der zu Beginn seiner Arbeit mit völlig neuartigen therapeutischen Methoden experimentiert hatte, verlor sich zunehmend in immer entfernteren Bereichen, in der Physik, der Biologie, der zellulären Biopathie, der Abiogenese, der Meteorologie, der Astronomie und in philosophischen Spekulationen. Seine stürmische wissenschaftliche Karriere nahm ein sehr tragisches Ende. Seine Orgongeneratoren wurden vom F. D. A. denunziert, und da er sie weiterhin verwendete und sich für ihre Verwendung einsetzte, bekam er ernsthafte Schwierigkeiten mit der amerikanischen Regierung. Nach einer Reihe von drohenden Ankündigungen wurde er zweimal zu Gefängnis verurteilt und starb schließlich auch dort an einem Herzanfall.

Aus der Sicht der in diesem Buch dargestellten Konzepte liegt Reichs Hauptbeitrag offenkundig in der Entdeckung bioenergetischer Prozesse und der psychosomatischen Zusammenhänge bei der Entstehung emotionaler Störungen sowie bei ihrer Therapie. Reich war sich der enormen Energien hinter den neurotischen Symptomen und der Nutzlosigkeit rein verbaler Methoden ihrer Behandlung voll bewußt. Sein Begriff der Panzerung sowie die Entdeckung der Rolle der Muskulatur in den Neurosen stellen ebenfalls Beiträge von bleibendem Wert dar. Die Beobachtungen im Rahmen der LSD-Therapie bestätigen die Grundanschauungen Reichs über Stockungen des Energieflusses und über die Bedeutung des Muskel- sowie des vegetativen Nervensystems bei Neurosen. Sobald Patienten im Erleben mit ihren psychischen Problemen konfrontiert werden, stellen sich in der Regel heftiger Tremor, Schütteln, Zucken, Verkrümmungen des Körpers, länger andauernde extreme Körperhaltungen, Grimassen, Lautäußerungen und gelegentlich sogar Erbrechen ein. Es wird deutlich, daß psychische Aspekte – etwa Elemente aus den Bereichen der Wahrnehmung, der Gefühle und des Denkens – und dramatische physiologische Erscheinungen zwei Seiten ein und desselben Prozesses sind. Der grundlegende Unterschied zwischen den in diesem Buch dargelegten Auffassungen und der Reichschen Theorie liegt in der Interpretation dieses Prozesses.

Wie Wilhelm Reich besonders hervorhob, staut sich allmählich sexuelle Energie im Organismus an, weil gesellschaftliche Einflüsse einen vollständigen sexuellen Orgasmus behindern (168). Als Folge der wiederholten unvollständigen Energieentladung setzt sich die Libido im Organismus fest und äußert sich schließlich in abweichender Form in verschiedenen psychopathologischen Phänomenen, angefangen von der Psychoneurose bis zum Sadomasochismus. Eine effektive Therapie muß deshalb die aufgestauten libidinösen Energien freisetzen, den »Körperpanzer« auflösen und den totalen Orgasmus ermöglichen. Die Beobachtungen aus der LSD-Therapie weisen aber eindeutig darauf hin, daß dieses Energiereservoir nicht als das Ergebnis chronischen sexuellen Triebstaus aufgrund unvollständiger Orgasmen aufzufassen ist. Ein Großteil dieser Energie ist offenbar auf gewaltige Kräfte aus der perinatalen Ebene des Unbewußten zurückzuführen. Die während der Therapie freigesetzten Energien können am besten als verspätete Entladungen der übermäßigen nervösen Erregung verstanden werden, die durch den Streß, die Schmerzen, die Angst und die Atemnot während des biologischen Geburtsvorgangs hervorgerufen worden ist. Die letzten Hintergründe eines Großteils des Charakterpanzers sind offenbar introjizierte dynamische Konflikte zwischen der nervösen Überreizung durch den Geburtsvorgang und der unerbittlichen »Zwangsjacke« des Geburtskanals, die ein entsprechendes Reagieren und die Energieentladung nach außen verhindert. Die

Auflösung des Panzers fällt in weitem Umfang mit dem Abschluß des Tod- und Wiedergeburtprozesses zusammen. Einige Elemente dieses Panzers dürften aber noch tiefere Wurzeln im transpersonalen Bereich haben.

Die Ursache dafür, daß perinatale Energie fälschlicherweise für angestaute Libido gehalten werden kann, liegt darin, daß die dritte perinatale Grundmatrix eine bedeutende sexuelle Komponente hat und außerdem eine Ähnlichkeit zwischen der Geburt und dem sexuellen Orgasmus besteht. Die aktivierte perinatale Energie strebt nach äußerlicher Entladung, und dafür bieten sich besonders die Genitalien an. Damit ist aber offenbar die Grundlage für einen Teufelskreis geschaffen: Aggressionen, Angst und Schuldgefühle im Zusammenhang mit der dritten perinatalen Matrix beeinträchtigen die uneingeschränkte Orgasmusfähigkeit, umgekehrt blockiert das Fehlen oder die Unvollständigkeit sexueller Orgasmen ein bedeutendes Sicherheitsventil für die Abfuhr perinataler Energien. Die Situation scheint demnach genau dem Gegenteil von dem zu entsprechen, was Reich postulierte. Nicht die den vollständigen Orgasmus störenden gesellschaftlichen und psychologischen Faktoren führen zur Anhäufung und Stauung sexueller Energien, sondern die tief festgesetzten perinatalen Energien stören einen geglückten Orgasmus und schaffen auf diese Weise psychologische und zwischenmenschliche Probleme. Um diese Situation zu korrigieren, müssen diese mächtigen Energien in einem nicht-sexuellen, therapeutischen Rahmen abgeführt und auf ein Niveau reduziert werden, das der Patient und seine Partnerin bequem in einem sexuellen Rahmen bewältigen können. Viele der von Reich diskutierten Phänomene – angefangen vom Sadomasochismus bis zur Massenpsychologie des Faschismus – lassen sich adäquater vom perinatalen Geschehen als vom unvollständigen Orgasmus und dem Stau sexueller Energien her begreifen.

Reichs Spekulationen, mögen sie noch so unkonventionell und gelegentlich maßlos sein, lassen sich häufig in ihrer Essenz mit modernen wissenschaftlichen Entwicklungen vereinbaren. Seine Auffassung von der Natur kam dem Weltbild der Quantenphysik und der Relativitätstheorie recht nahe, betonte doch auch er die grundlegende Einheit aller Dinge, konzentrierte er sich auf Prozesse und Bewegungen statt auf Substanzen und feste Strukturen, und erkannte er die aktive Rolle des Beobachters (170). Reichs Gedanken über den gemeinsamen Ursprung von anorganischer Materie, Leben, Bewußtsein und Erkenntnis erinnern manchmal an die philosophischen Spekulationen von David Bohm (18). Seine Argumente gegen die universelle Gültigkeit des Entropieprinzips und des zweiten thermodynamischen Gesetzes ähneln in ihren Grundzügen den Schlußfolgerungen, die Prigogine und seine Mitarbeiter (161) aus ihren sorgfältigen und systematischen Untersuchungen zogen.

Auf dem Gebiet der Psychologie stand Reich sowohl in theoretischer als auch in praktischer Hinsicht unmittelbar vor der Entdeckung der perinatalen Ebene des Unbewußten. Seine Arbeiten über die muskuläre Panzerung, seine Erörterungen der Gefahren bei einer plötzlichen Entfernung dieser Panzerung und seine Theorie vom totalen Orgasmus weisen deutlich wichtige Elemente der perinatalen Dynamik auf. Er versperrte sich aber ihren entscheidenden Elementen, nämlich der psychologischen Bedeutung der Geburts- und Todeserlebnisse. Dies wird offenkundig in seiner leidenschaftlich verfochtenen These von der primären Rolle der Genitalität und seiner Ablehnung des Rankschen Geburtstraumakonzepts, der Freudschen Spekulationen über den Tod und der Abrahamschen Annahmen über ein psychisches Bestrafungsbedürfnis.

Reich bewegte sich auch in vielerlei Hinsicht am Rande der Erkenntnis des transpersonalen Bereichs. Mit seinen Spekulationen über das Orgon kommt er nahe an die Erkenntnis des kosmischen Bewußtseins heran. Die wahre Religion war für ihn das ungepanzerte ozeanische Verschmelzen mit dem Fluß der universellen Orgonenergie. Im scharfen Gegensatz zur philosophia perennis hatte Reich aber recht konkrete Vorstellungen von dieser kosmischen Energie. Das Orgon war meßbar und besaß spezifische physikalische Eigenschaften. Reich gelangte nie zu einem echten Verständnis und einer angemessenen Würdigung der großen spirituellen Philosophien der Welt. In seinen ungestümen Ausfällen gegen die Spiritualität neigte er dazu, die Mystik mit bestimmten oberflächlichen und verzerrten Versionen verschiedener Lehren großer Religionen gleichzusetzen. So argumentierte er in seiner Polemik (170) gegen einen wörtlich zu nehmenden Glauben an Teufel mit Schwänzen und Forken, an Engel mit Flügeln, an formlose blaugraue Geister, an gefährliche Ungeheuer, an einen Himmel und an eine Hölle. Er tat solche Vorstellungen als Projektionen unnatürlicher, verzerrter Organempfindungen und letztlich als Fehlwahrnehmungen des universellen Flusses der Orgonenergie ab. In ähnlicher Weise wehrte er sich heftig gegen Jungs Interesse an der Mystik und seine Tendenz, die Psychologie zu spiritualisieren.

Für Reich spiegelten sich in mystischen Neigungen die Panzerung und schwere Störungen der Orgonökonomie wider. Das mystische Streben konnte dann auf fehlinterpretierte biologische Triebe zurückgeführt werden. »Die Todes- und Sterbensangst (ist) identisch mit unbewußter Orgasmusangst und der vermeintliche Todestrieb, die Sehnsucht nach Auflösung, dem Nichts, unbewußte Sehnsucht nach orgastischer Spannungslösung . . .« (168, S. 119). Seiner Auffassung nach repräsentierte Gott die natürlichen Lebenskräfte, die Bioenergie im Menschen, und kam nirgends so klar zum Ausdruck wie im sexuellen Orgasmus. Der Teufel stand für die Panzerung, die zu Perversionen und Verzerrungen dieser Lebenskraft führte (170). Im direkten Gegensatz zu Beobachtungen aus der psychedelischen Forschung behauptete Reich, daß mystische Erlebnisse verschwinden würden, wenn der Panzer in der Therapie erfolgreich aufgelöst wird. Orgastische Potenz ließe sich seiner Meinung nach bei Mystikern ebensowenig feststellen wie Mystizismus bei orgastisch potenten Menschen (168).

Die psychologische Theorie und Psychotherapie von Otto Rank weichen erheblich von der klassischen Freudschen Psychoanalyse ab. Allgemein betrachtet sind Ranks Konzepte humanistisch und voluntaristisch, wohingegen Freuds Ansatz reduktionistisch, mechanistisch und deterministisch ist. Genauer gesagt vertrat Rank vor allem in drei Punkten eine andere Meinung: für ihn kam dem Geburtstrauma und nicht der sexuellen Dynamik wesentliche Bedeutung zu, er sprach dem Ödipuskomplex die von Freud zugeschriebene entscheidende Rolle in der psychischen Entwicklung ab, und er faßte das Ich als einen autonomen Repräsentanten des Willens und nicht als einen Sklaven des Es auf. Rank nahm auch Modifikationen der psychoanalytischen Technik vor, die so radikal waren wie seine theoretischen Beiträge. Wie er meinte, sind verbale psychotherapeutische Methoden nur von begrenztem Wert. Der Schwerpunkt sollte auf dem Erleben liegen. Es sei wesentlich, daß der Patient in der Therapie das Geburtstrauma wiedererlebe, andernfalls wäre die Behandlung nicht als vollständig anzusehen.[6]

Was die Rolle des Geburtstraumas in der Psychologie angeht, so war Freud eigentlich der erste gewesen, der öffentlich die Möglichkeit in Betracht zog, daß dieses der Prototyp und die Quelle aller zukünftigen Ängste im Leben sein könnte. Er ging auf diesen Punkt in mehreren seiner Schriften ein, weigerte sich aber, die extremen Ansichten Ranks zu akzeptieren. Auch gab es einen wichtigen Unterschied zwischen der Freudschen und der Rankschen Auffassung des Geburtstraumas. Freud hielt die extremen physiologischen Belastungen während der Geburt für die Ursache der Angst, Rank hingegen führte die Angst auf die Trennung vom Mutterleib zurück, in dem eine paradiesische Situation mit einer nicht an Bedingungen gebundenen und mühelosen Befriedigung geherrscht hatte. Rank betrachtete das Geburtstrauma als letzte Ursache dafür, daß die Trennung die schmerzlichste und schrecklichste aller menschlichen Erfahrungen ist. Nach seiner Auffassung sind alle späteren Frustrationen der Partialtriebe Abkömmlinge dieses Urtraumas. Die meisten Erlebnisse, die vom Individuum als Trauma empfunden werden, beziehen ihre pathogene Wirkung aus ihrer Ähnlichkeit mit der biologischen Geburt. Die gesamte Phase der Kindheit kann als eine Serie von Versuchen angesehen werden, dieses fundamentale Trauma abzureagieren und psychisch zu meistern. Die infantile Sexualität kann neu interpretiert werden als der Wunsch des Kindes, in den Mutterleib zurückzukehren, als die Angst, die damit verknüpft ist, und als seine Neugier im Hinblick auf seine Herkunft.

Rank hörte aber nicht an diesem Punkt auf. Er glaubte vielmehr, daß das gesamte psychische Leben des Menschen seinen Urgrund in der Angst und der durch das Geburtstrauma bewirkten Urverdrängung habe. Der zentrale menschliche Konflikt ist der zwischen dem Wunsch, in den Mutterleib zurückzukehren, und der Angst vor diesem Wunsch. Als Folge davon ruft jeder Übergang von einer angenehmen in eine unangenehme Situation Angstgefühle hervor. Rank entwarf auch eine Alternative zur Freudschen Traumdeutung. Der Schlaf ist ein Zustand, der Ähnlichkeit mit der intrauterinen Existenz besitzt, und Träume lassen sich als

Versuche auffassen, das Geburtstrauma wiederzuerleben und in den Zustand vor der Geburt zurückzukehren. Noch mehr als der Schlaf selber repräsentieren sie eine psychische Rückkehr in den Mutterleib. Die Traumanalyse stützt am meisten die These von der psychologischen Bedeutung des Geburtstraumas. Entsprechend wird auch der Eckpfeiler der Freudschen Theorie, der Ödipuskomplex, neu interpretiert, nämlich mit der Betonung des Geburtstraumas und des Wunsches nach Rückkehr in den Mutterleib. Das zentrale Thema des Ödipusmythos ist das Mysterium des Ursprungs des Menschen, das Ödipus dadurch zu lösen versucht, daß er in den Mutterleib zurückkehrt. Dies geschieht nicht nur faktisch in Form der Heirat und der sexuellen Vereinigung mit seiner Mutter, sondern auch symbolisch durch seine Erblindung und durch sein Verschwinden in der Felsspalte, die in die Unterwelt führt.

In der Rankschen Psychologie spielt das Geburtstrauma auch in der Sexualität eine entscheidende Rolle. In ihr drückt sich der tiefe, die menschliche Psyche bestimmende Wunsch nach der Rückkehr in die intrauterine Existenz aus. Ein Großteil der Unterschiede zwischen den Geschlechtern läßt sich von der Tatsache ableiten, daß Frauen mit ihrem Körper den Fortpflanzungsprozeß reproduzieren können und ihre Unsterblichkeit in der Zeugung finden. Für Männer hingegen ist die Sexualität mit Sterblichkeit verknüpft. Ihre Stärke liegt in der nichtsexuellen Kreativität.

Bei der Analyse der menschlichen Kultur stellte Rank fest, daß das Geburtstrauma eine mächtige psychische Kraft hinter der Religion, der Kunst und der Geschichte darstellt. Jede Religionsform neigt letztlich zur Wiederherstellung der geborgenen Ursituation der symbiotischen Einheit im Mutterleib. Die Kunst hat ihre tiefste Wurzel in der »autoplastischen Imitation« des eigenen Wachstums und des Ursprungs im Mutterleib. Die Kunst, die die Realität repräsentiert, sie aber gleichzeitig auch leugnet, ist ein besonders wirksames Mittel zur Bewältigung des Urtraumas der Geburt. In der Geschichte der menschlichen Behausungen, angefangen von den primitiven Unterkünften bis zu den hochentwickelten architektonischen Strukturen, spiegeln sich instinktive Erinnerungen an den warmen und schützenden Mutterleib wider. Der Gebrauch von Werkzeugen und Waffen beruht letztlich auf der »unersättlichen Neigung, die totale Vereinigung mit der Mutter zu erzwingen«.

Die LSD-Psychotherapie und andere Formen intensiver Selbsterfahrung haben Ranks allgemeine These über die maßgebliche psychologische Bedeutung des Geburtstraumas bestätigt. Der Ranksche Ansatz muß aber erheblich modifiziert werden, um ihn mit faktischen klinischen Beobachtungen besser vereinbaren zu können. Ranks Theorie konzentriert sich auf die Trennung von der Mutter und den Verlust des Mutterleibes und hebt diese als die beiden wesentlichen traumatischen Aspekte der Geburt hervor. Für Rank bestand das Trauma in dem Umstand, daß die Situation nach der Geburt in der Regel weit weniger angenehm ist als die Situation vor der Geburt. Im Gegensatz zur intrauterinen Existenz muß das Kind

Abb. 22. Das blasphemische Element des Hexensabbath: Kinder spielen mit häßlichen Kröten in Pfützen mit Weihwasser, füttern sie mit Hostien und kleiden sie in Kardinalsroben.

Abb. 27. Vision aus einer von der Anfangsphase der zweiten perinatalen Grundmatrix bestimmten psychedelischen Sitzung, den Beginn der biologischen Geburt widerspiegelnd. Die Verschlingende Muttergöttin in Gestalt einer gigantischen Tarantel setzt Fötusse teuflischen Folterqualen aus.

►

Abb. 25. Opfer für eine zornige Gottheit: Vision aus einer perinatalen LSD-Sitzung, die den »Moloch« darstellt, eine gigantische, destruktive Gottheit, die im Feuer erscheint und die Opferung Neugeborener verlangt. Solche Opfer für den Moloch wurden angeblich in Karthago und im alten Israel praktiziert. Während dieser furchteinflößenden Rituale warfen Mütter ihre Neugeborenen in das Feuer, das in der Metallstatue der Gottheit brannte. Die Verbindung von Neugeborenen-Status, Feuer, Opfertod und Erscheinen des Göttlichen ist charakteristisch für den Übergang von der dritten zur vierten perinatalen Grundmatrix.

Abb. 30. Perinatales Disneyland. Ein Bild aus einer hochdosierten LSD-Sitzung. Die seltsame Verbindung von Erregung, Angst, Entfesselung wilder instinktiver Kräfte, reicher farbiger Feuerwerke und der Hervorhebung von grotesken, nicht furchterregenden Bildern des Todes ist charakteristisch für die Endphase der dritten perinatalen Grundmatrix. Diese Verbindung wird ferner bestätigt durch die Christusgestalt und das Motiv des Ausspeiens.

unregelmäßige Nahrungszufuhr, Abwesenheit der Mutter, Temperaturschwankungen und Lärm hinnehmen. Es muß atmen, die Nahrung verschlucken und die Abfallprodukte beseitigen.

In der LSD-Therapie erscheint die Situation weitaus komplizierter. Die Geburt ist nicht traumatisch, nur weil das Kind aus der paradiesischen Existenz im Mutterleib gerissen und in eine unfreundliche Außenwelt gestoßen wird. Der Weg durch den Geburtskanal an sich zieht enorme emotionale und physische Belastungen und Schmerzen nach sich. Dieser Umstand war in Freuds ursprünglichen Spekulationen über die Geburt hervorgehoben, von Rank aber fast vollständig vernachlässigt worden. In einem gewissen Sinn gilt Ranks Konzeption für einen Menschen, der durch einen nicht notwendigen Kaiserschnitt statt durch eine normale Entbindung auf die Welt gekommen ist.

Die meisten psychopathologischen Phänomene haben aber ihre Wurzeln in der Dynamik der zweiten und der dritten perinatalen Grundmatrix, die Erfahrungen widerspiegeln, die in den Stunden zwischen dem ungestörten intrauterinen Zustand und der postnatalen Existenz in der Außenwelt liegen. Wenn das Individuum sein Geburtstrauma wiedererlebt und integriert, kann es sich – je nach dem Stand der Entwicklung des perinatalen Geschehens – nach der Rückkehr in den Mutterleib oder im Gegenteil nach dem Ende der Geburt und dem Auftauchen aus dem Geburtskanal sehnen. Die Tendenz, die aufgestauten Gefühle und Energien, die durch den Kampf während der Geburt entstanden sind, abzureagieren und zu entladen, ist die treibende Kraft hinter einem breiten Spektrum menschlicher Verhaltensweisen. Dies gilt besonders für die Aggression und den Sadomasochismus, die Rank besonders wenig überzeugend interpretierte. Außerdem läßt Rank wie Freud, Adler und Reich ein echtes Verständnis der transpersonalen Bereiche vermissen. Trotz dieser Mängel war Ranks Entdeckung der psychologischen Bedeutung des Geburtstraumas eine wahrlich bemerkenswerte Leistung, die den Untersuchungsergebnissen der LSD-Forschung um mehrere Jahrzehnte vorausging.

In diesem Zusammenhang ist es interessant, daß mehrere andere psychoanalytische Forscher die Bedeutung verschiedener Aspekte des Geburtstraumas erkannten. Nandor Fodor hat in seiner Pionierarbeit *The Search for the Beloved* (43) mit sehr großer Ausführlichkeit die Beziehungen zwischen verschiedenen Elementen des Geburtsvorgangs und vielen psychopathologischen Symptomen in einer Weise beschrieben, die mit den LSD-Beobachtungen weitgehend übereinstimmt. Lietaert Peerbolte veröffentlichte ein umfassendes Buch mit dem Titel *Prenatal Dynamics* (117), in dem er detailliert seine außerordentlichen Erkenntnisse über die psychologische Relevanz der pränatalen Existenz und des Geburtserlebnisses darlegt. Dieses Thema wird auch in einer Reihe origineller und phantasievoller, allerdings mehr spekulativer und weniger auf klinischen Grundlagen stehender Bücher von Francis Mott (137, 138) abgehandelt.

Die Liste der berühmten psychoanalytischen Renegaten wäre unvollständig ohne den Namen Carl Gustav Jungs, der einer von Freuds Lieblingsschülern und der designierte »Kronprinz« der Psychoanalyse war. Jungs Revisionen waren bei weitem die radikalsten, und seine Beiträge hatten wahrlich revolutionären Charakter. Man kann ohne Übertreibung sagen, daß sich die Psychiatrie mit Jungs Arbeiten so weit über Freud hinaus entwickelt hat wie Freuds Arbeiten seiner eigenen Zeit voraus waren.

Jungs Analytische Psychologie ist nicht lediglich eine Variante oder eine Modifikation der Psychoanalyse. Sie verkörpert eine vollkommen neue Auffassung von der Tiefenpsychologie und der Psychotherapie. Jung war sich dessen wohl bewußt, daß sich seine Untersuchungsergebnisse nicht mit dem kartesianisch-Newtonschen Denken vereinbaren ließen und daß sie eine drastische Abänderung der grundlegendsten philosophischen Annahmen der westlichen Wissenschaft erforderlich machten. Er zeigte tiefes Interesse an den revolutionären Entwicklungen der Quantenphysik und der Relativitätstheorie und stand auch im fruchtbaren Austausch mit einigen ihrer Begründern.

Im Gegensatz zu den übrigen psychoanalytischen Theoretikern zeigte Jung auch ein echtes Verständnis der mystischen Traditionen und großen Respekt vor den spirituellen Dimensionen der Psyche und der menschlichen Existenz. Seine Ideen stehen den in diesem Buch dargelegten theoretischen Überlegungen weitaus näher als jede andere Richtung der westlichen Psychotherapie. Jung war – ohne sich so zu nennen – der erste transpersonale Psychologe. Seine Beiträge werden deshalb im Zusammenhang mit den transpersonalen Ansätzen in der Psychotherapie besprochen.

Es erscheint logisch, dieses Kapitel mit der Erwähnung eines anderen prominenten Pioniers und Mitglieds des engeren Wiener Kreises um Freud abzuschließen. Es handelt sich um Sandor Ferenczi. Zwar wird er gewöhnlich nicht unter den Renegaten der Psychoanalyse aufgeführt, doch ging er mit seinen Spekulationen weit über die traditionelle Analyse hinaus. Seine Unterstützung Otto Ranks wies ebenfalls unzweifelhaft darauf hin, daß er alles andere als ein konformer und gelehriger Schüler Freuds war. In seine theoretischen Überlegungen zog er ernsthaft nicht nur peri- und pränatale Ereignisse, sondern auch Elemente der phylogenetischen Entwicklung ein. Da er zudem einer der wenigen Schüler Freuds war, die dessen Todestriebkonzept sofort akzeptierten, integrierte er in sein System auch eine metaphysische Analyse des Todes.

In seinem bemerkenswerten Essay *Thalassa* (41) beschrieb er die gesamte sexuelle Entwicklung als einen Versuch, in den Mutterleib zurückzukehren. Nach seiner Auffassung nehmen die am Geschlechtsverkehr beteiligten Organismen an der Befriedigung der Keimzellen teil. Die Männer haben das Privileg, in den mütterlichen Organismus direkt und in einem realen Sinn einzudringen, die Frauen hingegen müssen sich mit Ersatzphantasien begnügen oder identifizieren sich in ihrer Schwangerschaft mit ihren Kindern. Dies ist die Essenz des »Thalassa-Regressionstrends«, des Strebens nach Rückkehr in die ursprüngliche Form des Lebens im Wasser, die vor Urzeiten aufgegeben wurde. Die amniotische Flüssigkeit repräsentiert letztlich das Wasser des Ozeans, das in den Mutterleib introjiziert wird. Nach dieser Auffassung haben die Säugetiere, die Landbewohner sind, ein tiefes organismisches Bestreben, die Entscheidung rückgäng zu machen, die ozeanische Existenzform zu verlassen und eine neue Existenzform zu wählen. Das wäre die Lösung, die bereits vor Jahrmillionen von den Vorfahren unserer heutigen Wale und Delphine vorweggenommen wurde.

Das letzte Ziel alles Lebens könnte aber die Erreichung eines Zustands sein, der sich durch das Fehlen von Reizbarkeit und schließlich durch die Trägheit der anorganischen Welt kennzeichnet. Es ist möglich, daß Tod und Sterben nichts Absolutes sind und daß Lebenskeime und regressive Bestrebungen sogar in anorganischer Materie verborgen liegen. Man könnte daher die gesamte organische und anorganische Welt als ein System ununterbrochener Schwankungen zwischen dem Willen zu leben und dem Willen zu sterben auffassen, in dem die absolute Vorherrschaft von Leben oder Tod nie erreicht wird. Ferenczi kam damit in die Nähe der Anschauungen der philosophia perennis und der Mystik, auch wenn seine Aussagen in der Sprache der Naturwissenschaften formuliert waren.

Ein historischer Überblick über die theoretischen Meinungsverschiedenheiten in den Anfangszeiten der psychoanalytischen Bewegung ist aus der Sicht der in diesem Buch dargelegten Gedanken von großem Interesse. Es wird nämlich deutlich, daß viele Konzepte, die auf den ersten Blick erstaunlich neu wirken und keinen Vorgänger in der westlichen Psychologie zu haben scheinen, in der einen oder anderen Form bereits von den frühen Pionieren der Psychoanalyse ernsthaft erwogen und leidenschaftlich diskutiert wurden. Der Hauptbeitrag dieses Buches besteht somit in einer Neubewertung dieser verschiedenen Ansätze im Licht der Ergebnisse der modernen Bewußtseinsforschung und in ihrer Integration sowie Synthese im Geist der Spektrumpsychologie.

Existentialistische und humanistische Psychotherapien

Bis zur Mitte des 20. Jahrhunderts herrschten in der amerikanischen Psychiatrie und Psychologie zwei theoretische Richtungen vor, die Psychoanalyse und der Behaviorismus. Immer mehr prominente Kliniker, Forscher und Denker waren aber mit der mechanistischen Orientierung dieser beiden Schulen unzufrieden. Dieser Trend kam in der existentialistischen Psychotherapie von Rollo May (131) und in der Entwicklung der humanistischen Psychologie zum Ausdruck. Da beide die Freiheit und die Bedeutung des Individuums betonen, gibt es zwischen ihnen viele Gemeinsamkeiten. Diese Bewegungen sind auch für unsere Diskussion sehr interessant, da sie eine Brücke zwischen der dominierenden akademischen Psychotherapie und den in diesem Buch dargelegten Ansichten schlagen.

Die existentialistische Psychotherapie hat ihre historischen Wurzeln in der Philosophie von Søren Kierkegaard und in der Phänomenologie von Edmund Husserl. Sie hebt die Einzigartigkeit des einzelnen Menschen hervor und betont, daß kein wissenschaftliches oder philosophisches System sein Wesen hinreichend begreiflich machen kann. Er besitzt eine Handlungsfreiheit, durch die die Zukunft nicht vorhersagbar wird, die aber auch eine Quelle der Angst ist. Ein zentrales Thema in der Existentialphilosophie ist die Unvermeidlichkeit des Todes, die wohl am deutlichsten in Martin Heideggers *Sein und Zeit* (76) artikuliert wird. Nach seiner Beschreibung sind die Menschen in eine unfreundliche Welt geworfen, in der sie verzweifelt nach Zielen streben, die durch den Tod unbarmherzig zunichte gemacht werden. Unter Umständen versuchen sie den Gedanken an dieses endgültige Geschick durch eine oberflächliche und konventionelle Lebensweise zu vermeiden, doch dadurch erhält ihr Dasein einen inauthentischen Charakter. Die einzige Möglichkeit, sich selbst gegenüber wahrhaftig zu sein, ist das ständige Bewußtsein des eigenen unvermeidlichen Todes.

Es ist in diesem Rahmen unmöglich, einen Überblick über die umfangreichen, komplexen und oft widersprüchlichen Schriften von existentialistischen Philosophen und Psychotherapeuten zu geben. Zweifellos aber ist diese Orientierung eng mit perinatalen Geschehnissen verknüpft. Menschen, die unter dem Einfluß der zweiten perinatalen Grundmatrix stehen, erleben in der Regel eine tiefgehende Konfrontation mit dem Tod, der Sterblichkeit und der begrenzten Dauer der materiellen Existenz. Damit einher geht eine tiefe existentielle Krise, ein Gefühl der Sinnlosigkeit und Absurdität des Lebens sowie das verzweifelte Bestreben, ihm einen Sinn zu geben. Von dieser Warte her gesehen erscheint das bisherige eigene Leben inauthentisch, als eine »Tretmühle« oder eine »rattenähnliche« Existenz, und von vergeblichen Bemühungen geplagt, die letzte Unausweichlichkeit des Todes zu leugnen. Die existentialistische Philosophie bietet somit eine eindrucksvolle und treffende Beschreibung eines Aspekts der perinatalen Bewußtseinsebene.[7] Der Hauptfehler des existentialistischen Ansatzes besteht aber darin, daß er seine Beobachtungen verallgemeinert und sie als universell gültige Erkenntnisse über das Wesen des Menschen präsentiert. Aus der Sicht intensiver Selbsterfahrung ist der existentialistische Ansatz auf die perinatale Bewußtseinsebene beschränkt und verliert seine Bedeutung mit dem Erlebnis des Ich-Tods und der Transzendenz.

Besondere Erwähnung verdient in diesem Zusammenhang die Existenzanalyse oder Logotherapie von Viktor E. Frankl (47), die die Bedeutung des Sinns im

Leben hervorhebt. Frankl erkennt nicht speziell die perinatale Dynamik und die enge Verknüpfung von Tod und Geburt, die damit einhergeht, doch ist die Entwicklung seines Therapiesystems interessanterweise von dramatischen Erlebnissen in einem Konzentrationslager beeinflußt worden (48). Das extreme Leid von Insassen eines Konzentrationslagers ist ein charakteristisches perinatales Motiv, ebenso wie die Suche nach dem Sinn des Lebens. Die Lösung dieses Problems, wie sie sich im Rahmen des Tod- und Wiedergeburtsprozesses einstellt, ist aber von der von Frankl vorgeschlagenen Lösung recht verschieden. Sie besteht nicht in der intellektuellen Errichtung eines sinnvollen Lebensziels, sondern im Erleben eines philosophischen und spirituellen In-der-Welt-Seins, das den Prozeß des Lebens als solchen schätzt.

Es ist letztlich unmöglich, das Leben zu rechtfertigen und ihm mit Hilfe der intellektuellen Analyse und der Logik einen Sinn zu verleihen. Man muß einen Zustand erreichen, in dem man emotional und biologisch erkennt, daß das Leben als solches einen Wert besitzt, und in dem man von der Tatsache der Existenz an sich fasziniert ist. Die quälende philosophische Auseinandersetzung mit dem Problem der Sinnhaftigkeit des Lebens sollte nicht als ein legitimes philosophisches Ansinnen, sondern als ein Symptom betrachtet werden, aus dem hervorgeht, daß der dynamische Fluß des Lebens behindert und blockiert ist. Die einzig effektive Lösung dieses Problems besteht nicht in der intellektuellen Konstruktion von Lebenszielen, sondern in einem tiefen inneren Bewußtseinswandel, der die Lebensenergien wieder zum Fließen bringt. Jemand, der aktiv am Leben teilnimmt und Lebensfreude empfindet, wird nie fragen, ob das Leben irgendeinen Sinn hat. Er wird die Existenz als etwas Kostbares und Wunderbares sehen und den Wert in ihr selber finden.

Die Unzufriedenheit mit der mechanistischen und reduktionistischen Orientierung der amerikanischen Psychologie und Psychotherapie fand ihren stärksten Ausdruck in der Entwicklung der humanistischen und später der transpersonalen Psychologie. Die herausragende Figur und der artikulierteste Sprecher dieser Opposition war Abraham Maslow (126–128). Seine eindringliche Kritik an der Psychoanalyse und am Behaviorismus wurden zu einer treibenden Kraft für diese Bewegung und zu einem Kristallisationspunkt für neue Ideen. Maslow verwarf Freuds finsteres und pessimistisches Menschenbild, wonach jeder hoffnungsloser Sklave seiner Grundtriebe ist. Nach Freudscher Auffassung werden Phänomene wie Liebe, Schönheitssinn und Gerechtigkeitsempfinden entweder als Sublimierung niedriger Instinkte oder als Reaktionsbildung gegen sie interpretiert. Alle höheren Verhaltensformen sind vom Menschen erworben oder ihm aufgezwungen worden und bilden nicht einen natürlichen Bestandteil seines Wesens. Maslow wendet sich auch dagegen, daß sich Freud ausschließlich auf das Studium neurotischer und psychotischer Menschen konzentrierte. Er wies darauf hin, daß die Einengung des Blickwinkels auf das Schlechteste am Menschen anstatt auf das Beste notgedrungen eine verzerrte Vorstellung vom menschlichen Wesen ergeben muß. Dieser Ansatz läßt die Sehnsüchte des Menschen, seine erfüllbaren Hoffnungen und gottähnlichen Eigenschaften außer Betracht.

Maslows Kritik am Behaviorismus war ebenso scharf und bestimmt. Seiner Meinung nach war es ein Irrtum, den Menschen lediglich als komplexes tierisches Wesen zu betrachten, das blind auf Umweltreize reagiert. Die Tierexperimente, auf die sich der Behaviorismus so stützt, erscheinen ihm höchst problematisch und nur von begrenztem Wert. Solche Untersuchungen können zu Informationen über die Merkmale führen, die der Mensch mit anderen tierischen Spezies gemeinsam hat, sie sind aber wertlos, wenn es um spezifisch menschliche Eigenschaften geht. Die ausschließliche Betrachtung tierischen Verhaltens bewirkt zwangsläufig eine Vernachlässigung solcher Aspekte und Elemente, die einzig für den Menschen typisch sind, etwa das Gewissen, die Schuldgefühle, der Idealismus, die Spiritualität, der Patriotismus, die Kunst oder die Wissenschaft. Der im Behaviorismus verkörperte mechanistische Ansatz läßt sich bestenfalls als Strategie für bestimmte Forschungsvorhaben verwenden, ist aber zu eng und zu begrenzt, um sich als allgemeine oder umfassende Philosophie zu qualifizieren.

Während sich der Behaviorismus nahezu ausschließlich auf äußere Einflüsse und die Psychoanalyse auf introspektive Daten konzentrierte, trat Maslow dafür ein, daß in der Psychologie objektive Beobachtung und Introspektion kombiniert werden sollten. Er hob die Verwendung menschlicher Daten als Grundlage für die humanistische Psychologie hervor. Sein spezieller Beitrag war die Erforschung psychisch gesunder und sich selbst verwirklichender Personen, der »wachsenden Spitze« der Bevölkerung. In einer umfassenden Untersuchung an Personen, die spontane mystische Zustände (»Gipfelerlebnisse«) gehabt hatten, demonstrierte Maslow (126), daß solche Erfahrungen als über dem Normalen stehend statt als pathologische Phänomene zu werten seien, und daß sie mit einer Tendenz zur Selbstverwirklichung einhergingen. Andere wichtige Beiträge Maslows waren seine Konzepte der »Metawerte« und »Metamotivationen«. Im scharfen Gegensatz zu Freud glaubte Maslow (128), daß dem Menschen eine Hierarchie von höheren Werten und Bedürfnissen und entsprechende Tendenzen zu ihrer Befriedigung angeboren sind.

Maslows Gedanken wirkten maßgeblich an der Entwicklung der humanistischen Psychologie oder der »dritten Kraft«, wie er sie nannte, mit. Diese neue Bewegung betonte die zentrale Stellung des Menschen in der psychologischen Forschung und unterstrich menschliche Ziele als Kriterien für die Bewertung der Forschungsergebnisse. Sie hob die persönliche Freiheit des einzelnen Menschen und seine Fähigkeit hervor, das eigene Leben vorherzubestimmen und zu steuern. Dies stand im direkten Gegensatz zum Behaviorismus, in dem es darum geht, das Verhalten anderer vorherzusagen und zu kontrollieren. Der humanistische Ansatz ist ganzheitlich. Er betrachtet den einzelnen Menschen als einen einheitlichen Organismus statt lediglich als Summe einzelner Teile.

Die humanistischen Psychotherapien basieren auf der Annahme, daß die Menschen zu intellektuell und zu technologisiert geworden sind und sich von ihren eigenen Empfindungen und Gefühlen immer mehr entfernen. Die therapeutischen Ansätze der humanistischen Psychologie verstehen sich deshalb als korrigierende, unmittelbar auf das Erleben einwirkende Verfahren, um die resultierende Entfremdung und Entmenschlichung zu beseitigen. Sie betonen den Wert von Selbsterfahrung sowie nichtverbaler und den Körper einbeziehender Methoden. Ihr Ziel ist das Wachstum der Person oder die Selbstverwirklichung, nicht die Anpassung. Die humanistische Psychologie bedingte die Entwicklung zahlreicher neuer Therapien sowie die Wiederentdeckung einiger alter Techniken, um verschiedene Einschränkungen und Mängel der traditionellen Psychotherapie auszugleichen.

Die humanistischen Ansätze sind ein großer Schritt zu einem ganzheitlichen Verständnis des menschlichen Wesens und stehen im Gegensatz zu der einseitigen Betonung des Körpers oder der Psyche, die für die dominierenden psychologischen und psychiatrischen Richtungen typisch ist. Ein anderer bedeutsamer Aspekt der humanistischen Psychotherapie ist die Verlagerung des Schwerpunkts von einer intrapsychischen und intraorganismischen Orientierung auf zwischenmenschliche Beziehungen, familiäre Beziehungen, soziale Netze, sowie soziokulturelle Einflüsse, wobei zudem noch ökonomische, ökologische und politische Faktoren berücksichtigt werden. Das Spektrum der humanistischen Therapie ist so breit und so reichhaltig, daß ich in diesem Rahmen nur die wichtigsten Techniken nennen und kurz beschreiben kann.

Die Erkenntnis der Bedeutung des Physischen, die für die humanistische Bewegung so charakteristisch ist, geht auf Wilhelm Reich zurück, der als erster in der Analyse der Charakterneurosen den Körper einbezog. Der wichtigste unter den neo-reichianischen Ansätzen ist die *Bioenergetik* (124), ein therapeutisches System, das von Alexander Lowen und John Pierrakos (118) entwickelt wurde. Dabei versucht man, mit Hilfe der energetischen Prozesse im Körper und der Körpersprache die Psyche zu beeinflussen. Der bioenergetische Ansatz kombiniert Psychotherapie mit den verschiedensten Atem-, Haltungs- und Bewegungsübungen sowie direkter manueller Intervention.

Lowens therapeutische Ziele sind breiter gefaßt als die von Wilhelm Reich, der einzig darauf hinarbeitete, seinen Patienten zu sexueller Erfüllung zu verhelfen. Das Hauptgewicht ruht auf der Integration des Ich mit dem Körper und seinem Streben nach Lust. Dazu gehören nicht nur die Sexualität, sondern auch andere Grundfunktionen, die Atmung, die Bewegungen, die Gefühle und die Selbstartikulierung. Durch die Bioenergetik kann man den Zugang zu seiner »ersten Natur« wiederfinden, einem Zustand, in dem man frei ist von strukturierten psychischen und physischen Einstellungen. Im Gegensatz dazu steht die »zweite Natur«, psychische Haltungen und muskuläre Panzerungen, die dem einzelnen Menschen aufgezwungen worden sind und ihn am Leben und Lieben hindern.

Ein anderer neo-reichianischer Ansatz ist das sogenannte *Radix Intensive,* das von Reichs Schüler Charles Kelley und seiner Frau Erika entwickelt wurde. In dieser Therapieform wird die Intimität der Einzelarbeit mit der Energie und Dynamik der Gruppe kombiniert. Die Kelleys arbeiten mit einem Spektrum von Techniken, zu denen einige der ursprünglichen Reichschen Methoden, die Bioenergetik, »sensory awareness«-Übungen und andere körperorientierte Verfahren gehören. Das Hauptanliegen ist die Auflösung des Muskelpanzers, durch die Gefühle und Empfindungen der Angst, der Wut, der Scham, des Schmerzes oder der Trauer, die seit der Kindheit zurückgehalten worden sind, freigelegt werden. Mit dem Akzeptieren und Durcharbeiten dieser negativen Gefühle und Empfindungen entdeckt der Klient ein neues Potential an Lust, Vertrauen und Liebe.

Währen die neo-reichianischen Ansätze immer auch Psychotherapie beinhalten, gibt es einige andere wichtige Techniken der humanistischen Bewegung, die ausschließlich mit dem Körper arbeiten. Dies gilt vor allen Dingen für Ida Rolfs Strukturale Integration, die Übungen von Feldenkrais und die psychophysische Integration und Mentastik von Milton Trager. Die Methode der *Strukturalen Integration* oder das *Rolfing* (175), wie man sie allgemein nennt, wurde von Ida Rolf mit dem Ziel entwickelt, die Körperstruktur zu verbessern, insbesondere im Hinblick auf die Anpassung an die Schwerkraft. Nach Rolfs Auffassung sollten die Menschen als Zweibeiner ihr Gewicht um eine zentrale vertikale Achse verteilt halten. Den meisten Leuten mangelt es aber an einer solchen idealen Gewichtsverteilung, die das optimale Funktionieren des Skelettmuskelsystems und des gesamten Organismus garantiert. Die Folgen davon sind Steifheit und eine Verkürzung der Faszien, aus denen wiederum eine eingeschränkte Beweglichkeit, Verengung der Blutgefäße, chronische Muskelverspannungen, Schmerzen und bestimmte körperlich bedingte psychische Störungen resultieren. Das Rolfing zielt darauf ab, diesen Zustand zu beseitigen, die richtige fasziale Struktur wiederherzustellen, die Körperabschnitte richtig übereinanderzulagern und normale Körperbewegungen zu ermöglichen. In einer standardisierten Serie von Sitzungen macht der Rolfer zu diesem Zweck von hochwirksamen physischen Methoden Gebrauch.

Moshe Feldenkrais (39) kreierte ein Programm zur systematischen Korrektur und Umerziehung des Nervensystems mit Hilfe von Bewegungsabfolgen, durch die Muskeln in höchst ungewöhnlicher Kombination beansprucht werden. Diese *Feldenkrais-Übungen* sind dazu bestimmt, die Möglichkeiten des neuromuskulären Systems über seine normalen Grenzen hinaus zu erweitern. Sie bauen Spannungen ab, erhöhen die Flexibilität und Reichweite von Bewegungen, verbessern die Haltung und die Krümmung der Wirbelsäule, entwickeln ideale Formen motorischer Handlungen, fördern die Koordination der Beuge- und Streckmuskeln, vertiefen die Atmung und machen körperliche Aktivitäten stärker bewußt. Die Feinheit der Feldenkrais-Übungen steht in starkem Gegensatz zum

Rolfing, in dem starker Druck und Massage eingesetzt werden, was sehr schmerzlich sein kann, wenn die betroffene Körperzone blockiert ist. Milton Tragers *psychophysische Integration* (198) ist eine weitere elegante und effektive Körpertechnik aus der humanistischen Bewegung. Mit Hilfe einer systematischen Abfolge von passiven Roll-, Schüttel- und Schwingungsbewegungen erreicht der Klient einen Zustand tiefer physischer und psychischer Entspannung.

Das Spektrum der humanistisch-psychologischen Körpertechniken wäre unvollständig ohne die Erwähnung der verschiedenen Formen von *Massagen,* die zunehmend Verbreitung finden, angefangen von den Techniken, die die sinnliche Empfindsamkeit steigern sollen, bis zu massiven Eingriffen in die körperenergetischen Verhältnisse wie im Fall der Polaritätsmassage.

Zwei der neuen, auf Selbsterfahrung abzielenden Therapien verdienen aufgrund ihrer engen Beziehung zu den Ausführungen in diesem Buch besondere Beachtung. Die erste ist die von Fritz Perls entwickelte *Gestalttherapie* (145, 146), die rasch zu einem der populärsten Ansätze auf diesem Gebiet geworden ist. Perls wurde in seiner Entwicklung von Sigmund Freud, Wilhelm Reich, dem Existentialismus und insbesondere der Gestaltpsychologie beeinflußt. Die Grundannahme der deutschen gestaltpsychologischen Schule lautet, daß Menschen die Dinge nicht beziehungslos und isoliert wahrnehmen, sondern schon im Prozeß der Wahrnehmung selber diese in sinnvolle Ganze ordnen. Die Gestalttherapie ist ganzheitlich orientiert. Sie verkörpert eine Technik der persönlichen Integration, die auf dem Gedanken basiert, daß die gesamte Natur eine einheitliche und zusammenhängende Gestalt bildet. Innerhalb dieses Ganzen stellen die organischen und anorganischen Elemente kontinuierliche und ständig wechselnde Muster von koordinierter Aktivität dar.

Der Schwerpunkt in der Gestalttherapie ruht nicht auf der Interpretation von Problemen, sondern auf dem Wiedererleben von Konflikten und Traumen im Hier-und-Jetzt, wobei die gesamten körperlichen und emotionalen Vorgänge bewußt gemacht und die unvollständigen Gestalten aus der Vergangenheit geschlossen werden. Der Klient bzw. die Klientin werden ermuntert, diesen Prozeß selber voll in die Hand zu nehmen und sich von der Abhängigkeit von Eltern, Lehrer, vom Ehegatten oder vom Therapeuten zu befreien. Die Gestalttherapie konzentriert sich in der Regel auf den einzelnen Menschen im Rahmen einer Gruppe. Der Atmung und der vollen Bewußtheit der eigenen körperlichen und emotionalen Prozesse wird grundlegende Bedeutung beigemessen. Der Therapeut achtet besonders darauf, wie der Klient seine Erfahrung unterbricht. Er macht ihm diese Unterbrechungstendenzen bewußt und sorgt dafür, daß die sich entfaltenden psychischen und physiologischen Prozesse voll erlebt werden und ungehinderten Ausdruck finden.

Die zweite Selbsterfahrungstechnik, die uns im Rahmen dieses Buchs besonders interessiert, ist die von Arthur Janov entwickelte *Primärtherapie* (81–83). Sie ist ursprünglich durch gelegentliche Beobachtungen inspiriert worden, daß Patienten, die einen unartikulierten lauten Schrei auszustoßen wagten, dramatische Erleichterung verspürten und grundlegende Einstellungen änderten. Nach der Theorie, die Janov anhand der Beobachtung willkürlich herbeigeführter »Urschreie«, wie er sie nannte, entwickelte, ist die Neurose ein symbolisches Verhalten, das eine Abwehr gegen überstarke psychisch-biologische Schmerzen in Verbindung mit Kindheitstraumen darstellt. Die Schmerzen stehen in Beziehung zu früheren Kindheitserlebnissen, die nicht verarbeitet worden sind. Die begleitenden Gefühle und Empfindungen haben sich im Körper in Form von Spannungen oder Abwehrmechanismen erhalten. Neben mehreren Schichten solcher »Urschmerzen«, die aus verschiedenen Kindheitsabschnitten stammen, erkennt Janov auch die Bedeutung von Schmerzen an, die in der Erinnerung an die traumatische Geburt wurzeln. Die Urschmerzen werden nicht zum Bewußtsein zugelassen, weil ihr Bewußtwerden unerträgliches Leiden bedeuten würde. Sie beeinträchtigen aber die Authentizität des Lebensgefühls und hindern den einzelnen Menschen daran, eine – wie Janov es nennt – »reale Person« zu sein.

Die Therapie konzentriert sich auf die Auflösung der Abwehrmechanismen und das Durcharbeiten der Urschmerzen, indem man sie in voller Intensität und in Verbindung mit den Erinnerungen an die Ereignisse, die sie hervorriefen, wiedererlebt. Der Patient wird vom Therapeuten besonders dazu angehalten, einen »Urschrei« auszustoßen, einen unwillkürlichen, tiefen und röchelnden Laut, der seine Reaktion auf vergangene Traumen in verdichteter Form ausdrückt. Janov glaubt, daß wiederholte »Urschreie« allmählich die verschiedenen Schichten von Urschmerzen beseitigen können, indem man sie in umgekehrter Reihenfolge – also die jüngsten schmerzlichen Erfahrungen zuerst und die ältesten schmerzlichen Erfahrungen zuletzt – durcharbeitet. Nach Janov zerstört die Primärtherapie das »unreale« System, das den einzelnen Menschen zum Trinken, zum Rauchen, zur Drogenabhängigkeit oder zu sonstigen zwanghaften und irrationalen Reaktionen auf innerlich angestaute unerträgliche Gefühle treibt. »Post-primäre« Patienten (Patienten nach einer erfolgreichen Primärtherapie), die »real« geworden sind – frei von Ängsten, Schuldgefühlen, Depressionen, Phobien und neurotischen Verhaltensmustern –, können handeln, ohne auf zwanghafte Weise eigene neurotische Bedürfnisse oder solche anderer zu befriedigen.

Janov veröffentlichte zu Anfang extreme Daten über die Effektivität seiner Primärtherapie, die sich aber mit der Zeit nicht halten ließen. So behauptete er, bei seinen Patienten eine Erfolgsrate von 100 Prozent zu haben, wie es auch im Titel seines ersten Buches *Der Urschrei: Ein neuer Weg der Psychotherapie* (81) anklingt. Die sensationellen Besserungen emotionaler Probleme wurden angeblich auch noch von ebenso verblüffenden körperlichen Veränderungen begleitet. So sollen sich bei flachbrüstigen Frauen größere Brüste entwickelt haben, kahlköpfigen Männern wuchsen wieder Haare, der Kreislauf stabilisierte sich und die periphere Körpertemperatur erhöhte sich, das sexuelle Verlangen und die orgastische Potenz wurden gesteigert, und sogar im Tennisspiel waren Fortschritte zu verzeichnen. Die Primärtherapie ist zwar nach wie vor eine populäre Behandlungsform, doch die Ergebnisse stehen weit hinter den ursprünglichen Behauptungen zurück. Viele Patienten haben sich mehrere Jahre in Primärtherapie befunden, ohne wesentliche Fortschritte zu machen. Gelegentlich tritt sogar eine Verschlechterung statt einer Besserung des klinischen Zustandsbildes ein. Es gab Rechtsstreitigkeiten zwischen Janov und einigen seiner ehemaligen Patienten und Schüler. Viele Primärtherapeuten haben sich von Janov und seiner in Los Angeles ansässigen Organisation getrennt und aufgrund schwerwiegender theoretischer und praktischer Meinungsverschiedenheiten mit ihm eigene therapeutische Institute eröffnet.

Die Beschreibung der humanistischen Bewegung wäre unvollständig ohne die Erwähnung der vielen Techniken, die mit *Gruppendynamik* arbeiten. Mit dem Aufkommen der humanistischen Psychologie ging eine wahre Renaissance der Gruppentherapie einher, die sowohl ein erneutes Interesse am Psychodrama als auch die Entwicklung neuer Gruppentechniken – etwa der transaktionalen Analyse, der T-Gruppen sowie der Encounter-, Marathon- und Nacktmarathongruppen – umfaßte.

Wir wollen nun die verschiedenen therapeutischen Verfahren der humanistischen Bewegung unter dem Blickwinkel von Ergebnissen der LSD-Forschung betrachten. Diese kann Maslows Kritik an der akademischen Psychologie voll und ganz bestätigen. Nur in den ersten Stadien der Therapie, wenn sich der Klient mit Problemen aus seiner Lebensgeschichte und mit bestimmten Aspekten der perinatalen Dynamik befaßt, stützen die Beobachtungen die Freudsche Vorstellung, daß der Mensch von instinktiven Trieben wie der Sexualität und dem Aggressionstrieb beherrscht wird. Sobald er den Tod- und Wiedergeburtprozeß durchgemacht und den Zugang zu transpersonalen Bereichen gewonnen hat, entwickelt er ein System höherer Werte, die im großen und ganzen den Metawerten Maslows (128) entsprechen. Ein immer tieferes Eindringen in das Unbewußte legt also nicht zunehmend bestialische und höllische Regionen offen, wie die Psychoanalyse meint, sondern erschließt den kosmischen Bereich des Überbewußten.

Ebenso läßt die Reichhaltigkeit der verschiedenen Erlebensbereiche, die den Alltagserfahrungen sowohl des gesunden als auch des neurotischen oder psychotischen Menschen zugrunde liegen, den behavioristischen Standpunkt allzu einfach und absurd erscheinen. Die Einzigartigkeit der menschlichen Psyche wird auf einfache neurologische Reflexe der Ratte und der Taube reduziert, dabei offenbaren Beobachtungen dieser Art, daß es hinter der Existenz dieser Tiere Dimensionen des kosmischen Bewußtseins gibt. Jeder, der sich ernsthaft mit

Material aus psychedelischen Sitzungen befaßt hat, hegt keinen Zweifel mehr daran, daß für das Studium der menschlichen Psyche subjektive Daten wesentlich sind.

Die Beobachtungen aus der LSD-Forschung bestätigen auch eindeutig die Grundthese der humanistischen Psychologie, daß Psyche und Soma eine Einheit bilden. Heftige Erlebnisse in psychedelischen Sitzungen gehen immer mit bedeutsamen psychosomatischen Prozessen einher. Die Lösung psychischer Probleme besitzt in der Regel körperliche Begleiterscheinungen, und umgekehrt ist der Abbau körperlicher Blockierungen immer mit entsprechenden psychischen Veränderungen verknüpft. Dies wird besonders in den körperorientierten Techniken der humanistischen Bewegung deutlich. Ida Rolf hat beispielsweise ihre Strukturale Integration als rein körperliches Verfahren entwickelt (175). Viele ihrer Nachfolger merkten aber, daß ihre Klienten gelegentlich starke emotionale Erleichterung verspürten und daß sie intensive Erlebnisse biographischer, perinataler und sogar transpersonaler Art hatten. Als Folge davon beschlossen einige von ihnen, das Rolfing mit systematischer psychotherapeutischer Arbeit zu kombinieren (182). Eine ähnliche Situation besteht offenbar im Hinblick auf die Feldenkrais-Übungen, die Mentastik von Trager, die Polaritätsmassage und sogar die Akupunktur.

Von allen Techniken der humanistischen Psychologie ist Fritz Perls' Gestalttherapie dem in diesem Buch beschriebenen System wohl am nächsten. Perls legt den Schwerpunkt auf das Erleben im Hier-und-Jetzt mit all seinen Aspekten der begleitenden Körperprozesse, der Wahrnehmung, des Fühlens und des Denkens und nicht auf Erinnerungen und die intellektuelle Analyse. Die Gestalttherapie war zwar ursprünglich für Probleme biographischer Art gedacht, doch können Klienten im Rahmen einer intensiven Gestaltarbeit gelegentlich verschiedene perinatale Handlungsabfolgen und sogar transpersonale Phänomene erleben, etwa Erinnerungen aus ihrer Existenz als Embryo, aus dem Leben ihrer Vorfahren oder aus der Stammesgeschichte ihrer Rasse, Identifizierungen mit Tieren oder Begegnungen mit archetypischen Wesen. Dies kann trotz der Bedingungen geschehen, die für die Arbeit der meisten Gestalttherapeuten typisch sind, nämlich die sitzende Position des Klienten, die Anwendung verbaler Taktiken und die biographische Orientierung. Ich möchte aber ganz besonders hervorheben, daß es keinen Grund gibt, weshalb die Grundprinzipien der Gestalttherapie nicht auch – wenn es die Konzeption des Behandelnden zuläßt – auf die Arbeit an perinatalen und transpersonalen Problemen angewendet werden könnte. Einige Gestalttherapeuten wie Richard und Christine Price haben schon Wege in dieser Richtung eingeschlagen. Sie lassen die liegende Position zu, schränken in bestimmten Situationen die verbale Interaktion mit dem Klienten ein und lassen ihm im Hinblick auf seine Erlebnisebene unbegrenzte Freiheit.

Interessant ist in diesem Zusammenhang auch das Implosion-Explosion-Paradigma, das für die Gestalttherapie so typisch ist. Zwar kommt es gewöhnlich in einem biographischen Kontext zum Ausdruck, doch scheint es tiefer verborgene perinatale Mechanismen widerzuspiegeln. Eine andere für unsere Diskussion sehr wichtige Beobachtung ist die Tatsache, daß Klienten beim Wiedererleben komplexer Szenen in psychedelischen Sitzungen sich häufig spontan mit den Protagonisten identifizieren, und zwar mit jedem einzelnen von ihnen der Reihe nach oder mit allen gleichzeitig. Genau dies versucht die Gestalttherapie mit Hilfe spezifischer Anleitungen und strukturierter Interaktionssequenzen zu erreichen, insbesondere in der Arbeit an Träumen und Phantasien. Im allgemeinen sind also die Grundprinzipien der Gestalttechnik den in diesem Buch vertretenen Anschauungen sehr ähnlich. Der grundlegende Unterschied besteht darin, daß die Gestalttherapie ausschließlich auf der biographischen Ebene verharrt und nicht die perinatale sowie die transpersonale Ebene des Unbewußten erkennt.

Eine andere Technik, die unsere besondere Aufmerksamkeit verdient, ist Arthur Janovs Primärtherapie. Seine Beschreibung der verschiedenen Schichten von Urschmerzen zeigt bemerkenswerte Parallelen mit meinem Konzept der COEX-Systeme, das ich erstmals in einem Vordruck für den 1966 in Amsterdam stattgefundenen Internationalen Kongreß für LSD-Psychotherapie umriß (65) und in meinem Buch *Topographie des Unbewußten* (67) ausführlich darlegte. Janov erkennt auch die Bedeutung des Geburtstraumas an, faßt es aber rein biologisch und in viel engerer Weise als mein Konzept der perinatalen Matrizen auf. Zudem mangelt es ihm an jeder Erkenntnis und jedem Bewußtsein der transpersonalen Dimensionen der Psyche. Zwar wirkt das von ihm angewendete Verfahren so stark, daß die Klienten nicht nur in perinatale, sondern auch in transpersonale Bereiche geraten und mit Erinnerungen an frühere Inkarnationen, mit archetypischen Sequenzen, Besessenheitszuständen und mystischen Erlebnissen konfrontiert werden können. Sein theoretisches System ist aber oberflächlich, mechanistisch und antispirituell und wird deshalb nicht allen durch sein Verfahren auslösbaren Erlebnissen gerecht. Immer mehr Anhänger Janovs geraten deshalb nach Monaten intensiver Therapie in ein unlösbares Dilemma und in quälende Verwirrung, weil sie durch die Primärtherapie in transpersonale Bereiche getrieben werden, mit denen Janovs enge Theorie nichts anfangen kann. Nach außen hat sich diese Entwicklung in einer tiefen Spaltung in der primärtherapeutischen Bewegung und in der Bildung von theoretisch aufgeschloseneren Splittergruppen bemerkbar gemacht.

Perinatale und auch transpersonale Erlebnisse wurden gelegentlich auch schon in Encountergruppen, Marathonsitzungen und speziell in Paul Bindrims Nacktmarathon- und aquaenergetischen Sitzungen beobachtet (16). Sehr häufig treten sie in den Rebirthing-Sitzungen von Leonard Orr (141) und Elisabeth Feher (38) auf. Die Selbsterfahrungstechniken der humanistischen Psychologie zeigen also in vielerlei Hinsicht Ähnlichkeit mit der in diesem Buch vertretenen Anschauung. Meistens aber wird die perinatale Ebene des Unbewußten nur oberflächlich und unvollständig erfaßt und die transpersonale Sphäre überhaupt nicht wahrgenommen. Dieser Mangel wurde durch die Entwicklung der transpersonalen Psychologie behoben, einer Bewegung, die die spirituellen Dimensionen der menschlichen Psyche in ihrer Bedeutung vollständig erkannt hat.

Psychotherapien mit transpersonaler Orientierung

Im Laufe der rapiden Entwicklung der humanistischen Psychologie in den sechziger Jahren kristallisierte sich innerhalb dieser Bewegung immer deutlicher eine Richtung heraus, die die humanistische Position mit ihrer Hervorhebung der Persönlichkeitsentfaltung und der Selbstverwirklichung für zu eng und begrenzt hielt. Spiritualität und transzendentale Bedürfnisse wurden als Aspekte aufgefaßt, die von jeher der menschlichen Natur eigen sind, und man betonte das Recht jedes einzelnen Menschen, seinen »Weg« zu wählen oder zu ändern. Viele führende humanistische Psychologen zeigten wachsendes Interesse an verschiedenen früher vernachlässigten Bereichen und Themen der Psychologie, an mystischen Erfahrungen, an Erlebnissen der Transzendenz, an der Ekstase, am kosmischen Bewußtsein, an Theorie und Praxis der Meditation oder an den Synergien zwischen einzelnen Menschen bzw. zwischen einzelnen Spezies (190).

Die Vereinigung all dieser ursprünglich isolierten Tendenzen und ihre Konsolidierung in einer neuen psychologischen Bewegung, die sich »Vierte Kraft« nannte, waren in erster Linie das Werk zweier Männer, Anthony Sutich und Abraham Maslow, die beide schon früher eine wichtige Rolle in der Geschichte der humanistischen Psychologie gespielt hatten. Obwohl sich die transpersonale Psychologie endgültig erst gegen Ende der sechziger Jahre als eine eigenständige Disziplin etablierte, hatte es schon mehrere Jahrzehnte vorher Trends in dieser Richtung gegeben. Die bedeutsamsten Vertreter dieser Orientierung waren Carl Gustav Jung, Roberto Assagioli und Abraham Maslow. In diesem Zusammenhang seien auch die höchst interessanten und kontroversen Systeme der Dianetik und Scientology genannt, die außerhalb des wissenschaftlichen Rahmens von Ron Hubbard (79) entwickelt wurden. Einen mächtigen Anstoß für die neue Bewegung bildeten die klinischen Forschungen mit psychedelischen Drogen, insbesondere die LSD-Psychotherapie und die durch sie ermöglichten neuen Einblicke in die menschliche Psyche.

Carl Gustav Jung kann wohl als der erste moderne Psychologe bezeichnet werden. Die Differenzen zwischen seinen Theorien und der Freudschen Psychoanalyse sind repräsentativ für die Differenzen zwischen moderner und klassischer Psychotherapie. Zwar hatten einige Nachfolger Freuds radikale Neuerungen in die Psychologie eingeführt, doch stellte Jung als einziger sie in ihrem innersten Kern und ihren philosophischen Grundlagen in Frage, nämlich in ihrer kartesianisch-Newtonschen Gesinnung. June Singer (185) hat diesen Sachverhalt in prägnanten Worten ausgedrückt. Sie schreibt, daß Jung die Bedeutung des

Unbewußten statt des Bewußten, des Rätselhaften statt des Bekannten, des Mystischen statt des Wissenschaftlichen, des Kreativen statt des Produktiven und des Religiösen statt des Weltlichen hervorhob.

Für Jung waren das Unbewußte und seine Dynamik von größter Wichtigkeit, doch er faßte es grundlegend anders auf als Freud. Er betrachtete die Psyche als das Ergebnis des Zusammenwirkens bewußter und unbewußter Elemente, zwischen denen ein ständiger Energieaustausch und Energiefluß herrscht. Das Unbewußte war für ihn kein psychobiologischer Schrottplatz unterdrückter triebhafter Regungen, verdrängter Erinnerungen und unterbewußt angeeigneter Verbote, sondern ein kreatives und intelligentes Prinzip, das das Individuum mit allen Menschen, der Natur und dem gesamten Kosmos verbindet. Nach seiner Auffassung ist das Unbewußte nicht lediglich historisch determiniert, sondern besitzt eine projektive, teleologische Funktion.

Beim Studium der spezifischen Dynamik des Unbewußten entdeckte Jung (93) funktionale Einheiten, für die er die Bezeichnung *Komplexe* prägte. Komplexe sind Konstellationen psychischer Elemente – von Gedanken, Meinungen, Haltungen und Überzeugungen –, die sich um ein Kernthema scharen und mit bestimmten Gefühlen verbunden sind. Jung war in der Lage, Komplexe von biographisch determinierten Bereichen des individuellen Unbewußten bis zu Mythen bildenden Urmustern zurückzuverfolgen, die er *Archetypen* nannte. Er fand heraus, daß im innersten Kern der Komplexe archetypische Elemente mit verschiedenen Aspekten der physischen Umwelt eng verknüpft sind. Zuerst betrachtete er dies als einen Hinweis auf die Tatsache, daß ein auftauchender Archetyp eine Disposition für bestimmte äußere Umstände schafft. Später, bei der Untersuchung von Beispielen außergewöhnlicher Zusammentreffen oder *Synchronizitäten* in diesem Prozeß, zog er den Schluß, daß die Archetypen in irgendeiner Weise das Gewebe der phänomenalen Welt selber beeinflussen müßten. Da sie ihm als Bindeglieder zwischen der Materie und der Psyche oder dem Bewußtsein erschienen, bezeichnete er sie als *Psychoide* (90).

Jung sah den Menschen nicht als eine biologische Maschine an. Er erkannte vielmehr, daß in einem als *Individuation* bezeichneten Prozeß der einzelne Mensch die engen Grenzen des Ich und des persönlichen Unbewußten überschreiten und sich mit dem Selbst vereinen kann, das alle Menschen und den gesamten Kosmos umfaßt. Somit läßt sich Jung als erster Vertreter der transpersonalen Orientierung in der Psychologie betrachten.

Aufgrund sorgfältiger Analyse seines eigenen Traumlebens, der Träume von Patienten sowie der Phantasien und Wahnvorstellungen von Psychotikern entdeckte Jung, daß ihnen allen Bilder und Motive gemeinsam waren, die sich in weit voneinander entfernten Orten auf der ganzen Erde und in verschiedenen Stadien der Menschheitsgeschichte wiederfinden. Er kam zu dem Schluß, daß es neben dem individuellen Unbewußten ein kollektives Unbewußtes gibt, das alle Menschen teilen und in dem sich die kreative kosmische Kraft manifestiert. Die verschiedenen Religionen und Mythen der Welt können als einzigartige Quelle von Informationen über die kollektiven Aspekte des Unbewußten aufgefaßt werden. Nach Freud lassen sich Mythen als Darstellungen charakteristischer Kindheitsprobleme und -konflikte verstehen. Ihre allgemeine Verbreitung spiegele die Gemeinsamkeit menschlicher Erfahrung wider. Jung fand diese Erklärung inakzeptabel. Immer wieder beobachtete er, daß die universellen mythologischen Motive – oder »Mythologeme« – bei Personen wiederkehrten, die zweifellos über keinerlei Wissen dieser Art verfügten. Daraus meinte er zu ersehen, daß es in der unbewußten Psyche Mythen bildende strukturelle Elemente gibt, die für das Phantasieleben und die Träume einzelner Menschen sowie die Mythen der Völker verantwortlich sind. Träume können somit als individuelle Mythen und Mythen als kollektive Träume interpretiert werden.

Freud zeigte sein ganzes Leben lang ein sehr tiefes Interesse an der Religion und der Spiritualität. Wie er glaubte, müßte es im allgemeinen möglich sein, eine rationale Erklärung für irrationale Prozesse zu finden, und er neigte dazu, die Religion aus ungelösten Konflikten im infantilen Stadium der psychosexuellen Entwicklung abzuleiten. Im Gegensatz zu Freud war Jung bereit, das Irrationale, Paradoxe und sogar Rätselhafte zu akzeptieren. Er hatte im Laufe seines Lebens viele religiöse Erlebnisse, die ihn von der Realität der spirituellen Dimension in der universellen Anordnung der Dinge überzeugten. Jung ging von der Grundannahme aus, daß das spirituelle Element ein organischer und wesentlicher Teil der Psyche ist. Die echte Spiritualität ist ein Aspekt des kollektiven Unbewußten und hängt weder von den formenden Einflüssen in der Kindheit noch vom allgemeinen kulturellen Hintergrund oder der Bildung ab. Wenn also die Selbsterforschung und Selbstanalyse genügend weit fortgeschritten ist, tauchen spirituelle Elemente spontan im Bewußtsein auf.

Jung (89) unterschied sich von Freud auch im Hinblick auf das zentrale Konzept der Psychoanalyse, nämlich das der Libido. Er faßte sie nicht als eine rein biologische Kraft auf, die nach mechanischer Entladung drängt, sondern als ein kreatives Element der Natur, als ein kosmisches Prinzip, das mit dem »Elan vital« vergleichbar ist. Jungs echte Würdigung der Spiritualität und seine Vorstellung von der Libido als einer kosmischen Kraft schlugen sich auch in einem einzigartigen Konzept von der Funktion von Symbolen nieder. Für Freud waren Symbole analoge Ausdrucksformen oder Anspielungen auf bereits bekannte Dinge. In der Psychoanalyse wird ein Bild statt eines anderen benutzt, gewöhnlich für etwas Verbotenes aus dem sexuellen Bereich. Jung war mit dieser Verwendung des Begriffs Symbol nicht einverstanden und bezeichnete die Freudschen Symbole als Zeichen. Ein wahres Symbol wies seiner Meinung nach über sich selbst in eine höhere Bewußtseinsebene hinaus. Es ist die bestmögliche Formulierung von etwas noch nicht Bekanntem, ein Archetyp, der sich nicht deutlicher oder spezifischer darstellen läßt.

Was Jung wirklich zum ersten modernen Psychologen macht, ist seine wissenschaftliche Methode. Freuds Ansatz war rein historisch und deterministisch. Er war daran interessiert, rationale Erklärungen für alle psychischen Phänomene zu finden und sie gemäß den Gesetzen der linearen Kausalität bis zu ihren biologischen Wurzeln zurückzuverfolgen. Jung war sich der Tatsache bewußt, daß die lineare Kausalität nicht das einzig bestimmende verbindende Prinzip in der Natur ist. Er entwarf das Konzept der *Synchronizität* (91), eines akausalen Verbindungsprinzips, das sich auf sinnvolles Zusammentreffen zeitlich und/oder räumlich getrennter Ereignisse bezieht. Er interessierte sich sehr für die Entwicklung der modernen Physik und hielt Kontakte mit ihren prominenten Vertretern aufrecht.[8] Jungs Bereitschaft, den Bereich des Paradoxen, Rätselhaften und Unbeschreibbaren zu betreten, zeigt sich auch in seiner Aufgeschlossenheit gegenüber den großen spirituellen Philosophien des Ostens, gegenüber parapsychologischen Phänomenen, dem I-Ging und der Astrologie.

Die Beobachtungen im Rahmen der LSD-Psychotherapie haben wiederholt die meisten brillanten Einsichten Jungs bestätigt. Zwar erfaßt sogar die Analytische Psychologie nicht in angemessener Weise das gesamte Spektrum psychedelischer Phänomene, doch sind bei ihr von allen tiefenpsychologischen Therapiesystemen die geringsten Revisionen oder Modifikationen erforderlich. Auf der biographischen Ebene besitzen die von Jung (91) beschriebenen psychischen Komplexe große Ähnlichkeit mit den COEX-Systemen, auch wenn beide Konzepte nicht identisch sind. Weiter waren sich Jung und seine Nachfolger der Bedeutung des Tod-Wiedergeburt-Prozesses bewußt und haben Beispiele für dieses Phänomen aus den verschiedensten Kulturen zusammengetragen und analysiert, angefangen von den alten griechischen Mysterien bis hin zu den Übergangsriten der Naturvölker. Jungs grundlegendster Beitrag zur Psychotherapie besteht aber in seiner Erkenntnis der spirituellen Dimensionen der Psyche und seinen Entdeckungen in den transpersonalen Bereichen.

Das Material aus der psychedelischen Forschung und aus intensiver Selbsterfahrung stützt in erheblichem Maß die Annahme, daß es ein kollektives Unbewußtes und dynamisch wirksame archetypische Strukturen gibt. Es bestätigt auch Jungs Auffassung von der Natur der Libido, seine Unterscheidung zwischen dem Ich und dem Selbst, seine Erkenntnis der kreativen und prospektiven Funktionen des Unbewußten sowie sein Konzept des Individuationsprozesses. Alle diese Elemente lassen sich unabhängig sogar in der psychedelischen Arbeit mit Personen nachweisen, die nicht mit Jungs Theorien vertraut sind. Material dieser Art taucht auch häufig in LSD-Sitzungen mit Therapeuten auf, die nicht Jungianer sind keine Ausbildung in Jungscher Analyse haben. Die Literatur der Analytischen Psychologie ist zudem sehr hilfreich für das Verständnis verschiedener archetypischer Bilder und Motive, die sich spontan in Selbsterfahrungstherapien einstellen und die transpersonale Ebene des Unbewußten widerspiegeln. Unabhängige Beobachtungen im Rahmen intensiver Selbsterfahrung haben auch Jungs Annahmen über die Bedeutung der Synchronizität betätigt.

Die Unterschiede zwischen den in diesem Buch dargestellten Konzepten und den Theorien Jungs sind gering im Verhältnis zu den weitgehenden Entsprechungen. Wie bereits erwähnt, ist das Konzept der COEX-Systeme ähnlich, aber nicht identisch mit der Jungschen Beschreibung eines psychischen Komplexes. Die Jungsche Psychologie weist auch ein recht gutes allgemeines Verständnis des Tod-Wiedergeburt-Prozesses auf, nämlich als ein archetypisches Thema, scheint aber die besondere Position und bestimmte wesentliche Eigentümlichkeiten dieses Prozesses, die ihn von allen anderen Archetypen unterscheiden, nicht zu erkennen. Die perinatalen Phänomene mit ihrem Akzent auf Motiven der Geburt und des Todes bilden die Berührungslinie zwischen dem Individuum und den transpersonalen Bereichen. Die Erlebnisse des Sterbens und Wiedergeborenwerdens helfen dem betreffenden Menschen, sich philosophisch von der ausschließlichen Identifikation mit der Ich-Körper-Einheit und der biologischen Seinsform zu lösen. Eine tiefgehende Konfrontation auf dieser Ebene der Psyche ist fast immer mit einem Gefühl der Gefahr für Leib und Leben und mit einem Kampf auf Leben und Tod verknüpft. Die Tod-Wiedergeburt-Erlebnisse besitzen eine wichtige biologische Dimension. Sie gehen in der Regel mit einem breiten Spektrum dramatischer physiologischer Äußerungen einher, mit heftigen motorischen Entladungen, Gefühlen des Erstickens, kardiovaskulären Beschwerden und Störungen, Verlust der Kontrolle über die Blase, Übelkeit und Erbrechen, Hyperventilation und übermäßigem Schwitzen.

Die Jungsche Analyse, die sich subtilerer Techniken als die psychedelische Therapie oder einige der neuen hochwirksamen Selbsterfahrungsmethoden bedient, setzt den Schwerpunkt auf die psychischen, philosophischen und spirituellen Dimensionen des Tod-Wiedergeburt-Prozesses, befaßt sich aber nur selten – wenn überhaupt – in effektiver Weise mit den psychosomatischen Komponenten. Auch scheint sie den rein biographischen Aspekten perinataler Phänomene nur wenig Beachtung zu schenken. In Selbsterfahrungstherapien wird man immer mit einem Gemisch aus detaillierten Erinnerungen an die tatsächliche Geburt und begleitenden archetypischen Themen konfrontiert. In Theorie und Praxis der Analytischen Psychologie hingegen spielen Erinnerungen an konkrete Ereignisse während der Entbindung offenbar nur eine geringfügige Rolle.

Was den transpersonalen Bereich angeht, so scheint die Jungsche Psychologie bestimmte Erlebniskategorien mit beträchtlicher Detailliertheit erforscht zu haben, andere hingegen völlig zu vernachlässigen. Zu den Gebieten, die von Jung und seinen Nachfolgern entdeckt und gründlich studiert wurden, zählen die Archetypen und das kollektive Unbewußte, die mythopoetischen Eigenschaften der Psyche, bestimmte parapsychologische Phänomene und synchronistische Verbindungen zwischen psychischen Prozessen und der phänomenalen Realität. Es gibt aber offenbar keine echte Würdigung transpersonaler Erfahrungen, die eine Verbindung mit verschiedenen Aspekten der materiellen Welt vermitteln. Dazu gehören beispielsweise die authentische Identifikation mit anderen Menschen, Tieren, Pflanzen oder anorganischen Prozessen sowie das Erleben von historischen, phylogenetischen, geophysikalischen oder astronomischen Ereignissen, die Zugang zu neuen Informationen über verschiedene Aspekte der »objektiven Realität« verschaffen können. Angesichts des tiefen Interesses Jungs an den spirituellen Philosophien des Ostens und seiner diesbezüglichen umfangreichen Kenntnisse ist es auch sehr verwunderlich, daß er beinahe vollständig Inkarnationsphänomene, die in jeder intensiven Selbsterfahrungstherapie von wesentlicher Bedeutung sind, übersah und vernachlässigte.

Der letzte große Unterschied zwischen der Jungschen Analyse und den in diesem Buch besprochenen Therapieformen, der psychedelischen Therapie und der holonomen Integration, ist die Betonung des direkten Erlebens tieferer psychischer Bereiche, das sowohl psychologische als auch physiologische Dimensionen besitzt. Zwar äußert sich die biologische Komponente in ihrer dramatischsten Form in Verbindung mit den perinatalen Phänomenen, doch können verschiedene Erlebnisse biographischer und transpersonaler Natur ebenfalls bedeutsame körperliche Begleiterscheinungen haben. Als wichtige Beispiele wären hier anzuführen das authentische kindliche Grimassenschneiden, Sprechen und Verhalten oder das Auftreten des Saugreflexes im Rahmen der Altersregression, spezifische Haltungen, Bewegungen und Laute in Verbindung mit Tieridentifikationen sowie rasende Bewegungen, eine »Maske des Bösen« oder sogar Anspeien im Zusammenhang mit dem Auftauchen eines dämonischen Archetyps. Trotz all der genannten Differenzen aber scheinen die Jungianer allgemein für die in diesem Buch beschriebenen Dinge theoretisch am besten gerüstet zu sein, wenn sie sich nur an die dramatischen Phänomene gewöhnen können, die sich in der psychedelischen Therapie, in der holonomen Integration oder im Rahmen in tiefe psychische Bereiche vordringender Selbsterfahrungstherapien einstellen.

Ein anderes interessantes und bedeutsames transpersonales Therapiesystem ist die *Psychosynthese,* die von dem italienischen Psychiater Roberto Assagioli (5) entwickelt wurde. Er gehörte ursprünglich der Freudschen Schule an und zählte zu den Pionieren der Psychoanalyse in Italien. In seiner Doktorarbeit von 1910 aber legte er seine schwerwiegenden Einwände gegen sie dar und besprach ihre Mängel und Beschränkungen. In den Jahren darauf entwarf Assagioli ein erweitertes Modell der Psyche und entwickelte die Psychosynthese als ein neues Verfahren zum Zwecke der Therapie und Selbsterforschung. Sein theoretisches System beruht auf der Annahme, daß sich ein Mensch in einem ständigen Prozeß des Wachstums und der Reifung befindet, in dem sich seine verborgenen Möglichkeiten entfalten. Assagioli hebt die positiven, kreativen und erfreulichen Elemente der menschlichen Natur hervor und betont die Funktion des Willens.

Assagiolis Kartographie der menschlichen Persönlichkeit besitzt gewisse Ähnlichkeit mit dem Jungschen Modell, da es die spirituellen Bereiche und die kollektiven Elemente der Psyche enthält. Sein System ist sehr komplex und setzt sich aus sieben Grundbestandteilen dynamischer Natur zusammen. Das tiefere

Unbewußte bestimmt die grundlegenden psychischen Aktivitäten, etwa die primitiven Triebregungen und emotionale Komplexe. Das mittlere Unbewußte, in dem die Erfahrungen vor dem Bewußtwerden assimiliert werden, hat offenbar grobe Ähnlichkeit mit dem Freudschen Vorbewußten. Der Bereich des Überbewußten ist der Sitz der höheren Gefühle und Fähigkeiten, etwa der Intuition und der Inspiration. Das Bewußtseinsfeld umfaßt analysierbare Gefühle, Gedanken und Impulse. Der Punkt reiner Bewußtheit wird als das bewußte Selbst bezeichnet, während das höhere Selbst den Aspekt des Menschen darstellt, der unabhängig vom Bewußtsein von Geist und Körper existiert. All die genannten Komponenten sind im kollektiven Unbewußten eingeschlossen. Ein wichtiges Konzept in der Psychosynthese Assagiolis ist das der Sub-Persönlichkeiten, d. h. dynamischer Substrukturen der menschlichen Persönlichkeit, die ein relativ eigenständiges Leben führen. Die häufigsten von ihnen beziehen sich auf die Rollen, die wir in unserem Leben spielen, etwa die des Sohnes oder der Tochter, des Vaters oder der Mutter, des oder der Geliebten, des Arztes oder der Ärztin, des Lehrers oder der Lehrerin, des Beamten oder der Beamtin usw.

Der therapeutische Prozeß der Psychosynthese beinhaltet vier aufeinanderfolgende Stadien. Als erstes lernt der Klient verschiedene Elemente seiner Persönlichkeit kennen. Der nächste Schritt besteht in der Loslösung von diesen Elementen und der damit erworbenen Fähigkeit, sie zu kontrollieren. Nachdem der Klient allmählich sein vereinigendes psychisches Zentrum entdeckt hat, kann er zur Psychosynthese gelangen, die durch den Höhepunkt des Selbstverwirklichungsprozesses und die Integration der verschiedenen Selbste um das neue Zentrum charakterisiert ist.

Der in diesem Buch beschriebene Ansatz hat mit der Psychosynthese mehreres gemein, ihre Hervorhebung des Spirituellen und Transpersonalen, die Konzepte des Überbewußten und des kollektiven Unbewußten, sowie die Auffassung, daß bestimmte, gegenwärtig als psychotisch bezeichnete Zustände angemessener als spirituelle Krisen mit der Möglichkeit zum Wachstum und zur Umwandlung der Persönlichkeit verstanden werden können (6). Eine andere große Ähnlichkeit besteht in dem Konzept, daß über verschiedene Aspekte der Psyche Kontrolle gewonnen werden kann, indem man sich ihnen im Erleben stellt und sich vollständig mit ihnen identifiziert.

Der Hauptunterschied liegt im Umgang mit den dunklen und schmerzlichen Aspekten der Persönlichkeit. Ich teile zwar Assagiolis Hervorhebung des kreativen und überbewußten Potentials der Psyche, doch habe ich die Erfahrung gemacht, daß eine direkte Konfrontation mit ihren dunklen Seiten – egal, wann diese sich im Laufe der Selbsterforschung manifestieren – der Heilung, der spirituellen Öffnung und der Bewußtseinsentwicklung dienlich ist. Umgekehrt ist eine einseitige Betonung der hellen, problemfreien und erfreulichen Seite des Lebens nicht ohne Gefahren. Sie kann zur Verdrängung und Leugnung des Schattens benutzt werden, der sich dann in weniger deutlichen Formen und

Farben ausdrücken oder den spirituellen Prozeß verzerren kann. Das Endresultat besteht unter Umständen in verschiedenen spirituellen Abirrungen, sei es in Form einer nicht überzeugenden, übertriebenen Karikatur eines spirituellen Menschen oder der Tyrannei und Kontrolle anderer im Namen transpersonaler Werte. Ich gebe einer inneren Erforschung im Geiste eines »transzendentalen Realismus« den Vorzug, der die Bereitschaft einschließt, sich allen Aspekten der eigenen Psyche und des Universums in ihrem dialektischen und einander ergänzenden Zusammenspiel der Gegensätze zu stellen.

Wie auch die Jungsche Analyse konzentriert sich die Psychosynthese offenbar auf die Gefühle, die Wahrnehmungen und die Denkvorgänge während des therapeutischen Prozesses, wird aber der Bedeutung seiner biologischen Komponenten nicht gerecht. Durch ihre einseitige Ausrichtung auf die symbolische Sprache der Psyche scheint sie auch jene transpersonalen Erlebnisse zu vernachlässigen, die spezifische Elemente der phänomenalen Welt direkt widerspiegeln. So würden einige der Subpersönlichkeiten, die in einer Phantasieübung als mehr oder weniger abstrakte intrapsychische Strukturen erscheinen, im Rahmen einer Selbsterforschung unter Zuhilfenahme von psychedelischen Drogen, kontrolliertem Atem oder Musik als Reflexionen echter, nach dem Muster von Matrizen wirkender Einflüsse entschlüsselt werden, etwa als Einflüsse der Vorfahren, aus der Phylogenese, aus der Geschichte der Gattung oder aus früheren Inkarnationen. Sie könnten sich auch als authentische Erlebnisse der Bewußtseinsverschmelzung mit anderen Menschen, Tieren oder anderen Aspekten der phänomenalen Welt erweisen. Die Psyche kann nicht nur mit symbolischen Formen aus der Welt des Menschen, der Tiere und der Natur spielerisch umgehen, sondern offenbar auch über holographisch gespeicherte Informationen über die gesamte Welt der Phänomene, die Gegenwart, die Vergangenheit und die Zukunft verfügen.

Der wichtigste praktische Unterschied zwischen Assagiolis Psychosynthese und den in diesem Buch beschriebenen Strategien dürfte wohl das Ausmaß der formalen Strukturierung und Leitung durch den Therapeuten sein. Zur Psychosynthese gehört ein umfassendes System aus hochgradig strukturierten Übungen, wohingegen der hier vertretene Ansatz die unspezifische Aktivierung des Unbewußten hervorhebt und das Material spontan auftauchen läßt, weil sich darin die autonome Dynamik der Psyche des Klienten widerspiegelt.

Die Ehre, als erster die Prinzipien der transpersonalen Psychologie explizit formuliert zu haben, gebührt *Abraham Maslow,* dessen Rolle in der Entwicklung der humanistischen und der transpersonalen Psychologie schon an früherer Stelle gewürdigt wurde. In diesem Zusammenhang möchte ich kurz auf diejenigen Aspekte seiner Arbeit eingehen, die für die transpersonale Theorie direkt relevant sind, und sie mit den Beobachtungen im Rahmen der psychedelischen Therapie und anderer intensiver Selbsterfahrungstherapien ohne Zuhilfenahme von Drogen vergleichen.

Einer von Maslows Beiträgen von dauerhaftem Wert ist seine Untersuchung an Personen, die spontan mystische Erlebnisse – von Maslow als »Gipfelerlebnisse« bezeichnet – hatten (127). In der traditionellen Psychiatrie werden mystische Erfahrungen jeder Art gewöhnlich unter der Rubrik schwere psychopathologische Störungen abgehandelt. Sie gelten als Anzeichen für einen psychotischen Prozeß. In seiner umfassenden und sorgfältigen Untersuchung konnte Maslow aber nachweisen, daß Personen mit spontanen »Gipfelerlebnissen« von diesen häufig profitierten und eine deutliche Neigung zur »Selbstverwirklichung« und »Selbstaktualisierung« zeigten. Solche Erlebnisse verdienten seiner Meinung nach die Bezeichnung übernormal statt abnormal, und er setzte die Grundlagen für eine neue Psychologie, die dieser Tatsache gerecht wurde.

Ein anderer bedeutsamer Aspekt von Maslows Arbeit war seine Analyse der menschlichen Bedürfnisse und seine Revision der Triebtheorie. Wie er meinte, sind höhere Bedürfnisse ein wichtiges und authentisches Merkmal der menschlichen Persönlichkeitsstruktur und lassen sich nicht auf Grundinstinkte zurückführen. Nach seiner Auffassung spielen höhere Bedürfnisse eine wesentliche Rolle in der geistigen Gesundheit bzw. Krankheit. Höhere Werte (Metawerte) und die Impulse, nach ihnen zu handeln (Metamotivationen) sind untrennbarer Bestandteil der menschlichen Natur. Die Anerkennung dieser Tatsache ist für jede sinnvolle Theorie von der menschlichen Persönlichkeit absolut unerläßlich (128).

Beobachtungen im Rahmen von Selbsterfahrungstherapien, die bis in tiefe Schichten der Psyche vordringen, bestätigen Maslows Theorien weitgehend. Ekstatische Erlebnisse der Vereinigung mit dem Kosmos, die sich in diesem Zusammenhang einstellen können, haben – wenn sie richtig integriert werden – positive Konsequenzen, die bis in winzige Details den Beobachtungen aus Maslows Untersuchung an Personen mit spontanen »Gipfelerlebnissen« entsprechen. Ihre Heilkraft ist unvergleichlich größer als alles nur Denkbare, was das Arsenal der modernen Psychiatrie zu bieten hat, so daß absolut kein Grund besteht, sie als pathologische Phänomene abzutun.

Maslows Grundmodell von der menschlichen Persönlichkeit wird ebenfalls durch die Selbsterfahrungstherapien gestützt. Nur die frühen Stadien des Selbsterfahrungsprozesses, in denen die betreffenden Personen mit biographischen und perinatalen Traumen konfrontiert werden, scheinen zu Freuds düsterer Vorstellung zu passen, nach der die Menschen von mächtigen Instinkten aus dem Inferno des individuellen Unbewußten gelenkt werden. Sobald aber die Selbsterfahrung über das Erlebnis des Ich-Todes hinaus in transpersonale Bereiche vordringt, werden hinter diesem Schirm aus Negativität die dem Menschen innewohnenden Quellen der Spiritualität und kosmischen Empfindungen sichtbar. Es erschließt sich der Zugang zu einem neuen System aus Werten und Motivationen, die von den Grundinstinkten unabhängig sind und den Kriterien der Maslowschen Metawerte und Metamotivationen genügen (128).

Weitgehende Parallelen existieren auch zwischen den in diesem Buch präsentierten Konzepten und den kontroversen Systemen der *Dianetik* und der *Scientology* von *Ron Hubbard* (79). Ein eingehender Vergleich würde eine spezielle Untersuchung erfordern, da es neben den Ähnlichkeiten auch bedeutsame Unterschiede gibt. Hubbards bemerkenswerte Einsichten sind leider durch ihre praktische Anwendung im Rahmen einer dubiosen Organisation, der es an professioneller Glaubwürdigkeit mangelt und die sich zudem durch ihre Machtansprüche kompromittiert, in Mißkredit geraten. Dieser Umstand sollte aber für den aufgeschlossenen Forscher keine Verringerung ihres Wertes bedeuten, der in der Scientology eine Goldmine brillanter Ideen finden wird. Der Leser, der an einem Vergleich zwischen den Ergebnissen Hubbards und den Beobachtungen aus der psychedelischen Forschung interessiert ist, sei auf einen speziellen Aufsatz zu diesem Thema von Klaus Gormsen und Jørgen Lumbye (64) verwiesen. Ich möchte hier nur kurz die wichtigsten Punkte zusammenfassen. Die Scientology ist das einzige System, das neben der psychedelischen und der holotropen Therapie die Bedeutung körperlicher Traumen hervorhebt. Hubbard unterscheidet zwischen »Engrammen« – Gedächtnisspuren von körperlichen Schmerzen und Zeiten der Bewußtlosigkeit – und »Sekundärphänomenen« – geistigen Bildern, die Emotionen wie Trauer oder Wut beinhalten. Diese Sekundärphänomene beziehen ihre Wirkung von den Engrammen, die noch grundlegenderer Natur sind und die tiefste Ursache psychischer Probleme bilden. Einige zusätzliche Parallelen wären die Anerkennung der ausschlaggebenden Bedeutung des Geburtstraumas und der vorgeburtlichen Einflüsse, einschließlich der Empfängnis, die Anerkennung der Bedeutung von Erinnerungen an Ereignisse aus der Zeit der Vorfahren und der Evolutionsgeschichte (von »Erlebnissen auf der genetischen Linie«, wie Hubbard sie nennt), sowie die Hervorhebung der Bedeutung von Inkarnationsphänomenen.

In den letzten zehn Jahren ist die transpersonale Psychologie ständig gewachsen und hat sich zunehmend ausgebreitet. Ihre prominenten Vertreter und Vertreterinnen – Angeles Arrien, Arthur Deikman, James Fadiman, Daniel Goleman, Elmer und Alyce Green, Michael Harner, Arthur Hastings, Jean Houston, Jack Kornfield, Stanley Krippner, Lawrence Leshan, Ralph Metzner, Claudio Naranjo, Thomas Roberts, June Singer, Charles Tart, Frances Vaughan, Roger Walsh, Ken Wilber und viele andere – haben bedeutsame theoretische Beiträge zu diesem Gebiet geleistet und ihm wissenschaftliche Respektabilität verliehen. War die transpersonale Bewegung in den Anfangsjahren noch weitgehend isoliert, so hat sie jetzt sinnvolle Verbindungen zu anderen Disziplinen geknüpft, in denen – wie schon früher beschrieben – revolutionäre Entwicklungen stattfinden. Dies fand seinen Ausdruck in einer internationalen Vereinigung, der International Transpersonal Association (ITA), die einen ausgesprochen interdisziplinären Charakter hat.

Abschließend scheint es angebracht, die Beziehung zwischen der Praxis der transpersonalen Therapie und der mehr traditionellen psychotherapeutischen

Ansätze zu definieren. Wie es schon Frances Vaughan (199) deutlich gemacht hat, ist das Charakteristische für einen transpersonalen Therapeuten nicht der Inhalt, sondern der Gesamtrahmen; der Inhalt wird vom Klienten bestimmt. Ein transpersonaler Therapeut muß sich mit allen Fragen auseinandersetzen, die im therapeutischen Prozeß auftauchen, mit den irdischen Angelegenheiten, den biographischen Daten und den existentiellen Problemen. Das wahre Kennzeichen der transpersonalen Orientierung ist ein Modell der menschlichen Psyche, in dem die Bedeutung der spirituellen oder kosmischen Dimensionen sowie des Potentials zur Weiterentwicklung des Bewußtseins anerkannt wird. Unabhängig davon, auf welche Bewußtseinsebene der therapeutische Prozeß sich gerade konzentriert, ist sich der transpersonale Therapeut des gesamten Bewußtseinsspektrums ständig bewußt und auch jederzeit bereit, bei gegebenem Anlaß dem Klienten in neue Bereiche der Erfahrung zu folgen.

4 Der strukturelle Aufbau emotionaler Störungen

Die Beobachtungen im Rahmen der LSD-Psychotherapie und der neuen Selbster-fahrungstechniken ohne Zuhilfenahme von Drogen haben die theoretischen Kontroversen zwischen den wetteifernden tiefenpsychologischen Schulen durch einzigartige Einblicke in die komplexe und vielschichtige Struktur verschiedener psychopathologischer Syndrome in einem neuen Licht erscheinen lassen. Die rapide und elementare Entfaltung des therapeutischen Prozesses, die für viele dieser psychotherapeutischen Neuerungen charakteristisch ist, reduziert die Ver-zerrungen und Beschränkungen, denen die Patienten in rein verbalen Therapien unterworfen sind, auf ein Minimum. Das unter diesen Bedingungen auftauchende Material scheint in authentischerer Weise die tatsächlichen dynamischen Kon-stellationen hinter klinischen Symptomen widerzuspiegeln und bedeutet für den Therapeuten häufig eine vollkommene Überraschung, statt sich in sein Konzept zu fügen.

Im allgemeinen ist der sich unter diesen Bedingungen manifestierende struktu-relle Aufbau psychopathologischer Phänomene unendlich viel komplizierter und verzweigter, als er sich in irgendeinem der tiefenpsychologischen Modelle darstellt. Jede dieser theoretischen Konzeptionen ist zwar in einem beschränkten Umfang richtig, doch wird keine dem wahren Sachverhalt vollkommen gerecht. Um einen angemessenen Eindruck von den vernetzten unbewußten Prozessen zu bekommen, die den von der klinischen Psychiatrie untersuchten psychopatholo-gischen Erscheinungen zugrunde liegen, muß man die schon früher beschriebene erweiterte Kartographie der Psyche zu Hilfe nehmen. Sie umfaßt nicht nur die analytische Ebene der Lebenserinnerungen, sondern auch die perinatalen Matri-zen und das gesamte Spektrum des transpersonalen Bereichs.

Wie in den Selbsterfahrungstherapien deutlich wird, lassen sich nur sehr wenige emotionale und psychosomatische Syndrome einzig von der Dynamik des indivi-duellen Unbewußten herleiten. Deshalb gehen die psychotherapeutischen Schu-len, die nicht die transbiographischen Quellen psychopathologischer Erscheinun-gen anerkennen, von sehr oberflächlichen und unvollständigen Modellen der menschlichen Psyche aus. Sie sind auch ineffektiv, was die Arbeit mit den Patienten angeht, da sie nicht hochwirksame therapeutische Mechanismen einset-zen, die auf der perinatalen und transpersonalen Ebene verfügbar sind. Es gibt die verschiedenartigsten klinischen Probleme, die letztlich in der Dynamik des Tod-Wiedergeburt-Prozesses wurzeln. Sie stehen in einem bestimmten Zusammen-hang mit dem Geburtstrauma und der Furcht vor dem Tod und lassen sich deshalb nur durch eine Konfrontation mit der perinatalen Ebene des Unbewußten therapeutisch beeinflussen. Somit haben therapeutische Systeme, die die perinatale Dimension einbeziehen, *ceteris paribus* ein viel größeres therapeutisches Potential als solche, die sich auf die biographische Ebene beschränken.

Es gibt aber auch viele emotionale, psychosomatische und zwischenmenschliche Probleme, die in den transpersonalen Bereichen der menschlichen Psyche dynamisch verankert sind. Nur die Therapeuten, die die heilende Kraft transpersonaler Erlebnisse anerkennen und die spirituellen Dimensionen der menschlichen Psyche respektieren, können bei den Patienten, deren Probleme in diese Kategorie fallen, mit Erfolg rechnen. In vielen Fällen zeigen psychopathologische Symptome und Syndrome eine komplexe und vielschichtige dynamische Struktur. Sie haben bestimmte Verbindungen zu allen Hauptbereichen des Unbewußten, zum biographischen, perinatalen und transpersonalen Bereich. Um mit diesen Problemen effektiv umgehen zu können, muß ein Therapeut darauf gefaßt sein, Material aus allen diesen Ebenen zu begegnen und es dann sukzessiv bearbeiten. Dies erfordert große Flexibilität und eine unorthodoxe theoretische Denkweise.

Bei der Darstellung der neuen Einsichten in den strukturellen Aufbau psychopathologischer Phänomene werde ich zuerst auf die Probleme der Sexualität und der Aggression eingehen, weil diese beiden Aspekte des menschlichen Lebens in den theoretischen Spekulationen von Sigmund Freud und vielen seiner Nachfolger eine wesentliche Rolle gespielt haben. In den späteren Abschnitten werde ich systematisch spezifische emotionale Störungen abhandeln, die Depressionen, die Psychoneurosen, die psychosomatischen Erkrankungen und die Psychosen.

Sexuelle Fehlfunktionen und Abweichungen – Transpersonale Formen des Eros

Der Sexualtrieb oder die Lidido in ihren vielfältigen Erscheinungsformen und Umwandlungen spielt in den psychoanalytischen Spekulationen eine extrem bedeutsame Rolle. Freud hat in seiner klassischen Studie *Drei Abhandlungen zur Sexualtheorie* (53) die Probleme der menschlichen Sexualität bis zu ihren Ursprüngen in den Frühstadien der psychosexuellen Entwicklung des Kindes zurückverfolgt. Er postulierte, daß das Kind nacheinander mehrere deutlich voneinander abgehobene Stufen der libidinösen Organisation durchschreitet, von denen jede mit einer der erogenen Zonen verknüpft ist. Im Laufe der psychosexuellen Entwicklung bezieht das Kind primäre Triebbefriedigung zunächst aus oralen Aktivitäten und später, während der Sauberkeitserziehung, aus den analen und urethralen Funktionen. Zum Zeitpunkt der ödipalen Krise tritt die Libidoentwicklung in die phallische Phase. Dabei werden der Penis oder die Klitoris zu den dominierenden erogenen Zonen. Verläuft diese Entwicklung normal, dann werden die einzelnen Partialtriebe – der orale, der anale und der urethrale Trieb – in diesem Stadium dem Genitaltrieb untergeordnet.

Traumatische Einflüsse und psychische Störungen in verschiedenen Stadien dieser Entwicklung können zu Fixierungen und Konflikten führen, die unter Umständen im späteren Leben Störungen des Sexuallebens und bestimmte Psychoneurosen hervorrufen. Freud und seine Nachfolger erarbeiteten eine verwickelte dynamische Taxonomie, in der spezifische emotionale und psychosomatische Störungen mit Fixierungen in verschiedenen Stadien der Libido- und Ich-Entwicklung in Zusammenhang gebracht werden. In der alltäglichen psychoanalytischen Praxis ist die Bedeutung dieser fixierten Verbindungen durch die freien Assoziationen der Patienten bzw. Patientinnen wiederholt bestätigt worden. Jede Theorie, die die Erklärungen der Psychoanalyse anzweifelt, muß sich mit dem Problem auseinandersetzen, warum die Sexualität und bestimmte biographische Daten im Hinblick auf verschiedene psychopathologische Syndrome eine einzigartige kausale Verbindung aufweisen und eine überzeugende Alternativinterpretation dieser Tatsache bieten.

Eine nähere Betrachtung der Geschichte der Psychoanalyse zeigt, daß mehrere der Nachfolger Freuds das Bedürfnis empfanden, die von ihm in seinen *Drei Abhandlungen zur Sexualtheorie* (53) vertretenen Ansichten zu modifizieren. Wie sich herausstellte, waren Freuds Beschreibungen der einzelnen Stadien der libidinösen Entwicklung und ihre Implikationen für die Psychopathologie ideale Abstraktionen, die nicht genau den Beobachtungen in der täglichen psychoanalytischen Praxis entsprachen. In den tatsächlichen klinischen Bildern, die die Patienten bieten, erscheinen die Probleme im Zusammenhang mit den verschiedenen erogenen Zonen nicht in reiner Form, sondern sind eng miteinander verwoben. Es gibt beispielsweise viele Patienten, die zu einer Blockierung des sexuellen Orgasmus aus der Angst heraus neigen, sie könnten die Kontrolle über ihre Harnblase verlieren. Aus anatomischen Gründen tritt diese Angst sehr viel häufiger bei Frauen auf. In anderen Fällen ist die Angst, sich dem sexuellen Orgasmus hinzugeben, mit Befürchtungen verknüpft, versehentlich zu furzen oder gar die Kontrolle über den Darmschließmuskel zu verlieren. Bei manchen Patienten läßt die Analyse der Faktoren, die eine Erektions- oder Orgasmusunfähigkeit bedingen, eine tief verborgene primitive Angst zutage treten, daß der Kontrollverlust zur Vernichtung des Partners oder seiner selbst führen könnte.

Sandor Ferenczi hat versucht, diese und ähnliche klinische Probleme in seinem außergewöhnlichen Essay *Thalassa* (41) zu erklären. Er postulierte, daß die ursprünglich voneinander getrennten Aktivitäten in den einzelnen erogenen Zonen sekundär verschmelzen und sich funktional überschneiden können, ein Vorgang, den er *Amphimixis* nannte. In grundsätzlicher Übereinstimmung mit den Theorien von Otto Rank (163) war Ferenczi auch der Meinung, zum vollständigen psychologischen Verständnis der Sexualität gehöre auch die unbewußte Tendenz, das Geburtstrauma ungeschehen zu machen und in den Mutterleib zurückzukehren. Er war aber noch radikaler als Rank, indem er hinter dieser Regressionsneigung einen tieferen phylogenetischen Trieb erkannte, zu den Bedingungen zurückzukehren, die einst im Urozean herrschten.

Wilhelm Reich (168) akzeptierte zwar im allgemeinen Freuds Hervorhebung des Sexualtriebs, betrachtete diesen aber als eine nahezu hydraulische Kraft, die durch direkte energetische Manipulationen freigesetzt werden muß, wenn man therapeutische Erfolge erzielen will. Zwei weitere bedeutsame Revisionen der Sexualtheorie Freuds, die von seinen Schülern stammen, sollen in diesem Zusammenhang erwähnt werden. In der Psychologie Alfred Adlers (1) wird dem Minderwertigkeitskomplex und dem Machtwillen primäre Bedeutung beigemessen. Die Sexualität ist dem Machtkomplex untergeordnet. Die am weitesten gehende Kritik an der Freudschen Sexualtheorie kommt aber von C. G. Jung (89), für den die Libido nicht eine biologische Kraft ist, sondern die Manifestation eines kosmischen Prinzips, das mit dem »Elan vital« vergleichbar ist.

Durch die Beobachtungen im Rahmen der psychedelischen Therapie und einiger Selbsterfahrungstechniken ohne Zuhilfenahme von Drogen erscheinen die Sexualität und sexuelle Probleme in einem völlig neuen Licht. Sie sind offenbar sehr viel komplexer, als von irgendeiner der früheren Theorien vermutet wurde. Solange sich der Prozeß der Selbsterforschung auf die biographische Ebene beschränkt, scheint das Material aus solchen therapeutischen Sitzungen die Freudsche Theorie zu stützen. Man wird aber nur selten irgendwelche bedeutsamen therapeutischen Ergebnisse bei Patienten mit sexuellen Störungen und Abweichungen feststellen können, wenn die Sitzungen in erster Linie auf biographische Einflüsse ausgerichtet sind. Die Patienten, die an ihren sexuellen Problemen arbeiten, werden früher oder später auf tiefere Wurzeln ihrer Schwierigkeiten stoßen, nämlich auf die Ebene der perinatalen Dynamik oder gar in verschiedenen transpersonalen Bereichen.

Wenn der libidinöse Trieb und der sexuelle Appetit erheblich reduziert oder gar nicht vorhanden sind, dann liegt in der Regel eine tiefe Depression vor.[1] Wie später noch dargestellt werden soll, läßt dies gewöhnlich auf eine tiefe dynamische Verbindung mit der zweiten perinatalen Grundmatrix schließen. Jemand, der unter dem Einfluß von Erlebnissen dieser Art steht, leidet unter einer totalen emotionalen Isolierung von seiner Umwelt und einer vollständigen Blockierung seines Energieflusses. Beide Bedingungen verhindern die Entwicklung des sexuellen Interesses und des Empfindens sexueller Erregung. Unter diesen Umständen bekommt man häufig zu hören, daß für die betreffende Person die sexuelle Aktivität das letzte auf der Welt sei, das für sie in Frage käme. Häufig läßt sich aber feststellen, daß bei einem solchen Menschen sexuelles Material aus der Vergangenheit oder der Gegenwart auftaucht, für ihn aber mit quälenden Schuldgefühlen und Ekel beladen ist. Gelegentlich können depressive Zustände mit mangelndem sexuellen Interesse auch transpersonale Wurzeln haben.

Die meisten der schweren sexuellen Störungen und Abweichungen sind psychogenetisch mit der dritten perinatalen Grundmatrix verbunden. Um dies zu verstehen, müssen wir auf den tieferen Zusammenhang zwischen dem Muster des sexuellen Orgasmus und der Dynamik dieser Matrix eingehen. Extreme libidinöse Spannungen und Triebenergien allgemein stellen eines der wesentlichsten Merkmale der Endstadien des Tod-Wiedergeburt-Prozesses dar und bilden einen ebenso untrennbaren wie bedeutsamen Aspekt der dritten perinatalen Matrix. Die Spannungen können die Form einer undifferenzierten Energie annehmen, die den gesamten Organismus durchdringt, oder zusätzlich sich spezifischer in den einzelnen erogenen Zonen – der oralen, analen, urethralen oder genitalen Zone – manifestieren.

Wie ich schon an früherer Stelle beschrieben habe, sind in der dritten perinatalen Matrix verschiedene Elemente miteinander kombiniert, ein titanischer Kampf, destruktive und selbstdestruktive Neigungen, eine sadomasochistische Mischung aus aggressiven und erotischen Impulsen, verschiedene abweichende Formen des Sexualtriebs und enge Berührung mit Körperausscheidungen und -substanzen. Diese ungewöhnlich reichhaltige Kombination aus Emotionen und Empfindungen stellt sich im Zusammenhang mit einer tiefen Konfrontation mit dem Sterben und dem Wiedererleben der Geburt ein, das extreme körperliche Schmerzen und Todesangst nach sich zieht. Diese Verbindungen bilden die natürliche Grundlage für die Entwicklung aller klinischen Bilder, in denen die Sexualität eng mit Angst, Aggressionen, Leiden, Schuldgefühlen oder der Fixierung auf Körperausscheidungen und -substanzen wie Urin, Kot, Blut oder genitale Exkrete verknüpft ist. Die gleichzeitige Aktivierung aller erogenen Zonen während des perinatalen Geschehens kann auch die Tatsache erklären, daß viele klinische Störungen durch eine funktionale Überschneidung der Aktivitäten im oralen, analen, urethralen und genitalen Bereich charakterisiert sind.

Die tiefe funktionale Verflochtenheit aller wichtigeren erogenen Zonen im Rahmen der biologischen Geburt – sowohl was die Mutter als auch was das Kind angeht – manifestiert sich deutlich in Situationen, in denen die Mutter nicht mit einem Klistier oder einem Katheter auf die Entbindung vorbereitet wird. Unter diesen Umständen erlebt sie nicht nur heftige sexuelle, orgastische Entladungen, sondern läßt auch Blähungen ab, defäkiert und uriniert. Auch das Kind kann reflexhaft urinieren und fötale Fäces oder Kindspech ausscheiden. Wenn wir jetzt noch die intensive Aktivierung der oralen Zone und die Beteiligung der Kaumuskeln, die sowohl bei der Mutter als auch beim Kind in den Endstadien des Geburtsvorgangs zu beobachten sind, sowie die durch drohendes Ersticken und extreme Schmerzen bedingte Anstauung und Entladung sexueller Energien beim Kind hinzunehmen, dann haben wir das Bild eines vollkommen funktionalen und erlebnismäßigen Gemischs aller wichtigen Aktivitäten, die Freud als erogen bezeichnet.[2]

Die klinischen Beobachtungen, die Sandor Ferenczi mit der sekundären Verschmelzung von Partialtrieben oder der Amphimixis in Beziehung bringen wollte, spiegelt einfach die Tatsache wider, daß die Freudsche Sukzessiventwicklung der Aktivitäten in den erogenen Zonen der Dynamik der perinatalen Matrizen, in denen alle Funktionen simultan betätigt werden, übergelagert ist. Der Schlüssel zu einem tieferen Verständnis der Psychologie und Psychopathologie des Sex liegt in dem Umstand verborgen, daß auf der perinatalen Ebene des Unbewußten die Sexualität engstens und unentwirrbar mit den Empfindungen und Emotionen verknüpft ist, die die Erfahrungen von Geburt und Tod begleiten. Jeder theoretische oder praktische Ansatz zum Verständnis und zur Therapie sexueller Probleme, der diese grundlegende Verbindung nicht erkennt und die Sexualität isoliert von diesen beiden fundamentalen Aspekten des Lebens behandelt, ist zwangsläufig unvollständig, oberflächlich und beschränkt wirksam.

Die Verknüpfung von Sex mit Geburt und Tod sowie die maßgebliche Beteiligung sexueller Energie im psychischen Tod-Wiedergeburt-Prozeß lassen sich nicht ohne weiteres erklären. Die Existenz dieser Verbindung steht aber außer Zweifel und kann mit zahlreichen Beispielen aus Anthropologie, Geschichte, Mythologie und klinischer Psychiatrie belegt werden. Die Hervorhebung der Triade Geburt, Sexualität und Tod scheint den gemeinsamen Nenner all der Übergangsriten verschiedener vorindustrieller Kulturen, der Tempelmysterien, der Rituale ekstatischer Religionen und der Initiationszeremonien von Geheimbünden auszumachen. In der Mythologie werden männliche Gottheiten, die Tod und Wiedergeburt repräsentieren – etwa Osiris und Shiva –, häufig mit einem erigierten Phallus dargestellt. Es gibt auch bedeutende weibliche Gottheiten, in deren Funktionen sich die oben geschilderten Verknüpfungen widerspiegeln. Als wichtige Beispiele wären an dieser Stelle die indische Göttin Kali, die Astarte des Mittleren Ostens und die präkolumbianische Tlacolteutl zu nennen. Beobachtungen an gebärenden Frauen zeigen, daß das Erlebnis der Entbindung eine sehr starke sexuelle Komponente besitzt und auch mit Todesangst einhergeht. Diese Verbindung hat nun nichts allzu Rätselhaftes an sich, da ja der Genitalbereich am Entbindungsprozeß beteiligt ist und das Durchgehen des Kindes die Gebärmutter sowie die Vagina stark stimuliert, wobei heftige Spannungen aufgebaut werden, die sich hinterher wieder lösen. Auch das Element des Todes scheint recht logisch in Anbetracht der Tatsache, daß eine Geburt ein großes biologisches Ereignis ist, das gelegentlich das Leben der Mutter gefährden kann.

Dennoch ist es aber alles andere als klar, warum das Wiedererleben der eigenen Geburt eine so starke sexuelle Komponente beinhaltet. Es hat den Anschein, als ob diese Verbindung auf einen tieferen, dem menschlichen Organismus angeborenen physiologischen Mechanismus hinweist. Seine Existenz läßt sich mit Beispielen aus vielen verschiedenen Bereichen belegen. So bewirken körperliche Qualen, insbesondere wenn sie von großer Atemnot begleitet sind, in der Regel intensive sexuelle Erregung und sogar religiöse Ekstase. Viele psychiatrische Patienten, die sich erhängen wollten und im letzten Augenblick gerettet wurden, haben beschrieben, daß sehr heftige Atemnot zu übermäßiger sexueller Erregung führte. Auch ist bekannt, daß männliche Kriminelle, die am Galgen sterben, in ihrem Todeskampf gewöhnlich Erektionen und sogar Ejakulationen haben. Patienten, die am sogenannten »Fesselsyndrom« leiden, haben das tiefe Bedürfnis, sexuelle Erleichterung in Verbindung mit körperlicher Einengung und Würgen zu erleben. Andere benutzen verschiedene raffinierte Vorrichtungen wie Schlingen an Nägeln, Türknäufen oder Zweigen, die es ihnen ermöglichen, zu masturbieren, während sie sich strangulieren.

Offenbar haben alle menschlichen Wesen, wenn sie extremen körperlichen und emotionalen Qualen ausgesetzt sind, die Fähigkeit, das Leiden zu transzendieren und in einen Zustand seltsamer Ekstase zu geraten (179). Diese Tatsache läßt sich vielfach belegen – mit Beobachtungen in den nationalsozialistischen Konzentrationslagern, in denen Menschen für bestialische Experimente benutzt wurden, mit den Berichten von Amnesty International und mit Schilderungen amerikanischer Soldaten, die als Kriegsgefangene im Zweiten Weltkrieg von den Japanern oder im Korea- und Vietnamkrieg gefoltert wurden. Ferner haben schon seit jeher die Mitglieder religiöser Flagellantensekten sich selber und ihre Genossen heftig gequält, um starke libidinöse Gefühle, Zustände ekstatischen Entzückens und schließlich Erlebnisse der Vereinigung mit Gott hervorzurufen. Ebenfalls zu dieser Kategorie gehört das Transzendieren unmenschlichen Leidens in Fällen religiös motivierter Folterungen und des Todes von Märtyrern. In diesem Zusammenhang lassen sich auch viele weitere spirituell-pathologische Phänomene anführen, in denen ein seltsames Gemisch aus Selbstverstümmelung, Folterung, Opferung, Sexualität, angsterzeugenden Maßnahmen und skatologischen Manövern in den Rahmen religiöser oder quasi-religiöser Zeremonien eingebettet wird.

Weitere Beobachtungen ähnlicher Art stammen aus Kriegen, Revolutionen und totalitären Systemen. So bewirkt die Atmosphäre der Lebensgefahr in blutigen Schlachten bei vielen Soldaten sexuelle Erregung. Die Enthemmung aggressiver und sexueller Impulse in Kriegssituationen scheint ebenfalls mit perinatalen Elementen verbunden zu sein. Die Reden militärischer Führer und Politiker, in denen sie einen Krieg erklären oder die Massen zu blutigen Revolutionen aufwiegeln, wimmeln von Metaphern für die biologische Geburt. Die Atmosphäre in Konzentrationslagern ist eine höchst ungewöhnliche Kombination aus sadistischen, sexuellen und skatologischen Elementen. Auf die soziopolitischen Implikationen dieser Tatsachen werde ich im Schlußkapitel genauer eingehen.

Als neurophysiologische Grundlage für die genannten Phänomene käme eventuell das limbische System des Gehirns mit seiner anatomischen Anordnung und seinen funktionalen Eigenschaften in Frage. Dieser archaische Teil des Zentralnervensystems enthält dicht nebeneinander Zentren, die für die Selbsterhaltung des Organismus verantwortlich sind und die Aggressionen steuern, und andere Zentren, die für die Erhaltung der Art eine wichtige Rolle spielen und mit der Sexualität verknüpft sind. Es ist vorstellbar, daß diese Zentren gleichzeitig stimuliert werden können oder daß die Erregung eines Zentrums auf andere übergreift.

Das reichhaltige Spektrum der Phänomene im Zusammenhang mit der menschlichen Sexualität läßt sich nicht angemessen beschreiben und erklären, wenn die theoretischen Spekulationen auf Elemente biologischer Natur und auf biographisch determinierte psychologische Faktoren beschränkt bleiben. Die Beobachtungen im Rahmen der psychedelischen Therapie demonstrieren ohne jeden Zweifel, daß Sexualität auf vielen unterschiedlichen Bewußtseinsebenen und in sehr verschiedener Weise subjektiv erlebt werden kann, auch wenn ihre biologischen, physiologischen und verhaltensmäßigen Äußerungen einem außenstehenden Beobachter recht ähnlich erscheinen mögen. Folglich ist ein umfassendes Verständnis der Sexualität ohne genauere Kenntnis der Dynamik der perinatalen und der transpersonalen Ebene des Unbewußten unmöglich.

Ich möchte nun im folgenden auf verschiedene sexuelle Erlebnisformen und Verhaltensweisen näher eingehen und sie aus dem Blickwinkel der modernen Bewußtseinsforschung mit und ohne Hilfe von psychedelischen Drogen betrachten. Dabei werde ich folgende thematische Aufteilung vornehmen: a. die »normale« Sexualität; b. Störungen und Dysfunktionen des Sexuallebens; c. sexuelle Variationen, Abweichungen und Perversionen; und d. transpersonale Formen der Sexualität.

»Normale« Sexualität:

Obwohl allgemein anerkannt ist, daß ein erfülltes Sexualleben mehr erfordert als lediglich richtiges biologisches Funktionieren, sind die gegenwärtigen medizinischen Kriterien für sexuelle Normalität ziemlich mechanisch und beschränkt. Sie enthalten nicht Elemente wie tief empfundene Respektierung des Partners, ein Gefühl des Zusammenhalts und des emotionalen Austauschs, oder Gefühle der Liebe und der Einheit im Alltagsleben oder während des Geschlechtsverkehrs. Ein Mann funktioniert sexuell adäquat, wenn sich bei ihm eine Erektion einstellt, die sich einigermaßen lange bis zur Ejakulation hält. Von den Frauen wird erwartet, daß sie auf eine sexuelle Situation mit angemessener Schlüpfrigkeit der Genitalien reagieren und zu einem vaginalen Orgasmus fähig sind. Das Konzept der sexuellen Normalität gibt auch der Heterosexualität den Vorzug und nimmt auch ein genügend ausgeprägtes sexuelles Verlangen an, das bewirkt, daß der Sexualakt mit einer bestimmten, statistisch ermittelten Durchschnittshäufigkeit vollzogen werden kann.

Im Laufe einer LSD- oder einer Selbsterfahrungstherapie stellen sich häufig tiefgreifende Veränderungen in bezug auf die Sexualität ein. Früher oder später erweitert sich das Verständnis der Sexualität beträchtlich und die oben genannten Kriterien werden als oberflächlich, nicht ausreichend und problematisch empfunden. Die Klienten machen die Entdeckung, daß der sexuelle Orgasmus kein

»Alles-oder-Nichts«-Phänomen ist, und daß es viele feine Abstufungen im Hinblick auf seine Intensität und Vollständigkeit gibt. In vielen Fällen erleben Personen, die vor der Therapie mit ihren sexuellen Orgasmen zufrieden waren, einen erstaunlichen Anstieg ihrer orgastischen Potenz. Dies ist gewöhnlich auf eine neue, durch die Tod-Wiedergeburt-Erfahrung und das Erlebnis der Einheit mit dem Kosmos bedingte Fähigkeit zurückzuführen, sich dem orgastischen Prozeß hinzugeben.

Eine andere wichtige Einsicht betrifft die Tatsache, daß unsere gegenwärtige Definition von »normalem« Sex Dinge, die damit eigentlich nichts zu tun haben, nicht ausschließt. Dazu gehören Dominanz und Unterwerfung, die Benutzung des Sex für verschiedene nichtsexuelle Ziele und Verhaltensweisen, die mehr der Selbstbestätigung als der sexuellen Befriedigung dienen. In unserer Kultur ist es durchaus üblich, daß Männer und Frauen bei der Beschreibung sexueller Aktivitäten Begriffe aus dem militärischen Bereich anwenden. Sie interpretieren die sexuelle Situation als Sieg oder Niederlage, als Eroberung des Partners oder als Eindringen in ihn, und sie können das Gefühl haben, sich bewiesen oder versagt zu haben. Überlegungen, wer wen verführt und wer in dieser Situation gewonnen hat, sind alles andere als geeignet, die sexuelle Befriedigung zu fördern.

Materieller Gewinn, Karrierestreben, Status, persönlicher Ruf und Machttendenzen können ebenfalls echte erotische Motive vollkommen überschatten. Ist der Sex der Selbstbestätigung untergeordnet, dann kann das sexuelle Interesse am Partner nach seiner »Eroberung« vollkommen verschwinden, die Zahl der verführten Partner wird wichtiger als die Qualität der sexuellen Situation, und die Tatsache, daß der Partner unnahbar oder fest an eine andere Person gebunden ist, kann ein entscheidendes Element sexueller Attraktion werden.

Nach den in der psychedelischen Therapie gewonnenen Einsichten stellen Verhaltensweisen, die der Selbstbestätigung dienen, mangelnde Respektierung des Partners, seine selbstsüchtige Ausbeutung und die Betonung rein mechanischer Stimulation in der sexuellen Situation schwerwiegende Verzerrungen dar und spiegeln ein tragisches Mißverständnis des Wesens der sexuellen Vereinigung wider. Eine solche Durchsetzung des Sex mit fremden Elementen ist in der Regel biographisch durch bestimmte traumatische Kindheitserinnerungen bedingt. Die Wurzeln solcher Probleme reichen aber immer weit in die perinatale Ebene des Unbewußten hinein. Werden die perinatalen Energien freigesetzt und der Inhalt der perinatalen Matrizen durchgearbeitet und integriert, so entwickelt sich bei den betreffenden Personen automatisch ein Verständnis von Sex, das durch gegenseitige Ergänzung geprägt ist.

Es wird ihnen absolut klar, daß es in einer echten sexuellen Begegnung weder einen Sieger noch einen Verlierer geben kann. Da es sich per definitionem um ein Sich-Ergänzen handelt, bei dem verschiedene Kategorien von Bedürfnissen gegenseitig befriedigt werden, sind beide Partner je nach den Umständen Gewinner oder Verlierer. Die Sexualität kann in vielfach verschiedener Hinsicht erfahren werden und sie kann ein ganzes Spektrum hierarchisch angeordneter Bedürfnisse – von biologischen bis zu transzendentalen – befriedigen. Eine sexuelle Begegnung, die sich ausschließlich auf die Befriedigung primitiver Bedürfnisse konzentriert, ist nicht so sehr moralisch minderwertig, sondern macht Unwissen deutlich und stellt letztlich eine verpaßte Gelegenheit dar. Höhere Formen der sexuellen Kommunikation besitzen von sich aus spirituelle und archetypische Dimensionen, wie es etwa bei der ozeanischen und der tantrischen Sexualität der Fall ist, auf die ich später in diesem Abschnitt zu sprechen komme.

Störungen und Dysfunktionen des Sexuallebens:

Im Verlauf einer LSD-Psychotherapie und anderer Formen intensiver Selbsterfahrung treten im Sexualleben der Klienten in der Regel dramatische Veränderungen auf. Dazu gehören sowohl sexuelle Erlebnisse und Verhaltensweisen in den therapeutischen Sitzungen als auch dynamische Verschiebungen zwischen ihnen. In bestimmten Stadien der Therapie können manche sexuelle Störungen gemildert werden, vollkommen verschwinden oder sich auf verblüffende Weise wandeln und modifizieren. Umgekehrt kann die Konfrontation mit bestimmten Bereichen des Unbewußten vom Auftreten neuer Symptome und Schwierigkeiten im Sexualleben, die der Klient zuvor noch nicht gehabt hat, begleitet sein. Eine sorgfältige Beobachtung und Untersuchung dieser Veränderungen und Schwankungen gewährt einzigartige Einblicke in die dynamische Struktur der normalen und der gestörten Sexualität.

Wie schon erwähnt, geht der dynamische Einfluß der zweiten perinatalen Grundmatrix mit einer schweren Hemmung des Sexuallebens einher. Wird der Klient bzw. die Klientin gegen Ende einer therapeutischen Sitzung mit Elementen dieser Matrix konfrontiert, ohne eine Lösung zu finden, dann können im Zeitraum danach Symptome einer gehemmten Depression auftreten, die durch einen vollständigen Mangel an Libido und Desinteresse an Sex gekennzeichnet ist. Außerdem kann alles im Umfeld der Sexualität als etwas Verbotenes, Schmutziges, Sündhaftes und Ekelerregendes empfunden werden und Schuldgefühle hervorrufen. Man mag zwar oberflächlichere biographische Determinanten finden, die das Problem dieses Patienten oder dieser Patientin scheinbar erklären, doch läßt der therapeutische Zusammenhang, in dem diese Depression auftritt, eindeutig darauf schließen, daß sie in der zweiten perinatalen Grundmatrix wurzelt.

Die meisten funktionalen Störungen der Sexualität scheinen aber mit der Dynamik der dritten perinatalen Grundmatrix zusammenzuhängen und lassen sich logisch von ihren bereits beschriebenen Grundmerkmalen herleiten. Steht eine Person gegen Ende einer therapeutischen Sitzung unter dem Einfluß des sexuellen Elements der dritten Matrix und findet sie keine Lösung durch Übergang zur vierten Matrix, dann kann dies einen enormen Anstieg des sexuellen Verlangens hervorrufen, der klinisch als *Satyriasis* oder *Nymphomanie* bezeichnet wird. Bei dieser Störung wird ein unersättlicher Trieb nach wiederholtem Geschlechtsverkehr gewöhnlich von einem mangelnden Gefühl der Entspannung und Befriedigung nach dem Orgasmus begleitet. Es handelt sich also um eine seltsame Kombination aus Hypersexualität und orgastischer Impotenz. Bei näherer Betrachtung wird deutlich, daß diese Situation nur auf der Oberfläche sexuellen Charakter hat. In Wirklichkeit ist sie pseudosexuell und hat mit der Sexualität im engeren Sinn sehr wenig zu tun. Der Kern des Problems besteht darin, daß die betreffende Person von perinatalen Energien überflutet wird, die jede nur denkbare Möglichkeit zur Entladung suchen. Aufgrund der Ähnlichkeit zwischen dem Muster des sexuellen Orgasmus und dem Orgasmus der Geburt bieten sich die Genitalien unter diesen Bedingungen als ein idealer Kanal für die periphere Abfuhr dieser Energien an. Da das Reservoir an perinatalen Energien nahezu unerschöpflich ist, bewirken die wiederholten Orgasmen weder Erleichterung noch Befriedigung.

Unter diesen Umständen ist es nicht ungewöhnlich, daß ein Mann in einer einzigen Nacht bis zu fünfzehnmal geschlechtlich verkehrt und jedesmal einen vollständigen, aber unbefriedigenden Orgasmus erlebt. Innerhalb von Minuten nach einem Koitus führen die in enormem Ausmaß vorhandenen perinatalen Energien erneut einen Spannungszustand herbei, der genügt, um eine Erektion herbeizuführen und einen weiteren Geschlechtsverkehr einzuleiten. Hypersexualität dieser Art geht – sowohl bei Männern als auch bei Frauen – häufig mit Promiskuität einher, wohl deshalb, weil aufgrund der mangelnden Entspannung nach dem Orgasmus der Sexualakt unbefriedigend ist. Dabei wird in der Regel dem Partner die Schuld gegeben, anstatt das wahre Problem, die Entfesselung perinataler Energien, zu erkennen. Hinter dem häufigen Partnerwechsel steht offenbar auch die Tendenz, ein äußerst niedriges Selbstwertgefühl, das typischerweise das perinatale Erleben begleitet, zu kompensieren. Auch zeigt sich in diesem Verhalten eine starke Neigung zur Sprunghaftigkeit, die dadurch bedingt ist, daß chaotische Energien nach Abfuhr drängen.

Ist die Intensität der perinatalen Energien über alle Maßen groß, dann kann die Möglichkeit ihrer Entladung als extrem gefährlich wahrgenommen werden, auch wenn über die Art dieser Gefahr keine klare Vorstellung bestehen mag. Unter solchen Umständen hat der oder die Betroffene heftige Angst, die Kontrolle über diese Elementarkräfte zu verlieren, und blockiert ihre Abfuhr unbewußt. Da das Entladungsmuster perinataler Energien unentwirrbar mit dem Muster des sexuellen Orgasmus verknüpft ist, führt diese Situation bei Männern zur Unfähigkeit, eine Erektion zu bekommen oder zu halten, und bei Frauen zur Orgasmuslosigkeit. Diese Erscheinungen werden von der alten psychiatrischen Lehre und in der Umgangssprache als *Impotenz* bzw. *Frigidität* bezeichnet. Traditionsgemäß wurde die »Impotenz« als ein Symptom für Energiemangel oder fehlende

Manneskraft betrachtet, die »Frigidität« galt als Zeichen fehlender erotischer Sensibilität und sexueller Bereitschaft. Diese Auffassungen sind aber vollkommen irrig, ja es gibt wahrhaftig keine gröbere Verkennung der Tatsachen.

»Impotenz« und »Frigidität« psychogenen Ursprungs sind auf eine exakt gegenteilige Situation zurückzuführen, auf ein gewaltiges Übermaß an drängender sexueller Energie. Das Problem besteht nicht nur in der Quantität dieser Gefühle und Empfindungen, sondern auch in der Tatsache, daß es sich nicht um reine sexuelle Energie, sondern um sexuell gefärbte perinatale Energie handelt. Als Folge davon finden sich zusätzlich sadomasochistische Impulse, Todesangst, tiefe Schuldgefühle, Angst vor Kontrollverlust und eine ganze Reihe psychosomatischer Symptome, die für die dritte perinatale Grundmatrix charakteristisch sind. Dazu gehören Angst vor Ersticken, kardiovaskuläre Beschwerden, schmerzhafte Muskel- und Darmspasmen, Gebärmutterkrämpfe sowie Befürchtungen, die Kontrolle über den Blasen- oder den Darmschließmuskel zu verlieren. In dieser Energie spiegelt sich letztlich eine unvollendete Gestalt von der Geburt und die mit der Geburt verbundene Gefahr für Leib und Leben wider.

Jemand, der »impotent« oder »frigide« ist, leidet also nicht unter einem Mangel an sexueller Energie, sondern sitzt buchstäblich auf einem Vulkan von Triebkräften. Da unter diesen Bedingungen der sexuelle Orgasmus nicht unabhängig von diesen Kräften erlebt werden kann, würde ein Sich-Gehen-Lassen im Erleben ein Inferno entfesseln. Die unbewußte Angst vor dem sexuellen Orgasmus und dem Kontrollverlust wird damit gleichbedeutend mit der Angst vor Tod und Vernichtung.

Diese neue Interpretation von »Impotenz« und »Frigidität« wird durch die Dynamik der Veränderungen, die sich im Laufe einer erfolgreichen Behandlung einstellen, gestützt. Wenn sich der Überschuß an perinatalen Energien in einer strukturierten nicht-sexuellen Situation entlädt, dann entwickelt sich vorübergehend ein Zustand der Hypersexualität – der Satyriasis oder Nymphomanie –, der dann in einen Zustand übergeht, in dem der Klient oder die Klientin die verbleibenden sexuellen Energien ungehemmt in sexuellen Situationen entfalten kann. Dringen schließlich im Laufe des Tod-Wiedergeburt-Prozesses Elemente der vierten und ersten perinatalen Grundmatrix in das Bewußtsein ein, dann wird eine voll befriedigende Sexualität erreicht, wobei die orgastische Potenz in der Regel ungewöhnliche Ausmaße annimmt.

In der psychoanalytischen Literatur wird das Problem der Impotenz in enge Verbindung mit dem Kastrationskomplex und der Vorstellung von der »vagina dentata« gebracht, d. h. einem Bild von der Vagina, in dem diese als ein gefährliches Organ erscheint, das töten oder kastrieren kann. Diese Punkte verdienen aus der Sicht der erweiterten Kartographie des Unbewußten, die die perinatale Ebene einschließt, eine nähere Betrachtung. Es gibt bestimmte Aspekte des Kastrationskomplexes, die die klassische Psychoanalyse mit ihrer biographischen Orientierung nicht zufriedenstellend erklären konnte. So läßt sich der Kastrationskomplex bei beiden Geschlechtern beobachten. Freud nahm an, daß der kleine Junge wirklich um seinen Penis fürchtet, wohingegen das kleine Mädchen meinte, es hätte einmal einen Penis gehabt, diesen aber aufgrund schlechten Verhaltens verloren. Letzteres versuchte er mit den masochistischen Neigungen und der größeren Anfälligkeit für Schuldgefühle bei Frauen in Beziehung zu bringen. Ein anderer mysteriöser Aspekt des Kastrationskomplexes ist der, daß im Unbewußten Kastration und Tod offenbar gleichbedeutend sind. Selbst wenn man akzeptiert, daß der Penis psychisch weit überbewertet wird, erscheint seine Gleichsetzung mit dem Leben wenig sinnvoll. Außerdem scheinen in den freien Assoziationen von psychoanalytischen Patienten das Ersticken, die Trennung und der Kontrollverlust Bilder zu sein, die in engem Zusammenhang mit der Kastration auftauchen (40).

Abb. 18. Eine komplexe Erfahrung aus einer psychedelischen Sitzung: Gefühle des Eingeschnürtwerdens, mit schmerzhaften Sensationen im Genital- und Nabelbereich. Das Bild veranschaulicht den Ursprung des Kastrationskomplexes und seine tiefen Wurzeln im Geburtstrauma.
(Sammlung Dr. Salvador Roquet.)

Die Beobachtungen im Rahmen der LSD-Psychotherapie bringen eine unerwartete Lösung dieser Ungereimtheiten. Die Kastrationsangst stellt sich in diesem Rahmen als eine biographische Überlagerung und eine sekundäre Ausgestaltung eines viel fundamentaleren Problems dar. Die Vertiefung des therapeutischen Prozesses, die durch den katalytischen Effekt psychedelischer Drogen oder hochwirksamer Techniken ohne die Zuhilfenahme solcher Drogen ermöglicht wird, deckt unweigerlich auf, daß die Kastrationsängste ihre Wurzeln im Durchtrennen der Nabelschnur haben. Sie sind also Folgeerscheinungen eines grundlegenden biologischen und psychischen Traumas menschlicher Existenz, bei dem es um Leben und Tod geht. Häufig kommt es vor, daß typische Kastrationsthemen wie Erinnerungen an die Beschneidung oder an eine Operation an Vorhautverwachsungen in das Wiedererleben der kritischen Situation der Nabelschnurdurchtrennung übergehen. Dabei stellen sich in der Regel stechende Schmerzen im Nabel ein, die in das Becken ausstrahlen und auch auf den Penis, die Hoden und die Harnblase übergreifen.[3] Dazu kommen häufig Todesangst, Atemnot und seltsame Körperverrenkungen. Bei Frauen findet sich das Wiedererleben der Krise bei der Nabelschnurdurchtrennung in der Regel am Ende einer Kette aus Erinnerungen an Harninfektionen, Abtreibungen und Gebärmutterausschabungen. Der Grund, weshalb im Erleben perinatale Empfindungen im Zusammenhang mit dem Durchschneiden der Nabelschnur und Schmerzen im Genital- und Harnwegbereich sich überschneiden und miteinander verwechselt werden können, dürfte wohl darin liegen, daß Beckenschmerzen nicht genau lokalisiert werden können. Dies gilt allgemein und ganz besonders für frühe Entwicklungsstadien.

Das Durchtrennen der Nabelschnur stellt die endgültige Trennung vom mütterlichen Organismus dar und ist somit ein biologisches Ereignis von fundamentaler Bedeutung. Es ist ein Übergang, nach dem sich das Kind in anatomischer und physiologischer Hinsicht vollkommen aufbauen muß. Es muß sich sein eigenes System der Sauerstoffzufuhr schaffen, selber seine Ausscheidungsprodukte beseitigen und selber das Essen verdauen. Haben wir einmal erkannt, daß die Kastrationsängste in Verbindung mit einer Erinnerung an ein tatsächliches biologisches Ereignis stehen, bei dem es auf Leben und Tod und nicht lediglich um einen imaginären Verlust der Genitalien geht, dann werden auch die anderen rätselhaften Merkmale, die ich zuvor beschrieben habe, leicht verständlich. Es wird sofort klar, warum diese Ängste bei beiden Geschlechtern vorhanden sind, mit Todesangst einhergehen, mit Angst vor Tod und Vernichtung gleichbedeutend sind und häufig von Atemnot und drohendem Ersticken begleitet werden. Auch das berühmte Freudsche Konzept der »vagina dentata« erscheint plötzlich in einem völlig neuen Licht, wenn die Kartographie des Unbewußten über den biographischen Bereich hinaus um die perinatalen Matrizen erweitert wird. In der psychoanalytischen Literatur wird die unbewußte Vorstellung von der Vagina als einem gefährlichen Organ, das verletzen, kastrieren oder töten kann, so abgehandelt, als wäre sie eine absurde und irrationale Phantasie des naiven Kindes. Räumen wir aber die Möglichkeit ein, daß die Erinnerung an die Geburt im Unbewußten repräsentiert ist, dann wird diese Phantasie schlicht zu einer realistischen Einschätzung des wahren Sachverhalts. Die Entbindung ist ein bedeutendes und potentiell gefährliches Ereignis, in dessen Verlauf schon viele Kinder von der Vagina getötet oder beinahe getötet wurden.

Ein Mann, dessen Erinnerung an das Geburtstrauma allzu dicht unter der Oberfläche des Bewußtseins sitzt, erlebt das Bild von der Vagina als ein mörderisches Organ so zwingend, daß er sie nicht als Quelle der Lust empfinden kann. Erst wenn er dieses traumatische Ereignis wiedererlebt und durcharbeitet, öffnet sich ihm der Weg zur Frau als Sexualpartner. Eine Frau, die sich psychisch von ihrer Erinnerung an die Geburt nicht lösen kann, wird Schwierigkeiten haben, ihre Weiblichkeit, ihre Sexualität und ihre Fortpflanzungsfunktion zu akzeptieren, da für sie Frau sein und eine Vagina besitzen mit Folter und Mord gleichbedeutend ist. Nur auf dem Weg über das Durcharbeiten des Geburtstraumas kann sie zu einer befriedigenden Sexualität finden und mit ihrer weiblichen Rolle zurechtkommen. (S. Abb. 19a und b, S. 152.)

Sexuelle Variationen, Abweichungen und Perversionen:

Eine um die perinatale Dynamik bereicherte Kartographie unbewußter Prozesse bietet auch einige unerwartete Lösungen von Problemen, die die Psychoanalyse nahezu seit Beginn ihrer Existenz geplagt haben. Der Schlüssel zu diesen neuen Lösungsansätzen ist die Phänomenologie der dritten perinatalen Grundmatrix, in der sexuelle Erregung auf das engste mit Angst, körperlichen Schmerzen, Aggressionen und skatologischen Aspekten verknüpft ist. Es war vor allen Dingen der *Sadomasochismus,* der Freuds These von der Vorherrschaft des Lustprinzips in der menschlichen Psyche in Frage stellte. Wenn das Streben nach Lust das einzig bestimmende Prinzip und die einzig motivierende Kraft in der Psyche wäre, dann bereitet es natürlich Kopfzerbrechen, dieses entschlossene und zielstrebige Suchen nach körperlichem und emotionalem Leid, das für masochistische Patienten so typisch ist, zu erklären. Dieser Punkt wurde zu einer echten Crux für Freuds theoretische Spekulationen. Er zwang ihn schließlich zu einer Veränderung der gesamten Struktur der psychoanalytischen Theorie und zur Einführung des kontroversen Konzepts des Todestriebs oder Thanatos.

Die Spekulationen über den Todestrieb in Verbindung mit dem Sadomasochismus spiegelten Freuds intuitive Einsicht wider, daß dieses klinische Phänomen mit Dingen zusammenhing, bei denen es um Leben und Tod geht. Es kann nicht von relativ trivialen biographischen Situationen hergeleitet werden, in denen aktive Aggressionen und Schmerzen eng miteinander verbunden sind. Die von manchen Psychoanalytikern vertretenen Ansichten konzentrieren sich auf Traumen, die hinsichtlich ihrer Tiefenintensität kein überzeugendes Vorbild für sadomasochistische Impulse darstellen. Als Beispiel dafür sei die Theorie von Kučera (104) genannt, der den Ursprung des Sadomasochismus mit dem Erlebnis des Zahnens in Verbindung bringt, weil hier aktive Bemühungen zu beißen schmerzhaft werden. Es war aber nicht nur die für den Sadomasochismus typische Kombination aus aktiver und passiver Destruktivität, die die Psychoanalyse vor ein so großes Rätsel stellte, sondern auch die eigentümliche Verschmelzung von Aggression und Sexualität. Das Modell der perinatalen Matrizen ist imstande, eine sehr logische Erklärung für die am meisten relevanten Aspekte dieser Störung zu bieten.

Im Verlauf des perinatalen Prozesses tauchen sadistische wie auch masochistische Äußerungen und Erlebnisse mit großer Regelmäßigkeit auf und lassen sich auf sehr einleuchtende Weise zu bestimmten Merkmalen des Geburtsvorgangs in Beziehung setzen. Körperliche Schmerzen, Angst und Aggressionen sind im Rahmen der dritten perinatalen Grundmatrix miteinander kombiniert, wobei noch die intensive sexuelle Erregung hinzukommt, über deren Wesen und Ursprung ich schon an früherer Stelle gesprochen habe. In der Erinnerung an den Geburtsvorgang fallen der introjizierte Angriff der uterinen Kräfte und nach außen gerichtete tätliche Aggressionen – eine Reaktion gegen diese lebensgefährliche Bedrohung – zeitlich miteinander zusammen oder wechseln einander ab. Dieser Umstand erklärt nicht nur die Verschmelzung von Sexualität und Aggression, sondern auch die Tatsache, daß Sadismus und Masochismus zwei Seiten ein und derselben Münze sind und eine klinische Einheit, den Sadomasochismus, bilden.

Das Bedürfnis, eine sadomasochistische Situation zu schaffen und den unbewußten Erfahrungskomplex nach außen zu verlegen, läßt sich nicht nur als symptomatisches Verhalten begreifen, sondern auch als Versuch, sich von seinen ursprünglichen traumatischen Eindrücken zu erlösen und sie zu integrieren. Dieses Bemühen schlägt aber fehl und führt nicht zur Selbstheilung, weil die Natur dieses Prozesses innerlich nicht bewußt erkannt wird. Der Erfahrungskomplex wird abreagiert und an die äußere Situation gebunden, statt ihn innerlich anzugehen und ihn als Wiederholung eines Traumas zu erkennen.

Diejenigen, die im Erleben mit der dritten perinatalen Grundmatrix konfrontiert werden, zeigen alle typischen Elemente des Sadomasochismus. Sie spielen abwechselnd die Rolle des leidenden Opfers und die des grausamen Aggressors, haben das Bedürfnis nach körperlicher Beengung und Schmerzen und zeigen Ausbrüche einer eigentümlichen vulkanischen Ekstase, die eine Mischung aus quälendem Leid und intensiver sexueller Lust darstellt. Ich habe schon früher erwähnt, daß das Potential zum Transzendieren von Leid in Ekstase in der Persönlichkeitsstruktur des Menschen angelegt zu sein scheint. Seinen deutlichsten Ausdruck findet es aber bei sadomasochistischen Patienten.

Einige extreme Fälle krimineller Sexualpathologie wie die *Vergewaltigung*, der *sadistische Lustmord* und die *Nekrophilie* verraten unzweifelhaft ihren perinatalen Ursprung. Diejenigen, die die sexuellen Aspekte der dritten Grundmatrix erleben, sprechen davon, daß dieses Stadium des Geburtsprozesses vieles mit einer *Vergewaltigung* gemein hat. Dieser Vergleich ist sehr treffend, wenn wir einige wesentliche Merkmale einer Vergewaltigungssituation näher betrachten. Für das Opfer ist sie verbunden mit Gefahr für Leib und Leben, Todesangst, extremen Schmerzen, mangelnder körperlicher Bewegungsfreiheit, Kampf um Befreiung, Würgen und aufgezwungener sexueller Erregung. Der Täter verwirklicht die aktiven Gegenstücke zu diesen Elementen. Er bringt sein Opfer in große Gefahr, bedroht es, verletzt es, raubt ihm die Bewegungsfreiheit, würgt es und erzwingt sexuelle Erregung. Das Opfer erlebt die Vergewaltigung in vielerlei Hinsicht wie das Kind seine Situation im Geburtskanal, der Täter richtet die introjizierten Gewalten des Geburtskanals nach außen und reagiert sie ab, wobei er sich gleichzeitig an einem Mutterersatz rächt. Aufgrund der Ähnlichkeit zwischen dem Erleben der Vergewaltigung und dem der Geburt erleidet das Opfer ein psychisches Trauma, das nicht nur auf die Auswirkungen der unmittelbaren Situation zurückzuführen ist, sondern auch auf den Zusammenbruch der Abwehrmechanismen zum Schutz gegen die Erinnerung an die biologische Geburt. Der Umstand, daß das Opfer nach einer Vergewaltigung längere Zeit unter emotionalen Problemen leidet, dürfte höchstwahrscheinlich mit dem Eindringen perinataler Emotionen und psychosomatischer Begleiterscheinungen in das Bewußtsein zusammenhängen.

Die Einflüsse der dritten perinatalen Matrix machen sich noch deutlicher bemerkbar im Falle des *sadistischen Mordes,* der viel mit Vergewaltigung gemein hat. Zur Entladung einer Kombination aus sexuellen und aggressiven Impulsen kommen aber hier noch die Elemente des Tötens, der Verstümmelung, der Zerstückelung und des lustvollen Wühlens im Blut und in den Eingeweiden hinzu. Diese Verknüpfung ist charakteristisch für das Wiedererleben der letzten Geburtsstadien. Wie später noch ausgeführt werden soll, hat die Dynamik des blutigen Selbstmords große Ähnlichkeit mit der des sadistischen Mordes. Der einzige Unterschied besteht darin, daß der Selbstmörder die Rolle des Opfers, der Lustmörder hingegen die des Aggressors annimmt. Letztlich sind aber beide Rollen zwei verschiedene Aspekte einer Persönlichkeit. Die des Aggressors steht für die Introjektion der bedrängenden und destruktiven Kräfte im Geburtskanal, die des Opfers für die Erinnerung an die Gefühle und Empfindungen des Kindes während der Entbindung.

Eine ähnliche Kombination von Elementen, wenn auch in etwas unterschiedlichen Proportionen, scheint dem klinischen Bild der *Nekrophilie* zugrundezuliegen. Zu dieser Perversion gehören viele verschiedene Phänomene, angefangen von der sexuellen Erregung beim Anblick eines Leichnams bis hin zu sexuellen Aktivitäten mit toten Körpern in Leichenschauhäusern, in Bestattungsinstituten und auf Friedhöfen. Die Analyse der Nekrophilie bringt die gleiche seltsame Mischung aus Sexualität, Tod, Aggressionen und skatologischen Aspekten zum Vorschein, die so charakteristisch für die dritte perinatale Matrix ist.

In der Lebensgeschichte eines Nekrophilen kann man zwar immer bestimmte Ereignisse finden, die für die Entwicklung dieser Störung verantwortlich zu sein scheinen, doch handelt es sich hierbei nur um notwendige Vorbedingungen oder auslösende Faktoren. Ein echtes Verständnis der Nekrophilie ist aber nicht möglich, ohne die ausschlaggebende Rolle des perinatalen Geschehens zu berücksichtigen.

Die Nekrophilie äußert sich sehr unterschiedlich, in relativ harmloser bis hin zu eindeutig krimineller Weise. Zu den harmlosesten Formen zählen sexuelle Erregung beim Anblick eines Leichnams oder Anziehung durch Friedhöfe, Gräber und damit verbundene Gegenstände. Schwerere Formen der Nekrophilie sind gekennzeichnet durch ein starkes Verlangen, Leichen zu berühren, sie zu riechen oder zu schmecken, und sich an ihrer Verwesung oder Fäulnis zu ergötzen. Der nächste Schritt ist die direkte sexuelle Manipulation an Leichen, die im Geschlechtsverkehr mit dem toten Körper kulminieren kann. In Extremfällen dieser sexuellen Perversion geht der sexuelle Mißbrauch des Leichnams mit seiner Verstümmelung, seiner Zerstückelung und mit Kannibalismus einher.

Die Beobachtungen im Rahmen der klinischen Arbeit mit LSD gewähren auch neue Einblicke in die eigentümlichen sexuellen Abweichungen der *Koprophilie*, *Koprophagie* und *Urolagnie*. Personen mit diesen Perversionen gehen lustvoll mit biologischen Stoffen um, die normalerweise als abstoßend empfunden werden, sie werden durch sie sexuell erregt und neigen dazu, die Ausscheidungsfunktionen in ihre sexuellen Praktiken einzubeziehen. In Extremfällen können verschiedene Aktivitäten – die Kot- und Urinausscheidungen des anderen auf seinen Körper lassen, sich mit Kot einschmieren, Kot essen oder Urin trinken – notwendige Vorbedingungen für sexuelle Befriedigung sein. Eine Kombination aus sexueller Erregung und lustvollem Umgang mit Exkrementen tritt ziemlich häufig sowohl bei psychiatrischen Patienten als auch bei normalen Personen in den Endstadien des Tod-Wiedergeburt-Prozesses auf. Diese Erfahrung scheint die Tatsache widerzuspiegeln, daß früher bei der Entbindung, als weder Katheter noch Klistiere benutzt wurden, viele Kinder unter Umständen in enge Berührung mit Kot und Urin kamen. Blut, Schleim und Fötusflüssigkeit sind biologische Stoffe, die natürlich häufig im Rahmen einer Entbindung auftreten.

Meine klinischen Erfahrungen mit Patienten dieser Kategorie weisen eindeutig darauf hin, daß diese Störungen u. a. in der Fixierung an die Erinnerung an den Augenblick der Geburt wurzeln. Die natürliche Grundlage für diese scheinbar extremen und bizarren Abweichungen besteht darin, daß der Patient als neugeborenes Kind oralen Kontakt mit Kot, Urin, Blut oder Schleim hatte, und zwar in dem Augenblick, als nach vielen Stunden der Qual und Todesangst der Kopf aus der festen Umklammerung des Geburtskanals freikam. Die enge Berührung mit diesen Stoffen wurde auf diese Weise zum Symbol für die fundamentale orgastische Erfahrung.

Nach der psychoanalytischen Literatur fühlt sich das kleine Kind ursprünglich von biologischen Stoffen wie den eigenen Ausscheidungen usw. angezogen und entwickelt erst nachträglich – bedingt durch die Einflüsse der Eltern und der Gesellschaft – eine Aversion gegen sie. Die Beobachtungen im Rahmen der psychedelischen Forschung lassen aber vermuten, daß es sich nicht unbedingt so verhalten muß. Die Grundeinstellung gegen solche biologische Stoffe scheint sich schon im Rahmen des Geburtserlebnisses zu festigen. Je nach den besonderen Umständen kann diese Einstellung extrem positiv oder negativ sein. Es ist sicherlich ein Unterschied, ob das Kind Schleim oder Kot lediglich als Zeichen und Begleiterscheinungen körperlicher und emotionaler Befreiung erlebt, oder ob es beim Auftauchen aus dem Geburtskanal an diesen Stoffen nahezu erstickt und durch künstliche Wiederbelebung von ihnen befreit werden muß. In mehreren Fällen nicht überwachter Hausgeburten waren die Patienten lange Zeit diesen Stoffen ausgesetzt, ehe endlich Hilfe kam. Die Richtigkeit dieser Ereignisse, die in den psychedelischen Sitzungen wiedererlebt wurden, haben später in Interviews Mütter der Patienten bestätigt. Die Geburtssituation kann also eine positive oder negative Begegnung mit diesen Stoffen bedingen und je nach den besonderen Umständen die weitere Verarbeitung im Leben grundlegend beeinflussen.

Die gleichen Faktoren, die den oben geschilderten Perversionen zugrunde liegen, sind in sanfterer Form auch im normalen Sexualleben wirksam. Die Erinnerung an die Begegnung mit Körperausscheidungen im Rahmen der Geburtssituation kann die Einstellung eines Mannes zum oral-genitalen Sex bestimmen. Wie bekannt, gibt es sehr unterschiedliche Reaktionen auf den *Cunnilingus*. Ein Mann kann sich intensiv vor ihm ekeln, er kann eine Aversion dagegen haben, er kann eine Vorliebe dafür empfinden oder er kann eine unwiderstehliche Lust danach verspüren. Zweifellos werden diese Einstellungen letztlich durch die Art und Weise bestimmt, wie der orale Kontakt mit der Vagina der Mutter während der Geburt erlebt wurde. So dürfte wohl auch die Reaktion beider Geschlechter auf den Kontakt mit der Mundschleimhaut und der Zunge bei einem tiefen Kuß nicht nur durch das Saugen an der Mutterbrust geprägt sein, sondern auch durch den Kontakt mit der Vaginaschleimhaut der Mutter während der Geburt. Eine Frau, die nicht bereit ist, während des Geschlechtsverkehrs das Gewicht des Partners auf sich ruhen zu lassen, oder die eine Aversion gegen eine feste Umarmung empfindet, zögert, eine Kombination aus Empfindungen, die für die dritte perinatale Grundmatrix charakteristisch sind, wiederzuerleben. Was eine tiefe Abneigung gegen die *Fellatio* betrifft, so scheint einer der wichtigen Gründe dafür in der Erinnerung an die Kombination von sexueller Erregung und Würgen bei der Geburt zu liegen.

In diesem Zusammenhang möchte ich ein hochinteressantes Buch von Janus, Bess und Saltus *Die Mächtigen und der Sex* (86) erwähnen, das in reichem Maße viele der oben genannten Punkte verdeutlicht und mit Beispielen belegt. Es handelt sich um eine Untersuchung, bei der insgesamt über 700 Stunden Spitzencallgirls von der Ostküste der USA interviewt wurden. Im Gegensatz zu vielen früheren Arbeiten waren die Autoren nicht so sehr an der Persönlichkeit der Prostituierten interessiert, sondern an den Vorlieben und Gewohnheiten ihrer

Kunden. Dazu gehörten viele prominente Vertreter der amerikanischen Politik, Geschäftswelt und Rechtsprechung.

Aus den Interviews ging hervor, daß nur eine absolute Minderheit von Klienten direkte sexuelle Aktivitäten wünschte. Die meisten von ihnen waren an abweichenden erotischen Praktiken und »abartigem Sex« interessiert. Häufig wurde der Wunsch geäußert, gefesselt, ausgepeitscht oder auf andere Weise gefoltert zu werden. Manche Klienten waren bereit, hohe Preise für die Darstellung komplexer sadomasochistischer Szenen zu bezahlen, so die Szene vom amerikanischen Piloten, der in die Gefangenschaft der Nazis gerät und von bestialischen Gestapofrauen auf raffinierte Weise gefoltert wird. Zu den häufig verlangten und hochbezahlten Praktiken zählten auch die »goldene Dusche« und die »braune Dusche«, d. h. die Prostituierte sollte auf den Klienten urinieren und defäkieren.[4]

Nach dem sexuellen Orgasmus regredierten viele dieser extrem ehrgeizigen und einflußreichen Männer auf eine infantile Stufe. Sie wollten von den Prostituierten im Arm gehalten werden und an ihren Brustwarzen saugen – ein Verhalten, das in schroffem Gegensatz zu dem öffentlichen Image stand, das sie sich zu schaffen versuchten.

Die Autoren interpretieren diese Phänomene streng biographisch im Freudschen Sinne. Sie bringen die Folterungen mit Bestrafung durch die Eltern, die »goldene« und »braune Dusche« mit Problemen bei der Sauberkeitserziehung, das Bedürfnis nach Saugen an der weiblichen Brust mit einer Mutterfixierung in Verbindung u. dgl. Bei näherer Betrachtung zeigt sich aber, daß die Klienten in der Regel klassische perinatale Themen und nicht Kindheitserlebnisse nach der Geburt ausagierten. Die Kombination aus massiver Einschränkung der körperlichen Bewegungsfreiheit, Qual und Folter, sexueller Erregung, skatologischen Aspekten und nachfolgendem regressivem oralem Verhalten ist ein unmißverständliches Zeichen für die Aktivierung der dritten perinatalen Grundmatrix.

Die Schlußfolgerungen der Autoren verdienen besondere Beachtung. Sie appellieren an die amerikanische Öffentlichkeit, von ihren Politikern und anderen prominenten Figuren nicht vorbildhaftes sexuelles Verhalten erwarten zu wollen. Wie sich in ihrer Untersuchung zeigt, sind ein überstarker Sexualtrieb und die Neigung zu abweichendem Sexualverhalten untrennbar mit dem extremen Ehrgeiz verknüpft, der in der heutigen Gesellschaft erforderlich ist, wenn man ein erfolgreicher Mensch des öffentlichen Lebens werden will.

Die Autoren schlagen dann eine Lösung des alten Konflikts zwischen Freud und Adler – der Frage, ob der Sexualtrieb oder der Machtwille in der Psyche dominieren – vor, indem sie sagen, daß die beiden zwei Seiten einer Münze sind. Dies stimmt haargenau mit dem perinatalen Modell überein. Im Rahmen der dritten perinatalen Grundmatrix sind ein überstarker Sexualtrieb und Impulse zur Selbstbehauptung, die ein Gefühl der Hilflosigkeit und Unzulänglichkeit kompensieren sollen, zwei Aspekte ein und derselben Erfahrung.

Ich komme jetzt zur *Homosexualität*. Diese Variante des Sexuallebens äußert sich in vielen verschiedenen Formen und Unterformen und wird zweifellos von vielen Determinanten bestimmt. Deshalb ist es unmöglich, irgendwelche allgemeingültige Aussagen über sie zu machen. Zudem war meine klinische Erfahrung mit Homosexuellen ziemlich unrepräsentativ, da sie sich nahezu vollständig auf Personen beschränkte, die ihre Homosexualität als Problem betrachteten, in Konflikte darüber gerieten und deshalb freiwillig in therapeutische Behandlung kamen. Es gibt sehr viele Personen, die eindeutige homosexuelle Vorlieben haben und ihr Leben genießen. Ihr Hauptproblem scheint der Konflikt mit einer intoleranten Gesellschaft und nicht der innerliche Kampf gegen ihre Neigung zu sein. Meine homosexuellen Patienten zeigten in der Regel andere klinische Probleme, etwa Depressionen, Selbstmordtendenzen, neurotische Symptome oder psychosomatische Erscheinungen. Diese Erwägungen sind für die folgenden Ausführungen wichtig.

Die meisten der männlichen homosexuellen Patienten, mit denen ich gearbeitet habe, konnten mit Frauen gute soziale Beziehungen unterhalten, waren aber nicht in der Lage, eine sexuelle Verbindung mit ihnen einzugehen. Während der Behandlung ließ sich dieses Problem regelmäßig auf das zurückführen, was die Psychoanalyse Kastrationsangst nennen würde. Ich habe aber schon früher darauf hingewiesen, daß der Kastrationskomplex und die Freudsche Vorstellung von der »vagina dentata« in der psychedelischen Therapie als Angst vor weiblichen Genitalien entschlüsselt wird, eine Angst, die auf der Erinnerung an das Geburtstrauma beruht. Zusätzlich zu diesem Problem, das als unbewußte Furcht vor der Wiederholung der Rolle des Kindes während der Geburt und dem damit verbundenen bedrohlichen Erleben der weiblichen Genitalien interpretiert werden kann, scheint es aber ein anderes, die Homosexualität bedingendes Element zu geben, das offenbar auf der Identifikation mit der gebärenden Mutter beruht. Dazu gehört eine spezifische Kombination aus Empfindungen, die für die dritte perinatale Grundmatrix charakteristisch sind, nämlich das Empfinden, einen lebenden Körper in seinem Leib zu haben, eine Mischung aus Lust und Schmerz, sowie eine Kombination aus sexueller Erregung und Druck im analen Bereich. Die Tatsache, daß der Analverkehr gewöhnlich eine starke sadomasochistische Komponente besitzt, läßt sich als weiterer Hinweis auf die elementare Verbindung zwischen der männlichen Homosexualität und der dritten perinatalen Matrix auffassen.

Auf einer bewußtseinsnäheren Ebene der Psyche zeigten meine Patienten häufig ein tiefes Verlangen nach Zuneigung von einer männlichen Figur. Obwohl der wahre Kern dieser Sehnsucht das Bedürfnis des Kindes nach väterlicher Zuwendung ist, läßt sie sich im Erwachsenenalter nur im Rahmen einer homosexuellen Beziehung befriedigen. Ich bin auch Homosexuellen mit nur minimalen Konflikten bezüglich ihres Sexuallebens begegnet, die die Ursprünge ihrer Neigung in transpersonale Bereiche zurückverfolgen konnten. So erlebten sie sich in einer früheren Inkarnation als eine Frau oder als einen Mann im antiken Griechenland, der eine Vorliebe für das gleiche Geschlecht hatte.

Was die *weibliche Homosexualität* angeht, so möchte ich gleich zu Anfang ähnliche Einschränkungen wie im Fall der männlichen Homosexualität geltend machen, da meine Stichprobe gleichermaßen begrenzt und unrepräsentativ war. Im allgemeinen hat es den Anschein, als ob die weibliche Homosexualität durch oberflächlichere psychische Faktoren bedingt ist. Ein wichtiger Punkt ist sicherlich das unbefriedigte Bedürfnis nach engem Kontakt mit dem weiblichen Körper, das durch eine Phase schwerer emotionaler Deprivation im Säuglingsalter hervorgerufen wird. In diesem Zusammenhang ist es interessant, daß Frauen allgemein ängstlich in sich lesbische Neigungen verspüren, wenn sie im Laufe einer intensiven Regression in das Säuglingsalter auf Perioden emotionaler Bedürftigkeit stoßen und sich nach dem Kontakt mit einer Frau zu sehnen beginnen. Diese Angst verschwindet gewöhnlich, wenn sie erkennen, daß das Verlangen nach körperlicher Zuwendung von einer Frau für einen weiblichen Säugling etwas ganz Normales und Natürliches ist.

Eine andere bedeutsame Komponente lesbischer Neigungen scheint die Tendenz zu sein, psychisch zum Augenblick der Befreiung während der Geburt zurückzukehren, der in unmittelbarem Kontakt mit weiblichen Genitalien stattfand. Dieser Faktor wäre seinem Wesen nach derselbe, über den ich vorher im Zusammenhang mit der Vorliebe eines heterosexuellen Mannes für oral-genitale Praktiken gesprochen habe. Ein weiteres Element, das mit der Erinnerung an die Geburt verknüpft ist, dürfte die Furcht sein, in einer sexuellen Situation beherrscht, überwältigt und verletzt zu werden. Sehr häufig sind negative Kindheitserlebnisse mit einer Vaterfigur ein weiteres Motiv für den Wunsch nach der Nähe einer Frau und das Meiden von Männern. Im allgemeinen scheint die weibliche Homosexualität weniger mit dem perinatalen Geschehen und lebensbedrohlichen Erlebnissen zusammenzuhängen als im Fall der männlichen Homosexuellen, mit denen ich gearbeitet habe. Die Tatsache, daß die Gesellschaft lesbisches Verhalten mehr toleriert als homosexuelle Äußerungen von Männern, scheint diese Ansicht weiter zu stützen.

Es sei an dieser Stelle auf folgendes hingewiesen: Auch wenn in der Interpretation der oben beschriebenen sexuellen Variationen und Abweichungen der Schwerpunkt auf den perinatalen Faktoren ruhte, bedeutet dies nicht, daß biographische Ereignisse für die Entwicklung solcher Phänomene irrelevant seien. In der Tat sind die in der psychoanalytischen Literatur diskutierten psychogenetischen Faktoren in der psychedelischen Arbeit und in Selbsterfahrungstherapien ohne die Zuhilfenahme von Drogen immer wieder bestätigt worden. Der einzige Unterschied zwischen dem Freudschen Standpunkt und den hier dargelegten Erklärungen besteht darin, daß die biographischen Ereignisse nicht als Ursachen für diese Probleme, sondern als Bedingungen für ihre Entwicklung angesehen werden. Eine solche Bedeutung kommt ihnen deswegen zu, weil sie bestimmte

Aspekte oder Facetten der perinatalen Dynamik selektiv verstärken, oder weil sie das Abwehrsystem, das das Eindringen perinataler Energien und Inhalte in das Bewußtsein gewöhnlich verhindert, ernstlich schwächen. Hervorzuheben ist auch, daß in vielen Fällen einige der oben beschriebenen Bedingungen wichtige transpersonale Komponenten besitzen. Diese entziehen sich aber jeglicher systematischer Ordnung und müssen bei jedem einzelnen Menschen – eine unvoreingenommene und aufgeschlossene therapeutische Grundhaltung vorausgesetzt – neu entdeckt werden.

Transpersonale Formen der Sexualität:

In sexuellen Erlebnissen mit transpersonalen Dimensionen hat die betreffende Person das Empfinden, über ihre bei normalem Bewußtsein definierte Identität und ihre Ich-Grenzen hinausgegangen zu sein. Sie kann sich in einer anderen historischen, ethnischen oder geographischen Umgebung wiederfinden, oder sie identifiziert sich voll und ganz mit anderen Personen, Tieren oder archetypischen Wesen. Erlebnisse dieser Art können als rein intrapsychische Phänomene auftreten, wenn der oder die Betreffende sich nicht gerade sexuell betätigt, sondern sich in einem Prozeß tiefer Selbsterforschung befindet, oder im Rahmen einer sexuellen Interaktion mit einem Partner bzw. einer Partnerin. Im letzteren Fall kann die Bewußtseinsveränderung dem Liebesakt vorausgehen – wie etwa bei Personen, die vor dem Geschlechtsverkehr Marihuana oder LSD einnehmen – oder auch durch ihn ausgelöst werden.

In all den genannten Fällen kann man lediglich seine eigenen Empfindungen in den erlebten sexuellen Situationen verspüren oder aber gleichzeitigen Zugang zu den Gefühlen und Körperempfindungen der Partner haben. So erlebten offenbar einige Personen unter LSD-Einwirkungen die sexuellen Gefühle ihrer Mutter zum Zeitpunkt der symbiotischen Einheit der Schwangerschaft, während der Geburt oder während des Stillens. Manchmal waren die Erlebnisse im Mutterleib mit dem Empfinden verknüpft, einen Geschlechtsverkehr zwischen den Eltern aus der Sicht des Fötus wahrzunehmen. Damit einher ging ein deutlich sexuelles Erlebnis eigener Art. Weniger häufig waren Fälle, in denen jemand in einem außergewöhnlichen Bewußtseinszustand überzeugt davon war, die sexuellen Empfindungen eines Vorfahren wiederzuerleben. Manchmal betraf es die Eltern oder Großeltern, bei anderen Gelegenheiten hingegen schienen solche Episoden aus weit zurückliegenden historischen Zeiten zu stammen und die Qualität einer Erinnerung an ein Erlebnis aus der Stammesgeschichte zu haben. Hin und wieder sahen sich Personen unter LSD-Einwirkung als Teilnehmer an komplexen sexuellen Ritualen und Zeremonien verschiedener Kulturen, wie etwa im Rahmen von Fruchtbarkeitsfesten, Übergangsriten, antiker Tempelprostitution oder einer Anbetung des Phallus. Erlebnisse solcher Art vermittelten häufig sehr spezifische und detaillierte, historisch und anthropologisch korrekte Informationen, die den Betreffenden zuvor nicht verfügbar waren. Wenn bei diesen Phänomenen das Gefühl einer tatsächlichen biologischen Verbindung mit den beteiligten Personen fehlt, dann lassen sie sich am besten als Manifestationen des kollektiven Unbewußten im Sinne von C. G. Jung beschreiben. Gelegentlich können sie mit einem Empfinden der Identität oder einer tiefen geistigen Verbindung mit den Protagonisten verknüpft sein und dadurch den Charakter einer Erinnerung bekommen. Dies sind die Merkmale einer der wichtigsten Gruppen transpersonaler Erlebnisse, der karmischen Erinnerungen oder Erinnerungen an Erlebnisse in früheren Inkarnationen.

Eine faszinierende Kategorie transpersonaler sexueller Erlebnisse bildet die vollständige Identifikation mit verschiedenen Tierformen. Unabhängig davon, ob es sich um Säugetiere, niedrigere Wirbeltiere oder wirbellose Tiere wie Insekten, Weich- und Hohltiere handelt, erzeugen solche Episoden Körpervorstellungen, emotionale Reaktionen, Erlebnisweisen und Verhaltensabfolgen, die für die jeweilige Tierart charakteristisch sind. Alle sich bei dieser Gelegenheit einstellenden Empfindungen sind offensichtlich authentisch. Sie sind für die betreffende Spezies sehr spezifisch oder gar einmalig und gehen in der Regel weit über das hinaus, was sich die Phantasie eines Menschen ohne diesbezügliche spezielle Vorkenntnisse ausmalen kann. Wie die oben geschilderten Erlebnisse aus dem kollektiven und stammesgeschichtlichen Unbewußten vermitteln sie eine Vielzahl akkurater Informationen, die die Allgemeinbildung und das Fachwissen der betreffenden Person bei weitem übersteigen.

Die in solchen Episoden gewonnenen neuen Einblicke beziehen sich unter Umständen nicht nur auf die Psychologie der betreffenden Tierform, ihre Triebdynamik und das artspezifische Werbeverhalten, sondern auch auf Einzelheiten der Anatomie, Physiologie und manchmal sogar Biochemie im Hinblick auf die Sexualität. Gewöhnlich erfolgt eine Identifikation dieser Art nur mit einer bestimmten Lebensform zu einem Zeitpunkt, doch manchmal bilden viele solcher Identifikationserlebnisse ein einziges komplexes Erfahrungsmuster. Die daraus resultierende Konstellation scheint den Archetyp des Liebesaktes in der Natur zu repräsentieren oder die überwältigende Macht und Schönheit der sexuellen Vereinigung auszudrücken und zu verdeutlichen. Erlebnisse dieser Art können im Rahmen der – später genauer dargestellten – ozeanischen Sexualität und eines Erlebnisses der göttlichen Vereinigung (Shiva – Shakti) auftreten oder im Zusammenhang mit der Öffnung des zweiten Chakras, wenn die sexuelle Energie als die dominierende Kraft im Universum erscheint. Mehrere Male berichteten Personen unter LSD-Einwirkung auch von sexuellen Empfindungen im Rahmen der Identifikation mit einer Pflanze, beispielsweise während der Bestäubung.

Ein anderes wichtiges und häufig auftretendes sexuelles Erlebnis transpersonaler Natur ist das der *Vereinigung mit dem Göttlichen*. Dieses höchst interessante Phänomen zeigt sich in zwei verschiedenen Formen. In der ersten Form hat die betreffende Person das Gefühl der sexuellen Vereinigung mit dem Göttlichen, bewahrt aber ihre ursprüngliche Identität. Die ekstatischen Ausbrüche der hl. Theresa von Avila könnten als nicht durch Drogen herbeigeführte Erlebnisse dieser Art erwähnt werden. Ähnliche spirituelle Zustände können sich auch während der Ausübung des Bhakti-Yoga einstellen. In der zweiten Variante identifiziert sich die betreffende Person während des sexuellen Erlebnisses voll und ganz mit einem göttlichen Wesen. Dabei gibt es eine mehr oder weniger abstrakte Form der kosmischen Vereinigung der männlichen und weiblichen Prinzipien, etwa im göttlichen Zusammenspiel von Yin und Yang. Konkretere archetypische Erscheinungsformen wären die mystische Hochzeit oder der Hierosgamos, das alchemistische mysterium coniunctionis oder die Identifikation mit einer bestimmten Gottheit, die sich mit der entsprechenden Partnergottheit sexuell vereinigt (z. B. Shiva-Shakti, Apollo-Aphrodite oder die tibetanischen tantrischen Gottheiten mit ihren Shaktis).

Drei transpersonale Formen der Sexualität sind so auffällig, daß sie eine eingehendere Besprechung verdienen, nämlich die *satanische, ozeanische* und *tantrische* Sexualität. Die erste dieser Formen, die *satanische Sexualität,* hängt psychologisch mit dem Geburtsprozeß, speziell mit der dritten perinatalen Grundmatrix zusammen. Bilder und Erlebnisse satanischer Orgien tauchen recht häufig in den Endstadien des perinatalen Geschehens auf. Sie sind charakterisiert durch eine eigentümliche Mischung aus Tod, Sexualität, Aggression, skatologischen Aspekten und religiösen Gefühlen. In einer wichtigen Variante dieses Themas haben die Betreffenden Visionen von einer *Schwarzen Messe* oder nehmen sogar daran teil. Das Element des Todes verdeutlicht sich in dem Ort, an dem solche Zeremonien vorzugsweise abgehalten werden, nämlich auf Friedhöfen mit offenen Gräbern und Särgen. Zu den Ritualen einer Schwarzen Messe gehören die Defloration von Jungfrauen, die Opferung von Tieren oder kleinen Kindern, und die Unzucht von Pärchen in offenen Gräbern und Särgen oder in den noch warmen Eingeweiden von geopferten und gesäuberten Tieren. Ein anderes häufiges Motiv ist ein diabolisches Festmahl, an dem Exkremente, Menstruationsblut und zerstückelte Föten verzehrt werden. Es herrscht aber nicht die Atmosphäre einer pervertierten Orgie, sondern die eines eigentümlichen religiösen Rituals, bei dem dem Gott der Finsternis gehuldigt wird. Viele unter LSD-Einfluß stehende Personen berichteten unabhängig voneinander, daß diese Erfahrung identische Elemente wie die Endstadien der Geburt beinhaltet und offenbar mit ihr in einem Zusammenhang zu stehen scheint. Der gemeinsame Nenner der satanischen Orgien und des Höhepunkts der biologischen Geburt setzt sich zusammen aus Sadomasochismus, starker sexueller Erregung mit abweichender Färbung, abstoßenden skatologischen Elementen, einer Atmosphäre des Morbiden und des makabren Schreckens, dazu aber auch einem Gefühl der Gottesnähe. (S. Abb. 20, S. 150.)

Eine andere Variation desselben Themas ist der *Hexensabbath (Walpurgisnacht)* mit den damit verknüpften Erlebnissen. Dieser in außergewöhnlichen Bewußtseinszuständen auftretende Archetyp hat sich historisch im Europa des Mittelalters manifestiert, als bestimmte Hexenzirkel das Geheimnis psychoaktiver Tränke und Salben kannten. Zu den bei solchen Vorbereitungen verwendeten Pflanzen zählten der tödlich wirksame Nachtschatten (Atropa Belladonna), das Bilsenkraut (Hyoscyamus niger), der Stechapfel (Datura Stramonium) und der Alraun (Mandragora officinarum); manchmal wurden auch tierische Zusätze benutzt, etwa die Haut von Kröten oder Salamandern.[5] Nach Einnahme des Tranks oder Auftragen der Salbe auf die Haut bzw. ihrem Einführen in die Vagina hatten die Hexen relativ stereotype Erlebnisse der Teilnahme am Hexensabbath.

Obwohl dieses Phänomen historisch vielfach belegt ist, überrascht es doch, daß ähnliche Erlebnisse in bestimmten Stadien des psychedelischen Prozesses oder im Laufe einer nicht mit Drogen unterstützten Selbsterfahrungstherapie spontan auftreten. Die allgemeine Atmosphäre eines Hexensabbath ist die einer wilden Erregung und ungehemmten Entfesselung von sonst verbotenen instinktiven Trieben. Das sexuelle Element ist in sadomasochistischer, inzestuöser und skatologischer Form vertreten. Der Anführer des Sabbath ist der Teufel in Gestalt eines riesigen schwarzen Ziegenbocks, der Meister Leonhard genannt wird. Er ergeht sich in schmerzhaften Deflorationsritualen an Jungfrauen mit seinem riesigen schuppigen Penis, kopuliert wahllos mit allen anwesenden Frauen, erhält anbetungsvolle Küsse auf seinen Anus und ermuntert die Teilnehmer zu wilden Orgien mit inzestuösem Charakter. Mütter und Söhne, Väter und Töchter, Brüder und Schwestern vereinigen sich im Laufe dieses sonderbaren Rituals im zügellosen Sexualakt. (S. Abb. 21, S. 150.)

Das skatologische Element zeigt sich in Form eines seltsamen diabolischen Festmahls, bei dem Menstruationsblut, Samen, Exkremente und zerstückelte Föten mit Gewürzen serviert werden. Ein charakteristischer Aspekt des Hexensabbath ist die blasphemische Umkehrung christlicher Symbole. Kleine Kinder spielen mit häßlichen Kröten in Lachen mit Weihwasser, sie kleiden sie in kleine Fetzen aus purpurnem Gewand, die die Robe des Kardinals darstellen sollen, und füttern sie mit geweihten Hostien. Diese werden im Hexensabbath aus einem Teig hergestellt, der auf den Hinterbacken eines nackten Mädchens gerührt wurde.

Ein wesentlicher Teil dieser Zeremonie ist das Gelübde der Neugetauften, sich von Christus und allen christlichen Symbolen loszusagen. Dieses Element ist besonders interessant, da im perinatalen Geschehen die Identifikation mit Christus und seinem Leiden den nächsten archetypischen Schritt im Tod-Wiedergeburt-Prozeß bildet, der von der Alptraumatmosphäre der satanischen Walpurgisnachtorgien befreit und den Weg zur reinen spirituellen Öffnung weist. Die Lossagung von christlichen Elementen verpflichtet die Teilnehmer zur Fortsetzung ihrer makabren Aktivitäten auf immer, blockiert das Fortschreiten des archetypischen Prozesses und verhindert die spirituelle Befreiung.

Musikinstrumente aus Knochen, Häuten und Wolfsschwänzen tragen zu der bizarren Atmosphäre dieses außergewöhnlichen Rituals bei. Wie schon im Fall der früher beschriebenen satanischen Orgien verrät die seltsame Mischung aus wilder Erregung, abweichender Sexualität, Aggressionen, skatologischen Aspekten und dem spirituellen Element in Form der blasphemischen Verkehrung traditioneller religiöser Symbole einen tiefen Zusammenhang mit der dritten perinatalen Matrix. Im Gegensatz zu den Elementen des Höllischen in der zweiten perinatalen Grundmatrix ist die betreffende Person kein Opfer, das von den Mächten des Bösen gequält wird. Sie wird in die Versuchung geführt, all die verbotenen Impulse in ihr in einer ekstatischen Orgie zu entfesseln. Die Gefahr besteht hier darin, selber böse statt zu einem hilflosen Opfer des Bösen zu werden. (S. Abb. 22, S. 169.)

In diesem Zusammenhang ist es interessant, daß die Prozeduren der Inquisition gegen die tatsächlichen Vertreter des Teufelskults und die Hexen wie auch gegen Tausende unschuldiger Opfer eine sonderbare Ähnlichkeit mit den oben beschriebenen Ritualen aufwiesen. Diabolisch erfindungsreiche Folterungen und andere sadistische Maßnahmen, Massenverbrennungen von Ketzern, endlose Befragungen über sexuelle Aspekte des Sabbath und satanischer Orgien oder über die Sexualanatomie und -physiologie des Teufels, peinliche Untersuchungen der Genitalien der angeblichen Hexen nach Zeichen des Geschlechtsaktes mit dem Gott der Finsternis (nach den sogenannten signa diaboli) – all dies wurde mit inbrünstigem religiösen Eifer durchgeführt. Nach den Einsichten aus dem psychedelischen Prozeß gab es keinen allzu großen Unterschied zwischen dem Geisteszustand der Inquisitoren und den Anhängern des Teufelskults bzw. den Hexen. Ihr Verhalten wurde durch die gleichen tiefen Kräfte im Unbewußten motiviert, nämlich durch solche, die in der dritten perinatalen Grundmatrix wurzeln. Der Vorteil für die Heilige Inquisition bestand darin, daß sie die Gesetze im Rücken hatte und ihre Praktiken mit weltlicher Macht durchsetzen konnte.

Elemente der oben beschriebenen archetypischen Muster finden sich in abgeschwächter Form in diversen sexuellen Abweichungen und Perversionen, ja bis zu einem gewissen Grad sogar in sexuellen Aktivitäten, die nach den gegenwärtigen Kriterien als »normal« gelten. Allen oben besprochenen sexuellen Phänomenen ist gemein, daß sie auf einer Vorstellung von Sexualität basieren, die im Laufe eines erbitterten Kampfes um Leben und Tod mit dem mütterlichen Organismus gewonnen wurde. Diejenigen, deren Erleben von Elementen der ersten und vierten perinatalen Grundmatrix bestimmt wird, neigen zur Entwicklung ganz anderer Formen von Sexualität. Sie beruhen auf der Erinnerung an den intrauterinen und den postnatalen Zustand, in denen libidinöse Gefühle den Charakter des Zusammenwirkens und der Ergänzung mit einem anderen Organismus tragen. Solche Formen der Sexualität haben sehr deutliche numinose oder spirituelle Merkmale. Zu den wichtigsten Beispielen dieser Kategorie zählen die ozeanische und die tantrische Sexualität.

In der *ozeanischen Sexualität* begreift, praktiziert und erlebt man den Sex in einer völlig anderen Weise, als wenn man psychisch unter dem Einfluß der dritten perinatalen Grundmatrix steht. Ich habe den Begriff selber geprägt, nachdem es mir nicht gelungen war, in der Literatur eine angemessene Bezeichnung für diese Form der Sexualität oder auch nur eine Beschreibung ihrer Merkmale zu finden. Ihre Entwicklung hängt mit der Erfahrung der kosmischen Einheit zusammen. Auf einer bewußtseinsnäheren Ebene aber spielt die ekstatische symbiotische Einheit zwischen dem Kind und dem mütterlichen Organismus während der Schwangerschaft bzw. während des Stillens (das Erlebnis des guten Mutterleibs bzw. der guten Brust) eine Rolle. Es handelt sich um ein neuartiges Verständnis und eine neue Praxis der Sexualität, die sich häufig spontan einstellen, wenn man psychisch mit der vierten und ersten perinatalen Grundmatrix konfrontiert worden ist. Hat man ein solches Erlebnis durchgemacht, dann werden seine Merkmale gewöhnlich für immer im Alltag die philosophische Vorstellung und das Idealbild von der Sexualität prägen, wenn nicht sogar als erlebte Wirklichkeit bestehen bleiben.

In der ozeanischen Sexualität geht es nicht um einen Sexualakt, der durch eine befreiende Entladung und Erleichterung nach einer Phase heftiger Anstrengungen charakterisiert ist, sondern um einen spielerischen und beide Seiten durchdringenden Energieaustausch, der Ähnlichkeit mit einem Tanz besitzt. Das Ziel besteht darin, den Verlust der eigenen Grenzen zu erleben, mit dem Partner in einem Zustand glückseliger Einheit zu verschmelzen. Die Vereinigung der Geschlechtsorgane und die orgasmische Entladung werden zwar intensiv empfunden, im Hinblick auf das letzte Ziel aber – die Erlangung eines transzendentalen Zustands der Einheit männlicher und weiblicher Prinzipien – als sekundär betrachtet. Die aufsteigende Kurve des sexuellen Orgasmus kann zwar in dieser Form der Sexualität numinose oder archetypische Dimensionen erreichen, gilt aber nicht als das einzige oder letzte Ziel. Wenn Personen, die zu dieser Art Sexualität gefunden haben, gefragt werden, welche Funktion der genitale Orgasmus in ihr spielt, so erwidern sie meistens, daß er dazu diene, »das störende biologische Element aus einer spirituellen Verbindung zu entfernen«. Wenn zwei Partner versuchen, auf diese Weise zu Einem zu verschmelzen, dann werden sie nach einer Phase des Vorspiels eine lokale genitale Erregung verspüren. Diese Erregung muß sich erst in einem genitalen Orgasmus entladen, ehe eine vollständigere und grenzenlose Erfahrung des Eins-Seins möglich ist.

Ein charakteristischer Aspekt dieses Verständnisses von Sexualität ist die Tendenz der Partner, nach ihrem sexuellen Orgasmus lange Zeit in engem körperlichem Kontakt und liebender Umarmung zu verbleiben, ohne sich dabei nun besonders in sexueller Hinsicht reizen zu wollen. Intensive Formen ozeanischer Erlebnisse haben eine starke spirituelle Komponente. Die sexuelle Vereinigung wird als Sakrament wahrgenommen und hat etwas definitiv Göttliches an sich. Der Partner kann eine archetypische Form annehmen und als der Vertreter aller Angehörigen seines Geschlechts erlebt werden. Die Situation hat etwas Paradoxes an sich, da sie sexuelle Vereinigung zweier menschlicher Wesen und zugleich

Ausdruck einer kosmischen Einheit von männlich und weiblich im Sinne von Yin und Yang ist. Den Partnern können sich auch mythologische Bereiche öffnen. Sie können sich und den anderen als göttliche Personen erleben. Ebenso können phylogenetische Einflüsse wirksam werden. In diesem Fall wird die sexuelle Vereinigung zu einem hochkomplexen, vielschichtigen und vieldimensionalen Ereignis, in dem sich die Sexualität als überwältigende natürliche Kraft mit kosmischen Proportionen darstellt. Die Partner werden im Liebesakt vielleicht auch bemerken, daß sich Teile ihres Körpers nach Mustern und Rhythmen bewegen, in denen sich Werbetänze und Paarungsverhalten von Spezies und Lebensformen aus dem gesamten Stammbaum der Evolution widerspiegeln.

Die letzte deutlich ausgeprägte Form von Sexualität mit transpersonalem Charakter ist die *tantrische Sexualität*. Hier ist das Ziel die Erfahrung der Transzendenz und Erleuchtung, wobei die Geschlechtsorgane und die sexuelle Energie nur als ein geeignetes Mittel zum Zweck dienen. Es ist fraglich, ob man in diesem Zusammenhang überhaupt von Sexualität sprechen soll, da es sich eigentlich um eine spirituelle Yogatechnik handelt, die es nicht auf die Befriedigung biologischer Bedürfnisse absieht. In dieser Art sexuellen Verkehrs wird die geschlechtliche Vereinigung dazu benutzt, um libidinöse Kräfte zu aktivieren. Sie endet aber nicht mit orgasmischer Entladung und Ejakulation, ja eine biologische Befriedigung durch den Orgasmus würde in diesem Rahmen als Versagen gelten.

Diejenigen, die den Weg des Vām mārga – den »linkshändigen« Weg – des Tantra beschreiten, nehmen an komplizierten Ritualen mit der Bezeichnung Pancha-mākara teil. Dieser Name bezieht sich auf fünf wichtige Komponenten dieser Riten, die alle mit dem Buchstaben »M« beginnen, nämlich madya (Wein), māmsa (Fleisch), matsya (Fisch), mudrā (getrocknetes Getreide) und maithuna (sexuelle Vereinigung). Der rituelle Sexualakt wird im Kollektiv an einem bestimmten Ort und zu einem bestimmten Zeitpunkt vollzogen, die beide vom Guru sorgfältig ausgewählt worden sind. Diese Zeremonie hat starken ästhetischen Charakter. Zu ihr gehören die körperliche Reinigung, ein rituelles Bad, frische Blumen, schöne Gewänder, wohlduftendes Räucherwerk und Parfüm, Musik, Gesang sowie ein speziell zubereitetes Essen mit Wein. Ein wichtiger Teil dieses Rituals sind ayurvedische Kräuterrezepte, in denen stark wirkende Aphrodisiaka mit psychedelisch wirksamen Kräutermischungen kombiniert werden (134).

Während der »rechtshändige« Weg oder das Dakshina mārga in der Praxis auf einer symbolischen und metaphorischen Ebene bleibt, ist der »linkshändige« Weg bei der Durchführung des Rituals konkret und nimmt die Vorschriften wörtlich. Dieser Weg geht von dem Grundprinzip aus, daß eine spirituelle Befreiung nicht durch das Widerstehen von Begierden und Leidenschaften erreicht wird, sondern durch die Umwandlung genau jener Elemente, die uns gewöhnlich zu Fall bringen. Während des rituellen Höhepunkts nehmen die Partner bestimmte sexuelle Yogastellungen oder tantra-āsanas ein. Sie atmen und meditieren gemeinsam in voller genitaler Vereinigung und konzentrieren sich darauf, den allerletzten Augenblick vor der orgastischen Entladung zu verlängern und intensiv zu erleben.

Diese Aktivität weckt und aktiviert die spirituelle Energie, die im Sakralteil der Wirbelsäule schlummert und die in der Tantra-Literatur als Kundalini oder Schlangenkraft bezeichnet wird. In ihrer aktiven Form oder »Shakti« fließt die Energie dann durch die Wirbelsäule nach oben, über Leitungsbahnen im fein-stofflichen Leib mit der Bezeichnung Ida und Pingala, und bewirkt schließlich die Öffnung sowie Aktivierung der sieben Zentren der psychischen Energie, der Chakras. Unter diesen Bedingungen haben die Tantra-Partner das Empfinden einer kosmischen Vereinigung des männlichen und weiblichen Prinzips und erleben sich verbunden mit der transzendentalen göttlichen Quelle.

Im Gegensatz zu der ozeanischen Sexualität, in der sich die lokalisierte sexuelle Erregung vor der Vereinigung des Männlichen mit dem Weiblichen entlädt, wird hier die sexuelle Vereinigung als Mittel zum Zweck benutzt und die sexuelle Energie in eine spirituelle Erfahrung umgeformt. Viele LSD-Psychotherapie-klienten haben die tantrische Sexualität in ihren psychedelischen Sitzungen spontan entdeckt und sie in ihrem späteren alltäglichen Leben praktiziert, gewöhnlich abwechselnd mit der ozeanischen Sexualität oder mit noch konventionelleren Formen von Sex. Transpersonale sexuelle Erlebnisse und tiefgreifende Veränderungen im Sexualleben können sich auch im Rahmen verschiedener ohne LSD arbeitender Selbsterfahrungstherapien einstellen.

Die Wurzeln der Gewalt: Biographische, perinatale und transpersonale Quellen der Aggression

In Anbetracht der alltäglichen klinischen Beobachtungen während der psychedelischen Behandlung und anderer Formen tiefgehender Selbsterforschung wurde ich mir zunehmend dessen bewußt, daß die von der dominierenden, analytisch orientierten Psychiatrie stammenden Erklärungsansätze der Mehrzahl emotionaler Störungen nicht gerecht werden. Sie sind oberflächlich, unvollständig und wenig überzeugend. Besonders deutlich wird dies in den Fällen extremer Gewalttätigkeit und Selbstzerstörung. Mir wurde klar, daß auch noch so traumatische Einflüsse aus der Lebensgeschichte so schwere und drastische psychopathologische Erscheinungen wie die Selbstverstümmelung, den blutigen Selbstmord, den Sadomasochismus, den bestialischen Mord oder das wahllose Töten im Amoklauf nicht adäquat erklären können.

Die Tatsache allein, daß solche schwer gestörten Personen in ihrer Kindheit emotional vernachlässigt waren, die ersten Zähne unter Schmerzen bekamen oder auch von den Eltern bzw. Elternersatzfiguren körperlich mißhandelt wurden, reicht für das Verständnis ihrer entsetzlichen Taten sicherlich nicht aus. Erklärungsansätze, die vollständig auf der Analyse biographischen Materials beruhen, wirken noch unangemessener, ja absurd, wenn sie auf extrem sozial-psychopathologische Phänomene angewendet werden. Ich meine damit den Wahnsinn der Ausrottung und Ermordung ganzer Völker, die apokalyptischen Schrecken der Konzentrationslager, die kollektive Begeisterung ganzer Nationen für größenwahnsinnige Pläne autokratischer Tyrannen, die Opferung von Millionen im Namen naiver utopischer Visionen oder den Holocaust sinnloser Kriege und blutiger Revolutionen. Es fällt schwer, psychologische Theorien ernstzunehmen, die eine Massenpathologie von solchen Ausmaßen auf Prügel im Kindesalter oder auf vergleichbare emotionale und körperliche Traumen zurückführen wollen. Instinkttheoretische Spekulationen von Forschern wie Robert Ardrey (3, 4), Desmond Morris (135) und Konrad Lorenz (122), wonach dieses destruktive und sadistische Verhalten phylogenetisch vorprogrammiert sein soll, erscheinen wenig hilfreich, da Natur und Umfang menschlicher Aggressionen in der Tierwelt keine Parallelen besitzen.

Im folgenden möchte ich einige der wichtigsten Beobachtungen aus intensiver Selbsterfahrungsarbeit mit und ohne psychedelische Drogen, die mir für das

Abb. 23. Die Entfesselung machtvoller instinktiver Kräfte aggressiver Natur ist sehr charakteristisch für Erlebnisse in Verbindung mit dem Prozeß von Tod und Wiedergeburt. Diese Zeichnungen stellen zwei Varianten solch mörderischer Aggression dar, wie sie sich in von der dritten perinatalen Grundmatrix bestimmten LSD-Sitzungen manifestiert.

Problem menschlicher Aggressionen höchst relevant zu sein scheinen, beschreiben und näher erörtern. Dieses klinische Material – und da stimme ich generell mit Erich Fromm (61) überein – macht deutlich, daß man trennen muß zwischen *defensiver* oder *gutartiger Aggression,* die im Dienst des Überlebens des Individuums und der Spezies steht, und *bösartiger Destruktivität* oder *sadistischer Grausamkeit.* Letztere scheint nur beim Menschen vorzukommen und mit dem Fortschreiten der Zivilisation eher zu- statt abzunehmen. Genau diese bösartige Form der Aggression ohne einen ernsten biologischen oder ökonomischen Grund, die weder anpassungsfähig noch phylogenetisch vorprogrammiert ist, stellt das wahre Problem für die Menschheit dar. Zusammen mit den gewaltigen technischen Mitteln, die in ihren Dienst gestellt werden, ist sie in den letzten Jahrzehnten zu einer ernsthaften Bedrohung nicht nur für die Existenz der menschlichen Spezies, sondern für das Leben auf diesem Planeten überhaupt geworden. Nach Fromms Meinung ist es daher wichtig, zwischen der instinktgebundenen Aggressivität und den durch die Persönlichkeitsstruktur hervorgerufenen Formen der Destruktivität zu unterscheiden. Letztere können als »nicht instinktgebundene, im Charakter verwurzelte Leidenschaften« beschrieben werden.

Die Beobachtungen im Rahmen der klinischen Psychotherapie mit LSD und anderen Selbsterfahrungstechniken konnten diese Einsicht Fromms um wichtige neue Dimensionen bereichern. Sie geben feste Anhaltspunkte dafür, daß die Muster bösartiger Aggression von der Dynamik des Unbewußten her begriffen werden können, wenn man das Modell von der menschlichen Psyche um die perinatale und transpersonale Ebene erweitert. Diese Entdeckung hat weitreichende theoretische und praktische Konsequenzen. Die bösartige Aggression stellt sich nicht als ein Phänomen dar, das schicksalhaft in der Struktur des Zentralnervensystems und seinen starren vorprogrammierten Instinkten verankert ist, sondern das in flexiblen und wandelbaren funktionalen Matrizen wurzelt.

Die bösartige Aggression wird außerdem in Zusammenhang mit dem Tod-Wiedergeburt-Prozeß gebracht und auf diese Weise mit dem Streben nach Transzendenz und mystischer Erleuchtung verbunden. Wenn man die innerliche Konfrontation mit Erlebnissen zerstörerischen und selbstzerstörerischen Charakters zuläßt und sie in einem strukturierten und sozial sanktionierten Rahmen der Geborgenheit durcharbeitet, dann können sie zu wichtigen Kräften im Prozeß der spirituellen Transformation werden. Aus dieser Sicht erweisen sich viele Gewalttaten, ob gegen andere oder sich selber und ob individueller oder kollektiver Natur, als Folge mißverstandener und entstellter spiritueller Triebe. In vielen Fällen können diese Energien in einem therapeutischen Rahmen und mit der Hilfe geeigneter Techniken zu ihren spirituellen Zielen zurückgeleitet werden. Nach diesen allgemeinen Bemerkungen möchte ich jetzt näher auf die Quellen der bösartigen Aggression und ihre klinischen sowie sozialen Erscheinungsformen eingehen.

Abb. 24. Aggression, die sowohl nach außen wie nach innen gerichtet ist, gehört zu den typischsten Manifestationen der dritten perinatalen Grundmatrix. Dies zeigt das obige symbolische Selbstporträt eines psychiatrischen Patienten, gezeichnet nach einer machtvollen perinatalen LSD-Sitzung. Ein stilisierter Raubvogel zerdrückt mit seiner rechten Klaue eine hilflose Maus. Die linke Klaue ist in eine Kanone verwandelt, die sich gegen des Räubers eigenen Kopf richtet. Das alte Auto obendrauf spiegelt ein Wortspiel (Selbst-Porträt = Auto-Porträt) wider, aber auch das Verhältnis dieses Typs von Aggression zu leichtsinnigem Fahren und Unfall-Neigung.

In genereller Übereinstimmung mit psychoanalytischen Konzepten scheint ein großer Teil von Aggressionen auf traumatische Kindheitserlebnisse und andere biographische Faktoren zurückzuführen sein. Gewöhnlich werden sie mit dem Wiedererleben von Ereignissen in Verbindung gebracht, bei denen die Befriedigung von Grundbedürfnissen des Kindes oder seine Sicherheit gestört wurde und es sich daraufhin frustriert fühlte. Zu den typischsten Beispielen für solche Situationen zählen die Konflikte im Zusammenhang mit dem Lustgewinn in verschiedenen libidinösen Zonen, emotionale Vernachlässigung und Ablehnung durch die Eltern bzw. Elternersatzfiguren, und grobe körperliche Mißhandlungen. Eine besondere Bedeutung kommt aus dieser Sicht der oralen und der analen Zone zu. Wenn im psychotherapeutischen Prozeß Techniken verwendet werden, die nur begrenzt in das Unbewußte einzudringen vermögen – etwa das therapeutische Gespräch unter vier Augen oder die freie Assoziation nach Freud –, dann hat es den Anschein, als ob sämtliche Aggressionen durch biographisches Material bedingt seien. Der Klient wie auch der Therapeut gelangen auf diese Weise niemals zu einem tieferen Verständnis der beteiligten Prozesse. Benutzt man aber psychedelische Drogen oder andere hochwirksame Selbsterfahrungstechniken, dann beginnt sich bereits in den frühen Therapiestadien ein ganz anderes Bild abzuzeichnen.

Anfangs mögen beim einzelnen Aggressionen in Verbindung mit verschiedenen Kindheitserlebnissen wieder wach werden, doch die Intensität der destruktiven Impulse, die mit solchem Material verknüpft sind, scheint zu Art und Bedeutung der jeweiligen Situation in keinem Verhältnis zu stehen. In mehreren Fällen lassen sich verschiedene heftige emotionale Reaktionen, die scheinbar durch psychische Traumen bedingt sind, in Wahrheit auf körperliche Traumen zurückführen, die zu den psychischen Erlebnissen einen thematischen Bezug haben. Aber auch dieser Mechanismus allein liefert keine vollständige und befriedigende Erklärung. Sobald sich der Prozeß der Selbsterforschung vertieft, wird offenkundig, daß das Geheimnis der unverhältnismäßigen Intensität der beteiligten Gefühle und Empfindungen tiefer liegt, nämlich auf der perinatalen Ebene und in bestimmten thematischen Querverbindungen zwischen dem biographischen Material und spezifischen Aspekten des Geburtstraumas. Letzteres erweist sich als die wahre Quelle dieser aggressiven Impulse.

So läßt sich in der extremen oralen Aggression mit Mordgelüsten und dem heftigen Drang zu beißen, die mit unbefriedigenden Erlebnissen während des Saugens an der Mutterbrust verbunden ist, plötzlich auch die Wut des Babys erkennen, das in der eisernen Umklammerung des Geburtskanals verzweifelt um sein Leben kämpft und nach Luft ringt. Gefühle und Empfindungen, die ursprünglich auf das Trauma der Beschneidung und den damit heraufbeschworenen Kastrationsängsten zurückgeführt wurden, erweisen sich als Reaktion auf die schreckliche Trennung von der Mutter beim Durchschneiden der Nabelschnur. Eine Kombination aus gewalttätigen aggressiven Impulsen, analen Spasmen und Ekel vor Körperausscheidungen – ursprünglich mit einer strengen Sauberkeitserziehung in Verbindung gebracht – läßt sich neu interpretieren als Reaktion auf den Kampf um Leben und Tod während der letzten Phase der Geburt. Und eine heftige Erstickungsangst, die auf der biographischen Ebene die Reaktion auf den restriktiven Einfluß einer dominierenden (»erstickenden«) Mutter auf eine metaphorische Weise zu somatisieren schien, wird nun im Erleben mit dem im wahrsten Sinne des Wortes einengenden und strangulierenden mütterlichen Organismus während der Geburt verknüpft.

Sobald klar wird, daß nur ein kleiner Teil der zerstörerischen aggressiven Impulse auf traumatische Kindheitssituationen zurückgeführt werden kann und daß ihre tiefere Ursache das Geburtstrauma ist, werden Ausmaß, Intensität und Bösartigkeit der gewalttätigen Impulse allmählich verständlich. Die Lebensgefahr, in der sich der Organismus während des Geburtsprozesses befindet, die extreme körperliche und emotionale Belastung, die qualvollen Schmerzen und die Angst vor dem Ersticken machen plausibel, wieso die Geburtssituation eine Quelle bösartiger Aggressionen sein kann. Es ist begreifbar, daß die Reaktivierung eines im

Unbewußten gespeicherten Erlebnisses, in dem das eigene Überleben durch einen anderen biologischen Organismus ernsthaft bedroht war, unter Umständen zu aggressiven Impulsen führt, die das eigene Leben oder das Leben anderer in Gefahr bringen.

Wenn wir Phänomene wie die Selbstverstümmelung, den blutigen Selbstmord, den sadistischen Mord oder den Völkermord für rein biographisch bedingt halten, dann erscheinen sie uns unverständlich und rätselhaft. Sie werden uns sicherlich klarer, wenn wir erkennen, daß sie Erlebnissen mit vergleichbaren lebensbedrohlichen Bedingungen entspringen. Die Tatsache, daß alle Freudschen erogenen Zonen im Geburtsprozeß erheblich beteiligt sind, läßt uns einen natürlichen Zusammenhang zwischen späteren Traumen in den verschiedenen Stadien der libidinösen Entwicklung und dem ursprünglichen Geburtstrauma herstellen. Schwer verarbeitbare und schmerzliche Erlebnisse mit Bezug zu der oralen, analen, urethralen und phallischen Funktion sind also nicht nur an sich traumatisch, sondern auch aufgrund ihrer engen thematischen Verknüpfung mit spezifischen perinatalen Elementen. Als Folge davon können unter bestimmten Umständen verschiedene Aspekte des perinatalen Geschehens bewußte Prozesse beeinflussen. Die Kindheitserlebnisse sind also nicht die eigentlichen Primärquellen für bösartige Aggressionen. Ihre Auswirkungen kommen zu den in nahezu unerschöpflichem Ausmaß vorhandenen perinatalen Aggressionen hinzu, sie schwächen die Abwehrmechanismen, die das Bewußtwerden perinataler Aggressionen normalerweise verhindern, und verleihen deren Auftreten im Leben der betreffenden Person eine spezifische Färbung.

Die Annahme, daß es zwischen bösartigen Aggressionen und dem perinatalen Geschehen eine Verbindung gibt, läßt sich durch bestimmte ziemlich häufige Beobachtungen in einer psychedelischen Therapie wesentlich stützen. Wenn der pharmakologische Effekt des LSD in einer Phase nachläßt, in der sich der Klient noch unter dem Einfluß der dritten perinatalen Grundmatrix befindet und das Erleben nicht in die erlösende vierte Grundmatrix übergeht, dann entwickelt sich in der Regel ein sehr charakteristisches klinisches Bild. Es stellen sich extreme körperliche und emotionale Spannungen diffuser Art ein, die von starken Druckschmerzen in verschiedenen Körperteilen sowie von lokalen unangenehmen Empfindungen in einigen erogenen Zonen begleitet sind. Wie stark die einzelnen anatomischen Bereiche und physiologischen Funktionen betroffen sind, ist von Situation zu Situation sehr unterschiedlich.

Gleichzeitig wird das Bewußtsein von aggressiven Impulsen überflutet. Häufig kostet es extreme Mühe, die Kontrolle zu bewahren und ein gewalttätiges Abreagieren zu verhindern. Die betroffenen Personen beschreiben sich als »Zeitbomben«, die jede Minute explodieren können. Die destruktive Energie ist sowohl nach innen als auch nach außen gerichtet. Elementare selbstzerstörerische Impulse und Aggressionen gegen Personen und Gegenstände in der Umgebung können zu gleicher Zeit bestehen oder in ziemlich rascher Folge einander abwechseln. Würde man diesen vulkanischen Kräften nachgeben oder würden sie die Abwehrmechanismen überwältigen, dann könnte es leicht zum Selbstmord oder zum Mord kommen. Zwar sind immer sowohl destruktive als auch selbstdestruktive Tendenzen vorhanden, doch kann in manchen Fällen die eine oder die andere Aggressionsform eindeutig überwiegen.

Diese Beobachtungen lassen auf eine klare psychogenetische Verbindung zwischen Gewalttätigkeit, Mord, selbstdestruktivem Verhalten und blutigem Selbstmord auf der einen Seite und der Dynamik der dritten perinatalen Matrix auf der anderen Seite schließen. Sie tragen auch sehr viel zum Verständnis verschiedener Situationen bei, in denen ein Mensch wahllos tötet und dann direkt oder indirekt Selbstmord begeht. Das Phänomen des Amoklaufs – eines kulturgebundenen Syndroms, das in Malaysia auftritt – kann hier als ein extremes Beispiel angeführt werden. Schon eine nur oberflächliche Analyse des Lebens von Massenmördern wie des Würgers von Boston, des texanischen Banditen White oder von Charles Manson macht deutlich, daß es sowohl in ihren Träumen und Phantasien als auch in ihrem Alltagsleben eine Fülle von Motiven gab, die direkten Bezug zur dritten perinatalen Grundmatrix hatten.

Ein sozio-kulturelles Beispiel für Verhalten, in dem sich die Dynamik der dritten perinatalen Grundmatrix widerspiegelt, ist der Kamikazekrieger. Er verursacht massive Zerstörung und tötet viele Menschen, kommt dabei aber selber um. Gleichzeitig wird diese Handlungsweise auch in einen größeren spirituellen Rahmen eingeordnet, als Opfer für eine höhere Sache und für den Kaiser, der die Personifizierung des Göttlichen darstellt. Eine schwächere Form der Aktivierung der dritten perinatalen Matrix führt zu Reizbarkeit, latenter Wut und einer starken Neigung, Konflikte zu provozieren, die Aggressionen anderer auf sich zu ziehen und selbstbestrafende Situationen zu schaffen.

Ähnliche Beobachtungen werfen auch ein neues Licht auf verschiedene selbstdestruktive Verhaltensweisen, die zu körperlicher *Selbstverstümmelung* führen. Wie in den obigen Beispielen kommt auch hier der Dynamik der dritten perinatalen Grundmatrix eine Schlüsselfunktion zu. Wenn Personen in ihren LSD-Sitzungen den Tod- und Wiedergeburtprozeß noch einmal durchleben und dabei die charakteristischen intensiven Schmerzempfindungen haben, verspüren sie häufig das starke Bedürfnis nach durch äußere Einwirkung verursachten Schmerzen gleicher Art. So wird jemand, der über qualvolle Schmerzen im Nacken oder im Kreuz klagt, nach einer schmerzhaften Massage in diesen Körperregionen verlangen. Ein Gefühl des Erstickens kann den Wunsch nach Strangulierung oder sogar Strangulierungsversuche bewirken. In Extremfällen können Personen mit heftigen Schmerzen in verschiedenen Körperteilen glauben, sie müßten an den jeweiligen Stellen mit einem Messer geschnitten oder mit einem spitzen Gegenstand gestochen werden, um von ihrem unerträglichen Leiden befreit zu werden. In manchen psychedelischen Sitzungen mit Phänomenen dieser Art muß der Therapeut den Klienten tatsächlich davor bewahren, sich selber etwas anzutun, etwa indem er gefährliche Positionen einnimmt, die unter Umständen das Genick brechen könnten, indem er mit dem Kopf gegen die Wand schlägt, sich das Gesicht zerkratzt oder sich die Augen wund reibt.

Eine tiefergehende Analyse macht deutlich, daß diese Phänomene, die oberflächlich betrachtet schwere psychopathologische Störungen vermuten lassen, durch den Versuch zur Selbstheilung motiviert sind. Wenn jemand intensive Schmerzen oder heftige negative Emotionen ohne einen entsprechenden äußeren Reiz empfindet, dann ist dies ein Hinweis auf intrauterines Material, welches aus dem Unbewußten auftaucht. Im Rahmen dieser zugrundeliegenden Gestalt ist die gleiche unangenehme Emotion oder Körperempfindung mit einer Intensität repräsentiert, die die von der betreffenden Person bewußt erlebte Intensität übersteigt. Stimmen Art und Intensität der bewußten Erfahrung genau mit Art und Intensität der unbewußten Gestalt überein, dann ist das Problem gelöst und der Heilungsprozeß setzt ein.

Somit ist die Einsicht, daß man noch mehr von den gleichen Qualen erleben muß, damit sie sich lösen, ihrem Wesen nach richtig. Zu diesem Zweck aber muß das Erfahrungsmuster innerlich zu Ende geführt und nicht nach außen abreagiert werden. Wichtig ist, daß der Klient die ursprüngliche Situation in komplexer Weise und mit voll bewußter Einsicht wiedererlebt. Handelt es sich statt der ursprünglichen Situation nur um ein modifiziertes Abbild und besteht kein bewußter Zugang zu der Ebene des Unbewußten, zu der sie gehört, dann wird das Problem perpetuiert statt gelöst. Der Hauptfehler von Menschen mit einem Drang zur Selbstverstümmelung besteht darin, daß sie einen inneren Prozeß mit Elementen der äußeren Wirklichkeit verwechseln. Den ähnlichen Fehler macht ein Mensch, der während des Wiedererlebens eines schmerzlichen Geburtsprozesses nach einem offenen Fenster sucht, weil er darin eine Möglichkeit sieht, der eisernen Umklammerung des Geburtskanals zu entkommen. Die obigen Beispiele machen auch deutlich, wie absolut unerläßlich ein erfahrener Therapeut ist, der eine sichere Umgebung schaffen und eventuelle schwere Unfälle des Klienten aufgrund eingeschränkten Realitätsempfindens verhindern kann.

Wird eine von der dritten perinatalen Grundmatrix beherrschte Sitzung schlecht verarbeitet, dann können Selbstverstümmelungstendenzen in verschiedenem Grade für unbestimmte Zeit im Alltagsleben bestehen bleiben. Ein Zustand dieser Art ist unter Umständen vom Selbstverstümmelungsdrang, den man im Rahmen natürlicher psychopathologischer Störungen beobachten kann, nicht zu unterscheiden. In einem solchen Fall ist es wichtig, die aufdeckende Arbeit mit Hilfe verschiedener Selbsterfahrungstechniken fortzusetzen, um eine Lösung zu erreichen. Wenn dies nicht ausreicht, muß so bald wie möglich eine weitere psychedelische Sitzung geplant werden. In manchen Fällen sind verschiedene Grade eines Selbstverstümmelungsdrangs kein Anzeichen für ein spezifisches Gefühl im Unbewußten, sondern bedingt durch eine mangelnde Empfindungsfähigkeit. Der oder die Betreffende versucht, sich zu kneifen, zu stechen, zu schneiden oder sich

Brandwunden beizufügen, um ein Gefühl der körperlichen und emotionalen Taubheit zu überwinden und etwas zu »spüren«. Geht man diesem Problem auf den Grund, so stößt man auch hier in der Regel auf mächtige Kräfte im Unbewußten. Ein Mangel an Empfindungsfähigkeit bedeutet häufig nicht Gefühl- oder Empfindungslosigkeit, sondern die gegenseitige Aufhebung widerstreitender Kräfte. Dynamische Konflikte dieser Art sind sehr häufig im perinatalen Bereich verwurzelt.

Bereits im vorigen Abschnitt bin ich auf bestimmte psychopathologische Phänomene eingegangen, in denen sich die dritte perinatale Grundmatrix auf charakteristische Weise – in Form einer Kombination aus Aggression, Sexualität und skatologischen Aspekten – manifestiert. Im Falle des Sadomasochismus, der Vergewaltigung, des Sexualmords und der Nekrophilie spielen die sexuellen und skatologischen Elemente eine so wesentliche Rolle, daß es mir angebracht erschien, sie in Verbindung mit der Sexualität statt der Aggression zu besprechen. Welche Bedeutung die in tiefe psychische Bereiche vorstoßenden Selbsterfahrungstechniken für das Verständnis der bösartigen Aggression haben, wird noch deutlicher, wenn wir von der individuellen Psychopathologie zur Massenpsychologie und Sozialpathologie übergehen. Die neuen Erkenntnisse über Psychologie der Kriege, der blutigen Revolutionen, der totalitären Systeme, der Konzentrationslager und des Völkermords besitzen grundlegende theoretische und praktische Relevanz und werden deshalb im Schlußkapitel, in dem ich mich mit der menschlichen Kultur befasse, abgehandelt.

Zwar reicht es für praktische Zwecke aus, das Hauptpotential für aggressive Impulse in den negativen perinatalen Matrizen zu sehen, doch gibt es viele transpersonale Erfahrungen, denen zusätzliche destruktive Energien entspringen können. So ist ein großer Teil feindseligen Verhaltens in der Regel mit der Aktivierung von Erinnerungen an verschiedene embryonale Krisen, insbesondere an versuchte Abtreibungen, verknüpft. In manchen Fällen kann eine traumatische oder frustrierende Erinnerung aus dem Leben der Vorfahren oder eine Erinnerung rassischer bzw. kollektiver Natur stark mit negativen Emotionen besetzt sein. Eine reiche Vielfalt spezifischer Aggressionsformen begleitet die authentische Identifikation mit verschiedenen Tieren, etwa in der Rolle als kämpfende Feinde und Rivalen der gleichen Spezies oder als Raubtiere auf der Jagd nach ihrer Beute.

Eine weitere bedeutsame Quelle aggressiver Gefühle ist das Wiedererleben von Erinnerungen an traumatische Ereignisse in früheren Inkarnationen. Um solche Aggressionen zu lösen, muß man diese Ereignisse mit den beteiligten Emotionen und Körperempfindungen wiedererleben, sich vom Zorn und anderen negativen Affekten freimachen und die Fähigkeit zum Verzeihen – anderen und sich selber – erreichen. In der Mythologie wimmelt es von Motiven, in denen Aggression und Gewalttätigkeit vorkommen. In vielen archetypischen Sequenzen sind deshalb schreckliche Dämonen und zornige Gottheiten, wilde Kämpfe von Göttern,

Helden und legendären Lebewesen sowie Szenen der Zerstörung von unvorstellbaren Dimensionen dargestellt. Ein großer Teil destruktiver Energie ist auch mit transpersonalen Szenen von anorganischen Prozessen wie Vulkanausbrüchen, Erdbeben, Meeresstürmen, Zerstörungen von Himmelskörpern und Vorgängen in Schwarzen Löchern verknüpft.

Die transpersonalen Bereiche sind also ebenfalls der Ursprung vieler negativer Energien verschiedener Art und Intensität. Sie spielen ebenso wie der biographische und der perinatale Bereich eine wichtige Rolle für das Verständnis psychopathologischer Erscheinungen und bestimmen die psychotherapeutischen Maßnahmen. In der praktischen klinischen Arbeit finden sich die transpersonalen Aggressionsquellen manchmal als unterste von mehreren übereinandergelagerten Schichten aus biographischen und perinatalen Komponenten, andere Male liegen die transpersonalen Formen den emotionalen oder psychosomatischen Symptomen unmittelbar zugrunde. In jedem Fall können klinische Probleme mit einer solchen dynamischen Struktur erst dann gelöst werden, wenn sich der oder die Betreffende mit den transpersonalen Gestalten im Erleben konfrontiert.

Die Dynamik von Depressionen, Neurosen und psychosomatischen Störungen

Die schon früher beschriebene erweiterte Kartographie der menschlichen Psyche bildet die Grundlage für ein tieferes Verständnis vieler psychopathologischer Erscheinungen, denen man in der alltäglichen psychiatrischen Praxis begegnet. Verschiedene klinische Phänomene, die biographisch orientierte Theorien mit psychodynamischen Mechanismen erklären, werden durch das neue Modell zutreffender und umfassender, in vielen Fällen auch einfacher interpretiert. Es beschreibt in adäquaterer Weise die komplizierten Beziehungen und Wechselwirkungen zwischen den einzelnen Symptomen und Syndromen und wird den alltäglichen klinischen Beobachtungen mehr gerecht. Aber es integriert auch bestimmte Syndrome oder ihre Aspekte, die für die alten Theorien ein Rätsel waren oder nur auf Kosten konstruierter und wenig überzeugender Erklärungsansätze begreiflich gemacht werden konnten. Dies trifft besonders zu auf die bösartige Aggression, den Sadomasochismus, schwere sexuelle Perversionen, verschiedene Formen von Selbstmord, die meisten psychotischen Erscheinungen und spirituell-pathologische Phänomene.

Gleichzeitig wird der hier vorgestellte theoretische Ansatz mit dem vollen Bewußtsein beschrieben und verwendet, daß er nur ein Modell und nicht die richtige Beschreibung der Realität darstellt. Als solches hat er im besten Fall die Funktion eines nützlichen Prinzips für die Ordnung der gegenwärtig vorliegenden Beobachtungen und Daten und wird revidiert, erweitert oder ersetzt werden müssen, wenn neue Daten ermittelt oder neue Erklärungsmöglichkeiten gefunden werden. Die wichtigsten Kriterien für seine Gültigkeit sind die korrekte Widerspiegelung und Synthese von Beobachtungen aus vielen verschiedenen Bereichen, die Anwendung neuer therapeutischer Mechanismen und Ansätze, die den gegenwärtigen weit überlegen sind, und die von ihm ausgehenden faszinierenden Anregungen für die zukünftige Forschung und die Erschließung neuer Bereiche. Die Beschreibungen der biographischen Ebene des Unbewußten, die man in den dominierenden psychoanalytischen Richtungen finden kann, bedürfen nur einer geringfügigen Abänderung, um in das hier vorgestellte Modell integriert zu werden. Die Rolle der perinatalen und transpersonalen Dynamik für das Verständnis psychopathologischer Phänomene muß aber aufgrund ihrer Neuartigkeit sowie ihrer wesentlichen Bedeutung noch sehr ausführlich besprochen werden. Die dynamischen Mechanismen der perinatalen Matrizen sind von besonderer theoretischer und praktischer Relevanz. Die perinatale Ebene ist leicht zugänglich und äußert sich regelmäßig in Träumen oder sogar unter den Bedingungen des Alltagslebens. Vielen Leuten fällt es im allgemeinen schwerer, die perinatalen Kräfte unter Kontrolle zu halten, als sich ihrer bewußt zu werden. Läßt man sie ihre Schwierigkeiten in einem neuen Licht sehen und wirkt dabei beruhigend und unterstützend auf sie ein, dann genügen in der Regel schon intensives Atmen und Musik, um das erlebensmäßige Erschließen der perinatalen Sphäre zu erleichtern. Die Einbeziehung des Konzepts der perinatalen Matrizen und des Geburtstraumas in die psychiatrische Theorie eröffnet neue und verheißungsvolle Perspektiven. Man kann auf diese Weise natürliche und logische Erklärungen für die meisten häufig auftretenden psychopathologischen Störungen geben, und zwar auf der Grundlage der Verbindungen zwischen dieser psychischen Ebene und den anatomischen, physiologischen und biochemischen Merkmalen des Geburtsvorgangs.

Geht man über die enge biographische Orientierung der gegenwärtigen Psychiatrie hinaus, so hat dies auch weitreichende Konsequenzen für die Therapie. Aus der Sicht des neuen Modells, das auf den Erkenntnissen über die perinatale Dynamik beruht, erscheinen die meisten psychopathologischen Standardkategorien plötzlich als relativ stabilisierte schwierige Stadien eines Umwandlungs- und Entwicklungsprozesses. Werden in der Therapie die beteiligten Prozesse aktiviert und akzeptiert statt unterdrückt, dann werden Mechanismen der Heilung und Persönlichkeitsveränderung wirksam, die sich die traditionelle Psychotherapie und Psychiatrie gar nicht vorstellen können.

Phänomene, in denen sich die Dynamik der perinatalen Matrizen äußert, werden von Psychiatern in der Regel als Anzeichen einer schweren geistigen Erkrankung gewertet, die es mit allen möglichen Mitteln zu unterdrücken gilt. Die routinemäßige Anwendung dieser therapeutischen Strategie, die sich direkt aus dem medizinischen Modell ableitet, macht aus einem großen Teil der Psychiatrie eine antitherapeutische Kraft, da sie sich auf die Störung eines Prozesses konzentriert, dem heilendes Potential innewohnt. In vielen Fällen sollte die neue Konzeption dieses Prozesses und seine Förderung mit psychologischen oder pharmakologischen Mitteln als die Methode der Wahl oder zumindest als eine wichtige Alternative anerkannt werden.

Nach dieser kurzen Einführung möchte ich nun genauer auf die neue Auffassung psychopathologischer Phänomene, die auf dem Konzept der perinatalen Matrizen basiert, eingehen. Im allgemeinen ist man sich darüber einig, daß man im Falle psychiatrischer Probleme nicht von klar definierten Krankheitseinheiten mit einer anerkannten Ätiologie und Pathogenese sprechen kann. Die wenigen Ausnahmen – etwa geistige Dysfunktionen im Zusammenhang mit der progressiven Paralyse, mit zirkulatorischen und degenerativen Erkrankungen des Zentralnervensystems, mit Meningitis und Enzephalitis sowie mit verschiedenen Gehirntumoren – sind eigentlich Fälle, die mit neurologischen Techniken diagnostiziert und behandelt werden. Patienten mit solchen Störungen werden in psychiatrische Einrichtungen eingewiesen, wenn Behandlung und Pflege mit großen Problemen verbunden sind.

Die Mehrzahl der Störungen, mit denen der Psychiater üblicherweise zu tun hat, lassen sich am besten in Symptome und Syndrome unterteilen. *Symptome* sind emotionale und psychosomatische Manifestationen, die die Rolle von Grundeinheiten, Grundbestandteilen oder Bausteinen in der Psychopathologie haben. *Syndrome* sind typische Cluster oder Konstellationen von Symptomen, mit denen man es in der klinischen Praxis zu tun hat.

Die sorgfältige Analyse von Beobachtungen in einer bis in tiefe Erlebnisschichten vordringenden Selbsterfahrungstherapie macht deutlich, daß ein die perinatalen Matrizen einbeziehendes theoretisches Modell die meisten psychiatrischen Symptome von spezifischen Merkmalen des biologischen Geburtsvorgangs ableiten kann. Ein solches Modell vermag auch natürliche Erklärungen dafür zu geben, wieso die einzelnen psychiatrischen Symptome wie Angst, Aggressivität, Depressionen, Schuldgefühle, Minderwertigkeitsgefühle, Zwangsideen oder Zwangshandlungen immer wieder in typischen Konstellationen, also in Form bestimmter Syndrome, auftreten.

Angst, die allgemein als das wichtigste psychiatrische Einzelsymptom gilt, ist eine logische und natürliche Begleiterscheinung des Geburtsvorgangs, da ja die Entbindung in der Tat eine mit extremem körperlichem und emotionalem Streß verbundene Notfallsituation für den Organismus darstellt. Die Möglichkeit, daß jede Form der Angst ihren Ursprung in dem Trauma haben könnte, das das Kind im Geburtskanal erlebte, wurde erstmals von Sigmund Freud in Erwägung gezogen. Freud selber ging diesem Gedanken aber nicht weiter nach. Er wurde erst später von seinem abtrünnigen Schüler Otto Rank weiter ausgebaut. Diese theoretischen Spekulationen von den Pionieren der Psychoanalyse konnten drei Jahrzehnte später durch die psychedelische Forschung bestätigt werden.

Die extrem ausgeprägte *Aggressivität* läßt sich in diesem Zusammenhang ebenfalls als Reaktion auf übermäßiges körperliches und emotionales Leid, auf drohendes Ersticken und auf eine Gefahr für Leib und Leben verstehen. Würde man ein Tier, das nicht in seiner Bewegungsfreiheit eingeschränkt ist, in eine vergleichbare Situation bringen, so würde es mit heftigen Aggressionsausbrüchen und motorischen Entladungen reagieren. Das Kind aber, das im engen Geburtskanal gefangen ist, kann die Flut emotionaler und motorischer Impulse nicht abreagieren, da es keine Möglichkeit hat, sich zu bewegen, sich zu wehren, der Situation zu entrinnen oder zu schreien. Es ist deshalb gut vorstellbar, daß unter solchen Bedingungen aggressive Impulse und allgemeine Spannungen in enormem Ausmaß dem Organismus rückgemeldet und für eine spätere Entladung gespeichert werden. Dieses ungeheure Reservoir an aufgestauten Energien kann später zur Grundlage nicht nur für Aggressionen und gewalttätige Impulse, sondern auch für verschiedene motorische Phänomene werden, die viele psychiatrische Störungen häufig begleiten, nämlich für einen *generell überhöhten Muskeltonus,* für *Tremoren, Zuckungen* und *Tics* sowie für *anfallsartig auftretende Muskelaktivität.*

Die Tatsache, daß das geschlossene System des Geburtskanals jede nach außen gerichtete Entladung des im Kind herrschenden Aufruhrs verhindert, eignet sich offenkundig auch als natürliches Modell für die Freudsche Auffassung von der *Depression,* wonach diese die Folge nach innen gerichteter und gegen die eigene Person gewendeter Aggressionen ist. Diese Verbindung wird in dem Umstand deutlich, daß die extreme Folge von Aggressionen und Depressionen die gleiche, nämlich Mord, ist. Der Mord an einer anderen Person und der Selbstmord unterscheiden sich nur in der Richtung, die der destruktive Impuls genommen hat. So hat also auch die Depression ihren perinatalen Prototyp. Im Falle der gehemmten Depression ist es die mit der zweiten perinatalen Grundmatrix verknüpfte Situation der Ausweglosigkeit, die jede energetische Entladung, jeden Energiefluß, mit Erfolg verhindert. Im Falle der agitierten Depression erkennt man die Auswirkungen der dritten perinatalen Matrix, die das Abreagieren von Aggressionen bis zu einem gewissen Grad erlaubt.

Die psychischen und physischen Merkmale von depressiven Patienten stellen eine Kombination aus Elementen dar, in denen sich zum einen die Rolle des leidenden Opfers, zum anderen mächtige einengende, unterdrückende und selbstbestrafende Kräfte widerspiegeln. In der Regression im Rahmen einer Selbsterfahrungstherapie läßt sich der Aspekt des leidenden Opfers bis zum Erleben des Kindes während der Geburt zurückverfolgen. Die feindseligen, restriktiven und selbstdestruktiven Elemente hingegen entpuppen sich als Introjektionen der Gebärmutterkontraktionen und des vom engen Geburtskanal ausgehenden Drucks. Die perinatalen Ursachen für die Haupttypen der Depression vermögen die emotionalen, physiologischen und sogar biochemischen Charakteristika dieser Störung zu erklären. Auf diese Verbindungen werde ich später in diesem Abschnitt näher eingehen.

Man kann sich wohl kaum eine Situation vorstellen, die mit mehr Hilflosigkeit verbunden ist als die eines Fötus, der mit den brutalen und elementaren Kräften des Geburtsprozesses konfrontiert wird. Es überrascht deshalb nicht, daß sich die tiefen Wurzeln einer anderen Grundkomponente psychiatrischer Störungen, des *Unzulänglichkeitsgefühls* oder *Minderwertigkeitskomplexes,* ebenfalls im Geburtstrauma finden lassen. Auch wird die charakteristische Kombination aus einem extremen Minderwertigkeitsgefühl und einem zerfressenden Ehrgeiz, der mit einem heroischen Streben nach großen Zielen gepaart ist, in diesem Rahmen erst so recht verständlich. Auf diese Verbindungen bin ich schon früher bei der Besprechung der Individualpsychologie sowie der Gedanken und Beiträge von Alfred Adler eingegangen.

Etwas schwieriger läßt sich die Tatsache erklären, daß *Schuldgefühle,* die ein weiteres psychiatrisches Grundsymptom ausmachen, ebenfalls vom Geburtsprozeß herrühren. Wenn man mit Patienten arbeitet, die unter überwältigenden irrationalen Schuldgefühlen leiden, dann stößt man gewöhnlich auf relevante biographische Faktoren, die diese scheinbar erklären können, etwa auf ständigen Tadel von seiten der Eltern, auf Äußerungen, die mit voller Absicht Schuldgefühle bewirken sollten, und sogar auf den häufig vorgebrachten Hinweis auf die Leiden bei der Geburt (»Wenn du wüßtest, was ich habe durchmachen müssen, um dich auf die Welt zu bringen, dann würdest du dich jetzt nicht so verhalten«). Solche biographischen Faktoren bilden aber nur eine übergelagerte Schicht. Ihre tiefere Ursache ist eine »Urschuld« mit metaphysischen Dimensionen, die eng mit den perinatalen Matrizen verknüpft ist. Diese Verbindung kann man auch an mythologischen und archetypischen Beispielen ablesen. So wird, was die »Erbsünde« der Bibel angeht, die Schuld mit der Vertreibung aus der paradiesischen Situation im Garten Eden in Zusammenhang gebracht. Gottes Bestrafung der Eva enthält auch einen deutlichen Hinweis auf die weiblichen Fortpflanzungsfunktionen: »Viel Mühsal bereite ich dir, sooft du schwanger wirst. Unter Schmerzen gebierst du Kinder«.

Gelegentlich teilen Klienten in einer LSD-Therapie und anderen intensiven Selbsterfahrungstherapien mit, welche Verbindungen sie zwischen Schuld und Geburt in ihren Sitzungen sahen. Manche erklären die Schuld, indem sie die kausale Verknüpfung zwischen dem Verlust des Daseins im Mutterleib und den heftigen negativen Emotionen während der Geburt umkehren. Die Aggressionen und die Triebkräfte, die während der Geburt freiwerden, sind nach dieser Auffassung Anzeichen für das Böse in sich selbst, das mit dem Verlust des intrauterinen Zustands und den Qualen im Geburtskanal bestraft wird. Andere haben das Gefühl, in der Schuld spiegele sich die Verantwortung für das Leiden der Mutter während der Entbindung wider. Die häufigste und plausibelste Erklärung aber sieht einen Zusammenhang zwischen Schuld und der Erkenntnis bzw. dem Bewußtsein, wieviel Leid der menschliche Organismus mit sich trägt oder wie viele Qualen ihm auferlegt wurden. Da ein großer Teil des emotionalen und körperlichen Leides, das der einzelne Mensch in seinem Leben durchgemacht hat, mit dem Geburtstrauma verknüpft war, erscheint es recht logisch, daß das Schuldbewußtsein enorme Ausmaße annimmt, sobald der Prozeß der Selbsterforschung oder des Bewußtwerdens die perinatale Ebene erreicht.

Jemand, der in seinem Erleben mit dem Ausmaß an Leid, das mit der Erinnerung an die Geburt verbunden ist, konfrontiert wird, hat zwei Möglichkeiten. Die erste besteht darin, die Tatsache zu akzeptieren, daß wir in einem vollkommen unberechenbaren Universum leben, in dem uns die entsetzlichsten Dinge ohne einen rechten Grund und völlig unvorhersehbar widerfahren können, ohne daß wir auch nur im mindesten Einfluß darauf haben. Die zweite Alternativinterpretation findet man dann, wenn die betreffende Person unfähig oder nicht willens ist, dieses Bild vom Universum anzuerkennen, und ein tiefes Bedürfnis empfindet, den Kosmos als ein System mit grundlegenden Ordnungsgesetzen zu sehen. In diesem Zusammenhang ist interessant, daß Menschen, die Krebs oder eine andere qualvolle unheilbare Krankheit bei sich entdecken, häufig mit Schuldgefühlen reagieren. Sie fragen sich: »Was habe ich falsch gemacht?« »Womit habe ich das verdient?« »Warum tut man mir das an?« Die Logik hinter diesen beiden Situationen läßt sich in folgende Worte fassen: »Etwas Entsetzliches wie dies wäre mir nicht angetan worden (oder wäre mir nicht widerfahren), wenn ich nicht etwas vergleichbar Schlechtes getan hätte, womit ich es verdient habe«.

Das Ausmaß an unbewußter Schuld scheint demnach direkt proportional zum Ausmaß des unbewußten Leidens zu sein. Zwar neigen die betreffenden Personen häufig dazu, ihre Schuldgefühle auf bestimmte Situationen zu projizieren – etwa auf verbotene sexuelle Aktivitäten oder auf verschiedene andere Formen inakzeptablen Verhaltens –, doch bleiben sie in ihrem tiefsten Wesen vage, abstrakt und unbewußt. Es herrscht die Überzeugung, etwas Entsetzliches verbrochen zu haben, ohne aber auch nur im geringsten zu wissen, was es gewesen sein könnte. Man kann daher mit einiger Berechtigung sagen, daß die Schuld das Ergebnis eines verzweifelten Bemühens ist, die Absurdität des Leidens, das der eigenen Person ohne irgendeinen einsehbaren Grund auferlegt worden ist, zu rationalisieren.[6]

Die obige Erklärung mag zwar auf dieser Bewußtseinsebene plausibel sein, ist aber nicht endgültig und absolut. Sobald der Prozeß der Selbsterforschung die transpersonale Ebene erreicht, ergeben sich neue Erklärungsmöglichkeiten, die die betreffende Person sich nicht im mindesten vorstellen konnte, als ihr Erleben noch vollständig von der biographischen oder perinatalen Ebene beherrscht wurde. In den traumatischen Aspekten der Geburt kann plötzlich das Wirken eines verdichteten schlechten Karmas erkannt werden. Die damit verknüpften Leiden werden nicht als absurd oder unvorhersehbar wahrgenommen, sondern als Widerspiegelung der eigenen karmischen Verantwortung für Taten in früheren Inkarnationen erkannt. Auf der tiefsten transpersonalen Ebene scheint sich die Schuld von einem Gefühl der Verantwortung des kreativen Prinzips für alles

Leiden, das im göttlichen Spiel der Existenz enthalten ist, herzuleiten. Dies würde einem logischen Irrtum entsprechen, da sich die ethischen Standards, die Teil der Schöpfung sind, plötzlich gegen den Schöpfer wenden.

Wir haben bereits früher ausführlich darüber gesprochen, daß die überstarke sexuelle Erregung, die untrennbarer Bestandteil der dritten perinatalen Matrix ist, die natürliche Grundlage für verschiedene *sexuelle Dysfunktionen und Abweichungen* bildet. Wir haben auch im einzelnen dargelegt, daß *ungewöhnliche Einstellungen zu den Körperausscheidungen und den Ausscheidungsfunktionen* sehr logisch anhand der Begleitumstände bei der biologischen Geburt erklärt werden können. Die Tatsache, daß eine spirituelle Öffnung und mystische Gefühle zu den wesentlichen Aspekten der perinatalen Dynamik zählen, gewährt faszinierende neue Einblicke in die *Psychopathologie der Religion* sowie in verschiedene klinische Phänomene mit einer starken spirituellen Komponente, beispielsweise die Zwangsneurose und bestimmte Formen von Psychose. Auf diese Punkte werde ich später in Verbindung mit spezifischen psychopathologischen Störungen, der neuen Auffassung von Psychosen und der Rolle der Spiritualität im menschlichen Leben eingehen.

Emotionale Störungen werden sehr häufig von bestimmten *psychosomatischen Manifestationen* begleitet. Dies gilt für verschiedene Formen von Depressionen, Psychoneurosen, Alkoholismus und Drogensucht, Borderlinepsychosen, Psychosen, und insbesondere für psychosomatische Erkrankungen. Die Natur und bestimmte spezifische Merkmale solcher typischen körperlichen Symptome lassen sich ebenfalls recht logisch aus ihrer Verbindung mit dem Geburtserlebnis ableiten. Früher gab es endlose Auseinandersetzungen zwischen der organischen und der psychologischen Schule der Psychiatrie, ob die biologischen oder die psychologischen Faktoren eine primäre Rolle in emotionalen Störungen spielen. Mit der Einführung der perinatalen Ebene des Unbewußten in die psychiatrische Theorie wird die Kluft zwischen diesen beiden extremen Orientierungen zum großen Teil überbrückt, nämlich durch die überraschende Alternative, daß auf dieser psychischen Ebene die Frage nach den primären und sekundären Faktoren irrelevant ist, weil im Geburtserlebnis emotionale, physiologische und biochemische Prozesse gleichzeitig ablaufen. Die emotionalen und biologischen Phänomene sind zwei Seiten ein und derselben Münze und können auf einen gemeinsamen Nenner reduziert werden, den Prozeß der Geburt.

Die typischen körperlichen Begleiterscheinungen verschiedener emotionaler Störungen werden aus dieser Sicht sehr verständlich. Dazu gehören: Kopfdruck und Migränekopfschmerzen, Herzklopfen und andere Herzbeschwerden, subjektiv empfundener Sauerstoffmangel und Atemschwierigkeiten in emotionalen Streßsituationen, Muskelschmerzen, -spannungen, -zittern, -krämpfe und anfallsartige Muskelaktivität, Aktivierung des Magen-Darm-Trakts, die spastische Verstopfung oder Durchfall bedingt, heftige Schweißausbrüche, abwechselnde Hitzewallungen und Kälteschauer, Störungen der Hautdurchblutung und verschiedene krankhafte Hautveränderungen. Auch bestimmte psychiatrische Phänomene, die gleichzeitig emotionale und körperliche Aspekte besitzen – etwa das Gefühl, von mächtigen ungesteuerten Energien überwältigt zu werden und die Kontrolle zu verlieren, Angst vor dem Tod und dem Sterben, die Befürchtung, den Verstand zu verlieren, und Katastrophenerwartungen –, werden leichter begreifbar, wenn man sie im Zusammenhang mit der wach werdenden Erinnerung an das Geburtstrauma sieht.

Die perinatale Ebene des Unbewußten ist somit ein reichhaltiges Reservoir an verschiedenartigsten emotionalen Qualitäten, Körperempfindungen und mächtigen Energien. Sie scheint die Funktion einer universellen und relativ undifferenzierten Matrix für die potentielle Entwicklung der meisten psychopathologischen Formen zu besitzen. Je nach dem Grad, in dem die perinatalen Matrizen das tatsächliche Geburtstrauma widerspiegeln, wären von Person zu Person erhebliche Abweichungen in der Gesamtzahl negativer Elemente zu erwarten. Es dürfte sicherlich einen Unterschied ausmachen, ob jemand innerhalb einer Stunde oder in einem Aufzug bzw. einem Taxi auf dem Weg zur Klinik geboren wurde, geschweige denn ob die Geburt fünfzig Stunden dauerte und den Einsatz von Geburtszangen und anderen extremen Maßnahmen erforderte.

Im Rahmen des hier dargestellten Modells ist aber der Verlauf und die Dauer der tatsächlichen Geburt nicht der einzige Faktor, der zur Entwicklung psychopathologischer Erscheinungen beiträgt. Offenkundig sind von Personen, deren Geburt vergleichbar war, manche relativ normal, andere in verschiedener Weise und verschiedenem Grad psychisch beeinträchtigt. Die Frage ist, wie sich diese Tatsache mit der nicht zu leugnenden Bedeutung der perinatalen Ebene des Unbewußten vereinbaren läßt. Die Vielzahl der problematischen Emotionen und Körperempfindungen, die vom Geburtstrauma herrühren, ist nur eine potentielle Quelle für psychische Störungen. Ob sich solche Störungen herausbilden, welche Form sie annehmen, und wie stark sie ausgeprägt sind, hängt auch wesentlich von den Erlebnissen nach der Geburt und somit von der Natur und Dynamik der COEX-Systeme ab.

Ein feinfühliger Umgang mit dem Neugeborenen, die Wiederherstellung des symbiotischen Verhältnisses zur Mutter und genügend Zeit für die Entwicklung einer stabilen Mutter-Kind-Beziehung scheinen Faktoren von entscheidender Bedeutung zu sein, die viele schädliche Nachwirkungen des Geburtstraumas neutralisieren können. Aus der Sicht der modernen Bewußtseinsforschung ist für die Erhaltung der geistig-seelischen Gesundheit der Menschen eine grundsätzliche Revision der gegenwärtigen medizinischen Vorstellungen von der Geburtshilfe notwendig. Diese legen zwar großen Wert auf einwandfreie körperliche Maßnahmen und Eingriffe, verstoßen aber gegen grundlegende biologische und emotionale Bindungen zwischen Mutter und Kind. So können Alternativkonzeptionen, die die gegenwärtige erschreckende Situation zu korrigieren versuchen – etwa Frédérick Leboyers »Geburt ohne Gewalt« (112) oder die New-Age-

Ansätze, die die Bedürfnisse von Vater, Mutter und Kind respektieren –, in ihrer Bedeutung nicht hoch genug eingeschätzt werden.

Personen, die in psychedelischen Sitzungen oder in anderen, keine Drogen zu Hilfe nehmenden Selbsterfahrungstherapien ihre Geburt wiedererleben, berichten häufig, daß sie einen tiefen inneren Zusammenhang zwischen dem Verlauf und den Umständen ihrer Geburt und der allgemeinen Qualität ihres Lebens entdecken. Es hat den Anschein, als ob das Geburtserlebnis die grundlegenden Anschauungen über die Existenz, das Weltbild, die Einstellungen zu anderen Menschen, das Verhältnis von Optimismus zu Pessimismus, den gesamten »Daseinsentwurf« und sogar so spezifische Dinge wie das Selbstvertrauen, den Umgang mit Problemen und die Fähigkeit zur Verwirklichung von Plänen bestimmt. Aus der Sicht des medizinischen Modells und des »gesunden« Menschenverstands scheint das Kind bei der Geburt lediglich eine passive Rolle zu spielen. Die Arbeit wird allein von der Mutter und den Kontraktionen ihrer Gebärmutter geleistet, und das Kind wird mehr oder weniger als lebloses Objekt entbunden.

In der Medizin dominiert die Auffassung, daß sich das Kind während der Geburt seiner Umwelt nicht bewußt ist und daß es keine Schmerzen empfindet. Die Neurophysiologie leugnet sogar die Möglichkeit einer Erinnerung an die Geburt, weil die Großhirnrinde des neugeborenen Kindes noch nicht ausgereift ist und an den Neuronen keine Myelinscheiden besitzt. Aus der Sicht der klinischen Erkenntnisse im Rahmen der modernen Bewußtseinsforschung ist diese Position auf eine psychologische Verdrängung und auf Wunschdenken zurückzuführen, sollte aber nicht für eine seriöse wissenschaftliche Theorie gehalten werden. Selbst auf einer relativ oberflächlichen Ebene steht sie in einem krassen Widerspruch zu Experimenten und Beobachtungen, in denen eine bemerkenswerte Empfindsamkeit des Fötus in der vorgeburtlichen Existenz nachgewiesen wurde, und anderen, die auf primitive Formen eines Gedächtnisses schon bei einzelligen Organismen schließen lassen.

Auf jeden Fall geht aus der Aktivierung des Geburtserlebnisses im Rahmen von Selbsterfahrungstherapien deutlich hervor, daß der Geburtsvorgang innerlich als Feuerprobe, als wahrhafte Reise des Helden erlebt und interpretiert wird, die mit extremen aktiven Anstrengungen und Kämpfen verbunden ist. Der Augenblick der Geburt wird somit unter normalen Umständen als persönlicher Triumph erfahren. Dies läßt sich anhand der Tatsache veranschaulichen, daß er in der Regel mit Siegesvorstellungen, mit dem Ende von Revolutionen, Kriegen oder Kämpfen mit wilden und gefährlichen Tieren, verknüpft ist. Nicht selten geschieht es, daß jemandem im Zusammenhang mit der Erinnerung an seine Geburt alle späteren Erfolge in seinem Leben in verdichteter Form gegenwärtig werden. Das Geburtserlebnis hat also psychisch die Funktion eines Prototyps für alle zukünftigen Situationen, in denen man auf eine schwere Probe gestellt wird. Dauerte die Geburt nicht zu lange, schwächte sie das Kind nicht zu sehr und wurde es nachher liebevoll und einfühlsam behandelt, so verbleibt ein nahezu in jeder Zelle des Körpers sitzendes Selbstvertrauen in schwierigen Situationen. Personen, die unter den Einwirkungen einer starken Vollnarkose geboren wurden, sehen darin häufig eine Verbindung mit ihren späteren Schwierigkeiten, einmal gefaßte Pläne vollständig in die Tat umzusetzen. Wie sie sagen, können sie in den Anfangsphasen eines großen Vorhabens genügend Energie und Begeisterung mobilisieren, verlieren aber später ihr Ziel aus den Augen und haben des Gefühl, daß ihre Energien nachlassen. Als Folge davon haben sie nie das Erfolgserlebnis, das sich einstellt, wenn man ein Projekt sauber bis zu seinem Ende durchgeführt hat. Waren für die Beendigung der Geburt manuelle Hilfen oder Zangen notwendig, dann kann man ähnliche Beobachtungen machen. Die betreffende Person ist in der Lage, in den ersten Stadien eines Projekts mit der angebrachten Energie und Begeisterung zu arbeiten, verliert aber kurz vor seiner Vollendung das Vertrauen und muß den letzten Antrieb von außen bekommen. Personen, deren Geburt künstlich eingeleitet wurde, berichten, daß sie es nicht mögen, in ein Vorhaben hineingestoßen zu werden, bevor sie sich dazu bereit fühlen, oder sie haben das Gefühl, daß man sie hineinstößt, obwohl es sich objektiv nicht so verhält.

Aus der Perspektive des hier dargestellten Modells ist es natürlich von höchstem theoretischem und praktischem Interesse, solche Personen zu studieren, die durch einen Kaiserschnitt auf die Welt kamen. Zu diesem Zweck muß man zwischen einem vorher geplanten und einem durch Notfall bedingten Kaiserschnitt unterscheiden. Im zuerst genannten Fall wird die Entscheidung für diesen Eingriff im vorhinein aus verschiedenen Gründen getroffen. Möglicherweise ist das Becken der Mutter zu eng, das Baby zu groß, die Gebärmutter durch einen früheren Kaiserschnitt vernarbt, oder die Mutter wünscht den Kaiserschnitt aus kosmetischen Gründen. Ein auf diese Weise geborenes Kind umgeht völlig die Situation, die für die zweite und dritte perinatale Grundmatrix charakteristisch ist. Es muß aber immer noch die Krise der Trennung von der Mutter, das Durchtrennen der Nabelschnur und möglicherweise Auswirkungen einer Narkose durchstehen. Der Notkaiserschnitt wird gewöhnlich nach vielen Stunden eines traumatischen Geburtsverlaufs vorgenommen, sobald offenkundig ist, daß eine Fortsetzung der normalen Geburt Mutter oder Kind gefährden würde. In diesem Fall ist in der Regel das allgemeine Trauma viel größer als bei einer normalen Geburt.

Ich habe nur mit einigen wenigen Personen gearbeitet, die durch einen vorher geplanten Kaiserschnitt auf die Welt kamen. Die folgenden Beobachtungen sind also erste klinische Eindrücke, die weiterer Bestätigung bedürfen. Wenn solche Personen von den Lebensumständen her nicht negativ vorprogrammiert sind, dann scheinen sie sich der spirituellen Dimension leicht öffnen zu können und haben ohne weiteres Zugang zum transpersonalen Bereich. Sie können ganz natürlich viele Phänomene akzeptieren, die für die meisten Menschen völlig fremd sind, etwa die außersinnliche Wahrnehmung, die Möglichkeit einer

Reinkarnation oder die Welt der Archetypen. In psychedelischen Sitzungen können sie die transpersonale Ebene auf schnellem Weg erreichen, ohne mit Elementen der zweiten und dritten Grundmatrix konfrontiert zu werden. Statt dessen haben sie während der Reaktivierung des Geburtstraumas Erlebnisse, die für eine Geburt durch Kaiserschnitt typisch sind. Sie erinnern sich an die chirurgischen Eingriffe, erleben wieder, wie sie mit Händen aus dem Mutterleib herausgenommen werden und durch eine blutige Öffnung in helles Licht gelangen, und spüren erneut die Auswirkungen der Narkose.

Wenn Menschen, die durch einen vorher geplanten Kaiserschnitt auf die Welt gekommen sind, in ihrem Erleben mit der perinatalen Ebene konfrontiert werden, dann haben sie nach ihren Angaben das Gefühl, daß irgend etwas Grundlegendes nicht stimmt – so als ob sie ihre Geburt mit einer phylogenetischen oder archetypischen Matrix von einer »richtigen« Geburt vergleichen würden. Erstaunlicherweise vermissen sie die Erfahrungen einer normalen Geburt, die Bedrohungen und die Reize, die von ihr ausgehen, die Konfrontation mit Hindernissen, und die triumphale Befreiung aus der Enge des Geburtskanals. Manchmal bitten sie den Therapeuten, die Bedrängnisse der Geburt zu simulieren und sie auch für ihre Befreiung kämpfen zu lassen. Es hat den Anschein, als ob diese Menschen aufgrund der vorschnellen Lösung ihres Geburtstraumas für die Wechselfälle in ihrem zukünftigen Leben nicht gewappnet sind. Es mangelt ihnen an Kampfbereitschaft und Ausdauer, ja sogar an der Fähigkeit, sich in ihrem Leben Ziele zu setzen und mit Eifer auf sie hinzuarbeiten.

Zudem scheint das Erlebnis der Enge des Geburtskanals die Grundlage für das Gefühl der eigenen Grenzen zu bilden. Die Menschen, die durch einen geplanten Kaiserschnitt auf die Welt kamen, wissen unter Umständen nicht so recht, welchen Platz sie in der Welt einnehmen und wieviel sie von anderen erwarten können. Es ist so, als ob sie verlangten, daß die Welt ihnen den Mutterleib ersetzt und ihnen vorbehaltlos alles gibt, was sie brauchen. Sie fordern viel, und wenn sie haben, was sie wollen, sind sie immer noch nicht zufrieden. Da sich die Welt aber nun einmal erheblich vom Mutterleib unterscheidet, müssen sie früher oder später Enttäuschungen hinnehmen, auf die sie reagieren, indem sie sich psychisch zurückziehen. Ihr Leben kann im Extremfall zwischen wahl- und maßlosen Forderungen einerseits und schmerzlicher Isolation andererseits hin- und herschwanken.[7]

Man muß sich dessen bewußt sein, daß ein großer Unterschied zwischen einer normalen Geburt und einer Geburt durch Kaiserschnitt besteht. Während einer normalen Entbindung verschlechtern sich die Bedingungen im Mutterleib und werden schließlich unerträglich, so daß der Augenblick der Geburt gegenüber dem vorherigen Zustand als Befreiung und grundlegende Verbesserung empfunden wird. Bei der geplanten Geburt durch Kaiserschnitt wird das Kind direkt aus der symbiotischen Einheit mit der Mutter in die Außenwelt befördert, wo es mit Trennung, Kälte, Hunger, der Notwendigkeit zu atmen und anderen Schwierigkeiten konfrontiert wird. Diese Situation ist eindeutig schlechter als die in der intrauterinen Existenz, auch wenn die Mutter in den späteren Schwangerschaftsmonaten die Bedürfnisse des Kindes nicht mehr in dem Maße befriedigt wie in der frühen embryonalen Entwicklung.

Wird das Kind im Anschluß an die Geburt liebevoll und einfühlsam behandelt, dann kann ein großer Teil der unmittelbaren traumatischen Auswirkungen dieser lebensbedrohlichen Situation kompensiert werden. Dies gilt besonders für den Fall, wenn die Schwangerschaft gut verlief und das Neugeborene eine stabile psychische Grundlage hat. Ein solches Kind lebt neun Monate in einem als gut empfundenen Mutterleib und wird in den Geburtsprozeß hineingezogen. Es ist meine Überzeugung, daß das Ereignis der Geburt bis zu einem gewissen Grad immer traumatisch sein wird, auch wenn es nur kurz dauert und die Mutter psychisch stabil, liebevoll und gut vorbereitet ist. In einem solchen Fall aber wird das Kind unmittelbar nach der Geburt wieder an den Bauch oder die Brust der Mutter gelegt und auf diese Weise wieder mit ihr vereint. Die tröstende Wirkung des Körperkontakts ist experimentell nachgewiesen worden, und es ist auch bekannt, daß der Herzschlag der Mutter dem Kind ein Gefühl der Geborgenheit vermitteln kann.

Die symbiotische Situation an der guten Brust ähnelt sehr der Situation im guten Mutterleib. Unter diesen Umständen können Bindungen entstehen, die nach dem Ergebnis neuerer Untersuchungen (101, 162) einen entscheidenden Einfluß auf die gesamte zukünftige Mutter-Kind-Beziehung zu haben scheinen. Wird das Kind anschließend – wie in der Methode nach Leboyer – in lauwarmem, die Bedingungen im Mutterleib simulierendem Wasser gebadet, so kommt ein weiteres wesentliches Element der Beruhigung und Heilung hinzu.[8] Es ist so, als ob man dem Kind in einer Sprache, die es versteht, mitteilen würde: »Es ist nichts Entsetzliches und Unabänderliches geschehen. Eine Zeitlang war es sehr schlimm für dich, aber jetzt bist du im großen und ganzen da, wo du vorher warst. Und so ist das Leben: es kann sehr rauh werden, aber wenn du durchhältst, wird alles wieder gut.« Ein solches Vorgehen scheint dem Kind einen allgemeinen Optimismus oder Realismus gegenüber dem Leben, ein gesundes Selbstvertrauen und die Fähigkeit, künftigen Herausforderungen ins Auge zu sehen, auf einer nahezu zellulären Ebene einzuflößen. Es beantwortet für den Rest seines Lebens die Frage positiv, die nach Meinung Albert Einsteins an das wichtigste Problem der Existenz rührt, nämlich: »Ist das Universum freundlich?«

Umgekehrt ist die psychologische Situation eine völlig andere, wenn das Kind unmittelbar nach der Geburt die heutige »vollkommene medizinische Behandlung« erfährt. Die Nabelschnur wird in der Regel fast sofort durchtrennt, die Atemwege werden gesäubert und das Kind erhält unter Umständen Schläge mit der flachen Hand auf seine Gesäßbacken, um die Atmung anzuregen. Dann wird ihm ein Tropfen Silbernitrat in die Augen geträufelt, um eine eventuelle Tripperinfektion durch die Mutter zu verhindern, und es wird dann hastig gewaschen und untersucht. Damit erschöpft sich mehr oder weniger der menschliche Kontakt in der wohl traumatischsten Situation des menschlichen Lebens, der nur andere lebensbedrohliche Situationen und schließlich der biologische Tod selbst entsprechen. Nachdem das Kind seiner Mutter gezeigt worden ist, wird es auf die Säuglingsstation gebracht. Die Mutter darf es in den folgenden Tagen nur nach einem wissenschaftlich vorgeschriebenen, von Geburtshelfern entworfenen Zeitplan sehen. Durch eine solche Behandlung setzt sich tief im Innern des Kindes die Botschaft fest, daß das Paradies im Mutterleib für immer und ewig verloren ist und daß sich die Dinge nie mehr zum Guten wenden werden. Auf diese Weise bleiben ein Gefühl der Niederlage und ein Mangel an Selbstvertrauen beim Umgang mit Problemen haften.

Es ist kaum zu glauben, daß die Wissenschaft, die sich so penibel um die Erforschung aller möglichen Variablen bemüht, eine so einseitige und verzerrte Betrachtungsweise dieses grundlegend wichtigen Ereignisses im menschlichen Leben entwickelt hat. Dies gilt aber nicht nur für die Geburt. Ähnlich verhält es sich auch in Beziehung zum Sterben, bei dem mechanische Maßnahmen zur Verlängerung des Lebens die menschlichen Dimensionen der Erfahrung des Todes fast vollkommen ersetzt haben. Intellektuelles Wissen und eine noch so gründliche und umfassende Ausbildung bewahren nicht vor emotionalen Voreingenommenheiten, die gerade im Hinblick auf das Geborenwerden und das Sterben äußerst stark ausgeprägt sind. Aus diesem Grund geben wissenschaftliche Meinungen und Theorien in Bereichen, die mit Geburt und Tod zu tun haben, häufig nicht objektive Tatsachen wieder, sondern sind ausgeklügelte Rationalisierungen letztlich irrationaler Emotionen und Einstellungen.

Sowohl die heftigen als auch die weniger heftigen Aspekte der Geburtssituation haben die Wirkung starker emotionaler Reize, insbesondere für diejenigen, die noch nicht im Rahmen einer intensiven Selbsterfahrung damit konfrontiert worden sind. Sogar das Wiedererleben der Geburt in einer Gruppensituation ist schon ein überwältigendes emotionales Ereignis, das unter Umständen bei mehreren anderen Gruppenmitgliedern und Beobachtern die Erinnerung an die eigene Geburt wach werden läßt. Ein großer Teil der distanzierten und übertechnologisierten Geburtshilfemaßnahmen, die die heutige Medizin praktiziert, dürfte wohl nicht so sehr durch zeitliche und finanzielle Faktoren bedingt sein, sondern spiegelt auch die Folgen einer Ausbildung wider, in der man sich gegen Emotionen, die angeblich die Berufstauglichkeit in Frage stellen, abzuschirmen lernt.

Die pathogenen Auswirkungen der Geburt hängen also nicht lediglich von Ausmaß und Wesen des Geburtstraumas selber ab, sondern auch davon, wie das Kind unmittelbar nach dem Augenblick der Geburt behandelt wurde. Das ist aber immer noch nicht alles. Emotional bedeutsame Ereignisse aus dem späteren Leben – sowohl psychisch stabilisierende als auch traumatisierende – sind ebenfalls wichtige Faktoren, die bestimmen, wie weit die Dynamik der perinatalen Matrizen ihren Ausdruck in manifesten psychopathologischen Erscheinungen findet. In diesem Sinne behält die psychoanalytische Lehre von der Bedeutung der Kindheitstraumen auch im neuen Modell ihre Gültigkeit, auch wenn dieses den Schwerpunkt auf das Geburtstrauma und die transpersonalen Bereiche legt. Die spezifischen, von Freud und seinen Nachfolgern beschriebenen biographischen Ereignisse gelten aber nicht als primäre Ursachen für emotionale Störungen, sondern als Bedingungen für die Manifestation tieferer Schichten des Unbewußten.

Aus der neuen theoretischen Konzeption geht hervor, daß eine gute Mutterschaft, Zufriedenheit, ein Gefühl der Sicherheit und Geborgenheit sowie ein generelles Überwiegen von positiven Kindheitserlebnissen eine dynamische Pufferzone bilden würden, die vor den direkten und beeinträchtigenden Auswirkungen perinataler Emotionen, Empfindungen und Energien schützt. Umgekehrt würde aufgrund wiederholter traumatischer Erfahrungen nicht nur ein solcher Schutzschirm fehlen, sondern die mit ihnen verbundenen negativen Emotionen und Empfindungen kämen zu den auf der perinatalen Ebene gespeicherten negativen Emotionen und Empfindungen noch hinzu. Als Folge dieses Defekts im Abwehrsystem können die perinatalen Elemente zu einem späteren Zeitpunkt in Form psychopathologischer Symptome und Syndrome im Bewußtsein auftauchen. Die spezifischen Inhalte der traumatischen Kindheitserlebnisse sowie ihr Zeitpunkt bestimmen dann, welche Aspekte oder Facetten des Geburtserlebnisses oder der perinatalen Dynamik hervorgehoben werden und welche Symptomatologie sich endgültig manifestiert.

So verstärken traumatische Situationen, in denen man in die Rolle des hilflosen Opfers gedrängt wird, speziell die Dynamik der zweiten perinatalen Grundmatrix. Solche traumatischen Situationen können sehr verschiedenartig sein. Zu ihnen zählen schmerzliche und bedrohliche Ereignisse im Leben eines hilflosen Kleinkindes ebenso wie Erlebnisse als Erwachsener, in denen man unter den Trümmern eines durch einen Fliegerangriff zerstörten Hauses verschüttet war, beinahe unter einer Lawine erstickte oder von den Nazis oder den Kommunisten gefangengenommen und gefoltert wurde. Die zweite perinatale Matrix kann sich auch auf unscheinbare Art aufladen, etwa durch tagtägliche Situationen in einer Familie, in denen das Kind das Opfer ist und sich in keinster Weise wehren kann.

Situationen wiederum, die Gewalttätigkeit beinhalten, aber auch eine aktive Beteiligung bis zu einem gewissen Grad ermöglichen, würden die dritte perinatale Grundmatrix verstärken. Das Erlebnis, vergewaltigt zu werden, würde charakteristischerweise den sexuellen Aspekt der dritten perinatalen Matrix aktivieren, die mit einer Kombination aus Angst, Aggressionen, Kampf und Sexualität verknüpft ist. Ein frühes Erlebnis, in dem ein Kind mit Kot oder anderen Körperausscheidungen in einem schmerzlichen und strafenden Kontext konfrontiert wird, hebt den skatologischen Aspekt der dritten Matrix hervor. Es ließen sich viele andere Beispiele in diesem Zusammenhang anführen, doch das Gesagte dürfte wohl genügen, um die allgemeinen Prinzipien der beteiligten Mechanismen verständlich zu machen.

Nach den allgemeinen Ausführungen über die Beziehung zwischen den perinatalen Matrizen, dem Geburtstrauma und psychopathologischen Störungen möchte ich nun das Konzept des dynamischen Gefüges aus den perinatalen Matrizen und den COEX-Systemen auf die hauptsächlichsten Kategorien emotionaler Störungen und ihrer spezifischen Formen anwenden. Emotionale, psychosomatische und zwischenmenschliche Probleme weisen häufig eine vielschichtige Struktur auf, die nicht nur die biographischen und perinatalen Elemente beinhaltet, sondern auch wesentlich vom transpersonalen Bereich geprägt wird. Ich werde deshalb gelegentlich auf solche tieferen Verbindungen hinweisen. Die folgende Erörterung soll nicht als eine spekulative Anwendung des neuen Modells auf verschiedene psychopathologische Formen aufgefaßt werden. Sie ist im wesentlichen eine Zusammenstellung von Erkenntnissen, die von Personen stammen, die tief in ihr Unbewußtes eingedrungen sind und dabei die dynamische Struktur verschiedener Probleme, von denen sie geplagt wurden, erforscht und entschlüsselt haben.

Schwere gehemmte Depressionen endogener oder reaktiver Natur hängen in der Regel eng mit der zweiten perinatalen Grundmatrix zusammen. Die Phänomenologie von Sitzungen sowie Intervallen zwischen Sitzungen, die von dieser Matrix beherrscht werden, zeigt alle wesentlichen Merkmale einer tiefen Depression. Jemand, der unter dem Einfluß der zweiten perinatalen Matrix steht, leidet unter quälenden Gedanken, Verzweiflung, massiven Schuld- und Minderwertigkeitsgefühlen, heftiger Angst, Mangel an Initiative, allgemeinem Interesseverlust und Unfähigkeit zur Lebensfreude. In diesem Zustand erscheint das Leben äußerst sinnlos, emotional leer und absurd. Trotz des extremen Leids weint die betreffende Person nicht und zeigt auch keine anderen dramatischen Äußerungen. Im typischen Fall ist eine generelle motorische Hemmung zu beobachten. Die Welt und das eigene Leben werden wie durch einen Filter wahrgenommen, der die schmerzlichen, schlechten und tragischen Aspekte des Lebens hervorhebt und alles Positive ausblendet. Die Situation wird als absolut unerträglich, unausweichlich und hoffnungslos erlebt. Manchmal geht dies mit dem Verlust der Fähigkeit einher, Farben zu sehen. Die ganze Welt erscheint wie in einem Schwarz-Weiß-Film. Die Existentialphilosophie und das absurde Theater dürften wohl die treffendste Beschreibung dieser Art Lebenserfahrung bieten.

Gehemmte Depressionen sind nicht nur durch einen totalen Stillstand des emotionalen Flusses charakterisiert, sondern auch durch eine vollständige energetische Blockierung sowie eine schwere Beeinträchtigung der wichtigsten physiologischen Körperfunktionen wie der Verdauung, der Ausscheidungsfunktionen, der sexuellen Aktivität, des Menstruationszyklus und des Schlafrhythmus. Dies paßt sehr gut zu der Vorstellung, daß diese Art Depression mit der zweiten perinatalen Grundmatrix verknüpft ist. Zu den typischen physiologischen Begleiterscheinungen gehören Gefühle der Bedrückung, der Beengung und des Erstickens, Spannungs- und Druckempfindungen, Kopfschmerzen, Urinverhaltung, Verstopfung, Herzbeschwerden, Appetitlosigkeit, sexuelle Unlust sowie eine Neigung zur hypochondrischen Interpretation verschiedener Körpersymptome. Die paradoxen biochemischen Befunde, nach denen Menschen mit gehemmten Depressionen an hochgradigem körperlichem Streß leiden können – gemessen mit Hilfe des Katecholamin- und Steroidspiegels –, fügen sich ebenfalls nahtlos in das Bild von der zweiten perinatalen Matrix ein, in der eine massive Streßsituation ohne jede äußerliche Aktion oder Manifestation gegeben ist.

Die psychoanalytische Theorie sieht einen Zusammenhang zwischen Depressionen und oralen Problemen sowie fehlender emotionaler Zuwendung im frühen Kindesalter. Diese Verbindung ist zwar offensichtlich vorhanden, doch erklärt sie nicht wichtige Aspekte einer Depression, etwa das Empfinden, nicht von der Stelle zu kommen, die Gefühle der Hoffnungs- und Ausweglosigkeit, die energetische Blockierung und die meisten körperlichen Symptome einschließlich der biochemischen Befunde. Nach dem hier dargestellten Modell ist die Freudsche Erklärung richtig, aber nur zum Teil. Die letzten Hintergründe einer gehemmten Depression lassen sich nur von der Dynamik der zweiten perinatalen Grundmatrix her begreifen, doch die mit ihr verknüpften COEX-Systeme, die wesentlich an der Entstehung dieser psychopathologischen Form mitbeteiligt sind, enthalten auch die biographischen Elemente, die von der Psychoanalyse hervorgehoben werden.

Die Verbindung dieses biographischen Materials mit der zweiten perinatalen Matrix entspringt einer tiefen inneren Logik. Die mit dieser Matrix verknüpfte Phase der Geburt ist gekennzeichnet durch die Unterbrechung der symbiotischen Einheit mit dem mütterlichen Organismus, durch Gebärmutterkontraktionen[9], durch die Isolierung von jedem sinnvollen Kontakt, durch das Ende der Zufuhr von Nahrung und Wärme und durch die schutzlose Konfrontation mit einer Gefahrensituation. Es leuchtet deshalb ohne weiteres ein, daß zu den typischen Bestandteilen von COEX-Systemen, die mit einer Depression dynamisch verknüpft sind, Ablehnung, Abwesenheit oder Trennung von der Mutter sowie Einsamkeits-, Kälte-, Hunger- und Durstgefühle im Säuglingsalter oder in der frühen Kindheit gehören. Andere wichtige biographische Determinanten wären Familiensituationen, in denen das Kind unterdrückt und bestraft und ihm keine Möglichkeit zur Rebellion oder zur Flucht gelassen wird. Auf diese Weise verstärken und festigen sie die Rolle des Opfers in einer Situation ohne Ausweg, die für die zweite perinatale Matrix charakteristisch ist.

Eine wichtige Kategorie von COEX-Systemen, die an der Entstehung einer Depression mitbeteiligt sind, setzt sich aus Erinnerungen an Ereignisse zusammen, die eine Gefahr für Leib und Leben bedeuteten und in denen der oder die

Betreffende die Rolle eines hilflosen Opfers innehatte. Diese Beobachtung ist völlig neu, da nach Auffassung der Psychoanalyse und der psychotherapeutisch orientierten akademischen Psychiatrie psychologische Faktoren an der Entwicklung einer Depression wesentlich beteiligt sind. Psychotraumatische Effekte von schweren Krankheiten, Verletzungen, Operationen und Erlebnissen, in denen die betreffende Person beinahe den Tod durch Ertrinken gefunden hätte, wurden übersehen und in ihrer Bedeutung grob unterschätzt. Diese neue Bewertung von körperlichen Traumen läßt sich nur schwer in die psychoanalytische Theorie integrieren, die für Depressionen in erster Linie psychische Traumen oraler Art verantwortlich macht. Das neue Konzept fügt sich aber vollkommen nahtlos in das hier dargestellte Modell ein, das das kombinierte emotional-körperliche Trauma der Geburt hervorhebt.

Die *agitierte Depression* ist wiederum mit der dritten perinatalen Grundmatrix dynamisch verknüpft. Grundelemente dieser psychopathologischen Störung lassen sich in und nach Sitzungen beobachten, die von dieser Matrix beherrscht werden. Charakteristische Merkmale dieser Form von Depression sind hochgradige innere Anspannung und Angst, übermäßige psychomotorische Erregung und Unruhe sowie nach innen und nach außen gerichtete aggressive Impulse. Patienten mit einer agitierten Depression weinen und schreien, wälzen sich auf dem Fußboden, schlagen um sich, schlagen mit ihrem Kopf gegen Wände, zerkratzen sich das Gesicht, reißen sich die Haare aus und zerreißen sich die Kleidung. Die typischen Körpersymptome, die mit diesem Zustand einhergehen, sind starke Muskelspannungen, Zittern, schmerzhafte Muskelkrämpfe, Kopfdruck oder Migränekopfschmerzen, Gebärmutter- und Darmkrämpfe, Übelkeit und Atembeschwerden.

Die Themen der mit dieser Matrix verknüpften COEX-Systeme sind Aggression und Gewalttätigkeit, verschiedene Grausamkeiten, sexueller Mißbrauch und sexuelle Attacken, schmerzhafte medizinische Eingriffe und Krankheiten, bei denen man würgen und nach Luft ringen muß. Im Gegensatz zu den oben beschriebenen, zur zweiten Matrix gehörenden COEX-Systemen ist die in diese Situationen verwickelte Person nicht das hilflose Opfer. Sie schlägt vielmehr zurück, verteidigt sich, beseitigt die Hindernisse oder versucht zu entfliehen. Typische Beispiele für solche Situationen wären Erinnerungen an gewalttätige Auseinandersetzungen mit Elternfiguren oder Geschwistern, Faustkämpfe mit Gleichaltrigen, Szenen mit sexuellem Mißbrauch oder Vergewaltigung und Episoden aus Kämpfen im Krieg.

Nicht wenige Psychoanalytiker finden die psychodynamische Interpretation der *Manie* im allgemeinen weniger befriedigend und überzeugend als die der Depression. Die meisten Autoren scheinen aber dahingehend übereinzustimmen, daß die Manie ein Versuch ist, sich nicht seiner Depression bewußt zu werden. Ein wesentliches Element der Manie sei die Leugnung der inneren Realität und die Flucht in die Außenwelt. In ihr zeige sich der Sieg des Ich über das Über-Ich, eine drastische Verringerung von Hemmungen, ein Zuwachs an Selbstachtung und ein Übermaß an sinnlichen und aggressiven Impulsen. Trotz all dem macht ein manischer Patient nicht den Eindruck, daß er wirklich frei ist. In psychologischen Theorien der manisch-depressiven Störungen wird die intensive Ambivalenz manischer Patienten sowie die Tatsache hervorgehoben, daß die gleichzeitigen Liebe- und Haßgefühle die Fähigkeit zu zwischenmenschlichen Beziehungen beeinträchtigen. Der typische manische Hunger nach Objekten wird gewöhnlich als Ausdruck einer starken oralen Fixierung gewertet, und die Periodizität von Manie und Depression erscheint als Hinweis auf einen Zusammenhang mit dem Zyklus von Hunger und Sättigung.

Viele der sonst rätselhaften Merkmale manischer Episoden werden leicht verständlich, wenn man als Erklärung das Modell der perinatalen Matrizen heranzieht. Die Manie ist psychogenetisch im Übergang von der dritten zur vierten perinatalen Grundmatrix verankert. Sie kann als klarer Hinweis aufgefaßt werden, daß die betreffende Person zum Teil schon unter dem Einfluß der vierten Matrix steht, daß die dritte Matrix aber immer noch Wirkung ausübt. In diesem Kontext deuten die oralen Impulse auf den Zustand hin, nach dem der manische Patient strebt und den er noch nicht erreicht hat, und nicht auf eine »Fixierung« auf die orale Stufe. Entspannung und orale Befriedigung sind für einen Zustand charakteristisch, der auf die biologische Geburt folgt. Die typischen Wünsche eines manischen Patienten nach Ruhe, Schlaf und Essen entsprechen den natürlichen Bestrebungen eines Organismus, der von den vehementen Impulsen des letzten Geburtsstadiums überflutet wird.

In Selbsterfahrungstherapien kann man gelegentlich vorübergehende manische Episoden »in statu nascendi« beobachten, die auf eine unvollständige Wiedergeburt hinweisen. Dies ist in der Regel der Fall, wenn der oder die Betreffende über die schwierige Erfahrung des Kampfes um die Wiedergeburt schon hinaus sind und etwas von der Erleichterung nach den Qualen der Geburt spüren. Gleichzeitig mangelt es aber am Willen und an der Fähigkeit, sich mit den noch verbleibenden ungelösten Aspekten der dritten Matrix zu konfrontieren. Da sie sich nun ängstlich an den unsicheren und dürftigen Sieg klammern, werden die neuen positiven Empfindungen bis zur Karikatur verzerrt. Das Bild vom Wanderer, der aus Angst im dunklen Wald laut pfeift, scheint in diesem Zusammenhang besonders gut zu passen. Die übertriebene und gezwungene Art manischer Emotionen und Verhaltensweisen verrät, daß diese nicht echte Freude und Freiheit widerspiegeln, sondern Reaktionsbildungen auf Furcht und Aggressionen sind.

Personen, die ihre LSD-Sitzung in einem Zustand der unvollständigen Wiedergeburt beenden, zeigen alle typischen Zeichen einer Manie. Sie sind überaktiv, bewegen sich hektisch umher, versuchen, mit jedem in ihrer Umgebung Freundschaft zu schließen, und sprechen unaufhörlich über ihr Triumph- und Wohlgefühl, über ihre wunderbaren Empfindungen und über das großartige Erlebnis, das sie soeben hatten. Sie heben die Wunder der LSD-Therapie in den Himmel und spinnen in einer Art Sendungsbewußtsein größenwahnsinnige Pläne zur Veränderung der ganzen Welt, indem jedem Menschen diese Erfahrung ermöglicht werden soll. Ein extremer Hunger nach Reizen und sozialem Kontakt ist gepaart mit maßlos übersteigerter Lebensfreude, Selbstliebe und Selbstachtung sowie einer hemmungslosen Genußsucht. Der Zusammenbruch der Beschränkungen durch das Über-Ich hat die Neigung zur sexuellen Verführung, Promiskuitätstendenzen und obszöne Reden zur Folge.

Die von Otto Fenichel (40) hervorgehobene Tatsache, daß diese Aspekte der Manie mit der Psychologie des Karnevals zusammenhängen – also mit der sozial sanktionierten Entfesselung von Impulsen, die sonst verboten sind –, ist eine weitere Bestätigung für die Verbindung mit dem Übergang von der dritten zur vierten Grundmatrix. Der Reizhunger und die Lust an Drama und Aktion dienen dem doppelten Zweck, die freigewordenen Impulse zu befriedigen und sich in eine äußere Situation zu begeben, deren Turbulenz der Intensität und Qualität des inneren Aufruhrs entspricht.

Wenn Personen in diesem Zustand dazu gebracht werden können, nach innen zu schauen, sich den problematischen und noch ungelösten Emotionen zu stellen und den Prozeß der Geburt bzw. der Wiedergeburt zu vollenden, dann verlieren Stimmung und Verhalten ihren manischen Charakter. Die zur vierten Grundmatrix gehörenden Erfahrungen sind in ihrer reinen Form geprägt von erhöhter Lebensfreude, tiefer Entspannung, innerer Ruhe und Gelöstheit sowie vollkommener innerer Zufriedenheit. Es fehlt ihnen das Drängende, das grotesk Übertriebene und das Ostentative, das für manische Zustände so typisch ist.

Die COEX-Systeme, die mit den für die Manie verantwortlichen perinatalen Matrizen verknüpft sind, enthalten offenbar Episoden, in denen eine Befriedigung erfolgte, der man nicht so recht traute. Auch scheinen Erwartungen und Forderungen von demonstrativem glücklichem Verhalten in Situationen, in denen es nicht ganz gerechtfertigt ist, zu den Entstehungsbedingungen der Manie zu zählen. Weiter findet man in der Vorgeschichte manischer Patienten häufig »Wechselbäder« im Hinblick auf ihr Selbstwertgefühl, etwa wenn die Eltern sich einmal hyperkritisch und demoralisierend verhielten, dann aber wieder Überschätzung zeigten und unrealistische Erwartungen aufbauten. Ein weiterer Faktor, der für die Psychogenese der Manie relevant zu sein scheint, ist die wechselnde Erfahrung von Beschränkung und Freiheit, der ein Säugling ausgesetzt ist, der gewindelt wird.

Alle Beobachtungen im Rahmen einer Selbsterfahrungstherapie scheinen darauf hinzuweisen, daß die Erinnerung an die letzte Geburtsphase mit ihrem plötzlichen Übergang von den Geburtsqualen zu einem Gefühl der unermeßlichen Erleichterung die natürliche Grundlage für manisch-depressive Störungen abgibt. Damit wird freilich die Mitwirkung biochemischer Faktoren als wesentliche Auslöser für den Wechsel der psychologischen Matrizen nicht ausgeschlossen. Doch mit dem Nachweis beständiger und relevanter biochemischer Veränderungen an sich sind die spezifische Natur und die psychologischen Merkmale dieser Störung noch nicht erklärt. Selbst in einer chemisch so klar definierten Situation wie einer LSD-Sitzung ist die Verabreichung der Droge noch keine Erklärung für den Inhalt der durch sie hervorgerufenen Erlebnisse. Das Auftreten eines depressiven oder manischen Zustands erfordert weitere Erklärungskonzepte. Außerdem besteht immer die Frage, ob bei dieser Störung die biologischen Faktoren eine kausale Rolle spielen oder ob sie lediglich symptomatische Begleiterscheinungen sind. Es läßt sich durchaus denken, daß mit den physiologischen und biochemischen Veränderungen bei manisch-depressiven Störungen der Organismus seinen Zustand während der Geburt wiederherstellt.

Das Konzept der perinatalen Grundmatrizen führt auch zu faszinierenden neuen Erkenntnissen über den *Selbstmord,* mit dem sich psychoanalytisch orientierte Theorien in der Vergangenheit ziemlich schwer taten. Jede Theorie, die dieses Phänomen zu erklären versucht, muß zwei wichtige Fragen beantworten. Erstens: Warum möchte eine bestimmte Person Selbstmord begehen, also etwas tun, was gegen den sonst so mächtigen Selbsterhaltungstrieb verstößt? Zweitens: Was bestimmt die Wahl der Mittel? Es scheint eine enge Verbindung zwischen dem psychischen Zustand zu geben, in dem sich eine depressive Person befindet, und der Art des Selbstmords, den sie erwägt oder versucht. Es drängt sie also nicht einfach, ihr Leben zu beenden, sondern dies in einer ganz bestimmten Weise zu tun. Es mag noch einleuchten, daß jemand, der eine Überdosis an Beruhigungsmitteln oder Barbituraten nimmt, sich nicht von einer Klippe ins Meer stürzen oder sich vor einen Zug werfen würde. Die Bedeutung der Mittel zum Selbstmord wird aber offenkundig, wenn man den umgekehrten Sachverhalt betrachtet: jemand, der sich auf blutige Weise das Leben nimmt, würde keine Medikamente benutzen, auch wenn er leichten Zugang zu ihnen hätte.[10]

Die Beobachtungen im Rahmen der psychedelischen Forschung und anderer bis in tiefe psychische Bereiche vordringender Selbsterfahrungstherapien werfen ein neues Licht auf die Hintergründe für einen Selbstmord und auf die interessante Frage nach der Wahl der Methode. Selbstmordgedanken und -neigungen lassen sich gelegentlich auch in jedem Stadium einer LSD-Psychotherapie beobachten. Sie sind aber besonders häufig und intensiv zu dem Zeitpunkt, an dem die Konfrontation mit den unbewußten Elementen erfolgt, die mit den negativen perinatalen Elementen verknüpft sind. In psychedelischen Sitzungen wird deutlich, daß Selbstmordtendenzen in zwei Kategorien fallen, die zum perinatalen Prozeß in spezifischer Beziehung stehen. Wenn wir die Tatsache akzeptieren, daß sich in der gehemmten Depression die zweite und in der agitierten Depression die dritte perinatale Grundmatrix manifestiert, dann lassen sich verschiedene Formen von Selbstmordphantasien, Selbstmordtendenzen und Selbstmordhandlungen als unbewußt motivierte Versuche auffassen, den durch diese Matrizen charakterisierten unerträglichen psychischen Zuständen zu entrinnen. Dabei kann man zwei

Arten von Selbstmord unterscheiden, die jeweils von der biologischen Vorgeschichte abhängen.

Der Selbstmord der ersten Art, der *nicht gewalttätige Selbstmord,* basiert auf der unbewußten Erinnerung, daß der ausweglosen Situation der zweiten perinatalen Grundmatrix die Erfahrung der intrauterinen Existenz vorausging. Jemand, der den Elementen der zweiten perinatalen Matrix zu entrinnen versucht, würde daher einen Weg wählen, der in diesem Zustand der nächste ist, nämlich den der Regression in die ursprüngliche undifferenzierte Einheit des vorgeburtlichen Daseins (repräsentiert durch die erste perinatale Matrix). Da die Ebene des Unbewußten, auf der diese Entscheidung getroffen wird, dem bewußten Erleben gewöhnlich nicht zugänglich ist, fühlt sich die betreffende Person zu Situationen und Mitteln im Alltagsleben mit ähnlichen Elementen hingezogen. Das Grundprinzip hinter all dem besteht darin, die Intensität der schmerzhaften Reize zu reduzieren und schließlich ganz zu beseitigen. Das endgültige Ziel ist der Verlust des Bewußtseins seiner Getrenntheit und Individualität und das Aufgehen im undifferenzierten Zustand des »ozeanischen Bewußtseins«, das die embryonale Existenz kennzeichnet. Anklänge von Selbstmordgedanken in diesem Zusammenhang äußern sich in dem Wunsch, nicht zu existieren oder in einen tiefen Schlaf zu verfallen, alles zu vergessen und nie wieder aufzuwachen. Konkrete Selbstmordabsichten und Selbstmordversuche sind charakterisiert durch die Verwendung großer Dosen von Schlaf- oder Beruhigungsmitteln, durch das Einatmen von Kohlenmonoxyd oder Haushaltsgas, durch Ertrinken, durch das Öffnen der Pulsadern im warmen Wasser und durch Erfrieren im Schnee.[11]

Der Selbstmord der zweiten Art, der *gewaltsame Selbstmord,* folgt unbewußt dem bei der Geburt erlebten Muster. Er hängt eng mit der agitierten Depression zusammen und steht somit in Beziehung zur dritten perinatalen Grundmatrix. Demjenigen, der unter dem Einfluß dieser Matrix steht, ist der Weg der Regression in den ozeanischen Zustand im Mutterleib versperrt, weil er durch die höllische Ausweglosigkeit der zweiten perinatalen Matrix führt, die psychisch noch traumatischer ist als die dritte Matrix. Was aber als psychischer Ausweg offensteht, ist die Erinnerung, daß einst ein ähnlicher Zustand durch die plötzliche Befreiung im Augenblick des Austritts aus dem Geburtskanal beendet wurde. Wie im Fall der oben beschriebenen ersten Selbstmordart hat die betreffende Person keinen bewußten Zugang zur perinatalen Ebene und zu der Einsicht, daß die psychische Lösung darin bestehen würde, die eigene Geburt wiederzuerleben, den Tod-Wiedergeburt-Prozeß innerlich abzuschließen und die Bewußtseinsebene der postnatalen Situation zu erreichen. Statt dessen verlegt sie einen innerlichen Prozeß nach außen und stellt eine Situation in der Außenwelt her, die die gleichen Elemente und ähnliche Erlebenskomponenten besitzt.

Das Grundmuster hier ist gekennzeichnet durch eine Intensivierung der Spannungen und des Leidens bis zu einem maximalen Punkt, an dem dann die Befreiung in Form einer explosiven Entladung destruktiver Impulse inmitten verschiedenartiger Körperausscheidungen erreicht wird. Dies gilt sowohl für die biologische Geburt als auch für den gewaltsamen Selbstmord. Beiden ist gemeinsam ein abruptes Ende übermäßiger emotionaler und körperlicher Anspannung, ein momentanes Freiwerden enormer Energien, eine starke Schädigung des Körpergewebes und die unmittelbare Gegenwart von Blut, Kot und Eingeweiden. Legt man Fotografien von einer Geburt und von Opfern eines gewaltsamen Selbstmords nebeneinander, so werden die tiefgehenden formalen Parallelen zwischen beiden Situationen deutlich. Ihre Ähnlichkeit im Erleben ist wiederholt von Personen beschrieben worden, die sich unter LSD mit anderen Menschen identifizierten, die Selbstmord begangen hatten. Erlebnisse dieser Art findet man in perinatalen Sitzungen recht häufig.

Zu dieser Kategorie von Selbstmordphantasien und -handlungen gehören: sich unter einen fahrenden Zug werfen, sich in die Turbine eines Wasserkraftwerks stürzen oder sich mit dem Auto in den Tod fahren; sich die Kehle durchschneiden, sich eine Kugel durch den Kopf jagen oder sich mit einem Messer erstechen, sowie sich aus einem Fenster, von einem Turm oder von einer Meeresklippe stürzen. Zu erwähnen wären hier auch noch exotische Formen von Selbstmord wie Harakiri, Kamikaze oder Amoklauf. Der Selbstmord durch Erhängen scheint in eine frühere Phase der dritten perinatalen Matrix zu fallen, die durch Gefühle des Stranguliertwerdens und des Erstickens sowie durch starke sexuelle Erregung gekennzeichnet ist.

Die Arbeit mit LSD ermöglicht auch faszinierende Antworten auf die bisher kaum gelöste Frage nach den Hintergründen für die Wahl der Mittel zu einem Selbstmord. Der nicht gewaltsame Selbstmord spiegelt eine allgemeine Tendenz wider, die Intensität der schmerzlichen emotionalen und körperlichen Reize zu verringern. Die Wahl der speziellen Mittel scheint durch relativ oberflächliche biographische Elemente bestimmt zu werden. Der gewaltsame Selbstmord geht aber mit einem völlig andersartigen Mechanismus einher. Ich habe wiederholt die Beobachtung gemacht, daß Personen, die eine bestimmte Form von Selbstmord erwogen, die Körperempfindungen und Gefühle bei seiner tatsächlichen Ausführung bereits vorher verspürten.

So leiden Personen, die sich mit dem Gedanken tragen, sich vor einen Zug oder in eine Wasserturbine zu stürzen, bereits unter intensiven Gefühlen, zermalmt und in Stücke gerissen zu werden. Solche Gefühle lassen sich mühelos zu perinatalen Erfahrungen zurückverfolgen. Diejenigen, die dazu neigen, sich die Kehle durchzuschneiden oder sich zu erstechen, klagen schon vorher über unerträgliche Schmerzen in den Körperteilen, an denen sie sich etwas antun wollen. Die Absicht, sich aufzuhängen, beruht auf starken, bereits existierenden Gefühlen, stranguliert zu werden oder zu ersticken. Auch hier sind die Schmerzen und Empfindungen des Erstickens leicht als Elemente der dritten perinatalen Matrix zu identifizieren. Die Entscheidung für den gewaltsamen Selbstmord dürfte also ein spezielles Beispiel für eine grundlegende Intoleranz gegenüber einer kognitivemotionalen Dissonanz sein. Dieser wichtige Mechanismus, der hinter vielen psychopathologischen Erscheinungen steht, wird noch später in diesem Buch besprochen werden. Wird jemand von irrationalen Gefühlen und unverständlichen Körperempfindungen enormer Intensität überwältigt, so scheinen sogar Handlungen, die eine schwere Selbstverstümmelung oder Selbstzerstörung zur Folge haben, akzeptable Wege darzustellen, um eine Kongruenz zwischen innerem Erleben und äußerer Realität herzustellen.

Zu den oben beschriebenen allgemeinen Regeln gibt es einige wichtige Ausnahmen. Der Mechanismus des gewaltsamen Selbstmords erfordert eine relativ klare Erinnerung an den plötzlichen Übergang vom Kampf im Geburtskanal in die Außenwelt und an das damit verbundene explosionsartige Befreiungsgefühl. Wurden zum Zeitpunkt dieses Übergangs starke Anästhetika verwendet, dann wäre die betreffende Person für die Zukunft auf einer nahezu zellulären Ebene darauf vorprogrammiert, bei schwerem Streß Zuflucht zu Drogen zu nehmen. Unter diesen Bedingungen könnte ein Zustand, der eigentlich für die dritte perinatale Grundmatrix charakteristisch ist, zu einem nicht gewaltsamen Selbstmord führen. Eine Geburt unter geringer oder gar keiner Anästhesie würde das Kind auf zukünftige große Herausforderungen vorbereiten und ein tiefes Vertrauen in die eigenen Fähigkeiten schaffen, sie zu bewältigen. Unter pathologischen Bedingungen würde eine Geburt, die nicht durch starke pharmakologische Einwirkung kompliziert worden ist, die Vorbedingungen für einen gewaltsamen Selbstmord herstellen. Eine starke Anästhesie wiederum würde die betreffende Person dahingehend programmieren, schwerem Streß mit Drogen zu begegnen und unter extremen Umständen den Tod durch Drogen zu suchen. Bei der Untersuchung einzelner Fälle von Selbstmord muß aber die detaillierte Überprüfung des Geburtsvorgangs durch eine biographische Analyse ergänzt werden, da Ereignisse nach der Geburt die Art des Selbstmords wesentlich mitbestimmen können.

Wenn sich selbstmordgefährdete Personen einer psychedelischen Therapie unterziehen und den Tod-Wiedergeburt-Prozeß abschließen, dann betrachten sie rückschauend den Selbstmord als einen tragischen Irrtum, der auf einem Mangel an Selbsterkenntnis beruht. Jemand, der nicht weiß, daß man die Befreiung von unerträglichen emotionalen und körperlichen Spannungen durch einen symbolischen Tod-Wiedergeburt-Vorgang bzw. durch das Bewußtwerden des Zustands nach der Geburt erreichen kann, also ohne jeden körperlichen Schaden zu nehmen, wird unter Umständen durch die katastrophalen Dimensionen seiner Qualen dazu getrieben, eine nicht mehr rückgängig zu machende Situation in der materiellen Welt mit ähnlichen Elementen herzustellen. Da die Erfahrung der ersten und vierten perinatalen Matrix nicht nur mit symbiotischen biologischen Zuständen, sondern auch mit deutlichen spirituellen Dimensionen verknüpft ist, offenbart sich hinter der Neigung sowohl zum nicht gewaltsamen als auch zum gewaltsamen Selbstmord ein verzerrtes und nicht erkanntes Streben nach Transzendenz. Das beste Heilmittel gegen selbstzerstörerische Tendenzen und den Drang zum Selbstmord wäre somit die Erfahrung des Ich-Tods und der Wiedergeburt sowie der Einheit mit dem Kosmos. Die destruktiven Energien und Impulse würden in diesem Prozeß nicht nur aufgebraucht, sondern der betreffenden Person öffnete sich auch die transpersonale Perspektive, aus der der Selbstmord nicht mehr als Lösung erscheint. Dieses Gefühl der Unsinnigkeit einer solchen Handlungsweise verbindet sich mit der Erkenntnis, daß die Transformationen des Bewußtseins und die Zyklen von Tod und Wiedergeburt mit dem biologischen Tod nicht abgeschlossen sind, oder – genauer gesagt – daß es unmöglich ist, seinen karmischen Mustern zu entfliehen.

In genereller Übereinstimmung mit der psychoanalytischen Theorie scheinen der *Alkoholismus* und die *neurotische Drogenabhängigkeit* in einem engen Zusammenhang mit Depressionen und Selbstmord zu stehen. Das wohl grundlegendste Charakteristikum von Alkoholikern und Drogensüchtigen, ihr innerster Beweggrund für den Griff zur Flasche oder zum Rauschmittel, dürfte die überstarke Sehnsucht nach Erlebnissen der glückseligen undifferenzierten Einheit sein. Gefühle dieser Art sind für Phasen des ungestörten Lebens im Mutterleib und für die Symbiose mit der »guten Brust« typisch. Schon oben wurde hervorgehoben, daß beiden Zuständen numinose Qualitäten eigen sind. Alkoholiker und Drogensüchtige leiden unter vielen emotionalen Qualen, die von den COEX-Systemen und letztlich von negativen perinatalen Matrizen herrühren. Dazu gehören u. a. Depressionen, eine allgemeine Anspannung, Angst, Schuldgefühle und niedrige Selbstachtung. Der übermäßige Konsum von Alkohol oder narkotisierenden Drogen scheint in diesem Zusammenhang eine abgeschwächte Variante von Selbstmordtendenzen darzustellen. Alkoholismus und Drogenabhängigkeit sind schon häufig als Formen eines verlängerten und langsamen Selbstmords bezeichnet worden.

Der für diese psychopathologischen Phänomene charakteristische Mechanismus ist der gleiche wie im Fall des nicht gewaltsamen Selbstmords. Er entspricht dem unbewußten Bedürfnis, den Geburtsprozeß ungeschehen zu machen und in den Mutterleib zurückzukehren. Alkoholiker und Drogensüchtige neigen dazu, verschiedene schmerzliche Emotionen und Empfindungen zu hemmen und einen Zustand diffusen Bewußtseins sowie der Gleichgültigkeit gegenüber vergangenen und zukünftigen Problemen herzustellen. Alkohol- und drogenabhängige Patienten, die in ihren LSD-Sitzungen Zustände der Einheit mit dem Kosmos erlebten, gewannen Einsichten, die denen selbstmordgefährdeter Patienten sehr ähnlich waren. Sie erkannten, daß sie eigentlich nach Transzendenz, nicht nach einem Rauschzustand strebten. Die Verwechslung des einen mit dem anderen war aufgrund oberflächlicher Ähnlichkeiten zwischen den Auswirkungen von Alkohol oder Narkotika und den Erlebnissen der Einheit mit dem Kosmos möglich. Eine Ähnlichkeit ist aber nicht gleichbedeutend mit Identität. Es gibt fundamentale Unterschiede zwischen transzendentalen Zuständen und diesen Rauschzuständen. Alkohol und Narkotika betäuben die Sinne, vernebeln das Bewußtsein, stören die intellektuellen Funktionen und erzeugen eine emotionale Anästhesie, wohingegen transzendentale Zustände durch eine erhebliche Intensivierung der Sinneswahrnehmung, Gelöstheit, Klarheit des Denkens, einer Fülle von philosophischen und spirituellen Einsichten sowie einer ungewöhnlichen Reichhaltigkeit von Emotionen gekennzeichnet sind.

So produzieren diese Suchtmittel nicht den Zustand des kosmischen Bewußtseins in seiner Ganzheit und mit allen seinen wesentlichen Merkmalen, sondern lediglich seine traurige Karikatur. Denjenigen aber, die in ihrem Schmerz verzweifelt nach Hilfe suchen und zu einer richtigen Unterscheidung zwischen diesen beiden Zuständen nicht fähig sind, ist die Ähnlichkeit groß genug, um sich zu systematischem Mißbrauch verführen zu lassen. Die wiederholte Einnahme von Drogen oder Alkohol führt dann zur körperlichen Abhängigkeit und bewirkt physische, psychische und soziale Schäden.

Wie ich schon im Zusammenhang mit dem Selbstmord ausgeführt habe, scheint es einen anderen Mechanismus hinter dem Alkoholismus und der Drogenabhängigkeit zu geben, der nicht die natürliche Dynamik des Geburtsprozesses widerspiegelt, sondern den Charakter einer künstlichen Intervention hat. Es gibt Patienten, die alle Zeichen des psychischen Einflusses der dritten perinatalen Grundmatrix zeigen und dennoch zu Alkohol oder Narkotika greifen. Dabei stellt sich nicht selten heraus, daß sich ihre Mutter zum Zeitpunkt der Geburt in starker Vollnarkose befand. Als Folge davon ist die Erinnerung an die Geburt nicht mit der explosionsartigen Befreiung verknüpft, sondern mit dem langsamen Aufwachen aus dem Narkoseschlaf. Sie haben daher die Tendenz, sich dem schmerzlichen Einfluß der dritten perinatalen Matrix und intensivem Streß im allgemeinen durch eine chemisch herbeigeführte Anästhesie zu entziehen, wobei sie dem Weg folgen, den ihnen der bei ihrer Geburt anwesende Helfer gezeigt hat.

Das Erlebnis der Einheit mit dem Kosmos bewirkt in der Regel negative Einstellungen gegenüber den Bewußtseinszuständen, die durch Alkohol oder Narkotika verursacht werden. In unserer Arbeit mit Alkoholikern und Klienten mit starker Drogenabhängigkeit konnten wir häufig schon nach einer einzigen Sitzung mit einer hohen Dosis von Psychedelika eine drastische Reduzierung des Alkohol- oder Drogenkonsums verzeichnen. Nach den Erlebnissen des Ich-Tods und des kosmischen Bewußtseins wird der Mißbrauch von Alkohol und Drogen als tragischer Fehler gesehen, der auf einem nicht erkannten und falsch verstandenen Streben nach Transzendenz beruht. Die Parallelen mit den Einsichten depressiver Patienten über den Selbstmord sind deutlich und verblüffend.

Ein verzehrendes Bedürfnis nach Transzendenz scheint wahrhaftig das Kernproblem der Alkoholiker und Drogenabhängigen auszumachen, so unwahrscheinlich dies auch jemandem vorkommen mag, der mit der Persönlichkeit, den Verhaltensmustern und dem Lebensstil solcher Patienten vertraut ist. Dieses Ergebnis läßt sich auch einwandfrei anhand statistischer Erhebungen nachweisen, die im

Zusammenhang mit psychedelischen Therapieprogrammen am Maryland Psychiatric Research Center in Baltimore durchgeführt wurden. Im Vergleich zu allen anderen Gruppen, die untersucht wurden – Neurotiker, Angehörige des Fachpersonals und Menschen, die an Krebs starben –, hatten alkohol- und drogensüchtige Patienten in ihren psychedelischen Sitzungen die häufigsten mystischen Erlebnisse (69).

An dieser Stelle muß wieder hervorgehoben werden, daß die perinatale Dynamik allein – so entscheidend sie auch ist – die Persönlichkeitsstruktur des Alkoholikers und des Süchtigen sowie das Phänomen des Drogenmißbrauchs nicht zu erklären vermag. Zusätzliche psychologisch relevante Faktoren können in der Lebensgeschichte des Patienten gefunden werden. Sie sind im Prinzip mit denen identisch, die in psychodynamischen Erklärungsmodellen beschrieben werden. Zu den mit Alkoholismus und Drogensucht verknüpften COEX-Systemen zählen beispielsweise frühe orale Frustration und emotionale Vernachlässigung. In manchen Fällen spielen transpersonale Aspekte eine wesentliche Rolle.

Ich komme nun zu den relativ seltenen *Impulsneurosen* wie Weglaufen und Herumwandern (Poriomanie), Spielen, übermäßiges Trinken in längeren Abständen (Dipsomanie), Stehlen (Kleptomanie) und Brandstiften (Pyromanie). Meine klinischen Erfahrungen mit der Behandlung dieser Störungen sind zwar ziemlich begrenzt, doch kann ohne weiteres die Hypothese gewagt werden, daß auch sie mit manisch-depressiven Störungen und damit mit dem Übergang von der dritten zur vierten perinatalen Grundmatrix zusammenhängen.

Im *impulsiven Weglaufen* äußern sich die drängenden Energien, die für die dritte perinatale Matrix charakteristisch sind. Das Weglaufen bedeutet hier soviel wie Weglaufen vor Gefahr, Einengung und Bestrafung und Suchen nach Sicherheit, Freiheit und Bedürfnisbefriedigung. Typisch für einen auf diese Weise Herumirrenden ist das Phantasieziel von einem idealen Heim mit einer fürsorglichen Mutter, die alle Bedürfnisse stillt. In dieser Sehnsucht kann man mühelos die psychische Suche nach den Elementen der vierten und letztlich der ersten Grundmatrix erkennen.

Was das *impulsive Spielen* angeht, so sind die fiebrige Atmosphäre des Kasinos, die ängstliche Aufregung und die extremen Alternativen totale Vernichtung oder magische Veränderung des Lebens charakteristische Merkmale der Dynamik der dritten perinatalen Grundmatrix zum Zeitpunkt kurz vor dem Ich-Tod und der Wiedergeburt. Der phantasierte Reichtum, der beim Gewinnen winkt, gehört zu den typischen Bildern, die mit der vierten Matrix gekoppelt sind. Eine starke Hervorhebung des sexuellen Aspekts der dritten Matrix kann dem Spielen eine eindeutig erotische Färbung verleihen und es mit masturbatorischen Aktivitäten verbinden.

Die *Dipsomanie,* der in periodischen Anfällen auftretende übermäßige Alkoholkonsum, hängt eng mit der Poriomanie zusammen und stellt eine Mischung aus Impulsneurose und Alkoholismus dar. Der Grundmechanismus bei dieser Störung ist die Unfähigkeit, eine extreme Spannung im Körper auszuhalten, so daß man sich sofort von ihr befreien möchte. Das Element des Alkohol- und auch des Drogenkonsums dürfte wohl auf Anästhetika oder Sedativa zurückzuführen sein, die im letzten Geburtsstadium verabreicht wurden.

Die tieferen Wurzeln der *Kleptomanie* scheinen darin zu liegen, daß eine Situation, die von Gefahr, Spannung, Aufregung und Angst geprägt ist, als befriedigend empfunden wird.

Die *Pyromanie* steht eindeutig mit dem pyrokathartischen Aspekt der dritten perinatalen Grundmatrix in Beziehung. In den letzten Stadien des Tod-Wiedergeburt-Prozesses findet sich das archetypische Element des Feuers. Unter LSD-Einfluß kann man an diesem Punkt Visionen von gigantischen Feuersbrünsten, Vulkanausbrüchen, Atomexplosionen und thermonuklearen Reaktionen haben. Dieses Erlebnis geht mit intensiver sexueller Erregung einher und scheint eine läuternde Wirkung zu haben. Es wird als kathartische Zerstörung der alten Strukturen, als Vernichtung biologischer Unreinheiten und als Vorbereitung für die spirituelle Wiedergeburt gesehen. Geburtshelfer und Hebammen beobachten das Gegenstück zu diesem Phänomen bei entbindenden Müttern, die häufig in den letzten Geburtsstadien über brennende Empfindungen in ihren Genitalien, über eine in Flammen stehende Vagina klagen. (S. Abb. 25, S. 170/71.)

Der Pyromane verfügt über die richtige Einsicht, daß er durch das Erlebnis des Feuers gehen muß, um sich von unangenehmen Spannungen zu befreien und Befriedigung zu erlangen. Er erkennt aber nicht, daß dies nur auf einer intrapsychischen Ebene, in Form eines symbolischen Wandlungsprozesses möglich ist. Statt sich mit dem Erlebnis der Pyrokatharsis und der spirituellen Wiedergeburt zu konfrontieren, projiziert er diesen Prozeß nach außen und wird zum Brandstifter. Zwar ruft das Betrachten des Feuers einen Zustand der allgemeinen und der sexuellen Erregung hervor, doch bringt es nicht die erwartete Befriedigung, da diese nur durch einen inneren Wandlungsprozeß erreicht werden kann. Die unbewußt wahre und deshalb zwingende Erkenntnis, daß das Erlebnis des Feuers einen wesentlichen Aspekt auf dem Weg zur Befreiung und vollen Befriedigung ausmacht, ist aber beim Pyromanen vorhanden. Deshalb wird er immer wieder Feuer legen, auch wenn diese Handlung nicht zum ersehnten Ziel führt.

Der grundlegende Fehler hinter allen impulsiven Aktivitäten dieser Art ist die Verlegung eines inneren Prozesses nach außen und seine zu wörtlich genommene Verwirklichung. Die einzige Lösung besteht darin, diese Probleme als innere Prozesse zu erkennen und diese auf einer symbolischen Ebene zu Ende zu führen. Das Streben nach Befreiung von unerträglichen Spannungen, nach sexueller Befriedigung und nach innerer Sicherheit, das für die Impulsneurosen so charakteristisch ist, wird im Rahmen der ekstatischen Gefühle, die mit der vierten und ersten Grundmatrix verknüpft sind, zum Ziel gelangen.

Die komplexe und verwickelte dynamische Struktur der dritten perinatalen Grundmatrix trägt auch wesentlich zur Entstehung von *Zwangsideen* und

Abb. 26. Eine Folge von Zeichnungen, in der die heiligsten religiösen Themen, monströs und blasphemisch verzerrt, mit »obszöner Biologie« verbunden sind. Diese Verbindung ist charakteristisch für die dritte perinatale Grundmatrix und die Endphase des Prozesses von Tod und Wiedergeburt. Die Patientin wurde in einer LSD-Sitzung, in der sie mit speziellen traumatischen Kindheitserlebnissen und Elementen des Geburtstraumas arbeitete, von solchen Bildern überflutet. Erlebnisse dieser Art sind eng verbunden mit der Thematik des Hexensabbaths und anderer satanischer Rituale.

Zwangshandlungen bei. In diesen Fällen treten aber andere Aspekte oder Facetten dieser Matrix in den Vordergrund. Patienten, die an solchen Störungen leiden, werden durch ich-fremde Gedanken gequält oder fühlen sich gezwungen, wiederholt bestimmte irrationale und unverständliche Rituale auszuführen. Wenn sie sich einem solchen seltsamen Drang zu widersetzen versuchen, werden sie von unbestimmten Angstgefühlen überfallen. In der psychoanalytischen Literatur ist man sich generell darüber einig, daß die psychodynamische Grundlage solcher Störungen von Konflikten im Zusammenhang mit Homosexualität, Aggressionen und Körperausscheidungen gebildet wird, wobei noch eine Hemmung der Genitalität und eine starke Fixierung auf prägenitale Triebe hinzukommen.

Ich bin schon früher darauf eingegangen, daß eine unbewußte Angst vor weiblichen Geschlechtsorganen und damit verbundene homosexuelle Neigungen mit der Geburtsangst zusammenhängen. Die Hemmung der Genitalität ist letztlich auf die Ähnlichkeit zwischen dem Muster des Orgasmus und den orgastischen Aspekten der Geburt zurückzuführen. Im Rahmen der dritten perinatalen Grundmatrix ist die sexuelle Erregung auf das engste mit Angst und Aggressionen

262

Das letzte Bild zeigt die Auflösung der in dieser Serie dargestellten Probleme. Sie erfolgte, als die Patientin im Erleben zum Augenblick ihrer biologischen Geburt Zugang fand. Das Bild des »geläuterten Christus« erhebt sich über dem »obszön-biologischen« Bereich (Magen, Eingeweide, Blase und menschlicher Embryo) und löst sich davon ab. Die Hände der Patientin sind nach der »Schwarzen Sonne« ausgestreckt, die das »Göttliche im Innern« symbolisiert, die innere Realität ohne jede Form, die sogar noch über Christus hinausgeht.

gekoppelt und bildet zusammen mit diesen Faktoren einen unentwirrbaren Erlebenskomplex. Wenn sich die Elemente dieser Matrix dicht unter der Oberfläche des Bewußtseins befinden, aktiviert die sexuelle Erregung diese speziellen Aspekte der Erinnerung an die Geburt mit. Die Versuche, die auf diese Weise auftauchenden Ängste und Aggressionen zu kontrollieren und zu unterdrücken, resultieren automatisch in einer Hemmung der genitalen Sexualität. Die typische Ambivalenz gegenüber Körperausscheidungen und -substanzen wie Kot, Urin, Schleim und Blut hat ihren natürlichen Ursprung in den Endstadien der biologischen Geburt, in der die Berührung mit diesen Stoffen – wie schon früher besprochen – in einem negativen oder positiven Kontext erfolgen kann. Auch die Einstellung zwangsneurotischer Patienten zu diesen biologischen Substanzen, nämlich daß sie potentiell extrem gefährlich seien und unter Umständen töten können, wird begreiflich, wenn man sie mit der Erinnerung an ein Ereignis in Verbindung bringt, das tatsächlich lebensbedrohlich war.

Ein anderes charakteristisches Merkmal der Zwangsneurose verrät ebenfalls ihre psychogenetische Verbindung mit der dritten perinatalen Grundmatrix. Es ist die starke Ambivalenz gegenüber Spiritualität und Religion. Viele zwangsneurotische Patienten leben in einem ständigen Konflikt mit Gott und ihrem religiösen Glauben. Sie schwanken hin und her zwischen Auflehnung oder Blasphemie und verzweifelten Bestrebungen, ihre Vergehen und Sünden zu bereuen, zu büßen und wiedergutzumachen. Diese Art Problem ist ganz typisch für die Endstadien des Tod-Wiedergeburt-Prozesses, in denen ein entschlossener Widerstand und ein Rebellieren gegen eine übermächtige höhere Macht mit dem Wunsch abwechseln, sich zu ergeben und zu fügen. Gewöhnlich ist man sich dabei der kosmischen Relevanz dieser Situation und ihrer spirituellen Bedeutung bewußt.

Personen, die unter LSD-Einwirkung diese Macht in einer mehr bildlichen, archetypischen Form erleben, beschreiben sie als eine strenge, strafende und grausame Gottheit, die mit dem Jahwe des Alten Testaments oder sogar mit den Blutopfer fordernden präkolumbianischen Göttern vergleichbar ist. Die biologische Entsprechung zu dieser strafenden Gottheit ist der massive Einfluß des Geburtskanals, der jede nach außen gerichtete Entladung der aktivierten Triebenergien sexueller und aggressiver Natur verhindert und gleichzeitig extremes, lebensbedrohliches Leid verursacht. Nach der Geburt nimmt diese Zwangsgewalt sehr viel subtilere Formen an und wird von elterlichen Autoritätsfiguren, der weltlichen Gerichtsbarkeit sowie von religiösen Vorschriften und Geboten ausgeübt.

Die restriktive Gewalt des Geburtskanals ist somit eine natürliche Basis für den tief verborgenen instinkthaften Teil des Über-Ich, den Freud als Abkömmling des Es betrachtete. Nach seiner Auffassung war dieser Teil des Über-Ich das wilde und grausame Element der Psyche, das einen Menschen zu Selbstverstümmelung und Selbstmord treiben kann. Zwangsneurotische Patienten sehen sich also einer schmerzlichen paradoxen Situation ausgesetzt, die ein seltsames double bind beinhaltet. Wenn man von den archetypischen Entfaltungsmustern ausgeht, muß man verschiedene elementare Aggressionen und verzerrte sexuelle Gefühle – Grundbestandteile der dritten perinatalen Matrix – erleben, um dann die reine spirituelle Energie, die zur vierten Matrix gehört, erfahren zu können. Das Erleben dieser intensiven triebhaften Neigungen wird aber als unvereinbar mit dem Göttlichen angesehen und deshalb unterdrückt.

Zu den COEX-Systemen, die mit der Zwangsneurose psychogenetisch verknüpft sind, gehören traumatische Erfahrungen, bei denen die anale Zone und Körperausscheidungen eine Rolle spielten, etwa eine strenge Sauberkeitserziehung, schmerzliche Klistiere und Magen-Darm-Krankheiten. Als eine andere wichtige Kategorie biographischen Materials erweisen sich Erinnerungen an verschiedene Situationen, die die genitale Organisation bedrohten. Diese Beobachtungen stimmen im Prinzip mit der psychoanalytischen Auffassung von den psychogenetischen Faktoren überein, die die Entwicklung einer Zwangsneurose bedingen.

Nach der psychoanalytischen Literatur stellen die sogenannten *prägenitalen Konversionen* wie psychogenes Asthma, verschiedene Tics und psychogenes

Stottern eine Kombination aus zwangsneurotischen Störungen und der Konversionshysterie dar. Die Persönlichkeitsgrundstruktur solcher Patienten besitzt eindeutig zwangsneurotische Merkmale, doch ist der Hauptmechanismus der Symptombildung die Konversion. Eine bis in tiefe psychische Bereiche vordringende Selbsterfahrungstherapie legt offen, daß prägenitale Konversionen ihren Ursprung in der dritten perinatalen Grundmatrix haben. Im Falle des *psychogenen Asthma* können die Atembeschwerden direkt bis zum Leid und der Atemnot während der biologischen Geburt zurückverfolgt werden und lassen sich therapeutisch durch die Konfrontation mit dem Tod-Wiedergeburt-Prozeß beeinflussen. Aus einer sorgfältigen Analyse des am Asthma beteiligten physiologischen Prozesses geht hervor, daß viele seiner wichtigen Aspekte mit der biologischen Dynamik während der Geburt zusammenhängen. In der Betonung des analen Elements zeigt sich – wie schon im Fall der Zwangsneurosen – die allgemeine energetische Blockierung und die Beteiligung der analen Zone während der Geburt. Die spezifische Hervorhebung der Elemente der Atemnot und der Stuhlverhaltung ist auf biographische Faktoren zurückzuführen. Zusätzlich zu den von der Psychoanalyse beschriebenen Traumen findet man häufig frühere Krankheiten, Ereignisse und Unfälle, die das Atmen beeinträchtigen.

Wir haben schon früher darüber gesprochen, daß die körperlichen Qualen, das Seelenleid und die Atemnot, die das Kind im Geburtskanal durchstehen muß, offenbar ein enormes Ausmaß an neuronaler Stimulation erzeugen, die im Organismus gespeichert wird und sich über verschiedene Kanäle verspätet abzureagieren versucht. Die *psychogenen Tics* sind letztlich ein solcher Versuch, die aufgestauten Energien, die sich in der Geburtssituation angesammelt haben, freizusetzen, wobei dieser Prozeß zusätzlich von biographischen Faktoren geprägt wird.

Das *psychogene Stottern* hat seine tiefen dynamischen Wurzeln in Konflikten mit der oralen wie auch der analen Aggression. Die orale Komponente spiegelt das Leid wider, das dem Kind widerfährt, wenn sein Kopf im Geburtskanal steckt und seine Kiefer gewaltsam zusammengepreßt sind. Das anale Element läßt sich zum erhöhten Innendruck im Unterleib und der Zusammenziehung des Schließmuskels während der Geburt zurückverfolgen. Wie auch im Fall anderer emotionaler Störungen werden auch beim psychogenen Stottern bestimmte Facetten des komplexen dynamischen Geschehens der dritten Matrix durch spätere Erfahrungen im Leben akzentuiert. Ein wesentlicher Faktor scheint hierbei die Verdrängung verbaler Aggressionen mit deutlich obszönem Charakter zu sein.

Die dynamische Grundlage der *Konversionshysterie* entspricht weitgehend der Grundlage der agitierten Depression, was auch in einer phänomenologischen Ähnlichkeit beider Krankheitsbilder zum Ausdruck kommt. Ihre Beziehung kann als anschauliches Beispiel für die quasi geometrische Struktur psychopathologischer Syndrome dienen. Im allgemeinen ist die agitierte Depression eine tiefer liegende Störung und bringt Inhalt sowie Dynamik der dritten perinatalen

Grundmatrix in sehr viel reinerer Form zum Vorschein. Der Gesichtsausdruck und das Verhalten eines Patienten mit agitierten Depressionen lassen keinen Zweifel darüber aufkommen, daß er an einer schweren psychischen Störung leidet. Dieser Eindruck wird durch die hohe Selbstmordrate bei solchen Patienten und durch die gelegentlich zu beobachtende Kombination von Selbstmord und Mord unterstützt.

Ein großer hysterischer Anfall zeigt oberflächliche Ähnlichkeit mit einer agitierten Depression. Das Gesamtbild macht aber einen sehr viel weniger ernsten Eindruck. Es fehlt die tiefe Verzweiflung, vieles wirkt gekünstelt und ausgedacht, und man erkennt deutliche theatralische Züge mit sexuellen Untertönen. Im allgemeinen besitzt ein hysterischer Anfall viele grundlegende Charakteristika der dritten perinatalen Matrix, nämlich die übermäßige Anspannung, die psychomotorische Unruhe und Erregtheit, die Mischung aus Depression und Aggression, das laute Schreien, die Atembeschwerden und ein dramatisches Biegen des Körpers (arc de cercle). Die Elemente der dritten Matrix erscheinen aber hier in einer gegenüber der agitierten Depression stark abgeschwächten Form. Sie sind durch spätere traumatische Ereignisse erheblich modifiziert und gefärbt. Art und Zeitpunkt dieser biographischen Komponenten entsprechen im Prinzip denen der Freudschen Theorie. Es handelt sich in der Regel um sexuelle Traumen aus dem phallischen Entwicklungsstadium, als der Ödipus- bzw. der Elektrakomplex gelöst wurden. Die Bewegungen des hysterischen Anfalls lassen sich als symbolische Anspielungen auf spezifische Aspekte des zugrundeliegenden Kindheitstraumas entschlüsseln.

Die tieferen Zusammenhänge zwischen der agitierten Depression und der Konversionshysterie werden im Laufe einer LSD-Therapie deutlich. Zunächst verschlimmern sich die Symptome, und der Klient muß die spezifischen sexuellen Kindheitstraumen wiedererleben und durcharbeiten. Ist die Arbeit an den biographischen Komponenten abgeschlossen, bringen die nachfolgenden psychedelischen Sitzungen Elemente zum Vorschein, die einer agitierten Depression ähneln und vom Klienten schließlich als Abkömmlinge des Kampfes während der Geburt, wie er sich in der dritten Matrix widerspiegelt, entschlüsselt werden. Die therapeutische Lösung stellt sich ein, sobald im Erleben der Durchbruch zu den Elementen der vierten Matrix geschafft worden ist.

Die hysterische Lähmung der Hände und Arme, die Unfähigkeit zu stehen (Abasie), der Verlust der Sprache (Aphonie) und andere Konversionssymptome scheinen auf den widerstreitenden Innervationen zu beruhen, die durch die übermäßige und chaotische Produktion nervöser Impulse unter den Anforderungen der Geburtssituation bedingt waren. Die Lähmung ist also nicht auf einen Mangel an motorischen Impulsen zurückzuführen, sondern auf einen dynamischen Konflikt mächtiger antagonistischer Innervationen, die gegeneinander wirken und sich gegenseitig aufheben. Diese Interpretation hysterischer Symptome wurde erstmals von Otto Rank in seiner Pionierarbeit *Das Trauma der*

Geburt (163) vorgenommen. Während Freud die Konversionen als Ausdruck eines psychischen Konflikts sah, der in die Sprache des Körpers übertragen wurde, vertrat Rank die Auffassung, daß die Konversionen eine echte physiologische Grundlage besaßen und daß sie die ursprüngliche Situation während der Geburt widerspiegelten. Freud mußte sich mit dem Problem auseinandersetzen, wie ein primär psychisches Problem in ein körperliches Symptom umgesetzt wird, wohingegen Rank zu erklären hatte, wie ein dem Wesen nach körperliches Phänomen später durch sekundäre Umgestaltung psychischen Inhalt und symbolische Bedeutung gewinnt.

Einige schwere hysterische Erscheinungen, die an eine Psychose grenzen – etwa der psychogene Stupor, das unkontrollierte Tagträumen und die Vermengung von Phantasie und Realität –, scheinen dynamisch mit der ersten perinatalen Matrix verbunden zu sein. In ihnen äußert sich ein tiefes Bedürfnis, den glückseligen emotionalen Zustand wiederherzustellen, der für die ungestörte Existenz im Mutterleib und die symbiotische Einheit mit der Mutter charakterisiert ist. Die emotionale Komponente und der damit einhergehende Zustand der körperlichen Befriedigung lassen sich leicht auf die gewünschten Erlebnisse des guten Mutterleibs und der guten Brust zurückführen. Der konkrete Inhalt der Tagträumereien und Phantasien setzt sich aus Motiven und Elementen zusammen, die in Beziehung zur Kindheit, zur Jugend und zum Erwachsenenalter stehen.

Bei der *Angsthysterie* macht sich die perinatale Dynamik in ungewöhnlich deutlicher Weise bemerkbar. Es ist nur logisch, daß man den Ursprung der Angst in einem Erlebnis finden kann, das mit ernsthafter Lebensgefahr verbunden war. Wie ich schon früher erwähnte, hat Freud (58) in einer seiner früheren Arbeiten die Meinung vertreten, daß die Situation der Geburt eine Hauptquelle und der Prototyp für alle späteren Ängste im Leben sein könnte. Er ging aber diesem Gedanken nicht weiter nach. Als später sein Schüler Otto Rank (163) ihn erneut aufgriff und eine umfassende Theorie darauf aufbaute, wurde er deswegen aus der psychoanalytischen Bewegung ausgeschlossen.

Im allgemeinen läßt sich die frei flottierende Angst mehr oder weniger direkt bis zur Todesangst in der Geburtssituation zurückverfolgen. In den verschiedenen Phobien, in denen sich die Angst in einer spezifischen Furcht vor Personen, Tieren oder Situationen niedergeschlagen hat, wird die ursprüngliche Geburtsangst durch spätere Ereignisse im Leben modifiziert und abgeschwächt. In der Intensität des ängstlichen Affekts machen sich die tiefer liegenden perinatalen Wurzeln bemerkbar, der allgemeine Typus der Phobie spiegelt eine bestimmte Phase oder einen bestimmten Aspekt der Geburt wider, und die spezifische Wahl von Personen, Objekten oder Situationen wird durch spätere biographische Ereignisse bestimmt.

Der Zusammenhang zwischen den Phobien und dem Geburtstrauma macht sich am deutlichsten in der *Klaustrophobie,* der Angst vor geschlossenen und engen Räumen, bemerkbar. Sie tritt in Aufzügen, kleinen Räumen ohne Fenster oder

Untergrundbahnen auf und dauert nur so lange, wie sich die betreffende Person an diesem Ort aufhält. Sie scheint speziell zu der Anfangsphase der zweiten perinatalen Grundmatrix in Beziehung zu stehen, in der das Kind das Gefühl hat, es würde von der ganzen Welt eingeschlossen, zermalmt und zerdrückt. Das Erleben dieses Aspekts der zweiten Matrix in seiner reinen und nicht abgeschwächten Form ruft eine überwältigende undifferenzierte und undefinierte Todesangst sowie eine generalisierte Paranoia hervor. Die Beobachtungen im Rahmen intensiver Selbsterfahrungstherapien stellen also unerwartet einen tieferen dynamischen Zusammenhang her zwischen der Klaustrophobie und der Paranoia oder zumindest einer Hauptform von Paranoia, die perinatale Ursachen hat. Die Klaustrophobie ist eine mehr oberflächliche Störung. Ihre Symptome sind an bestimmte situative Faktoren gebunden, wohingegen die Paranoia tiefer sitzt, allgemeinen Charakter hat und von den Umständen relativ unabhängig ist. Was die biographische Ebene angeht, so findet man unter den COEX-Systemen, die für die Paranoia relevant sind, Situationen mit allgemein bedrohlichem Charakter in sehr frühem Säuglingsalter, wohingegen die Klaustrophobie zu Traumen in Beziehung steht, die später – zu einem Zeitpunkt, als die Persönlichkeit bis zu einem gewissen Grad schon gereift war – eintraten. Besondere Bedeutung kommt in diesem Zusammenhang Situationen zu, die mit körperlicher Einengung und drohendem Ersticken verbunden waren.

Die *pathologische Angst vor dem Tod (Thanatophobie)* hat ihre Wurzeln in der Todesangst und dem Gefühl einer unmittelbar bevorstehenden biologischen Katastrophe, die beide mit der Geburt einhergehen. In dieser Neurose werden die ursprünglichen Empfindungen während der Geburt nur minimal durch spätere Ereignisse modifiziert, da die einschlägigen COEX-Systeme in der Regel mit Situationen verbunden sind, die eine Gefahr für das Überleben oder für die körperliche Unversehrtheit bedeuteten, wie etwa Operationen, Verletzungen und speziell Krankheiten, die das Atmen beeinträchtigten. Patienten, die an Thanatophobie leiden, haben Anfälle von Todesangst, die sie als den Beginn einer Herzattacke, eines Gehirnschlags oder eines inneren Erstickungstods interpretieren.

Die von diesen Patienten wiederholt beanspruchten medizinischen Untersuchungen können keinerlei organische Störungen aufdecken, die ihre subjektiven Beschwerden erklären würden. Sie leiden ja auch nicht unter Körperempfindungen und Gefühlen, die in Beziehung zu einem gegenwärtigen physiologischen Prozeß stehen, sondern erleben Erinnerungen an frühere körperliche Traumen – einschließlich des Geburtstraumas – wieder. Damit wird freilich das, was sie erleben, nicht weniger real. Die einzige Lösung besteht darin, zur Konfrontation mit den auftauchenden Gestalten mit Hilfe verschiedener aktivierender Techniken zu ermuntern. Die Thanatophobie löst sich in der Regel dann, wenn der Tod-Wiedergeburt-Prozeß durchlebt worden ist.

Eine Frau, deren Erinnerung an die perinatalen Ereignisse dicht unter der

Oberfläche des Bewußtseins liegt, wird unter Umständen an *übermäßiger Angst vor Schwangerschaft, Entbindung und Mutterschaft* leiden. Diese Probleme spiegeln die Tatsache wider, daß in der Dynamik des Unbewußten der passive und der aktive Aspekt dieser Funktionen engstens miteinander verknüpft sind. Frauen, die ihre eigene Geburt wiedererleben, erleben sich häufig auch – gleichzeitig oder abwechselnd – als die gebärende Mutter. Die Erinnerungen an das Dasein als Fötus im Mutterleib sind immer wieder mit dem Erleben verbunden, selber schwanger zu sein. Das gleiche gilt für die Erlebnisse des Gestilltwerdens und des Stillens. Die Zustände, die auf der biologischen Ebene mit einer symbiotischen Einheit zwischen Mutter und Kind verknüpft sind, sind im Erleben eins.

Aus klinischen Beobachtungen geht hervor, daß sich häufig im Unbewußten einer schwanger werdenden Frau die Erinnerung an die eigene Empfängnis aktiviert. Während das Kind im Mutterleib wächst, scheint im Unbewußten der Mutter die ganze eigene embryonale Entwicklung noch einmal abzulaufen. Der Prozeß der Entbindung reaktiviert dann die Erinnerung an die eigene Geburt, und in dem Augenblick, in dem das Kind aus ihrem Leib austritt, wird die Erinnerung an diesen Augenblick bei der eigenen Geburt wach. Wenn sie sich dann um ihr Kind kümmert, läuft auf irgendeiner psychischen Ebene die eigene Entwicklung im frühen Säuglingsalter parallel.

Liegt bei einer Frau die Erinnerung an die Qualen der eigenen Geburt dicht unter der Oberfläche des Bewußtseins, dann hat sie Schwierigkeiten, die Aufgabe der Fortpflanzung auf sich zu nehmen und ihre Weiblichkeit zu akzeptieren, weil sie dies alles mit Schmerzen in Verbindung bringt. In einem solchen Fall müssen die perinatalen Qualen wiedererlebt und durchgearbeitet werden, damit sie mit Freude zu ihrer Mutterrolle steht. Eine Mutterschaftsphobie nach der Geburt des Kindes geht in der Regel einher mit zwanghaften Impulsen, dem Kind weh zu tun, einer panischen Angst, es zu verletzen, und irrationalen Befürchtungen, daß ihm etwas zustoßen könnte. Unabhängig von den biographischen Determinanten dieser emotionalen Probleme lassen sie sich immer bis zur Geburt dieses Kindes zurückverfolgen. Ihre tieferen Wurzeln liegen in einer Situation, in der sich Mutter und Kind in einem Zustand des biologischen Antagonismus befanden, sich gegenseitig Schmerzen bereiteten und jeder das Ziel enormer destruktiver Impulse des anderen war. Wie schon oben beschrieben kann eine solche Situation bei der Mutter eine Aktivierung der Erinnerung an die eigene Geburt bewirken und damit das aggressive Potential freisetzen, das mit diesem Ereignis verbunden ist.

Die tiefen inneren Zusammenhänge zwischen der Erfahrung, ein Kind zu gebären, und der bewußten Erschließung der perinatalen Matrizen geben einer Frau, die gerade Mutter geworden ist, eine äußerst günstige Gelegenheit, psychisch besonders intensiv an sich zu arbeiten. Andererseits scheinen diese Zusammenhänge, wenn man nicht mit dem richtigen dynamischen Verständnis an sie herangeht, für die Depressionen, Neurosen oder sogar Psychosen im Wochenbett verantwortlich zu sein.

Die *Nosophobie,* die pathologische Furcht vor Krankheit, hängt eng mit der *Hypochondrie* zusammen, der wahnhaften, real nicht begründeten Überzeugung, bereits ernsthaft erkrankt zu sein. Zwischen Nosophobie, Hypochondrie und Thanatophobie gibt es fließende Übergänge und Überschneidungen. Patienten, die sich in ihren Gedanken allzusehr mit einer körperlichen Erkrankung befassen, haben in der Regel verschiedene seltsame Körpersensationen, die sie sich nicht erklären können und die sie als Anzeichen für pathologische somatische Veränderungen deuten. Zu diesen Sensationen zählen Schmerzen, Druckempfindungen und Krämpfe in verschiedenen Körperteilen, sonderbare Energieflüsse, Parästhesien und andere ungewöhnliche Phänomene. Bei diesen Patienten können sich auch Anzeichen für die Dysfunktion verschiedener Organe einstellen, etwa Atembeschwerden, eine Dyspepsie, Übelkeit und Erbrechen, Verstopfung und Durchfall, Muskelzittern, ein allgemeines Krankheitsgefühl, Schwäche und Ermüdung. Charakteristisch ist, daß es im Falle der Nosophobie und der Hypochondrie auch mit wiederholten medizinischen Untersuchungen nicht gelingt, irgendwelche Anzeichen für eine objektive körperliche Erkrankung zu finden. Patienten mit solchen Störungen neigen dazu, verschiedene klinische Untersuchungen und Labortests zu verlangen, und werden früher oder später für Ärzte und Krankenhäuser zu einer richtigen Plage. Viele von ihnen enden in der Obhut eines Psychiaters, der sie häufig irgendwo zwischen Simulanten und Hysterikern einordnet. In manchen Fällen werden sie aber auch weiterhin von Internisten, Neurologen und Spezialisten anderer Fachgebiete behandelt. Nach manchen Statistiken und Schätzungen sollen Patienten dieser Art bis zu 30 Prozent aller internistischen Patienten ausmachen.

Aus der Sicht des in diesem Buch beschriebenen Modells müssen die Beschwerden dieser Patienten trotz der negativen medizinischen Untersuchungsergebnisse sehr ernst genommen werden. Ihre Körperempfindungen sind sehr real. Sie sind aber nicht Anzeichen für eine vorhandene medizinische Erkrankung, sondern auftauchende organismische Erinnerungen an schwere physiologische Beeinträchtigungen aus früheren Zeiten, an Krankheiten, Operationen, Verletzungen und insbesondere an das Geburtstrauma.

Drei spezifische Formen von Nosophobie verdienen besondere Beachtung: die pathologische Angst vor Krebs *(Krebsphobie),* die Angst vor Mikroorganismen und Infektion *(Bazillophobie),* sowie die Angst vor Schmutz *(Mysophobie).* All diese Probleme rühren letztlich von perinatalen Einflüssen her, auch wenn die einzelnen Erscheinungsformen durch die Lebensgeschichte geprägt sind. Bei der Krebsphobie ist das wichtigste Element die Ähnlichkeit zwischen dem Krebs und der Schwangerschaft. Aus der psychoanalytischen Literatur ist wohlbekannt, daß das Wachsen bösartiger Tumoren unbewußt mit dem Wachsen des Embryos gleichgesetzt wird. Diese Ähnlichkeit ist nicht nur imaginär, sondern besitzt auch anatomische, physiologische und biochemische Entsprechungen. Ein anderer tiefer Zusammenhang zwischen Krebs, Schwangerschaft und Geburt ist die Assoziation dieser Prozesse zum Tod. Bei der Bazillophobie und Mysophobie konzentriert sich die pathologische Furcht auf Körperausscheidungen, Körpergerüche und Unsauberkeit. Zu den biographischen Determinanten zählen gewöhnlich Erinnerungen an die Sauberkeitserziehung, doch letztlich macht sich hier der skatologische Aspekt des perinatalen Prozesses bemerkbar. Der Schlüssel zum Verständnis dieser Phobien ist die organische Verbindung, die im Rahmen der dritten perinatalen Grundmatrix zwischen Tod, Aggressionen, sexueller Erregung und Körperausscheidungen besteht.

Die an diesen Störungen leidenden Patienten haben nicht nur Angst davor, sich selber Bakterien zuzuziehen oder sich zu beschmutzen, sondern sie befürchten häufig auch, andere anzustecken oder zu verunreinigen. Ihre Angst vor biologischen Stoffen hängt somit eng mit nach innen und nach außen gerichteten Aggressionen zusammen, die für die letzten Geburtsstadien äußerst typisch sind. Die tiefe Angst vor Bakterien und Schmutz sowie die Befürchtung, selber andere anzustecken oder zu beschmutzen, liegt auch einem besonders niedrigen Selbstwertgefühl zugrunde, das durch Selbstverachtung und Ekel vor sich selbst – »Ich finde mich so beschissen« – gekennzeichnet ist. Hinzu kommen häufig Verhaltensweisen, die den Übergang zu einer Zwangsneurose bilden, etwa Rituale, mit denen Ansteckung oder Verschmutzung beseitigt bzw. verhindert werden sollen.

Zum Auffälligsten dieser Rituale zählt das zwanghafte Waschen der Hände oder anderer Körperteile. Solche Verhaltensweisen können aber auch noch viele andere komplexe und verfeinerte Formen annehmen. Ihre ständige Wiederholung spiegelt die Tatsache wider, daß sie im Prinzip nichts gegen die unbewußte Angst auszurichten vermögen, da sie sie nicht auf der Ebene bekämpfen, aus der sie ursprünglich hervorgegangen ist, nämlich der Ebene der perinatalen Matrizen. Die betreffende Person erkennt nicht, daß sie von der Erinnerung an Bakterien oder Schmutz gequält wird, und glaubt, gegen tatsächliche hygienische Probleme in ihrem gegenwärtigen Leben anzugehen.

So wird auch die Angst vor dem Tod, die eigentlich nichts anderes als die Erinnerung an eine tatsächliche biologische Notsituation ist, fälschlicherweise mit einer gegenwärtigen, durch eine vermutete Ansteckung bedingte Gefahr in Verbindung gebracht. Das Mißlingen all der symbolischen Verhaltensmanöver basiert letztlich darauf, daß die betreffende Person in einem Netz von Selbsttäuschungen gefangen ist und keine echte Selbsterkenntnis besitzt. Hinzu kommt, daß auf einer oberflächlicheren Ebene die Angst vor Infektion und Bakterien unbewußt mit Spermatozoiden und Empfängnis und damit wiederum mit Schwangerschaft und Geburt gleichgesetzt wird. Zu den wichtigsten COEX-Systemen, die mit den oben beschriebenen Phobien gekoppelt sind, zählen relevante Erinnerungen aus der anal-sadistischen Phase der libidinösen Entwicklung sowie an Konflikte im Rahmen der Sauberkeitserziehung. Eine weitere Kategorie biographischen Materials bilden Erinnerungen, in denen die Sexualität und die Schwangerschaft als etwas Schmutziges und Gefährliches hingestellt werden.

Die *Angst vor Fahrten im Zug und in der Untergrundbahn (Siderodromophobie)* scheint auf bestimmten formalen und erlebnismäßigen Ähnlichkeiten zwischen den Elementen des perinatalen Prozesses und dem Fahren in einem geschlossenen Waggon zu beruhen. Die wohl bedeutsamsten Gemeinsamkeiten sind das Gefühl des Eingeschlossen- und Gefangenseins, gewaltige, in Bewegung befindliche Kräfte und Energien, eine rasche Abfolge verschiedener Wahrnehmungen, eine fehlende Kontrolle über das Geschehen und die potentielle Gefahr der Zerstörung. Weitere Elemente sind das Durchfahren von Tunnels und Untergrundstrecken sowie die Begegnung mit Dunkelheit. Bei den alten, durch Dampf betriebenen Lokomotiven schienen die Elemente des Feuers, das Zischen beim Freiwerden des unter Hochdruck stehenden Dampfs und das schrille Pfeifen der Lokomotivsirene zusätzlich zu belasten. Die mangelnde Kontrolle über das Geschehen ist in diesem Zusammenhang besonders wichtig. Patienten, die Angst haben, mit einem Zug zu fahren, können häufig ohne weiteres ein Auto steuern, bei dem sie von sich aus die Bewegung beeinflussen können.

Mit dieser Phobie eng zusammenzuhängen scheinen die *Angst vor Reisen im Flugzeug* und *vor Fahrten im Aufzug*. Interessant ist, daß manche Fälle von See- oder Luftkrankheit mit dem perinatalen Prozeß in Verbindung stehen. Sie gehen zurück, sobald der Tod-Wiedergeburt-Prozeß abgeschlossen worden ist. Das wesentliche Element für komplikationsloses Fliegen oder Fahren im Aufzug scheint die Fähigkeit zu sein, auf die Kontrolle des Geschehens verzichten und sich ihm fügen zu können, egal, was passiert. Schwierigkeiten entstehen dann, wenn jemand versucht, Herr über Ereignisse zu sein, die außerhalb menschlicher Macht liegen.

Die *Höhen- und Brückenangst (Akrophobie)* tritt nicht in reiner Form auf. Sie geht immer einher mit dem zwanghaften Impuls, sich aus dem Fenster, von einem Turm, einem Kliff oder einer Brücke zu stürzen. Die Empfindung des Fallens zusammen mit der Angst vor Vernichtung ist ein typischer Aspekt der letzten Stadien der dritten perinatalen Grundmatrix.[12] Personen, die mit den Elementen dieser Matrix konfrontiert werden, berichten häufig über ein Gefühl des Fallens, des Turm- oder des Fallschirmspringens. Ein zwanghaftes Interesse an Sportarten, die mit Fallen verbunden sind, scheint in einem engen Zusammenhang mit dem Selbstmord der zweiten Art zu stehen. Darin drückt sich u. a. ein Bedürfnis aus, das schreckliche Gefühl, daß man gleich fallen wird, nach außen abzureagieren. Weiter zeigen sich darin eine Reaktionsbildung gegen die damit verbundene Angst, ein Bedürfnis, dieses Desaster irgendwie abzuwenden (durch Ziehen an der Leine des Fallschirms) sowie ein Bedürfnis nach der Gewißheit, daß das Fallen ohne katastrophale Folgen bleibt (beim Turmspringen das Ende des

Fallens im Wasser). Zu den COEX-Systemen, die für die Manifestation dieser besonderen Facette des Geburtstraumas verantwortlich sind, zählen Erlebnisse, in denen man als Kind von Erwachsenen spielerisch durch die Luft geworfen wurde, Erinnerungen an unglückliche Stürze in der Kindheit sowie verschiedene Formen von Turnen und Akrobatik.

Ich komme nun zu der *Angst vor Straßen und freien Plätzen (Agoraphobie)*, die das Gegenstück zur Klaustrophobie darstellt. Die Verbindung zur biologischen Geburt beruht hier auf dem Kontrast zwischen der subjektiven Empfindung des Eingeschlossen- und Eingezwängtseins und der darauf folgenden räumlichen Ausweitung sowie der Expansion des Erlebens. Die Agoraphobie hat also ihren Ursprung im allerletzten Geburtsstadium, in dem Augenblick, in dem man »auf die Welt kommt«. Personen, die in ihren psychedelischen Sitzungen diesen Augenblick wiedererleben, empfinden nach ihren Beschreibungen eine tiefe Furcht vor einer unmittelbar bevorstehenden Katastrophe und vor Vernichtung. Die Erfahrung des Ich-Tods, eines der eingreifendsten und schwierigsten Erlebnisse im psychischen Umwandlungsprozeß, gehört psychogenetisch zu dieser Kategorie. Zur Straßenphobie gehören in der Regel auch eine gewisse libidinöse Spannung, sexuelle Versuchung, ambivalente Gefühle gegenüber der Möglichkeit zu wahllosen sexuellen Kontakten, und Befürchtungen, sich aus einem Impuls heraus vor der Öffentlichkeit exhibitionistisch zu produzieren. Die meisten dieser Merkmale lassen sich zu spezifischen biographischen Merkmalen zurückverfolgen, die ihrerseits wiederum mit bestimmten Aspekten und Facetten des Geburtstraumas verknüpft sind. Die sexuelle Komponente der Geburt wurde bereits früher ausführlich diskutiert. Das exhibitionistische Element, von der Welt nackt gesehen zu werden, wird voll und ganz begreiflich, wenn man es als anachronistische Anspielung auf den Augenblick sieht, in dem man zum ersten Mal mit seinem nackten Körper der Welt ausgesetzt war. Wenn die *Angst, die Straße zu überqueren,* im Vordergrund steht, dann wird das gewaltige und gefährliche Treiben des Verkehrs unbewußt mit der gefahrvollen Geburtssituation identifiziert. Auf einer oberflächlicheren Ebene spiegeln sich in dieser Angst Elemente der Abhängigkeit aus einer Zeit wider, als man als Kind die Straße noch nicht ohne die Hilfe der Erwachsenen überqueren konnte oder durfte.

Die Beziehungen zwischen den *Ängsten vor verschiedenen Tieren (Zoophobien)* und dem Geburtstrauma sind bereits von Otto Rank in seinem Pionierwerk *Das Trauma der Geburt* (163) eingehend erörtert und klar nachgewiesen worden. Ist der Gegenstand einer solchen Phobie ein *großes Tier,* dann scheinen die wichtigsten Elemente die Motive des Verschlungen- und Einverleibtwerdens (Wolf) oder die Beziehungen zur Schwangerschaft (Kuh) zu sein. Wie schon früher erwähnt, steht das archetypische Erlebnis des Verschlungenwerdens am Anfang des Tod-Wiedergeburt-Prozesses. Bezieht sich eine Zoophobie auf *kleine Tiere,* dann scheint der wesentliche Faktor ihre Fähigkeit zu sein, in engen Erdlöchern zu verschwinden und wieder aus ihnen hervorzukommen (Mäuse, Schlangen).

Bestimmte Tiere haben außerdem im Rahmen des Geburtsprozesses eine spezielle symbolische Bedeutung. So tauchen häufig in der Anfangsphase der zweiten perinatalen Matrix Bilder von gigantischen Tarantelspinnen auf, die das vernichtende weibliche Element darstellen. Hier ist wohl die Tatsache bedeutsam, daß solche Tiere ihre frei fliegenden Opfer in ihren Netzen fangen, sie lähmen, sie einwickeln und schließlich das Leben aus ihnen saugen. Die hintergründige Verbindung zwischen diesem Ablauf von Ereignissen und den Erfahrungen eines Kindes während der Entbindung läßt sich unschwer erkennen. Sie scheint für die Entwicklung der *Spinnenangst (Arachnophobie)* wesentlich zu sein (s. Abb. 27, S. 170).

Vorstellungen von Schlangen, die auf einer oberflächlicheren Ebene des Unbewußten unzweifelhaft phallische Bedeutung haben, sind auf der perinatalen Ebene typische Symbole für die Geburtsqualen und damit für das zerstörerische und verschlingende weibliche Element. Giftschlangen stellen in der Regel die Lebensgefahr und die Todesangst dar, wohingegen Riesenschlangen auf die Gefühle des Zermalmt- und Stranguliertwerdens während der Geburt anspielen. Die Tatsache, daß eine Boa constrictor verblüffend dick wird, nachdem sie ihr Opfer erstickt und verschlungen hat, läßt sie auch zu einem Schwangerschaftssymbol werden. Unabhängig davon, wie stark die perinatale Komponente an der Entwicklung einer *Schlangenphobie* beteiligt ist, kann man die Schlangensymbolik bis weit in transpersonale Bereiche hineinverfolgen, was sich in der Tatsache zeigt, daß die Schlange in vielen archetypischen Formen, mythischen Motiven und Kosmologien eine grundlegende Rolle spielt.

Die *Angst vor kleinen Insekten* wurzelt häufig ebenfalls in der Dynamik der perinatalen Matrizen. So scheinen beispielsweise *Bienen* aufgrund ihrer Fähigkeiten, Blütenstaub zu übertragen und Pflanzen zu befruchten sowie mit ihrem Stachel durch die Haut zu dringen und eine Schwellung zu verursachen, für Fortpflanzung und Schwangerschaft zu stehen. *Fliegen* hingegen – da sie häufig in der Nähe von Exkrementen zu finden sind und Bakterien verbreiten können – sind mit dem skatologischen Aspekt der Geburt verknüpft. Wie schon früher erörtert, steht dieser Aspekt im Zusammenhang mit der übermäßigen Angst vor Schmutz und Bakterien sowie mit dem Händewaschzwang.

Da die Geburt als ein seinem Wesen nach biologischer Vorgang ein reichhaltiges Spektrum an physiologischen Phänomenen beinhaltet, überrascht es nicht sonderlich, daß der Ursprung vieler emotionaler Störungen mit deutlich ausgeprägten körperlichen Begleiterscheinungen sowie von psychosomatischen Krankheiten in den perinatalen Matrizen gefunden werden kann. So erweisen sich die häufigsten und typischen *organneurotischen Symptome* als Abkömmlinge der physiologischen Prozesse und Reaktionen, die einen natürlichen und verständlichen Teil der Geburt bilden. Diese Verbindung wird besonders offenkundig im Fall verschiedener Formen von Druckgefühlen im Kopf, bei denen die neurotischen Patienten häufig das Gefühl haben, ein eisernes Band läge fest um ihre

Stirn. Ebenso bedarf aus dieser Sicht die subjektive Empfindung des Sauerstoffmangels und der Atemnot, die man bei psychiatrischen Patienten in Streßsituationen beobachten kann, kaum weiterer Erklärung. Vom Geburtsprozeß ohne weiteres herleiten lassen sich auch Herzklopfen, Brustschmerzen, Erröten, periphere Ischämie und andere Formen kardiovaskulärer Beschwerden sowie Anspannung, Zittern und Zuckungen der Muskeln.

Andere Symptome, deren Zusammenhang mit dem Geburtsprozeß nicht unmittelbar evident ist, scheinen komplexen Aktivierungsmustern des sympathischen und parasympathischen Nervensystems zu entsprechen, die gleichzeitig oder abwechselnd in verschiedenen Phasen der Geburt auftreten. In diese Kategorie fallen Phänomene wie Verstopfung oder spastische Durchfälle, Übelkeit und Erbrechen, generelle Reizung des Magen-Darm-Systems, übermäßiges Schwitzen, Speichelüberproduktion oder Mundtrockenheit sowie abwechselnde Kälte- und Hitzeempfindungen.

Ein anderes Muster vegetativer Erscheinungen läßt sich in und nach Sitzungen von Personen beobachten, die den Tod-Wiedergeburt-Prozeß hinter sich haben und mit verschiedenen vorgeburtlichen Erlebnissen konfrontiert werden. Einige dieser Symptome ähneln denjenigen, die eine Viruserkrankung wie eine Grippe begleiten, nämlich allgemeine Schwäche und Unwohlsein, innerliches Frieren, nervöse Zuckungen und ein feines Zittern einzelner Muskeln oder Muskelgruppen. Andere erinnern an einen »Kater« oder an eine Lebensmittelvergiftung. Zu ihnen gehören Übelkeits- und Ekelgefühle, eine Dyspepsie, starke Blähungen sowie eine allgemeine vegetative Dystonie. Personen, die in ihren Sitzungen von solchen Symptomen befallen werden, haben in der Regel auch einen schlechten Geschmack im Mund, den sie als eine Mischung aus etwas Metallischem oder Jodartigem mit etwas Organischem – so wie eine sauer gewordene Bouillonsuppe – beschreiben. Dem ganzen Syndrom haftet im Gegensatz zu den sehr viel eindeutigeren körperlichen Phänomenen perinatalen Ursprungs etwas Merkwürdiges, Heimtückisches, Diffuses und schwer Definierbares an. Viele Personen meinten unabhängig voneinander, es hätte wohl eine chemische Ursache. Sie sahen einen Zusammenhang zu Störungen des ungestörten Daseins im Mutterleib, die der Fötus als Folge chemischer Veränderungen im Blut der Plazenta empfindet. Diese physischen Symptome scheinen hinter einigen neurotischen Beschwerden und Borderlinefällen mit seltsamem und schwer definierbarem Charakter zu stehen. In ihrer Extremform führen sie zu einem bestimmten Typus *hypochondrischer Phänomene, die psychotisch gedeutet werden.*

Durch die LSD-Forschung sind massive klinische Hinweise darauf gefunden worden, daß die perinatalen Matrizen auch bei der Entstehung von schweren *psychosomatischen Krankheiten* – des Bronchialasthmas, der Migränekopfschmerzen, der Schuppenflechte, des Magengeschwürs, der geschwürigen Kolitis und des Bluthochdrucks – eine Rolle spielen. Das Material aus meinen eigenen psychedelischen Untersuchungen sowie Beobachtungen aus Selbsterfahrungstherapien ohne die Zuhilfenahme von Drogen weisen in die gleiche Richtung. Die grundlegende Bedeutung emotionaler Faktoren in diesen Krankheiten ist im allgemeinen auch im medizinischen Modell anerkannt. Aus der Sicht intensiver Selbsterfahrungstherapien aber erscheinen sämtliche psychoanalytisch orientierten Theorien von psychosomatischen Erkrankungen, die diese mit biographischen Einflüssen erklären wollen, eindeutig unangemessen und oberflächlich. Jeder Therapeut, der mit bestimmten Techniken in die inneren Erlebensbereiche vordringt, wird unweigerlich auf die Bedeutung der elementaren Energien, die auf der perinatalen Ebene wirksam sind, gestoßen werden.

Man kann mit Recht anzweifeln, daß die relativ subtilen biographischen Traumen die homöostatischen Körpermechanismen beeinträchtigen und schwere funktionale Störungen oder gar massive anatomische Schädigungen von Organen hervorrufen können. Diese Phänomene werden erst dann so recht begreiflich, wenn man zu ihrer Erklärung die elementaren destruktiven Urenergien heranzieht, die im Geburtsprozeß freiwerden. Tatsächlich ist es nichts Ungewöhnliches, wenn sich im Laufe des Tod-Wiedergeburt-Prozesses in der psychedelischen Therapie oder in anderen Selbsterfahrungstherapien vorübergehend asthmatische Anfälle, Migränekopfschmerzen, verschiedene Ekzeme und sogar schuppenflechteartige Hautaufbrüche einstellen. Therapeuten, die mit psychedelischer Therapie und anderen intensiven Selbsterfahrungstechniken behandelten, konnten durchgreifende und dauerhafte Veränderungen bei den meisten psychosomatischen Krankheiten verzeichnen. Immer wenn der Therapieverlauf konkret beschrieben wurde, erwies sich als das therapeutisch bedeutsamste Ereignis das Wiedererleben des Geburtstraumas.

Die Verbindung zwischen *psychogenem Asthma* und der Geburtserfahrung leuchtet unmittelbar ein und wurde schon früher eingehend erörtert. *Migränekopfschmerzen* lassen sich in der Regel bis zur Facette der Geburt zurückverfolgen, die mit quälenden Kopfschmerzen und Druck auf den Kopf sowie mit Übelkeit und anderen Magen-Darm-Beschwerden verknüpft ist. Die häufige Tendenz bei Migränepatienten, Bedingungen wie im Mutterleib herzustellen, nämlich sich an dunkle und stille Orte mit weichen Decken und Kissen zurückzuziehen, kann als Versuch aufgefaßt werden, den Geburtsprozeß ungeschehen zu machen und wieder in den Zustand vor der Geburt zurückzukehren. Dies ist jedoch – wie anhand vieler positiver Resultate mit Hilfe einer psychedelischen Therapie belegbar – das genaue Gegenteil der Strategie, die den Migränekopfschmerz lösen würde. Er muß in der Tat bis zum Äußersten intensiviert werden, muß die unerträglichen Dimensionen annehmen, die den tatsächlichen Schmerzen während der Geburt entsprechen. Dann stellt sich plötzlich eine explosionsartige Befreiung von ihnen ein, auf die gewöhnlich ein ekstatischer Zustand mit transzendentalem Charakter folgt.

Bei der *Schuppenflechte (Psoriasis)* scheint das wichtigste psychogenetische Element darin zu bestehen, daß destruktive perinatale Energien in Hautbezirke geleitet werden, die in unmittelbarem Kontakt mit den Innenwänden der Gebär-mutter oder des Geburtskanals stehen und somit die Berührungsfläche für die schmerzliche Konfrontation zwischen den beiden Organismen bilden. Dies stimmt mit der Tatsache überein, daß die Schuppenflechte vornehmlich auf Kopf und Stirn, Rücken, Knien und Ellenbogen auftritt. Wie bei Migränekopfschmer-zen konnten auch bei schwerer Schuppenflechte durchgreifende Besserungen nach dem Wiedererleben der biologischen Geburt verzeichnet werden.

Eine bedeutsame Komponente der Energien, die *peptischen Geschwüren* und *geschwüriger Kolitis* zugrunde liegen, bilden die destruktiven perinatalen Ener-gien, die sich eindeutig auf eine bestimmte Achse konzentrieren, nämlich in der Regel auf die Längsachse des Körpers. Mit dem Geburtsprozeß gehen häufig widersprüchliche Innervationen sowohl im oberen Teil des Magen-Darm-Trakts (orale Aggressionen, Magenschmerzen, Übelkeit und Erbrechen) als auch im unteren Teil (Schmerzen und Krämpfe in den Gedärmen, Durchfall, spastische Verstopfung) einher. Ob dieser Aspekt der Geburtserfahrung zu manifesten pathologischen Veränderungen führen wird und ob von ihnen der Magen oder der Dickdarm betroffen sein wird, scheint weniger von den spezifischen Mechanis-men der Geburt als von einer Verkettung späterer biographischer Ereignisse abzuhängen. Die COEX-Systeme von Patienten mit solchen Erkrankungen setzen sich in der Regel aus Erinnerungen an Ereignisse zusammen, die die Verdauung mit Angst, Aggressionen und Sexualität in Verbindung bringen. Art und Zeitpunkt dieser Traumen entsprechen im Prinzip denjenigen, die in der psychoanalytischen Theorie beschrieben werden.

Der *arterielle Bluthochdruck* steht in einem klaren Zusammenhang mit Erfahrun-gen, die durch extremen emotionalen Streß gekennzeichnet sind. Die Grundlage dieser Störung ist die Erinnerung des Organismus an den länger anhaltenden emotionalen und körperlichen Streß während der Geburt. Verschiedene Streßsi-tuationen im späteren Leben kommen zu dieser Ursituation hinzu, erleichtern den Zugang perinataler Elemente zum Bewußtsein, verknüpfen sie mit spezifischen biographischen Ereignissen und bestimmen ihre endgültige Form und Auspra-gung. Der resultierende arterielle Bluthochdruck ist dann eine psychosomatische Reaktion auf all die ungeschlossenen Gestalten, die durch die Streßsituation im Leben des betreffenden Menschen einschließlich seiner Geburt gebildet worden sind, und stellen nicht eine Antwort des Körpers auf Bedingungen aus der jüngeren Vergangenheit dar.

Unter den psychopathologischen Syndromen nehmen die Neurasthenie und die traumatischen Neurosen eine Sonderstellung ein. In einem gewissen Sinn können sie als die »normalsten« Reaktionen des Menschen auf schwierige Situationen betrachtet werden. Symptome einer *Neurasthenie* pflegen sich bei Personen zu entwickeln, die lange Zeit beanspruchenden und objektiv streßgeladenen Umständen ausgesetzt waren. Darunter fallen Arbeitsüberlastung, verbunden mit Zeitdruck, Mangel an Ruhe, Schlaf und Erholung, die Konfrontation mit schwierigen Aufgaben und Problemen und ein hektischer Lebensrhythmus. Die Neurasthenie ist charakterisiert durch muskuläre Anspannung, Zittern, heftiges Schwitzen, Herzbeschwerden und Herzklopfen, unbestimmte Angst, ein Gefühl der Bedrängnis, intensive Kopfschmerzen und »faiblesse irritable«, also ein Gefühl allgemeiner Schwäche und fehlender Energie, verbunden mit erhöhter Reizbarkeit. In der Regel kommen noch sexuelle Störungen, insbesondere Impotenz, Frigidität, Veränderungen des Menstruationszyklus und ejaculatio praecox hinzu.

Emotional-traumatische Neurosen treten bei Personen auf, die in extreme Naturkatastrophen, Massenunfälle, Kriegssituationen oder andere Ereignisse verwickelt waren, die eine potentielle Gefahr für Leib und Leben darstellten. Es muß hervorgehoben werden, daß diese Bedingungen nicht eine tatsächliche Schädigung des Organismus verursachten, sondern nur psychisch traumatisierend wirkten. Dennoch ist die daraus entstehende emotional-traumatische Neurose in der Regel nicht nur durch intensive emotionale Symptome gekennzeichnet, sondern auch durch bestimmte extreme körperliche Beschwerden wie Schmerzen, Krämpfe, heftiges Schütteln oder Lähmungen.

Die Neurasthenie und die emotional-traumatische Neurose sind psychogenetisch miteinander verwandt. Beide sind Abkömmlinge der dritten perinatalen Grundmatrix in relativ reiner Form, nicht modifiziert und nicht gefärbt durch traumatische Ereignisse im späteren Leben. Die Neurasthenie, die eine relativ normale Reaktion auf längeren, ziemlich intensiven Streß darstellt, verkörpert die wesentlichen Merkmale der dritten perinatalen Matrix in abgeschwächter Form. Im Vergleich dazu nähert sich die akute Notsituation, die eine emotional-traumatische Neurose auslöst, so eng der Situation während der Geburt an, daß sie das Abwehrsystem durchbricht und im unbewußten Erleben mit dieser traumatischen Ursituation verschmilzt. So wird die betreffende Person, auch nachdem die unmittelbare Gefahr vorüber ist, weiterhin von perinatalen Energien überflutet, gegen die sie sich aufgrund des Zusammenbruchs ihres Abwehrsystems nicht mehr wirksam schützen kann.

Diese Situation stellt zwar ein Problem dar, doch kann sie auch als äußerst günstige Gelegenheit zur erlebnismäßigen Konfrontation mit den perinatalen Energien genutzt werden. Das Endergebnis hängt vom Therapiekonzept ab. Bemühungen, die freigesetzten perinatalen Energien psychologisch oder pharmakologisch zu unterdrücken, dürften vollkommen fehlschlagen oder zu einer allgemeinen Verarmung der Persönlichkeit führen.

Eine therapeutische Strategie, die die perinatalen Energien nicht unterdrückt, wird wahrscheinlich nicht nur die Symptome der emotional-traumatischen Neurose beseitigen, sondern auch einen tiefgehenden Heilungs- und Umwandlungsprozeß einleiten. Die Tatsache, daß die besten herkömmlichen Therapiemethoden in solchen Fällen die Hypno- oder Narkoanalyse sind, in der die Patienten mit der ursprünglichen lebensbedrohlichen Situation wieder konfrontiert werden und sie wiedererleben, stimmt im Prinzip mit dieser Auffassung überein. Eine ideale therapeutische Behandlung sollte aber noch weitergehen, nämlich bis zu den zugrunde liegenden perinatalen Matrizen, die durch diese Notsituation in das Bewußtsein eingedrungen sind. Diese Aussage erhält besonderes Gewicht angesichts der Tatsache, daß es in den Vereinigten Staaten Zehntausende von Vietnamveteranen gibt, die an chronischen, durch Kriegserlebnisse bedingten emotionalen Problemen leiden und auf eine angemessene therapeutische Behandlung warten.

In lebensbedrohlichen Situationen kommt es nicht selten vor, daß die betreffende Person die Kontrolle über ihre Blase oder ihren Darm verliert. Dies ist charakteristisch für das Endstadium der Geburt oder für den Übergang von der dritten zur vierten perinatalen Matrix. Als anschauliches Beispiel kann die klinische Beobachtung herangezogen werden, daß in früheren Zeiten, als bei einer Entbindung noch keine Klistiere oder Katheter benutzt wurden, Mutter und Kind häufig im letzten Augenblick der Geburt defäkierten und urinierten. Der *neurotische Verlust der Kontrolle über die Blase (Enuresis)* sowie die seltener auftretende *Unfähigkeit zur Kontrolle über die Ausscheidungsfunktion des Darms (Enkopresis)* können letztlich auf das reflexhafte Urinieren und Defäkieren bei der Geburt zurückgeführt werden. Personen, die in psychedelischen Sitzungen Elemente der dritten und vierten Matrix erleben, haben häufig die Befürchtung, die Kontrolle über ihre Schließmuskeln zu verlieren.

Das Urinieren stellt ein sehr häufiges Phänomen dar, wenn sich jemand in einer Selbsterfahrungstherapie dem Augenblick des vollkommenen Sich-gehen-Lassens nähert. Das unfreiwillige Defäkieren tritt seltener auf, vermutlich aufgrund der sehr viel stärkeren kulturellen Tabuisierung, ist aber auch schon mehrmals beobachtet worden. Wie schon im Fall anderer Störungen sind auch hier Erlebnisse im späteren Leben von bestimmtem Charakter notwendig, um das auf der perinatalen Ebene existierende Potential zu einem realen klinischen Problem zu machen. Das Material der relevanten COEX-Systeme entspricht wiederum im Prinzip der psychoanalytischen Theorie. Es macht aber nur einen Teilaspekt dieser Störungen aus. Ihren letzten Ursprung haben sie im reflexhaften Öffnen der Schließmuskeln, das nicht nur am Ende der Schmerzen, der Angst und der Atemnot während der Geburt steht, sondern auch das Bewußtwerden des Zustands nach und vor der Geburt begleitet, in dem uneingeschränkte biologische Freiheit herrscht.

Die Psychose: Krankheit oder transpersonale Krise?

Die sogenannten endogenen Psychosen, insbesondere die Schizophrenie, stellen eines der größten Rätsel für die moderne Psychiatrie und Medizin dar. Trotz extremen Aufwands an Zeit, Energie und Geld haben sich die Probleme hinsichtlich des Wesens und der Ätiologie des psychotischen Prozesses den Lösungsversuchen von Generationen von Wissenschaftlern erfolgreich widersetzt. Die Theorien über die Psychose reichen von streng organischen Erklärungsmodellen bis hin zu rein psychologischen und sogar philosophischen Interpretationen. All diese extremen Standpunkte wurden von brillanten, hochintelligenten und respektablen Wissenschaftlern mit hervorragendem Ruf vertreten.

Nach Ansicht der Forscher, die am medizinischen Modell festhalten, stellen Psychosen eine so drastische Verzerrung der Realitätswahrnehmung dar, daß man schwere pathologische Störungen der Organe annehmen muß, die die Wahrnehmung vermitteln und die Sinneseindrücke verarbeiten. Von solchen Störungen müßte insbesondere das Zentralnervensystem betroffen sein. Die Verfechter dieser Anschauung betonen, daß die Ursache von Psychosen in irgendwelchen erworbenen oder vererbten biochemischen, physiologischen oder sogar anatomischen Anomalien des Gehirns liegen muß. Eine in diesem Zusammenhang akzeptable Alternative besagt, daß pathologische Störungen anderer Organe oder Körpersysteme bestehen können, die die biochemischen Körperprozesse verändern und das Gehirn indirekt beeinflussen. Obwohl die Suche nach solchen organischen Ursachen bisher weitgehend erfolglos verlaufen ist, werden auch weiterhin alle geistigen Zustände, die mit außergewöhnlichen Bewußtseinsveränderungen verknüpft sind, als »Krankheiten« behandelt, deren Ätiologie noch einer Klärung bedarf. Da die psychiatrische Forschung die eigentlichen Ursachen der Psychosen noch nicht aufdecken konnte, wird die Definition von »Krankheit« in der Regel mit dem Auftreten von Symptomen gleichgesetzt. Eine Abschwächung der Symptome wird als Anzeichen für eine Besserung gewertet.

Die psychologischen Theorien der Psychose fallen in drei deutlich voneinander abgegrenzte Kategorien. Nach der Anschauung, die das extreme Gegenstück zum medizinischen Modell bildet, sind Psychosen im Grunde nichts anderes als Lebensprobleme oder andersartige Formen des In-der Welt-Seins. Die Phänomenologie, die Existenzanalyse und die Daseinsanalyse können hier als wichtige Repräsentanten eines philosophischen statt eines medizinischen Verständnisses von Psychosen angeführt werden. Die meisten psychologischen Theorien aber sehen die Psychose als einen pathologischen Zustand, der psychologische statt organische Ursachen hat. Von einigen Ausnahmen abgesehen sind diese Theorien biographisch orientiert. Durch diese Einengung des Blickwinkels werden bedeutsame psychologische Faktoren, die außerhalb des Bereichs von Kindheitstraumen liegen, nicht erkannt. Manche Ansätze dieser Art beziehen soziologische Faktoren mit ein. Die dritte Kategorie psychologischer Theorien der Psychose hingegen ist am interessantesten und wohl am vielversprechendsten. Es handelt sich dabei um Ansätze, die den positiven Wert des psychotischen Prozesses hervorheben. Außergewöhnliche Bewußtseinszustände, die traditionell als psychotisch angesehen und somit als Anzeichen für eine schwere geistige Erkrankung gewertet wurden, gelten nach dieser Auffassung als radikale Problemlösungsversuche. Wenn sie richtig verstanden und unterstützt werden, können sie zu psychischer und körperlicher Heilung, zu einer Persönlichkeitswandlung und zu einer Erweiterung des Bewußtseins führen.

Wie aus diesen Erörterungen klar hervorgeht, gibt es in der Psychiatrie und Psychologie keine allgemeine Übereinstimmung im Hinblick auf Wesen und Ursache des psychotischen Prozesses. Die meisten seriösen Forscher neigen dazu, die enorme Komplexität dieses Problems hervorzuheben und von einer »multiplen Ätiologie« zu sprechen. Dieser Begriff besagt, daß sich das Problem der Psychose nicht auf eine einfache Verkettung von biologischen, psychologischen oder sozialen Ursachen reduzieren läßt. In der klinischen Praxis ist man sich noch nicht einmal über die diagnostische Klassifizierung einig. So tendieren amerikanische Psychiater zu einer relativ großzügigen Verwendung des Begriffs Schizophrenie, wohingegen europäische Kollegen diese Diagnose in der Regel für Sonderfälle mit besonders schwerer Symptomatik reservieren (»Kernschizophrenie«).

Was die Therapie von Psychosen anbelangt, so ist die Situation gleichermaßen verwirrend. Abgesehen von manisch-depressiven Störungen, wo mehr Übereinstimmung zu herrschen scheint, spiegeln sich in der Verschiedenartigkeit der therapeutischen Maßnahmen die Differenzen im theoretischen Verständnis des psychotischen Prozesses unmittelbar wider. Zu den Methoden, die mit mehr oder weniger Erfolg angewendet wurden bzw. noch angewendet werden, zählen drastische Elektroschockbehandlungen und psychochirurgische Maßnahmen. Manche neueren therapeutischen Vorgehensweisen stehen im direkten Widerspruch zur medizinischen Strategie in der Behandlung von Psychosen. Sie zielen nicht auf eine Reduzierung der Symptome und auf eine Hemmung des psychotischen Prozesses ab, sondern versuchen, einen unterstützenden Rahmen zu schaffen, und ermutigen den Klienten, seine Symptome so intensiv wie möglich zu erleben. Dabei erscheinen Techniken angemessen, die den psychotischen Prozeß intensivieren, beschleunigen und zu einer positiven Lösung führen, etwa die Anwendung psychedelischer Drogen oder intensiver Selbsterfahrungstechniken.

Auf diesen letzten Ansatz möchte ich im folgenden näher eingehen und mich für ihn aussprechen. Nach meiner Erfahrung stellt er eine äußerst bedeutsame und vielversprechende Alternative zu den traditionellen Modellen dar. Man kann aus mehreren verschiedenen Forschungsbereichen beweiskräftige Untersuchungsdaten beibringen, daß zu denjenigen, deren Bewußtsein verändert ist und die routinemäßig als psychotisch klassifiziert werden, auch eine ziemlich große Gruppe von Personen zählt, die sich in einem außergewöhnlichen und potentiell heilenden Prozeß der Selbstentdeckung und Bewußtseinserweiterung befinden. Sind die Bedingungen aber weniger als optimal – und das ist gegenwärtig in dieser Kultur und bei dem herrschenden Niveau des psychiatrischen Verständnisses leider die Regel –, dann wird dieser Prozeß häufig in einem seiner dramatischsten und schwierigsten Stadien angehalten.

Ein Psychiater oder Psychologe, der die Kartographie des Unbewußten theoretisch und aus eigenem Erleben kennt, wird diesen Prozeß unterstützen und leiten können statt blindlings Methoden zu seiner Unterdrückung anzuwenden, die in diesen Fällen unangebracht, schädlich und unproduktiv sind. Eine unsensible Routinebehandlung mit Beruhigungsmitteln und anderen repressiven Maßnahmen kann diesen potentiell heilsamen Prozeß zum Stillstand bringen und seine erfolgreiche Auflösung stören. Eine solche therapeutische Strategie führt unter Umständen zu einer Chronifizierung des akuten Zustands und hat die Notwendigkeit einer langfristigen medikamentösen Behandlung mit ihren irreversiblen Nebenwirkungen zur Folge. Es bleibt noch abzuwarten, wie hoch der Anteil potentiell positiver psychotischer Prozesse an allen Psychosen ist und wieviel Personen in der Gesamtbevölkerung einen solchen Prozeß durchmachen. Allerdings hat die Psychiatrie mit ihren sozial stigmatisierenden Diagnosen, dem abschreckenden Milieu in den Krankenhäusern und den brutalen therapeutischen Maßnahmen eine Atmosphäre geschaffen, die ehrliche Antworten auf diese Fragen nicht gerade wahrscheinlich macht. So dürften wir unter diesen Umständen wohl kaum zuverlässige Statistiken haben, die das, was sich in der Gesamtbevölkerung abspielt, korrekt wiedergeben. Diese Situation wird sich erst ändern, wenn wir eine Atmosphäre des Verstehens und des Vertrauens geschaffen haben.

Das Ergebnis von anonymen Umfragen (132), daß 35 Prozent aller Amerikaner zu irgendeinem Zeitpunkt ihres Lebens mystische Erlebnisse hatten, vermittelt einen Eindruck davon, wie ehrlichere und realistischere statistische Angaben über die Auftretenshäufigkeit von außergewöhnlichen Bewußtseinszuständen aussehen könnten. Wenn sich aber die allgemeine Atmosphäre nicht ändert, werden viele Personen, die sich in einem solchen Prozeß befinden, zögern, ihre Erlebnisse schon ihren nächsten Angehörigen mitzuteilen, da sie Angst haben, dann als verrückt zu gelten und in die Mühlen der Psychiatrie zu geraten.

Nach dieser allgemeinen Einführung möchte ich die Probleme der Psychose aus der Sicht des hier vorgestellten theoretischen Modells erörtern. Die erste Frage, mit der man sich auseinanderzusetzen hat, betrifft das gegenwärtige wissenschaftliche Paradigma. Die Auffassung von der Psychose wird wesentlich von der westlichen Wissenschaftsphilosophie und von der Tatsache bestimmt, daß sich die Psychiatrie als eine medizinische Disziplin etabliert hat. In allen Definitionen der Psychose wird die Unfähigkeit hervorgehoben, zwischen subjektivem Erleben und objektiver Wahrnehmung zu trennen. Dem Begriff des »Realitätstests« kommt eine Schlüsselfunktion zu. Daraus wird ersichtlich, daß das Psychosekonzept entscheidend vom gegenwärtigen wissenschaftlichen Bild von der Wirklichkeit abhängt. Als Folge dieser Bindung an das kartesianisch-Newtonsche Paradigma und der Verwechslung dieses Modells mit einer zutreffenden, objektiven und erschöpfenden Beschreibung der Realität hat die traditionelle Psychiatrie geistige Gesundheit als Übereinstimmung des Wahrnehmens und Denkens mit dem mechanistischen Weltbild definiert. Weicht die Art und Weise, wie ein Mensch das Universum erlebt, stark von diesem Modell ab, gilt dies als Anzeichen eines pathologischen Prozesses im Gehirn, als »Krankheit«. Da sich die Diagnose einer Psychose nicht von der Definition dessen, was Realität ist, trennen läßt, wird sie sich wohl drastisch ändern, wenn sich durch größere Modifikationen der wissenschaftlichen Paradigmen das Bild von der Wirklichkeit wandelt.

Die medizinischen Modellvorstellungen von Geisteskrankheiten sind durch eine große Flut von Untersuchungsergebnissen der Geschichtsforschung und der Anthropologie, die die Relativität und die Kulturabhängigkeit der Kriterien für geistige Gesundheit und Normalität verdeutlichen, geschwächt worden. Die menschlichen Verhaltensweisen, die in verschiedenen historischen Zeitabschnitten und in verschiedenen Kulturen als akzeptabel, normal oder wünschenswert galten bzw. gelten, sind sehr weit gestreut. Sie überschneiden sich zum Teil erheblich mit dem, was die moderne Psychiatrie als pathologisch und als Anzeichen für eine geistige Erkrankung definiert. Die medizinische Wissenschaft versucht also, eine spezifische Ätiologie für viele Phänomene zu ergründen, die in einem breiteren, interkulturellen Rahmen als Variationen der menschlichen Daseinsweise oder des kollektiven Unbewußten erscheinen.

Der Inzest beispielsweise, der in den meisten ethnischen Gruppen verabscheut worden ist, wurde in so hochentwickelten Zivilisationen wie die der alten Ägypter und der peruanischen Inkas vergöttlicht. Die Homosexualität, der Exhibitionismus, der Gruppensex und die Prostitution sind in bestimmten Kulturen voll und ganz akzeptiert, in anderen ritualisiert oder sakralisiert worden. Während bestimmte ethnische Gruppen wie die Eskimos den Partnertausch praktizierten und andere eine allgemeine Promiskuität guthießen, wurde in anderen der Ehebruch mit dem Tode bestraft. Der strikten Beachtung der Monogamieregel in manchen Gesellschaften läßt sich die Billigung von Vielweiberei und Vielmännerei in anderen gegenüberstellen.

Während manche Gruppen die Nacktheit als etwas Natürliches betrachten und den Geschlechtsakt bzw. die Entleerung von Darm und Blase auch vor den Augen anderer praktizieren, zeigen andere Abscheu vor physiologischen Grundfunktionen und vor Körpergeruch oder bedecken den ganzen Körper, einschließlich das Gesicht. Sogar Kindermord, Mord, Selbstmord, Menschenopfer, Selbstopferung, Verstümmelung, Selbstverstümmelung oder Kannibalismus waren in manchen Kulturen vollkommen akzeptiert und in anderen glorifiziert und ritualisiert. Viele der sogenannten »kulturgebundenen psychiatrischen Syndrome«, sehr ungewöhnliche und exotische Formen des Erlebens und Verhaltens, die speziell in bestimmten ethnischen Gruppen zu beobachten sind, lassen sich kaum als Krankheiten im medizinischen Sinn interpretieren.

Da all die genannten extremen psychologischen Phänomene in bestimmten Kulturen oder in bestimmten historischen Zeitabschnitten der Norm zu entsprechen schienen, wird in der entschlossenen Suche nach ihren medizinischen Ursachen eine kulturelle Voreingenommenheit statt eine wohlfundierte wissenschaftliche Meinung deutlich. Das Konzept des kollektiven Unbewußten mit seinen zahllosen Variationen bietet eine echte und verheißungsvolle Alternative zum medizinischen Modell. Interessant ist auch, daß durch den Zeitgeist oder durch die aktuelle Mode bedingte Veränderungen gelegentlich zu Abweichungen von früheren Normen führen können, die auch schon in geringerer Ausprägung für die Diagnose Geisteskrankheit ausgereicht hätten, wenn sie unter den früheren Bedingungen bei einem einzelnen Menschen aufgetreten wären.

Was als geistig gesund und normal gilt oder rational gerechtfertigt wird, hängt wesentlich von den jeweiligen Umständen und vom kulturellen oder historischen Rahmen ab. Die Erlebnisse oder Verhaltensweisen von Schamanen, indischen Yogis und Sadhus, oder spirituellen Suchern in anderen Kulturen würden nach den westlichen psychiatrischen Kategorien für die Diagnose einer Psychose mehr als genügen. Umgekehrt würde aber ein indischer Weiser den unersättlichen Ehrgeiz, irrationale Kompensationsbedürfnisse, die Vergötzung des technischen Fortschritts, das heutige Wettrüsten, mörderische Kriege oder Revolutionen und Aufruhr, die alle im Westen als normal gelten, als Symptome für einen äußerst hohen Grad von Verrücktheit empfinden. Auch wären unsere Begeisterung für gleichmäßigen Fortschritt und »unbegrenztes Wachstum«, die Nichtbeachtung kosmischer Zyklen, die Verschmutzung lebenswichtiger Umweltelemente wie Wasser, Erde und Luft sowie die Umwandlung Tausender Quadratkilometer von Land in Beton und Asphalt, wie man sie in Los Angeles, Tokio oder Sao Paulo sehen kann, in den Augen eines indianischen Schamanen aus Nordamerika oder Mexiko absolut unverständlich und Anzeichen für einen gefährlichen Massenwahn.

Was wir von der Geschichte und der Anthropologie lernen können, geht aber über die Relativität von Erfahrung, äußerer Erscheinung und Verhalten hinaus. Manche Phänomene, die westliche Psychiater als symptomatisch für eine Geisteskrankheit werten, sind – wenn sie spontan auftraten – von alten und nichtwestlichen Kulturen als Heilungs- und Wandlungsprozesse verstanden worden. Die tiefe Wertschätzung dieser Kulturen für solche Erlebens- und Verhaltensformen drückt sich unmißverständlich in der Tatsache aus, daß sie viel Zeit und Mühe für die Entwicklung ingeniöser Techniken verwendeten, die diese herbeiführen sollten. Die bewußtseinsverändernden Maßnahmen, die zu diesem Zweck eingesetzt wurden, reichen von einfachen Techniken wie Fasten, Schlafentzug, sozialer und sensorischer Isolation (Aufenthalt in hohen Bergen, Höhlen oder Wüsten), forcierter Einschränkung der Sauerstoffzufuhr oder anderer Beeinflussungen des Atmens bis hin zur Anwendung psychedelischer Substanzen. Manche spirituelle Traditionen haben zu diesem Zweck sehr ausgefeilte Methoden ent-

284

wickelt, in denen sie sich bestimmter visueller, klanglicher oder kinästhetischer Reize bzw. geistiger Übungen bedienten.

Personen, die die Reisen in ihr Inneres erfolgreich verarbeiten, werden mit den Territorien der Psyche engstens vertraut. Solche Menschen sind auch in der Lage, dieses Wissen an andere weiterzuvermitteln und ihnen auf ihrem Weg beizustehen. In vielen Kulturen Asiens, Australiens, Polynesiens, Europas, Süd- und Nordamerikas gehörte dies traditionsgemäß zu den Funktionen der Schamanen (34). Die dramatischen Initiationserlebnisse von Schamanen, die gewöhnlich sehr intensive Tod- und Wiedergeburterfahrungen beinhalten, werden von westlichen Psychiatern und Anthropologen als Anzeichen für eine Geisteskrankheit gewertet. Sie werden in der Regel als »Schamanenkrankheit« bezeichnet und im Rahmen der Schizophrenie oder Epilepsie abgehandelt.

Darin spiegelt sich die typische Voreingenommenheit der mechanistischen Wissenschaft des Westens wider. Wir haben es hier unzweifelhaft mit einem kulturgebundenen Werturteil, nicht mit einer objektiven wissenschaftlichen Meinung zu tun. Kulturen, die Schamanen anerkennen und verehren, verstehen unter »Schamanismus« nicht jede Form bizarren und unverständlichen Verhaltens, wie es westliche Gelehrte gerne glauben. Sie unterscheiden sehr deutlich zwischen Schamanen und Personen, die krank oder verrückt sind. Echte Schamanen hatten intensive außergewöhnliche Erlebnisse und schafften es, sie in einer kreativen und produktiven Weise zu integrieren. Sie müssen ebensogut oder noch besser als ihre Stammesgenossen in der Lage sein, die alltägliche Wirklichkeit zu meistern. Sie verfügen zusätzlich über den Zugang zu anderen Ebenen und Bereichen der Realität und können außergewöhnliche Bewußtseinszustände bei anderen zum Zweck der Heilung oder geistigen Wandlung fördern. Sie sind also in einem weit überdurchschnittlichen Maße »angepaßt« und »geistig gesund«. Es stimmt einfach nicht, daß jedes sonderbare und unverständliche Verhalten bei ungebildeten Naturvölkern als heilig gilt.[13]

Viele alte Traditionen sowie Traditionen von Naturvölkern haben differenzierte Kartographien von außergewöhnlichen Bewußtseinszuständen entwickelt, die von unschätzbarem Wert für denjenigen sind, der sich auf seiner Reise in sein Inneres in einem schwierigen Stadium befindet. Die alten Totenbücher, die traditionellen hinduistischen, buddhistischen, taoistischen und sufistischen Schriften sowie Texte der Kabbalah und Alchemie stellen nur einige Beispiele in dieser Hinsicht dar. Für die Meister auf diesen Gebieten sind Erfahrungen, die dem Unwissenden und Uneingeweihten unverständlich und bizarr vorkommen mögen, vorhersagbare und bestimmten Gesetzen folgende Stadien eines Umwandlungsprozesses.

Aufgeschlossene Forscher, die bereit sind, das Heilungspotential dieser Zustände zu untersuchen, werden zu ihrer großen Überraschung entdecken, daß sie bei weitem jedes therapeutische Mittel, über das die traditionelle Psychiatrie verfügt, übertreffen. Viele Kulturen der Welt haben unabhängig voneinander Techniken entwickelt, die solche Erfahrungen unterstützen oder hervorrufen. Sie wurden systematisch in den verschiedensten Übergangsriten, Heilungsritualen, Zeremonien ekstatischer Sekten sowie Tod-Wiedergeburt-Mysterien angewendet.

Da die rituellen Praktiken nicht-westlicher Kulturen für unsere Verhältnisse zu exotisch erscheinen mögen, können wir in diesem Zusammenhang wichtige Beispiele aus dem alten Griechenland anführen, das traditionell als die Wiege der westlichen Zivilisation betrachtet wird. In Griechenland und den Nachbarländern florierten die heiligen Mysterien von Tod und Wiedergeburt in den verschiedensten Formen. Am meisten bekannt waren die eleusinischen Mysterien, der orphische Kult, die Bacchanale oder dionysischen Riten, die Zeremonien von Attis und Adonis sowie die Rituale der Korybanten auf Samothrake.

Tatsächlich haben zwei Größen der griechischen Philosophie, die in der westlichen Zivilisation hoch geschätzt werden, Zeugnisse über die Heilkraft dieser Mysterien hinterlassen. Platon, der selber angeblich ein Initiator der eleusinischen Riten war, gab eine detaillierte Beschreibung der rituellen Erfahrung in seinem Dialogwerk *Phaidros* (152), und zwar anläßlich der Besprechung verschiedener Formen von Verrücktheit. Er benutzte als Beispiel für rituelle Verrücktheit die korybantischen Riten (153), in der wilde, orgiastische Tänze zu Flöten und Trommeln in einem explosionsartigen Anfall gipfelten. Platon betrachtete die Abfolge von intensiver Aktivität und extremen Emotionen mit nachfolgender Entspannung als äußerst wirkungsvolle kathartische Erfahrung mit bemerkenswertem therapeutischen Potential.[14]

Ein anderer großer griechischer Philosoph, Platons Schüler Aristoteles (29), betrachtete die Mysterien ebenfalls als gewaltige rituelle Ereignisse, die emotionale Störungen zu heilen vermochten. Er glaubte, mit Hilfe von Wein, Aphrodisiaka und Musik würde eine außergewöhnliche Erregung von Leidenschaften mit nachfolgender Katharsis bewirkt. Dies war die erste konkrete Aussage, daß das volle Ausleben und die Befreiung verdrängter Emotionen einen effektiven Mechanismus bei der Behandlung von Geisteskrankheiten darstellen würden. In Übereinstimmung mit der Grundthese der Orphiker postulierte Aristoteles, daß das Chaos und die Entfesselung der Leidenschaften in den Mysterien letztlich der Ordnung dienlich seien.

Das in diesem Buch dargestellte Konzept der Psychose wird auch durch wichtige Beobachtungen aus der traditionellen Psychiatrie gestützt. Seit Jahrzehnten ist bekannt, daß psychiatrische Patienten aus akuten Episoden gelegentlich mit einem höheren Niveau an psychischer Integration als vor Einsetzen der Krankheit hervorgehen (30). Auch hat man bemerkt, daß ein solches positives Ergebnis besonders häufig dann zu erwarten ist, wenn die psychotische Erfahrung Motive wie Tod und Wiedergeburt oder Zerstörung und Neuschaffung der Welt enthält. Die gegenwärtige Routinepraxis, psychotische Symptome unterschiedslos mit Psychopharmaka zu unterdrücken, steht in einem seltsamen Widerspruch zu der alten klinischen Beobachtung, wonach dramatische psychotische Zustände eine sehr viel bessere Prognose haben als solche, die sich langsam entwickeln. Mehrere kontrollierte psychopharmakologische Studien haben gezeigt, daß bestimmte Untergruppen von psychotischen Patienten eine bessere Erholungsrate zeigen, wenn sie statt mit Tranquilizern mit inaktiven Substanzen (Placebos) behandelt werden (27, 215). Dies wurde in einem kontrollierten Experiment bestätigt, das von Maurice Rappaport, Julian Silverman und John Perry am Agnew State Hospital in San José, Kalifornien, durchgeführt wurde (164, 165). In anderen Untersuchungen ließen sich keine nennenswerten Unterschiede zwischen psychotischen Patienten, die Tranquilizer erhielten, und solchen, die nur Placebos erhielten, feststellen (136). Im allgemeinen scheinen Patienten mit paranoiden Merkmalen, die in erster Linie den Abwehrmechanismus der Projektion verwenden, von einer psychopharmakologischen Behandlung mehr zu profitieren als solche, bei denen sich der psychotische Prozeß nur innerlich abspielt.

In diesem Zusammenhang verdienen andere therapeutische Experimente erwähnt zu werden, in denen die Patienten keine Tranquilizer erhielten und dazu ermutigt wurden, den psychotischen Prozeß auszuleben. Dazu gehören R. D. Laings Projekt in Großbritannien (106, 107) sowie John Perrys Diabasis in San Francisco (147–149). Eine noch ungewöhnlichere und radikalere Auffassung der Psychose ist mit einem neuen Verständnis, mit Unterstützung und Ermutigung des Klienten verbunden, wobei psychedelische Drogen oder Selbsterfahrungstechniken ohne solche Drogen verwendet werden, um den Prozeß zu beschleunigen und seine positive Auflösung zu fördern. Anläßlich einer umfassenden therapeutischen Untersuchung der LSD-Behandlung, die ich am psychiatrischen Forschungsinstitut in Prag durchführte, konnte ich bei mehreren, alle Symptome einer Psychose zeigenden Patienten dramatische Besserungen beobachten, die bei weitem alles übertrafen, was man mit Hilfe der traditionellen dämpfenden Behandlung mit Psychopharmaka erreichen kann. Bei diesen Patienten verschwanden nicht nur die Symptome, sondern es ergab sich auch eine tiefgehende und bedeutsame Umstrukturierung der Persönlichkeit. Kurze Zusammenfassungen der Lebensgeschichten dieser Patienten sowie die Darstellung des Behandlungsverlaufs sind bereits an anderer Stelle veröffentlicht worden (69). Ähnliche Resultate wurden auch von Kenneth Godfrey (62) berichtet, der psychotische Patienten am Veteran's Administration Hospital in Topeka, Kansas, einer LSD-Psychotherapie unterzog.

Die Verwendung von therapeutischen Strategien dieser Art erfordert ein vollkommen neues Verständnis der Psychose, da sie im Rahmen der bestehenden Theorien – seien sie nun organisch oder psychologisch orientiert – keinen rechten Sinn ergeben. Eine Ausnahme davon bildet die Analytische Psychologie C. G. Jungs. In der traditionellen Psychiatrie gibt es zwei Grundvorstellungen vom Wesen der Psychosen, von denen keine besonders überzeugend oder praktisch effektiv ist. Diejenigen Fachleute, die organisch orientiert sind, schieben alle

Erfahrungen und Verhaltensweisen, die sich mit dem mechanistischen Paradigma nicht erklären lassen, in den Bereich des Bizarren und Morbiden ab. Sie machen irgendwelche, noch zu entdeckende pathologische Prozesse im Organismus dafür verantwortlich und versuchen die Äußerungen des psychotischen Prozesses mit allen zur Verfügung stehenden Mitteln zu unterbinden. Die Psychiater und Psychologen, die den psychogenetischen Theorien von der Psychose anhängen, sind im allgemeinen in der theoretischen Zwangsjacke des mechanistischen und antispirituellen Denkens gefangen und durch ihre enge Ausrichtung auf die Lebensgeschichte der Patienten in ihrem Blickwinkel eingeschränkt. Mit ihren oberflächlichen Erklärungsmodellen reduzieren sie die Psychose auf eine Regression in die Kindheit und verwenden unangemessene therapeutische Verfahren, in denen sie ausschließlich mit rein biographisch orientierten Interpretationen und Strategien arbeiten.

Aus der Sicht des hier dargestellten Modells sind die gleichen Mechanismen, die psychotische Episoden hervorrufen, ureigene und bedeutsame Grundbestandteile der menschlichen Persönlichkeit überhaupt. Es handelt sich um die perinatalen und transpersonalen Matrizen, die unter bestimmten Umständen den Prozeß der spirituellen Wandlung und der Bewußtseinserweiterung vermitteln können. Das entscheidende Problem im Hinblick auf die Psychose besteht also darin, die Faktoren ausfindig zu machen, die den psychotischen Prozeß vom mystischen Prozeß unterscheiden.

Die Untersuchungen, die sich nach dem in diesem Buch beschriebenen Modell richten, sollten sich auf zwei wichtige Punkte konzentrieren, die für das Verständnis der Psychosen von großer theoretischer und praktischer Bedeutung sind. Der erste betrifft die Frage nach den Auslösemechanismen, durch die verschiedene unbewußte Inhalte in das Bewußtsein eindringen können. Man muß eine Erklärung dafür geben können, warum manche Leute nur mit Hilfe einer psychedelischen Droge oder wirkungsvoller Selbsterfahrungstechniken ohne Drogen mit den perinatalen und transpersonalen Elementen ihrer Psyche konfrontiert werden, wohingegen andere unter alltäglichen Bedingungen von diesen tief verborgenen unbewußten Inhalten im wahrsten Sinne des Wortes bombardiert werden.[15]

Dies ist aber nur ein Teil des Problems. Die andere, vermutlich noch wichtigere Frage ist die, welche Einstellung der einzelne zum Inhalt dieser Erlebnisse hat, wie er mit ihnen umgeht und ob er sie integrieren kann. Dies läßt sich klar anhand von LSD-Sitzungen demonstrieren, in denen der Auslöser dieser Erlebnisse standardisiert und wohlbekannt ist, der Umgang mit ihnen aber mystisch oder psychotisch sein kann. In einer LSD-Situation – wie auch im Fall von spontan auftretenden Episoden mit außergewöhnlichen Erlebnissen – geht die Fähigkeit, diesen Prozeß nur innerlich ablaufen zu lassen, ihn klar als intrapsychisches Geschehen zu erkennen und innerlich ohne vorzeitige Kurzschlußhandlungen abzuschließen, eindeutig mit der mystischen Einstellung einher. Eine solche Art der Verarbeitung läßt auf grundlegende psychische Gesundheit schließen. Die Verlegung dieses Prozesses nach außen, der übermäßige Gebrauch von Projektionsmechanismen und ein blindes Abreagieren nach außen sind charakteristisch für den psychotischen Stil der Konfrontation mit seinem Innenleben. Die psychotischen Zustände sind also eine Verwirrung zwischen Innenwelt und Außenwelt (oder dem, was allgemein als Außenwelt anerkannt ist) in einer Grenzsituation. Sie unterscheiden sich dadurch sowohl vom mystischen als auch vom schamanischen Bewußtsein, in dem die Differenzierung zwischen Innen und Außen erhalten bleibt. Ob dies der Fall ist oder nicht, hängt natürlich nicht nur von Persönlichkeitsmerkmalen ab, sondern auch wesentlich von den äußeren Umständen, unter denen jemand eine dramatische Konfrontation mit seinem Unbewußten durchmacht.

Wie aus der psychiatrischen Forschung zu ersehen, ist der psychotische Prozeß ein äußerst komplexes Phänomen und das Endresultat des Zusammenspiels verschiedener, auf unterschiedlichen Ebenen wirksamer Faktoren. Mit Hilfe sorgfältiger Untersuchungen konnten maßgebliche Faktoren dieser Art festgestellt werden, etwa konstitutionelle und genetische Elemente, Kindheitserlebnisse, hormonelle und biochemische Veränderungen, situative Auslöser, Einflüsse aus der Umwelt und der sozialen Umgebung, und sogar kosmobiologische Faktoren. Das Konzept der perinatalen und transpersonalen Matrizen ist für das Verständnis der Psychose aber immer noch wesentlich, da keiner der genannten Faktoren die Natur, den Inhalt und die Dynamik psychotischer Phänomene zu erklären vermag. Sie lassen sich bestenfalls als Bedingungen sehen, die die perinatalen oder transpersonalen Matrizen aktivieren bzw. die Abwehrmechanismen, die unter normalen Umständen das Eindringen der mit diesen Matrizen verbundenen Inhalte in das Bewußtsein verhindern, schwächen.

Viele sonst seltsame und unverständliche Aspekte psychotischer Zustände offenbaren plötzlich ihre tiefe innere Logik, wenn wir sie als Manifestationen perinataler und transpersonaler Matrizen betrachten. Ich habe bereits früher über die spezifischen Verbindungen zwischen perinatalen Matrizen und Phänomenen im Zusammenhang mit Depressionen, manisch-depressiven Störungen und dem Selbstmord gesprochen. Danach gibt es psychogenetische Beziehungen zwischen *gehemmten Depressionen* und der zweiten perinatalen Grundmatrix, zwischen *agitierten Depressionen* und der dritten perinatalen Matrix, sowie zwischen *manischen Episoden* und einem noch nicht abgeschlossenen Übergang von der dritten zur vierten Matrix. Auch die zwei Kategorien von Selbstmordphantasien oder -impulsen sowie die spezifische Art der endgültigen Ausführung eines Selbstmords werden erst so recht verständlich, wenn wir uns des Modells der perinatalen Matrizen bedienen. Alle genannten Phänomene können eine solche Intensität und Bedeutung erhalten, daß die Bezeichnung psychotisch angemessen erscheint. Es gibt einen fließenden Übergang zwischen tiefen Depressionen und einer depressiven Psychose. Letztere kann den Inhalt der zweiten perinatalen

Grundmatrix in reiner Form zum Ausdruck bringen, mit Halluzinationen der Hölle, von Teufeln und diabolischen Folterungen. Auch die Manie kann häufig psychotische Ausmaße erreichen.

Die echte Crux für Theorie und Praxis der Psychiatrie sind aber die mannigfaltigen psychotischen Zustände, die unter der Bezeichnung Schizophrenie zusammengefaßt werden. Diese Zustände bilden eine relativ heterogene Gruppe, deren gemeinsamer Nenner unsere grundlegende Unwissenheit über Natur und Ätiologie der betreffenden psychischen Phänomene zu sein scheint. Es ist vorstellbar, daß es im Falle mancher Formen von Schizophrenie in Zukunft gelingen wird, eine klare organische Ursache und Pathologie zu finden. Dies geschah schon früher, als manche als schizophren geltende Patienten in die neuen diagnostischen Kategorien progressive Paralyse oder Temporallappenepilepsie eingeordnet wurden und erfolgreich behandelt werden konnten. Das Folgende sollte deshalb als theoretischer Rahmen für viele, aber nicht alle klinischen Bilder, die derzeit unter dem Oberbegriff Schizophrenie zusammengefaßt sind, aufgefaßt werden.

Da psychische Traumen im Leben eines Menschen den Zugang zu den perinatalen und transpersonalen Matrizen erleichtern, kann man in den Symptomen einer Schizophrenie deutliche biographische Schwerpunkte finden. Das Vorhandensein von Elementen, die offenbar aus früheren Stadien der psychischen Entwicklung zu stammen scheinen, heißt noch nicht, daß die Schizophrenie als Ganzes auf eine Regression in die Kindheit zurückgeführt werden kann. Bei jeder Hypothese, mit der man diese Störung psychologisch zu erklären versucht, sollte man eine Erfahrung aus der LSD-Therapie berücksichtigen, nämlich daß viele Phänomene, die das Auftauchen eines starken COEX-Systems ankündigen, große Ähnlichkeit mit schizophrenen Symptomen besitzen. Das ist eine sehr interessante Beobachtung, wenn man bedenkt, daß sich die LSD-Erlebnisse auf der biographischen Ebene sonst deutlich von einer Schizophrenie unterscheiden. Zu den Zeichen, die dem Bewußtwerden eines starken COEX-Systems, insbesondere seines biographisch frühen Kerns, vorausgehen, zählen das Auseinanderklaffen von Affekt und Inhalt, ein katatonieartiger Stupor oder psychomotorische Erregung, verbale Perseverationen und Bewegungsstereotypien.

In diesem Zusammenhang muß auch darauf hingewiesen werden, daß sich die Phase nach einer LSD-Sitzung unter Umständen überhaupt nicht von einer endogenen Psychose unterscheidet, wenn die betreffende Person in ihrer Sitzung mit einem starken COEX-System konfrontiert wurde und vor Abklingen der pharmakologischen Wirkung des LSD keine Lösung erreicht hat. Es gibt aber eine tiefe innere Verbindung zwischen den Kernerlebnissen von COEX-Systemen und bestimmten Aspekten perinataler Erfahrungen. Die Vorzeichen für das Auftauchen eines starken COEX-Systems sind mit den Begleiterscheinungen des Tod-Wiedergeburt-Prozesses identisch. Es hat deshalb den Anschein, als ob die biographischen Elemente nicht an sich, sondern aufgrund ihrer Verknüpfung mit perinatalen Matrizen für die Entwicklung einer Schizophrenie von Bedeutung sind.

Viele Aspekte der schizophrenen Symptomatologie lassen sich sinnvoll und logisch auf die Dynamik verschiedener perinataler Matrizen und damit auf einzelne Stadien des biologischen Geburtsprozesses beziehen. Während in der Neurose die Elemente perinataler Matrizen in abgeschwächter Form erscheinen und durch dramatische Ereignisse nach der Geburt gefärbt sind, werden sie in der Psychose in nicht gemilderter und reiner Form erlebt. Den folgenden Erörterungen liegen klinische Beobachtungen im Rahmen der LSD-Psychotherapie zugrunde, in der verschiedene schizophrenieartige Zustände nicht nur während eines Tod-Wiedergeburt-Erlebnisses innerhalb einer Sitzung, sondern gelegentlich auch nachher auftreten können, und zwar im Anschluß an solche Sitzungen, in denen perinatale Elemente schlecht aufgelöst und integriert wurden.

Die frühen Stadien der zweiten perinatalen Grundmatrix scheinen die Basis für die undifferenzierte Angst und das Gefühl der allgemeinen Bedrohung zu bilden, die charakteristisch für die Paranoia sind. Die entsprechende biologische Situation ist der Beginn der Geburt, die sich zunächst in Form chemischer Signale und organismischer Veränderungen bei Mutter und Kind und später durch mechanische Kontraktionen der Gebärmutter ankündigt. Der intrauterine Kosmos des Fötus, sein Lebensraum während der neun Monate Schwangerschaft, ist plötzlich kein sicherer Ort mehr und bekommt feindselige Züge. Der Angriff ist zunächst nur chemischer Natur. Aufgrund des diffusen und heimtückischen Charakters der schädlichen Einflüsse sowie der noch undifferenzierten Wahrnehmungs- und Erkenntnisprozesse des Fötus ist dieser nicht in der Lage, das Geschehen zu durchschauen.

Erlebt ein erwachsener Mensch diese Situation wieder, ohne ihre wahre Natur zu erkennen, neigt er dazu, sie auf seine gegenwärtigen Lebensumstände zu projizieren und aus dieser Sicht zu interpretieren. Das entscheidende Element seines Erlebens ist ein Zustand intensiver Angst, mit dem das Gefühl einer heimtückischen, aber elementaren Bedrohung und einer unbestimmten Gefahr kosmischen Ausmaßes einhergeht. Die betreffenden Personen tendieren dazu, dieses alarmierende Gefühl in irgendeiner Weise zu interpretieren. Sie sehen darin Auswirkungen schädlicher Strahlen oder giftiger Gase und Stoffe, sie wittern Machenschaften von Mitgliedern geheimer Organisationen, Angriffe böswilliger schwarzer Magier, Intrigen politischer Gegner oder eine Beeinflussung durch außerirdische Lebewesen. Manchmal tritt in diesem Zusammenhang auch das Gefühl auf, in einen riesigen Strudel hineingezogen zu werden, von einem mythologischen Ungeheuer verschlungen zu werden, oder in die Unterwelt hinabzusteigen, wo man von bösartigen Kreaturen attackiert wird und den Heimsuchungen durch Teufel und Dämonen ausgesetzt ist.

In ihrer voll entwickelten Form trägt die zweite perinatale Matrix zur schizophrenen Symptomatologie die Atmosphäre der ewigen Verdammnis sowie die Motive der unmenschlichen Folterung durch erfindungsreiche Vorrichtungen, des nie endenden Leids in der Hölle und anderer ausgeloser Situationen bei. Detaillierte

Untersuchungen aus der Frühzeit der Psychoanalyse zeigten, daß die gigantische Beeinflussungsmaschinerie, der sich der Schizophrene ausgesetzt sieht, den Körper der Mutter darstellt. In diesem Zusammenhang ist eine Arbeit von Viktor Tausk (195) von besonderem Interesse, obwohl in ihr nicht erkannt wird, daß der bedrohliche mütterliche Organismus die entbindende Mutter, nicht die Mutter des frühen Säuglingsalters ist. Der zweiten perinatalen Matrix entspringt auch das Gefühl des Schizophrenen, in einer sinnlosen und bizarren Welt mit »gemachten« Figuren und leblosen Robotern zu existieren oder Teil einer grotesken und phantastischen Zirkusvorstellung zu sein.

Die Phänomenologie der dritten perinatalen Grundmatrix fügt dem klinischen Bild der Schizophrenie ein reichhaltiges Spektrum von Erlebnissen hinzu, die für verschiedene Facetten dieser funktionalen Matrix charakteristisch sind. Der Aspekt des Titanischen äußert sich in extremen Spannungsgefühlen, mächtigen energetischen Flüssen und Entladungen sowie Bildern von Schlachten und Kriegen. Das kriegerische Element kann Ereignisse in der phänomenalen Welt oder archetypische Motive von gewaltiger Dimension zum Inhalt haben, etwa Kämpfe zwischen Engeln und Teufeln, zwischen Göttern und Helden bzw. Halbgöttern oder mit mythologischen Ungeheuern. Die zur dritten perinatalen Matrix gehörigen Elemente des Aggressiven und Sadomasochistischen erklären das gelegentliche Vorkommen von Gewalttätigkeit, Selbstverstümmelung, Mord und blutigem Selbstmord bei schizophrenen Patienten sowie ihre Visionen und Erlebnisse von Grausamkeiten aller möglichen Art. Seltsame Verzerrungen der Sexualität und Perversionen, die man bei psychotischen Patienten beobachten kann, erweisen sich in der Regel als Äußerungen des sexuellen Aspekts der dritten Matrix, über den ich schon früher ausführlich gesprochen habe. Und schließlich verraten das Interesse an Kot und anderen Körperausscheidungen, Koprophilie und Koprophagie, die Neigung, den Exkrementen magische Kräfte zuzuschreiben, die rituelle Manipulation organischer Körpersubstanzen, Urin- und Stuhlverhaltung oder die Weigerung, die Schließmuskeln zu kontrollieren, unzweifelhaft ihre Herkunft vom skatologischen Aspekt der dritten Matrix.

Der Übergang von der dritten zur vierten perinatalen Grundmatrix trägt zu den vielfältigen, für die Schizophrenie typischen Vorstellungen vom Weltuntergang und der eigenen Vernichtung bei, zu den Urteilssprüchen von Toten, den Szenen vom Jüngsten Gericht, den Erlebnissen der Wiedergeburt und der Neuerstehung des Universums, der Identifikation mit Jesus Christus oder anderen göttlichen Figuren, die Tod und Auferstehung symbolisieren, dem Größenwahn und dem Sendungsbewußtsein, den Elementen göttlicher Offenbarung, den Visionen von Engeln und anderen himmlischen Wesen sowie den Gefühlen der Errettung und Erlösung. Die Auswirkungen dieses Aspekts der perinatalen Dynamik können zur schizophrenen Symptomatologie ein magisches Element beisteuern und klinische Bilder erzeugen, die eine Mischung aus schizophrener Psychose und manisch-depressiven Störungen darstellen.

Das gesamte Spektrum schizophrener Symptome läßt sich nicht angemessen begreifen, wenn wir nicht auch noch die Elemente der ersten perinatalen Matrix und die vielfältigen transpersonalen Erfahrungen berücksichtigen. Die Elemente der ersten Matrix sind sowohl in ihren positiven als auch ihren negativen Aspekten vertreten. Viele psychotische Patienten haben Erlebnisse der ekstatischen Vereinigung mit Gott und dem Universum, manchmal zusammen mit Gefühlen der symbiotischen Einheit mit dem mütterlichen Organismus (dem guten Mutterleib oder der guten Brust). Ähnliche Erlebnisse kennen wir aus den Berichten von Mystikern, Heiligen und Glaubensverkündern aller Zeiten. Dies wirft natürlich die Frage auf, welche Beziehungen zwischen der Psychose und der Mystik bestehen, in welcher Hinsicht sie sich ähneln und unterscheiden.

Zu einem Erlebnis der Einheit mit dem Göttlichen, das gut verarbeitet und integriert ist, gehört ein Gefühl des tiefen inneren Friedens, der Ruhe und der Gelöstheit. Der betreffende Mensch erkennt, daß seine göttliche Herkunft nicht etwas Außerordentliches ist und nur für ihn gilt, sondern auch für jeden anderen Menschen. Sicherlich haben zahllose Personen in der Vergangenheit und sogar in der Gegenwart diese Wahrheit über sich selber schon herausgefunden, bei anderen ist sie im Keim vorhanden und wird sich in der Zukunft zur Einsicht formen. Diese Kombination aus einer »Größenvorstellung« und äußerster Demut ohne den Charakter des Ostentativen oder Demonstrativen scheint das mystische Lebensgefühl oder die mystische Verarbeitung von Erlebnissen dieser Art auszumachen.

Abb. 28. Skatalogisches Erlebnis in Verbindung mit der dritten perinatalen Grundmatrix: Versinken in einer riesigen Abortgrube. Zeichnung einer Patientin, die in einer LSD-Sitzung mit dieser Phase des Prozesses von Tod und Wiedergeburt konfrontiert wurde.

Anders bei schizophrenen Patienten. Sie neigen dazu, ihr Erlebnis der Verbindung mit dem Göttlichen als Ausdruck ihrer Einzigartigkeit und besonderen Rolle im universellen Geschehen zu interpretieren. In mißverstandener Weise übertragen sie ihre neuen Einsichten auf ihre Alltagspersönlichkeit oder ihr Körper-Ich. Das hat zur Folge, daß sie Briefe an Präsidenten oder andere Regierungsvertreter schreiben, als Propheten anerkannt werden wollen und mit verschiedenen Mitteln gegen ihre realen und eingebildeten Feinde und Widersacher kämpfen.

Es wäre sicherlich eine absurde Vereinfachung und ein schwerwiegender Irrtum, Zustände der mystischen Einheit und der spirituellen Befreiung auf den undifferenzierten Bewußtseinszustand zu reduzieren, in dem sich das Kind während seines Aufenthalts im Mutterleib und im symbiotischen Verhältnis zum mütterlichen Organismus nach der Geburt befindet. Die Regression, um die es hier geht, betrifft einen Menschen, der viele Stadien der Bewußtseinsentwicklung durchschritten hat und in den Jahren nach dem frühen Säuglingsalter in körperlicher, emotionaler und intellektueller Hinsicht gereift ist. Außerdem rührt ein Mystiker in einem ekstatischen Erlebnis ohne Zweifel an echte transzendentale und archetypische Dimensionen, die bei weitem über den rein biologischen Aspekt hinausgehen. Die mystischen Zustände lassen sich aber nicht immer so deutlich von psychotischen Zuständen unterscheiden und sind auch nicht so weit auf einer linearen Skala voneinander entfernt, wie Ken Wilber (209) anläßlich der Besprechung des Verhältnisses von Prä-Ich- zu Trans-Ich-Stadien meint.

Aus klinischen Beoachtungen ist mit ziemlicher Sicherheit zu entnehmen, daß bestimmte Zustände der mystischen Vereinigung zutiefst mit positiven Aspekten der ersten perinatalen Grundmatrix verknüpft sind. Jemand, der den Zustand der ungestörten Existenz im Mutterleib wiedererlebt, hat offenbar leichten Zugang zu einem Erlebnis der Einheit mit dem Kosmos, obwohl dies in keinster Weise bedeutet, daß diese beiden Formen des Erlebens miteinander identisch sind. So scheint es auch eine eindeutige Verbindung zwischen Störungen des embryonalen Daseins zu geben, die von Krankheiten der Mutter während der Schwangerschaft, von Angstzuständen und chronischem emotionalen Streß, von toxischen oder mechanischen Einflüssen sowie von versuchten Abtreibungen herrühren, und den schizophrenen Verzerrungen der Spiritualität und Wahrnehmung des Universums.

Eine kritische und fundamentale Bedrohung der embryonalen Existenz hat große Ähnlichkeit mit dem Beginn der Geburt, die die endgültige und nicht mehr rückgängig zu machende Zerstörung der Existenz im Mutterleib bedeutet. Fötale Krisen werden deshalb in einer Weise erlebt, die den frühen Stadien der zweiten perinatalen Matrix ähneln. Dazu gehören ein Gefühl der universellen Gefahr, allgemeine paranoide Erlebnisse, bizarre Körperempfindungen und das Mutmaßen heimtückischer toxischer Einflüsse. Die diese Zustände begleitenden archetypischen Bilder stellen Dämonen oder andere metaphysische Kräfte des Bösen aus verschiedenen kulturellen Bereichen dar.

Die frühe symbiotische Einheit mit der Mutter scheint auch für psychotische Erlebnisse verantwortlich zu sein, in denen die betreffende Person nicht zwischen sich selber und anderen Menschen oder verschiedenen Aspekten von ihnen, ja sogar nicht zwischen sich und Elementen aus der nicht menschlichen Welt unterscheiden kann. Die Folge davon ist unter Umständen das Gefühl der Beeinflussung durch Telepathie oder durch verschiedene phantastische Vorrichtungen zum Zweck der Gedankenübertragung, wie sie in der Science-fiction-Literatur beschrieben werden. Der Patient kann auch glauben, er würde die Gedanken anderer Leute lesen und ihre versteckten Gefühle erkennen, und er ist überzeugt, daß sich seine Gedanken nicht verbergen lassen und anderen Leuten zugänglich sind, ja sogar über Funk und Fernsehen über die ganze Welt verbreitet werden. Wahnhafte Wunschvorstellungen sowie Elemente des unkontrollierten Tagträumens und autistisches Denken können als Versuche aufgefaßt werden, die ursprüngliche ungestörte Existenz im Mutterleib wiederherzustellen. Dies gilt auch für bestimmte Formen von katatonem Stupor, in denen die Patienten Stunden oder Tage verharren, wobei sie fötale Positionen einnehmen, überhaupt keine Nahrung zu sich nehmen und unter sich gehen lassen.

Personen, die in ihren psychedelischen Sitzungen Bedrohungen ihrer ungestörten Existenz im Mutterleib wiedererlebten, beschreiben oft oder zeigen sogar Verzerrungen der Wahrnehmung und des Denkens, die denen schizophrener Patienten sehr ähnlich sind. Eine unter LSD-Einwirkung stehende Person, die Verwandte oder Freunde hat, die unter Schizophrenie oder paranoiden Wahnvorstellungen leiden, kann sich an diesem Punkt mit diesen Menschen voll und ganz identifizieren und ein tiefes intuitives Verständnis ihrer Probleme entwickeln. Zahlreiche Psychiater und Psychologen, die an einem LSD-Programm für medizinisch-psychologische Fachkräfte teilgenommen hatten, berichteten, daß sie sich in solchen perinatalen Sitzungen immer wieder an ihre psychotischen Patienten erinnerten, ja sie sogar bildlich vor Augen hatten, und wertvolle Einblicke in ihre Welt gewinnen konnten.

Beobachtungen dieser Art lassen vermuten, daß das Wiedererleben des ungestörten Daseins im Mutterleib eng verbunden ist mit bestimmten Formen mystischer und religiöser Zustände, wohingegen Episoden embryonaler Krisen eine Affinität zu schizophrenen und paranoiden Erlebnissen aufweisen. Dieses Ergebnis hängt offenbar mit der Tatsache zusammen, daß es eine ziemlich fließende Grenze zwischen der Psychose und dem Prozeß der spirituellen Transformation gibt. In psychedelischen Sitzungen kann ein deutlich ausgeprägter psychotischer Zustand in ein Erlebnis mystischer Offenbarung übergehen. Menschen, die auf der spirituellen Suche sind und entsprechende Praktiken ausüben, werden gelegentlich mit psychotischen Bereichen in sich konfrontiert, wohingegen schizophrene Patienten häufig mystische Erlebnisse haben.

Ein Problem, das sowohl für mystische Zustände als auch für die Psychose von großer Bedeutung ist, betrifft die Häufigkeit ekstatischer Erlebnisse und ihre

Beziehung zur Psychopathologie und zur Dynamik der unbewußten Matrizen. Aus der psychedelischen Therapie geht hervor, daß es ein ganzes Spektrum von ekstatischen Zuständen gibt, die sich erheblich voneinander unterscheiden, und zwar nicht nur in der Intensität ihrer affektiven Komponente, sondern auch im Hinblick auf ihr Wesen und die psychische Ebene, der sie entspringen. Die ekstatischen Zustände, die aus der biographischen Ebene hervorgehen, sind gewöhnlich weniger intensiv und bedeutsam als diejenigen, die der perinatalen oder transpersonalen Ebene entspringen. Sie sind in der Regel mit positiven COEX-Systemen verknüpft und spiegeln Ereignisse aus der Lebensgeschichte wider, in denen die betreffende Person biologische und psychische Befriedigung erfuhr. Die tiefsten biographischen Wurzeln solcher ekstatischen Gefühle sind Erlebnisse, die die symbiotische Einheit mit dem mütterlichen Organismus aus der Phase des Stillens zum Inhalt haben. Sie sind verbunden mit einem Gefühl totaler organismischer Sättigung und emotionaler Zufriedenheit. Trotz ihres entschieden biographischen Charakters sind sie aber auch von einer Aura starker Numinosität umgeben.

Sehr viel mehr ekstatische Erlebnisse stammen aus der perinatalen Ebene des Unbewußten. Die Beobachtungen der Phänomene in Verbindung mit dem Tod-Wiedergeburt-Prozeß, mit dem man im Rahmen einer intensiven Selbsterfahrung konfrontiert wird, ermöglichen einzigartige Einblicke in die Psychologie und Psychopathologie der Ekstase. Ich bin schon früher in diesem Kapitel auf zwei verschiedene Formen von Selbstmord und ihre Verknüpfung mit der perinatalen Dynamik eingegangen. In sehr ähnlicher Weise lassen sich drei Kategorien der Ekstase unterscheiden, die der perinatalen Ebene entspringen und zu den perinatalen Grundmatrizen in jeweils spezifischer Beziehung stehen.

Die erste Form der Ekstase kann als *ozeanische* oder *apollinische Ekstase* bezeichnet werden. Sie ist charakterisiert durch ein äußerstes Maß an innerem Frieden, Ruhe, Gelöstheit und Freude. Die betreffende Person verharrt gewöhnlich völlig bewegungslos oder zeigt langsame und fließende Bewegungen. Sie befindet sich in einem glückseligen, spannungsfeien Zustand, in dem die Grenzen des Ich aufgelöst sind und ein Gefühl der absoluten Einheit mit der Natur, mit der kosmischen Ordnung und mit Gott herrscht. Ein tiefes intuitives Verständnis der Existenz und eine Flut verschiedener Einsichten von kosmischer Tragweite sind für diesen Zustand ebenfalls typisch. Das völlige Fehlen von Angst, Aggressionen, Schuldgefühlen oder irgendwelchen anderen negativen Emotionen sowie tief empfundene Zufriedenheit, Geborgenheit und transzendentale Liebe vervollständigen das Bild dieser Art von Ekstase. (S. Abb. 29, S. 317.)

Diese Form ekstatischen Erlebens hat eindeutigen Bezug zur ersten und vierten perinatalen Grundmatrix, also zu den Erfahrungen der symbiotischen Einheit mit der Mutter während des Daseins im Mutterleib und nach der Geburt während des Stillens. Die damit verknüpften Erinnerungen aus dem späteren Leben betreffen gewöhnlich glückliche emotionale Beziehungen, entspannende Situationen mit vollkommener Befriedigung und erhebende Begegnungen mit der Kunst oder der Natur. Dabei tauchen oft Bilder von Landschaften auf, in denen sich die Natur von ihrer schönsten Seite zeigt. Archetypische Motive, die diesen Zustand widerspiegeln, sind die großen Muttergottheiten oder Mutter Natur, der Himmel und das Paradies.

Erwartungsgemäß spielen das Wasser als der Ursprung allen Lebens sowie Milch und zirkulierendes Blut als die beiden Nährflüssigkeiten von kosmischer Bedeutung eine besondere Rolle. Erlebnisse aus der fötalen Existenz, die Identifikation mit verschiedenen Formen des Lebens im Wasser oder mit dem Bewußtsein des Ozeans, Bilder vom sternenübersäten Himmel, und ein Gefühl des kosmischen Bewußtseins sind in diesem Zusammenhang sehr häufig. Elemente aus der Kunst, die zu diesem Erlebnis gehören, sind architektonische Arbeiten von transzendentaler Schönheit, Malereien und Skulpturen, die Reinheit und Gelöstheit ausstrahlen, eine fließende, friedvolle und zeitlose Musik sowie das klassische Ballett. Beispiele hierfür wären die Tempel der Hindus und der Griechen, der Tadsch Mahal, die Bilder von Fra Angelico, die Meisterwerke Michelangelos, die Marmorskulpturen der alten Griechen oder die Musik Bachs.

Die zweite Form der Ekstase steht in allen ihren Aspekten in einem unmittelbaren Gegensatz zur ersten. Sie kann am treffendsten als *vulkanische* oder *dionysische Ekstase* bezeichnet werden. Charakteristisch für sie sind extreme körperliche und emotionale Spannung, ein starkes Element nach innen und nach außen gerichteter Aggression und Destruktivität, gewaltige Triebenergien sexueller Natur und eine rasende Hyperaktivität oder rhythmische orgastische Bewegungen. Die vulkanische Ekstase wird typischerweise als ein einzigartiges Gemisch aus extremem körperlichem bzw. emotionalem Leid und wildem sinnlichen Genuß empfunden. Je mehr diese eigentümliche Kombination aus Lust und Schmerz an Intensität zunimmt, um so mehr verschmelzen Polaritäten des Erlebens und können nicht mehr voneinander unterschieden werden. Eisige Kälte verwandelt sich in brennende Hitze, mörderischer Haß in leidenschaftliche Liebe, sexuelle Perversionen in transzendentales Streben, die Qualen des Sterbens in die Ekstase des Neugeborenwerdens, die apokalyptischen Schrecken der Zerstörung in das erhebende Gefühl der Neuerstehung der Welt, die Todesangst in mystische Verzückung.

Der in Ekstase befindliche Mensch hat das Gefühl, auf ein Ereignis von welterschütternder Bedeutung zuzustreben, auf die spirituelle Befreiung, die Offenbarung der letzten Wahrheit oder die Einheit mit der gesamten Existenz. Wie dicht er aber auch vor der physischen, emotionalen und metaphysischen Freiheit zu stehen glaubt und wie nahe er sich auch den himmlischen Bereichen fühlen mag, seine unter dem Einfluß der dritten perinatalen Grundmatrix stehenden Erlebnisse, zu denen diese Art Ekstase gehört, spiegeln immer nur eine asymptotische Annäherung an das endgültige Ziel wider, ohne es jemals wirklich zu erreichen. Um zu dem Gefühl zu gelangen, am Ende der spirituellen Reise angekommen zu sein oder sie vollendet zu haben, müssen die Elemente der ersten und vierten Grundmatrix in das Bewußtsein einfließen, muß also die ozeanische Ekstase das Erleben bestimmen.

Die für die vulkanische Ekstase charakteristischen Erinnerungen oder die sie begleitenden Visionen haben die Atmosphäre wilden Faschingstreibens, zügelloser Gelage, von Amüsierparks, Prostituiertenvierteln, Nachtklubs, Feuerwerk und von gefährlichen Aktivitäten wie Autorennen oder Fallschirmspringen. Zu den religiösen Motiven, die mit dieser Art Ekstase verknüpft sind, zählen die Opferrituale, der Märtyrertod, der Hexensabbath und die Teufelanbetungsrituale, die dionysischen Orgien und die Tempelprostitution, das Flagellantentum und Naturvölkerzeremonien, in denen die Sexualität in den Dienst der Religion gestellt wird, wie etwa in den Fruchtbarkeitsritualen und in der Anbetung des Phallus. Im alltäglichen Leben können sich Elemente vulkanischer Ekstase in heftiger Form in den letzten Stadien der Geburt eines Kindes bemerkbar machen. Schwächeren Formen begegnet man bei intensiven sportlichen Aktivitäten, beim Rock- und Discotanz, bei Karussell- oder Achterbahnfahrten und bei wilden Sexpartys. In der Kunst drückt sich die vulkanische Ekstase in Werken aus, in denen die groteske, sinnliche und triebhafte Seite des Lebens dargestellt ist, in wilden und rhythmischen, Trance hervorrufenden Tänzen, sowie im dynamischen orgiastischen Tanz. (S. Abb. 30, S. 172.)

Die dritte, mit der perinatalen Dynamik verknüpfte Kategorie ekstatischer Erfahrungen bezieht sich auf die vierte perinatale Grundmatrix und läßt sich am besten als *erleuchtende* oder *prometheische Ekstase* beschreiben. Ihr voraus geht in der Regel eine Phase, die von heftigem emotionalen und intellektuellem Ringen, von quälendem Sehnen und Verlangen sowie von verzweifeltem Suchen nach Antworten, die hoffnungslos unerreichbar erscheinen, gekennzeichnet ist. Die prometheische Ekstase wirkt wie ein göttlicher Blitz, der die bisherigen Begrenzungen und Hindernisse zerstört und zu vollkommen unerwarteten Lösungen verhilft. Der oder die Betreffende werden von übernatürlich schönem Licht überflutet und erleben eine Zustand, in dem sich das Göttliche offenbart. Sie haben das Empfinden einer emotionalen, intellektuellen und spirituellen Befreiung. Atemberaubende Eingebungen und Einsichten kosmischen Ausmaßes erschließen sich ihnen. Diese Art von Erfahrung ist zweifellos für große menschliche Errungenschaften auf den Gebieten der Wissenschaft, der Kunst, der Religion und der Philosophie verantwortlich.

Ein weiteres interessantes Problem im Zusammenhang mit der Dynamik der Schizophrenie, das im Rahmen der perinatalen Matrizen kurz abgehandelt werden soll, ist die Beziehung zwischen der Psychose und den weiblichen Fortpflanzungsfunktionen. Wie bekannt, sind verschiedene psychopathologische Störungen eng verknüpft mit dem Menstruationszyklus und insbesondere mit der Schwangerschaft, der Entbindung und dem Wochenbett. Diese Störungen wurden bisher fast immer als psychische Auswirkung eines hormonellen Ungleichgewichts interpretiert.

Das hier diskutierte Material läßt dieses Problem in einem vollkommen neuen Licht erscheinen. Wie im Rahmen einer tiefe psychische Schichten erfassenden Selbsterfahrung beobachtet werden kann, gibt es eine bedeutsame dynamische Verbindung zwischen den Erlebnissen des Geborenwerdens, des Gebärens und des sexuellen Orgasmus. Frauen, die in psychedelischen Sitzungen ihre eigene Geburt wiedererleben, haben dabei häufig das starke Gefühl, selber ein Kind zu gebären. Sie können tatsächlich unter Umständen kaum unterscheiden, ob sie geboren werden oder selber gebären, wobei sie orgiastische sexuelle Empfindungen haben. Dies kann sich auch im Verhalten bemerkbar machen, nämlich im Wechsel von einer fötalen Position in eine typische gynäkologische Lage mit Druck auf den Unterleib. Das Dilemma Gebären-Geborenwerden wird in einem Erlebnis gelöst, das eine Synthese aus beiden darstellt, im Erlebnis der Geburt eines neuen Selbst.

Aus den geschilderten Beobachtungen geht unzweifelhaft hervor, daß in den psychopathologischen Phänomenen des Wochenbetts neben dem von der traditionellen Psychiatrie hervorgehobenen hormonellen Ungleichgewicht auch solche psychischen Elemente eine wichtige Rolle spielen, die in den Bereich der perinatalen Matrizen gehören. Der Prozeß der Entbindung scheint die Mutter nahe an den Punkt zu bringen, an dem sie ihr eigenes Geburtstrauma wiedererlebt. Er aktiviert häufig nicht nur die perinatalen Grundmatrizen, sondern auch alle späteren Sekundärformen des Geburtstraumas, einschließlich der Konflikte, die die Sexualität, das Sterben, die Ausscheidungsfunktionen, die Schwangerschaft, die Entbindung und den Schmerz betreffen. Unter den geeigneten Umständen, also mit dem richtigen Verständnis und Einfühlungsvermögen, kann diese Phase eine hervorragende Gelegenheit für die Arbeit an sich selber sein. Wird aber umgekehrt die psychische Dynamik mißverstanden und die Mutter gezwungen, das aus dem Unbewußten auftauchende Material zu verdrängen, so können sich schwere emotionale und psychosomatische Probleme entwickeln. In Extremfällen können Störungen dieser Art psychotische Ausmaße erreichen.

Emotionale Probleme werden unter Umständen auch während der prämenstruellen Periode akut, wenn auch in weniger ausgeprägter Form. Eine erhöhte Angstanfälligkeit, Reizbarkeit, Depressionen und Selbstmordgedanken in diesem Zeitraum sind als das prämenstruelle Syndrom bekannt. Zwischen der Menstruation und der Entbindung gibt es tiefgehende anatomische, physiologische und biochemische Entsprechungen. Man kann sagen, daß jede Menstruation eine Art »Mikroentbindung« ist. Es erscheint von daher also recht plausibel, daß während jeder Menstruation das perinatale Material besonders bewußtseinsnahe ist. Diese Ähnlichkeit zwischen Menstruation und Entbindung läßt annehmen, daß die Menstruationsphase – analog zur Situation der Entbindung – mit Problemen, aber auch mit Chancen für die Persönlichkeitsentfaltung verbunden ist.

In den vorausgegangenen Erörterungen wurden die perinatalen Hintergründe verschiedener schizophrener Symptome besonders hervorgehoben. Viele

Aspekte psychotischer Phänomene scheinen ihren Ursprung aber auch in transpersonalen Bereichen der menschlichen Psyche zu haben. Aus dieser Bewußtseinsebene stammen das für die Schizophrenie charakteristische Interesse an ontologischen und kosmologischen Problemen, die Fülle archetypischer Motive und mythologischer Geschehnisse, die Begegnungen mit Göttern und Dämonen aus verschiedenen Kulturen, Erinnerungen an Ereignisse aus dem Leben der unmittelbaren und der phylogenetischen Vorfahren sowie aus früheren Inkarnationen, Elemente des kollektiven Unbewußten, außersinnliche Wahrnehmungen und andere paranormale Phänomene sowie das auffallende Wirken des Synchronizitätsprinzips im Leben der betreffenden Menschen. Zu erwähnen wären auch noch Vereinigungserlebnisse höherer Ordnung als solche, die mit der perinatalen Dynamik verknüpft sind, etwa die Identifikation mit dem Geist des Universums, mit dem Absoluten oder mit dem Über- und Metakosmischen Nichts.

Bis zu den neueren revolutionären Entwicklungen in der modernen Psychologie, die mit Namen wie Carl Gustav Jung, Roberto Assagioli und Abraham Maslow verknüpft sind, galten alle diese Formen des Erlebens automatisch als Symptome einer Psychose. Aus der Sicht der LSD-Psychotherapie und anderer intensiver Selbsterfahrungstherapien wird das Psychosekonzept grundlegend revidiert und der psychotische Prozeß neu bewertet werden müssen. Die Matrizen für perinatale und transpersonale Erfahrungen sind offensichtlich normale und natürliche Komponenten der menschlichen Psyche, und die Erfahrungen selbst haben, wenn man richtig mit ihnen umzugehen weiß, unzweifelhaft einen heilenden Effekt. Es ist deshalb absurd, die Diagnose Psychose auf der Basis von Erlebnisinhalten zu fällen. In Zukunft muß die Definition dessen, was pathologisch ist und was zu einem Entwicklungs- oder Heilungsprozeß gehört, die Einstellung zu solchen Erfahrungen, den persönlichen Umgang mit ihnen und die Fähigkeit, sie in das Alltagsleben zu integrieren, hervorheben. Von daher wird es auch notwendig sein, deutlich zwischen einer therapeutischen Strategie zu unterscheiden, die die Heilung fördert, und einer Strategie, die schädlich ist, die produkiven Kräfte der Psyche hemmt und letztlich iatrogene Schäden verursacht.

5 Dilemmas und Kontroversen der traditionellen Psychiatrie

Das medizinische Modell: Das trojanische Pferd der Psychiatrie

Als Folge einer komplexen historischen Entwicklung hat sich die Psychiatrie als ein Zweig der Medizin etabliert. Ihre dominierenden theoretischen Konzeptionen, das therapeutische Vorgehen bei Menschen mit emotionalen Störungen und Verhaltensproblemen, die Forschungsstrategie, die Grund- und Fachausbildung sowie die forensischen Maßnahmen werden vom medizinischen Modell bestimmt. Diese Situation rührt von zwei Dingen her: zum einen erwies sich die Medizin auf der Suche nach den Ursachen und einer effektiven Therapie für eine bestimmte kleine Gruppe von geistigen Abnormitäten als erfolgreich, und zum anderen hat sie die Fähigkeit demonstriert, viele der Störungen, für die keine spezifischen Ursachen gefunden werden konnten, symptomatisch zu beeinflussen.

Das kartesianisch-Newtonsche Paradigma, das die Entwicklung verschiedener Wissenschaftszweige wesentlich geprägt hat, spielte auch in der Geschichte der Neuropsychiatrie und Psychologie eine Schlüsselrolle. Das wieder erwachende wissenschaftliche Interesse an geistigen Störungen gipfelte im 19. Jahrhundert in einer Serie revolutionärer Entdeckungen, die die Psychiatrie eindeutig zu einer medizinischen Disziplin machten. Rasche Fortschritte und bemerkenswerte Forschungsergebnisse auf den Gebieten der Anatomie, Pathologie, Pathophysiologie, Chemie und Bakteriologie ließen die Tendenz wachsen, für alle geistigen Störungen eine organische Ursache zu finden, sei es eine Infektion, eine Stoffwechselstörung oder ein degenerativer Gehirnprozeß.

Diese »organische Orientierung« erhielt anfangs durch die Tatsache Auftrieb, daß in mehreren Fällen die Entdeckung der Ursache von bestimmten geistigen Abnormitäten zur Entwicklung erfolgreicher Therapieformen führte. So fand man heraus, daß die progressive Paralyse – eine Krankheit, die u. a. mit Größenwahnvorstellungen sowie Beeinträchtigungen des Intellekts und des Gedächtnisses einhergeht – von einer tertiären Syphilis des Gehirns herrührte, die von dem Protozoon Spirochaeta pallida verursacht wurde. Diese Erkenntnis hatte die erfolgreiche Behandlung mit Hilfe von Chemikalien und Fieberkuren zur Folge. Entsprechend verhielt es sich mit den geistigen Störungen, die die Pellagra begleiteten. Als klar wurde, daß die Ursache in einem Mangel an Vitamin B lag (an Nikotinsäure oder ihrem Amid), konnte man das Problem beseitigen, indem man das fehlende Vitamin in adäquaten Mengen zuführte. Andere Formen geistiger Störungen ließen sich mit Gehirntumoren, degenerativen Veränderungen im Gehirn, Enzephalitis und Meningitis, verschiedenen Arten falscher Ernährung sowie perniziöser Anämie in Verbindung bringen.

Ähnliche Erfolge erzielte die Medizin in der symptomatischen Kontrolle vieler Störungen des Gefühlslebens und Verhaltens, deren Ursache bis heute noch nicht gefunden werden konnten. Hierzu gehören die dramatischen Interventionen wie Kardiazolschocks, Elektroschocks, Insulinkomas und psychochirurgische Maßnahmen. Die moderne Psychopharmakologie war in dieser Beziehung mit ihrem reichhaltigen Arsenal an spezifisch wirksamen Medikamenten besonders effektiv. Man denke nur an die Hypnotika, Sedativa, Myorelaxantien, Analgetika, Psychostimulantien, Neuroleptika, Antidepressiva und Lithiumpräparate.

Diese augenfälligen Triumphe medizinischer Forschung und Behandlung machten die Psychiatrie zu einem spezialisierten Zweig der Medizin und banden sie an das medizinische Modell. Es zeigte sich aber nachträglich, daß dies zu einer nicht unproblematischen Entwicklung führte. Die Erfolge bei der Aufdeckung der Ursachen geistiger Störungen mochten zwar erstaunlich sein, beschränkten sich aber nur auf einen kleinen Bruchteil der Probleme, mit denen es die Psychiatrie zu tun hat. Trotz ihrer anfänglichen Triumphe ist es der medizinisch orientierten Psychiatrie bis heute noch nicht gelungen, spezifische organische Ursachen für die Probleme zu finden, unter denen die absolute Mehrheit der Klienten leidet, nämlich für die Depressionen, die Psychoneurosen und die psychosomatischen Störungen. Auch bei der Aufdeckung der medizinischen Hintergründe der sogenannten endogenen Psychosen, insbesondere der Schizophrenie und der manisch-depressiven Störungen, war sie nur in sehr beschränkter und zugleich höchst problematischer Weise erfolgreich. Das Versagen des medizinischen Ansatzes sowie systematische klinische Untersuchungen emotionaler Störungen riefen eine Alternativbewegung ins Leben, nämlich den psychologischen Ansatz in der Psychiatrie, der zur Entwicklung der dynamischen Schulen der Psychotherapie führte.

Im allgemeinen entwickelte die psychologische Forschung für die Mehrzahl der emotionalen Störungen bessere theoretische Modelle als der medizinische Ansatz. Sie schuf bedeutende Alternativen zur biologischen Behandlung und rückte die Psychiatrie in vielerlei Hinsicht in die Nähe der Sozialwissenschaften und der Philosophie. Dies beeinflußte aber nicht den Status der Psychiatrie als medizinische Disziplin. In gewisser Hinsicht stabilisierte sich die Position der Medizin von selbst, da viele von der medizinischen Forschung entdeckten Medikamente, die die Symptome geistiger Störungen abschwächten, deutliche Nebenwirkungen hatten und somit einen Arzt erforderlich machten, der sie verschrieb und verabreichte. Die enge Liaison zwischen der Medizin und der reichen pharmazeutischen Industrie, die vor allem am Verkauf ihrer Produkte und an der Unterstützung medizinischer Bemühungen interessiert ist, schloß den Teufelskreis. Die Hegemonie des medizinischen Modells wurde zudem noch durch Art und Struktur der psychiatrischen Ausbildung sowie durch gesetzliche Bestimmungen verstärkt.

Die meisten Psychiater haben nur eine sehr unzureichende Ausbildung in Psychologie. In den meisten Fällen werden Personen, die unter emotionalen Störungen leiden, in medizinischen Einrichtungen behandelt, wobei der Psychiater für die Therapiemaßnahmen gesetzlich verantwortlich ist. Der klinische Psychologe hat dabei häufig untergeordnete Funktionen. Seine Rolle ist der des Biochemikers oder Labortechnikers nicht unähnlich. Zu den traditionellen Aufgaben klinischer Psychologen gehören die Durchführung und Auswertung von Intelligenz- und Persönlichkeitstests sowie von Tests zur Erfassung organischer Beeinträchtigungen, die Beratung bei der Differentialdiagnose, die Bewertung des Erfolgs therapeutischer Maßnahmen sowie die Berufsberatung. Die genannten Aufgaben machen einen großen Teil der Aktivitäten derjeniger Psychologen aus, die nicht in der Forschung oder psychotherapeutisch tätig sind. Das Problem, wieweit Psychologen qualifiziert und befugt sind, psychiatrische Patienten therapeutisch zu behandeln, ist Gegenstand zahlreicher Kontroversen gewesen.

Die Vorherrschaft des medizinischen Modells in der Psychiatrie hat zu einer mechanischen Übertragung bewährter medizinischer Konzepte und Methoden auf den Bereich der emotionalen Störungen geführt. Die medizinische Betrachtungsweise der meisten psychiatrischen Probleme und die aus ihr abgeleitete Behandlung emotionaler Störungen, insbesondere verschiedener Formen von Neurosen, wurden in den letzten Jahren vielfach kritisiert. Es gibt eine Vielzahl von Hinweisen darauf, daß diese Strategie mindestens ebenso viele Probleme geschaffen wie gelöst hat.

Solche Störungen, für die keine spezifischen Ursachen gefunden werden konnten, werden nach lockerem Sprachgebrauch als »Geisteskrankheit« bezeichnet.[1] Menschen, die darunter leiden, werden mit sozial stigmatisierenden »Etiketten« versehen und routinemäßig Patienten genannt. Sie werden in medizinischen Einrichtungen behandelt, in denen die täglichen Ausgaben für ihren Aufenthalt eine gewaltige Summe an Geld verschlingen. Ein großer Teil davon sind Unkosten, die direkt mit dem medizinischen Modell zusammenhängen, etwa Kosten für Untersuchungen und Dienstleistungen, die im Hinblick auf die betreffende Störung und ihre effektive Behandlung von problematischem Wert sind. Viele Forschungsgelder werden für die Verfeinerung medizinischer Untersuchungsmethoden vergeben, mit denen man schließlich die Ursachen der »Geisteskrankheiten« aufdecken möchte, womit der medizinische Charakter der Psychiatrie vollends bestätigt würde.

In letzter Zeit ist zunehmend Unzufriedenheit mit der Anwendung des medizinischen Modells in der Psychiatrie geäußert worden. Wohl der bekannteste und auch eloquenteste Vertreter dieser Bewegung ist Thomas Szasz. In einer Reihe von Büchern, darunter *Geisteskrankheit – ein moderner Mythos?* (191), führt er überzeugende Belege dafür an, daß die meisten Fälle sogenannter »Geisteskrankheiten« als Auseinandersetzungen des einzelnen mit Problemen seines Lebens aufgefaßt werden sollten. In ihnen spiegeln sich soziale, ethische und juristische Probleme wider, nicht »Krankheiten« im medizinischen Sinn. Die durch das medizinische Modell definierte Arzt-Patient-Beziehung verstärkt zudem die passive und abhängige Rolle des Klienten. Sie impliziert, daß die Lösung des Problems wesentlich von den Mitteln und Fähigkeiten der Person in der Rolle der wissenschaftlichen Autorität abhängt, nicht von den inneren Möglichkeiten des Klienten.

Nach dieser allgemeinen Einführung können wir näher auf die Konsequenzen des medizinischen Modells für Theorie und Praxis der Psychiatrie eingehen. Als Folge der mechanischen Übertragung des medizinischen Denkens auf alle psychiatrischen Probleme werden diese prinzipiell als Krankheiten aufgefaßt, deren Ursachen in Form anatomischer, physiologischer oder biochemischer Abnormitäten eines Tages gefunden werden dürften. Die Tatsache, daß man die Ursachen gegenwärtig noch nicht kennt, führt nicht dazu, sich von der rein medizinischen Betrachtungsweise zu lösen, sondern dient lediglich als Anreiz für ein noch entschlosseneres Weiterforschen nach medizinischen Grundsätzen mit weiter verfeinerten Mitteln. So wurden die Hoffnungen organisch ausgerichteter Psychiater vor kurzem durch die Erfolge der Molekularbiologie neu belebt.

Eine andere wichtige Konsequenz des medizinischen Modells liegt darin, daß man großen Wert auf die korrekte Diagnose eines einzelnen Patienten und auf die Schaffung eines akkuraten diagnostischen oder klassifikatorischen Systems legt. Ein solches Denken ist in der Medizin ganz wesentlich, da die richtige Diagnose Rückschlüsse auf die spezifischen Ursachen zuläßt und eindeutige, allgemeinverbindliche Folgen für die Therapie und die Vorhersage des Krankheitsverlaufs hat. So muß man den Typus einer infektiösen Erkrankung genau diagnostizieren, da jede Infektion eine spezifische Behandlung erfordert und auf die einzelnen Antibiotika unterschiedlich reagiert. Entsprechend bestimmt auch die Art eines Tumors die therapeutische Intervention, die annähernde Prognose oder die Gefahr von Metastasen. Man muß auch genau den Typus einer anämischen Erkrankung feststellen, da der eine Typus auf eine Behandlung mit Eisen, ein anderer auf eine Behandlung mit Kobalt anspricht, usw.

Viele vergebliche Mühe ist auf das Problem der Verfeinerung und Standardisierung der psychiatrischen Diagnostik verwendet worden. Der Grund dafür ist, daß das für die Medizin gültige Diagnosekonzept bei den meisten psychiatrischen Problemen nicht anwendbar ist. Die mangelnde Übereinstimmung läßt sich klar anhand eines Vergleichs psychiatrischer Klassifikationssysteme verdeutlichen, die in verschiedenen Ländern – etwa in den USA, in Großbritannien, in Frankreich und in Australien – benutzt werden. Werden in unkritischer Anlehnung an dieses Konzept psychiatrische Diagnosen gefällt, so leiden sie unter mangelnder Reliabilität und Validität und sind von fragwürdigem Wert. Die Diagnose hängt entscheidend von der Schule ab, der der einzelne Psychiater angehört, von seinen individuellen Vorlieben, von der Menge der verfügbaren Informationen und von vielen anderen Faktoren.

Manche Psychiater fällen ihre Diagnose einzig auf der Grundlage des gegenwärtig beim Patienten vorhandenen Symptomenkomplexes, andere auf der Grundlage psychodynamischer Spekulationen, wiederum andere auf der Grundlage einer Kombination aus beiden. Je nachdem wie ein Psychiater die psychischen Auswirkungen einer bestehenden körperlichen Störung – etwa einer Schilddrüsenstörung, einer Viruskrankheit oder eines Diabetes – oder bestimmte Ereignisse im vergangenen oder gegenwärtigen Leben des Patienten bewertet, kann die Diagnose völlig unterschiedlich ausfallen. Auch im Hinblick auf die Interpretation bestimmter diagnostischer Begriffe ist man sich sehr uneinig. So gibt es große Unterschiede zwischen amerikanischen und europäischen Schulen, was die Diagnose einer Schizophrenie anbelangt.

Ein anderer Faktor, der für die Diagnose in der Psychiatrie von Bedeutung sein kann, ist die Art der Beziehung zwischen Psychiater und Patient. Die Diagnose einer Blinddarmentzündung oder eines Hypophysentumors wird kaum von der Persönlichkeit des Arztes beeinflußt werden, wohl aber die psychiatrische Diagnose vom Verhalten des Patienten gegenüber dem Psychiater, der diese trifft. So können Übertragungs-Gegenübertragungsmechanismen oder sogar ein mangelndes Geschick des Psychiaters im Umgang mit Menschen bedeutsame Faktoren werden. Es ist eine wohlbekannte klinische Tatsache, daß sich das Verhalten und Erleben von Patienten je nach der Person, mit der sie gerade in Kontakt steht, ändern kann, und daß es auch von den allgemeinen Umständen oder der jeweiligen Situation abhängt. Viele Aspekte des heutigen psychiatrischen Alltags verstärken oder provozieren unter Umständen sogar verschiedene fehlangepaßte Verhaltensweisen.

Aufgrund des Mangels an objektiven Kriterien, die für die medizinische Diagnose und Behandlung körperlicher Erkrankungen so unerläßlich sind, neigen manche Psychiater dazu, sich auf ihre bisherige klinische Erfahrung zu verlassen. Außerdem sind klassifikatorische Systeme und Probleme häufig medizinisch-soziologischen Einflüssen unterworfen. Sie können sich je nach Aufgabe des Arztes ändern. Die Begriffe aus der psychiatrischen Diagnostik sind flexibel und können unterschiedlich gehandhabt werden, je nachdem ob eine Diagnose für den Arbeitgeber, für die Versicherung oder für gerichtsmedizinische Zwecke bestimmt ist. Aber auch ohne solche speziellen Erwägungen werden die Diagnosen verschiedener Psychiater oder psychiatrischer Teams im Hinblick auf einen Patienten häufig auseinandergehen.

Viel Unklarheit herrscht sogar in bezug auf eine so wichtige Frage wie die Differentialdiagnose zwischen Neurose und Psychose. Dieses Problem wird gewöhnlich mit großem Ernst angegangen, obwohl noch nicht einmal eindeutig feststeht, daß psychopathologische Phänomene eindimensional angeordnet sind. Wenn Neurose und Psychose unabhängig voneinander sind, kann ein Patient von beiden betroffen sein. Befinden sie sich aber auf ein und demselben Kontinuum und ist der Unterschied zwischen ihnen nur quantitativer Natur, dann müßte vor und nach einer Psychose ein neurotisches Stadium durchlaufen werden.

Selbst wenn die psychiatrische Diagnose reliabel und valide gemacht werden könnte, bleibt immer noch die Frage ihrer praktischen Relevanz und Anwendbarkeit. Von einigen wenigen Ausnahmen abgesehen gibt es keinen Zweifel darüber, daß das Streben nach einer richtigen Diagnose letztlich vergeblich sein wird, weil diese keine allgemein akzeptierte Bedeutung für die Ursache, die therapeutische Behandlung und die Vorhersagen besitzt. Das Erstellen einer Diagnose ist für den Psychiater mit einem großen Aufwand an Zeit und Energie verbunden. Dies gilt erst recht für den Psychologen, der manchmal stundenlang Tests durchführen muß, ehe er eine endgültige Entscheidung treffen kann.

Die Wahl der Therapieform wird letztlich von der Orientierung des Psychiaters und nicht von der klinischen Diagnose bestimmt. Organisch orientierte Psychiater werden schon bei Neurotikern routinemäßig Medikamente verordnen, wohingegen ein psychologisch orientierter Psychiater unter Umständen auch bei psychotischen Patienten eine Psychotherapie versuchen wird. Im Rahmen der psychotherapeutischen Arbeit reagiert der Therapeut auf Ereignisse in den Behandlungsstunden und folgt nicht einem von der Diagnose vorgegebenen Therapieplan. Auch die Wahl von Psychopharmaka richtet sich nicht nur nach der Diagnose, sondern häufig auch nach den subjektiven Vorlieben des Therapeuten, nach den klinischen Reaktionen des Patienten, nach dem Auftreten von Nebenwirkungen u. ä.

Ein weiteres bedeutsames Vermächtnis des medizinischen Modells ist die Interpretation der Funktion psychopathologischer Symptome. In der Medizin gilt im allgemeinen, daß eine Krankheit um so schwerer ist, je stärker die Symptome ausgepägt sind. Werden sie schwächer, so wird dies als Zeichen der Besserung ausgelegt. In der rein naturwissenschaftlichen orientierten Medizin ist die Therapie nach Möglichkeit kausal. Eine symptomatische Behandlung wird nur bei unheilbaren Erkrankungen oder zusätzlich zur kausalen Therapie angewendet. Die Übertragung dieses Prinzips auf die Psychiatrie schafft beträchtliche Verwirrung. Zwar ist es üblich, die Abschwächung von Symptomen als Besserung der Grundkrankheit anzusehen, doch hat die dynamische Psychiatrie eine Unterscheidung zwischen kausaler und symptomatischer Behandlung eingeführt. Somit ist klar, daß eine symptomatische Behandlung das Grundproblem nicht löst, ja es in gewisser Weise sogar verdeckt. Wie aus Beobachtungen im Rahmen der Psychoanalyse hervorgeht, ist die Intensivierung von Symptomen häufig ein Zeichen dafür, daß etwas Entscheidendes mit dem Grundproblem geschieht. Die neuen Selbsterfahrungstherapien sehen die Intensivierung von Symptomen als ein wichtiges therapeutisches Mittel an und setzen zu diesem Zweck hochwirksame Techniken ein. Die Erfahrungen mit einem Vorgehen dieser Art legen zwingend nahe, daß Symptome ein unvollständiges Bemühen des Organismus sind, ein altes Problem loszuwerden, und daß dieses Bemühen gefördert und unterstützt werden sollte.[2]

Aus dieser Sicht ist die symptomatische Behandlung der gegenwärtigen Psychiatrie zu einem großen Teil eigentlich antitherapeutisch, weil sie spontane Heilungsprozesse des Organismus stört. Die symptomatische Behandlung sollte also nicht als Methode der Wahl verwendet werden, sondern als Kompromiß, wenn der Patient eine angemessenere Alternative ausdrücklich verweigert oder wenn eine solche Alternative aus finanziellen bzw. anderen Gründen nicht möglich ist. Die dominierende Rolle des medizinischen Modells sollte demnach als eine Situation gesehen werden, die durch bestimmte historische Umstände geschaffen wurde und die gegenwärtig durch eine Kombination mächtiger Faktoren philosophischer, politischer, ökonomischer, administrativer und gesetzlicher Natur aufrechterhalten wird. Dieses Modell ist nicht die einzig mögliche wissenschaftliche Konzeption des Wesens emotionaler Störungen und ihrer optischen Behandlung. Es ist die Übertragung einer Denkweise – der medizinischen – auf Probleme der Psychiatrie, die in mancherlei Hinsicht segensreich gewesen sein mag, aber auch definitiv ihre Schattenseiten hat.

In Zukunft könnten Patienten mit psychiatrischen Störungen, die unzweifelhaft organisch begründet sind, in medizinischen Einrichtungen behandelt werden, die speziell für den Umgang mit Verhaltensproblemen ausgerüstet sind. Für diejenigen Patienten, bei denen auch in wiederholten körperlichen Untersuchungen keine organischen Störungen festgestellt werden können, sollten besondere Einrichtungen geschaffen werden, in denen man sich vor allen Dingen mit den psychologischen, soziologischen, philosophischen und spirituellen Aspekten ihrer Erfahrungen auseinandersetzt. Hochwirksame Heilmethoden und Techniken der Persönlichkeitsumwandlung, die sowohl die psychische als auch die physische Seite des Menschen ansprechen, sind bereits von humanistischen und transpersonalen Therapeuten entwickelt worden.

Der Wirrwarr der Lehrmeinungen in der Psychiatrie

Einander widersprechende Theorien und alternative Interpretationen von Daten gibt es in den meisten wissenschaftlichen Disziplinen. Auch die sogenannten exakten Wissenschaften bilden da keine Ausnahme. Man denke nur an die Meinungsverschiedenheiten bei der Interpretation der mathematischen Formeln der Quantentheorie. Es gibt aber nur sehr wenige Wissenschaftsgebiete, in denen der Mangel an Übereinstimmung so groß und der Umfang allgemein anerkannten Wissens so gering ist wie in der Psychiatrie und Psychologie. Die verschiedenartigsten miteinander wetteifernden Persönlichkeitstheorien gelangen häufig zu Erklärungen, die sich gegenseitig ausschließen, so im Hinblick auf die Fragen, wie die Psyche funktioniert, warum und wie sich psychopathologische Störungen entwickeln, und wie eine einwandfrei wissenschaftliche Therapiekonzeption beschaffen sein muß.

Die Meinungsunterschiede über die grundlegendsten Annahmen sind von so phänomenalem Ausmaß, daß man sich nicht zu wundern braucht, wenn der Psychiatrie und der Psychologie häufig der Status einer Wissenschaft abgesprochen wird. So formulieren und verteidigen Psychiater und Psychologen mit einer hervorragenden Hochschulbildung, einer überragenden Intelligenz und einer ausgeprägten wissenschaftlichen Beobachtungsgabe Konzepte, die theoretisch absolut unvereinbar miteinander sind und praktisch zu genau entgegengesetzten Maßnahmen führen.

So gibt es Schulen mit einer rein organisch orientierten Auffassung von Psychopathologie. Ihrer Meinung nach ist das kartesianisch-Newtonsche Modell des Universums realitätsgerecht. Sie meinen, daß ein in struktureller und funktionaler Hinsicht normaler Organismus dieses Bild von Realität teilen und entsprechend funktionieren müßte. Jede Abweichung von diesem Ideal wird auf irgendeine anatomische, physiologische oder biochemische Abnormität des Zentralnervensystems oder eines anderen Körperteils zurückgeführt.

Wissenschaftler mit dieser Überzeugung sind auf der entschlossenen Suche nach Erbfaktoren, pathologischen Zellveränderungen, hormonellen Ungleichgewichten, biochemischen Abweichungen und anderen physischen Ursachen. Jede Erklärung für eine emotionale Störung wird erst dann als wissenschaftlich akzeptiert, wenn sie in sinnvoller Weise mit spezifischen materiellen Ursachen in Verbindung gebracht werden kann. Das Extrem verkörpern die deutschen Vertreter dieser Richtung, deren Credo lautet: »Jedem gestörten Gedanken entspricht eine gestörte Gehirnzelle«. Sie meinen, daß eines Tages eine Eins-zu-Eins-Beziehung zwischen verschiedenen Aspekten der Psychopathologie und Aspekten der Gehirnanatomie festgestellt wird.

Ein anderes extremes Beispiel ist der Behaviorismus oder die Verhaltensforschung, deren Verfechter gerne behaupten, ihr Ansatz würde als einziger die Bezeichnung »wissenschaftlich« verdienen. Sie sehen den Organismus als eine komplizierte biologische Maschine, deren Funktionen – einschließlich der höheren geistigen Funktionen – mit einer komplexen Reflexaktivität erklärt werden können, die auf dem Reiz-Reaktions-Prinzip beruht. Wie schon aus der Bezeichnung ersichtlich, legt die Verhaltensforschung den Schwerpunkt auf das Studium des Verhaltens. Die Vertreter der extremen Richtung weigern sich, introspektive Daten jeder Art und auch nur das Konzept des Bewußtseins in ihre theoretischen Erwägungen einzubeziehen.

Der Behaviorismus hat in der Psychologie sicherlich seinen Platz, nämlich als fruchtbarer Ansatz für eine bestimmte Art von Laborexperimenten. Er kann aber nicht ernsthaft den Anspruch eines alleingültigen Modells für das Funktionieren der menschlichen Psyche erheben. Es ist schon seltsam, wenn in einer Zeit, da nach Auffassung vieler Physiker das Bewußtsein in zukünftige Theorien von der Materie ausdrücklich einbezogen werden müßte, eine psychologische Theorie formuliert wird, ohne das Bewußtsein überhaupt zu erwähnen. Während die Vertreter der organisch orientierten Schule nach medizinischen Ursachen für geistige Abnormitäten suchen, neigen die Behavioristen dazu, diese als Ansammlung fehlangepaßter, nach dem Konditionierungsprinzip gelernter Verhaltensweisen zu sehen.

Im mittleren Bereich des Spektrums von Theorien, die psychopathologische Phänomene zu erklären versuchen, finden sich die Spekulationen der Tiefenpsychologie. Abgesehen davon, daß sie in ihren Grundkonzepten von den Organikern und Behavioristen abweichen, stehen sie auch noch miteinander im Streit. Manche der Auseinandersetzungen innerhalb dieser Gruppe habe ich schon weiter oben anläßlich der Besprechung der Abfallbewegungen von der Psychoanalyse erwähnt. In vielen Fällen sind die Meinungsverschiedenheiten zwischen den Tiefenpsychologen sehr ernsthafter und grundlegender Natur.

Am anderen Ende des Spektrums gibt es Ansätze, die sich von den organischen, behavioristischen und psychologischen Schulen unterscheiden. Sie vermeiden es sogar, überhaupt von Psychopathologie zu sprechen. So sehen beispielsweise die Vertreter der Phänomenologie die meisten Zustände, mit denen es die Psychiatrie zu tun hat, als Ausdruck philosophischer Probleme an. In diesen Zuständen spiegeln sich nach ihrer Auffassung Variationen der Existenz, verschiedene Formen des In-der-Welt-Seins wider.

Heutzutage weigern sich viele Psychiater, einen der oben beschriebenen engen und geradlinigen Ansätze als alleingültig zu akzeptieren, und sprechen statt dessen von einer »multiplen Ätiologie«. Ihrer Ansicht nach sind emotionale Störungen das Endresultat eines komplexen Zusammenspiels der verschiedensten Faktoren, von denen einige biologischer, andere wiederum psychologischer, soziologischer und philosophischer Natur sein dürften. Die psychedelische Forschung teilt diesen Standpunkt. Obwohl psychedelische Zustände durch einen klar definierten chemischen Reiz herbeigeführt werden, folgt daraus sicherlich nicht, daß das Studium der biochemischen und pharmakologischen Wirkungen im Körper nach Einnahme der psychedelischen Drogen zu einer vollständigen und umfassenden Erklärung des gesamten Spektrums psychedelischer Phänomene führen könnte. Die Droge ist nur ein Auslöser und Katalysator für den psychedelischen Zustand, der ein bestimmtes, der menschlichen Psyche innewohnendes Potential freisetzt. Die psychologischen, philosophischen und spirituellen Dimensionen dieser Erfahrung lassen sich nicht auf anatomische, physiologische, biochemische oder verhaltensmäßige Aspekte reduzieren und müssen mit den Mitteln erforscht werden, die diesen Phänomenen angemessen sind.

Was die Situation in der psychiatrischen Therapie anbelangt, so ist sie gleichermaßen unbefriedigend. Das überrascht nicht, da die praktische Behandlung und die theoretische Konzeption psychopathologischer Störungen eng zusammenhängen. So befürworten die organisch orientierten Psychiater häufig extreme biologische Maßnahmen, und zwar nicht nur für die Behandlung schwerer Störungen wie der Schizophrenie oder der manisch-depressiven Psychose, sondern auch der Neurose und der psychosomatischen Erkrankungen. Bis zu Beginn der fünfziger Jahre waren die meisten der in der Psychiatrie üblichen Behandlungsmethoden ziemlich radikaler Natur. Zu ihnen zählten der Kardiazolschock, der Elektroschock, das Insulinkoma und die Lobotomie.[3]

Sogar mit den modernen Psychopharmaka, die alle diese drastischen Maßnahmen beinahe vollständig ersetzten und die sehr viel feiner sind, gibt es Probleme. Man nimmt im allgemeinen an, daß sie eine psychiatrische Störung nicht an der Wurzel anpacken, sondern lediglich die Symptome beeinflussen. In vielen Fällen folgt auf die Phase der aktiven Behandlung eine unbestimmt lange Phase, in der zur Aufrechterhaltung der Wirkung der Patient das Medikament in geringeren Dosen weiter einnehmen muß. Viele Neuroleptika werden routinemäßig über einen sehr langen Zeitraum eingesetzt. Dies kann zu nicht mehr behebbaren neurologischen Schäden, Schäden der Netzhaut und einer echten Abhängigkeit führen.

Die psychologischen Schulen geben der Psychotherapie den Vorzug, nicht nur im Fall von Neurosen, sondern auch von vielen psychotischen Zuständen. Wie ich schon früher erwähnte, gibt es aber letztlich keine allgemein anerkannten diagnostischen Kriterien – außer einer klar nachweisbaren organischen Ursache wie Gehirnhautentzündung, Tumoren oder Arteriosklerose –, nach denen der Patient eindeutig mit organischer Therapie oder Psychotherapie behandelt werden muß. Außerdem gibt es beträchtliche Meinungsverschiedenheiten im Hinblick darauf, nach welchen Regeln eine biologische und eine psychologische Behandlung kombiniert werden sollen. Eine psychopharmakologische Therapie mag gelegentlich bei psychotischen Patienten notwendig sein, die psychotherapeutisch behandelt werden, und ist allgemein mit oberflächlichen, rein stützenden psychotherapeutischen Verfahren vereinbar. Viele Psychotherapeuten meinen aber, ein solches Vorgehen sei mit einer systematischen tiefenpsychologischen Behandlung unvereinbar. Während man mit den aufdeckenden Verfahren darauf abzielt, zu den Wurzeln des Problems zu gelangen, maskiert man mit einer symptomatischen Therapie die Symptome und deckt das eigentliche Problem zu.

Diese Situation wird nun auch noch durch die zunehmende Verbreitung der neuen Selbsterfahrungstherapien kompliziert. Diese verwenden nicht nur die Symptome gezielt als Ansatzpunkte für Therapie und Selbsterfahrung, sondern sehen in ihnen auch einen Ausdruck von Selbstheilungsbestrebungen des Organismus, die sie mit hochwirksamen Techniken zu unterstützen versuchen. So konzentriert sich ein Teil der Psychiater mit allen Mitteln darauf, immer mehr und effektivere Wege zur Kontrolle der Symptome zu entwickeln, während ein anderer Teil ebenso große Anstrengungen unternimmt, immer wirksamere Methoden zu ihrer weiteren Ausfaltung zu erfinden. Viele Psychiater glauben, daß die symptomatische Behandlung ein Kompromiß ist, den man eingehen kann, wenn eine effektivere Alternative nicht bekannt oder durchführbar ist, während andere fest die Ansicht vertreten, daß es eine schwere Nachlässigkeit sei, keine dämpfenden Pharmaka einzusetzen.

In Anbetracht der mangelnden Übereinstimmung in Fragen der psychiatrischen Therapie – ausgenommen solcher Situationen, die strenggenommen in den Bereich der Neurologie oder eines anderen medizinischen Zweigs fallen wie die progressive Paralyse, die Gehirntumoren oder die Arteriosklerose – kann man neue therapeutische Konzepte und Strategien vorschlagen, ohne irgendwelche Prinzipien zu verletzen, die von der gesamten Fachwelt als absolut und allgemeingültig betrachtet werden.

Kriterien für die psychische Gesundheit und den therapeutischen Erfolg

Da die Mehrzahl der klinischen Probleme, mit denen es die Psychiater zu tun haben, nicht »Krankheiten« im eigentlichen Sinn des Wortes sind, stößt die Anwendung des medizinischen Modells in diesen Fällen auf erhebliche Schwierigkeiten. Obwohl sich die Psychiater seit über 100 Jahren größte Mühe geben, ein »umfassendes« diagnostisches System zu entwickeln, sind sie im großen und ganzen erfolglos geblieben. Der Grund dafür ist, daß keine krankheitsspezifischen Ursachen bekannt sind, die die Grundlage aller brauchbarer diagnostischer Systeme bilden.[4] Thomas Scheff (180) hat diese Situation kurz und bündig so beschrieben: »Was die Klassifikation von Geisteskrankheiten anbelangt, so konnte keine der Komponenten des medizinischen Modells – Ursache, Verletzung, einheitliche und invariante Symptome, Verlauf und optimale Behandlung – zur Geltung gebracht werden.« Es gibt so viele Standpunkte, so viele Schulen und so viele nationale Unterschiede, daß nur sehr wenige diagnostische Konzepte für alle Psychiater ein und dasselbe beinhalten.

Dies hat aber die Psychiater nicht davon abgehalten, immer umfassendere und detailliertere offizielle Nomenklaturen zu produzieren. Die Fachleute benutzen weiterhin die gang und gäbe gewordenen Begriffe, auch wenn mittlerweile eine große Menge von Untersuchungsergebnissen vorliegt, nach denen viele Patienten gar nicht die Symptome haben, die in die bei ihnen angewendeten diagnostischen Kategorien fallen. Generell basiert die psychiatrische Gesundheitsversorgung auf unzuverlässigen und nicht erwiesenen diagnostischen Kriterien und Behandlungsrichtlinien. Die Frage, wer »geistig krank« und wer »geistig gesund« ist und wie diese »Krankheit« beschaffen ist, wirft sehr viel schwierigere und kompliziertere Probleme auf, als es den Anschein hat. Die Art und Weise, wie man zu einer solchen Entscheidung gelangt, ist sehr viel weniger rational, als es die traditionelle Psychiatrie gerne wahrhaben möchte.

In Anbetracht der großen Zahl von Menschen mit schweren Symptomen und Problemen sowie bei dem gleichzeitigen Mangel an allgemein akzeptierten diagnostischen Kriterien lautet wohl die entscheidende Frage, warum und wie solche Menschen als geisteskrank bezeichnet werden und in psychiatrische Behandlung kommen. Untersuchungen haben ergeben, daß dies mehr von verschiedenen sozialen Merkmalen als von der Natur der ursprünglichen Abweichung abhängt (118). So ist es wesentlich, wie stark Symptome nach außen in Erscheinung treten. Es ist ein großer Unterschied, ob sie für jedermann bemerkbar oder ob sie relativ unauffällig sind. Ein anderer wichtiger Punkt ist der kulturelle Kontext, in dem Symptome auftreten. Die Vorstellung davon, was normal und akzeptabel ist, unterscheidet sich erheblich je nach sozialer Klasse, ethnischer Gruppe, Religionsgemeinschaft, geographischer Lage und historischem Zeitpunkt. Auch scheinen Statusmerkmale wie Alter, Rasse, Einkommen und Bildungsgrad die Diagnose zu beeinflussen. Die vorgefaßte Meinung des Psychiaters ist ebenfalls ein entscheidender Faktor. So hat sich in Rosenhans bemerkenswerter Untersuchung (177) gezeigt, daß das Fachpersonal einer psychiatrischen Klinik dazu neigt, normales und alltägliches Verhalten einer Person als pathologisch zu interpretieren, wenn diese einmal als geisteskrank diagnostiziert worden ist – auch wenn sie in Wirklichkeit normal ist.

Eine psychiatrische Diagnose ist genügend vage und flexibel, um sie verschiedenen Umständen anpassen zu können. Sie kann relativ leicht verteidigt werden, wenn der Psychiater eine Zwangsunterbringung rechtfertigen muß oder wenn er vor Gericht beweisen soll, daß sein Klient im juristischen Sinn nicht verantwortlich war. Diese Situation steht in schroffem Gegensatz zu den strengen Kriterien, die der Psychiater für die Anklage anwendet, oder an die sich ein Militärpsychiater halten muß, da seine Diagnose unter Umständen eine Entlassung vom Wehrdienst rechtfertigen würde. Ähnlich flexibel kann die Diagnose beispielsweise auch in Versicherungsprozessen gehandhabt werden. Die fachlichen Argumente können erheblich unterschiedlich ausfallen, je nachdem auf welcher Seite der Psychiater steht.

Aufgrund des Mangels an präzisen und objektiven Kriterien wird die Psychiatrie immer von der sozialen, kulturellen und politischen Struktur der Gemeinschaft, in der sie praktiziert wird, beeinflußt. Im 19. Jahrhundert wurde die Selbstbefriedigung als etwas Pathologisches angesehen, und viele Fachleute schrieben abschreckende Bücher, Artikel und Pamphlete über ihre schädlichen Auswirkungen. Die modernen Psychiater betrachten sie als harmlos und sehen in ihr ein Sicherheitsventil für den Abbau übermäßiger sexueller Spannungen. In der Stalinzeit erklärten die Psychiater in Rußland Neurosen und sexuelle Abweichungen als Produkte von Klassenkonflikten und verkommenen Moralvorstellungen der bürgerlichen Gesellschaft. Sie behaupteten, Probleme dieser Art wären mit dem Wechsel der sozialen Ordnung prakisch verschwunden. Patienten mit solchen Symptomen wurden als Anhänger der alten Ordnung und als »Volksfeinde« angesehen. In den letzten Jahren ist die sowjetische Psychiatrie immer mehr dazu übergegangen, politisch Andersdenkende als geisteskrank zu klassifizieren und damit ihre Unterbringung in einer psychiatrischen Klinik sowie eine entsprechende Behandlung zu rechtfertigen. In den USA war die Homosexualität als Geisteskrankheit definiert – bis 1973, als die Vereinigung amerikanischer Psychiater per Abstimmung entschied, sie sei keine. Die Mitglieder der Hippie-Bewegung in den sechziger Jahren galten bei traditionell orientierten Fachleuten als emotional labil, psychisch krank und möglicherweise durch Drogengenuß gehirngeschädigt, während die Psychiater und Psychologen der New Age-Bewegung sie als die emotional befreite Avantgarde der Menschheit betrachteten. Wir haben bereits früher über kulturelle Unterschiede im Hinblick auf die Vorstellungen von Normalität und geistiger Gesundheit gesprochen. Viele der Phänomene, die in den Augen der westlichen Psychiatrie symptomatisch für eine Geisteskrankheit sind, stellen offenbar Variationen des kollektiven Unbewußten dar, die in manchen Kulturen bzw. zu irgendeinem Zeitpunkt der Menschheitsgeschichte als abolut normal und akzeptabel gegolten haben.

Die psychiatrische Klassifikation und ihre »Symptomlastigkeit« lassen sich – so problematisch sie auch sein mögen – aus der Sicht der modernen therapeutischen Praktiken ein wenig rechtfertigen. Die verbal orientierten Psychotherapien tragen nicht gerade zu dramatischen Veränderungen des klinischen Bildes bei, und die dämpfenden Medikamente stören aktiv die weitere Entwicklung des als krankhaft angesehenen Prozesses, wobei die Gefahr besteht, ihn zum Stillstand zu bringen. Die Relativität eines solchen Vorgehens wird aber offenkundig, wenn in der Therapie mit Psychedelika oder anderen hochwirksamen Selbsterfahrungstechniken ohne die Zuhilfenahme von Drogen gearbeitet wird. Dies führt zu einem Fluß der Symptome, so daß der Patient gelegentlich innerhalb von Stunden ein völlig anderes klinisches Bild bietet. So wird deutlich, daß das, was die Psychiater als voneinander getrennte diagnostische Kategorien beschreiben, Ausdruck eines Umwandlungsprozesses ist, der in verschiedenen Stadien angehalten wurde.

Die Situation ist nicht viel ermutigender, wenn wir uns vom Problem der psychiatrischen Diagnose zur psychiatrischen Behandlung und Bewertung des Behandlungserfolgs zuwenden. Jeder Psychiater hat seine eigenen therapeutischen Methoden, die er bei den verschiedensten Problemen anwendet, auch wenn gar nicht sicher ist, daß sie effektiver sind als andere Methoden. Wie Kritiker der Psychotherapie aufgrund von Untersuchungen argumentieren konnten, gibt es keine überzeugenden Belege dafür, daß Patienten, die von Fachleuten behandelt werden, größere Besserungen zeigen als Patienten, die überhaupt nicht behandelt werden oder Unterstützung von Nicht-Fachleuten erfahren (37). Wenn sich im Verlauf einer Psychotherapie Besserung einstellt, dann läßt sich nur schwer der Nachweis erbringen, daß diese in einem direkten Zusammenhang mit dem therapeutischen Prozeß oder den theoretischen Ansichten des Therapeuten steht.

Die Ergebnisse von Untersuchungen zur Effektivität von Psychopharmaka und ihren Einwirkungen auf die Symptome sind etwas ermutigender. Hier erhebt sich aber die kritische Frage, ob eine Beseitigung von Symptomen echte Besserung bedeutet oder ob die Anwendung von Pharmaka lediglich die Grundprobleme zudeckt und ihre Lösung verhindert. Es gibt immer mehr Hinweise darauf, daß die dämpfende Medikation in vielen Fällen den Heilungs- und Umwandlungsprozeß stört und daß sie nur dann eingesetzt werden sollte, wenn es der Patient so will oder wenn die Umstände den aufdeckenden Prozeß nicht erlauben.

Da keine Klarheit über die Kriterien für die psychische Gesundheit herrscht, sind psychiatrische Etikettierungen problematisch, und da es zudem noch keine Übereinstimmung im Hinblick darauf gibt, was eine effektive Behandlung ausmacht, sollte man sich von einer Bewertung des Therapieerfolgs nicht viel versprechen. In der alltäglichen klinischen Praxis sind die Bewertungskriterien für den Zustand des Patienten die Art und die Intensität der gegenwärtig vorhandenen Symptome. Werden die Symptome stärker, dann spricht man von einer Verschlechterung des klinischen Zustands, werden sie schwächer, gilt dies als Zeichen der Besserung. Diese Anschauung widerspricht der Ansicht der dynamischen Psychiatrie, wo der Schwerpunkt auf die Lösung von Konflikten und die Verbesserung der zwischenmenschlichen Beziehungen gelegt wird. Hier geht eine Intensivierung von Symptomen einem größeren therapeutischen Fortschritt häufig voraus oder begleitet ihn. Die primär symptomorientierte Auffassung von Therapie steht auch in einem scharfen Gegensatz zu der in diesem Buch dargelegten Anschauung, wonach die Intensität von Symptomen die Aktivität des Heilungsprozesses anzeigt und Symptome ebensosehr als Problem wie auch als günstige Gelegenheit angesehen werden.

Während manche Psychiater bei der Bewertung des Therapieerfolgs ausschließlich von Veränderungen der Symptomatik ausgehen, beziehen andere in ihre Kriterien die Qualität der zwischenmenschlichen Beziehungen und die soziale Anpassung mit ein. Nicht unüblich ist auch die Benutzung offenkundig kulturgebundener Kriterien wie die des beruflichen Erfolgs und der Wohngegend. So können aus dieser Sicht eine Erhöhung des Einkommens oder der Umzug in eine Wohngegend mit größerem Prestige als bedeutsame Anhaltspunkte für die psychische Gesundheit gewertet werden. Die Absurdität solcher Kriterien wird unmittelbar deutlich, wenn wir die emotionale Stabilität und die psychische Gesundheit mancher Menschen betrachten, die nach solchen Maßstäben an hoher Stelle rangieren würden, etwa Howard Hughes oder Elvis Presley. Die Tatsache, daß Kriterien dieser Art in klinische Erwägungen einbezogen werden, zeigt den Grad der theoretischen Verwirrung an. Es ließe sich ohne weiteres nachweisen, daß ein verstärkter Ehrgeiz, Wettbewerbsstreben und das Bedürfnis, Eindruck zu machen, Anzeichen einer Verschlechterung statt einer Besserung sind. In der

Situation, in der sich die Welt heute befindet, kann eine freiwillig auferlegte einfache Lebensführung sehr wohl Ausdruck grundlegender psychischer Gesundheit sein.

Da das in diesem Buch vorgestellte theoretische System der spirituellen Dimension im menschlichen Leben große Bedeutung beimißt, scheint es angebracht, die Spiritualität in diesem Zusammenhang zu erwähnen. Für traditionell orientierte Psychiater schwingt in spirituellen Neigungen und Interessen eindeutig etwas Pathologisches mit. Auch wenn es nicht klar ausgesprochen wird, geht man im gegenwärtigen psychiatrischen Denken mehr oder weniger davon aus, daß zu geistiger Gesundheit Atheismus, Materialismus und das Weltbild der mechanistischen Wissenschaft dazugehören. So würden generell spirituelle Erlebnisse, religiöse Überzeugungen und die Ausübung spiritueller Praktiken die Diagnose einer psychopathologischen Störung wahrscheinlicher machen.

Ich kann dies anhand eines persönlichen Erlebnisses aus der Zeit verdeutlichen, als ich in die USA kam und mit Vorlesungen über meine LSD-Forschungen in Europa anfing. 1967 sprach ich vor dem Fachbereich Psychiatrie der Harvard-Universität, wobei ich die Ergebnisse diskutierte, die ich mit Hilfe der LSD-Psychotherapie bei einer Gruppe von Patienten mit schweren psychiatrischen Problemen erzielt hatte. Während der Diskussion gab einer der Psychiater seine Interpretation meiner Auffassung von therapeutischen Erfolgen. Nach seiner Meinung waren an die Stelle der neurotischen Symptome psychotische Phänomene getreten. Ich hatte beschrieben, wie sich bei vielen eine auffallende Besserung zeigte, nachdem sie intensive Tod-Wiedergeburt-Erlebnisse und Erlebnisse der Einheit mit dem Kosmos gehabt hatten. Als Folge davon wandten sie sich spirituellen Dingen zu und interessierten sich sehr für die alten und östlichen Philosophien. Manche von ihnen wurden gegenüber dem Gedanken der Reinkarnation aufgeschlossen, andere praktizierten Meditation, Yoga und weitere Formen spiritueller Techniken. Diese Erscheinungen waren nach Ansicht dieses Psychiaters eindeutige Anzeichen für einen psychotischen Prozeß. Da heute das Interesse an spirituellen Praktiken weit verbreitet ist, würde eine solche Schlußfolgerung wohl nicht mehr so schnell gezogen werden. Diese Geschichte ist aber ein gutes Beispiel für die allgemeine Orientierung des gegenwärtigen psychiatrischen Denkens.

Die Situation in der westlichen Psychiatrie ist – was die Definition von Normalität und Geisteskrankheit, die klinische Diagnose, die generelle Behandlungsstrategie und die Bewertung des Therapieerfolgs angeht – ziemlich verwirrend und läßt viel zu wünschen übrig. Die geistige Gesundheit wird mit dem Fehlen von psychopathologischen Symptomen gleichgesetzt. Es gibt keine positive Definition vom normalen Menschen. Begriffe wie Lebensfreude, Liebesfähigkeit, Nächstenliebe, Ehrfurcht vor dem Leben, Kreativität und Selbstverwirklichung werden wohl kaum jemals in psychiatrische Erwägungen einfließen. Die gegenwärtig verfügbaren psychiatrischen Techniken werden wohl auch kaum dem

Therapieziel gerecht, das Sigmund Freud definiert hat, nämlich das übermäßige Leiden des Neurotikers in die normale Misere des Alltagslebens umzuwandeln. Ehrgeizigere Resultate sind unvorstellbar, solange nicht die Spiritualität und die transpersonale Perspektive in die Praxis der Psychiatrie, Psychologie und Psychotherapie einbezogen werden.

Psychiatrie und Religion: Die Rolle der Spiritualität im menschlichen Leben

Die Einstellung der traditionellen Psychiatrie und Psychologie zur Religion und zur Mystik wird von der mechanistischen und materialistischen Orientierung der westlichen Wissenschaft bestimmt. In einem Universum, in dem die Materie das Primäre ist, und Leben sowie Bewußtsein deren zufällige Nebenprodukte sind, gibt es keinen Platz für eine spirituelle Dimension der Existenz. Wirklich aufgeklärt sein heißt, seine eigene Unbedeutsamkeit als Bewohner einer der zahllosen Himmelskörper in den Millionen von Milchstraßensystemen zu akzeptieren. Dazu gehört auch die Erkenntnis, daß wir nichts anderes sind als hochentwickelte Tiere und biologische Maschinen, die sich aus Zellen, Geweben und Organen zusammensetzen. Und schließlich muß man für das wissenschaftliche Verständnis seiner Existenz auch noch die Tatsache hinnehmen, daß das Bewußtsein ein physiologisches Produkt des Gehirns ist und daß die Psyche von unbewußten triebhaften Kräften gesteuert wird.

Es wird wiederholt hervorgehoben, daß den Menschen durch drei wichtige Revolutionen in der Wissenschaftsgeschichte der rechte Platz im Universum zugewiesen wurde. Die erste war die Kopernikanische Revolution, durch die der Glaube zerstört wurde, daß die Erde im Mittelpunkt des Weltalls steht und die Menschheit darin eine besondere Stellung einnimmt. Die zweite war die Darwinsche Revolution, durch die der Vorstellung ein Ende gesetzt wurde, die Menschen würden sich grundlegend von den Tieren unterscheiden. Und schließlich gab es noch die Freudsche Revolution, durch die die Psyche zum Abkömmling niedriger Instinkte reduziert wurde.

Eine am mechanistischen Weltbild orientierte Psychiatrie und Psychologie ist nicht in der Lage, zu unterscheiden zwischen den engstirnigen und oberflächlichen religiösen Überzeugungen, die für die führenden Religionen der Welt charakteristisch sind, und zwischen der Tiefe der echten mystischen Traditionen oder der großen spirituellen Philosophien wie der verschiedenen Schulen des Yoga, des Kaschmir-Shaivismus, des Vajrayana, des Zen, des Taoismus oder des Sufismus. Die westliche Wissenschaft ist blind gegenüber der Tatsache, daß diese Traditionen das Ergebnis jahrhundertelanger Erforschungen des menschlichen Geistes sind, in denen systematisches Beobachten, Experimentieren und

Abb. 29. Die Identifikation mit dem Fötus während der ungestörten intrauterinen Existenz hat typischerweise eine stark numinose Qualität. Dieses Bild zeigt die Beziehung zwischen embryonaler Glückseligkeit und Buddhanatur, wie sie in einer hochdosierten LSD-Sitzung zustande kam.

Abb. 32. Dieses Bild von einer psychedelischen Sitzung spiegelt die Erfahrung einer vergangenen Inkarnation im alten Japan wider. Betont wird dabei besonders die blutige, grausame Atmosphäre der Samurai-Kämpfe.

318

Theoretisieren in einer Weise verknüpft worden sind, die der wissenschaftlichen Methode ähnelt.

Die westliche Psychologie und Psychiatrie neigen daher dazu, pauschal alle Formen von Spiritualität – so hochintelligent und wohlfundiert sie auch sein mögen – als unwissenschaftlich abzutun. In der mechanistischen Wissenschaft wird die Spiritualität mit primitivem Aberglauben, Mangel an Bildung oder klinisch-psychopathologischen Phänomenen gleichgesetzt. Wird hingegen eine religiöse Überzeugung von einer großen Gruppe geteilt, die sie in die Kultur integriert hat, dann wird sie von den Psychiatern mehr oder weniger toleriert. Unter diesen Umständen werden die üblichen klinischen Kriterien nicht angewendet und das Vertreten einer solchen Überzeugung auch nicht als Anzeichen für eine psychische Störung ausgelegt.

Spirituelle Formen der Lebensführung in nichtwestlichen Kulturen mit unzulänglichen Bildungssystemen werden gewöhnlich auf Unwissenheit, kindliche Leichtgläubigkeit und Aberglauben zurückgeführt. In unserer eigenen Gesellschaft könnte man ein solches Verhalten – besonders wenn es bei hochgebildeten und sehr intelligenten Menschen vorkommt – offensichtlich nicht so interpretieren. Hier greift die Psychiatrie auf Ergebnisse der psychoanalytischen Forschung zurück, nach denen die Ursprünge der Religion in ungelösten Konflikten aus der frühen Kindheit zu suchen sind. Nach dieser Vorstellung spiegeln die Gottheiten das Bild des kleinen Kindes von seinen Eltern wider, die Haltung des Gläubigen zu ihnen ist ein Zeichen von Unreife und kindlicher Abhängigkeit, und die Ausübung von Ritualen weist auf einen Kampf mit bedrohlichen psychosexuellen Impulsen hin, ähnlich wie es bei einem Zwangsneurotiker der Fall ist.

Unmittelbare spirituelle Erlebnisse wie das Gefühl der Einheit mit dem Kosmos, das Empfinden, göttliche Energie durchströme den eigenen Körper, Tod- und Wiedergeburt-Erlebnisse, Visionen überirdisch schönen Lichts, Erinnerungen an Ereignisse aus früheren Inkarnationen oder Begegnungen mit archetypischen Wesen werden als massive psychotische Verzerrung der objektiven Realität gewertet, die auf einen schweren pathologischen Prozeß oder eine Geisteskrankheit hinweist. Bis zur Veröffentlichung der Forschungsarbeiten von Abraham Maslow konnte man sich in der akademischen Psychologie nicht vorstellen, daß irgendeines dieser Phänomene auch anders zu sehen wäre. Die Theorien von C.G.Jung und Roberto Assagioli, die in die gleiche Richtung wiesen, waren der akademischen Psychologie zu fern, um sich ernsthaft auszuwirken.

Im Prinzip neigt die mechanistische Wissenschaft des Westens dazu, spirituelle Erlebnisse jeder Art als pathologische Phänomene zu betrachten. Die führenden Richtungen der Psychoanalyse interpretieren, dem Beispiel Freuds folgend, die Einheitserlebnisse und die ozeanischen Zustände der Mystiker als Regression auf den primären Narzißmus und auf die infantile Hilflosigkeit (57) und sehen die Religion als kollektive Zwangsneurose (52). Franz Alexander (2), ein weltweit bekannter Psychoanalytiker, schrieb eine spezielle Abhandlung, in der er die

Zustände, die durch buddhistische Meditationsformen erzielt werden, als selbst herbeigeführte Katatonie hinstellte. Die großen Schamanen verschiedener Naturvölkertraditionen werden als Schizophrene oder Epileptiker beschrieben, und alle großen Heiligen, Propheten und Glaubensverkünder werden ebenfalls mit psychiatrischen Etiketten versehen. Zwar gibt es viele wissenschaftliche Untersuchungen, in denen auf die Ähnlichkeiten zwischen Mystik und Geisteskrankheit eingegangen wird, doch kaum eine echte Würdigung der Mystik oder eine angemessene Differenzierung zwischen der mystischen Weltschau und der Psychose. In anderen Arbeiten werden die Unterschiede zwischen Mystik und Psychose mit den Unterschieden zwischen einer ambulanten und einer floriden Psychose gleichgesetzt, oder es werden die kulturellen Rahmenbedingungen hervorgehoben, die die Integration einer bestimmten Psychose in das soziale und historische Netzwerk gestatten. Solche psychiatrischen Kriterien werden routinemäßig und unterschiedslos auch auf große Glaubensverkünder vom Rang eines Buddha, Jesus, Mohammed, Sri Ramana Maharshi oder Ramakrischna angewendet.

Dies führt in unserer Kultur zu einer eigentümlichen Situation. In vielen Gemeinden herrscht immer noch ein beträchtlicher psychologischer, sozialer und sogar politischer Druck, der die Leute zwingt, regelmäßig in die Kirche zu gehen. Die Bibel liegt in vielen Motels oder Hotels aus, und viele prominente Politiker oder andere Personen des öffentlichen Lebens bekennen sich in ihren Reden zu Gott und zur Religion. Hätte aber ein Mitglied einer normalen Kirchengemeinde ein intensives religiöses Erlebnis, so würde es sehr wahrscheinlich von seinem Geistlichen zum Psychiater geschickt werden.

6 Neue Perspektiven des psychotherapeutischen Prozesses

Die Vorstellungen von der Natur, dem Ursprung und der Dynamik psychogener Störungen spielen für die Theorie und die Praxis der Psychotherapie eine entscheidende Rolle. Sie haben unmittelbare Auswirkungen auf das Konzept des Heilungsprozesses, die Definition der für die Psychotherapie und die Persönlichkeitsumwandlung effektiven Mechanismen und die Wahl der therapeutischen Strategien. Leider unterscheiden sich die bestehenden psychotherapeutischen Schulen in ihrer Interpretation der psychogenen Symptome und ihrer Behandlung ebensosehr wie in der Beschreibung der Grundzusammenhänge in der menschlichen Psyche.

Nicht eingehen möchte ich hier auf den Behaviorismus, für den die psychogenen Symptome isolierte Ansammlungen fehlangepaßter Verhaltensweisen ohne tiefere Bedeutung und nicht Zeichen einer komplexen, ihnen zugrunde liegenden Persönlichkeitsstörung sind. Auch die rein stützenden therapeutischen Methoden und andere Formen psychologischer Behandlung möchte ich unerwähnt lassen, weil sie aus praktischen Erwägungen – nicht aus theoretischen Gründen – nicht in die Tiefe gehen. Aber auch wenn wir uns jetzt bewußt auf die Schulen der sogenannten Tiefenpsychologie beschränken, werden wir im Hinblick auf die oben genannten Punkte ebenfalls mit weitgehenden Meinungsunterschieden konfrontiert.

In der klassischen Freudschen Analyse werden Symptome als Resultat eines Konflikts zwischen Triebforderungen und Abwehrmechanismen des Ich oder als Kompromißbildung zwischen den Impulsen des Es und den Verboten sowie Geboten des Über-Ich gesehen. In seinen ursprünglichen Formulierungen rückte Freud ausschließlich die sexuellen Wünsche in den Mittelpunkt und sah die gegen die Sexualität gerichteten Kräfte als Manifestationen der »Ich-Triebe«, die der Selbsterhaltung dienen. Später, in der drastischen Revision seiner Theorie, betrachtete er verschiedene psychische Phänomene als Produkt des Konflikts zwischen Eros, dem Liebestrieb, der nach Vereinigung und Bildung höherer Einheiten strebt, und Thanatos, dem Todestrieb, dessen Ziel Zerstörung und die Wiederherstellung der ursprünglichen anorganischen Bedingungen ist. In jedem Fall aber ist die Freudsche Interpretation streng biographisch orientiert und verbleibt im Rahmen des individuellen Organismus. Das Therapieziel besteht darin, die in den Symptomen gebundenen Triebenergien freizusetzen und für sie sozial akzeptable Möglichkeiten der Befriedigung zu finden.

In Adlers Interpretation stammt die neurotische Disposition von Kindheitserlebnissen, die durch Überbehütung, Vernachlässigung oder eine verwirrende

Mischung aus beiden geprägt sind. Dies führt zu einem negativen Selbstbild und einem neurotischen Streben nach Überlegenheit, mit der die überaus starken Unsicherheits- und Angstgefühle kompensiert werden sollen. Als Folge dieser ausschließlich um das Ich kreisenden Lebensstrategie ist der Neurotiker unfähig, Probleme zu bewältigen und das Zusammenleben mit anderen zu genießen. Neurotische Symptome sind demnach wesentliche Aspekte des einzigen Anpasungssystems, das der oder die Betreffende anhand der irreführenden Schlüsselreize seiner Umwelt konstruieren konnte. Während in Freuds Theorie alles aus vorausgehenden Bedingungen und rigoros mit dem linearen Kausalitätsprinzip erklärt wird, hebt Adler das teleologische Prinzip hervor. Der Lebensplan des Neurotikers ist künstlich, und Teile von ihm müssen unbewußt bleiben, da sie der Realität widersprechen. Das Therapieziel besteht darin, den Patienten daran zu hindern, in seiner Phantasiewelt weiterzuleben, und ihm zu helfen, die Einseitigkeit, die Sterilität und die letztlich selbstzerstörerische Natur seiner Einstellungen zu erkennen. Trotz mancher grundlegender theoretischer Unterschiede ist Adlers Individualpsychologie ebenso wie die Psychoanalyse strikt biographisch ausgerichtet.

Wilhelm Reichs Beiträge zur Tiefenpsychologie enthalten u. a. eine einzigartige Konzeption der Dynamik sexueller Energie und der Rolle, die die energetische Ökonomie in psychopathologischen Systemen spielt. Wie er glaubte, wird die Verdrängung des ursprünglichen Traumas durch die Unterdrückung der sexuellen Gefühle und die Blockierung des sexuellen Orgasmus aufrechterhalten. Nach seiner Ansicht macht diese Unterdrückung der Sexualität zusammen mit dem sie begleitenden Muskelpanzer und spezifischen charakterologischen Einstellungen das wahre Wesen der Neurose aus. Die psychopathologischen Symptome sind nur ihr sekundärer Ausdruck nach außen. Der entscheidende Faktor, der über emotionale Gesundheit oder Krankheit bestimmt, ist die Ökonomie der Sexualenergie oder das Gleichgewicht zwischen ihrer Aufladung und Entladung. Die Therapie besteht darin, die gespeicherten und aufgestauten Sexualenergien freizusetzen und den Muskelpanzer mit Hilfe eines Systems von Atemübungen und direkter Körperarbeit zu lösen. Reichs Ansatz stellt zwar eine weitgehende theoretische Abweichung von der klassischen Psychoanalyse und eine revolutionäre Neuerung der psychotherapeutischen Praxis dar, doch geht er nicht über die enge sexuelle Thematik und die biographische Orientierung seines ehemaligen Lehrers Freud hinaus.

Otto Rank stellte die Freudsche Neurosentheorie in Frage, indem er das Geburtstrauma als Ursache aller neurotischen Störungen in den Mittelpunkt seiner Betrachtungen rückte. Nach seiner Ansicht sind neurotische Symptome Versuche, diesen grundlegenden emotionalen und biologischen Schock im menschlichen Leben nach außen abzureagieren und zu integrieren. Folglich ist keine echte Heilung einer Neurose zu erwarten, wenn nicht der Klient mit diesem Ereignis in der therapeutischen Situation konfrontiert wird. Angesichts der Natur dieses

Traumas ist das therapeutische Gespräch allein nur von geringem Wert. Es muß durch das Wiedererleben des Traumas ersetzt werden.

Eine Anerkennung der primären und eigenständigen Bedeutung der spirituellen Aspekte der Psyche – oder dessen, was man heutzutage die transpersonale Dimension nennen würde – findet sich unter den Nachfolgern Freuds extrem selten. Nur Carl Gustav Jung war in der Lage, tief in den transpersonalen Bereich hinein vorzudringen und eine psychologische Theorie aufzustellen, die sich radikal von allen oben genannten Theorien unterscheidet. In den Jahren, in denen er systematisch das Unbewußte des Menschen ergründete, erkannte Jung, daß vergessene und verdrängte Kindheitserlebnisse die Neurosen und Psychosen nicht angemessen zu erklären vermochten. Er ergänzte Freuds Konzept des individuellen Unbewußten durch das Konzept des kollektiven Unbewußten und hob die Rolle »mythenbildender« struktureller Elemente in der Psyche hervor. Ein anderer wesentlicher Beitrag Jungs war die Definition von Archetypen, von Urprinzipien der Psyche, die in allen Kulturen wirksam sind und ordnende Funktionen haben.

Jung hatte eine sehr persönliche Auffassung vom Wesen psychopathologischer Symptome und psychotherapeutischer Prozesse. Wie er meinte, blieben Triebe, archetypische Dränge, kreative Impulse, Talente oder andere Qualitäten der Psyche primitiv und undifferenziert, wenn sie verdrängt würden oder keine Möglichkeit zur Entfaltung bekämen. Infolgedessen üben sie einen potentiell destruktiven Einfluß auf die Persönlichkeit aus, stören die Anpassung an die Realität, und offenbaren sich als psychopathologische Symptome. Sobald das bewußte Ich in der Lage ist, sich diesen ursprünglich unbewußten oder verdrängten Anteilen der Psyche zu stellen, könnten sie in konstruktiver Weise in das Leben integriert werden. Jungs therapeutischer Ansatz legt den Schwerpunkt nicht auf rationales Verständnis und Sublimierung, sondern auf eine aktive Umwandlung des innersten Wesens auf dem Weg über eine direkte symbolische Erfahrung der Psyche als einer autonomen »anderen Persönlichkeit«. Die Anleitung zu diesem Prozeß kann kein einzelner Therapeut oder eine bestimmte therapeutische Schule geben. Man muß dem Klienten eine Verbindung mit dem kollektiven Unbewußten vermitteln und die Weisheit aller Zeiten nutzen, die in ihm verborgen liegt.

Die Diskussion der theoretischen Meinungsverschiedenheiten zwischen den hauptsächlichen Schulen der Tiefenpsychologie im Hinblick auf die Natur und den Ursprung emotionaler Störungen sowie auf die effektiven therapeutischen Mechanismen ließe sich noch beliebig erweitern, etwa um die Konzeptionen von Sandor Ferenczi, Melanie Klein, Karen Horney, Erich Fromm, Harry Stack Sullivan, Roberto Assagioli und Carl Rogers, oder um die Neuerungen von Fritz Perls, Alexander Lowen, Arthur Janov und vieler anderer. Ich wollte aber mit dieser kurzen Erörterung vor allem demonstrieren, daß es populäre Theorien und Therapiesysteme gibt, die – was die Dynamik psychopathologischer Phänomene und die therapeutischen Techniken angeht – radikal voneinander abweichen. Einige von ihnen beschränken sich auf die biographisch-analytische Ebene, andere legen den Schwerpunkt ausschließlich auf perinatale Elemente oder existentielle Fragen, und einige wenige beziehen die transpersonale Sphäre mit ein.

Nach dieser allgemeinen Einführung möchte ich jetzt näher auf die neuen Erkenntnisse aus den Selbsterfahrungstherapien eingehen, die es ermöglichen, viele widerstreitende Standpunkte der gegenwärtigen Psychiatrie zu vereinen und eine umfassendere Theorie der Psychopathologie und Psychotherapie zu formulieren.

Die Natur psychogener Symptome

Die Daten aus Selbsterfahrungstherapien mit und ohne Anwendung von Psychedelika legen ein »Spektrum-Modell« nahe, wie ich es schon früher beschrieben habe. Ohne Zweifel muß ein Modell der Psyche, das in der ernsthaften Selbsterforschung angewendet werden soll, umfassender sein als die bereits existierenden Modelle. In diesem neuen Rahmen tragen die verschiedenen psychotherapeutischen Schulen zum Verständnis der Dynamik einzelner Bänder des Bewußtseinsspektrums (oder auch nur bestimmter Aspekte eines Bandes) bei, lassen sich aber nicht auf die Gesamtheit der psychischen Phänomene verallgemeinern.

Emotionale, psychosomatische und zwischenmenschliche Probleme können auf jeder Ebene des Unbewußten – der biographischen, der perinatalen und der transpersonalen – und gelegentlich auch auf allen dreien gleichzeitig ihre Ursachen haben. Eine effektive therapeutische Arbeit muß dem Prozeß in den Bereich hinein folgen, der eine Rolle spielt, und darf nicht durch theoretische Erwägungen eingeschränkt werden. Es gibt viele Symptome, die erst dann mit Erfolg angegangen werden können, wenn die betreffende Person mit der perinatalen und transpersonalen Thematik, die mit diesen Symptomen verknüpft ist, konfrontiert wird, sie erlebt und integriert. Für Probleme dieser Art wird sich eine rein biographische Arbeit – wie immer sie beschaffen sein mag, wie umfassend sie ist und wieviel Zeit darauf verwendet wird – als ineffektiv erweisen.

Die Beobachtungen im Rahmen von Selbsterfahrungstherapien machen deutlich, daß jeder psychotherapeutische Ansatz, der sich auf verbalen Austausch beschränkt, von begrenztem Wert ist und nicht wirklich zum Kern der Probleme vordringen kann. Die emotionalen und psychosomatischen Energien, die psychopathologischen Phänomenen zugrunde liegen, sind so elementar, daß man nur mit einem direkten, nichtverbalen und das Erleben unmittelbar einbeziehenden Vorgehen eine Chance hat, mit ihnen fertig zu werden. Der verbale Austausch ist aber wichtig für die richtige intellektuelle Vorbereitung auf die Selbsterfahrungssitzungen und auch für die angemessene Integration der Erlebnisse, mit denen man in ihnen konfrontiert wird, ja in einer paradoxen Weise ist die intellektuelle Arbeit im Rahmen der Selbsterfahrungstherapien wahrscheinlich wichtiger als jemals zuvor.

Die hochwirksamen humanistischen und transpersonalen Therapietechniken entstanden als Reaktion gegen die unproduktive verbale und überintellektuelle Orientierung der traditionellen Psychotherapien. Sie legen in der Regel das Gewicht auf das unmittelbare Erleben, die nichtverbale Interaktion und die Einbeziehung des Körpers in den Therapieprozeß. Durch die rapide Mobilisierung von Energien und die Lösung von emotionalen und psychosomatischen Blockierungen, die diese revolutionären Methoden ermöglichen, öffnet sich häufig der Weg zu perinatalen und transpersonalen Erlebnissen. Der Inhalt dieser Erlebnisse ist so außergewöhnlich, daß sie oft die theoretischen Vorstellungen der betreffenden Person, ihre grundlegenden Überzeugungen und das für die westliche Zivilisation typische Weltbild von Grund auf erschüttern.

Die moderne Psychotherapie befindet sich dadurch in einer interessanten paradoxen Situation. Während sie in ihren Anfangsphasen versuchte, den Intellekt zu umgehen und ihn aus dem Therapieprozeß auszuschalten, erweist sich gegenwärtig ein neues intellektuelles Verständnis der Realität als bedeutsamer Katalysator für den therapeutischen Fortschritt. Die Widerstände in den oberflächlichen Formen von Psychotherapie sind emotionaler und psychosomatischer Natur, das letzte Hindernis für die radikalen Therapien hingegen ist eine intellektuelle und philosophische Barriere. Viele transpersonale Erlebnisse, die potentiell von großem therapeutischen Wert sind, stellen das Weltbild der Person, die mit ihnen konfrontiert wird, so grundlegend in Frage, daß sie blockiert, wenn sie intellektuell nicht richtig vorbereitet wird.

Eine besonders schwierige Form von Widerstand ist die intellektuelle Verteidigung der kartesianisch-Newtonschen Definition von Realität und des Weltbilds des »gesunden Menschenverstandes«. Diese Widerstände können nur durch gemeinsame Anstrengungen von Klient und Therapeut überwunden werden. Diejenigen Therapeuten, die auf der intellektuellen Ebene nicht vorarbeiten und gleich hochwirksame Selbsterfahrungstechniken anwenden, bringen den Klienten in ein schwieriges Dilemma. Sie fordern ihn auf, alle Widerstände fallen zu lassen und sich ganz dem Geschehen hinzugeben, doch führt eine solche Hingabe zu Erlebnissen, für die er mit seinem »Kopf« nicht gerüstet ist. Wenn man – Therapeut oder Klient – sich in einer solchen Situation an biographischen Interpretationen festhält, das mechanistische Weltbild nicht aufgibt und das Geschehen rein mit dem linearen Kausalitätsprinzip erklären will, dann wird der therapeutische Fortschritt ernsthaft behindert, da es sich hier lediglich um massive Abwehrmechanismen handelt. Auf der anderen Seite kann ein Wissen um die erweiterte Kartographie der Psyche, die die perinatalen und transpersonalen Erlebnisse beinhaltet, um die neuen Paradigmen, die sich heutzutage in der

Wissenschaft abzeichnen, und um die großen mystischen Traditionen der Welt ungewöhnlich starke, therapeutisch fördernde Wirkung haben.

Da psychopathologische Symptome je nach der psychischen Ebene, mit der sie verknüpft sind, eine verschiedene dynamische Struktur haben, ist es unrichtig und nutzlos, sie alle mit einer Universalformel beschreiben zu wollen, es sei denn, diese Formel ist außergewöhnlich umfassend und allgemein gehalten. Auf der biographisch-analytischen Ebene scheinen Symptome in Beziehung zu Erinnerungen an wichtige Ereignisse in der Kindheit und im späteren Leben zu stehen. Hier ist es auch sinnvoll, sie als historisch determinierte Kompromißbildungen zwischen Triebansprüchen und verdrängenden Kräften des Über-Ich oder zwischen auftauchenden schmerzlichen Emotionen bzw. Körperempfindungen und der Abwehr gegen sie zu sehen. Es handelt sich hierbei letztlich um Elemente aus der Vergangenheit, die noch nicht erfolgreich integriert sind und das Leben im Hier-und-Jetzt beeinträchtigen. Diese Elemente sind in der Regel Situationen, die das Empfinden der Einheit und Harmonie mit dem Universum verletzten und zu einem Gefühl der Isoliertheit, des Antagonismus und der Entfremdung beitrugen. Eine Situation, in der alle Grundbedürfnisse befriedigt sind und in der sich der Organismus sicher fühlt, steht in enger Beziehung zum Gefühl der Einheit mit dem Kosmos. Eine schmerzliche Erfahrung oder ein intensives unbefriedigtes Bedürfnis bewirken ein Gefühl der Dichotomie, eine Differenzierung bzw. einen Konflikt zwischen dem Ich als Opfer und der von außen wirkenden Kraft als Widersacher, oder zwischen dem unbefriedigten Subjekt und dem ersehnten Objekt.

Wenn das individuelle Erleben mit dem perinatalen Bereich in Verbindung gelangt, dann werden die Freudsche Theorie und alle anderen einseitig biographisch orientierten Systeme vollkommen nutzlos. Versuche, sie anzuwenden, unterstützen die Abwehrmechanismen. Auf dieser Ebene lassen sich Symptome am besten verstehen als Kompromißbildungen zwischen auftauchenden Emotionen und Körperempfindungen, die zum Geburtstrauma gehören, und zwischen den Kräften, die uns normalerweise davor bewahren, dieses Trauma wieder zu erleben. Die betreffende Person identifiziert sich gleichzeitig mit dem Säugling, der um seine Geburt kämpft, und mit den biologischen Kräften, die die introjizierten, gewalttätigen Einwirkungen des Geburtskanals verkörpern. Aufgrund der Beschaffenheit dieser Situation kann sich das Reichsche Modell, in dem der Freisetzung aufgestauter Energien und der Lösung des Charakterpanzers großes Gewicht beigemessen wird, als äußerst nützlich erweisen. Die Ähnlichkeit zwischen dem Muster des sexuellen Orgasmus und dem Orgasmus der Geburt erklärt auch, warum Reich aufgestaute perinatale Energien mit festgesetzter Libido, die aus unvollständigen Orgasmen stammt, verwechselt hat.

Eine andere mögliche Auffassung dieses Zusammenpralls entgegengesetzter Kräfte besteht darin, ihn als Konflikt zwischen der Identifizierung mit der eigenen Ich-Struktur und dem Körperbild und zwischen dem Bedürfnis nach totaler

Hingabe, nach dem Ich-Tod und nach Transzendenz zu sehen. Die entsprechenden existentiellen Alternativen sind ein ständiges Gefangensein in einem reduzierten Leben, das von letztlich selbstzerstörerischen Ich-Strategien bestimmt wird, und eine erweiterte, aufgeklärte Existenz mit transpersonaler Orientierung. Ein unwissender und nicht vorbereiteter Klient wird sich der zweiten Alternative natürlich erst dann bewußt, wenn er selber ein Erlebnis der spirituellen Öffnung gehabt hat. Die zwei Grundkonzeptionen des Seins, die zu den beiden extremen Polen dieses Konflikts gehören, sind das Leben als Kampf – so, wie es sich im Geburtskanal dargestellt hat – und das Leben als ständiger Fluß von Geben und Nehmen, vergleichbar mit der Symbiose zwischen Mutter und Kind während der Schwangerschaft und des Stillens.

Den Prozeß, der Symptomen auf der perinatalen Ebene zugrunde liegt, kann man sich auch noch anders vorstellen, etwa als Konflikt zwischen einem ängstlichen Sich-Festklammern (am Gewohnten) und einem vertrauensvollen Sich-Loslassen, zwischen der krampfhaften Aufrechterhaltung der Illusion, Herr der Dinge zu sein, und dem demütigen Hinnehmen der Tatsache, vollkommen von kosmischen Kräften beherrscht zu werden, oder etwa zwischen dem Wunsch, jemand anders und an einem anderen Ort zu sein, und dem Akzeptieren des Hier-und-Jetzt.

Psychogene Symptome, die im transpersonalen Bereich der Psyche verankert sind, lassen sich in ihrer dynamischen Struktur am besten auffassen als Kompromißbildungen zwischen einem Festhalten am rationalen, materialistischen und mechanistischen Weltbild und der überwältigenden Erkenntnis, daß die menschliche Existenz und das Universum Manifestationen eines tiefen Mysteriums sind, das die Grenzen unseres Verstandes übersteigt. Bei entsprechend gebildeten Klienten kann diese philosophische Auseinandersetzung zwischen dem »gesunden Menschenverstand« und der kulturellen Vorprogrammierung auf der einen Seite und einer ihrem Wesen nach metaphysischen Weltanschauung auf der anderen die Form eines Konfliktes zwischen der Freudschen und der Jungschen Psychologie oder zwischen dem kartesianisch-Newtonschen Weltbild und den neuen Paradigmen annehmen.

Wenn sich die betreffende Person den Erfahrungen, die diesen Symptomen zugrunde liegen, öffnet, dann werden die neuen Informationen über das Universum und die Existenz ihre Weltanschauung radikal umformen. Es wird klar, daß bestimmte Ereignisse auf der Welt, die für immer einer fernen Vergangenheit anzugehören schienen oder die nach unseren linearen Zeitvorstellungen noch nicht geschehen sind, unter bestimmten Umständen mit der gleichen Lebendigkeit erlebt werden können, wie sie sonst nur dem gegenwärtigen Augenblick vorbehalten ist. Verschiedene Aspekte des Universums, von denen wir uns durch eine undurchdringliche räumliche Barriere getrennt wähnten, werden plötzlich dem Erleben leicht zugänglich und scheinen in einem gewissen Sinn Teile oder Erweiterungen von uns selbst zu sein. Bereiche, die normalerweise nur mit technischen Hilfsmitteln wahrgenommen werden können, wie die physikalische und biologische Mikrowelt oder astrophysikalische Objekte und Prozesse, erschließen sich dem direkten Erleben. Unser gewöhnliches kartesianisch-Newtonsches Bewußtsein kann mit ungewöhnlicher Gewalt von verschiedenen archetypischen Wesen oder mythologischen Geschehnissen übermächtigt werden, die nach Auffassung der mechanistischen Wissenschaft kein eigenständiges Leben führen können. Die mythenbildenden Aspekte der Psyche lassen vor unseren Sinnen Gottheiten, Dämonen und Rituale von verschiedenen Kulturen wahrhaftig werden, mit denen wir uns noch nie zuvor befaßt haben. Sie erscheinen auf demselben Kontinuum mit Elementen der phänomenalen Wirklichkeit und mit der gleichen Genauigkeit im Detail, mit denen auch historisch und geographisch entlegene Ereignisse der materiellen Realität dargestellt sind.

Nachdem ich beschrieben habe, wie die typischen Konflikte, die psychogenen Symptomen auf der biographischen, perinatalen und transpersonalen Ebene zugrunde liegen, beschaffen sein dürften, werde ich nun versuchen, all diese anscheinend verschiedenartigen Mechanismen auf einen gemeinsamen Nenner zu bringen und ein umfassendes Modell der Psychopathologie und Psychotherapie aufzustellen. In Anbetracht dessen, was ich bereits früher im Zusammenhang mit den Prinzipien der Spektrumspsychologie und der Heterogenität der einzelnen Bänder des Bewußtseinsspektrums gesagt habe, muß ein solches Metamodell außergewöhnliche Reichweite haben. Zu diesem Zweck muß ich auf die neue Definition der Natur des Menschen zurückkommen, wie sie sich in der modernen Bewußtseinsforschung abzeichnet.

Schon früher wies ich darauf hin, daß der Mensch eine eigentümliche Doppelnatur besitzt, die in etwa der Dichotomie von Teilchen und Welle ähnelt, wie sie beim Licht und bei der subatomaren Materie zu finden ist. In manchen Situationen lassen sich Menschen mit Erfolg als einzelne materielle Objekte und biologische Maschinen beschreiben, in anderen hingegen zeigen sie die Merkmale von weit ausgedehnten Bewußtseinsfeldern, die die Grenzen von Raum, Zeit und linearer Kausalität überschreiten können. Zwischen diesen beiden Aspekten des menschlichen Wesens scheint es ein fundamentales dynamisches Spannungsverhältnis zu geben, das dem Verhältnis des Teils zum Ganzen entspricht, einem Verhältnis, das überall im Kosmos auf verschiedenen Ebenen der Realität existiert.

Was die Psychiatrie als Symptome einer Geisteskrankheit beschreibt und behandelt, kann als Ausdruck der Reibung zwischen diesen beiden sich ergänzenden Extremen beschrieben werden. Sie sind Mischbildungen des Erlebens, die weder zum einen noch zum anderen Extrem gehören und auch nicht ihre reibungslose Integration darstellen, sondern ihren Konflikt und Zusammenprall. Auf der biographischen Ebene kann dies anhand eines neurotischen Menschen verdeutlicht werden, dessen Erleben des gegenwärtigen Augenblicks durch die teilweise Reaktivierung eines Erlebnisses verzerrt wird, das aus einem anderen raum-zeitlichen Zusammenhang stammt. Ein solcher Mensch nimmt die gegenwärtigen Umstände nicht klar und angemessen wahr, steht aber auch nicht in vollem Kontakt mit dem Kindheitserlebnis, das seine augenblicklichen Emotionen und Körperempfindungen rechtfertigen würde. Diese Vermengung zweier Erlebnisweisen ist das Merkmal einer seltsamen Verwirrung von Raum und Zeit, die die Psychiatrie als Symptom bezeichnet.

Auf der perinatalen Ebene stellen die Symptome eine ähnliche räumlich-zeitliche Mischbildung dar, in der der gegenwärtige Augenblick mit dem Raum-Zeit-Feld der biologischen Geburt verbunden wird. Die betreffende Person erlebt das Hier-und-Jetzt quasi so, als befände sie sich noch im Geburtskanal. Die Emotionen und Körperempfindungen, die zum Ereignis der Geburt voll und ganz passen, werden in anderem Zusammenhang zu psychopathologischen Symptomen. Wie schon im obigen Beispiel erlebt ein solcher Mensch weder die Gegenwart noch die biologische Geburt. In einem gewissen Sinn steckt er im Geburtskanal fest und ist noch nicht geboren worden.

Dasselbe allgemeine Prinzip läßt sich auch auf Symptome anwenden, die mit Erlebnissen transpersonaler Natur in Beziehung stehen. Der einzige, bedeutende Unterschied besteht darin, daß es für die meisten von ihnen unmöglich ist, sich ein materielles Substrat vorzustellen, durch das solche Phänomene vermittelt werden könnten. Erlebnisse, bei denen es sich um Rückgänge in die historische Vergangenheit handelt, können nicht einfach mit Gedächtnismechanismen im herkömmlichen Sinn interpretiert werden. Bei anderen, in denen die Grenzen des Raumes überschritten werden, läßt sich die Informationsübertragung nicht über materielle Kanäle verfolgen, und obendrein ist sie häufig mit dem mechanistischen Weltbild absolut unvereinbar. Gelegentlich sind die Phänomene, die Symptomen transpersonaler Art zugrunde liegen, vollkommen außerhalb der für das Abendland charakteristischen Vorstellungen von der objektiven Realität. Dies gilt beispielsweise für die Jungschen Archetypen, für bestimmte Gottheiten und Dämonen, für übermenschliche Wesen, usw.

So können im weitesten Sinn Phänomene, die sich als psychiatrische Symptome präsentieren, als Konflikte oder Reibungen zwischen zwei Formen des Erlebens aufgefaßt werden, die Menschen möglich sind. Die erste Form möchte ich als *hylotropes Bewußtsein*[1] bezeichnen. Dazu gehört, daß man sich als feste körperliche Einheit mit genau abgesteckten Grenzen und einer eingeschränkten Reichweite der Sinne erfährt, die im dreidimensionalen Raum und in der linearen Zeit der Welt materieller Objekte existiert. Erlebnisse dieser Art stützen systematisch eine Reihe von Grundannahmen, etwa: die Materie ist fest; zwei Gegenstände können nicht ein und denselben Raum einnehmen; vergangene Ereignisse sind unabänderlich; wir können nicht in die Zukunft sehen; man kann sich zu einem Zeitpunkt nur an einem Ort aufhalten; zu jedem Zeitpunkt sind Vergangenheit, Gegenwart und Zukunft klar definiert; ein Ganzes ist größer als eines seiner Teile; etwas kann nicht gleichzeitig richtig und falsch sein usw.

Die andere Form des Erlebes nenne ich *holotropes Bewußtsein*[2]. Es ist gekennzeichnet durch die Identifikation mit einem grenzenlosen Bewußtseinsfeld, das zu verschiedenen Aspekten der Realität ohne die Vermittlung der Sinne unbegrenzten Zugang hat. In diesem Bewußtsein gibt es viele echte Alternativen zum dreidimensionalen Raum und zur linearen Zeit. Holotrope Erlebnisse stützen systematisch eine Reihe von Annahmen, die den oben genannten hylotropen Annahmen vollkommen entgegengesetzt sind, etwa: die Festigkeit und Diskontinuität von Materie ist eine Illusion, die durch ein bestimmtes Zusammenspiel von Ereignissen im Bewußtsein bewirkt wird; Raum und Zeit sind letztlich willkürlich; ein und derselbe Raum kann gleichzeitig von vielen Objekten eingenommen werden; Vergangenheit und Zukunft können im gegenwärtigen Augenblick erlebbar gemacht werden; man kann sich selber gleichzeitig an mehreren Orten erfahren; man kann sich selber gleichzeitig in verschiedenen Zeiten erfahren; Teil und Ganzes sind nicht unvereinbare Gegensätze; etwas kann gleichzeitig richtig und falsch sein; Form und Leere sind austauschbar, usw.

Ein Lebensgefühl, das sich ausschließlich auf das hylotrope Bewußtsein beschränkt und das holotrope Bewußtsein systematisch leugnet, ist letztlich unbefriedigend und mit Sinnlosigkeit behaftet, kann aber ohne größere emotionale Schwierigkeiten durchgehalten werden. Solange einzig und allein das holotrope Bewußtsein vorherrscht, läßt es sich nicht mit adäquatem Funktionieren in der materiellen Welt vereinbaren. Es kann wie das hylotrope Erleben schwierig oder angenehm sein, wirft aber keine größeren Probleme auf, solange die betreffende Person nach außen abgeschirmt ist. Die psychopathologischen Probleme ergeben sich aus dem Zusammenprall und der disharmonischen Mischung beider Erlebensformen, d. h. wenn keine von ihnen in reiner Weise gegeben oder nicht mit der anderen zu einem Erleben höherer Ordnung integriert ist.

Unter solchen Umständen sind die Elemente des auftauchenden holotropen Bewußtseins zu stark und dringen dadurch störend in das hylotrope Bewußtsein ein, doch gleichzeitig kämpft die betreffende Person gegen diese stärker werdende Erfahrung an, weil sie ihr psychisches Gleichgewicht zu beeinträchtigen scheint oder sogar das existierende Weltbild in Frage stellt und damit erforderlich machen würde, eine drastische Neudefinition der Beschaffenheit der Realität zu akzeptieren. Eben diese Mischung aus beiden Bewußtseinsformen, die als Verzerrung des allgemein anerkannten kartesianisch-Newtonschen Bild von der Wirklichkeit interpretiert wird, macht das Wesen einer psychopathologischen Störung aus.[3] Leichtere Formen, die vor allem biographisch determiniert sind und in denen die Natur der Realität nicht ernsthaft in Frage gestellt wird, werden als Neurosen oder psychosomatische Störungen bezeichnet. Größere Abweichungen von der einzig geltenden »objektiven Realität« im Erleben und Denken, die gewöhnlich perinatale oder transpersonale Erfahrungen ankündigen, werden in der Regel als Psychosen diagnostiziert. An dieser Stelle sei erwähnt, daß die traditionelle Psychiatrie alle rein holotropen Erfahrungen ebenfalls als pathologische Phänomene ansieht. Ein solches Denken, das unter den Fachleuten immer noch dominiert, müßte eigentlich in Anbetracht der theoretischen Beiträge von Carl Gustav Jung, Roberto Assagioli und Abraham Maslow als veraltet gelten.

Nicht nur psychopathologische Symptome, sondern auch viele andere unverständliche Beobachtungen aus der psychedelischen Therapie, der Bewußtseinsforschung im Labor, den Selbsterfahrungstherapien und den spirituellen Praktiken erscheinen in einem neuen Licht, wenn wir uns eines Modells des Menschen bedienen, das die grundlegende Dualität und die dynamische Spannung zwischen der Erfahrung einer begrenzten Existenz als materielles Objekt und der unbegrenzten Existenz als ein undifferenziertes Bewußtseinsfeld widerspiegelt. Aus dieser Sicht können psychogene Störungen als Anzeichen eines fundamentalen Ungleichgewichts zwischen diesen beiden sich ergänzenden Aspekten der menschlichen Natur aufgefaßt werden. Sie scheinen Knotenpunkte zu sein, die die Bereiche anzeigen, in denen es unmöglich geworden ist, ein verzerrtes, einseitiges Bild von der Existenz aufrechtzuerhalten. Für einen modernen Psychiater sind sie auch die Punkte des geringsten Widerstands, an denen er ansetzen kann, um beim Prozeß der Selbsterforschung und Persönlichkeitsumwandlung behilflich zu sein.

Effektive Mechanismen der Psychotherapie und Persönlichkeitsumwandlung

Die außergewöhnlichen und oft dramatischen Wirkungen der psychedelischen Therapie und anderer Selbsterfahrungstechniken werfen natürlich die Frage auf, welche therapeutischen Mechanismen bei diesen Veränderungen eine Rolle spielen. Zwar können manche erhebliche symptomatische Besserungen und ein Teil der Persönlichkeitswandlung nach den Behandlungssitzungen auf konventioneller Basis erklärt werden, doch die Mehrzahl dieser Phänomene ist auf Prozesse zurückzuführen, die bisher von der traditionellen akademischen Psychiatrie und Psychologie nicht entdeckt und anerkannt worden sind.

Dies bedeutet nicht, daß Phänomene dieser Art niemals zuvor beschrieben und erörtert wurden. Sie sind manchmal in der anthropologischen Literatur beschrieben, und zwar im Zusammenhang mit Praktiken von Schamanen, mit Übergangsriten und mit Heilungszeremonien verschiedener Naturvölker. Historische Quellen und religiöse Schriften wimmeln nur so von Schilderungen der Auswirkungen spiritueller Heilpraktiken und vom Treffen verschiedener ekstatischer Sekten auf emotionale und psychosomatische Störungen. Berichte dieser Art wurden aber nicht sorgfältig studiert, weil sie anscheinend mit den bestehenden wissenschaftlichen Paradigmen unvereinbar sind. Das Material, das die moderne Bewußtseinsforschung in den letzten Jahrzehnten zusammengetragen hat, legt aber eine kritische Neubewertung solcher Daten dringend nahe. Offenbar gibt es viele Mechanismen der Heilung und Persönlichkeitsumwandlung, die der Effektivität der biographisch orientierten Methoden, wie sie von den gängigen Psychotherapien praktiziert werden, bei weitem überlegen sind.

Manche der therapeutischen Mechanismen, die in den Anfangsstadien und in den oberflächlichen Formen der Selbsterfahrungstherapie wirksam sind, sind mit den Mechanismen identisch, die man aus den traditionellen psychotherapeutischen Lehrbüchern kennt. Ihre Intensität geht aber in der Regel über die vergleichbaren Phänomene im Rahmen der verbalen Therapiemethoden hinaus. Die Selbsterfahrungstechniken schwächen das Abwehrsystem und setzen den psychologischen Widerstand herab. Die emotionalen Reaktionen werden dramatisch gesteigert, und heftiges Abreagieren sowie massive kathartische Phänomene sind die Folge. Verdrängtes unbewußtes Material aus der frühen und späten Kindheit wird leicht zugänglich. Dies erleichtert nicht nur in großem Maße die Erinnerung, sondern fördert auch ein echtes Zurückgehen auf die jeweilige Altersstufe und ein lebhaftes Vergegenwärtigen der emotional relevanten Ereignisse mit allen Details. Das Bewußtwerden dieses Materials und seine Integration gehen einher mit emotionalen und intellektuellen Einsichten in die psychodynamischen Zusammenhänge der Symptome und der zwischenmenschlichen Probleme.

Die Übertragung und Übertragungsanalyse, denen in der psychoanalytisch orientierten Psychotherapie kritische Bedeutung beigemessen wird, verdienen in diesem Zusammenhang besondere Aufmerksamkeit. Die Wiederherstellung der ursprünglichen pathogenen Konstellationen und die Entwicklung einer Übertragungsneurose werden traditionell als absolut unerläßliche Voraussetzungen für eine erfolgreiche Therapie angesehen. In den Selbsterfahrungstherapien – mit und ohne die Anwendung psychedelischer Drogen – gilt die Übertragung als eine unnötige und unerwünschte Komplikation. Wenn man sich eines Vorgehens bedient, das den Klienten häufig schon in einer Sitzung an die eigentliche Ursache verschiedener Gefühle und Körperempfindungen bringt, dann muß die Übertragung auf den Therapeuten oder einen Kotherapeuten als Anzeichen von Widerstand und Abwehr gegen die Konfrontation mit dem wirklichen Problem gewertet werden. Zwar mag in der Sitzung der Kotherapeut die Rolle eines Elternteils übernehmen und dabei sogar mit dem Klienten Körperkontakt aufnehmen, doch ist es wichtig, das sich dies nur im Rahmen der Behandlungssitzungen abspielt. Selbsterfahrungstechniken sollten die Unabhängigkeit und die persönliche Verantwortung für den eigenen Prozeß und nicht irgendwelche Form von Abhängigkeit fördern.

Im Gegensatz zu dem, was man vielleicht allgemein annimmt, wirkt sich eine direkte Befriedigung anaklitischer Bedürfnisse[4] in Selbsterfahrungssitzungen förderlich auf die Unabhängigkeit aus und kultiviert nicht eine Abhängigkeit. Dies scheint Beobachtungen aus der Entwicklungspsychologie zu entsprechen, wonach eine angemessene emotionale Befriedigung in der Kindheit dem Kind die spätere Unabhängigkeit von der Mutter erleichtert. Gerade diejenigen, die als Kind unter chronischer emotionaler Deprivation litten, streben für den Rest ihres Lebens nach der Befriedigung dessen, was ihnen damals versagt wurde. So scheint es in der psychoanalytischen Situation auch die chronische Frustration zu sein, die die Übertragung schürt, wohingegen die unmittelbare Erfüllung anaklitischer Bedürfnisse in einem Zustand tiefer Regression ihre Lösung erleichtert.

Viele plötzliche und dramatische Veränderungen auf tieferen psychischen Ebenen lassen sich als Folgen des Zusammenwirkens unbewußter Konstellationen erklären, die die Funktion dynamischer Steuerungssysteme haben. Die wichtigsten von ihnen sind die *COEX-Systeme,* die das biographische Material organisieren, und die *perinatalen Grundmatrizen,* die eine ähnliche Rolle in bezug auf die gespeicherten Erlebnisse haben, die mit der Geburt und dem Tod-Wiedergeburt-Prozeß in Verbindung stehen. Die wesentlichen Merkmale dieser beiden Kategorien funktionaler Steuerungssysteme habe ich schon früher ausführlich beschrieben. Wir könnten auch von *transpersonalen dynamischen Matrizen* sprechen, doch die außerordentliche Vielfalt und die losere Organisation transpersonaler Phänomene würden ihre umfassende Darstellung erschweren. Das System der philosophia perennis, das verschiedene transpersonale Phänomene unterschiedlichen Ebenen kausaler und feinstofflicher Bereiche zuordnet, kann als maßgeblicher Leitfaden für zukünftige Klassifikationen dieser Art dienen.

Je nach der Natur der emotionalen Besetzung können wir unterscheiden zwischen *negativen Steuerungssystemen* (negative COEX-Systeme, die zweite und dritte perinatale Grundmatrix, negative Aspekte der ersten perinatalen Grundmatrix und negative transpersonale Matrizen) und *positiven Steuerungssystemen* (positive COEX-Systeme, die vierte perinatale Grundmatrix, positive Aspekte der ersten perinatalen Grundmatrix und positive transpersonale Matrizen). Die generelle Strategie von Selbsterfahrungstherapien besteht in der Verringerung der emotionalen Besetzung negativer Systeme und in der Erleichterung des erlebnismäßigen Zugangs zu den positiven Systemen. Eine spezifischere taktische Regel lautet, die Endphase einer jeden einzelnen Sitzung so zu strukturieren, daß eine Abschließung und Integration des unbewußten Materials, das jeweils in einer Sitzung bewußt gemacht wurde, möglichst gewährleistet ist.

Der klinische Zustand, den jemand nach außen hin bietet, läßt keine allgemeinen Rückschlüsse auf die Natur und die Gesamtmenge des unbewußten Materials zu (soweit sich der Begriff »unbewußt« überhaupt für die Beschreibung von Ereignissen in einer Welt des Bewußtseins eignet). Viel mehr hängt er von einer spezifischen Fokussierung oder Abstimmung ab, durch die bestimmte Aspekte dieses Materials dem Bewußtsein leichter zugänglich gemacht werden können. Personen, die auf bestimmte Ebenen negativer biographischer, perinataler und transpersonaler Steuerungssysteme abgestimmt sind, nehmen sich selber und ihre Umwelt im großen und ganzen pessimistisch wahr und leiden unter emotionalen sowie psychosomatischen Beschwerden. Umgekehrt geht es denjenigen, die sich unter dem Einfluß positiver Steuerungssysteme befinden, in emotionaler und psychosomatischer Hinsicht ausgezeichnet. Die speziellen Eigenschaften der resultierenden Zustände hängen in beiden Fällen von der Natur des aktivierten Materials ab.[5]

Veränderungen im steuernden Einfluß der dynamischen Matrizen können als Folge verschiedener biochemischer oder physiologischer Prozesse innerhalb des Organismus oder aber äußerer Einwirkungen physischer oder psychischer Natur auftreten. Selbsterfahrungstherapien scheinen einen tiefen Eingriff in die Dynamik der steuernden Systeme in der Psyche und in ihr funktionales Zusammenspiel darzustellen. Wie aus der detaillierten Analyse der Phänomenologie von Selbsterfahrungssitzungen hervorgeht, können viele Fälle einer plötzlichen und dramatischen Besserung während der Therapie als Umschwung vom dominierenden Einfluß eines negativen Steuerungssystems zu einem Zustand erklärt werden, in dem eine positive Konstellation vorherrscht. Eine solche Veränderung bedeutet nicht unbedingt, daß das unbewußte Material, das den psychopathologischen Symptomen zugrunde liegt, durchgearbeitet worden ist. Sie weist lediglich auf eine innere dynamische Verlagerung von einem Steuerungssystem zu einem anderen hin. Dieser Vorgang, den ich als *Transmodulation* bezeichnen möchte, kann auf mehreren verschiedenen Ebenen stattfinden. Ein Wechsel zwischen biographischen Konstellationen kann als *COEX-Transmodulation* bezeichnet werden, eine vergleichbare Verlagerung von einer dominierenden perinatalen Matrix auf eine andere wäre eine *perinatale Transmodulation,* und der entsprechende Vorgang, der funktionale Steuerungssysteme im überindividuellen Bereich des Unbewußten betrifft, trägt die Bezeichnung *transpersonale Transmodulation.*

Eine typische *positive Transmodulation* verläuft in zwei Phasen. Zuerst verstärkt sich der dominierende Einfluß des negativen Systems, dann erfolgt plötzlich der Umschwung zum positiven System. Ist ein starkes positives System aber schon ziemlich bewußtseinsnahe, dann kann es die Selbsterfahrungssitzung von Anfang an bestimmen und das negative System in den Hintergrund zurücktreten lassen. Der Wechsel von einer dynamischen Konstellation zu einer anderen führt nicht automatisch zu einer klinischen Besserung. Es besteht die Möglichkeit, daß eine schlecht durchgearbeitete und nicht ausreichend integrierte Sitzung eine *negative Transmodulation* hervorruft, die Verlagerung des Schwergewichts von einem positiven zu einem negativen System. Diese Situation ist charakterisiert durch das plötzliche Auftreten psychopathologischer Symptome, die sich vor der Sitzung noch nicht gezeigt haben. Allerdings dürfte ein solcher Fall bei einem Therapeuten, der über viel Kenntnis verfügt und gut geschult ist, selten eintreten. Er soll dann als Hinweis darauf gewertet werden, daß eine weitere Sitzung in naher Zukunft festgesetzt werden soll, um die Gestalt, die im Bewußtsein aufgetaucht ist, zu schließen.

Abb. 34. Wiedergeburtserlebnis in einer LSD-Sitzung: Die Schlange repräsentiert die alten neurotischen Persönlichkeitselemente (Angst, Depression, Schuldgefühle). Ein menschlicher Fötus und aufsprießende Saat symbolisieren den Durchbruch zu völlig neuen, positiven Möglichkeiten.

335

Abb. 35. Der Zyklus von Tod und Wiedergeburt, inspiriert durch eine psychedelische Sitzung. Daß die kleine Blume, die sich aus den Überresten der Vergangenheit ernährt, eine Nelke ist, weist im Wortspiel (Nelke = engl. »carnation«) auf Reinkarnation hin.

Eine andere interessante Möglichkeit ist die Verlagerung von einem negativen System auf ein anderes, das seinem Wesen nach ebenfalls negativ ist. Nach außen zeigt sich dies in einem auffallenden Wandel der psychopathologischen Symptomatik. Gelegentlich kann dieser Wandel so dramatische Formen annehmen, daß der Klient innerhalb von Stunden ein völlig anderes klinisches Bild bietet[6]. Der resultierende Zustand mag, oberflächlich betrachtet, zwar völlig neu erscheinen, doch waren alle seine wesentlichen Elemente im Unbewußten des Patienten schon vor diesem dynamischen Umschwung in potentieller Form gegeben. Man muß sich dessen bewußt sein, daß in einer Selbsterfahrungstherapie unbewußtes Material nicht nur gründlich durchgearbeitet wird, sondern sich in ihm auch dramatische Schwerpunktverlagerungen ergeben können, die sich dann entsprechend im bewußten Erleben äußern.

Die mit biographischem Material verbundenen therapeutischen Änderungen sind von relativ geringer Bedeutung, ausgenommen derjenigen, die mit dem Wiedererleben von größeren körperlichen Traumen und lebensbedrohlichen Situationen einhergehen. Die therapeutische Wirkung des Erlebensprozesses nimmt beträchtlich zu, wenn die Selbsterforschung die perinatale Ebene erreicht.[7] Erlebnisse, die Tod und Wiedergeburt beinhalten, können zu einer dramatischen Besserung oder sogar zu einem vollkommenen Verschwinden der verschiedensten emotionalen und psychosomatischen Probleme führen.

Wie schon früher ausführlich besprochen, stellen die negativen perinatalen Matrizen ein bedeutendes Reservoir an Gefühlen und Körperempfindungen von außerordentlicher Intensität dar. Man kann sie wahrhaftig als eine universelle Matrix für viele verschiedene Formen psychopathologischer Phänomene bezeichnen. Gerade so entscheidende Symptome wie Angst, Aggressionen, Depressionen, Angst vor dem Tod, Schuldgefühle, Minderwertigkeitsgefühle, Hilflosigkeit und eine allgemeine emotionale und physische Anspannung wurzeln auf der perinatalen Ebene. Das perinatale Modell vermag auch eine natürliche Erklärung für verschiedene psychosomatische Symptome und Störungen zu geben. Viele Aspekte dieser Phänomene und ihre Beziehungen untereinander werden von ihren Hintergründen her erst verständlich, wenn wir sie mit dem Geburtstrauma in Verbindung bringen. (S. auch Abb. 34, S. 335.)

Es überrascht deshalb nicht, daß intensive Tod-Wiedergeburt-Erlebnisse mit der klinischen Besserung der verschiedenartigsten emotionalen und psychosomatischen Störungen verknüpft sind, handele es sich um Depressionen, um eine Klaustrophobie und um Sadomasochismus, um Alkoholismus und Drogensucht oder um Asthma, Schuppenflechte und Migränekopfschmerzen. Aus den Zusammenhängen zwischen den perinatalen Matrizen und den Psychosen lassen sich sogar für diese psychopathologischen Erscheinungen neue Behandlungsstrategien logisch ableiten.

Am interessantesten und verblüffendsten sind wohl die Beobachtungen im Rahmen von Selbsterfahrungstherapien, die sich auf das therapeutische Potential des transpersonalen Bereichs der Psyche beziehen. In vielen Fällen sind spezifische klinische Symptome in dynamischen Strukturen transpersonalen Charakters verankert und lassen sich nicht auf der Ebene psychodynamischer oder perinataler Erfahrungen lösen. Um mit einem bestimmten Problem emotionaler, psychosomatischer oder zwischenmenschlicher Art fertig zu werden, muß sich der Klient in seinem Erleben manchmal dramatischen Handlungsabfolgen eindeutig transpersonaler Natur stellen. Viele außergewöhnliche und höchst interessante Beobachtungen aus einer Selbsterfahrungstherapie machen die dringende Notwendigkeit deutlich, die transpersonale Dimension und Perspektive in die alltägliche psychotherapeutische Praxis einzubeziehen.

Gelegentlich kommt es vor, daß hartnäckige emotionale und psychosomatische Symptome, die nicht auf der biographischen oder perinatalen Ebene gelöst werden können, vollkommen verschwinden oder sich erheblich abschwächen, wenn die betreffende Person mit verschiedenen embryonalen Traumen konfrontiert wird. Das Wiedererleben von Abtreibungsversuchen, von Krankheiten oder emotionalen Krisen der Mutter während der Schwangerschaft, und von fötalen Erfahrungen des Nichtgewolltwerdens (des »ablehnenden Mutterleibs«) kann von großem therapeutischem Wert sein. Besonders dramatische Beispiele therapeutischer Veränderung lassen sich in Verbindung mit Erlebnissen aus früheren Inkarnationen beobachten. Diese treten manchmal gleichzeitig mit perinatalen Phänomenen auf, manchmal als eigenständige Erlebensgestalten. Gelegentlich spielen auch Erinnerungen an Ereignisse aus dem Leben von – engeren oder entfernteren – Vorfahren eine ähnliche Rolle. In solchen Fällen verschwinden die Symptome, sobald sich der Klient mit diesen Erlebnissen konfrontiert hat. Ich habe auch schon Personen gesehen, die manche ihrer Probleme als verinnerlichte Konflikte zwischen den Familien ihrer Vorfahren identifizierten und sie auf dieser Ebene lösten.

Manche psychopathologischen und psychosomatischen Symptome erweisen sich als Reflexionen eines im Erleben des Patienten auftauchenden Tier- oder Pflanzenbewußtseins. Ist dies der Fall, dann wird eine vollständige Identifizierung mit dem betreffenden Tier oder der betreffenden Pflanze notwendig sein, um die jeweiligen Probleme zu lösen. Gelegentlich machen Klienten in ihren Selbsterfahrungssitzungen auch die Entdeckung, daß manche ihrer Symptome, Einstellungen und Verhaltensweisen Ausdruck eines archetypischen Musters sind. Die dabei wirksamen Energieformen können manchmal eine so fremde Qualität annehmen, daß ihre Äußerungen den Charakter dessen haben, was man als »Besessenheit von einem fremden Geist« beschrieben hat. Das therapeutische Vorgehen erinnert dann in vielerlei Hinsicht an den Exorzismus, wie er in der Kirche des Mittelalters praktiziert wurde, oder an die Vertreibung böser Geister, wie man sie bei Naturvölkern antreffen kann. Besondere Erwähnung verdienen in diesem Zusammenhang das Gefühl der Einheit mit dem Kosmos, die Identifizierung mit dem Geist des Universums, oder die Erfahrung des über- und metakosmischen Nichts. All diese Erlebnisse besitzen enormes therapeutisches Potential, das mit keiner einzigen von den derzeit existierenden Theorien, die auf dem kartesianisch-Newtonschen Paradigma basieren, begreiflich gemacht werden kann. Es ist eine große Ironie und eine der Paradoxien der modernen Wissenschaft, daß ausgerechnet transpersonale Erlebnisse, die bis vor kurzem mit psychotischen Phänomenen in einen Topf geworfen wurden, ein großes Heilungspotential besitzen, das dem meisten, was das allopathische Arsenal der gegenwärtigen Psychiatrie zu bieten hat, weit überlegen ist. Wie immer auch ein Therapeut in beruflicher und philosophischer Hinsicht über transpersonale Erlebnisse denken mag, er sollte sich ihrer heilenden Kräfte bewußt sein und seine Klienten unterstützen, wenn ihre Selbsterforschung mit oder gegen ihren Willen in transpersonale Bereiche vordringt.

Ganz allgemein gesprochen weisen emotionale und psychosomatische Symptome auf eine Blockierung des energetischen Flusses hin und sind letztlich der verdichtete Ausdruck von Erlebnissen, die auf die Ebene des Bewußtseins drängen. Inhaltlich können diese Erlebnisse höchst verschiedenartiger Natur sein. Sie umfassen bestimmte Kindheitserinnerungen, problematische Emotionen, die sich ein Leben lang aufgestaut haben, Geburtserlebnisse, karmische Konstellationen, archetypische Muster, phylogenetische Episoden, Identifikationen mit Pflanzen oder Tieren, Manifestationen dämonischer Energie und viele andere Phänomene. Effektive therapeutische Mechanismen im weitesten Sinne wären demnach die Freisetzung der blockierten Energien und die Förderung ihrer Äußerungen im Erleben und Verhalten, wobei man völlig offenläßt, welche Formen diese Äußerungen annehmen.

Zu therapeutischen Resultaten führt dann das Schließen der Erlebensgestalten, ob nun die beteiligten Prozesse intellektuell verstanden werden oder nicht. Wir haben sowohl in der psychedelischen Therapie als auch in Selbsterfahrungssitzungen mit der Technik der holonomen Integration erlebt, wie auf eine Weise, die alle rationale Vorstellungskraft übersteigt, Probleme auf eine dramatische Art und mit dauerhaftem Erfolg gelöst wurden. Zur Veranschaulichung soll folgendes Beispiel dienen:

Vor mehreren Jahren nahm an einem unserer fünf Tage dauernden Workshops eine Frau teil – ich möchte sie Gladys nennen –, die seit vielen Jahren unter täglichen Anfällen von schwerer Depression litt. Diese Anfälle fingen gewöhnlich morgens nach 4 Uhr an und dauerten mehrere Stunden. Es fiel Gladys extrem schwer, ihre Kräfte für den neuen Tag zu sammeln.

Im Workshop nahm sie auch an einer Sitzung mit holonomer Integration teil (siehe Kap. 7: Prinzipien des psychotherapeutischen Beistands). In dieser Technik sind kontrolliertes Atmen, anregende Musik und gezielte Körperarbeit miteinander kombiniert. Nach meiner Ansicht stellt sie die wirksamste Selbsterfahrungstechnik dar.

Gladys reagierte auf die Atemübungen mit einer enormen Mobilisierung ihrer Körperenergien, gelangte aber nicht zu einer Lösung ihrer Probleme. Es war eine Situation, die für unsere Arbeit äußerst ungewöhnlich ist. Am Morgen darauf stellten sich die Depressionen wie gewöhnlich wieder ein, diesmal aber noch viel heftiger als jemals zuvor. Als Gladys in unsere Gruppe kam, befand sie sich in einem Zustand großer Anspannung und litt unter Depressionen und Angstgefühlen. Es war deshalb erforderlich, das Programm für diesen Morgen zu ändern und unverzüglich mit ihr zu arbeiten.

Wir forderten sie auf, sich mit geschlossenen Augen hinzulegen, etwas schneller zu atmen, der Musik, die wir spielten, zuzuhören, und sich allen Bildern und Körperempfindungen, die in ihr hochkamen, hinzugeben. Etwa fünfzig Minuten lang waren bei Gladys heftiges Zittern und andere Anzeichen starker psychomotorischer Erregung zu erkennen. Sie schrie laut und kämpfte gegen unsichtbare Feinde. Wie sie dann rückblickend erzählte, hatte sie in dieser Zeit ihre Geburt wiedererlebt. In einem bestimmten Augenblick wurde ihr Schreien artikulierter und nahm immer mehr Ähnlichkeit mit Worten einer unbekannten Sprache an. Wir forderten sie auf, die Laute, so wie sie kamen, aus sich herauszulassen, ohne sie intellektuell zu beurteilen. Plötzlich wurden ihre Bewegungen extrem stilisiert und ausdrucksstark, und sie stimmte einen Gesang an, der sich wie ein inbrünstiges Gebet anhörte.

Der Eindruck, den dieses Erlebnis auf die Gruppe machte, war extrem stark. Ohne die Worte zu verstehen, waren die meisten Gruppenmitglieder tief bewegt und fingen zu weinen an. Als Gladys mit ihrem Gesang zu Ende war, beruhigte sie sich und verfiel in einen Zustand glückseliger Ekstase, in dem sie völlig bewegungslos länger als eine Stunde verharrte. Rückblickend war sie nicht in der Lage, das Geschehen zu erklären, und sie hatte auch überhaupt keine Ahnung, in welcher Sprache sie gesungen hatte.

Ein argentinischer Psychoanalytiker aber, der in der Gruppe anwesend war, erkannte, daß Gladys in perfektem Sephardisch gesungen hatte, das er zufällig kannte. Seine Übersetzung ihrer Worte war: »Ich leide und werde immer leiden. Ich weine und werde immer weinen. Ich bete und werde immer beten.« Gladys selber sprach noch nicht einmal das heutige Spanisch, geschweige denn Sephardisch, und wußte überhaupt nicht, was Sephardisch war.

In anderen Fällen haben wir Situationen erlebt, in denen ein Schamanengesang, das Sprechen in einer fremden Sprache oder authentische Laute von Tieren verschiedener Spezies ähnliche positive Wirkungen hatten. Da wohl kein therapeutisches System Ereignisse dieser Art vorhersagen kann, scheint die einzige intelligente Strategie, die hier möglich ist, Vertrauen in die innere Weisheit des Prozesses zu sein.

Häufig stehen psychopathologische Symptome in Verbindung mit mehr als einer psychischen Ebene oder einem Band des Bewußtseinsspektrums. Ich möchte diesen Abschnitt mit der Schilderung dessen abschließen, was einem Teilnehmer an unseren fünftägigen Gruppen, der seitdem zu unseren engen Freunden zählt, widerfuhr:

Norbert, Psychologe und Geistlicher, litt seit Jahren unter starken Schmerzen in seiner Schulter- und Brustmuskulatur. Wiederholte medizinische Untersuchungen – einschließlich Röntgendurchleuchtungen – vermochten keine Anhaltspunkte für eine organische Grundlage seiner Schmerzen zu liefern, und alle therapeutischen Bemühungen schlugen fehl. Während der Sitzung mit holonomer Integration fiel es ihm enorm schwer, die Musik zu ertragen, und er mußte dazu ermutigt werden, den Prozeß trotz großen Unbehagens weiter durchzumachen. Etwa eineinhalb Stunden lang empfand er heftige Schmerzen in seiner Brust und seiner Schulter, schlug wild um sich, als wäre sein Leben ernsthaft in Gefahr, würgte und hustete, und ließ verschiedene laute Schreie ertönen. Später beruhigte er sich und war entspannt und friedlich. Mit großem Erstaunen berichtete er, daß dieses Erlebnis die Spannung in seiner Schulter gelöst hatte und er keine Schmerzen mehr empfand. Diese Besserung erwies sich als beständig. Es sind nun vier Jahre seit dieser Sitzung vergangen, und die Symptome sind nicht mehr wiedergekommen.

Rückblickend berichtete Norbert, daß es in seinem Erlebnis drei Ebenen gegeben hätte, von denen jede mit den Schmerzen in der Schulter im Zusammenhang stand. Auf der oberflächlichsten Ebene erlebte er eine schreckliche Situation aus seiner Kindheit wieder, in der er beinahe sein Leben verloren hätte. Er und seine Freunde hatten an einem Sandstrand einen Tunnel gegraben. Als sich Norbert gerade im Tunnel befand, stürzte dieser ein, und er wäre beinahe erstickt.

Als sich das Erleben vertiefte, wurde er mit mehreren Erinnerungen an seinen Kampf im Geburtskanal konfrontiert, bei dem er ebenfalls nahezu erstickte und starke Schmerzen in der Schulter hatte. Er steckte hinter dem Schambein seiner Mutter fest.

Im letzten Teil der Sitzung veränderte sich das Erleben auf dramatische Weise. Norbert fing an, militärische Uniformen und Pferde zu sehen und erkannte, daß er sich in einer Schlacht befand. Er vermochte sie sogar als eine der Schlachten in England zu Zeiten Oliver Cromwells zu identifizieren. In einem bestimmten Augenblick verspürte er einen stechenden Schmerz und bemerkte, daß seine Brust von einer Lanze durchbohrt war. Er stürzte vom Pferd und erlebte, wie er von den anderen Pferden totgetrampelt wurde.

Ob solche Erlebnisse nun eine »objektive Realität« widerspiegeln oder nicht – ihr therapeutischer Wert steht außer Frage. Ein Therapeut, der aufgrund seines intellektuellen Skeptizismus nicht willens ist, sie zu unterstützen, verzichtet auf ein therapeutisches Instrument von außergewöhnlicher Wirksamkeit.

Die Spontaneität und Autonomie von Heilungsprozessen

Die allgemeine therapeutische Strategie in der Psychiatrie und Psychotherapie wird wesentlich vom medizinischen Modell bestimmt, das ich bereits ausführlicher besprochen habe. Alle emotionalen, psychosomatischen und zwischenmenschlichen Probleme gelten als Manifestationen von zugrunde liegenden Krankheiten. Entsprechend sind auch die therapeutische Beziehung, die allgemeine Klient-Therapeut-Situation sowie das Verständnis des Heilungsprozesses von medizinischen Vorstellungen geprägt.

In der Medizin hat der behandelnde Arzt eine lange und spezialisierte Ausbildung sowie entsprechende Erfahrung hinter sich. Er weiß bei weitem besser als der Patient, was bei diesem nicht stimmt. Vom Patienten wird also erwartet, daß er eine passive und abhängige Rolle einnimmt und tut, was man ihm sagt. Sein

Beitrag zur Behandlung beschränkt sich darauf, subjektive Daten über die Krankheitssymptome zu liefern und Rückmeldung über die Wirkung der Behandlungsmaßnahmen zu geben. Als heilend wird vor allen Dingen die medizinische Intervention gewertet, also die Behandlung mit Pillen, Injektionen, Bestrahlungen oder Operationen. Der enorme Anteil am Heilungsprozeß, der von den inneren regenerativen Kräften des Organismus ausgeht, wird als selbstverständlich hingenommen und nicht besonders erwähnt. Das Extrem ist der chirurgische Eingriff, bei dem der Patient unter Umständen in Vollnarkose behandelt und der heilende Effekt einzig und allein Maßnahmen zugeschrieben wird, die den Organismus von außerhalb treffen.

Das medizinische Modell bestimmt auch weiterhin die Psychiatrie, obwohl es zunehmend Belege dafür gibt, daß es unangemessen und letztlich sogar schädlich ist, wenn es auf die Mehrzahl der psychiatrischen Störungen angewendet wird. Es übt einen mächtigen Einfluß nicht nur auf die Fachleute aus, die eine explizite organische Orientierung vertreten, sondern auch auf diejenigen, die dynamische Psychotherapie praktizieren. Wie in der Medizin gilt auch hier der Therapeut als Experte, der die Psyche seiner Patienten besser kennt als sie selber, und der ihnen ihre Erlebnisse interpretiert. Der Patient trägt zur Behandlung Daten aus der Selbstbeobachtung bei, anerkanntermaßen wichtig für den therapeutischen Fortschritt ist jedoch die Aktivität des Therapeuten. Es gibt viele offenkundige und weniger offenkundige Aspekte der therapeutischen Situation, die den Patienten in eine passive Rolle drängen und ihn darin festhalten. Die generelle Strategie jeder Form von Psychotherapie beruht auf theoretischen Auffassungen davon, wie die Psyche funktioniert, warum und wie sich Symptome entwickeln, und was zur Änderung dieser Situation getan werden muß. Der Therapeut wird also als jemand gesehen, der für den therapeutischen Fortschritt seiner Patienten entscheidend verantwortlich ist.

Obwohl verschiedene psychotherapeutische Schulen in ihrer Theorie die Notwendigkeit betonen, zu den tieferen Ursachen hinter den Symptomen vorzudringen, wird in der alltäglichen Praxis eine Abschwächung der Symptomatik mit Besserung und ihre Intensivierung mit Verschlechterung der eigentlichen emotionalen Störung gleichgesetzt. Die Vorstellung, daß die Intensität der Symptome einen linearen und zuverlässigen Indikator für den Schweregrad der dahinter stehenden pathologischen Prozesse abgibt, ist in der Medizin bis zu einem gewissen Grad gerechtfertigt. Selbst dort aber gilt sie nur für die Fälle, in denen sich die Heilung spontan einstellt oder in denen sich die therapeutische Intervention direkt gegen die primären Ursachen und nicht gegen die in Erscheinung tretenden Symptome richtet.

Es würde wohl nicht als gute medizinische Praxis angesehen werden, seine ganzen Aktivitäten und Anstrengungen auf die Abschwächung der äußerlichen Manifestationen von Krankheiten zu konzentrieren, deren Grundprozeß bekannt ist und direkt beeinflußt werden kann[8]. Genau dies ist aber die Strategie, die in der gegenwärtigen Psychiatrie vorherrscht. Im folgenden werde ich Belege aus der modernen Bewußtseinsforschung anführen, die deutlich machen, daß die gängige medizinische und symptomatische Orientierung nicht nur ein oberflächlicher Kompromiß ist, wie gewöhnlich von einsichtigeren Psychiatern erkannt wird, sondern daß sie sich in vielen Fällen unmittelbar antitherapeutisch auswirkt, da sie störend in die Dynamik eines spontanen Prozesses mit innewohnendem Heilungspotential eingreift.

Wenn eine Person, die unter emotionalen oder psychosomatischen Störungen leidet, diese in einer psychedelischen Therapie oder mit einer der neuen Selbsterfahrungstechniken angeht, dann werden diese Symptome in der Regel aktiviert und verstärken sich, sobald sie sich dem biographischen, perinatalen oder transpersonalen Material nähert, das hinter ihnen steht. Eine voll bewußte Manifestation und Integration des thematischen Kerns führt dann zur Beseitigung oder Modifikation des Problems. Der Wechsel der äußeren Erscheinungsform spiegelt demnach eine dynamische, nicht einfach eine symptomatische Lösung wider.

In der Regel ist die Konfrontation mit der Erfahrung hinter den Symptomen beträchtlich schwieriger und schmerzlicher als das Leben mit den Symptomen im Alltag, auch wenn sie teilweise dieselben Elemente beinhaltet. Diese Strategie ermöglicht aber eine radikale und dauerhafte Lösung. Sie bewirkt nicht lediglich eine Verdrängung und eine Maskierung der wahren Probleme. Ein solches Vorgehen unterscheidet sich erheblich von den allopathischen Strategien des medizinischen Modells. Es hat Parallelen in der homöopathischen Medizin, in der man sich im allgemeinen bemüht, die bestehenden Symptome zu akzentuieren, um die dem Organismus innewohnenden heilenden Kräfte zu mobilisieren.

Eine auf psychologische Probleme übertragene Konzeption dieser Art ist charakteristisch für einige der humanistischen Selbsterfahrungstherapien, insbesondere für die Gestalttherapie. Der tiefe Respekt vor der inneren Weisheit der Heilungsprozesse ist auch ein wesentliches Merkmal der Psychotherapie von C. G. Jung. Heilende Maßnahmen dieser Art haben bedeutsame Vorläufer und Parallelen in alten Kulturen und bei Naturvölkern, etwa in den Prozeduren von Schamanen, in spirituellen Heilungszeremonien, in den Tempelmysterien und in den Treffen ekstatischer religiöser Gruppen. Als wichtige Beispiele können die Zeugnisse Platons und Aristoteles' über die gewaltige Heilkraft der griechischen Mysterien angeführt werden. Hinter all diesen therapeutischen Strategien steht der Glaube, daß eine Unterstützung des Prozesses hinter dem Symptom nach einer vorübergehenden Verschlechterung letztlich zur Selbstheilung und Bewußtseinserweiterung führt. Eine gründliche Beseitigung psychopathologischer Probleme ergibt sich also nicht durch die Abschwächung der beteiligten emotionalen und psychosomatischen Symptome, sondern durch ihre vorübergehende Intensivierung, ihr volles Erleben und ihre bewußte Integration.

Wie ich schon im vorhergehenden Abschnitt angedeutet habe, scheint die treibende Kraft hinter den Symptomen letztlich die Tendenz des Organismus zu sein, das Gefühl der Getrenntheit von der übrigen Welt oder die ausschließliche Identifizierung mit dem Körper bzw. dem Ich sowie die Beschränkungen durch die Materie, den dreidimensionalen Raum und die lineare Zeit zu überwinden. Obwohl der Organismus endgültig danach strebt, sich mit dem kosmischen Bewußtseinsfeld zu verbinden und die holonome Wahrnehmung der Welt zu erreichen, kann dieses letzte große Ziel in einem systematischen Prozeß der Selbsterforschung begrenztere Formen annehmen: etwa das Durcharbeiten biographischer Traumen und die Bewußtmachung positiver und vereinigender Aspekte der Lebensgeschichte (der »Lebensleitlinie«), das Wiedererleben des Geburtstraumas und die Wiederherstellung des ozeanischen Zustands der fötalen Existenz oder der symbiotischen Verschmelzung mit der Mutter während des Stillens, oder schließlich das teilweise Überwinden von Raum und Zeit sowie die Erfahrung verschiedener Aspekte der Wirklichkeit, die dem normalen Bewußtsein nicht zugänglich sind.

Das Haupthindernis in einem so verstandenen Heilungsprozeß ist der Widerstand des Ich, das die Neigung hat, sein beschränktes Selbstkonzept und Weltbild zu verteidigen, sich an das Vertraute zu klammern und das Unbekannte zu fürchten, und sich gegen die Verstärkung emotionalen und körperlichen Leids zu wehren. Genau diese Entschlossenheit des Ich, den *Status quo* aufrechtzuerhalten, stört den spontanen Heilungsprozeß und friert ihn in einer relativ stabilen Form ein, die wir als psychopathologische Symptomatik erkennen.

Aus dieser Sicht muß jedes Bemühen, die Symptome zuzudecken oder künstlich abzuschwächen, nicht nur als Leugnung und Vermeidung des Problems, sondern auch als störender Eingriff in die spontanen Selbstheilungstendenzen des Organismus angesehen werden.[9] Ein solcher Weg sollte nur dann eingeschlagen werden, wenn sich der Patient, der über die Natur seines Problems und über die Alternativen informiert worden ist, ausdrücklich weigert, in den Prozeß der fortdauernden Selbsterforschung einzusteigen, oder wenn der aufdeckende Prozeß mangels Zeit, menschlicher Hilfe und angemessener Einrichtungen nicht möglich ist. Auf jeden Fall sollte sich der Fachmann, der symptomatisch – etwa mit Tranquilizern oder stützender Psychotherapie – behandelt, dessen voll bewußt sein, daß sein Vorgehen reine Beschwichtigung und ein trauriger Kompromiß ist und nicht eine Methode der Wahl, die ein wissenschaftliches Verständnis der beteiligten Probleme erkennen läßt.

Die Einwände, die sich gegen die Durchführbarkeit des hier empfohlenen Ansatzes aufdrängt, sind natürlich der Mangel an menschlichen Hilfsmöglichkeiten und die Kostspieligkeit der tiefenpsychologischen Therapie. Solange wir uns nach Freudschen Normen richten, also davon ausgehen, daß ein einzelner Analytiker in seinem ganzen Leben durchschnittlich 80 Patienten behandelt, scheinen solche Einwände gerechtfertigt. Die neuen Selbsterfahrungstechniken haben aber diese Situation drastisch verändert. Die psychedelische Therapie ermöglicht eine erhebliche Beschleunigung des therapeutischen Prozesses und erweitert auch den Indikationsbereich für eine Psychotherapie auf Kategorien, die früher ausgeschlossen waren, etwa auf Alkoholiker, Drogenabhängige und kriminelle Psychopathen. Da allerdings die Zukunft der psychedelischen Therapie aufgrund der administrativen, politischen und gesetzlichen Hindernisse relativ ungewiß ist, erscheint es zweckmäßiger, sich an den neuen Selbsterfahrungstherapien ohne die Zuhilfenahme von Drogen zu orientieren. Manche von ihnen enthalten therapeutische Möglichkeiten, die die der verbalen Techniken bei weitem übersteigen. Ein wirklich realistischer Ansatz zur Behandlung emotionaler Störungen müßte aber die ausschließliche Verantwortung aus den Händen der Fachleute nehmen und die enormen Möglichkeiten der allgemeinen Bevölkerung nutzen.

In der von meiner Frau Christina und mir entwickelten Technik der holotropen Therapie können bis zu 20 Personen erhebliche Fortschritte in ihrer Selbsterforschung und im Heilungsprozeß innerhalb einer Sitzung machen, die zwei bis drei Stunden dauert. Weitere 20 Personen, die in einer solchen Sitzung den anderen Beistand leisten, können Vertrauen in ihre Fähigkeiten entwickeln, anderen Menschen im Prozeß der Selbsterforschung zu helfen. In der Regel sind zwei bis drei speziell geschulte Personen anwesend, die Hilfe leisten, wo sie akut gebraucht wird. In vielen Fällen kann man erheblich für sich profitieren, wenn man anderen hilft. Solche Situationen stärken nicht nur das Selbstvertrauen und vermitteln Befriedigung, sondern sind auch eine Quelle wichtiger Einsichten in den eigenen Prozeß. Wenn einmal der Bann des medizinischen Modells über das System gebrochen ist, dann läßt sich vorstellen, daß die Wissenschaft und Kunst der Selbsterforschung und des Beistands im emotionalen Prozeß anderer Menschen Teil der grundlegenden Bildung und Erziehung aller werden könnten. Viele bereits existierenden Techniken kombinieren die Selbsterforschung und das psychologische Lernen mit Kunst und Unterhaltung in einer Weise, die sie für pädagogische Zwecke besonders geeignet erscheinen läßt.

Die Erkenntnisse aus der modernen Bewußtseinsforschung haben ebenfalls weitreichende Folgen für die Definition der Rolle des Therapeuten. Der Gedanke, daß die medizinische Grund- und die psychiatrische Fachausbildung eine adäquate Vorbereitung auf den Umgang mit psychiatrischen Problemen gewährleistet, ist schon im traditionellen Rahmen häufig kritisiert worden. Emotionale Probleme dürften wohl kaum – wenn sie nicht gerade überaus heftig sind – die therapeutischen Fähigkeiten eines Chirurgen oder Kardiologen beeinflussen, sicher aber in einem bedeutenden Ausmaß die Arbeit eines Psychiaters. Deswegen sollte im Idealfall auch der Psychiater den Prozeß der tiefen Selbsterforschung durchmachen.

Nun kratzt aber eine jahrelange psychoanalytische Ausbildung, bei der man selber auf der Couch liegend frei assoziiert und unter Supervision mit Patienten arbeitet, lediglich an der Oberfläche der Psyche. Die Methode der freien Assoziation ist ein sehr schwaches Instrument für eine effektive Selbsterforschung. Außerdem wird durch den engen theoretischen Blickwinkel der Prozeß auf den biographischen Bereich eingeschränkt. Selbst eine Jahre dauernde analytische Ausbildung (mit Ausnahme der Jungschen Analyse) bringt den Analysanden nicht mit den perinatalen oder transpersonalen Elementen der Psyche in Berührung. Die Anwendung der neuen Selbsterfahrungstechniken erfordert deshalb eine Ausbildung, in der man selber die Zustände erlebt, die man mit diesen Techniken fördern will. Außerdem ist ein solcher Prozeß niemals abgeschlossen. Die therapeutische Arbeit mit anderen oder sogar das Alltagsleben wird den Therapeuten immer mit neuen Fragen konfrontieren. Wenn er das Material auf der biographischen und perinatalen Ebene erfolgreich durchgearbeitet und integriert hat, dann entspricht der Umfang der transpersonalen Probleme, die auftauchen können, der Existenz überhaupt.

Aus dem gleichen Grund wird der Therapeut nie zur Autorität, die dem Klienten erklärt, was dessen Erlebnisse bedeuten. Selbst mit viel klinischer Erfahrung läßt sich nicht immer richtig vorhersagen, welches Motiv hinter einem bestimmten Symptom steht. Diese Entdeckung verdanken wir Carl Gustav Jung, der als erster erkannte, daß der Prozeß der Selbsterforschung eine Reise in das Unbekannte ist, die ständig neues Leben beinhaltet. Durch diese Erkenntnis wird auch die früher beschriebene Arzt-Patient-Beziehung zu einem Abenteuer zweier gemeinsam Suchender.

Natürlich ist der Therapeut dem Klienten in einer gewissen Weise voraus. Er bietet ihm die Techniken für die Aktivierung des Unbewußten, stellt eine Atmosphäre und einen Rahmen her, der die Selbsterforschung des Klienten unterstützt, lehrt ihn die Grundstrategie und flößt ihm Vertrauen in den Prozeß ein. Was aber das innere Erleben des Klienten angeht, so ist dieser selbst die letzte Autorität. Eine Erfahrung, die erfolgreich durchgearbeitet worden ist, bedarf keiner Interpretation. So wird das Interpretieren von seiten des Therapeuten weitgehend durch den Bericht des Klienten über das, was in ihm vorgeht, ersetzt. Eine der wichtigsten Aufgaben des Therapeuten besteht darin, darauf zu achten, daß die Erlebnisse innerlich abgeschlossen werden. Er muß den Klienten davon abhalten, sie nach außen abzureagieren. Dies bereitet wohl die größten Probleme. In vielen Fällen ist es gerade die Differenz zwischen disziplinierter Internalisierung des Prozesses und projektivem Ausagieren, durch die sich mystische Suche und schwere psychopathologische Störung unterscheiden.

Es gibt auch Hinweise darauf, daß selbst viele akute psychotische Zustände, bei denen die Anwendung des medizinischen Modells am meisten angezeigt und gerechtfertigt erscheint, in Wirklichkeit dramatische Versuche des Organismus sind, Probleme zu lösen, Selbstheilungsprozesse in Gang zu setzen und ein neues Integrationsniveau zu erreichen. Wie ich schon früher erwähnte, kann man in der Literatur nachlesen, daß ein bestimmter Prozentsatz akuter psychotischer Zusammenbrüche selbst unter den gegenwärtigen Umständen, die alles andere als ideal sind, zu einer besseren Anpassung führt, als sie vorher gegeben war. Auch ist bestens bekannt, daß akute und dramatische psychotische Zustände eine sehr viel bessere Prognose haben als solche, die sich langsam und schleichend entwickeln. Beobachtungen dieser Art scheinen die Untersuchungsergebnisse der modernen Bewußtseinsforschung zu stützen, wonach das Hauptproblem in vielen psychotischen Zuständen nicht das Aufwallen des unbewußten Materials ist, sondern der noch verbleibende Rest an Ich-Kontrolle, der ein erfolgreiches Schließen der auftauchenden Gestalt stört. Wenn dies der Fall ist, sollte die Strategie der Wahl nicht darin bestehen, den Prozeß als psychopathologisch abzustempeln und in ihn durch Unterdrückung der Symptome einzugreifen versuchen, sondern ihn in einer Atmosphäre der Unterstützung zu fördern und zu beschleunigen.

In einem solchen Rahmen sollten die Erlebnisse psychotischer Patienten nicht in ihrem Bezug zur materiellen Welt, sondern als bedeutsame Schritte im Prozeß der Persönlichkeitsumwandlung gewertet werden. Beistand und Ermutigung in diesem Prozeß sind deshalb nicht als Gutheißen der verzerrten Wahrnehmungen und der wahnhaften Interpretationen dessen, was gemeinhin als Realität akzeptiert wird, aufzufassen. Die diesen Prozeß fördernde Strategie beinhaltet das systematische Bemühen, ihn von der phänomenalen Welt weg auf die innere Wirklichkeit zu lenken und ihn dadurch zu internalisieren und zu vertiefen. Aus dieser Sicht hat also der Versuch, die inneren Erfahrungen an Personen und Ereignisse der Außenwelt festzubinden, häufig die Funktion eines heftigen Widerstands gegen den Prozeß der inneren Umwandlung.

Die wenigen bisher verwendeten Alternativansätze zur Behandlung der Psychose beruhten auf den Prinzipien der Stützung und des Nicht-Eingreifens. Meine eigenen Beobachtungen in der psychedelischen Therapie psychotischer Patienten sowie in der Arbeit mit Selbsterfahrungstechniken legen aber zwingend nahe, daß ein effektiveres Vorgehen bei psychotischen Episoden die Beschleunigung und Intensivierung des Prozesses – mit oder ohne Drogen – beinhalten muß. Diese therapeutische Strategie ist so wirksam und vielversprechend, daß sie routinemäßig auf jeden Fall ausprobiert werden sollte, ehe der Patient in ein psychiatrisches Krankenhaus eingewiesen wird und sich dort einer langen und potentiell gefährlichen medikamentösen Behandlung mit großen Dosen von Neuroleptika unterziehen muß.

Ich konnte anläßlich mehrerer Gelegenheiten in unseren Workshops beobachten, wie Personen, deren augenblickliche emotionale Verfassung bedenklich in die Nähe einer Psychose rückte, nach ein oder zwei Stunden intensiver Einzelarbeit mit Hyperventilation, Musik und Körperarbeit vollkommene Symptomfreiheit oder sogar einen Zustand ekstatischer Glückseligkeit erreichten. Die Erfahrungen, die solche dramatischen Veränderungen vermitteln, enthielten in der Regel perinatale oder transpersonale Motive. Obwohl eine solche Transmodulation (siehe S. 334) nicht mit einer »Kur« oder einer tiefgehenden Umstrukturierung der Persönlichkeit verwechselt werden sollte, stellt der systematische Gebrauch eines solchen Vorgehens immer dann, wenn schwierige Symptome auftauchen, eine überzeugende Alternative zur psychiatrischen Hospitalisierung und zur chronischen Behandlung mit Neuroleptika dar. Außerdem hat man mit der konsequenten Anwendung der aufdeckenden Strategie die echte Chance, die Probleme tatsächlich zu lösen, statt sie zu maskieren, und fördert die Selbstverwirklichung, die Persönlichkeitsumwandlung und die Bewußtseinserweiterung. Der obige Ansatz ist eine tragfähige Alternative zur herkömmlichen Behandlung nicht-paranoider Patienten mit akuten psychotischen Symptomen. Der Prozeß wird als »spiritueller Notfall« oder »transpersonale Krise« anerkannt und gewertet, nicht als »Geisteskrankheit« abgestempelt. Der Patient wird dazu ermuntert, mit Beistand des Therapeuten noch tiefer in sein Erleben hineinzugehen. Es ist absolut unerläßlich, daß der Therapeut mit der erweiterten Kartographie der Psyche vertraut ist, ihr gesamtes Spektrum an Phänomenen – einschließlich der perinatalen und transpersonalen Phänomene – bestens kennt und tiefes Vertrauen in die innere Weisheit und das Heilpotential der menschlichen Psyche besitzt. Dadurch kann er dem Klienten helfen, alle Ängste, Blockierungen und Widerstände zu überwinden, die den eigengesetzlichen Verlauf dieses Prozesses stören würden, und verschiedene Phänomene unterstützen, die die konventionelle Psychiatrie mit allen Mitteln zu unterdrücken versuchen würde.

Ausmaß und Art der Bemühungen des Therapeuten hängen vom Stadium des Prozesses, von der Einstellung des Klienten und von der Qualität der therapeutischen Beziehung ab. Es gibt zwei Kategorien von Patienten, bei denen man mit dem obigen Ansatz in erhebliche Schwierigkeiten gerät und ihn unter Umständen nicht anwenden kann. So gilt die Regel, daß Patienten mit starken paranoiden Tendenzen schlechte Aussichten haben, von einem solchen Vorgehen zu profitieren. Ich habe schon früher darüber gesprochen, daß sie meistens unter dem Einfluß von Erlebnissen stehen, die für die Anfangsphase der zweiten perinatalen Grundmatrix charakteristisch sind. Jeder Versuch einer tieferen Selbsterforschung kommt einer Einladung zu einer Fahrt in die Hölle gleich, und jeder Therapeut, der sich in dieser Hinsicht bemüht, wird automatisch zum Feind. Die übermäßige Neigung zur Projektion, die fehlende Bereitschaft, sich zu dem inneren Prozeß zu bekennen, die Tendenz, sich an Elemente der äußeren Realität zu hängen sowie die Unfähigkeit, eine Vertrauensbeziehung einzugehen, stellen eine Kombination dar, die einer psychologischen Arbeit ernstlich im Wege steht. Solange nicht Techniken entwickelt worden sind, mit denen man diesen schwierigen Voraussetzungen begegnen kann, bleiben paranoide Patienten weiterhin Kandidaten für eine Behandlung mit Neuroleptika.

Manische Patienten sind ebenfalls schwer zu erreichen, wenn auch aus anderen Gründen. Wie schon früher besprochen, spiegelt sich in der Manie ein nicht abgeschlossener Übergang von der dritten zur vierten perinatalen Grundmatrix wider. Ein Therapeut, der eine Selbsterfahrungstherapie mit manischen Patienten versucht, hat die schwierige Aufgabe, diese davon zu überzeugen, daß sie sich nicht an ihre neugewonnene Freiheit klammern dürfen, weil sie unsicher ist. Sie müssen ihre Abwehrhaltung aufgeben und ernsthaft an den noch verbleibenden Elementen der dritten Matrix arbeiten. Paranoide und manische Patienten sind also für eine Selbsterfahrungstherapie nicht sonderlich geeignet. Will man die ihrer Psyche innewohnenden heilenden Kräfte nutzen, so hat man eine extrem mühsame Aufgabe vor sich. Gelegentlich mögen auch Patienten anderer diagnostischer Kategorien nicht willens oder fähig sein, sich mit ihren Problemen im Erleben zu konfrontieren. Vielleicht hilft ihnen tatsächlich eine dämpfende psychopharmakologische Behandlung. Andere wiederum profitieren unter Umständen am meisten davon, daß man ihnen lediglich Beistand leistet und nicht in ihren Prozeß eingreift. Wenn aber günstige Bedingungen gegeben sind, dann dürfte wohl die aktive Förderung und Vertiefung des Prozesses die Methode der Wahl sein.

Sobald die Symptome mobilisiert sind und sich in intensive Gefühle und Körperempfindungen oder in lebhafte und komplexe Erinnerungen umzuwandeln beginnen, muß man die betreffende Person dazu ermuntern, sie voll und ganz zu durchleben und die aufgestauten Energien peripher loszulassen. Jedes Zensieren und Blockieren des Prozesses aufgrund theoretischer Vorbehalte ist zu vermeiden. Mit Hilfe dieser Strategie verwandeln sich die Symptome im wahrsten Sinne des Wortes in verschiedene Erlebnisse und werden dadurch abgebaut. Man muß auch wissen, daß bestimmte Symptome und Syndrome resistenter gegen Veränderung sind als andere. Diese Situation scheint der Sensibilität und Ansprechbarkeit auf psychedelische Drogen zu entsprechen. So nehmen in diesem Spektrum unterschiedlicher Reaktionen zwangsneurotische Patienten mit ihrer übermäßigen Rigidität und ihren starken Abwehrmechanismen eine extreme Position ein, wohingegen hysterische Patienten schon auf minimale Interventionen reagieren. Ein starker Widerstand ist in der Selbsterfahrungstherapie ein ernstliches Hindernis und erfordert spezielle Abänderungen der Technik.

Wie beschaffen und wie wirksam auch die Technik zur Aktivierung des Unbewußten sein mag, die grundlegende therapeutische Strategie ist immer dieselbe: sowohl Therapeut als auch Klient sollten der Weisheit des Organismus des Klienten mehr vertrauen als ihrem intellektuellen Urteil. Wenn sie die natürliche Ausfaltung des Prozesses unterstützen und klug mit ihm kooperieren – also ohne die Beschränkungen, die durch konventionelle theoretische, emotionale, ästhetische oder ethische Belange aufgezwungen werden –, wird die resultierende Erfahrung automatisch heilender Natur sein.

Psychotherapie und spirituelle Entwicklung

Wie ich schon früher erwähnte, haben die westlichen Schulen der Psychotherapie – mit Ausnahme der Psychosynthese und der Jungschen Psychologie – die Spiritualität nicht als eine authentische psychische Kraft erkannt und gewürdigt. In den meisten theoretischen Spekulationen wird der Reichtum an Wissen über das Bewußtsein und den menschlichen Geist, der über die Zeitalter von den großen spirituellen Traditionen der Welt angesammelt worden ist, nicht in Betracht gezogen. Die tiefgehenden Aussagen dieser Systeme wurden entweder vollkommen ignoriert und achtlos übergangen, oder sie wurden als primitiver Aberglaube, als Verarbeitung von Kindheitskonflikten bzw. als kulturelle Äquivalente zu Neurose und Psychose »erklärt«.

Auf jeden Fall wurden Spiritualität und Religion von der westlichen Psychiatrie wie etwas behandelt, das die menschliche Psyche als Reaktion auf äußere Einflüsse hervorbringt, etwa auf die gewaltigen Gefahren unserer Umwelt, die Angst vor dem Tod, die Furcht vor dem Unbekannten, die mit Konflikten behaftete Beziehung zu den Eltern, usw. Eine direkte Erfahrung alternativer Wirklichkeiten mit spirituellem Charakter wurde bis vor kurzem immer mit einer Geisteskrankheit in Verbindung gebracht. In der konkreten klinischen Arbeit mit Patienten tolerierte man religiöse Überzeugungen gewöhnlich nur dann, wenn sie von einer großen Gruppe von Menschen geteilt wurden. Sehr persönliche Glaubensüberzeugungen, die von festgelegten und kulturell akzeptierten Formen abweichen, oder unmittelbare Erfahrungen spiritueller Realitäten gelten in der Regel als pathologisch und werden als Anzeichen für einen psychotischen Prozeß gewertet.

Mehrere außergewöhnliche Forscher empfanden diese Situation als untragbar und stellten die traditionelle psychiatrische Anschauung von Spiritualität und Religion in Frage. Roberto Assagioli, der in Italien geborene Begründer der Psychosynthese, sah die Spiritualität als eine wichtige Kraft im Leben des Menschen und als einen essentiellen Aspekt der Psyche. Er interpretierte viele der Phänomene, die in den dominierenden psychiatrischen Konzeptionen als psychopathologische Manifestationen behandelt wurden, als Begleiterscheinungen einer spirituellen Öffnung (6). Carl Gustav Jung maß den spirituellen Dimensionen und Impulsen der Psyche ebenfalls große Bedeutung bei und entwickelte ein theoretisches System, das eine Brücke zwischen Psychologie und Religion schlug und beide miteinander integrierte. Ein anderer wichtiger Beitrag zu einem neuen Verständnis der Beziehungen zwischen der Mystik und der Persönlichkeit des Menschen stammt von Abraham Maslow. Auf der Grundlage umfassender Untersuchungen an Personen, die spontane mystische Erfahrungen oder »Gipfelerlebnisse« gehabt hatten, zog er die herkömmliche psychiatrische Ansicht, nach der diese mit einer Psychose gleichzusetzen wären, in Zweifel und schuf die Grundlagen für eine radikal neue Psychologie. Nach seiner Auffassung dürfen mystische Erlebnisse nicht als psychopathologisch gewertet werden. Sie verdienen vielmehr die Bezeichnung übernormal, da sie für die Selbstaktualisierung förderlich sind und bei sonst normalen und gut angepaßten Personen auftreten können.

Die Beobachtungen aus der psychedelischen Therapie und aus anderen Formen einer bis in tiefe psychische Schichten vordringenden Selbsterfahrung können die Ansichten der genannten Forscher voll und ganz bestätigen und legen sogar eine noch radikalere Formulierung der Beziehungen zwischen menschlicher Persönlichkeit und Spiritualität nahe. Nach den neuen Erkenntnissen ist Spiritualität eine der Psyche innewohnende Eigenschaft und tritt spontan in Erscheinung, wenn der Prozeß der Selbsterforschung tief genug fortgeschritten ist. Das unmittelbare Erleben perinataler und transpersonaler Elemente des Unbewußten geht immer einher mit einem spontanen Erwachen der Spiritualität, das ganz unabhängig ist von den individuellen Kindheitserlebnissen, der religiösen Erziehung, der Bindung an eine Kirche und sogar der Zugehörigkeit zu einer bestimmten Kultur oder einer bestimmten Rasse. Die Person, die den Zugang zu diesen Ebenen ihrer Psyche gewonnen hat, entwickelt automatisch eine neue Weltanschauung, in der Spiritualität den Rang eines natürlichen, wesentlichen und absolut lebenswichtigen Elements des Daseins einnimmt. Ich habe selber miterlebt, wie solche tiefgehende Wandlung ausnahmslos bei den verschiedenartigsten Menschen stattgefunden hat, bei verstockten Atheisten, Skeptikern, Zynikern, marxistischen Philosophen und positivistisch orientierten Wissenschaftlern.

In Anbetracht dieser Tatsachen drängt sich die Vermutung auf, daß ein atheistisches, mechanistisches und materialistisches Weltbild und eine entsprechende Auffassung vom Leben eine tiefe Entfremdung vom eigenen Daseinskern, einen Mangel an echtem Selbstverständnis und eine psychische Verdrängung der perinatalen und transpersonalen Bereiche der eigenen Psyche widerspiegelt. Dies bedeutet auch, daß sich ein solcher Mensch einseitig mit nur einem Teilaspekt seines Wesens, charakterisiert durch das Körper-Ich und das hylotrope Bewußtsein, identifiziert. Eine solche, verstümmelte Einstellung zu sich selbst und zur Existenz ist letzlich mit einem Gefühl der Sinnlosigkeit des Lebens und der Entfremdung vom kosmischen Prozeß behaftet. Unersättliche Bedürfnisse, Wettbewerbsstreben und krankhafter Ehrgeiz herrschen vor. Auf der kollektiven Ebene äußert sich dies in einer Entfremdung von der Natur, dem Streben nach »unbegrenztem Wachstum« und der Überbewertung von objektiven und quantitativen Parametern der Existenz. Ein solches In-der-Welt-Sein zerstört auf die Dauer sowohl das Individuum als auch das Kollektiv. Psychotherapeutische Systeme, die dieses Menschenbild stützen und kultivieren und die spirituelle Dimension nicht anerkennen, sind zwangsläufig oberflächlich, ineffektiv und von problematischem Wert.

Im Prozeß der systematischen und tiefen Selbsterforschung können sich Tod- und Wiedergeburterlebnisse sowie transpersonale Erfahrungen ebenso einstellen wie

Erinnerungen an biographische Ereignisse, deren Analyse in der traditionellen Psychiatrie als therapeutisch nützlich gilt. Es würde deshalb interessieren, in welcher Beziehung die konventionelle biographisch-analytische Arbeit zum Prozeß der spirituellen Öffnung steht. Wie aus klinischen Beobachtungen hervorgeht, sind die biographisch orientierte Analyse und transpersonale Erfahrungen zwei einander ergänzende Aspekte des Prozesses der systematischen Selbsterforschung.

Ein schrittweises Durcharbeiten der traumatischen Aspekte der frühen Kindheit öffnet in der Regel den Weg zu den perinatalen und transpersonalen Erlebnissen, die ihrerseits wiederum die spirituelle Öffnung vermitteln. Umgekehrt empfanden Personen, die schon früh im Prozeß der Selbsterforschung mit Psychedelika oder anderen intensiven Techniken ohne die Zuhilfenahme solcher Drogen tiefe spirituelle Erfahrungen hatten, die nachfolgende Arbeit an noch verbleibenden biographischen Problemen als viel leichter und lösten sie auch schneller.

Besonders diejenigen, die Erlebnisse der Einheit mit dem Kosmos hatten, entwickeln eine völlig neue Einstellung zum psychotherapeutischen Prozeß. Sie haben in sich eine neue und unerwartete Kraftquelle sowie ihre wahre Identität gefunden. Ihre gegenwärtigen Lebensprobleme sowie frühere Erlebnisse erscheinen ihnen in einem völlig anderen Licht. Das, was ihnen in ihrem augenblicklichen Leben widerfährt, scheint nicht mehr die absolute Bedeutung zu haben, die es früher hatte. Außerdem ist klar, wohin die Arbeit an sich führen soll. Die weitere Selbsterforschung ähnelt eher dem Ausbauen des Weges zu einem bekannten Ziel als dem blinden Graben in einem dunklen Tunnel.

Das therapeutische Potential von Erlebnissen mit spiritueller Qualität überschreitet bei weitem alles, was mit der Arbeit an biographischem Material zu erreichen ist. Jede psychotherapeutische Theorie und Technik, die die perinatale und transpersonale Ebene der Psyche nicht anerkennt und ihre Möglichkeiten nicht nutzt, erzeugt nicht nur ein oberflächliches und unvollständiges Bild vom Menschen, sondern beraubt sich selber und ihre Klienten hochwirksamer Mechanismen der Heilung und Persönlichkeitsumwandlung.

Die Abhängigkeit von einem engen theoretischen Rahmen kann Wissenschaftler daran hindern, ungeahnte Möglichkeiten im Bereich natürlicher Phänomene zu entdecken, zu erkennen oder sich überhaupt vorzustellen. Dies läßt sich an zwei Beispielen aus der modernen Physik veranschaulichen. Ein Wisssenschaftler, der starr am kartesianisch-Newtonschen Modell der Wirklichkeit festhält, das die Unzerstörbarkeit der Materie behauptet, könnte sich nicht vorstellen, daß man atomare Energie durch Spaltung des Atoms gewinnen kann. Entsprechend eröffnet das System der mechanischen Optik, in dem das Licht Teilchencharakter hat (Photonentheorie des Lichts), keinen theoretischen Zugang zur Holographie, die sich die Interferenzmuster von Lichtwellen zunutze macht. Übertragen auf die Zukunft könnte man deshalb sagen: für einen Physiker, der Einsteins Relativitätstheorie als akkurate Beschreibung der Realität und nicht lediglich als ein nützliches, aber begrenztes Modell betrachtet, ist die Vorstellung, daß sich etwas schneller als das Licht fortbewegen kann, undenkbar. Aus dem gleichen Grund können sich Psychiater, die an rein biographischen Modellen vom Menschen festhalten, nicht die transformative Kraft vorstellen, die perinatalen und transpersonalen Bewußtseinszuständen innewohnt.

Ein Konzept des Unbewußten, das sich ausschließlich an Elementen orientiert, die sich von der individuellen Lebensgeschichte ableiten lassen, ist nicht nur ineffektiv und von begrenztem Wert, sondern letztlich auch antitherapeutisch. Eine logische Folgerung besteht ja darin, perinatale und transpersonale Phänomene, die sich nicht in diesem engen theoretischen Rahmen erklären lassen, als psychopathologisch einzuordnen. Damit ist aber ein unüberwindliches Hindernis für das Erkennen der heilenden und transformativen Kraft des Prozesses geschaffen, an dem die perinatale und die transpersonale Bewußtseinsebene beteiligt sind. So werden in der traditionellen Psychiatrie Prozesse der Heilung und der spirituellen Öffnung als pathologische Erscheinungen abgestempelt, die es unter allen Umständen mit Hilfe verschiedener drastischer Maßnahmen zu unterdrükken gilt. Als Resultat dieser seltsamen therapeutischen Strategie befindet sich die gegenwärtige Psychiatrie in einer tragikomischen Situation: der größte Teil der gemeinsamen Anstrengungen von Psychiatern, Psychologen, Neurophysiologen, Biochemikern und anderer Fachleute ist einseitig gegen Prozesse gerichtet, die einzigartiges therapeutisches und transformatives Potential besitzen.

Zwar wird das Wesen psychopathologischer Phänomene gegenwärtig kaum verstanden, und es mangelt der Psychiatrie an einer wirklich heilenden Strategie, doch sollte man immerhin anerkennen, daß die Verwendung dämpfender Medikamente große historische Bedeutung hat. Sie humanisierte die mittelalterlich anmutende Atmosphäre psychiatrischer Stationen, verhinderte und linderte viel Leid und rettete wahrscheinlich Tausenden von Menschen das Leben.

7 Neue Perspektiven in der Psychotherapie und der Selbsterforschung

Die neuen Erkenntnisse über die Struktur psychogener Symptome, die Dynamik therapeutischer Mechanismen und das Wesen des Heilungsprozesses sind für die psychotherapeutische Praxis von großer Bedeutung. Bevor ich auf die Implikationen der modernen Bewußtseinsforschung für die Zukunft der psychotherapeutischen Behandlung eingehe, möchte ich kurz noch einmal die gegenwärtige Situation, die ich in den vorangegangenen Abschnitten umrissen habe, zusammenfassend überschauen.

Die Übertragung des medizinischen Modells auf die Psychiatrie hatte schwerwiegende Konsequenzen für Theorie und Praxis der Therapie im allgemeinen und der Psychotherapie im besonderen. Es wirkte sich tiefgehend auf das Verständnis psychopathologischer Phänomene, die therapeutischen Grundstrategien und die Rolle des Therapeuten aus. In Anlehnung an die somatische Medizin werden die Begriffe »Symptom«, »Syndrom« und »Krankheit« routinemäßig nicht nur auf psychosomatische Erscheinungen, sondern auch auf verschiedene ungewöhnliche Phänomene angewendet, bei denen die Wahrnehmung, die Gefühle und das Denken verändert sind. Die Intensität solcher Phänomene und der Grad, in dem sie mit den maßgeblichen Wissenschaftsparadigmen unvereinbar sind, bestimmen, als wie schwer der klinische Zustand eingestuft wird.

Im Einklang mit der allopathischen Orientierung der westlichen Medizin besteht die Therapie in einer Intervention von außen, die den pathogenen Kräften der Krankheit entgegenwirken soll. Der Psychiater übernimmt die Rolle eines aktiv eingreifenden Arztes, der festlegt, welche Aspekte der geistigen Funktionen des Patienten als pathologisch zu werten sind, und der diese mit verschiedenen Techniken bekämpft. Mit manchen extremen therapeutischen Methoden näherte sich die Psychiatrie mehr oder weniger dem Ideal der westlichen mechanistischen Medizin, wie es in der Chirurgie verkörpert wird. Bei Maßnahmen wie psychochirurgischen Operationen, Elektroschock, Kardiazolschock, Insulin- oder Atropinkoma und anderen Formen einer Krampfbehandlung erfolgt der medizinische Eingriff ohne die Mitarbeit des Patienten, ja sogar in einem Zustand, in dem dieser bewußtlos ist. Zu den weniger extremen Formen der medizinischen Behandlung gehören die Psychopharmaka, die den Geisteszustand des Patienten in die gewünschte Richtung verändern sollen. Während solcher Maßnahmen ist der Patient vollkommen passiv und erwartet die Hilfe von der wissenschaftlichen Autorität, die für das gute wie für das schlechte Ergebnis die volle Verantwortung übernimmt.

In der Psychotherapie ist der Einfluß des medizinischen Modells zwar etwas unscheinbarer, aber dennoch höchst bedeutsam. Dies gilt sogar für die Freudsche Psychoanalyse und die von ihr abgeleiteten Behandlungsformen, in denen der Therapeut erklärtermaßen eine passive und nicht-direktive Rolle übernimmt. Letztlich hängt der therapeutische Erfolg doch entscheidend von den Interventionen des Therapeuten ab, von richtigen Einsichten in die historischen und dynamischen Zusammenhänge des Materials, das vom Patienten stammt, von korrekten Interpretationen zum richtigen Zeitpunkt, von der Widerstands- und Übertragungsanalyse, von der Kontrolle der Gegenübertragung und von anderen therapeutischen Maßnahmen, einschließlich der Kunst des Schweigens. Theorie und Praxis der Psychoanalyse enthalten zwar die Möglichkeit, einen Großteil der Verantwortung für den therapeutischen Prozeß auf den Patienten zu übertragen und Mißerfolge sowie mangelnde Fortschritte dem sabotierenden Effekt seines Widerstands zuzuschreiben. Doch offenbart sich im klinischen Erfolg letztlich das Geschick des Therapeuten. Er hängt davon ab, wie er während der Therapiesitzungen verbal und nichtverbal reagiert.

Da die theoretischen Konstrukte der einzelnen psychotherapeutischen Schulen und ihre Techniken erheblich voneinander abweichen, läßt sich die Angemessenheit der Interventionen des Therapeuten nur im Rahmen seiner spezifischen Orientierung bewerten. Auf jeden Fall aber engt die theoretische Konzeption des Therapeuten den Klienten explizit oder implizit auf bestimmte Themen und auf einen begrenzten Erfahrungsbereich ein. Daraus resultiert, daß der Therapeut Patienten, deren Probleme wesentlich mit solchen Bereichen oder Aspekten der Psyche zusammenhängen, die sein System nicht anerkennt, auch nicht zu helfen vermag.

Bis vor kurzem waren die meisten psychotherapeutischen Ansätze nahezu ausschließlich auf den verbalen Austausch beschränkt. Heftige Reaktionen der Patienten auf der Gefühls- oder Verhaltensebene wurden als unerwünschtes »Abreagieren« und als Verletzungen der therapeutischen Grundregeln betrachtet. Zudem konzentrierten sich die traditionellen Psychotherapien einzig und allein auf die geistigen Prozesse und vernachlässigten die körperlichen Äußerungen emotionaler Störungen. Unmittelbarer Körperkontakt galt als »kontraindiziert« und war untersagt. Als Folge dieses strengen Tabus praktizierte man keine Körperarbeit, auch nicht in Fällen von Neurosen mit starken muskulösen Verspannungen oder Krämpfen und anderen dramatischen physiologischen und psychosomatischen Begleiterscheinungen.

Prinzipien des psychotherapeutischen Beistands

Der neue umfassende Ansatz für Selbsterforschung und Psychotherapie, der auf Beobachungen aus der modernen Bewußtseinsforschung beruht, unterscheidet sich von den traditionellen Systemen und Strategien in vielerlei wichtiger Hinsicht. Ich habe diesen Ansatz zusammmen mit meiner Frau Christina entwickkelt, und wir praktizieren ihn in unseren Seminaren unter der Bezeichnung *holonome Integration* bzw. *holotrope Therapie*. In seiner Gesamtheit ist er ein einzigartiges System, obwohl viele seiner Bestandteile in verschiedenen gegenwärtigen psychotherapeutischen Schulen anzutreffen sind.

Unser Ansatz bedient sich der erweiterten Kartographie der Psyche, die aus der früher in diesem Buch beschriebenen psychedelischen Forschung abgeleitet ist. Diese Landkarte des »Innenraums« ist umfassender als jede andere der westlichen psychotherapeutischen Schulen. Sie integriert im Geiste der Spektrumspsychologie und der »bootstrap«-Naturphilosophie die Modelle von Freud, Adler, Reich, Rank und Jung sowie bedeutsame Aspekte der Arbeit von Sandor Ferenczi, Nandor Fodor, Lietaert Peerbolte, Fritz Perls, den existentiellen Psychologen und vielen anderen.

Diese theoretischen Konzeptionen werden nicht als zutreffende und erschöpfende Beschreibungen der Psyche betrachtet, sondern dienen als nützliche Kategorisierungsgrundlagen für die Beobachtung von Phänomenen, die mit bestimmten Ebenen der Psyche oder Bändern des Bewußtseinsspektrums verknüpft sind. Durch die Einbeziehung des archetypischen und transzendentalen Bereichs der Psyche schlägt das neue System auch eine Brücke zwischen den westlichen Psychotherapien und der philosophia perennis.

Ein wesentliches Merkmal des mit dem neuen therapeutischen Ansatz verbundenen theoretischen Modells ist die Erkenntnis, daß der Mensch eine eigentümliche Doppelnatur besitzt. Er zeigt manchmal die Eigenschaften eines komplexen Objekts im kartesianisch-Newtonschen Sinne, manchmal wiederum die eines Bewußtseinsfelds, das die Grenzen der Zeit, des Raums und der linearen Kausalität überschreitet. Psychisch bedingte emotionale und psychosomatische Störungen werden dabei als Ausdruck eines Konflikts zwischen diesen beiden Aspekten des menschlichen Wesens aufgefaßt. Dieser Konflikt scheint eine dynamische Spannung zwischen zwei entgegengesetzten universellen Kräften widerzuspiegeln, nämlich zwischen der Tendenz undifferenzierter, vereinheitlichter und umfassender Bewußtseinsformen nach Teilung und Trennung und damit zur Schaffung von Welten der Pluralität, und der Tendenz isolierter Bewußtseinseinheiten, die ursprüngliche Ganzheit und Einheit wiederzuerlangen.

Während die Neigung, die Welt als Zusammenstückelung voneinander getrennter Einheiten zu erleben, mit zunehmenden Konflikten und mit Entfremdung einhergeht, wohnt holotropen Erfahrungen eine heilende Kraft inne. Aus dieser Sicht ist

ein Mensch, der unter psychogenen Symptomen leidet, in einen letztlich unge-
winnbaren Kampf verwickelt, seine Identität als einzelnes Lebewesen, das in
einem begrenzten raum-zeitlichen Kontext existiert, gegen eine in ihm auftretende Erfahrung, die ein solches beschränktes Selbstbild zu untergraben droht, zu
verteidigen.

Vom praktischen Standpunkt her können emotionale und psychosomatische
Symptome als blockierte und verdrängte Erfahrungen holotroper Natur verstanden werden. Wenn man die Widerstände und die Blockierungen abbaut, dann
formen sich die Symptome in emotional stark besetzte Erfahrungen um und lösen
sich in diesem Prozeß auf. Da manche Symptome Erfahrungen biographischer
Art, andere wiederum perinatale Abläufe oder transpersonale Motive beinhalten,
muß jede theoretische Beschränkung die Wirksamkeit des therapeutischen Prozesses letztlich hemmen. Ein Therapeut, der sich an der in diesem Buch
beschriebenen Konzeption orientiert, weiß selten, welche Art Material in den
Symptomen enthalten ist – wenn auch mit genügender klinischer Erfahrung auf
diesem Gebiet gewisse allgemeine Vermutungen und Vorhersagen möglich sind.
Unter diesen Umständen ist die Anwendung des medizinischen Modells absurd
und produktivitätshemmend. Ein ehrlicher Therapeut sollte alles nur Mögliche
tun, um die »chirurgische« Modellvorstellung von psychiatrischer Hilfe, die der
Klient eventuell in die Therapie mitbringt, zu zerstreuen, wie sehr ihm auch die
Rolle des allwissenden Fachmanns schmeicheln mag. Es muß klargestellt werden, daß der psychotherapeutische Prozeß seinem ureigenen Wesen nach nicht
die Behandlung einer Krankheit ist, sondern ein Abenteuer der Selbsterforschung
und Selbstentdeckung. So ist von Anfang bis Ende der Klient der Hauptakteur,
der die volle Verantwortung innehat. Der Therapeut hat fördernde Funktion. Er
schafft einen Rahmen, der die Selbsterforschung des Klienten unterstützt, und
teilt gelegentlich aufgrund seiner Erfahrung seine Meinung mit bzw. gibt Ratschläge. Das Hauptmerkmal des Therapeuten ist nicht die Kenntnis spezifischer
Techniken. Diese sind zwar eine notwendige Vorbedingung, sind aber recht
einfach und lassen sich in relativ kurzer Zeit erlernen. Die entscheidenden
Faktoren sind vielmehr der Stand seiner eigenen Bewußtseinsentwicklung, der
Grad seiner Selbsterkenntnis, seine Fähigkeit, ohne Furcht an intensiven und
außergewöhnlichen Erlebnissen eines anderen Menschen teilzuhaben, und seine
Bereitschaft, sich neuen Beobachtungen und Situationen, die in kein konventio-
nelles Theoriensystem eingeordnet werden können, zu stellen.

Das medizinische Modell hat also nur in den Anfangsstadien der Therapie, bevor
das Problem ausreichend erkannt ist, nützliche Funktion. Man muß eine sorgfältige psychiatrische und medizinische Untersuchung durchführen, um die Möglichkeit einer schweren organischen Erkrankung, die eine medizinische Behandlung erfordern würde, auszuschließen. Patienten, hinter deren psychischen
Symptomen eine körperliche Erkrankung steckt, sollten in medizinischen Einrichtungen behandelt werden, die für den Umgang mit Verhaltensproblemen

ausgerüstet sind. Diejenigen Klienten aber, deren medizinische Diagnose negativ ist und die den Weg der ernsthaften Selbsterforschung einer rein symptomatischen Behandlung vorziehen, sollten zu einer Psychotherapie in speziellen Einrichtungen außerhalb des medizinischen Rahmens überwiesen werden. Wollte man das medizinische Modell auch auf diese Fälle übertragen, so wäre dies theoretisch nicht korrekt, klinisch falsch und ökonomisch absurd. Diese Strategie gilt nicht nur für neurotische Patienten und Personen mit psychosomatischen Störungen, sondern auch für viele Patienten, die nach herkömmlichen Richtlinien als psychotisch eingestuft würden. Patienten, die sich selber oder anderen etwas antun könnten, würden spezielle Vorkehrungen erfordern, die je nach Situation zu gestalten sind.

Jeder Fachmann, der schon eine psychedelische Therapie oder Selbsterfahrungssitzungen ohne Anwendung von Drogen durchgeführt hat, ist sich der enormen emotionalen und psychosomatischen Energien hinter psychopathologischen Symptomen wohlbewußt. Angesichts dieser Beobachtungen ist jede ausschließlich verbal orientierte Therapie von begrenztem Wert. Geht man die Elementarkräfte und die Energiereservoirs der Psyche nur mit Worten an, so gleicht dies dem Versuch, den Ozean mit einem Sieb zu leeren. Der hier empfohlene Ansatz ist klar auf das unmittelbare Erleben ausgerichtet. Das Gespräch dient in erster Linie dazu, den Klienten auf die Selbsterfahrungssitzung vorzubereiten, über die Erfahrung rückblickend zu sprechen und sie zu integrieren. Was die eigentliche therapeutische Prozedur angeht, so bietet der Therapeut dem Klienten eine Technik oder eine Kombination von Techniken an, mit denen das Unbewußte aktiviert wird, die blockierten Energien mobilisiert werden und der festgefahrene Zustand emotionaler und psychosomatischer Symptome in einen Fluß dynamischer Erfahrungen umgewandelt wird. Einige der Techniken, die sich für diesen Zweck am besten eignen, sollen später ausführlicher beschrieben werden.

Der nächste Schritt besteht darin, die auftauchenden Erfahrungen zu unterstützen und dem Klienten dabei zu helfen, Widerstände zu überwinden. Gelegentlich kann eine ungehinderte Freisetzung des unbewußten Materials den Klienten und auch den Therapeuten sehr beanspruchen und belasten. Die dramatische Vergegenwärtigung früherer Ereignisse sowie Tod- und Wiedergeburt-Erlebnisse werden in den modernen Selbsterfahrungstherapien immer häufiger und sollten für einen Fachmann, der auf diesem Gebiet ausreichend geschult ist, kein größeres Problem darstellen. Mit Nachdruck sei darauf hingewiesen, daß der Therapeut den Prozeß des Klienten unterstützen soll, welche Form und Intensität er auch annimmt. Die einzige wirkliche Grenze wird durch Gefahr für Leib und Leben des Klienten und anderer Personen gesetzt. Therapeutische Durchbrüche lassen sich öfter nach Episoden beobachten, die durch totalen Kontrollverlust gekennzeichnet sind, etwa nach »Blackouts«, heftigen Erstickungsanfällen, gewalttätigen, anfallsartigen Aktivitäten, schwerem Erbrechen, Verlust der Blasenkontrolle, Ausstoßen unartikulierter Laute, bizarren Grimassen, Haltungen und

Lauten, die solchen ähneln, wie sie in exorzistischen Sitzungen beschrieben werden. Viele dieser Erscheinungen haben eine logische Verbindung mit dem biologischen Geburtsprozeß.

Während das Wiedererleben früher Kindheitserinnerungen und des Geburtstraumas heutzutage auch von relativ konservativen Fachleuten akzeptiert wird, bedarf es einer tiefgehenden philosophischen Neuorientierung und eines fundamentalen Paradigmawechsels, wenn der Prozeß in transpersonale Bereiche vordringt. Viele Erfahrungen in diesem Rahmen sind so außergewöhnlich und scheinbar so absurd, daß ein gewöhnlicher Therapeut ratlos ist, sich ihren therapeutischen Wert nicht so recht vorstellen kann und dazu neigt, sie explizit oder implizit als unerwünscht einzuordnen. Unter Fachleuten herrscht eine starke Tendenz vor, transpersonale Phänomene anderweitig zu deuten, etwa als Ausdruck von biographischem Material in symbolisch verschleierter Form, als Anzeichen für einen Widerstand gegen schmerzliche traumatische Erinnerungen, als seltsame Erlebnisse ohne tiefere Bedeutung, oder sogar als Hinweis für einen psychotischen Bereich in der Psyche des Klienten, von dem dieser sich fernhalten sollte.

Transpersonale Erlebnisse haben aber oft ungewöhnlich heilende Kraft. Wenn man sie unterdrückt oder nicht unterstützt, schränkt man die Wirksamkeit des therapeutischen Prozesses wesentlich ein. Massive emotionale, psychosomatische und zwischenmenschliche Schwierigkeiten, unter denen der Klient viele Jahre lang gelitten hat und die sich gegenüber konventionellen Behandlungsmethoden als resistent erwiesen haben, können manchmal nach einem intensiven Erlebnis mit transpersonalem Charakter verschwinden, etwa nach der Identifizierung mit einem Tier oder einer Pflanze, nach der Unterwerfung unter die dynamische Macht eines Archetyps, nach dem Erleben eines dramatischen Handlungsablaufs aus einer anderen Kultur oder nach dem Wiedererleben eines historischen Ereignisses bzw. dessen, was offenbar ein Ereignis aus einer früheren Inkarnation darstellt.

Die Grundstrategie, die zu den besten therapeutischen Resultaten führt, macht erforderlich, daß sich Therapeut und Klient vorübergehend von allen theoretischen Anschauungen sowie von Annahmen und Erwartungen über den weiteren Verlauf des Prozesses lösen. Sie müssen offen und abenteuerlustig werden, mit einem tiefen Vertrauen darin, daß der Prozeß seinen eigenen Weg zugunsten des Klienten nehmen wird und ihm dahin folgen, wo er hinführt. Jede intellektuelle Analyse während der Erfahrung erweist sich gewöhnlich als ein Zeichen von Widerstand und behindert ernstlich den Fortschritt. Dies liegt daran, daß das Überschreiten der normalen theoretischen Vorstellungen einen integralen Bestandteil des Abenteuers einer tiefgehenden Selbsterforschung ausmacht. Da keine der transpersonalen Erfahrungen aus der Sicht des mechanistischen Weltbilds und des linearen Determinismus verständlich ist, offenbart sich in Versuchen, Erlebnisse in transpersonalen Sitzungen von vornherein intellektuell anzugehen, in der Regel eine fehlende Bereitschaft, etwas zu erleben, was unbegreiflich ist, was mit keinem theoretischen System, das dem Klienten geläufig ist, erklärt werden kann. Die Art und Weise, wie der Klient sich selber und die Welt sieht, ist ein wesentlicher Teil seiner Probleme und in gewisser Hinsicht auch für sie verantwortlich. Das entschlossene Festhalten an alten Vorstellungen ist also ein antitherapeutischer Faktor von primärer Bedeutung.

Wenn der Therapeut gewillt ist, den Klienten in diesem Prozeß zu ermuntern und zu unterstützen – auch wenn er nicht versteht, was geschieht –, und wenn der Klient zu einer wagemutigen Reise in unbekannte Territorien seiner Psyche bereit ist, dann werden sie beide mit außergewöhnlichen therapeutischen Erfolgen und Durchbrüchen in ihrem theoretischen Vorstellungsvermögen belohnt. Manche in diesem Rahmen auftretenden Erfahrungen werden erst später in einem erheblich erweiterten oder vollkommen neuen theoretischen Kontext verständlich. Gelegentlich aber können ein bedeutsamer emotionaler Durchbruch und ein tiefgehender Persönlichkeitswandel auch ohne das angemessene rationale Verständnis erreicht werden. Diese Situation steht in scharfem Gegensatz zu der, die für die Freudsche Analyse nur allzu typisch ist, nämlich zu dem Gefühl, die eigenen Probleme von seiner bisherigen Lebensgeschichte her bis in Details verstanden zu haben, aber keine oder nur sehr geringe therapeutische Fortschritte zu machen.

In dem von mir vorgeschlagenen Verfahren unterstützt der Therapeut die Erfahrung des Klienten, wie immer sie beschaffen sein mag, und der Klient läßt sie geschehen, ohne sie zu analysieren. Ist die Erfahrung abgeklungen, dann können sie versuchen – falls sie Lust dazu haben –, das Geschehene theoretisch einzuordnen. Sie sollten sich aber dessen vollends bewußt sein, daß sie damit eine mehr oder weniger akademische Übung ohne großen therapeutischen Wert absolvieren. Jedes Erklärungsmodell, zu dem sie am Ende gelangen mögen, muß als eine vorübergehende Hilfskonstruktion betrachtet werden, da sich die Grundannahmen über das Universum und über sich selber radikal ändern, sobald man von einer Bewußtseinsstufe auf die nächste gelangt. Generell gilt, daß eine Erfahrung um so weniger analysiert und interpretiert werden muß, je abgeschlossener sie ist, da sie dann aus sich selbst heraus begreiflich ist. Im Idealfall ist das Thema des Gesprächs nach der Therapiesitzung die Faszination über die neue Entdeckung, nicht das krampfhafte Bemühen, das Geschehene zu begreifen. Die Neigung, das Erlebte aus der Sicht des kartesianisch-Newtonschen Modells zu analysieren und zu interpretieren, ist unter diesen Umständen recht selten. Es wird nur zu deutlich, daß eine solche begrenzte Vorstellung von der Existenz in ihren Grundfesten erschüttert und überschritten wurde. Wenn sich überhaupt eine philosophische Diskussion ergibt, dann geht es in ihr eher darum, die Implikationen des Erlebten für die Beschaffenheit der Realität zu erwägen.

In Anbetracht der reichen Vielfalt an Erfahrungen, die für jede Bewußtseinsebene, auf die man in einer psychedelischen Therapie oder mit Hilfe von Selbsterfahrungstechniken ohne Zuhilfenahme von Drogen gelangen kann, charakteristisch ist, erscheint es angebracht, eine systematische Selbsterforschung im Geiste der »bootstrap«-Naturphilosophie zu betreiben. Viele der existierenden theoretischen Systeme tragen gelegentlich zum Verständnis mancher Erfahrungen und zu ihrer geistigen Einordnung bei. Man muß sich aber dessen bewußt sein, daß sie nur Modelle und nicht zutreffende Beschreibungen der Realität sind. Außerdem lassen sie sich nur auf die Phänomene bestimmter engerer Sektoren der menschlichen Erfahrung und nicht auf die Psyche als Ganzes anwenden. Es ist deshalb wesentlich, in jedem einzelnen Fall eklektisch und kreativ vorzugehen, statt zu versuchen, alle Klienten in die Zwangsjacke seiner eigenen Lieblingstheorie oder psychotherapeutischen Schule zu pressen.

Freuds Psychoanalyse und Adlers Individualpsychologie scheinen sich am besten für Erfahrungen zu eignen, die in erster Linie den biographischen Bereich betreffen. Beide Systeme werden aber ganz und gar unbrauchbar, wenn der Selbsterfahrungsprozeß auf die perinatale Ebene vordringt. Was manche Erlebnisse angeht, die man im Zusammenhang mit dem Geburtsprozeß beobachten kann, können Therapeut und Klient auf die Theorie von Otto Rank zurückgreifen. Gleichzeitig lassen sich die gewaltigen Energien, die sich auf dieser Ebene manifestieren, recht gut mit dem Modell von Wilhelm Reich beschreiben und verstehen. Sowohl das Ranksche als auch das Reichsche System bedürfen aber erheblicher Modifikationen, wenn man dem perinatalen Prozeß vollends gerecht werden will. Rank hob beim Geburtstrauma den Unterschied zwischen dem Dasein im Mutterleib und der Existenz in der Außenwelt hervor. Er berücksichtigte nicht die spezifischen traumatischen Auswirkungen der zweiten und dritten perinatalen Matrix. Reich lieferte eine korrekte Beschreibung der energetischen Aspekte des perinatalen Prozesses, betrachtete diese Energie aber als blockierte sexuelle Energie und nicht als eine, die direkt vom Geburtsvorgang herrührt.

Für Erfahrungen auf der transpersonalen Ebene eignen sich die Jungsche Psychologie, Assagiolis Psychosynthese und bis zu einem gewissen Grad Ron Hubbards Scientology als wertvolle Orientierungshilfen. Auch die Kenntnis der Mythologie und der großen Religionen der Welt kann beim Prozeß der tiefgehenden Selbsterforschung von unschätzbarem Wert sein, da viele Klienten Abläufe erleben, die sich nur von einem bestimmten, historisch, geographisch oder kulturell bedingten spirituellen Rahmen her verstehen lassen. Systeme wie der Gnostizismus, die Kabbalah, die Alchemie und die Astrologie können ebenfalls zu Einsichten in manche Erfahrungen verhelfen. Auf jeden Fall sollte man diese Systeme im nachhinein auf die Erlebnisse anwenden, die sie rechtfertigen, jedoch sollte keines von ihnen *a priori* als ausschließliches Leitkonzept verwendet werden.

Obwohl die Dynamik des innerpsychischen Prozesses von fundamentaler Bedeutung ist, wäre jede Psychotherapie, die sich einzig auf das Individuum konzentriert und es isoliert behandelt, von begrenztem Wert. Ein effektiver und umfassender Ansatz muß den Klienten in einem breiten zwischenmenschlichen, kulturellen, sozio-ökonomischen und politischen Kontext berücksichtigen.

Wichtig ist, daß man die Lebenssituation des Klienten von einem ganzheitlichen Standpunkt her analysiert und sich der Beziehung zwischen seinem innerpsychischen Geschehen und den Elementen der Außenwelt bewußt ist. So mögen in manchen Fällen Umweltbedingungen, kultureller oder politischer Druck sowie eine ungesunde Lebensführung ganz offenkundig an der Entwicklung emotionaler Störungen beteiligt sein. Solche Faktoren sollten ausfindig gemacht und – wenn möglich – in die Therapie einbezogen werden. Dennoch sollten aber im allgemeinen Selbsterforschung und Persönlichkeitsumwandlung – als die entscheidenden und am leichtesten verfügbaren Aspekte jedes therapeutischen Prozesses – das Hauptanliegen bilden.

Techniken für die Psychotherapie und Selbsterforschung

Die Hauptziele der Techniken, die man in Selbsterfahrungstherapien benutzt, sind die Aktivierung des Unbewußten, die Freisetzung der in emotionalen und psychosomatischen Symptomen gebundenen Energie sowie die Umformung eines starren energetischen Gleichgewichts in einen Strom des Erlebens. In vielen Fällen ist dieses Gleichgewicht so labil, daß es nur mit gewaltigen subjektiven Anstrengungen des oder der Betreffenden aufrechterhalten werden kann. In psychotischen Zuständen läßt sich ein solches Gleichgewicht zurückführen auf die noch verbleibenden Widerstände des Klienten, die Angst vor sozialem Druck und entsprechenden Maßnahmen, auf therapeutische und institutionelle Abschreckungsmittel sowie auf die dämpfende Medikation. Selbst in weniger tiefgehenden dynamischen Störungen wie bei Depressionen, psychosomatischen Störungen und neurotischen Zuständen fällt es häufig schwerer, die aufsteigenden Erfahrungen zu unterdrücken, als ihnen freien Lauf zu lassen. Unter solchen Bedingungen bedarf es keiner intensiven Technik, um den Selbsterforschungsprozeß in Gang zu bringen. Gewöhnlich reichen eine neue Sicht des inneren Geschehens, eine gute Beziehung zum Therapeuten und eine Atmosphäre des Vertrauens, sowie eine stützende und permissive Umgebung, um dem Klienten eine volle Hingabe an den Selbsterforschungsprozeß zu ermöglichen. In diesem Rahmen genügen dann in der Regel die Konzentration der Aufmerksamkeit auf die Gefühle und Körperempfindungen, ein paar tiefe Atemzüge und eine anregende Musik, um eine tiefe therapeutische Erfahrung zu vermitteln.

Sind die Widerstände stark, dann muß man sich spezieller Techniken bedienen, um die blockierten Energien zu mobilisieren und Symptome in Erfahrungen umzuwandeln. Am besten läßt sich dies ohne Zweifel mit Hilfe von psychedelischen Substanzen verwirklichen. Dieses Vorgehen ist aber mit vielen potentiellen Gefahren verbunden und bedarf spezieller Vorsichtsmaßnahmen sowie der Beachtung eines Satzes strenger Regeln. Da ich bereits die therapeutische

Verwendung von Psychedelika in mehreren Büchern beschrieben habe und diese Art der Behandlung nicht ohne weiteres möglich ist, will ich mich im folgenden auf Vorgehensweisen ohne Zuhilfenahme von Drogen, die meiner Ansicht nach besonders nützlich, wirksam und effektiv sind, konzentrieren.[1] Da sie alle der gleichen aufdeckenden Strategie folgen, stören sie sich gegenseitig nicht und können in verschiedenen Kombinationen und Abfolgen verwendet werden.

Die erste dieser Techniken habe ich bereits in den Jahren meiner LSD-Forschungen allmählich entwickelt, und zwar ursprünglich als Methode, die noch verbleibenden Probleme zu klären, die nach unvollständig abgeschlossenen LSD-Sitzungen fortbestehen. Vor über 10 Jahren habe ich außerhalb der Behandlung mit LSD mit ihr zu arbeiten begonnen und bin immer wieder beeindruckt von ihrer Effektivität als eigenständiger therapeutischen Maßnahme. Der Schwerpunkt dieser Technik liegt bei der Freisetzung aufgestauter Energien durch Maßnahmen, die sich auf die körperlichen Symptome als die Punkte des geringsten Widerstands konzentrieren. Traditionell orientierte Psychotherapeuten mögen ihre ernstlichen Bedenken hinsichtlich der Nützlichkeit dieser Technik haben, weil in ihr das Abreagieren eine wesentliche Rolle spielt. In der psychiatrischen Literatur wird der Wert des Abreagierens – außer im Fall emotional-traumatischer Neurosen – entschieden in Zweifel gezogen. Ein geistiger Vorläufer in dieser Hinsicht war Sigmund Freud, der seine frühen Konzepte, in denen er dem Abreagieren des Affekts großen therapeutischen Wert zuschrieb, verwarf und den Schwerpunkt auf die Übertragungsanalyse legte.

Die Arbeit mit Psychedelika und den neuen Selbsterfahrungstechniken hat die Prinzipien des Abreagierens und der Katharsis weitgehend rehabilitiert und sie als bedeutsame Aspekte einer Psychotherapie erkannt. Nach meiner Erfahrung ist das scheinbare Versagen des Abreagierens, wie es in der psychiatrischen Literatur beschrieben wird, darauf zurückzuführen, daß dieses nicht weit genug betrieben und nicht systematisch eingesetzt wurde. Man hielt es auf der relativ oberflächlichen Ebene der biographischen Traumen und arbeitete nicht darauf hin oder ließ es nicht zu, daß es extreme Formen annahm, die in der Regel zu einer erfolgreichen Lösung führen. Auf der perinatalen Ebene kann es in solchen Extremfällen zu alarmierenden Erstickungsanfällen, Kontrollverlust, »Blackouts«, heftigstem Erbrechen und anderen recht dramatischen Erscheinungen kommen. Auch muß man beachten, daß das mechanische Abreagieren keinen Sinn hat. Es muß in einer ziemlich spezifischen Form erfolgen, die mit der Natur der energetischen und erlebnismäßigen Blockierung im Zusammenhang steht. Wenn der Klient einen bestimmten Aspekt des Erfahrungskomplexes systematisch meidet, dann führt die mechanische Wiederholung aller anderen Facetten zu keiner Lösung. Es ist absolut erforderlich, daß die emotionale und motorische Entladung in Verbindung mit den entsprechenden unbewußten Inhalten erlebt wird. So kann man von kathartischen Ansätzen, in denen dem Klienten nicht unbeschränkte Freiheit für das gesamte Spektrum des Erlebens – einschließlich der perinatalen und transpersonalen Phänomene – eingeräumt wird, nicht dramatische therapeutische Erfolge erwarten, mit oder ohne Abreagieren. Trotz allem aber, was ich zugunsten des Abreagierens angeführt habe, wäre es ein Fehler, die Technik, die ich vorstellen möchte, auf das Abreagieren allein zu reduzieren, da sie noch viele andere wichtige Elemente beinhaltet.

Klienten, die die oben angesprochene Technik benutzen möchten, werden gebeten, eine liegende Position auf einer großen bequemen Couch, auf einer Matratze oder auf dem mit Kissen oder einem Teppich ausgelegten Fußboden einzunehmen. Dann fordert man ihn oder sie auf, sich auf den Atem sowie auf die Vorgänge im Körper zu konzentrieren und den Intellekt soweit wie möglich auszuschalten. Wenn der Atem allmählich tiefer und schneller wird, ist es nützlich, sich ihn als eine Wolke von Licht vorstellen zu lassen, die durch den Körper wandert und alle Organe und Zellen erfüllt. Eine kurze Phase dieser anfänglichen Hyperventilation mit konzentrierter Aufmerksamkeit intensiviert bereits bestehende Körperempfindungen und Gefühle oder läßt neue entstehen. Hat sich das Muster klar manifestiert, dann kann die Selbsterforschungsarbeit beginnen.

Das Grundprinzip besteht darin, den Klienten dazu anzuhalten, sich den auftauchenden Gefühlen und Empfindungen voll und ganz hinzugeben und Wege zu finden, sie auszudrücken – durch Laute, Bewegungen, Haltungen, Grimassen oder Schütteln –, ohne sie zu beurteilen oder zu analysieren. Im geeigneten Moment leistet man Beistand. All diese unterstützende Arbeit kann von einer Person geleistet werden, doch scheint eine Mann-Frau-Dyade die ideale Situation zu sein. Vor Beginn des Selbsterforschungsprozesses gibt man dem Klienten oder der Klientin die Instruktion, während des ganzen Prozesses mit so wenig Worten wie möglich kundzutun, wie sich die Energie in seinem bzw. ihrem Körper verhält, also wo Blockierungen, überstarke Ladungen bestimmter Bereiche, Druck, Schmerzen oder Krämpfe vorhanden sind. Wichtig ist auch, daß die Qualität von Gefühlen und verschiedenen physiologischen Empfindungen mitgeteilt wird, ob sich Angst, Schuldgefühle, Wut, Atemnot, Übelkeit oder Druck in der Blase einstellen.

Die Funktion der beiden Therapeuten ist es, dem Energiefluß zu folgen, die auftretenden Prozesse und Empfindungen zu intensivieren, und sie voll und ganz erleben und ausdrücken zu lassen. Berichten die Klienten über Druckgefühle im Kopf oder in der Brust, dann verstärkt man sie genau in diesen Bereichen durch mechanisches Auflegen der Hand. Entsprechend sollten verschiedene Muskelspannungen durch tiefe Massage, die sich manchmal dem Rolfing annähert, intensiviert werden. Die beiden Therapeuten bieten Widerstand, wenn der Klient das Gefühl hat, er würde gegen etwas stoßen. Durch rhythmische Druckausübung oder Massage können auch Würgen und Hustenkrämpfe bis zu dem Punkt vorangetrieben werden, an dem Erbrechen oder Ausstoßen von Schleim erfolgt. Das Gefühl, zu ersticken oder an der Kehle stranguliert zu werden, das sich sehr häufig in einer Selbsterfahrungstherapie dieser Art einstellt, kann durchgearbeitet werden, indem man den Klienten auffordert, mit Kraft ein Handtuch zu wringen und dabei die Empfindungen des Würgens in die Hände und in die Bewegung des Wringens zu projizieren. Man kann auch Druck auf manche harte Körperstellen in der Nähe der Kehle ausüben, etwa auf die Kinnbacken, die Scaleni-Muskeln oder das Schlüsselbein. Der Kehlkopf selber ist aus einleuchtenden Gründen für direkte Druckausübung nicht geeignet.

Für die Arbeit an Blockaden in bestimmten Bereichen kann man sich nach Wahl bioenergetischer Übungen und Maßnahmen oder einiger Elemente des Rolfing bzw. der Polaritätsmassage bedienen. Das Grundprinzip besteht nach wie vor darin, den ablaufenden Prozeß zu unterstützen, und nicht einem Schema zu folgen, das einer bestimmten Theorie oder den Vorstellungen der Therapeuten entspricht. Innerhalb dieser Grenzen gibt es reichlich Gelegenheit für kreatives Improvisieren. Es kann sehr spezifisch werden, wenn die beiden Beistand leistenden Personen Art und Inhalt der sich ausfaltenden Erfahrung kennen. In einem solchen Fall kann die Intervention sehr konkrete Details des Motivs, das sich gerade präsentiert, widerspiegeln. Sie können einen Geburtsmechanismus sehr wirklichkeitsgetreu nachahmen, sie können das Wiedererleben einer früh-kindlichen symbiotischen Situation mit der Mutter durch Körperkontakt fördern, oder sie können durch lokalisierten Fingerdruck die Schmerzen intensivieren, die während der Erinnerung an eine Szene aus einer früheren Inkarnation auftauchen, in der eine Wunde durch ein Schwert, eine Lanze oder einen Dolch zugefügt wurde.

Das Verhalten der Beistand leistenden Personen sollte sich sensibel nach der Natur der Erfahrungen richten. Im Idealfall sollte es dem Verlauf des Prozesses folgen, der sich von innen her im Klienten ausfaltet, und nicht durch ihre Vorstellungen und Überzeugungen bestimmt werden. Personen, die diese Techniken am eigenen Leib erlebt haben, anderen Beistand leisteten oder teilnehmende Beobachter waren, vergleichen sie häufig mit Geburtshilfemaßnahmen. Der Prozeß entfaltet sich in elementarer Form, er hat seinen eigengesetzlichen Verlauf und seine eigene innere Weisheit. Die Rolle der Beistand leistenden Person besteht wie die eines guten Geburtshelfers darin, die Hindernisse aus dem Weg zu räumen. Wenn es nicht absolut notwendig ist, darf sie nicht eine eigene Alternativvorstellung von diesem Prozeß auf das natürliche Geschehen übertragen.

In Übereinstimmung mit der Grundstrategie wird dem Klienten deutlich zu verstehen gegeben, daß es *sein* Prozeß ist, und daß die Therapeuten nur eine »unterstützende Rolle« innehaben. Wenn Beistand angebracht erscheint, wird er dem Klienten angeboten, nicht ihm aufgezwungen. In jedem Stadium seines Prozesses hat der Klient die freie Wahl, alle Maßnahmen von außen mit einem bestimmten, vorher verabredeten Signal zu unterbrechen. Wir selber benutzen das Wort »Halt«. Es gilt als ein absoluter Befehl für die Therapeuten, mit jeder

Aktivität aufzuhören, wie überzeugt sie auch davon sein mögen, daß eine Fortsetzung ihres Tuns angezeigt und von Nutzen wäre. Alle anderen Reaktionen des Klienten werden ignoriert und als Teil seiner Erfahrung aufgefaßt. Äußerungen wie »Sie bringen mich ja um«, »Ich habe Schmerzen« oder »Tun Sie mir das nicht an!«, die nicht in Verbindung mit dem Wort »Halt!« erfolgen, gelten als Reaktionen auf die symbolischen Hauptfiguren ihres Erlebens, handele es sich dabei um Elternfiguren, archetypische Wesen oder Personen in einer Szene aus einer früheren Inkarnation.

Eine solche Arbeit erfordert die Beachtung ethischer Grundprinzipien. Die Therapeuten sollten unter allen Umständen die physiologische und psychische Belastbarkeit des Klienten respektieren. Man muß sich darüber ein Urteil bilden, was einen noch erträglichen Grad an Druck oder Schmerz ausmacht. Da er an Stellen erzeugt wird, an denen der Klient urspünglich vom Trauma betroffen wurde, wird er von ihm viel intensiver empfunden, als er wirklich ist. Doch selbst dann wird er typischerweise die Beistand leistenden Personen bitten, den Druck oder den Schmerz über ein Maß hinaus zu verstärken, das ihnen noch vertretbar erscheint. Darin wird deutlich, daß die ursprüngliche Intensität des Schmerzes die des von außen zugefügten Schmerzen bei weitem übersteigt. Der Klient spürt aber, daß er zum Schließen der Gestalt die Gefühle und Körperempfindungen, die Teil des in ihm auftauchenden Motivs sind, bewußt in ihrer vollen Intensität erleben muß.

Die Beistand leistenden Personen sollten dem Fluß der Energie folgen und den Klienten dazu ermuntern, sich allem, was geschieht, so lange voll und ganz hinzugeben und es auszudrücken, bis ein spannungsfreier, angenehmer und geistesklarer Zustand erreicht ist. Zu diesem Zeitpunkt kann liebevoller Körperkontakt angebracht sein, insbesondere wenn die Erfahrung Erinnerungen an Ereignisse aus der frühen Kindheit beinhaltet. Man sollte dann dem Klienten genug Zeit lassen, seine Erfahrung zu integrieren und zum alltäglichen Bewußtsein zurückzukehren. Eine Arbeit wie die hier beschriebene dauert im Schnitt 30 bis 90 Minuten. Wenn die Gestalt nicht vollständig geschlossen werden konnte, lautet die Regel, sich mit den Gefühlen und Körperempfindungen des Klienten zu befassen, die leicht zugänglich sind und nicht erst mit enormem Aufwand hervorgelockt werden müssen. Die Arbeit sollte fortgesetzt werden, sobald sich die Spannungen hinreichend wieder aufgebaut haben. Dies kann Stunden oder Tage dauern. Der Klient wird dazu angehalten, die erschlossenen Kanäle in sein Unbewußtes offenzuhalten und die Situation nicht bis zu einem Punkt sich entwickeln zu lassen, an dem die hochsteigenden Gefühle und Empfindungen nur mit äußersten Anstrengungen unter Kontrolle gebracht werden können.

Die oben beschriebene Technik ist sehr effektiv und bewirkt eine schnelle Besserung emotionaler und psychosomatischer Störungen. Ich habe wiederholt erlebt, wie Personen, deren Zustand aus konventionell psychiatrischer Sicht die Unterbringung in einer Klinik gerechtfertigt hätte, innerhalb von ein oder zwei

Stunden nicht nur einen Rückgang ihrer Symptome verzeichnen konnten, sondern auch einen Zustand aktiven Wohlergehens oder sogar eines ekstatischen Glücksgefühls erreichten. Diesem Ansatz wohnt ein Potential zur Lösung akuter emotionaler und psychosomatischer Beschwerden inne, das so verblüffend ist, daß ich niemals die Unterbringung in einer psychiatrischen Klinik oder die Behandlung mit dämpfenden Medikamenten erwäge, ohne ihn vorher auszuprobieren. Der Wert dieser Technik geht aber offenkundig über die momentane Erleichterung hinaus. Setzt man sie weiter systematisch ein, wird sie zu einem hochwirksamen Mittel für Selbsterforschung und Therapie. Während es in der traditionellen Psychoanalyse und in verwandten verbalen Therapien Monate oder Jahre dauern kann, um zu Erinnerungen aus frühen Phasen der Kindheitsentwicklung zu gelangen, können die Klienten hier des öfteren Ereignisse aus der ersten Zeit nach oder sogar während der Geburt nicht nur in das Gedächtnis zurückrufen, sondern auch voll und ganz wiedererleben.

Ein wesentliches Nebenprodukt dieser therapeutischen Strategie ist die Entwicklung des Gefühls bei den Klienten, Herr über sich selber zu sein. Sie erkennen sehr rasch, daß sie sich selber helfen können und daß sie eigentlich die einzigen sind, die dies vermögen. Dadurch schrumpft bei ihnen auch gewaltig der Glaube, daß nur eine magische Intervention von seiten des Therapeuten, eine brillante Interpretation, erhellende intellektuelle oder emotionale Einsichten, Ratschläge oder Anleitungen ihnen von Nutzen sein könnten. Schon eine einzige Selbsterfahrungssitzung dieser Art kann ihnen unmißverständlich deutlich machen, wo die Probleme liegen und was zu tun ist, um sie durchzuarbeiten. Die Klienten werden hier auch aufgefordert, nichts zu glauben, was sie nicht selber unmittelbar erlebt haben. Die auf diese Weise entdeckten Verbindungen sind nicht eine Sache der persönlichen Auffassung oder Vermutung, sondern sprechen gewöhnlich für sich selbst und sind so überzeugend, daß sie der Klient auch gegen die Therapeuten verteidigen würde, falls diese eine andere Meinung hätten.

Der oben beschriebene Prozeß kann mit richtiger Verwendung von Musik noch weiter intensiviert und vertieft werden. Eine nach bestimmten Gesichtspunkten ausgewählte und zusammengestellte Hi-Fi-Stereomusik ist unter Umständen ein hochwirksames Instrument zur Förderung der Selbsterforschung und der Therapie. Entwickelt wurden die Prinzipien für die Verwendung von Musik zum Zweck der Bewußtseinserweiterung von Helen Bonny (23), ehemaliges Mitglied des Teams am Maryland Psychiatric Research Center in Catonsville, in dem sie an psychedelischen Forschungen als Musiktherapeutin mitwirkte. Während ihrer Arbeit mit Psychedelika erkannte sie das bewußtseinsverändernde Potential von Musik und schuf eine Technik mit der Bezeichnung »Guided Imagery with Music« oder GIM.

Wenn Musik nach entsprechender Vorbereitung introspektiv gehört wird, ruft sie unter Umständen heftige Erlebnisse hervor und fördert eine tiefgehende emotionale sowie psychosomatische Befreiung. Sie schafft eine sinnhaltige dynamische

Struktur und erzeugt eine kontinuierlich fließende Welle, auf der der Klient über schwierige Handlungsabschnitte und Stockungen hinwegkommt, psychische Abwehrmechanismen überwindet und sich dem Strom des Erlebens hingibt. Musik vermittelt in der Regel das Gefühl von Kontinuität und Zusammenhang im Verlauf verschiedener Bewußtseinszustände. Gelegentlich kann der geschickte Einsatz von Musik auch spezifische Inhalte an die Oberfläche bringen, etwa Aggressionen, sinnliche oder sexuelle Empfindungen, emotionales Leid, körperliche Schmerzen, ekstatische Ausbrüche, kosmische Expansion oder die ozeanische Atmosphäre des Mutterleibes.

Um Musik im Rahmen der Selbsterforschung als Katalysator für tiefgehende Erfahrungen zu benutzen, muß man sich unbedingt von der abendländischen Art und Weise des Musikhörens lösen. Das disziplinierte und intellektualisierte Zuhören im Konzert, das sich Berieselnlassen von Hintergrundmusik auf Cocktailpartys, sowie die dynamische und elementare, aber extravertierte Hingabe an die Musik in Rockkonzerten sind fehl am Platz. Die Klienten werden aufgefordert, sich entspannt auf den Fußboden oder eine Couch zu legen und sich dem Fluß der Musik vollkommen zu öffnen. Sie sollen sie ihren ganzen Körper durchdringen lassen und auf jede Weise reagieren, die angemessen erscheint – mit Weinen oder Lachen, mit Lauten, Beckenbewegungen, Verkrümmungen des Körpers, mit Beklemmung, heftigem Zittern oder Schütteln.

Auf diese Weise verwendet, wird Musik zu einem hochwirksamen Mittel zur Auslösung ungewöhnlicher Bewußtseinszustände, das entweder allein oder in Kombination mit anderen Selbsterfahrungstechniken – etwa der oben beschriebenen – eingesetzt werden kann. Zu diesem Zweck muß die Musik von hoher technischer Qualität und von genügender Lautstärke sein, um eine antreibende Wirkung auf die Zuhörer auszuüben. Die wichtigste Regel lautet, die Musikstücke nach der inneren Dynamik der Erfahrung auszuwählen und nicht die Situation durch eine bestimmte Auswahl von Musik beeinflussen zu wollen.

Bei einer anderen sehr effektiven und äußerst interessanten Technik zum Zweck der Selbsterforschung und Heilung bedient man sich der aktivierenden Wirkung, die schnelles Atmen auf das Unbewußte ausübt. Diese Technik beruht auf vollkommen anderen Prinzipien als die oben beschriebene Technik des gezielten körperlichen Abreagierens. Trotz ihrer Unterschiede aber scheinen beide Techniken miteinander vereinbar zu sein und sich zu ergänzen. Der oben beschriebene Ansatz geht aus der therapeutischen Tradition hervor und wurde im Zusammenhang mit der therapeutischen Arbeit an psychiatrischen Patienten entwickelt. Er vermag aber die Klienten nicht nur auf die biographische und perinatale, sondern bis auf die transpersonale Ebene zu bringen.

Im Gegensatz dazu hat die im folgenden beschriebene Methode von Grund auf spirituellen Charakter. Sie vermag in sehr kurzer Zeit den Zugang zu transpersonalen Bereichen erschließen. In diesem Prozeß der spirituellen Öffnung müssen sich viele der Konfrontation mit verschiedenen traumatischen Erlebnissen biographischer Natur sowie mit Geburt und Tod stellen. Dies dient der Heilung und der Persönlichkeitsumwandlung, die sich beide als Nebenwirkungen dieses Prozesses ergeben. Verschiedene Verfahren, die mit Atemtechniken verknüpft sind, spielten eine höchst bedeutsame Rolle in bestimmten alten indischen Praktiken und in vielen anderen spirituellen Traditionen. Diese Methodik wurde von Leonard Orr (141) wiederentdeckt. Eine ihrer Varianten wird gegenwärtig im Rahmen seiner »Rebirthing«-Programme benutzt.

Diese Technik basiert auf einer Kombination aus intensivem Atmen und einer introspektiven Orientierung. Der Klient wird gebeten, sich mit geschlossenen Augen hinzulegen, sich auf das Atmen zu konzentrieren, und ein Atemmuster aufrechtzuerhalten, das schneller und effektiver ist als gewöhnlich. Abreagieren und äußerliche Manipulationen sollen dabei soweit wie möglich unterbleiben. Nach einem Zeitraum, der je nach Person unterschiedlich ist – in der Regel zwischen 45 Minuten und einer Stunde –, sammeln sich die Spannungen im Körper gewöhnlich zu einer stereotypen Form eines Muskelpanzers an, die sich schließlich auflöst, wenn mit der Hyperventilation fortgefahren wird. Die Zonen intensiver Anspannung, die sich normalerweise entwickeln, befinden sich in etwa dort, wo das indische System des Kundalini-Yoga die Zentren der psychischen Energie, die Chakras, plaziert. Sie äußern sich in einem intensiven Druck oder sogar in Schmerzen in der Stirn oder in den Augen, in einer Zusammenziehung der Kehle mit Spannungen und seltsamen Empfindungen um den Mund und einer Kiefersperre, sowie in Spannungszonen in der Brust, um den Nabel und im Unterbauch. Außerdem entwickeln sich an Armen und Händen sowie an Beinen und Füßen charakteristische Kontraktionen, die schmerzhafte Dimensionen erreichen können. In der rein klinischen Arbeit zeigen sich bei den Klienten gewöhnlich nicht alle oben beschriebenen Erscheinungen, sondern je nach Person unterschiedlich verteilte Spannungen, von denen manche Bereiche des Körpers besonders stark, andere überhaupt nicht betroffen sind.

Aus der Sicht des medizinischen Modells gelten diese Reaktionen auf Hyperventilation, insbesondere die berühmten »karpo-pedalen Spasmen« – die Kontraktionen an Händen und Füßen – als die typische physiologische Antwort auf schnelles und intensives Atmen. Sie werden unter der Bezeichnung »Hyperventilationssyndrom« zusammengefaßt. Diese Reaktionen werden als Alarmsignale gewertet und gewöhnlich mit Tranquilizern oder Kalziuminjektionen behandelt. Treten sie gelegentlich bei neurotischen, insbesondere bei hysterischen Personen, auf, so stülpt man eine Papiertüte über ihr Gesicht. Die Anwendung der Hyperventilation zum Zweck der Selbsterforschung und Therapie beweist, daß diese Auffassung nicht richtig ist. Atmet der Klient weiter, so bauen sich die Zonen fester Anspannung sowie die »karpo-pedalen Spasmen« in der Regel ab, statt an Intensität zuzunehmen, und er erreicht schließlich einen extrem ruhigen und gelösten Zustand mit Visionen von Licht und Gefühlen der Liebe und der Verbundenheit.

Häufig ist das Endergebnis ein tiefer mystischer Zustand, der für die betreffende Person von dauerhaftem Wert und persönlicher Bedeutung sein kann. Ironischerweise ist das psychiatrische Routinevorgehen bei gelegentlichen Episoden von spontaner Hyperventilation ein störender Eingriff in eine potentiell therapeutische Reaktion neurotischer Patienten. In diesem Zusammenhang seien auch Personen erwähnt, deren Kundalini-Energie entweder spontan oder als Folge von Shaktipat – der direkten Energieübertragung von einem Meister – aktiviert wurde. Im Gegensatz zur gegenwärtigen psychiatrischen Auffassung gelten im Kundalini- und im Siddha-Yoga diese Episoden von Hyperventilation sowie die motorischen und emotionalen Begleiterscheinungen, die als Kriyas bezeichnet werden, als ein Reinigungs- und Heilungsprozeß.

Während der Hyperventilation – beim Aufbau und allmählichem Abbau der Spannungen – sollte sich der Klient vorstellen, daß mit jedem Einatmen der Druck zu- und mit jedem Ausatmen abnimmt. Dabei kann er verschiedene intensive Erlebnisse haben. Er erlebt unter Umständen bedeutsame Ereignisse aus der Kindheit oder dem späteren Leben wieder, wird mit verschiedenen Aspekten der Erinnerung an seine biologische Geburt konfrontiert, und sehr häufig dringt er in den Bereich transpersonaler Erfahrungen vor. Im Rahmen der von uns benutzten holotropen Therapie wird der ohnehin enorme Effekt der Hyperventilation durch Kombinierung mit anregender Musik (siehe S. 367 f) noch verstärkt. Wenn diese beiden Methoden in einer unterstützenden Umgebung und nach richtiger Vorbereitung des Klienten eingesetzt werden, potenzieren sie einander und stellen so den – mit Ausnahme der psychedelischen Behandlung – zweifellos dramatischsten Weg der Bewußtseinsveränderung dar.

Die Effektivität dieser Technik kann sogar noch weiter verstärkt werden, wenn sie im Rahmen einer Gruppe eingesetzt wird. Die Gruppenteilnehmer bilden zu diesem Zweck Arbeitszweiergruppen und wechseln sich in den Rollen des »sitters« und des Erlebenden ab. Die Erfahrungen beider sind häufig sehr tiefgehend und bedeutsam. Außerdem scheinen sie sich gegenseitig katalytisch zu beeinflussen und eine Atmosphäre zu schaffen, die Kettenreaktionen begünstigt. Unter diesen Bedingungen kann in einer Gruppe aus Personen, die nach dem Zufallsprinzip ausgewählt wurden, mindestens jede dritte innerhalb einer Stunde in der ersten Sitzung transpersonale Bewußtseinszustände erreichen. Recht häufig berichten die Teilnehmer von authentischen Erfahrungen ihrer embryonalen Existenz oder ihrer Empfängnis, von Elementen des kollektiven Unbewußten, von Identifikationen mit menschlichen oder tierischen Vorfahren oder von Erinnerungen an Ereignisse aus früheren Inkarnationen. Ebenso häufig finden sich Begegnungen mit archetypischen Verkörperungen von Gottheiten oder Dämonen sowie mit komplexen Handlungsabfolgen aus der Welt der Mythologie. Das Erfahrungsspektrum, das sich einem durchschnittlichen Teilnehmer erschließt, umfaßt auch telepathische Eingebungen, außerkörperliche Erfahrungen, Astralprojektionen und andere parapsychologische Phänomene.

Im Idealfall braucht der Betreffende nichts anderes zu tun als ein bestimmtes Atemmuster beizubehalten und sich, was auch immer geschieht, allem voll und ganz zu öffnen. Unter diesen Bedingungen gelangen viele in einen total gelösten und entspannten Zustand, der tiefgehenden spirituellen Charakter oder zumindest mystische Anklänge hat. Gelegentlich wird das tiefe Atmen auch Elemente des Abreagierens wie Schreien, Würgen oder Husten auslösen. Dies gilt besonders für Personen, die sich zuvor in einer kathartisch ausgerichteten Behandlung wie in einer Urschreitherapie oder einer der Neo-Reichianischen Therapien befunden haben. Man muß dann die Reaktionen abwarten und die betreffende Person so bald wie möglich zum kontrollierten Atmen zurückführen. Es kommt auch vor, daß die Hyperventilation eine Erfahrungssequenz aktiviert, diese aber nicht erfolgreich abschließt. In solch einem Fall erscheint es angebracht, zur Schließung der Gestalt die früher beschriebene Methode des Abreagierens anzuwenden. Die Erfahrung darf nicht offengelassen werden. Die Kombination aus tiefem Atmen, anregender Musik, gezielter Körperarbeit und einer aufgeschlossenen Einstellung, die die erweiterte Kartographie der Psyche berücksichtigt, übersteigt meinen Erfahrungen nach die Effektivität jeder anderen Nicht-Drogen-Technik und verdient unter den psychiatrischen Verfahren einen besonderen Platz.

Eine andere Technik, die ich in diesem Rahmen erwähnen möchte, ist eine ganz bestimmte Form des Mandalazeichnens. Diese Technik mag zwar für sich allein nur von begrenztem Wert sein, ist aber von extremem Nutzen, wenn man sie mit verschiedenen anderen Selbsterfahrungstechniken kombiniert. Sie wurde von Joan Kellogg (98, 99), einer Psychologin und Maltherapeutin aus Baltimore, entwickelt und im Rahmen der psychedelischen Therapie am Maryland Psychiatric Research Center erfolgreich angewendet. Der Klient erhält Buntstifte sowie ein großes Blatt Papier mit einem Kreis, und soll diesen Kreis ganz nach seinen Vorstellungen ausfüllen. Dabei können lediglich Farben miteinander kombiniert, ein Muster auf der Basis geometrischer Formen gezeichnet oder komplexes Figurenwerk entworfen werden.

Das resultierende »Mandala« läßt sich dann anhand der Kriterien, die von Joan Kellogg auf der Grundlage ihrer Arbeit mit großen Gruppen psychiatrischer Patienten gewonnen wurden, einer formalen Analyse unterziehen. Es kann auch als besonderes Medium für die Förderung der Interaktion und für den Austausch von Erfahrungen in kleinen Gruppen verwendet werden. Außerdem eignen sich bestimmte Mandalas für weitere Selbsterfahrungsarbeit mit Hilfe der Gestalttechnik, des Ausdruckstanzes oder anderer Methoden. Die Mandala-Technik kann auch dazu dienen, eine Erfahrung mit Psychedelika oder einer anderen oben beschriebenen Selbsterforschungsmethode zu dokumentieren. In unseren Workshops und vierwöchigen Seminaren wurde es unter den Teilnehmern sehr beliebt, ein »Mandala-Tagebuch« zu führen, das ihnen den Stand ihres Selbsterforschungsprozesses kontinuierlich vor Augen führte.

Diese graphische Form der Mitteilung dessen, was man erlebt hat, eignet sich auch hervorragend als Mittel, um anderen Gruppenmitgliedern innere Ereignisse zu veranschaulichen und an ihnen mit ihrer Hilfe zu arbeiten. Meine Frau Christina und ich verwenden ein Drei-Stufen-Programm, das sich als besonders effektiv erwiesen hat. Wir arbeiten damit in Gruppen von sechs bis acht Personen, die in einen kleinen Kreis Mandalas zeichnen, in denen sich ihre Erfahrungen während der Hyperventilation und des Aufnehmens von Musik widerspiegeln. Jede von ihnen wird gebeten, sich ein Mandala auszusuchen, das ein anderes Gruppenmitglied gezeichnet hat und auf das es emotional besonders stark – positiv oder negativ – reagiert. Sind die Mandalas verteilt worden, arbeiten sie alle der Reihe nach durch.

Der erste Schritt besteht darin, ein bestimmtes Mandala von der Person besprechen zu lassen, die es auf der Basis ihrer heftigen emotionalen Reaktion darauf ausgesucht hat. Nachdem sie ihre subjektiven Eindrücke mitgeteilt hat, sind die anderen Gruppenmitglieder an der Reihe und geben ihre Beobachtungen wieder. In der dritten Phase des Programms schließlich berichtet die Person, die das Mandala gezeichnet hat, über ihre Erfahrung und teilt ihre Interpretation der Zeichnung mit. Bei diesem Vorgehen muß man sich voll bewußt sein, daß in den Äußerungen der Gruppenmitglieder persönliche Projektionen mit zutreffenden und wertvollen Erkenntnissen über die psychischen Prozesse des Zeichners bzw. der Zeichnerin unentwirrbar vermengt sind. Das Ziel dieser Übung ist nicht eine »objektive« Ausdeutung eines Mandalas und seine diagnostische Auswertung, sondern die Förderung des inneren Prozesses jedes einzelnen Teilnehmers. Geht man in der oben beschriebenen Weise vor, dann hat die Mandala-Arbeit den Wert eines besonderen Katalysators für die Selbsterforschung und die zwischenmenschlichen Prozesse in der Gruppe. Zusätzlich zu der genannten Methode hat es sich für die Personen, die sich gegenseitig ihre Mandalas ausgesucht haben, als äußerst nützlich und produktiv erwiesen, eine Zeitlang gemeinsam nach »Brainstorming«-Manier die dynamischen Aspekte ihrer Erfahrung zu erforschen.

Eine weitere hochwirksame aufdeckende Methode ist das therapeutische »Sandspiel«, das von der Schweizer Psychologin und ehemaligen Schülerin C. G. Jungs Dora Kalff (95) entwickelt wurde. Den Klienten, die sich einer Therapie mit dieser Technik unterziehen, wird ein rechtwinkliger Kasten zur Verfügung gestellt, der mit Sand sowie mit mehreren Tausend kleiner Figuren und Gegenstände gefüllt ist, die Personen, Tiere, Bäume und Häuser aus verschiedenen Ländern und Kulturbereichen darstellen. Die Aufgabe besteht darin, eine individuelle symbolische Szenerie zu schaffen – aus dem Sand die Formen von Bergen, Tälern oder Ebenen herzustellen, den hellblauen Boden des Kastens so zum Vorschein treten zu lassen, daß Flüsse, Seen oder Teiche entstehen, und die Landschaft mit Figuren und Gegenständen seiner Wahl zu ergänzen. Wenn man diese Technik nicht selber schon einmal ausprobiert hat, kann man sich kaum vorstellen, welche Kraft ihr innewohnt, die archetypische Dynamik der Psyche zu mobilisieren. Der transpersonale Charakter dieses Prozesses läßt sich anhand der Tatsache verdeutlichen, daß er häufig ein Erlebensfeld erzeugt, das das Auftreten außerordentlicher Synchronizitäten begünstigt. Durch das Sandspiel wird tief verborgenes unbewußtes Material an die Oberfläche gebracht und in einem Maß konkretisiert, das ein vollständiges Erleben, Analysieren und Integrieren gewährleistet. Eine Serie von Sitzungen mit dieser Technik bietet die Gelegenheit, die auftauchenden Themen bis in kleinste Details zu entfalten, die dahinter verborgenen Konflikte zu lösen und die Dynamik des Unbewußten zu vereinfachen.

Es gibt verschiedene andere Ansätze, die sich mit den eben beschriebenen vereinbaren lassen und sie ergänzen. Im Gegensatz zu den traditionellen psychotherapeutischen Techniken widmet der Prozeß der holotropen Therapie den psychosomatischen Aspekten der Selbsterforschung große Aufmerksamkeit. Diese Konzentration auf das körperliche Geschehen deutet sich schon in den Techniken des Abreagierens und der Hyperventilation an, kann und sollte aber mit verschiedenen Formen von Körperarbeit kombiniert werden. Das Experimentieren mit Techniken wie der Esalen- und Polaritätsmassage (63), dem Rolfing (175), der Akupunktur (125), der Feldenkrais-Methode (39), der psychophysischen Integration von Trager (198), dem Tai-Chi, dem Aikido, oder mit verschiedenen Formen von Tanztherapien kann im Prozeß der Selbsterforschung wichtige Funktion haben. Eine nützliche Ergänzung sind bestimmte sportliche Aktivitäten, insbesondere Wandern, Joggen und Schwimmen oder Gartenarbeit. Eine Integration aller genannten körperorientierten Ansätze in ein umfassendes Programm für die Persönlichkeitsumwandlung erfordert aber, daß der Schwerpunkt ständig auf der Innenschau ruht. Außerdem bedarf es eines breiten theoretischen Rahmens, der dem gesamten Spektrum an Erfahrungen, die in Verbindung mit scheinbar rein körperlichen Techniken auftreten, gerecht wird.

Die Gestalttherapie (145, 146) soll in diesem Zusammenhang besonders hervorgehoben werden, da ihre Grundprinzipien den oben beschriebenen sehr ähnlich sind. Die Gestaltarbeit eignet sich hervorragend als Ergänzung zur Technik der holotropen Therapie. Sie kann sehr nützlich sein, um die Themen und Punkte, die in Sitzungen mit Hyperventilation, anregender Musik und Körperarbeit an die Oberfläche getreten sind, weiter zu erforschen oder bis zum Ende durchzuarbeiten. Ich habe bereits früher (S. 184 f) über die Modifikationen gesprochen, die notwendig sind, um den gestalttherapeutischen Ansatz mit der hier vertretenen Strategie voll und ganz vereinbar zu machen. Weitere aufdeckende Ansätze, die ebenfalls in diesem Rahmen von Nutzen sein können, sind Roberto Assagiolis Psychosynthesis (5) und Hanscarl Leuners Guided Affective Imagery (GAI) (115, 116).

Mit Nachdruck sei auch darauf hingewiesen, daß verschiedene Meditationstechniken und andere Formen spiritueller Praktiken zu dem hier beschriebenen allgemeinen Ansatz keineswegs im Widerspruch stehen. Sobald ein psychotherapeutisches System die perinatale und transpersonale Ebene der Psyche anerkennt, hat es eine Brücke zwischen Psychologie und Mystik geschlagen und dient zur Ergänzung der spirituellen Praxis. Wie ich unter so verschiedenen Rahmenbedingungen wie in der brasilianischen Umbanda-Religion, bei Ritualen der Native American Church, bei Zeremonien der mexikanischen Huichol- und Mazatec-Indianer sowie anläßlich der intensiven Wochenendkurse des verstorbenen Meisters des Siddha-Yoga, Swami Muktananda, beobachten konnte, besitzen Ereignisse, die in erster Linie spiritueller und religiöser Natur sind, unter Umständen eine gewaltige heilende Wirkung und lassen sich mit der hier beschriebenen, in die Tiefe gehenden Selbsterforschung und Therapie ohne weiteres integrieren.

Zudem kann sich die Astrologie auf der Basis der Transite – eine Disziplin, die von der kartesianisch-Newtonschen Wissenschaft verworfen und lächerlich gemacht wird – als unschätzbare Quelle von Informationen über die Entwicklung und Wandlung der Persönlichkeit erweisen. Es bedürfte langer Erörterungen, um darzulegen, warum und wie die Astrologie als erwägenswertes theoretisches Bezugssystem fungieren kann. Diese Möglichkeit erscheint aus der Sicht der mechanistischen Wissenschaft, in der das Bewußtsein als eine Begleiterscheinung von Materie gilt, vollkommen absurd. In Anbetracht eines Ansatzes aber, in dem das Bewußtsein als das primäre Element des Universums betrachtet wird, das in jedem Aspekt der Existenz enthalten ist und in dem archetypische Strukturen als etwas anerkannt werden, das Phänomenen in der materiellen Welt vorausgeht und sie bestimmt, hat die Astrologie einen durchaus logischen und verständlichen Stellenwert. Dieses Thema ist aber so komplex, daß man sich in einer eigenen Darstellung damit beschäftigen müßte[2].

Wenn man all die genannten Ansätze vorschlägt, so mag dies auf den ersten Blick wie therapeutischer Anarchismus anmuten. Es gibt offenbar eine wachsende Zahl von Personen in der humanistischen Bewegung, die von einer Therapie in die andere gehen, bei keiner aber lange genug bleiben, um von ihr in irgendeiner Form zu profitieren. Diese Menschen können sicherlich als abschreckende Beispiele für einen therapeutischen Eklektizismus gelten. Was aber an einer solchen »therapeutischen Promiskuität« falsch zu sein scheint, ist nicht die Tatsache, daß sie verschiedene Therapien probieren, sondern daß sie sie nicht als Teilstücke oder Schritte im Prozeß der Selbsterforschung sehen können. Sie betrachten sie jeweils als wunderbares Allheilmittel, und gerade diese unrealistische Erwartung und das unkritische Vertrauen, gefolgt von einer ebenso heftigen Enttäuschung, ist ungesund, nicht das Interesse an und das Experimentieren mit verschiedenen Ansätzen. Wenn man nicht mehr als ein kleines Teil eines großen Puzzles erwartet und das Leben als ein ständiges Abenteuer der Selbsterforschung und des Strebens nach Erkenntnis betrachtet, können alle einzelnen Ansätze äußerst nützlich werden und sich gegenseitig in ihrer Wirkung potenzieren. Am günstigsten ist aber, wenn man sich mit den Ergebnissen all dieser verschiedenen Unternehmungen einer einzelnen Person anvertraut, die über ein genügend umfassendes Hintergrundwissen verfügt und helfen kann, all die verschiedenen Erfahrungen zu integrieren.

Um diesen Punkt zu veranschaulichen, möchte ich einige Beobachtungen aus unseren vierwöchigen Versuchsprogrammen wiedergeben, die meine Frau Christina und ich am Esalen-Institut in Big Sur koordinieren und leiten. Die Idee zu diesen Seminaren formte sich in mir bereits vor über zehn Jahren. Ich sah sie ursprünglich als Möglichkeit für Fachleute und Studenten aus verschiedenen Teilen der USA und anderen Ländern der Welt, viele verschiedene Führer der humanistischen und transpersonalen Bewegung persönlich kennenzulernen und sich mit ihren Konzepten und Techniken in relativ kurzer Zeit vertraut zu machen. In diesen Workshops sind Didaktik, Selbsterfahrungsübung, Gruppenprozesse, Körperarbeit, Versuche mit verschiedenen bewußtseinsverändernden Techniken sowie anregende Dia- und Filmvorführungen miteinander kombiniert. Jedes Seminar steht unter einem anderen Thema, das zur modernen Bewußtseinsforschung, zur psychotherapeutischen Revolution und zum Paradigmawechsel in der Wissenschaft Bezug hat. Die Seminarleiter sind sowohl Mitglieder des Esalen-Instituts als auch verschiedene Gäste, die im Hinblick auf bestimmte Themen speziell ausgesucht werden. Die allgemeine Orientierung läßt sich vielleicht durch ein paar Themen vergangener Seminare verdeutlichen: Schizophrenie und paranormale Fähigkeiten; Holistische Medizin und Heilpraktiken; Landkarten des Bewußtseins; Neue Wege zum Verständnis von Geburt, Sexualität und Tod; Bereiche des menschlichen Unbewußten; Energie: Körperliche, emotionale und spirituelle Dimensionen; Alternative Zukunftsmodelle; Die Grenzen der Wissenschaft; Paranormale Intelligenz; Die Suche nach mystischer Erleuchtung; Die Evolution des Bewußtseins: Perspektiven der Erforschung des Innen- und Außenraums.

Die Teilnehmer dieser Workshops können Vorträge hören, die ihren geistigen Horizont erweitern, emotional anregende Dias und Filme sehen, sich an Sitzungen mit holonomer Integration und anderen Selbsterfahrungstechniken sowie mit Körperarbeit beteiligen, an Gruppenprozessen teilhaben und gelegentlich – wenn Schamanen zu Gast sind – Rituale von Naturvölkern aus eigener Anschauung kennenlernen. Dies alles findet in der entspannten und ästhetisch exquisiten Atmosphäre des Esalen-Instituts mit seinen berühmten heißen Mineralquellen statt. Unter den Gästen befanden sich bisher berühmte Gelehrte wie Gregory Bateson, Joseph Campbell, Fritjof Capra, Michael Harner, Jean Houston, Stanley Krippner, Ralph Metzner, Ajit Mookerjee, Karl Pribram, Rupert Sheldrake, Huston Smith, Russel Targ, Charles Tart und Gordon Wasson, Führer der humanistischen Bewegung wie John Heider, Michael Murphy, Richard Price und Will Schutz, berühmte Personen mit paranormalen Fähigkeiten, spirituelle Lehrer des Westens und Ostens sowie amerikanische und mexikanische Schamanen. Diese Form des Seminars, das ursprünglich als innovative pädagogische Einrichtung konzipiert war, erwies sich mit der Zeit als das wirksamste Instrument für eine Persönlichkeitsumwandlung, das ich jemals – mit Ausnahme psychedelischer Sitzungen – persönlich erlebt habe. Im Verlauf der systematischen Arbeit mit einer bestimmten Technik lernen die Teilnehmer schon bald die Sprache und die Kodes. Nach einer Weile fällt es leicht, das Spiel nach seinen eigenen Regeln zu spielen und den Prozeß unberührt von anderen Dingen durchzumachen. Mit der oben beschriebenen Kombination werden die Teilnehmer plötzlich auf viele verschiedene Weisen beeinflußt und erfahren unerwartete Anregungen in einer Umgebung, die explizit tiefgehende Erlebnisse und eine intensive Selbsterforschung begünstigt.

In diesem Rahmen finden transformative Prozesse in der Regel zu jeder Tages- und Nachtzeit statt. Diese über einen bestimmten Zeitraum rund um die Uhr auf die Selbsterforschung gerichtete Aufmerksamkeit scheint dem üblichen Vorgehen, im vorhinein einen Zeitplan mit kurzen therapeutischen Sitzungen festzulegen, weit überlegen zu sein. Selten kommt es vor, daß solche Sitzungen zufälligerweise gerade dann stattfinden, wenn die Abwehrmechanismen besonders schwach sind. Außerdem ermöglicht die Art solcher Sitzungen nicht einen therapeutischen Prozeß von genügendem Tiefgang und ausreichender Dauer. Während der Erfahrungen, die im Verlauf unserer Esalen-Seminare auftraten, haben wir systematisch mit den oben beschriebenen Methoden gearbeitet. Zahlreiche Briefe früherer Teilnehmer weisen darauf hin, daß eine vierwöchige Erfahrung dieser Art einen Prozeß tiefgehender Wandlung in Gang setzen und dauerhaften Einfluß auf das Leben ausüben kann.

Ziele und Ergebnisse der Psychotherapie

Wie schon früher erwähnt, wird im traditionellen psychiatrischen Denken die grundlegende Forderung aufgestellt, daß das Wahrnehmen, Denken und Fühlen eines geistig gesunden Menschen vom kartesianisch-Newtonschen Weltbild bestimmt sein muß. In diesem Rahmen wird es nicht lediglich als ein theoretisches Bezugssystem von großer pragmatischer Bedeutung aufgefaßt, sondern gilt als einzig richtige Bescheibung der Realität. Im einzelnen bedeutet dies: Identifikation mit dem eigenen Körper und dem sogenannten Körperbild, Akzeptierung des dreidimensionalen Raums und der unveränderlichen linearen Zeit als objektive und alleingültige Koordinaten der Existenz, sowie Einschränkung der Informationsquellen auf die Inhalte der Sinneswahrnehmung und die Spuren vergangener Ereignisse im materiellen Substrat des Zentralnervensystems.

Ein anderes wichiges Kriterium für die Richtigkeit der Daten über die Realität ist die Möglichkeit, sie durch andere Personen, die nach der obigen Definition geistig gesund sind oder normal funktionieren, bestätigen zu lassen. Würden zwei oder mehr Personen im Hinblick auf Daten übereinstimmen, die von der konventionellen Vorstellung von Wirklichkeit erheblich abweichen, so würde man dies ebenfalls als psychopathologisches Phänomen werten, als »folie à deux«, »folie à famille«, Aberglaube, Massensuggestion, Gruppenwahn oder Gruppenhalluzination. Geringfügige Verzerrungen in der Wahrnehmung der eigenen Person oder der Wahrnehmung anderer würden im Sinne der obigen Definition als Neurosen gelten, wenn sie nicht ernsthaft die grundlegenden Postulate des kartesianisch-Newtonschen Weltbilds in Frage stellen. Massive Abweichungen von dieser allgemein anerkannten Beschreibung der Realität würden dann als Psychosen bezeichnet.

Geistige Gesundheit wird definiert als die Abwesenheit psychopathologischer Symptome oder einer psychiatrischen »Krankheit«. Aktive Freude am Leben gehört nicht unbedingt dazu. Dies läßt sich wohl am besten anhand Freuds berühmter Formulierung des Ziels der psychoanalytischen Therapie veranschaulichen. Er wollte lediglich das extreme neurotische Leid des Patienten in die normale Misere des Alltagslebens umwandeln. In diesem Raum kann jemand, der ein entfremdetes, unglückliches und gehetztes Leben führt, das von unmäßigen Machtbedürfnissen, Wettbewerbsdrang und unersättlichem Ehrgeiz beherrscht wird, immer noch unter die breite Definition von geistiger Gesundheit fallen, es sei denn, er leidet an manifesten klinischen Symptomen. Zudem würden manche Autoren in Anbetracht der generellen Unklarheit über die Kriterien für geistige Gesundheit so wertgebundene äußerliche Indikatoren wie Einkommensschwankungen, Veränderungen im beruflichen und sozialen Status und Anpassung am Wohnort hinzuziehen.

Der modernen Bewußtseinsforschung entstammen Daten, die die dringende Notwendigkeit einer drastischen Revision solcher Vorstellungen nahelegen. Eine Neudefinition von geistiger Gesundheit würde als einen entscheidenden Faktor die Erkenntnis und Kultivierung der beiden sich ergänzenden Aspekte des menschlichen Wesens beinhalten, nämlich daß der Mensch zum einen eine von den übrigen Dingen und Menschen getrennte materielle Einheit und zum anderen ein potentiell unbegrenztes Bewußtseinsfeld ist. Ich habe schon früher in diesem Buch die zwei korrespondierenden Erfahrungsformen beschrieben und sie der Kürze halber als *hylotropes* und *holotropes* Bewußtsein bezeichnet (siehe S. 329 f). Nach dieser Auffassung ist ein »geistig gesunder«, aber ausschließlich hylotrop orientierter Mensch von einem lebenswichtigen Aspekt seines Wesens abgeschnitten und kann kein ausgeglichenes und harmonisches Leben führen, auch wenn er von manifesten klinischen Symptomen frei ist. Jemand mit dieser Grundeinstellung denkt lediglich an das Überleben und setzt in seinem Dasein ausschließliche Prioritäten – seien es er selber, seine Kinder, seine Familie, sein gesellschaftliches Leben, seine Religion, sein Land oder seine Rasse. Er ist fern von jeder Erfahrung einer vereinigenden übergeordneten Ganzheitlichkeit.

Ein solcher Mensch – ob Mann oder Frau – ist nur beschränkt in der Lage, aus den gewöhnlichen Aktivitäten des Alltagslebens Befriedigung zu beziehen, und flüchtet sich in komplizierte Pläne für die Zukunft. Dies führt zu einem Dasein, das von einem grundlegenden Gefühl des Mangels bestimmt wird, zu einer Unfähigkeit, voll und ganz zu genießen, was verfügbar ist, und zu einem schmerzlichen Bewußtsein dessen, was fehlt. Eine solche generelle Lebensstrategie äußert sich in Beziehung zu konkreten Personen und Lebensumständen, ist aber letztlich zwanghaft und bar jedes spezifischen Inhalts. So kommt es, daß ein solches Lebensgefühl auch bei extremen Graden von Wohlstand, Macht und Ruhm vorherrschen kann, und daß es sich ständig auch unter neuen Bedingungen hält. Jemand, dessen Leben von diesem Mechanismus beherrscht wird, hat nie genug, und es gibt nichts, was er besitzt oder erreicht hat, was ihm echte Befriedigung verschafft.

Wenn unter solchen Umständen Ziele nicht erreicht werden, so wird die ständige Unzufriedenheit rationalisiert, nämlich als Versagen, wünschenswertere Bedingungen zu schaffen. Wenn dies aber gelingt, bringt es nicht das ersehnte emotionale Heil. Das Gefühl des Unglücklichseins wird dann darauf zurückgeführt, daß das ursprüngliche Ziel falsch gewählt oder nicht hoch genug gesteckt war. Es wird dann durch ein ehrgeizigeres Ziel ersetzt. Dies führt zu einem Leben, das nach Auffassung der Betroffenen selber einer »Tretmühle« gleichkommt. Sie leben emotional in Phantasien über die Zukunft und verfolgen Ziele, die sie sich gesetzt haben, obwohl ihnen das, was sie erreichen, keine Erfüllung bringt. In der existentialistischen Literatur wird dies »Autoprojizieren« genannt. Jemand, der so lebt, ist durchdrungen von Gefühlen der Sinnlosigkeit, Nichtigkeit oder gar Absurdität, die kein scheinbar noch so großer Erfolg vertreiben kann.

Die Existenz eines Menschen, dessen Erfahrungshorizont vom hylotropen Bewußtsein eingeschränkt ist, hat somit etwas Unauthentisches an sich. Sie ist charakterisiert durch die ausschließliche Ausrichtung auf ein paar gesetzte Ziele und durch die Unfähigkeit, dem Prozeß des Lebens an sich Freude abzugewinnen. Typische Merkmale eines solchen In-der-Welt-Seins sind die einseitige Beschäftigung mit dem Vergangenem und dem Zukünftigem, ein beschränktes Bewußtsein des gegenwärtigen Augenblicks, und eine nahezu absolute Zuwendung zu äußeren Dingen, die mit einer schweren Entfremdung vom inneren psychischen Prozeß einhergeht. Des weiteren finden sich die schmerzliche Gewißheit, daß das Leben zu kurz ist, um alle seine Pläne zu verwirklichen, ein übermäßiges Bedürfnis nach Kontrolle, eine Intoleranz gegenüber dem Vergänglichen und dem Altern, sowie eine tiefsitzende Angst vor dem Sterben.

Auf die soziale und globale Ebene übertragen äußert sich das hylotrope Bewußtsein darin, daß der Maßstab für den Lebensstandard und das Wohlergehen von äußerlichen und objektiven Kriterien gesetzt wird. Die Lebensqualität wird an der Menge der materiellen Güter und Besitztümer gemessen und nicht am Lebensgefühl und an subjektiver Zufriedenheit. Diese Lebensphilosophie und -strategie wird zudem noch als etwas Natürliches und Logisches hingestellt. Es ist erstaunlich, wie unfähig man sein kann, das Absurde und Verrückte dieser Auffassung vom Leben zu erkennen. Die charakteristischen Merkmale dieser Vorstellung von Existenz – die kurzsichtige Betonung des uneingeschränkten Wachstums, Profilierungssucht und Wettbewerbsstreben, sowie Nichtbeachtung zyklischer Muster und ganzheitlicher Zusammenhänge in der Natur – verstärken und potenzieren einander. Alle zusammen beschwören sie eine düstere Vision der Zukunft unseres Planeten herauf, in der der nukleare Holocaust oder das totale ökologische Desaster als logische Alternativen erscheinen.

Im Vergleich dazu ist ein Mensch mit holotropem Bewußtsein unfähig, sich zur materiellen Welt angemessen in Beziehung zu setzen und sie als einen in jeder Hinsicht wichtigen Bezugsrahmen zu sehen. Die pragmatische Realität des Alltagslebens, die Welt fester materieller Objekte und einzelner Menschen erscheinen als Illusion. Die Unfähigkeit, sich mit dem Körper-Ich zu identifizieren und sich als eine in sich geschlossene Einheit zu erfahren, die von der Gesamtheit des übrigen kosmischen Netzwerks getrennt ist, führt zur Vernachlässigung von Grundregeln, die beachtet werden müssen, wenn der einzelne Organismus weiter bestehen will. Die persönliche Sicherheit, elementare Hygiene, die Versorgung mit Nahrung und Wasser oder sogar Luft zum Atmen – all das steht auf dem Spiel. Der Verlust der individuellen Grenzen, der zeitlichen und räumlichen Koordinaten sowie des angemessenen Realitätstests wird zu einer ernsthaften Bedrohung für das Überleben. Die Extremformen des holotropen Bewußtseins, die Identifizierung mit dem Geist des Universums oder der überkosmischen Leere, stellen die genauen Gegenpole zu dem früher beschriebenen materieorientierten Körper-Ich-Bewußtsein dar. Die Zeit und Raum transzendierende Einheit hinter allem, was existiert, ist die einzige Realität. Alles scheint, so wie es ist, vollkommen zu sein. Es gibt nichts, was zu tun ist, und keinen Ort, an den man gehen muß. Bedürfnisse jeglicher Art bestehen überhaupt nicht oder sind vollkommen befriedigt. Ein Mensch, der vollkommen im holotropen Bewußtsein versunken ist, bedarf der Hilfe anderer Menschen, die für die Befriedigung seiner Grundbedürfnisse sorgen. Zahlreiche Berichte über Schüler, die sich in dieser Weise um ihre Meister kümmerten, während diese ihr Samadhi- oder Satorierlebnis hatten, können hier als Beispiele aufgeführt werden.

Nach dieser Einführung können wir zum Problem der geistigen Gesundheit zurückkehren. Im Gegensatz zur traditionellen Psychiatrie mit ihrer allzu einfachen Einteilung in geistig gesund und geistig krank ziehen wir eine größere Zahl von bedeutsamen Alternativen in Erwägung. Zuerst aber müssen wir organische Krankheiten ausschließen, die möglicherweise eine Störung des Gefühlslebens und des Verhaltens verursachen, zu ihr beitragen oder sie auslösen. Sollte mit einer Untersuchung eine Krankheit im medizinischen Sinn des Wortes festgestellt werden – etwa eine Entzündung, ein Gehirntumor oder Durchblutungsstörungen im Gehirn, Urämie, schwere hormonelle Störungen u. dgl. –, dann muß man den Patienten entsprechend medizinisch behandeln.

Nach Klärung der Frage, ob eine körperliche Erkrankung vorliegt oder nicht, wenden wir uns dem Problem zu, welche der oben beschriebenen Bewußtseinsformen vorhanden ist bzw. in welcher Kombination sie vorhanden sind. Im Rahmen des theoretischen Modells, das ich in diesem Buch dargestellt habe, wäre jemand, der ausschließlich hylotrop orientiert ist, bestenfalls »auf einer niedrigeren Ebene« geistig gesund, auch wenn sich bei ihm keine psychopathologischen Symptome im konventionellen Sinn äußern. Dieses Lebensgefühl geht in seiner extremen Form, die mit einer materialistischen und atheistischen Einstellung zur Existenz verknüpft ist, mit einer Verdrängung lebenswichtiger und Kraft spendender Aspekte des eigenen Wesens einher. Es bringt letztlich keine Erfüllung und wirkt destruktiv gegen andere und sich selber.

Das holotrope Bewußtsein sollte als Äußerung eines der menschlichen Natur innewohnenden Potentials und nicht als solches als psychopathologisches Phänomen aufgefaßt werden. Eine rein holotrope Erfahrung unter den richtigen Umständen kann heilsam sein, das Bewußtsein erweitern und die Persönlichkeit von Grund auf wandeln. Am effektivsten erweist sie sich dann, wenn sie zeitlich begrenzt ist und dann gut verarbeitet wird. Ansonsten läßt sie sich nicht mit den Anforderungen der alltäglichen Wirklichkeit vereinbaren. Ihr Wert hängt entscheidend ab von der Situation, in der sie auftritt, von der Art und Weise, wie die betreffende Person mit ihr umgeht, und von ihrer Fähigkeit, sie konstruktiv zu integrieren.

Die beiden Bewußtseinsformen können sich so kombinieren, daß sie die alltägliche Existenz beeinträchtigen, aber auch harmonisch miteinander verschmelzen und dadurch dem Leben besondere Qualität verleihen. Neurotische und psychotische Phänomene lassen sich als Ergebnisse eines ungelösten Konflikts zwischen diesen beiden Erfahrungsweisen auffassen. Sie stellen Kompromißbildungen und Reibungspunkte dar. Ihre verschiedenen Aspekte – das gestörte Wahrnehmen, Fühlen und Denken sowie die psychosomatischen Erscheinungen –, die als unverständliche Verzerrungen des logischen und angemessenen Reagierens auf die gegenwärtigen materiellen Umstände erscheinen, erhalten einen Sinn, wenn man sie als wesentliche Teile der holotropen Gestalt sieht, die durchzubrechen versucht. Dies wird der betroffenen Person selber klar, sobald sie das hinter den Symptomen steckende Motiv in seiner Gesamtheit erlebt und integriert. Manchmal ist das eindringende Element eine Erfahrung aus einem anderen zeitlichen Kontext, aus der Kindheit, der Phase der biologischen Geburt, der Existenz im Mutterleib, dem Leben menschlicher oder tierischer Vorfahren oder einer früheren Inkarnation. Bei anderen Gelegenheiten werden die normalen räumlichen Grenzen überschritten. Es kann sich dann um eine bewußte Identifikation mit anderen Menschen, mit verschiedenen Tieren, Pflanzen oder anorganischen Stoffen und Prozessen handeln.

In anderen Fällen hat das an die Oberfläche drängende Motiv keinen Bezug zur phänomenalen Welt und den gewöhnlichen zeitlichen und geographischen Koordinaten, sondern stellt verschiedene Übergangsformen dar, die für Realitätsebenen charakteristisch sind, die zwischen dem undifferenzierten kosmischen Bewußtsein und der von den übrigen Dingen und Menschen getrennten Existenz des Individuums liegen. In diese Kategorie fallen lebhafte Begegnungen oder vollständige Identifikationen mit archetypischen Wesen im Jungschen Sinne oder die Teilnahme an dramatischen Handlungsabfolgen aus der Mythologie.

Das Grundprinzip der Symptomlösung ist das Aufgehen im Erleben des empordrängenden holotropen Motivs. Dazu ist ein spezieller Rahmen erforderlich, in dem bedingungslose therapeutische Unterstützung gewährt wird, solange diese ungewöhnliche Erfahrung andauert. Ist dieser Prozeß abgeschlossen, erfolgt automatisch die Rückkehr zum Alltagsbewußtsein. Diese totale Hingabe an das holotrope Erlebnis wird das Symptom abschwächen oder ganz beseitigen, doch als Folge davon verliert auch die hylotrope Lebensphilosophie des Klienten an subjektiver Überzeugungskraft. Wenn die Gestalt hinter den Symptomen eine intensive perinatale oder transpersonale Erfahrung ist, führt dies in der Regel zu einem Prozeß der spirituellen Öffnung.

Bei dieser neuen Betrachtungsweise des Problems psychogener emotionaler Störungen, die auf einem erweiterten Konzept der menschlichen Persönlichkeit beruht, macht man nicht mehr von der Praxis Gebrauch, Menschen auf der Basis des Inhalts ihrer Erfahrungen mit Etiketten aus der Pychopathologie zu versehen. Dies ist auf die Beobachtung zurückzuführen, daß viele Erfahrungen, die gängigerweise als psychotisch galten, ohne weiteres bei einer Zufallsstichprobe von Menschen hervorgerufen werden können, und zwar nicht nur mit Hilfe psychedelischer Drogen, sondern auch so einfacher Methoden wie Meditation und Hyperventilation.

Außerdem wurde offenkundig, daß das spontane Auftreten solcher Phänomene sehr viel häufiger ist, als Vertreter der etablierten Psychiatrie jemals vermutet haben. Stigmatisierende Diagnosen, zwangsweise Unterbringungen in geschlossenen Abteilungen sowie abschreckende Therapiemaßnahmen haben viele Menschen davon abgehalten, selbst vor engen Freunden und Verwandten zuzugeben, daß sie perinatale oder transpersonale Erlebnisse hatten. Die Psychiatrie hat sich so mit ihrem repressiven und unrealistischen Denkmodell ein grob verzerrtes Bild von der Natur menschlichen Erlebens geschaffen.

Eine harmonische Verschmelzung des hylotropen und holotropen Bewußtseins führt nicht zu einer verzerrten Wahrnehmung der äußeren Realität, sondern verleiht ihr einen mystischen Glanz. Jemand, der sich in einem solchen Prozeß befindet, kann sehr wohl auf die Welt so reagieren, als wäre sie eine Ansammlung aus einzelnen festen Objekten, verwechselt diese pragmatische Sicht der Dinge aber nicht mit der letzten Wahrheit über die Realität. Er erfährt viele zusätzliche Dimensionen »hinter den Kulissen« und ist sich philosophisch verschiedener Alternativen zur gewöhnlichen Realität voll bewußt. Diese Situation scheint dann gegeben zu sein, wenn sich der Betreffende in Kontakt mit den holonomen

Aspekten der Realität befindet, aber keine bestimmten holotropen Gestalten in sein Bewußtsein drängen.

Das Attribut »geistig gesund auf einer höheren Ebene« sollte für Menschen vorbehalten bleiben, die zu einem ausgewogenen Zusammenspiel beider einander ergänzender Bewußtseinsformen gelangt sind. Sie sollten sich in beiden wohl fühlen und mit beiden vertraut sein, sie gebührend anerkennen und je nach den Umständen in ihnen aufgehen können. Um in diesem Sinne voll funktionsfähig und psychisch gesund zu sein, ist es absolut notwendig, philosophische Dualismen zu transzendieren, insbesondere den Dualismus zwischen dem Teil und dem Ganzen. Ein solcher Mensch nähert sich der alltäglichen Realität mit größtem Ernst sowie voller persönlicher und sozialer Verantwortung, ist sich aber gleichzeitig des relativen Wertes dieser Perspektive bewußt. Die Identifikation mit dem Körper und dem Ich ist spielerisch und wird vom Willen gesteuert. Sie hat nicht den Charakter des Unbedingten, Absoluten und Alleingültigen, und sie ist nicht mit Angst, Kontrollbedürfnis und irrationalen Überlebensstrategien belastet. Die Akzeptierung der materiellen Realität und Existenz ist pragmatisch, nicht philosophisch, und man ist sich der Bedeutung der spirituellen Dimension in der Ordnung aller Dinge zutiefst bewußt.

Jemand, der eine beträchtliche Menge an holotropen Erfahrungen gehabt und diese integriert hat, erhielt die Gelegenheit, das menschliche Leben und die Existenz aus einem Blickwinkel zu sehen, der dem eines durchschnittlichen westlichen Menschen, der nach den Standards der traditionellen Psychiatrie als »normal« gilt, weit überlegen ist. Eine ausgewogene Integration der beiden einander ergänzenden Aspekte menschlichen Erlebens geht in der Regel mit einer bejahenden Einstellung zur Existenz einher – nicht mit einer Bejahung des Status quo oder irgendwelcher bestimmter Lebensaspekte, sondern des kosmischen Prozesses in seiner Gesamtheit, des allgemeinen Lebensflusses. Ein wesentliches Merkmal psychischer Gesundheit ist die Fähigkeit, an einfachen und gewöhnlichen Aspekten des Alltagslebens Freude zu haben, an Elementen der Natur, an menschlichen Beziehungen und Aktivitäten sowie auch am Essen, am Schlafen, am Sex und an anderen physiologischen Körperprozessen. Diese Freude ist im wesentlichen – von einigen drastischen Ausnahmen abgesehen – von den äußeren Lebensbedingungen unabhängig. Man kann sie fast auf die Freude an der Existenz als solche oder am Bewußt-Sein reduzieren. Jemand mit einer solchen grundsätzlichen Haltung wird alle weiteren schönen Seiten oder Genüsse des Lebens – glückliche zwischenmenschliche Beziehungen, Geld oder materiellen Besitz, gute Arbeitsbedingungen oder die Möglichkeit zu reisen – als zusätzlichen Luxus empfinden. Fehlt diese Lebenseinstellung, dieses grundlegende Lebensgefühl, dann läßt es sich auch durch noch soviel äußere Erfolge oder materielle Errungenschaften nicht herbeiführen.

Eine gute Integration der hylotropen und holotropen Erfahrungsweise gestattet auch, den Ereignissen in der materiellen Welt ganz nahe zu sein, sie aber als

Geschehen zu betrachten, an dem man teilnimmt, nicht als Mittel, um bestimmte Ziele zu erreichen. Das Leben im Hier-und-Jetzt dominiert bei weitem über die Beschäftigung mit dem Vergangenen oder dem Zukünftigen. Auf dem Weg zum Ziel ist dieses zwar immer präsent, doch gibt man sich den Aktivitäten, mit denen man es erreichen will, in jedem Augenblick voll und ganz hin und läßt das Ziel erst dann das Erleben beherrschen, wenn es erreicht ist. So wird der Triumph, die Freude an dem, was man erreicht hat, zum Inhalt des Hier-und-Jetzt.

Die generell bejahende Einstellung zur Existenz schafft einen übergeordneten Bezugsrahmen, der die positive Integration auch schwieriger Lebensaspekte ermöglicht. In diesem Kontext wird die Einstellung zu dem, was die konventionelle Psychiatrie als Symptome einer Geisteskrankheit betrachtet, wichtiger als das Vorhandensein oder Nicht-Vorhandensein dieser Symptome. Eine gesunde Einstellung wäre, sie als wesentliche Aspekte des kosmischen Prozesses zu sehen, die – wenn man sie richtig angeht und integriert – eine große Chance für das Persönlichkeitswachstum und die spirituelle Öffnung darstellen können. In einem gewissen Sinne zeigen sie eine Möglichkeit auf, sich von der nicht erfüllenden und lähmenden Vorherrschaft des hylotropen Bewußtseins zu befreien.

Das Auftreten psychogener Symptome kann als Hinweis darauf gewertet werden, daß der betreffende Mensch einen Punkt erreicht hat, an dem ein einseitig hylotrop orientiertes Weiterexistieren nicht mehr möglich ist. Solche psychopathologischen Phänomene kündigen das Empordrängen bestimmter holotroper Elemente an und machen auch den Widerstand gegen sie deutlich. Eine Psychiatrie, die darauf aus ist, die Symptome zu unterdrücken und den betreffenden Menschen in die Zwangsjacke der unauthentischen Existenz zurückzupressen, ist also ihrer Natur nach antitherapeutisch. Sie greift störend in einen Prozeß ein, der – würde man ihn unterstützen und zum Abschluß bringen – zu einem erfüllenderen und befriedigenderen Dasein führte.

Die neue Definition dessen, was normal und was pathologisch ist, richtet sich nicht nach dem Inhalt und der Natur der Erfahrung, sondern nach der Art und Weise, wie man mit ihr im Rahmen echter Unterstützung, die auf Einsicht in das Geschehen beruht, umgeht. Das wichtigste Kriterium wäre demnach die Qualität der Integration einer solchen Erfahrung in das eigene Leben. Abraham Maslows großer Beitrag zur Psychologie bestand in dem Nachweis, daß bestimmte mystische Erlebnisse (»Gipfelerlebnisse«) nicht als pathologisch angesehen werden dürfen und positiv angegangen werden müssen (127). Diese Auffassung läßt sich nun auf alle perinatalen und transpersonalen Phänomene erweitern.

Man muß aber für die Konfrontation mit solchen Erlebnissen unbedingt besondere Umstände und Umgebungen schaffen, in denen die Bedingungen und die Regeln von denen des alltäglichen Lebens abweichen. Wenn sich ein Mensch den in ihm empordrängenden Erfahrungen in einem stützenden Rahmen, der auch noch die Möglichkeit der Hilfe mit den oben beschriebenen Techniken bietet, voll und ganz hingibt, dann wird sein Alltagsleben von den quälenden Folgen des Zusammenpralls der beiden miteinander wetteifernden Bewußtseinsformen befreit. Aus der neuen Perspektive gelten psychogene Symptome als Zeichen der Verwirrung zwischen hylotropem und holotropem Bewußtsein oder als Unfähigkeit des Betreffenden, sich den auftauchenden holotropen Motiven zu stellen und sie in seine alltägliche Erfahrung der materiellen Welt zu integrieren. Die generelle Strategie, der man folgen soll, ist die, diesen Motiven nicht auszuweichen und – nachdem sie durchgearbeitet worden sind – zu einem unkomplizierten, voll im Hier-und-Jetzt aufgehenden Leben zurückzukehren. Die systematische Anwendung dieses Prinzips in seinem eigenen Leben und die Aufgeschlossenheit gegenüber einem dialektischen und harmonischen Zusammenspiel zwischen den beiden Grundformen der Erfahrung scheinen notwendige Voraussetzungen für psychische Gesundheit im wahrsten Sinne des Wortes zu sein.

Schluß: Die gegenwärtige globale Krise und die Zukunft der Evolution des Bewußtseins

Die Beobachtungen im Rahmen der LSD-Psychotherapie, der Selbsterfahrungstherapien ohne die Anwendung von Drogen und verschiedener Formen spiritueller Praxis sind von einer Bedeutung, die die engen Grenzen der Psychiatrie, Psychologie und Psychotherapie überschreitet. Viele der neuen Erkenntnisse haben Bezug zu Phänomenen, die für die Zukunft der Gattung Mensch und des Lebens auf diesem Planeten wichtig sind. Dazu gehören ein neues Verständnis der Kräfte, die den Gang der Geschichte beeinflussen, zur Dynamik der soziopolitischen Bewegungen beitragen und an kreativen Leistungen des menschlichen Geistes wie Kunst, Philosophie und Wissenschaft beteiligt sind. Auch erscheinen viele dunkle Kapitel aus der Geschichte der Religion in einem neuen Licht, da jetzt eine klare Unterscheidung zwischen echter Mystik und wahrer Spiritualität auf der einen Seite und den etablierten Religionen und Kirchen auf der anderen Seite möglich ist.

Es gibt offensichtlich Themen von enormer Reichweite und eine angemessene Erörterung aller in ihnen enthaltenen Punkte würde ein eigenes Buch füllen. Hier möchte ich ganz allgemein die neuen Erkenntnisse über ein Problem skizzieren, das für uns alle von wesentlicher Bedeutung ist, nämlich über die gegenwärtige globale Krise. Aus diesem Grund möchte ich kurz auf einige neue Daten, die mit der perinatalen und transpersonalen Dimension der Menschheitsgeschichte zusammenhängen, eingehen. Nach dieser allgemeinen Einführung konzentriere ich mich auf die einzelnen Fragen, die die gegenwärtige Situation auf der Welt und in Zukunft der Evolution des Bewußtseins betreffen.

Eines der zentralen Themen in der Geschichte der Menschheit ist das Thema Aggression und Mord – gerichtet gegen andere Rassen, Nationen, religiöse oder soziale Gruppen, Sippen, Familien, Einzelpersonen und sogar enge Verwandte. Wir haben schon früher die neuen Erkenntnisse über die perinatalen und transpersonalen Hintergründe der bösartigen Aggression angesprochen. Die Daten, zu denen man mit Hilfe bis in tiefe psychiche Bereiche vordringender Selbsterfahrungstechniken gelangt ist, gewinnen noch mehr an Relevanz, wenn wir von der individuellen Psychopathologie zur Massenpsychologie und Sozialpathologie übergehen. Viele Personen, die sich in einem Prozeß tiefer Selbsterforschung befinden, erleben häufig Szenen, in denen Kriege, blutige Revolutionen, totalitäre Systeme, Konzentrationslager und Völkermord eine Rolle spielen.

Das Motiv des *Krieges* gehört zu den regelmäßig auftretenden und charakteristischen Aspekten des Selbsterforschungsprozesses auf der perinatalen Ebene. Der zeitlich-historische Rahmen, die geographische Lage, die Art der Waffen und des Kriegsmaterials sowie die Kampfumstände im einzelnen können sehr unterschiedlich sein. Zu den Szenen, die in diesem Rahmen häufig erlebt werden, gehören primitive und brutale Kämpfe von Höhlenbewohnern und Wilden mit Steinwaffen und Holzkeulen, Schlachten der Antike mit Streitwagen und Kriegselefanten, mittelalterliche Schlachten mit gepanzerten Rittern auf Pferden, Kriege, in denen die Technologie des 20. Jahrhunderts – etwa Laser- und Atomwaffen – benutzt wird, sowie in der Zukunft spielende feindliche Begegnungen zwischen Raumschiffen aus verschiedenen Sonnen- oder Milchstraßensystemen. Intensität und Ausmaß dieser Kriegsszenen und der mit ihnen verknüpften Erlebnisse gehen in der Regel über das hinaus, was der Betreffende vorher für menschenmöglich hielt. Den allgemeinen Rahmen für diese Erfahrungen bilden die perinatalen Matrizen, doch kommen darin häufig transpersonale Phänomene vor.

Bei den Personen, die tatsächlich an einem Krieg als Soldaten teilgenommen haben oder einen solchen als Zivilisten erlebten, fallen die lebendig gewordenen Erinnerungen aus dieser Zeit häufig mit Kriegsszenen aus anderen historischen Zeitabschnitten zusammen, an denen sie nicht persönlich beteiligt waren. Gelegentlich handelt es sich dabei um Bilder aus den Mythologien verschiedener Kulturen und aus archetypischen Bereichen. Das destruktive Potential, das in solchen Szenen entfesselt wird, kann alles übersteigen, was von der phänomenalen Welt her bekannt ist. Typische Beispiele in diesem Zusammenhang wären der Aufstand der Titanen gegen die olympischen Götter, der Kampf der Mächte des Lichts des Ahura Mazda gegen die Mächte der Finsternis des Ahriman, das Zwielicht der nordischen Götter während Ragnarok, sowie archetypische Szenen des Weltuntergangs, wie sie für die Apokalypse und das Armaggedon charakteristisch sind.

Die beiden perinatalen Matrizen, aus denen die meisten Symbole für Krieg stammen, sind die zweite und die dritte Grundmatrix. Für unsere Erörterungen ist es wichtig, den grundlegenden Unterschied zwischen diesen beiden Matrizen zu definieren. Beide haben Bezug zu den Themen Schrecken, Leiden und Tod, und beide sind in der Regel mit Bildern vom Krieg und von Konzentrationslagern verknüpft. Sie unterscheiden sich aber in ihren Themenschwerpunkten und in den Rollen, die die Betreffenden innehaben. Jemand, der unter dem Einfluß der zweiten perinatalen Grundmatrix steht, erlebt Gewaltszenen in der Position des hilflosen Opfers. Die Aggressionen gehen immer von anderen aus. Er oder sie sind endlosen Qualen ausgesetzt, etwa in den Rollen von Zivilisten während eines Luftangriffs, von Menschen, die unter zusammengestürzten Häusern verschüttet sind, von Dorfbewohnern, deren Niederlassungen durch feindliche Invasoren in Brand gesteckt werden, von Müttern und Kindern, die einen Napalmangriff erleiden, von Soldaten, die in einen Giftgasangriff geraten, oder von Insassen eines Konzentrationslagers. Die generelle Atmosphäre solcher Szenen ist

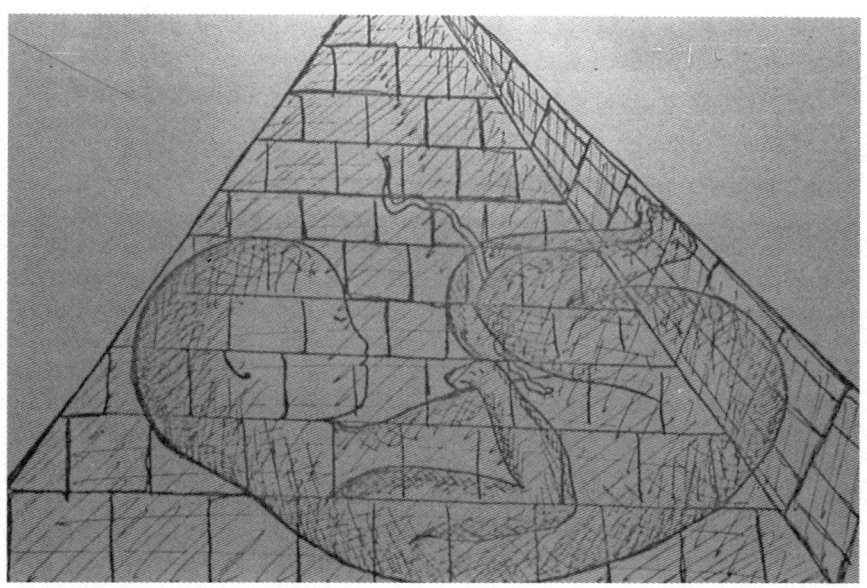

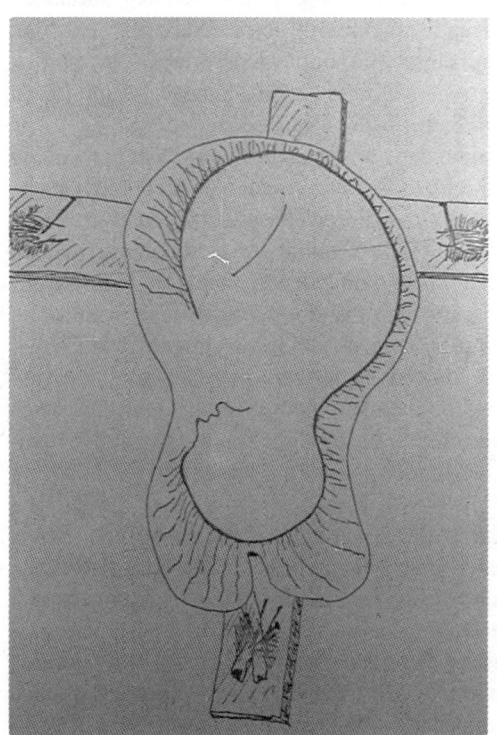

Abb. 31. Zwei Zeichnungen, die eine tiefe Regression auf pränatale Existenz und biologische Geburt widerspiegeln: (a) Das Erlebnis friedvoller Ruhe im Mutterleib wird mit der Atmosphäre im Innern einer Pyramide gleichgesetzt. (b) Diese Darstellung eines gekreuzigten Fötus spiegelt das Erlebnis eines Zusammenhangs zwischen dem Leiden des Kindes während der Geburt und dem Todeskampf Christi am Kreuz wider.

387

gekennzeichnet durch Trostlosigkeit, Verzweiflung, tiefsten Schmerz, Hoffnungslosigkeit und Absurdität der menschlichen Existenz.

Im Gegensatz dazu sind die Erlebnisse, die mit der dritten perinatalen Grundmatrix verknüpft sind, ganz anderer Natur. Die Bilder selber mögen recht ähnlich sein, doch die mit ihnen konfrontiert werden, sind nicht ausschließlich die Opfer, die Unterdrückten oder die mit Füßen Getretenen. Sie haben in ihrem Erleben Zugang zu den Gefühlen und Körperempfindungen des Aggressors und des Tyrannen und können gleichzeitig die Rolle eines Beobachters einnehmen. Im Rahmen dieser Matrix kann man sich mit allen Rollen identifizieren, doch der eigentliche Schwerpunkt scheint auf der Beziehung zwischen den Hauptrollenträgern und ihrem gegenseitigen Verhalten zu liegen. Es herrscht eine emotionale Atmosphäre von wilder, triebhafter Erregung, in der Aggressionen, Angst, sexuelle Erregung, ein seltsames Gefühl der Faszination, eine eigentümliche Mischung aus Schmerz und Lust sowie skatologische Elemente zum Vorschein treten.

In diesem Zusammenhang lohnt es sich, der Frage nachzugehen, zu welchen biologischen Situationen die Erfahrungsmerkmale dieser beiden Matrizen Bezug haben. Es sind die erste und zweite Phase der Geburt. Die zweite Matrix, die zum ersten Geburtsstadium in Beziehung steht, besitzt alle Merkmale einer Situation, in der Blockierung und energetische Stagnation dominieren. Es hat den Anschein, als habe die Person, die diese Situation wiedererlebt, nur zu den Gefühlen und Körperempfindungen des Opfers – des Kindes – und ihren Entsprechungen und Folgeerscheinungen für die Psyche Zugang.

Die dritte perinatale Grundmatrix hingegen, in der es um das Getriebenwerden durch den Geburtskanal geht, ist durch einen einigermaßen ausgeprägten Energiefluß gekennzeichnet. Die Person, die mit dieser Phase des Geburtsprozesses konfrontiert wird, kann sich nicht nur mit dem Kind identifizieren, sondern auch mit den Gefühlen der entbindenden Mutter und den gewaltigen Kräften des Geburtskanals, einschließlich aller verwandter und entsprechender Rollen und Motive. Man kann darüber nur staunen, wie sämtliche wichtigen Erfahrungsmerkmale der dritten perinatalen Grundmatrix in den Kriegsszenen in psychedelischen Sitzungen ihren idealen Ausdruck finden, und es muß nicht zusätzlich betont werden, daß dies auch für tatsächliche Kriegssituationen gilt. Nur schwerlich läßt sich vorstellen, daß diese Verbindung rein zufällig ist und keine tiefere psychologische Bedeutung hat.

Der Aspekt des *Titanischen* ist durch die gewaltige militärische Technologie repräsentiert, die sich phänomenaler Energien bedient und solche entfesseln kann, angefangen von den gigantischen Katapultierungsvorrichtungen und Rammböcken der antiken Heere bis zu den kolossalen Panzern, Amphibienfahrzeugen, Schlachtschiffen, fliegenden Festungen und Flugkörpern der heutigen Zeit. Atombomben und thermonukleare Waffen scheinen – wie später noch dargestellt werden soll – eine besondere symbolische Bedeutung zu haben.

Der *sadomasochistische* Aspekt der dritten perinatalen Grundmatrix ist wohl für jede Form von Krieg charakteristisch. Er drückt sich aber am deutlichsten in Kämpfen von Mann zu Mann aus, in denen die Möglichkeit, den anderen zu verwunden, und die, selber verwundet zu werden, gleich groß sind und sogar zeitlich zusammenfallen können. Typische Beispiele hierfür wären Ringkämpfe, Boxkämpfe, Gladiatorenkämpfe von Mensch zu Mensch oder von Mensch zu Tier, Kriege im Zeitalter der Neandertaler, Schlachten zwischen primitiven Völkern, mittelalterliche Kämpfe mit Schwert und Schild, Lanzenturniere und die Bajonettattacken des Ersten Weltkriegs (s. auch Abb. 32, S. 318). Es scheint eine enge Parallele zwischen zwei Kriegern, die sich von Angesicht zu Angesicht bekämpfen, und zwischen Mutter und Kind während des Geburtsvorgangs zu geben. In beiden Fällen geht es um Leben und Tod der Hauptbeteiligten. Beide fügen gleichzeitig einander Schmerzen zu und werden vom anderen verletzt. Von besonderer Bedeutung scheint die Tatsache zu sein, daß das auf beiden Seiten vergossene Blut sich mischen und eins werden kann.

Gelegentlich berichten Personen unter LSD-Einwirkung von anderen Formen blutiger Begegnungen zwischen zwei Menschen, die offenkundig mit der Dynamik der dritten Matrix in Verbindung stehen. Die Beziehung und das Verhalten zwischen zwei Personen, die miteinander auf sadomasochistische Weise sexuell verkehren, wurden bereits in einem früheren Kapitel erörtert. Ein anderes interessantes Beispiel ist die Beziehung zwischen den Hohepriestern und ihren Opfern im präkolumbianischen Zeitalter. Bei den Azteken hatte diese Beziehung einen ausgesprochenen Eltern-Kind-Charakter und war durch eine enge emotionale Bindung geprägt. Auf den Fresken in der alten Mayametropole Bonampak, die ein Opferfest darstellen, verletzen sich die Priester ihre Zungen, so daß sich ihr eigenes Blut mit dem Blut der rituell getöteten Gefangenen vermischen kann (s. Abb. 33, S. 391). Wir haben auch schon früher die tiefergehende psychologische Ähnlichkeit zwischen den Inquisitoren und den von ihnen verfolgten Teufelsanbetern und Hexen beschrieben. In den sadistischen Methoden der Inquisition, in ihren Folterkammern, Folterinstrumenten, Ketzerverbrennungen sowie ihrem Interesse am sexuellen und skatologischen Verhalten ihrer Opfer spiegelt sich im wesentlichen die gleiche motivationale Struktur wie die der Schwarzen Messen oder des Hexensabbaths wider.

In den letzten Jahren haben Berichte von blutigen Aufständen in mehreren amerikanischen Gefängnissen eine andere charakteristische Zweiersituation dieser Art in den Mittelpunkt der Aufmerksamkeit gerückt, nämlich die Situation zwischen dem Häftling und dem Gefangenenaufseher. Das Bestialische dieser Aufstände mag Psychiatern und Psychologen mit Freudscher oder verhaltenstherapeutischer Ausbildung, die solche extremen Verhaltensweisen mit biographischen Faktoren zu erklären versuchen, unverständlich und rätselhaft erscheinen. Sie überraschen aber niemanden, der auch nur eine oberflächliche Kenntnis der perinatalen Dynamik besitzt. Solche Aufstände werden offenbar durch Bedingungen im Gefängnis – einschließlich grausamer Behandlung und Überfüllung – herbeigeführt, die perinatales Material aktivieren. Das Verhalten der revoltierenden Insassen zeigt klassische perinatale Merkmale. Neuere Untersuchungen über das Verhalten von Polizeibeamten und ihren häufigen Machtmißbrauch gewähren ebenfalls interessante Einblicke in die Zweiersituation zwischen dem Polizisten und dem Kriminellen.

Ich möchte diese Aufzählung um zwei weitere Beispiele ergänzen, die von großer sozialer und historischer Relevanz sind, nämlich um die Kombinationen autokratischer Tyrann und Revolutionär sowie ultrarechter Politiker und radikaler Linker. Auf beide Kombinationen werde ich später im Rahmen der Erörterung sozialer Umwälzungen und Revolutionen näher eingehen. In allen Fällen können die Hauptbeteiligten in diesen verschränkten Situationen nicht anders als destruktiv handeln und sind ihre psychischen Sklaven, ob sie nun die Rolle des Opfers oder des Aggressors innehaben. Man kann sagen, daß sie in einem bestimmten Sinn einander bedingen, indem sie dem Verhalten des anderen ständig neue Nahrung geben. Die letztmögliche Lösung für diese und die oben beschriebenen Situationen, die von vielen spirituellen Wegen und der transpersonalen Psychologie angeboten wird, besteht nicht darin, zu gewinnen oder oben zu sein, sondern aus dieser Art Situation vollends herauszutreten.

Der *sexuelle* Aspekt der dritten perinatalen Matrix drückt sich in Kriegszeiten in vielfach verschiedener Weise aus. Die moralischen Sitten werden lockerer, die Sexualität wird enthemmter und das Interesse an erotischen Aktivitäten nimmt zu. Ein ähnlicher Effekt wurde auch schon im Zusammenhang mit größeren Naturkatastrophen und Epidemien beobachtet. Man spricht hier von einer »avant deluge«- oder »carpe diem«-Einstellung und interpretiert sie gewöhnlich als Reaktion auf die unmittelbare Todesgefahr. Auch wurde hervorgehoben, daß ein verstärktes Interesse am Sex die Empfängnisrate erhöht und somit eine natürliche Kompensation für das bevorstehende Massensterben darstellt. Die hier vorgeschlagene Alternative ist die, daß sich in diesem Phänomen die starke sexuelle Komponente der perinatalen Dynamik und somit ein völlig natürlicher Aspekt der entfesselten Triebkräfte bemerkbar macht.

Militärische Führer aller Ränge geben vor entscheidenden Schlachten häufig auch das Versprechen, daß die Frauen der eroberten Dörfer und Städte Eigentum der Soldaten werden. Hingewiesen sei auch noch auf die wohl bekannte hohe Zahl von Vergewaltigungen, die seit Bestehen der Menschheit für Kriegszeiten typisch ist, und auf die vielen unehelichen Kinder, die sowohl im freiwilligen als auch im erzwungenen Geschlechtsverkehr gezeugt wurden. Bekannt sind auch die sexuellen Verbrechen in Konzentrationslagern, über die viel geschrieben worden ist.

Der *skatologische* Aspekt ist ebenfalls eine charakteristische Begleiterscheinung von Kriegen aller Zeiten. Ein typisches Merkmal des Krieges ist das Zerstören von Ordnung und Schönheit und das Hinterlassen von Trümmern, Chaos und Verfall. Zu den Kriegsfolgen gehören seit jeher totale Verwirrung, Schutt- und

Abb. 33. Rituelle Praktiken der Azteken. Der Sonnengott Huitzilopochtli mußte mit Opfergaben der »roten Kaktusfrucht« – menschlichem Herz und Blut – genährt werden.

Müllhaufen, allgemeine unhygienische Bedingungen, kolossale Verschmutzungen verschiedenster Art, massakrierte und aufgeschlitzte Leiber sowie verwesende menschliche Leichen und Tierkadaver.

Auch der *pyrokathartische* Aspekt der dritten perinatalen Grundmatrix gehört zu den Standardelementen der typischen Kriegsszenerie. Die konkreten Situationen können viele verschiedene Formen annehmen, angefangen von brennendem Reisig, das über die Wälle von Festungen geworfen wird, über die Zerstörung von Dörfern und Städten durch Brandstiftung bis hin zu den Bomben, die während eines Luftangriffs explodieren, den vielen Raketenflammen der »Stalinorgel« und dem Atomkrieg. Das Element des Feuers kann etwas Unheilvolles und Destruktives an sich haben. Häufiger aber erregt es wie bei einem Pyromanen Faszination und vermittelt durch seine Gewalt und seinen reinigenden Effekt Befriedigung. Viele Menschen, die einen Krieg miterlebt haben, berichten, daß sie der archetypischen Anziehungskraft des Feuers nicht widerstehen konnten, auch wenn sie sich in höchster Lebensgefahr befanden. Diese Empfindungen stehen gewöhnlich in starkem Gegensatz zu den Einstellungen und Standards im Alltagsleben. Sigmund Freud (55, 56) hat die psychischen Veränderungen beschrieben, die unter solchen Umständen eintreten.

Die Visionen, die das Geburtserlebnis im Rahmen der vierten perinatalen Matrix begleiten, enthalten Szenen, die das Ende eines Kriegs oder den Sieg in einer Revolution symbolisieren. Militärische Siegesparaden, Freudenprozessionen, wehende Banner, Tänze auf der Straße und Verbrüderungen zwischen Soldaten und Zivilisten gehören zu den häufigsten Motiven, die im Rahmen des Wiedererlebens des letzten großen Augenblicks der Geburt auftreten. Diese Phase des sorgenlosen Jubels, ehe die neuen Pflichten im Anschluß an einen großen Krieg oder eine Revolution rufen, entsprechen offenbar der kurzen Phase nach der Geburt, in der das Neugeborene noch nicht mit den Schwierigkeiten und Wechselfällen seines neuen Lebens konfrontiert wird.

Alle aufgeführten Beobachtungen lassen die überraschende Schlußfolgerung zu, daß die menschliche Persönlichkeitsstruktur auf einer bestimmten Ebene des Unbewußten, nämlich der perinatalen Ebene, funktionale Matrizen enthält, deren Aktivierung zur komplexen und realistischen Reproduktion aller Erfahrungen führen kann, die mit verschiedenen Formen von Krieg verknüpft sind, seien es die Schrecken, die Qualen, die ungezügelte Erregung verschiedener Triebe oder die Gefühle seltsamer Faszination.

Häufig gewinnen Personen, die in ihren Selbsterfahrungssitzungen mit perinatalen Elementen konfrontiert werden, auch viele interessante Einblicke in andere sozio-politische Situationen, die mit den oben beschriebenen eng verwandt sind. Dazu gehören *totalitäre Staaten, Autokratien, Diktaturen, Polizeistaaten* und *blutige Revolutionen*. Steht jemand unter dem Einfluß von Elementen der zweiten perinatalen Grundmatrix, so identifiziert er sich häufig mit dem Bewohner eines Landes, das von einem Diktator unterdrückt wird, unter der Herrschaft eines

Polizeiregimes steht, oder das totalitär regiert wird, wie das zaristische Rußland, das Dritte Reich oder eines der kommunistischen bzw. lateinamerikanischen Länder. Er kann auch zu einem Angehörigen einer heftig verfolgten Minderheit oder einer Gruppe von Menschen werden, die sich in einer besonders mißlichen Lage befinden.

Beispiele für solche Erfahrungen wären Erlebnisse als Christ zur Zeit der Christenverfolgungen unter dem römischen Kaiser Nero, als Leibeigener oder Sklave, als Jude in verschiedenen historischen Abschnitten und an verschiedenen Orten der Welt, als Gefangener in einem mittelalterlichen Verlies oder einem Konzentrationslager oder als Insasse eines Irrenhauses. Manche tschechische Patienten, die schreckliche Erfahrungen mit den Nazibesetzern während des Zweiten Weltkriegs oder mit dem kommunistischen Regime gemacht hatten, erinnerten sich in diesem Rahmen lebhaft an ihre tatsächlichen politischen Traumen, an Szenen aus einem Konzentrations- oder Arbeitslager, an brutale Ermittlungen, Verhaftungen oder Folterungen durch Gehirnwäsche. Wie in psychedelischen Sitzungen deutlich wird, gibt es einen tiefen psychologischen Zusammenhang und eine Ähnlichkeit zwischen der Atmosphäre in einem unterdrückten Land oder dem Leben einer verfolgten Gruppe und den Erfahrungen des Fötus, der den gewaltigen Kräften im Geburtskanal hilflos ausgeliefert ist.

Erlebnisse, die mit der dritten perinatalen Grundmatrix zusammenhängen, sind geprägt durch Bilder und Symbole von unterdrückenden Mächten, Aggressoren und Tyrannen. Die Dynamik dieser Matrix provoziert Vorstellungen von Macht, Tyrannei, Ausbeutung und Unterjochung anderer, von schmutzigen Tricks und Intrigen, von Geheimpolizei, Verrat und Hochverrat. Viele Personen, die unter LSD diese Phasen des Geburtskampfs wiedererleben, identifizieren sich mit despotischen Regenten und Diktatoren aller Zeiten, etwa mit Nero, Dschingis Khan, Hitler oder Stalin. Als Folge dieser tiefgehenden Identifikation gelangen sie zu neuen Erkenntnissen über das Wesen eines Diktators. Er wird für sie zu jemandem, der im Grunde Ähnlichkeit mit einem Kind besitzt, das im Geburtskanal um sein Leben kämpft. Er steht unter dem mächtigen Einfluß einer seltsamen Mischung aus chaotischen und unvereinbaren Gefühlen und Energien, von impulsiver Aggressivität, die gegenüber jeder Art von Hindernis intolerant ist, von abgrundtiefen Selbstzweifeln, von Größenwahnvorstellungen, von unersättlichem Ehrgeiz, von primitiver kindlicher Angst, von generalisierter Paranoia und von starkem körperlichen Unbehagen, insbesondere von einem Gefühl, keine Luft zu bekommen und gewürgt zu werden.

Diejenigen, die einen solchen Zustand selber erlebt haben, erkennen, welche verheerenden Wirkungen es hat, wenn jemand in dieser psychischen Verfassung statt in eine Therapie, wo er hingehört, in eine Machtposition kommt. Andererseits aber wird ihnen auch klar, daß in der Unterstützung durch die Massen, die der Diktator in verschiedenen Stadien seines Wegs zur Macht braucht, ähnliche Elemente deutlich werden, die wohl einen Standardaspekt des menschlichen

Persönlichkeitsgefüges ausmachen müssen. So wird offenkundig, daß jeder potentiell zu den gleichen Verbrechen fähig ist, wenn die entsprechende Ebene des Unbewußten entfesselt wird und die äußeren Umstände begünstigend hineinspielen.

Das wahre Problem ist nicht mit einzelnen Personen oder politischen Parteien verknüpft. Die Aufgabe besteht vielmehr darin, sichere und sozial gebilligte Situationen zu schaffen, in denen man sich mit bestimmten giftigen und potentiell gefährlichen Elementen der menschlichen Persönlichkeitsstruktur konfrontieren und sie ohne Schädigung anderer und der Gesellschaft durcharbeiten kann. Äußerlich orientierte radikale Programme und politische Machtkämpfe mögen zwar notwendig sein, um ein mörderisches Regime wie das unter Hitler oder Stalin zu Fall zu bringen, können aber nicht die Probleme der Menschheit lösen, wenn sie nicht gleichzeitig von einer inneren Wandlung getragen werden. Gewöhnlich rufen sie nur einen »Pendeleffekt« hervor, bei dem der Unterdrückte von gestern zum Herrscher von morgen wird und umgekehrt. Die Träger der Rollen sind andere, die Rollen selber aber bleiben. Die bösartigen Aggressionen bestehen nach wie vor, und der Menschheit als Ganzes ist damit nicht geholfen. Gefängnisse, Konzentrationslager und Arbeitslager bleiben in ihrer Funktion erhalten, nur die Insassen sind andere.

Echte Stärke braucht nicht ostentativ zur Schau gestellt zu werden und bedarf keiner demagogischen Redekunst. Ihre Gegenwart spricht für sich selbst und ist offenkundig. Was im Inneren eines Diktators geschieht und sich nach außen bemerkbar macht, hat nichts mit Stärke zu tun, sondern mit einem gewaltigen Minderwertigkeitskomplex, einem unersättlichen Hunger nach Anerkennung, mit quälender Einsamkeit und verzehrendem Mißtrauen. Im Verlauf einer bis in tiefe psychische Schichten vordringenden Selbsterfahrungstherapie löst sich der »Diktatorkomplex«, sobald der Tod- und Wiedergeburt-Prozeß abgeschlossen ist. Der Zugang zu den Elementen der vierten perinatalen Grundmatrix führt heraus aus dem Reich der Ängste und Qualen und erschließt völlig Neues – ein Gefühl der Erfüllung, des inneren Halts und der Sicherheit, Respektierung des Lebens und der Schöpfung, Verständnis, Toleranz und die Einstellung »leben und leben lassen« sowie das Bewußtsein der eigenen kosmischen Bedeutung, gepaart mit tiefer Demut.

Wie ich schon erwähnte, sind Tyrann und Rebell in eine Situation verstrickt, in der sie sich gegenseitig vernichten. Ihre tiefsten Beweggründe für ihr Handeln werden von der gleichen Quelle gespeist und sind ähnlicher Natur. Der Geisteszustand des zornigen Diktators und der des aufgebrachten Pöbels unterscheidet sich zum Zeitpunkt ihrer blutigen Begegnung nicht, was ihr innerstes Wesen angeht. Es gibt offensichtliche Unterschiede im Hinblick auf die Rationalisierungen, die als eine moralische Rechtfertigung für die Handlungen dargestellt werden. Manchmal kann es auch tatsächliche Unterschiede in bezug auf den ethischen und sozialen Wert der Systeme, die sie repräsentieren, geben. Beiden gemeinsam aber ist ein grundlegender Mangel an psychologischer Einsicht in die wahren Beweggründe ihres Handelns. Deshalb gibt es keine Gewinner, sondern nur Verlierer. Egal, wer an die Macht kommt oder wie das moralische Urteil der Geschichte ausfallen wird – eine wahre Lösung entzieht sich beiden Parteien. Beide Seiten sind Opfer einer grundlegenden Verwirrung. Sie versuchen, ein intrapsychisches Problem durch Manipulationen der Außenwelt zu lösen. Dies wird eindeutig durch die Tatsache belegt, daß Visionen von blutigen Revolutionen im Namen utopischer Ideale sowie die abwechselnde Identifikation mit den Unterdrückern und den Revolutionären für die Dynamik der dritten perinatalen Grundmatrix charakteristisch sind. Sie werden psychologisch irrelevant und verschwinden von der Bildfläche, sobald die vierte Matrix erreicht wird. Die konkreten Bilder, die für die dritte perinatale Matrix charakteristisch sind, können sehr unterschiedlich sein. Zu ihnen gehören der von Spartakus geleitete Aufstand der römischen Sklaven oder die Erstürmung der Bastille während der Französischen Revolution ebenso wie Ereignisse aus jüngerer Zeit, etwa die Übernahme des Winterpalasts der Zaren durch die Bolschewiken oder der Sieg Fidel Castros auf Kuba.

Personen, die an einer LSD-Therapie oder anderen Formen tiefer Selbsterforschung teilnehmen, gewinnen unabhängig voneinander ihre Einsichten in die Hintergründe für das tragikomische chronische Fehlschlagen aller gewaltsamen Revolutionen, trotz ihrer hohen Ideale und des Anspruchs auf Allgemeingültigkeit, den die radikalen Philosophien, auf denen sie basieren, erheben. Es sei erwähnt, daß alle LSD-Klienten und -Klientinnen in Prag den Kommunismus und den Marxismus-Leninismus sowohl in der Theorie als auch in der Praxis kannten. Viele hatten auch den Nationalsozialismus miterlebt. Die äußerliche Situation der – realen oder imaginären – Unterdrückung wird verwechselt mit dem innerlichen Gefühl des Gefangenseins, das auf den von den Erinnerungen an die Geburt ausgehenden unbewußten Druck zurückzuführen ist. Die intuitiv erkannte Möglichkeit der Befreiung durch die Freisetzung der Triebkräfte, die für die dritte perinatale Matrix charakteristisch ist, wird nach außen projiziert und in einen konkreten Plan zum Sturz des Tyrannen umgeformt. So ist der tatsächliche Beweggrund für gewalttätige Revolutionen und soziale Utopien ein unbewußtes Bedürfnis, sich vom bedrängenden und einengenden Einfluß des Geburtstraumas zu befreien und zum authentischen, innere Kraft verleihenden Lebensgefühl, das die vierte und die erste Grundmatrix kennzeichnet, vorzudringen.

Was den Kommunismus zu einer besonders mächtigen und problematischen Kraft in der heutigen Welt macht, ist der Umstand, daß er ein Programm vorlegt, das psychologisch richtig ist, nämlich wenn es auf den Prozeß der inneren Wandlung angewendet wird, das aber irreführend und falsch ist, wenn es als Rezept für soziale Reformen gelten soll. Die Grundvorstellung, daß es einer gewaltsamen und stürmischen Umwälzung revolutionärer Natur bedarf, um die unterdrückenden Bedingungen zu beenden und eine Situation der Harmonie und

Zufriedenheit herzustellen, spiegelt die Dynamik der inneren Transformation, die mit dem Tod- und Wiedergeburt-Prozeß verknüpft ist, korrekt wider. Aus diesem Grund scheint der Kommunismus eine fundamentale Wahrheit zu verkünden und macht deshalb bei vielen den Eindruck eines plausiblen und vielversprechenden politischen Programms.

Die grundlegende Täuschung liegt in der Tatsache, daß die Stadien der archetypischen Ausfaltung eines spirituellen Prozesses auf die materielle Wirklichkeit projiziert und als ein atheistisches Rezept für eine soziale Umwandlung der Welt verschleiert werden. In dieser Form kann es natürlich nicht funktionieren. Um den Erfolg dieses irreführenden Experiments zu bewerten, braucht man nur auf die gegenwärtige Zersplitterung der kommunistischen Welt zu schauen, auf die Feindseligkeit unter den Nationen, die die Ideale des Marxismus-Leninismus verfolgen, oder auf die Mauern, die Minenfelder, den Stacheldraht und die abgerichteten Wachhunde, die diese Nationen benötigen, um die Bevölkerung in den Grenzen ihres sozialen Paradieses zu halten.

Das Studium der Geschichte zeigt, daß gewaltsame Revolutionen in ihrer destruktiven Phase, wenn sie die freigesetzten perinatalen Energien zur Zerstörung des alten korrupten Regimes benutzen, ungewöhnlichen Erfolg haben. Sie versagen aber unvermeidlich in der Folgezeit, wenn sie versuchen, die paradiesischen Verhältnisse zu schaffen, die sie versprochen haben und deren Vision ihre moralische Triebkraft war. Die in solchen sozio-politischen Umwälzungen genutzten perinatalen Energien verbrauchen sich nicht und werden nicht durchgearbeitet, sondern lediglich aktiviert und abreagiert. Auf diese Weise werden die elementaren Kräfte, die in der destruktiven Phase der Revolution so nützlich waren, zur Saat der Korruption im neuen System und bleiben nach dem Sieg im Lager der Begründer der neuen Ordnung weiterhin wirksam.

Dies sind mit wenigen Worten die Erkenntnisse aus der Selbsterforschung, die eine Erklärung geben für die häufig verblüffenden militärischen Erfolge radikaler Revolutionen und ihr ebenso erstaunliches Versagen, die Utopie zu verwirklichen, deren Vision die Revolutionsführer als Zugpferd für die Massen benutzen.

Es leuchtet wohl ein, daß Menschen, die nicht in der Lage gewesen sind, ihre eigenen intrapsychischen Probleme zu lösen und zu Frieden und Harmonie in ihrem Inneren zu gelangen, nicht am besten darüber urteilen können, was falsch in der Welt ist und mit welchen Mitteln man dies ändern sollte. Die Basis für eine echte Lösung wäre die Erschließung der Gefühle und Empfindungen der vierten und ersten perinatalen Grundmatrix sowie der transpersonalen Dimension der eigenen Psyche, ehe man sich anschickt, die Welt zu verändern. Dies stimmt im wesentlichen mit der Feststellung Krishnamurtis überein, daß die einzige Revolution die innere ist. Militärische Revolutionen bringen zwar häufig einen gewissen historischen Fortschritt, müssen aber in ihren utopischen Ansprüchen versagen, weil ihre äußerlichen Erfolge nicht von der inneren psychischen Wandlung getragen werden, die die der menschlichen Natur innewohnenden gewaltigen Zerstörungskräfte neutralisieren würde.

Dieser Punkt läßt sich durch Erkenntnisse von LSD-Klienten und -Klientinnen veranschaulichen, die eine Parallele sahen zwischen der Situation des Revolutionärs, der nach seinem Sieg auf den Barrikaden außer sich vor Freude ist, und der Situation des neugeborenen Kindes, das die explosive Befreiung vom gewaltsamen Zugriff des Geburtskanals erfährt. An die Stelle seiner Triumphgefühle treten bald die Nöte, die mit den neu entdeckten und ganz unerwarteten Empfindungen von Kälte, Nässe, Hunger und emotionalen Bedürfnissen verbunden sind. Der Revolutionär erreicht das versprochene Paradies nicht und kann sich nicht daran erfreuen. Er muß sich mit den Problemen seiner neuen Situation auseinandersetzen, zu denen eine modifizierte Version des alten repressiven Systems gehört, das in aller Stille auf den Ruinen von Utopia wächst.

Mit zunehmendem Alter wird das neugeborene Kind immer mehr vom Schatten der perinatalen Energien verfolgt, mit denen es nicht konfrontiert worden ist und die es nicht integriert hat. In ähnlicher Form machen sich die perinatalen Energien, die der Sache der Revolution so dienlich waren, weiterhin in der politischen Struktur des neuen Regimes bemerkbar. Da die Revolutionäre unfähig sind, ihre grundlegende Täuschung im Hinblick auf die Realität zu erkennen, müssen sie Erklärungen dafür finden, warum Utopia fehlschlägt – ebenso wie die Schuldigen, ihre einstigen Kameraden, die die reine Lehre durch zu weites Abdriften nach rechts oder links beschmutzten, indem sie einige Teile aus der Ideologie des verhaßten alten Regimes guthießen oder irgendwelche anderen der vielen Kinderkrankheiten der revolutionären Bewegung zeigten.

Das bedeutet nicht, daß wir unsere Bemühungen um gerechte politische und soziale Reformen aufgeben oder Tyrannen und totalitäre Regime nicht mehr bekämpfen sollten. Vielmehr ist aus dem Gesagten die Schlußfolgerung zu ziehen, daß die Führer solcher Bewegungen im Idealfall Menschen sein sollten, die innerlich an sich genügend gearbeitet und eine emotionale Reife erlangt haben. Politiker, die ihr inneres emotionales Chaos in ein Programm für ein blutiges revolutionäres Massaker umsetzen wollen, sind gefährlich und sollten keineswegs das Vertrauen und die Unterstützung der Bevölkerung erhalten. Die wahre Aufgabe besteht darin, das Bewußtsein der Allgemeinheit so zu heben, daß sie in der Lage ist, zu dieser Kategorie gehörige Figuren des öffentlichen Lebens zu erkennen und – zu ignorieren.

Andere Phänomene, zu denen Beobachtungen im Rahmen der Selbsterfahrungstherapien Erkenntnisse beitragen, sind die *Konzentrationslager,* der *Massenmord* und der *Völkermord.* Wie schon früher erwähnt, gehört zu den regelmäßigen Erlebnissen in Verbindung mit der zweiten perinatalen Grundmatrix die Identifikation mit den Insassen von Gefängnissen und Konzentrationslagern, mit ihren Gefühlen der Verzweiflung, Hoffnungslosigkeit und Hilflosigkeit, mit ihren extremen Seelenqualen, ihrem Hunger, ihrem körperlichen Schmerz und ihrem

Tod in den Gaskammern. Dies geht gewöhnlich mit einer tiefen existentiellen Krise einher. Die Empfindung des Sinnlosen und Absurden der menschlichen Existenz wechselt hier mit der quälenden Sehnsucht und dem Bedürfnis ab, im Angesicht dieser apokalyptischen Realität einen Sinn im Leben zu finden. Es scheint in diesem Zusammenhang kein Zufall zu sein, daß Viktor E. Frankl (46), der Vater der Logotherapie oder Existenzanalyse, seine Erkenntnisse über die Wichtigkeit einer Sinnfindung im menschlichen Leben während seines langen Aufenthalts in einem Konzentrationslager der Nazis gewann. Wenn die Bilder von Konzentrationslagern im Rahmen der dritten perinatalen Grundmatrix auftauchen, dann identifizieren sich die Betreffenden nicht nur mit den gefolterten, hilflosen Opfern, sondern auch mit den falschen, grausamen und bestialischen Nazioffizieren oder den roten Kommissaren des Archipels Gulag.

Eine nähere Betrachtung der allgemeinen Atmosphäre und der spezifischen Lebensbedingungen in Konzentrationslagern läßt erkennen, daß sie die alptraumhafte Symbolik der negativen perinatalen Matrizen grausame Wirklichkeit werden lassen. Die Bilder dieser Lager zeigen Szenen, die von seelischer Abartigkeit und schierem Entsetzen gekennzeichnet sind. Abgemagerte Körper türmen sich zu gigantischen Haufen, sind über die Wege verstreut oder hängen halbverbrannt in Stacheldrahtzäunen. Es sind anonyme Skelette, bar jeder menschlicher Würde und Identität. Um die Silhouetten von Beobachtungstürmen, die mit Maschinengewehren ausgerüstet und von Starkstromzäunen umgeben sind, hört man nahezu unaufhörlich die Geräusche von Schüssen, und die teuflischen Kapos mit ihren abgerichteten halbwilden Schäferhunden patrouillieren auf ihrer Suche nach Opfern.

Gewalttätigkeit und Sadismus, die für perinatale Erfahrungen so typisch sind, wurden hier in einem Ausmaß Wirklichkeit, das man sich nur schwerlich vorstellen kann. Die ungezügelte und pathologische Wut der SS-Offiziere, ihre unberechenbare Grausamkeit, und ihr grenzenloses Bedürfnis, die KZ-Insassen lächerlich zu machen, zu demütigen und zu foltern, ging weit über das hinaus, was als Ziel des Konzentrationslagersystems ausgegeben wurde, nämlich die Feinde des Dritten Reiches abzuschrecken, unbezahlte Arbeitskräfte zu bekommen und einzelne Widersacher des Naziregimes sowie »rassisch minderwertige Gruppen« zu liquidieren.

Dies wird besonders deutlich im Hinblick auf die skatologische Dimension, die einen grausamen Aspekt des Lebens in einem Konzentrationslager ausmachte. In vielen Fällen wurden Insassen genötigt, sich gegenseitig in das Gesicht oder in den Mund zu urinieren. Sie durften nur zweimal am Tag die Latrinen aufsuchen, und diejenigen, die es bei Nacht probierten, riskierten von den Wachen erschossen zu werden. So waren manche Gefangene gezwungen, ihre Notdurft in ihre Eßschalen zu verrichten. In Birkenau wurden die Suppenschalen den Gefangenen immer wieder weggenommen und in die Latrinen geworfen, aus denen sie sie wieder herausholen mußten.

Die Insassen der nationalsozialistischen Konzentrationslager ertranken im buchstäblichen Sinn des Wortes in ihren eigenen Exkrementen. Todesfälle dieser Art waren nicht selten. Eines der Lieblingsspiele von SS-Leuten bestand darin, Menschen dabei aufzulauern, wie sie ihre Notdurft verrichteten, und sie in die Latrinengrube zu werfen. Aufgrund dieses perversen Vergnügens erstickten innerhalb eines Monats zehn Gefangene in Fäkalien. Diese Praktiken stellten offenbar ein großes Hygiene- und Gesundheitsrisiko dar und standen deshalb im direkten Widerspruch zu den üblichen sorgfältigen Bemühungen, die Epidemiegefahr in Gefängnissen, bei den verschiedenen Waffengattungen sowie in jeder Situation des öffentlichen Lebens unter Kontrolle zu halten. Sie müssen deshalb als schwere psychopathologische Störungen interpretiert werden. Eine plausible Erklärung ergibt sich, wenn man sie im Zusammenhang mit den perinatalen Matrizen betrachtet.

Der sexuelle Aspekt perinataler Erlebnisse kam unter den Bedingungen eines Konzentrationslagers ebenfalls häufig zum Vorschein. Der sexuelle Mißbrauch von Gefangenen – sowohl hetero- als auch homosexueller Art –, Vergewaltigungen und offene sadistische Praktiken waren an der Tagesordnung. In manchen Fällen zwangen SS-Offiziere zu ihrem eigenen Vergnügen Gefangene dazu, miteinander sexuell zu verkehren. Ausgesuchte Frauen und Mädchen, manchmal auch solche im frühen Jugendlichenalter, wurden Bordellen zugeteilt, in denen sie die sexuellen Bedürfnisse von Soldaten, die auf Urlaub waren, befriedigen mußten. Eine erschütternde Beschreibung der sexuellen Praktiken in deutschen Konzentrationslagern findet sich in dem Buch *House of Dolls* (96) von dem legendären israelischen Verfasser, der als Pseudonym seine Kennnummer als KZ-Insasse – Ka-Tzetnik 135633 – verwendete.

Die perinatale Erfahrung des Ich-Tods ist gewöhnlich mit Gefühlen der absoluten Erniedrigung, Herabsetzung, Entwürdigung und Scham verbunden. Die inneren Erfahrungen und symbolischen Bilder aus dem reichhaltigen Repertoire der unbewußten Matrizen, mit denen man unter LSD-Einwirkung konfrontiert wird, wurden in den Konzentrationslagern abscheuliche Realität. Die Gefangenen wurden ihres gesamten Besitzes, ihrer Kleider, ihrer Haare und ihres Namens beraubt. Man nahm ihnen also alles, was sie als Teil ihrer Identität empfunden haben mochten. Unter den Bedingungen des Lagerlebens nahmen das absolute Fehlen einer Privatsphäre, unvorstellbarer Schmutz und das unerbittliche Diktat der biologischen Funktionen groteske Ausmaße an. Dies bildete sozusagen die Grundlage für ein gezieltes Programm der Entmenschlichung und totalen Entwürdigung, das von der SS betrieben wurde – ebenso methodisch und systematisch in der generellen Strategie wie unberechenbar, regellos und unvorhersagbar in der tagtäglichen Ausführung.

Die Serie der unheimlichen Parallelen zwischen perinatalen Erfahrungselementen und den Praktiken in Konzentrationslagern enthält auch das Element des Erstickens. Das Naziprogramm der systematischen Ausrottung wurde in den berüchtigten Gaskammern durchgeführt, in denen die Opfer auf überfülltem und engem Raum infolge des Einatmens giftiger Gase keine Luft mehr bekamen und daran starben. Das Element des Feuers spielt in der Symbolik sowohl der zweiten als auch der dritten perinatalen Grundmatrix eine bedeutsame Rolle. In der zweiten Matrix gehört es zur Atmosphäre der archetypischen Höllenszenen, in denen die verdammten Seelen unmenschliche Qualen erleiden müssen. In der dritten Matrix taucht es im letzten, pyrokathartischen Stadium des Tod- und Wiedergeburt-Prozesses auf, das das Ende des Leidens kennzeichnet und die Transzendenz ankündigt. Die brennenden Öfen der Krematorien sind Teil der Hölle der Konzentrationslager und Teil der Leichenvernichtungsstätten, in denen die letzten biologischen Überreste der gequälten Opfer ohne jede Spur beseitigt wurden. Dieser Aspekt der perinatalen Symbolik wird mit erschreckender Eindrücklichkeit in einem anderen Buch von Ka-Tzetnik 135633, *Sunrise over Hell* (97), beschrieben.

In diesem Zusammenhang sei auch erwähnt, daß die Nazis ihren perversen Zorn besonders auf schwangere Frauen und kleine Kinder zu richten schienen – ein Verhalten, das die perinatale Hypothese weiter stützt. Die wohl erschütterndste Passage aus Terrence des Près' Buch *The Survivor* (156) ist zweifellos die, in der beschrieben wird, wie ein Lastwagen voller kleiner Kinder in das Feuer geschüttet wird. Unmittelbar darauf folgt die Szene, in der schwangere Frauen mit Knüppeln und Peitschen geschlagen, von Hunden zerfleischt, an den Haaren gezerrt, in den Magen getreten und schließlich noch lebend in den Brennofen geworfen werden.

Ein Wissenschaftler, der über reichliche Erfahrung mit der Behandlung des sogenannten Konzentrationslagersyndroms verfügt – eines Komplexes emotionaler und psychosomatischer Störungen, der sich bei ehemaligen Insassen solcher Lager erst mehrere Jahrzehnte nach Ende ihrer Gefangenschaft einstellt –, ist Professor Bastians aus Leyden in den Niederlanden. Er hat ein einzigartiges Behandlungsprogramm für Personen entwickelt, die unter diesen psychischen Spätfolgen ihrer seit langem vergangenen Qualen leiden. Sie werden unter dem Einfluß von LSD dazu ermuntert, verschiedene traumatische Ereignisse, die sie in ihrer Erinnerung nicht loslassen, wiederzuerleben, abzureagieren und zu integrieren. In einer Arbeit, in der er dieses Programm beschreibt, kommt Bastians zu einer sehr ähnlichen Schlußfolgerung wie der, die ich auf den letzten Seiten erörtert habe, wenn auch in weit weniger spezifischer Form. Er weist auf die Tatsache hin, daß die Idee zu einem Konzentrationslager ein Produkt des menschlichen Geistes ist. Sie muß demnach – so unakzeptabel dies auch klingen mag – Ausdruck eines bestimmten Aspekts der menschlichen Persönlichkeit und der Dynamik des Unbewußten sein. Dieser Gedanke tritt sehr prägnant im Titel seiner Arbeit zutage, nämlich: »Der Mensch im Konzentrationslager, das Konzentrationslager im Menschen« (9).

Die oben dargestellten Beobachtungen enthüllen ein erstaunliches Faktum über die Psyche und die Persönlichkeitsstruktur des Menschen. Wie schon im Fall der Kriege und Revolutionen besitzt das Unbewußte auch funktionale Matrizen, die unter bestimmten Umständen die vielfältigsten passiven und aktiven Erlebnisse hervorrufen können, in denen sich sowohl die allgemeine Atmosphäre als auch spezifische Einzelaspekte von Konzentrationslagern widerspiegeln. Außerdem kommen in perinatalen Sitzungen viele andere Bilder und Erfahrungen von Massenvernichtung und Völkermord im Rahmen verschiedener Kulturen und historischer Zeitabschnitte extrem häufig vor. Sie sind ein wichtiger Kanal für die kathartische Befreiung von dem außerordentlichen Maß an Aggressionen, das mit der Dynamik der dritten perinatalen Matrix verknüpft ist.

In den letzten Jahren kam eine unerwartete Bestätigung der Beziehungen zwischen der perinatalen Dynamik und wichtigen sozio-politischen Phänomenen von völlig unabhängiger Seite. Lloyd de Mause (129, 130) – Journalist, Psychoanalytiker und führender Vertreter der Psychohistorik[1] – hat Reden von großen militärischen und politischen Führern und anderes Material aus historischen Perioden, die großen Kriegen und Revolutionen unmittelbar vorausgingen und mit ihnen verbunden waren, analysiert. Seine faszinierenden Untersuchungsergebnisse sind als überzeugender Beleg für die These zu werten, daß unverarbeitete Erlebnisse der frühen und frühesten Kindheit – insbesondere solche, die zur biologischen Geburt Bezug haben – in verschiedenen schweren politischen Krisen eine wichtige Rolle spielten. De Mauses analytische Methode ist einzigartig, phantasievoll und kreativ. Er bezieht sich nicht nur auf traditionelle historische Quellen, sondern auch auf psychologisch relevante Daten aus Witzen, Anekdoten, Karikaturen, Träumen, persönlichen Vorstellungen, Versprechern, Nebenbemerkungen von Rednern und sogar Kritzeleien an den Rändern von Dokumenten.

Die Ergebnisse von de Mauses Untersuchungen der verschiedensten historischen Krisen sprechen in hohem Maße dafür, daß politische und militärische Führer nicht starke ödipale Figuren waren, sondern als »Müllsammler« für verschiedene verdrängte Gefühle von einzelnen Personen, Gruppen und ganzen Nationen zu fungieren scheinen. Für das Projizieren und Ausagieren von Emotionen, die von den gewöhnlichen intrapsychischen Abwehrsystemen nicht mehr unter Kontrolle gehalten werden können, stellen sie sozial gebilligte Kanäle bereit. Nach de Mause regrediert die Psyche in der Gruppe zu archaischen Beziehungsmustern, die für die präverbalen Stadien des Säuglingsalters charakteristisch sind. Die infantilen Gefühle und Körperempfindungen entstammen allen psychischen Organisationsstufen, nicht nur der ödipalen und phallischen, sondern auch der analen, urethralen und oralen Stufe.

Als de Mause das historische Material aus solchen Zeitabschnitten, die dem Ausbruch von Kriegen oder Revolutionen unmittelbar vorausgingen, analysierte, war er von der außerordentlichen Vielzahl von Redewendungen und Bildern, die sich auf die biologische Geburt beziehen, zutiefst beeindruckt. So sprachen

Politiker aller Zeiten, wenn sie einen Krieg erklärten oder eine kritische Situation schilderten, immer wieder davon, daß der Feind dem eigenen Volk »an die Kehle« wollte, oder daß das eigene Volk in lebensbedrohlichem Maße nach Luft ringe, um Lebensraum kämpfen müsse oder das Gefühl habe, vom Feind zermalmt zu werden. Ebenso häufig sind Anspielungen auf dunkle Höhlen und verwirrende Labyrinthe, Tunnels, Abstiege in einen Abgrund oder umgekehrt auf das Bedürfnis, durchzubrechen und sich durch das Dunkel einen Weg zum Licht zu bahnen. Des weiteren ist die Rede vom Gefühl, klein und hilflos zu sein, vom Ertrinken, Hängen, vom Feuer, vom Fallen oder vom Springen von einem Turm. Die drei zuletzt genannten Elemente scheinen zwar keinen unmittelbar einleuchtenden Bezug zur Geburt zu haben, doch handelt es sich – wie aus Beobachtungen im Rahmen der psychedelischen Therapie und aus Nandor Fodors analytischer Arbeit mit Träumen (43) zu entnehmen – um häufige perinatale Symbole, die zur dritten Grundmatrix gehören. Die Tatsache, daß schwangere Frauen und Kinder im Mittelpunkt der Kriegsphantasien stehen, verdient in diesem Zusammenhang besondere Beachtung.

De Mauses psychohistorische Beispiele stammen aus vielen geschichtlichen Epochen und verschiedenen Ländern der Welt. Aus der Weltgeschichte werden so berühmte Persönlichkeiten wie Alexander der Große, Napoleon, Kaiser Wilhelm II. und Hitler zitiert. Hinzu kommen Beispiele aus der älteren und jüngeren Vergangenheit sowie der Gegenwart der Vereinigten Staaten. So analysierte de Mause die psychohistorischen Wurzeln der Amerikanischen Revolution und erörterte ihre Beziehungen zu Geburtspraktiken und Besonderheiten der Kindererziehung. Er konnte verblüffende Elemente von Geburtssymbolik in den Erklärungen von Admiral Shimada und Botschafter Kurasa vor dem Angriff auf Pearl Harbour feststellen. Besonders erschauern lassen die Anspielungen auf die Geburt in Verbindung mit der Explosion der zweiten Atombombe. Das Flugzeug, das die Bombe transportierte, erhielt als Kosename den Namen der Mutter des Piloten, die Bombe selber trug die Inschrift »The Little Boy«, und der verschlüsselte Funkspruch an Washington nach der erfolgten Detonation lautete: »The baby was born«.

In der Korrespondenz zwischen John F. Kennedy und Nikita Chruschtschow im Zusammenhang mit der Kubakrise wird eine Situation geschildert, die diese beiden Staatsmänner vermeiden wollten. Sie ist symbolisch dargestellt durch zwei blinde Maulwürfe, die sich in einem dunklen Gang unter der Erde treffen und in einen Kampf auf Leben und Tod verwickelt werden. Als Henry Kissinger gefragt wurde, ob die Vereinigten Staaten eine militärische Intervention im Mittleren Osten erwägen, griff er sich an die Kehle und sagte: »Only if another strangulation occurs . . .«

Zur Stützung der These von de Mause ließen sich noch viele weitere Beispiele anführen. Ein verblüffendes Ergebnis in diesen Untersuchungen war, daß sich Anspielungen auf Luft abschnüren und Bedrängen nur in Reden fanden, die einem Krieg vorausgingen, nicht aber in Kriegssituationen selber, in denen man tatsächlich vom Feind eingekreist war. Außerdem wurde die Anklage, daß der Feind dem eigenen Volk an die Kehle und es zermalmen wolle, gelegentlich gegen Nationen erhoben, die noch nicht einmal unmittelbare Nachbarstaaten waren. Die Tatsache, daß die Massen auf Reden dieser Art emotional reagieren und unfähig sind, das offenkundig Irrationale und Absurde an ihnen zu erkennen, läßt auf einen universell vorhandenen blinden Fleck und eine Verletzbarkeit im Bereich der perinatalen Dynamik schließen.

Lloyd de Mause brachte viele Belege für die Hypothese bei, daß Nationen in Kriegen und Revolutionen aus einer kollektiven Geburtsphantasie heraus handeln. Aus den obigen Erörterungen wird klar, daß seine Untersuchungsergebnisse und Gedanken mit den früher beschriebenen Beobachtungen im Rahmen der psychedelischen Forschung in enger Beziehung stehen. Seine psychohistorischen Forschungen sind eine Fortsetzung der traditionellen tiefenpsychologischen Analysen sozialer Umwälzungen, wie sie erstmals von Gustav le Bon (111) und Sigmund Freud (56) durchgeführt wurden. Obwohl die neuen Daten mit den Schlußfolgerungen dieser beiden Autoren generell vereinbar sind, führen sie zu wichtigen spezifischen Erkenntnissen von großer theoretischer und praktischer Bedeutung. De Mauses Schwerpunktverlagerung vom Freudschen individuellen Unbewußten auf die Dynamik des Geburtstraumas stellt einen »Quantensprung« im Verständnis elementarer sozialer Ereignisse dar.

Nach der neuen Interpretation, die gemeinsam von der psychedelischen wie von de Mauses psychohistorischer Forschung gestützt wird, sind die mächtigen Energien und Emotionen, die sich vom Geburtstrauma ableiten oder mit ihm in Beziehung stehen, eine Standardkomponente der menschlichen Persönlichkeit. Werden sie bei einzelnen Menschen durch Faktoren psychologischer Art, biochemische Veränderungen oder andere Einflüsse aktiviert, dann bedingen sie je nach den Umständen individuelle psychopathologische Störungen oder einen Prozeß der spirituellen Umwandlung. Es hat den Anschein, als ob aus gegenwärtig noch nicht ausreichend geklärten Gründen[2] die psychischen Abwehrmechanismen, die das Bewußtwerden perinataler Energien normalerweise verhindern, bei einer großen Zahl von Menschen, die zu einer sozialen, politischen oder nationalen Gruppe gehören, gleichzeitig zusammenbrechen können. Daraus entsteht eine generelle Atmosphäre der Spannung, Angst und düsterer Vorahnungen. Die Person, die unter solchen Umständen zum Führer der Massen wird, ist jemand, der sich der perinatalen Kräfte stärker als der »Normalbürger« bewußt ist und der die Fähigkeit besitzt, sie auf Ereignisse der Außenwelt zu projizieren. Er formuliert dann klar seine eigenen Wahrnehmungen für die ganze Gruppe oder Nation und gibt akzeptable Erklärungen für das bestehende emotionale Klima, indem er politische Probleme dafür verantwortlich macht.

Der Druck, die Spannungen und das Gefühl des Erstickens werden einer Gruppe von Feinden zugeschrieben, das Empfinden von Gefahr wird nach außen projiziert und eine militärische Intervention als Heilmittel hingestellt. Das Endergebnis der blutigen Konfrontation wird dann metaphorisch in Bildern beschrieben, die zur biologischen Geburt und zur spirituellen Wiedergeburt Bezug haben. Mit Hilfe dieser Symbolsprache ist es möglich, die psychischen Kräfte, die mit dem Umwandlungsprozeß verknüpft sind, für politische Zwecke auszubeuten. Angesichts dieser Tatsache erscheint es äußerst wichtig, die Ergebnisse der psychohistorischen Forschung zu veröffentlichen und die Symbolik für den perinatalen Prozeß allgemein bekanntzumachen. Es sollte möglich sein, eine Situation zu schaffen, in der demagogische Äußerungen über Ersticken, Zermalmtwerden und Mangel an Lebensraum als Zeichen dafür erkannt werden, daß der betreffende Redner tiefenpsychologisch an sich arbeiten muß, statt solche Äußerungen als echte Antriebe zur Entfesselung eines Kriegs zu akzeptieren. Mit etwas Schulung kann die Öffentlichkeit lernen, die symbolische Sprache von Geburt und Tod zu entschlüsseln und zu verstehen, ebenso wie sie sich schon erfolgreich mit der Freudschen Sexualsymbolik vertraut gemacht hat.

Bis zu diesem Punkt stimmen Lloyd de Mauses Spekulationen weitgehend mit den Schlußfolgerungen überein, die ich aus meiner psychedelischen Arbeit gezogen habe. Der einzige größere Unterschied, den ich zwischen den allgemeinen Thesen dieser beiden Interpretationen historischer Krisen gefunden habe, betrifft die Auffassung von den psychischen Mechanismen zum Zeitpunkt des Ausbruchs von Kriegen oder Revolutionen. Wie wiederholt beschrieben worden ist, erfolgt die Kriegserklärung nach einer Phase allgemeiner Spannungen und düsterer Vorahnungen. Sie ist paradoxerweise mit Gefühlen der Erleichterung und der außerordentlichen Klarheit verknüpft. De Mause schreibt dies psychologisch der Tatsache zu, daß Führer und Nation an diesem Punkt bis zur Erinnerung an den Augenblick der Geburt vorgestoßen sind. In meiner eigenen Interpretation der Vorkriegsatmosphäre hebe ich das Element einer starken emotional-kognitiven Dissonanz zwischen den bestehenden emotionalen Spannungen und dem Mangel einer konkreten äußeren Situation, mit der man diese Spannungen in Verbindung bringen könnte, hervor. Bei Kriegsausbruch befinden sich die schon vorhandenen Gefühle von Führer und Nation plötzlich in allgemeiner Übereinstimmung mit den äußeren Umständen. Die Emotionen erscheinen jetzt gerechtfertigt, und alles, was zu tun bleibt, ist so gut wie möglich mit der düsteren Lage fertig zu werden. Im Laufe des Krieges wird – wie ich oben genauer ausgeführt habe – der alptraumhafte Inhalt der perinatalen Matrizen dann zur Realität des Alltagslebens. Trotz des Absurden, des Entsetzlichen und des Abartigen dieser Situation wohnt ihr eine eigentümliche Logik inne, weil in ihr ja die Ereignisse und die emotionalen Reaktionen der betroffenen Menschen nicht sonderlich auseinanderklaffen.

Dieser Mechanismus besitzt Parallelen zu psychopathologischen Störungen bei einzelnen Menschen. Personen, die sich unter dem starken Einfluß einer negativen dynamischen Matrix des Unbewußten befinden, zeigen eine Intoleranz gegenüber emotional-kognitiver Dissonanz. Sie neigen dazu, Situationen aufzusuchen, die mit ihren inneren Empfindungen übereinstimmen, oder wirken sogar unbewußt daran mit, solche Situationen herbeizuführen. Wie auch schon wiederholt beobachtet werden konnte, verschwinden die verschiedensten emotionalen Störungen in der Regel unter bestimmten extremen und dramatischen Umständen. Berüchtigte Beispiele hierfür wären das Konzentrationslager, die Fremdenlegion und das Walfangschiff früherer Zeiten. Die emotional-kognitive Dissonanz löst sich auf, wenn die äußeren Umstände den vorhandenen neurotischen Gefühlen entsprechen oder sie sogar übersteigen.

Die obige Erörterung der perinatalen Wurzeln von Kriegen, Revolutionen und totalitären Systemen spiegelt nur einen wichtigen Aspekt eines sehr komplexen Problembereichs wider. Mit ihr und der darauf folgenden Hervorhebung der perinatalen Dynamik wollte ich neue, faszinierende Erkenntnisse mitteilen, die bisher noch nicht in Erwägung gezogen worden sind. Es war keineswegs meine Absicht, die beteiligten Probleme auf intrapsychische Mechanismen zu reduzieren und ihre bedeutsamen historischen, rassischen, nationalen, politischen und ökonomischen Determinanten zu leugnen oder außer acht zu lassen. Die neuen Daten sollten vielmehr als Beitrag zu einem zukünftigen umfassenden Verständnis der Phänomene aufgefaßt werden, nicht als eine Universaltheorie, die alle anderen ersetzt.

Selbst aus psychologischer Sicht deckt die obige Erörterung nur eine wichtige Dimension bzw. einen Aspekt des Problems ab. Die Tatsache, daß soziopolitische Phänomene mit der perinatalen Dynamik in einem sinnvollen Zusammenhang stehen, läßt sich gut damit vereinbaren, daß die Geschichte bedeutsame transpersonale Dimensionen besitzt. C. G. Jung und seine Nachfolger haben nachgewiesen, daß mächtige archetypische Konstellationen nicht nur einzelne Menschen beeinflussen, sondern auch auf Ereignisse in der phänomenalen Welt und auf die Menschheitsgeschichte einwirken. Jungs Interpretation der Nazibewegung als ein Massenwahn unter dem Einfluß des Ragnorok- oder Götterdämmerungsarchetypus kann hier als ein wichtiges Beispiel angeführt werden (92). Jungs Auffassung von der Geschichte ist vereinbar mit der Archetypenastrologie, die Zusammenhänge zwischen historischen Ereignissen und den Durchgängen der Planeten (Transite) untersucht. Ich habe bereits auf die faszinierenden Forschungen in diesem Bereich von Richard Tarnas (192) hingewiesen.

Die Erörterung der transpersonalen Dimensionen der Menschheitsgeschichte wäre unvollständig, ohne Ken Wilbers systematische und umfassende transpersonale Neuinterpretation der Historie und der Anthropologie zu erwähnen, die er in seinem Buch *Halbzeit der Evolution* (210) ausgeführt hat. Wilber hat es vermocht, ungewöhnliche Klarheit in den anscheinend undurchdringlichen Dschungel historischer Fakten und Theorien zu bringen und diese auf einige wenige gemeinsame Nenner zu reduzieren. Im Grunde stellt Wilber die Evolution des Menschen als eine Geschichte der Liebesaffäre zwischen der Menschheit und

dem Göttlichen dar. Er analysiert jede der aufeinanderfolgenden Entwicklungs-
perioden unter dem Gesichtspunkt der drei folgenden Schlüsselfragen: (1) Welche Hauptformen der Transzendenz waren zur jeweiligen Zeit verfügbar? (2)
Welcher Ersatz wurde geschaffen, wenn diese versagten, oder mit anderen
Worten: welche Formen nimmt das »Atman-Projekt« an, sowohl subjektiv für
das Selbst als auch objektiv für die Kultur? (3) Welche Kosten waren mit diesem
Ersatz verbunden?

Wie ich schon früher ausführte, weichen meine eigenen Beobachtungen von
Wilbers Ansichten in bestimmten Einzelheiten ab. Gegenwärtig bin ich nicht in
der Lage, das in diesem Buch dargestellte Modell mit seiner faszinierenden
Vision reibungslos zu integrieren. Die Ähnlichkeiten zwischen beiden Ansätzen
gehen aber so weit, daß eine solche Synthese in naher Zukunft möglich sein
müßte. Ich glaube, daß sich letztlich die Einsichten aus der Jungschen Psychologie, der Archetypenastrologie, der psychedelischen Forschung und der Spektrumpsychologie Wilbers zu einer umfassenden Interpretation der Menschheitsgeschichte und der Evolution des Bewußtseins zusammenfügen werden.

Nach dieser generellen Diskussion der Geschichte des Menschen möchte ich
mich nun auf die gegenwärtige Lage in der Welt konzentrieren und die praktische
Bedeutung der neuen Erkenntnisse untersuchen. In den letzten Jahren haben viele
Autoren versucht, die von der Menschheit selber herbeigeführte katastrophale
Situation zu erklären. Die gefährliche Spaltung, die dahinter steht, wurde in
vielfach verschiedener Weise beschrieben, als Ungleichgewicht zwischen der
intellektuellen Entwicklung und der emotionalen Reifung der menschlichen
Rasse, als unverhältnismäßig starke Weiterentwicklung des Neokortex gegenüber den archaischen Anteilen des Gehirns, als störende Einwirkung triebhafter
und irrationaler Kräfte des Unbewußten auf bewußte Prozesse usw.

Welcher Metaphern wir uns auch bedienen, die Situation scheint recht klar. Im
Laufe der Jahrhunderte hat die Menschheit unglaubliche Leistungen vollbracht.
Sie konnte die Kernenergie freisetzen, Raumschiffe zum Mond und zu den
Planeten schicken sowie Töne und farbige Bilder über den gesamten Globus
durch den kosmischen Raum übertragen. Gleichzeitig aber war sie nicht in der
Lage, bestimmte primitive Emotionen und triebhafte Impulse, die ihr Vermächt-
nis aus der Steinzeit sind, gefügig zu machen. Als Folge davon lebt die
Menschheit – umgeben von einer Technologie, die Science-Fiction-Phantasien
Wirklichkeit werden ließ – in chronischer Angst am Rand einer nuklearen und
ökologischen Katastrophe.

Die moderne Wissenschaft hat Technologien hervorgebracht, mit denen man die
dringlichsten Weltprobleme – Krankheiten, Hungerkatastrophen, Armut und die
Energiekrise – lösen könnte. Die Probleme, die dem im Wege stehen, sind nicht
technologischer oder ökonomischer Natur. Es sind Kräfte, die der menschlichen
Natur innewohnen und zur menschlichen Persönlichkeitsstruktur gehören.

Gerade deshalb werden unvorstellbare Energien im Wahnsinn des Rüstungswettlaufs, in Machtkämpfen und im »unbegrenzten Wachstum« vergeudet. Sie verhindern auch eine angemessenere Verteilung des Wohlstands zwischen den Menschen und den Nationen sowie eine vordringliche Behandlung ökologischer Probleme, die für unser Überleben wichtig wäre. Aus diesem Grund dürfte das aus dieser Sicht relevante Material aus der Selbsterforschung von großem Interesse sein.

Schon früher habe ich sehr ausführlich den psychischen Tod- und Wiedergeburt-Prozeß und seine symbolische Sprache beschrieben. Selbst bei oberflächlicher Betrachtung der Situation in der Welt fällt auf, daß wir in unserem gegenwärtigen Leben alle wesentlichen Aspekte der dritten perinatalen Grundmatrix, mit denen sich der einzelne im Umwandlungs- und Entwicklungsprozeß innerlich auseinandersetzen muß, in die Außenwelt verlegt haben. Ich meine damit das titanische, aggressive und sadomasochistische, sexuelle, dämonische, messianische, skatologische und psychokathartische Element dieser Matrix.

Der technische Fortschritt hat uns Mittel für die moderne Kriegsführung verschafft, deren Zerstörungspotential jenseits aller Vorstellung liegt. Der aggressive Impuls ist auf der ganzen Welt entfesselt – in Form von mörderischen Kriegen, blutigen Revolutionen, totalitären Regimen, Rassenunruhen, Konzentrationslagern, Brutalität der Polizei und Geheimdienste, Studentenunruhen und zunehmender Kriminalität.

In ähnlicher Weise wird die sexuelle Verdrängung aufgehoben. Erotische Impulse äußern sich in verschiedener unmittelbarer und pervertierter Weise. Die sexuelle Freizügigkeit von Kindern, die Promiskuität, die offene Ehe, öffentliche sexuelle Spiele und Filme, die Freiheitsbewegung der Homosexuellen, die pornographische Literatur, Prostituierte, die sich auf sadomasochistische Praktiken spezialisiert haben, Märkte für sexuelle Sklaven oder die Häufigkeit obszöner Anrufe wären nur einige wenige Beispiele für diesen Trend.

Das dämonische Element drückt sich aus in zunehmendem Interesse an Büchern und Filmen mit okkulten Themen, in terroristischen Organisationen, die verzerrte mystische Impulse ausleben – etwa die Bande um Charles Manson und die Symbionese Liberation Army – sowie in einer Renaissance von Hexenbräuchen und Satanskulten. Der messianische Impuls wird deutlich in den religiösen Bewegungen des neuen Zeitalters, etwa den »Jesus Freaks« oder den Kulten, die die Erlösung von UFOs und einer außerirdischen Intervention erwarten. Die Tatsache, daß eine extrem pathologische Spiritualität, in der nach perinatalem Vorbild Sadomasochismus, sexuelle Perversionen, skatologische Aspekte und selbstzerstörerische Tendenzen kombiniert sind, heutzutage Tausende von Anhängern finden kann, läßt sich am erschütternden Beispiel von Jonestown ablesen.

Die skatologische Dimension offenbart sich in der zunehmenden Umweltverschmutzung durch die Industrie, in der rapiden Verschlechterung der Qualität von

Luft und Wasser, in der Anhäufung von Abfallprodukten rund um den Globus, in den sich verschlechternden hygienischen Bedingungen der Großstädte und – in einer mehr abstrakten und metaphorischen Weise – in der alarmierenden Zunahme von politischer, sozialer und ökonomischer Korruption. Wie ich schon früher erwähnte, sind Visionen von thermonuklearen Reaktionen, Atomexplosionen und Raketenstarts charakteristisch für den Übergang von der dritten zur vierten Matrix. Die Gefahr, daß unsere fortgeschrittenen Technologien eines Tages plötzlich außer Kontrolle geraten und die Welt vernichten könnten, ist in den letzten Jahrzehnten zu einem kalkulierten Risiko des Alltagslebens geworden.

Wer den Tod- und Wiedergeburt-Prozeß durchmacht, wird mit diesen Motiven innerlich konfrontiert werden. Sie sind von Natur aus Phasen des inneren Umwandlungsprozesses. Er muß durch diese Erfahrung gehen und sie dann integrieren, um eine psychische Gesundheit auf höherer Ebene und ein neues Bewußtseinsniveau zu erreichen. Aus Beobachtungen im Rahmen der psychedelischen Therapie geht deutlich hervor, daß der Erfolg dieses Prozesses wesentlich von der beständigen Internalisierung der beteiligten Erlebnisse und ihrem Durcharbeiten im intrapsychischen Rahmen abhängt. Wenn diese Bedingung nicht erfüllt wird und die betreffende Person anfängt, das innere Geschehen nach außen abzureagieren, d. h. den inneren Prozeß mit der äußeren Wirklichkeit zu verwechseln, dann kommen große Gefahren auf sie zu. Die triebhaften Impulse werden nicht aufgefangen und innerlich integriert, sondern führen zu zerstörerischen und selbstzerstörerischen Handlungen. Der kritische Wendepunkt in diesem Umwandlungsprozeß ist der »Ich-Tod« und die Zerstörung der alten Wahrnehmungsweise der Welt. Wenn der Tod- und Wiedergeburt-Prozeß nach außen verlegt wird und seine archetypischen Motive nach außen abreagiert werden, dann kann das extreme Endresultat in Selbstmord, Mord und Destruktion bestehen. Im Gegensatz dazu führt die Internalisierung zum Ich-Tod und zur Transzendenz, die mit einer philosophischen Zerstörung des alten Weltbilds und dem Aufkeimen einer geistig gesünderen und inspirierteren Lebensweise verbunden ist.

Menschen, die sich gerade in einem Prozeß tiefgehender Selbsterforschung befinden, entwickeln häufig unabhängig voneinander die innerliche Überzeugung, daß die Menschheit als Ganzes in dieser Zeit mit einem Dilemma konfrontiert wird, das dem oben beschriebenen, auf die innere Umwandlung bezogenen Dilemma recht vergleichbar ist. Die sich stellenden Alternativen sind offenbar die Fortsetzung des gegenwärtigen Trends des Ausagierens und der äußerlichen Manipulation der Welt oder die Wendung nach innen und das Durchmachen eines radikalen Umwandlungsprozesses, der zu einer vollkommen neuen Stufe des Bewußtseins und der Wahrnehmung der Dinge führt. Das leicht vorhersagbare Endergebnis der ersteren Strategie ist der Tod in einem Atomkrieg oder das Ersticken in technologischen Abfallprodukten, die letztere Alternative könnte evolutionäre Perspektiven eröffnen, wie sie in den Schriften von Sri Aurobindo, Teilhard de Chardin, Ken Wilber und vielen anderen dargestellt worden sind.

In diesem Zusammenhang erscheint es angebracht, die charakteristischen Veränderungen zu beschreiben, die in der Regel bei Menschen auftreten, die einen solchen Umwandlungsprozeß erfolgreich abgeschlossen und die Erfahrungsinhalte der perinatalen Ebene des Unbewußten integriert haben. Dadurch gelangen wir zu einer konkreteren Grundlage für die Erörterung der Frage, ob der resultierende Menschentypus und die entsprechende Bewußtseinsstufe eine vielversprechende und hoffnungsvolle Alternative zur gegenwärtigen Situation darstellen.

Zahlreiche Beobachtungen legen nahe, daß jemand, der unter dem starken Einfluß der negativen perinatalen Matrizen steht, das Leben und seine Probleme in einer Weise anpackt, die nicht nur unbefriedigend ist, sondern auf lange Sicht für sich und andere schädlich wirkt. Das schon früher beschriebene Gefühl, das Leben sei eine »Tretmühle«, und die damit einhergehende Lebensstrategie ist in unterschiedlichem Maße für die Menschen charakteristisch, die in ihrem Erleben noch nicht mit dem Problem des Todes konfrontiert worden sind und die Gestalt der Geburt noch nicht geschlossen haben.

Die Dynamik der perinatalen Matrizen gibt dem Leben einen linearen Verlauf und erzeugt ein starkes, nicht ermüdendes Streben nach der Erreichung zukünftiger Ziele. Da die Psyche eines solchen Menschen von der Erinnerung an die schmerzliche Beengung im Geburtskanal beherrscht wird, lebt er nie im Hier-und-Jetzt und ist mit dem, was im Augenblick ist, nie zufrieden. Wie der Fötus, der versucht, aus seiner Bedrängnis im Geburtskanal in eine angenehmere Situation zu entkommen, so strebt auch ein solcher Mensch immer nach etwas anderem, als ihm die gegenwärtigen Umstände bieten. Die Ziele, die er sich in seinem Kopf konstruiert, lassen sich mühelos als Ersatz für die abgeschlossene biologische Geburt und die liebevolle Behandlung nach der Geburt identifizieren. Da diese Ziele reine psychologische Surrogate und unrealistische Wunschbilder sind, kann sich das Gefühl der Befriedigung nie einstellen. Die resultierende Frustration bringt neue Pläne hervor oder setzt Ziele der gleichen Art auf einem höheren Anspruchsniveau. Ein solcher Mensch nimmt im allgemeinen auch Natur und Welt als etwas wahr, was potentiell bedrohlich ist und was erobert und unter Kontrolle gebracht werden muß.

Auf kollektiver und globaler Ebene wird so eine Lebensphilosophie geschaffen, die Stärke, Wettbewerb und Selbstbehauptung groß schreibt und den linearen Fortschritt und das unbegrenzte Wachstum glorifiziert. Der materielle Gewinn und die Zunahme des Bruttosozialprodukts gelten als die Hauptkriterien für das Wohlergehen und den Lebensstandard. Eine solche Ideologie und die daraus resultierende Strategie bringen den Menschen in einen ernsthaften Konflikt mit seiner Natur als biologisches System und mit Grundgesetzen des Universums.

Während die biologische Organisation generell entscheidend von optimalen Werten abhängt, führt diese Strategie den artifiziellen und gefährlichen Imperativ des maximalen Werts ein.[3] In einem Universum, das seiner Natur nach zyklisch ist, tritt sie für Linearität und unbegrenztes Wachstum ein. Dies wird noch weiter dadurch kompliziert, daß man mit dieser Vorstellung von Existenz unfähig ist, den dringenden und absolut vitalen Bedarf an Synergie, Komplementarität, Kooperation und ökologischen Erwägungen zu erkennen und zu akzeptieren.

Ein gänzlich anderes Bild bietet ein Mensch, der den perinatalen Prozeß abgeschlossen hat und sich an die Erinnerung an den positiven Zustand im Mutterleib angeschlossen und sich Zugang zu den positiven transpersonalen Matrizen verschafft hat. Die Erfahrung mit dem mütterlichen Organismus auf der Stufe des Fötus ist gleichwertig mit der Erfahrung des Erwachsenen in bezug zur ganzen Welt und zur gesamten Menschheit. Erstere entspricht in einem gewissen Sinn einem Prototyp oder einem Grundmuster für letztere. Natur und Qualität der perinatalen Matrix, die die Psyche eines einzelnen Menschen beeinflussen, wirken sich somit nicht nur tiefgehend auf die subjektive Erfahrung dieses Menschen aus, sondern auch auf seine Grundeinstellung gegenüber anderen Menschen, der Natur und der Existenz im allgemeinen.

Wenn sich in der inneren Erfahrung der Wechsel von den negativen zu den positiven perinatalen Matrizen vollzieht, gewinnt das Leben ungemein an Reiz, und die Lebensfreude nimmt beträchtlich zu. Man ist in der Lage, vom gegenwärtigen Augenblick Befriedigung und Erfüllung zu beziehen und von vielen gewöhnlichen Situationen und Funktionen – etwa vom Essen, von der sexuellen Betätigung, von alltäglichen Begegnungen mit anderen Menschen, von seiner Tätigkeit am Arbeitsplatz, von Kunst, Musik, Spielen oder Spaziergängen in der Natur. Dadurch verringert sich der emotionale Einsatz für komplizierte Ziele, die man zu einem zukünftigen Zeitpunkt zu erreichen hofft, die aber unabhängig davon, ob man sie erreicht oder nicht, eine Befriedigung nicht vermitteln können, erheblich. Mit diesem Lebensgefühl wird offenkundig, daß das letzte Maß für den Lebensstandard die Qualität der Erfahrung des Lebens als solches ist, nicht die Quantität der Leistungen und des materiellen Besitzes.

Gemeinsam mit diesen Veränderungen entwickelt ein solcher Mensch ein tiefes Empfinden für die entscheidende Bedeutung von Zusammenhalt, Kooperation und Harmonie sowie von natürlichen ökologischen Erwägungen. Die früher beschriebene Einstellung zur Natur (zu »Mutter Natur«) entstand nach dem Vorbild der schmerzlichen und konfliktreichen Erfahrung des Fötus mit dem mütterlichen Organismus zum Zeitpunkt der biologischen Entbindung. Die neuen Werte und Einstellungen spiegeln die Erfahrungen des Fötus mit dem Mutterleib in seiner vorgeburtlichen Existenz wider. Die Elemente der gegenseitigen Bereicherung, der Symbiose und der gegenseitigen Ergänzung in dieser Situation (im Falle eines vorwiegend »guten« Mutterleibs) ersetzen in der Regel ganz automatisch das Streben nach Überlegenheit und Ausbeutung, das das alte Wertsystem charakterisiert. Die Vorstellung von der menschlichen Existenz als einem ständigen Kampf ums Überleben weicht einem neuen Bewußtsein, in dem sich das Leben als eine Manifestation des kosmischen Tanzes oder des göttlichen Spiels darstellt.

Es leuchtet unmittelbar ein, daß wir im Endeffekt jedesmal, wenn wir anderen Leuten oder der Natur etwas antun, gleichzeitig uns selber damit schaden. Jeder Versuch, die Einheit der Existenz philosophisch, ideologisch, sozio-politisch und spirituell in unabhängige, voneinander getrennte Einheiten mit widerstreitenden Interessen – in einzelne Menschen, Familien, religiöse und soziale Gruppen, politische Parteien, Wirtschaftsbündnisse und Nationen – zu spalten, erweist sich, wenn man ihn als einzig gültige Realität sieht, als mangelnde tiefere Erkenntnis und Kurzsichtigkeit und wird letztlich auf uns zurückfallen. Aus dieser Perspektive kann man sich gar nicht vorstellen, wieso jemand so blind die selbstmörderische Strategie verfolgen kann, sich von den rasch schwindenden Erdölvorräten abhängig zu machen, statt sich mit der absolut lebenswichtigen Aufgabe zu befassen, zyklische und erneuerbare Energiequellen zu erschließen.

Als Folge dieser Veränderung tritt natürlich eine Umstellung im Konsumverhalten und in der entsprechenden Lebenseinstellung ein. Sie tendiert zu der, die Duane Elgin »freiwillige Einfachheit« genannt hat (32). Wie offensichtlich wird, kann die einzige Chance für eine politische und soziale Lösung nur in der transpersonalen Perspektive liegen, die die hoffnungslose Spaltung in »wir und die anderen« überwindet, deren Ergebnis bestenfalls neue Veränderungen sind, in denen die Hauptbeteiligten die Rollen von Unterdrückern und Unterdrückten ausgetauscht haben.

Die einzig wahre Lösung muß die kollektive Natur des Problems erkennen und allen Beteiligten befriedigende Perspektiven eröffnen. Die tief empfundene Einheit mit der übrigen Welt führt in der Regel zu einer echten Wertschätzung der Vielfalt der Dinge und zu Toleranz gegenüber Unterschieden. Die durch die transpersonale Dimension bewirkte ungeheure Erweiterung des Weltbildes und des Verständnisses der Realität hat zur Folge, daß sexuelle, rassistische, kulturelle und andere Vorurteile absurd und kindisch erscheinen.

Nachdem ich das Potential außergewöhnlicher Bewußtseinszustände fast dreißig Jahre lang erforscht habe, hege ich keinen Zweifel daran, daß die beschriebene Umwandlung auf individueller Ebene erreicht werden kann. Ich bin im Laufe der Zeit selber Zeuge vieler dramatischer Beispiele einer solchen Bewußtseinsentwicklung geworden, als ich anderen Menschen in der psychedelischen Therapie und in der Selbsterforschung ohne Zuhilfenahme von Drogen, insbesondere im Rahmen der holotropen Therapie, beistand. Man muß abwarten, wieweit sich der gleiche Ansatz auf breiterer Ebene verwirklichen läßt. Die zunehmende Popularität verschiedener Formen von Meditation und anderen spirituellen Praktiken sowie verschiedener Selbsterfahrungstherapien sind ein vielversprechender Trend in dieser Richtung.

Mögen auch im Hinblick auf die Durchführbarkeit dieser Strategie auf universeller Ebene Fragen offen bleiben, sie dürfte unter den gegenwärtigen Umständen wohl unsere einzige reelle Chance sein. Die derzeit verfügbaren Mittel und Kanäle für die Lösung der globalen Krise lassen einen kritischen Beobachter nicht gerade hoffen. In praktischer Hinsicht bedeutet der neue Ansatz, alles was man in der Außenwelt tut, durch einen systematischen Prozeß tiefgehender Selbsterforschung zu ergänzen. Auf diese Weise kann das pragmatische technische Wissen eines jeden einzelnen von uns durch die Weisheit des kollektiven Unbewußten bereichert und von ihm geleitet werden.

Die innere Umwandlung kann nur durch Entschlossenheit, konzentriertes Bemühen und persönliche Verantwortung des einzelnen erreicht werden. Jeder Plan zur Veränderung der Situation in der Welt ist von problematischem Wert, sobald er nicht die systematische Anstrengung beinhaltet, den Menschen, der diese Krise hervorgerufen hat, zu ändern. In dem Maße, wie die Weiterentwicklung und Wandlung unseres Bewußtseins eine lebenswichtige Voraussetzung für die Zukunft unserer Welt ist, hängt das Ergebnis dieses Prozesses von der Initiative eines jeden einzelnen von uns ab.

Ich habe dieses Buch in der Hoffnung geschrieben, daß die in ihm erörterten theoretischen Überlegungen, Techniken und Strategien für alle diejenigen von Wert sind, die sich in einem Umwandlungsprozeß befinden oder sich für diesen Weg interessieren. Dieses Buch soll dokumentieren, wie sehr ich an den Entwicklungsprozeß, an dem wir alle beteiligt sind, glaube und welch tiefes Vertrauen ich ihm entgegenbringe.

Dank

Dieses Buch ist das Produkt intensiver und systematischer Forschungen, die sich über nahezu drei Jahrzehnte hingezogen haben. In jedem Stadium dieses langen Weges haben sich das Berufliche und das Persönliche zu einer untrennbaren Einheit verbunden. Es war ebensosehr eine Reise der persönlichen Wandlung und Selbstentdeckung wie ein Prozeß der wissenschaftlichen Erforschung unerschlossener Territorien der menschlichen Psyche.

Im Laufe der Jahre habe ich unschätzbare Hilfe, Ermutigung und Inspiration von vielen Menschen erhalten, die in meinem Leben wichtig gewesen sind. Manche von ihnen waren meine Lehrer, andere Freunde und Forscherkollegen, wiederum andere hatten alle diese Rollen inne. Es ist unmöglich, sie alle in diesem Rahmen namentlich aufzuführen. Mehreren von ihnen verdanke ich aber so Außerordentliches, daß ich sie besonders erwähnen möchte.

Angeles Arrien, ein Anthropologe, der in der mystischen Tradition der Basken geschult ist, war mir ein wahrer Freund und ein lebendes Beispiel dafür, wie man die weiblichen und die männlichen Aspekte der eigenen Psyche integrieren und den »mystischen Weg in der Praxis beschreiten« kann.

Anne und Jim Armstrong vermittelten mir viele Einsichten in die Natur einer wahren parapsychologischen Gabe und über das bewußtseinserweiternde Potential transpersonaler Krisen. Ihr Eifer, ihre Begeisterung und ihr Mut bei der Erforschung der menschlichen Psyche und des Unbekannten stellen ein einzigartiges Beispiel für ein gemeinsames Abenteuer auf der Ebene des Bewußtseins dar.

Mit Gregory Bateson hatte ich die große Ehre, in den zweieinhalb Jahren vor seinem Tod, als wir beide am Esalen-Institut in Kalifornien lehrten, viele Stunden lang intensive persönliche Gespräche und intellektuelle Auseinandersetzungen führen zu können. Er war mir ein bedeutender Lehrer und ein besonderer Freund. Seine scharfe Kritik am mechanistischen Denken der Wissenschaft sowie seine kreative Synthese aus Kybernetik, Informations- und Systemtheorie, Psychiatrie und Anthropologie haben meine eigene Entwicklung tiefgehend beeinflußt.

Joseph Campbell, der brillante Denker, der zugleich einer meiner wichtigsten Lehrer und ein treuer Freund war, vermittelte mir unschätzbare Erkenntnisse über die allumfassende Bedeutung der Mythologie für die Psychiatrie und unser alltägliches Leben. Sein Einfluß auf mein persönliches Leben ist ebenfalls sehr tief gewesen.

Fritjof Capras Arbeit spielte in meiner eigenen geistigen Entwicklung und meinen wissenschaftlichen Bemühungen eine entscheidende Rolle. Die Lektüre seines

Buchs *Das Tao der Physik* gab mir die feste Hoffnung, daß die außergewöhnlichen Beobachtungen im Rahmen der modernen Bewußtseinsforschung eines Tages in ein neues und umfassendes wissenschaftliches Weltbild integriert werden könnten. Unsere jahrelange Freundschaft sowie unser reger Informationsaustausch zu der Zeit, als er sein Buch *Wendezeit* schrieb, waren mir für die Arbeit am vorliegenden Buch eine große Hilfe.

Michael und Sandra Harner, die zum Kreis unserer engsten Freunde zählen, gewährten mir viel Unterstützung und Ermutigung. Sie gaben mir die Gelegenheit, unkonventionelle Beobachtungen und Informationen auszutauschen. Michael, der die Rolle eines respektablen Akademikers mit der eines vollendeten »weißen Schamanen« vereint, ist mir für mein eigenes Leben ein überragendes Vorbild.

Mit Swami Muktananda Paramahansa, dem verstorbenen spirituellen Lehrer und Kopf des Siddha-Yoga, hatte ich jahrelang viel Kontakt. Er gab mir die einzigartige Gelegenheit, den mächtigen Einfluß einer nach wie vor lebendigen mystischen Tradition auf das menschliche Leben zu beobachten und selber zu erfahren.

Ralph Metzner, der in origineller Weise solides akademisches Wissen, einen lebhaften Forschergeist und Mut zum Abenteuer kombiniert, ist mir ein wichtiger Freund und Forscherkollege gewesen.

Rupert Sheldrake war in der Lage, mit ungewöhnlicher Klarheit und Eindringlichkeit die Grenzen des mechanistischen Denkens in den Naturwissenschaften zu formulieren. Dieser Grenzen war ich mir schon viele Jahre lang – wenn auch nicht in diesem Maße – bewußt gewesen. Seine Arbeit half mir wesentlich, mich von der theoretischen Zwangsjacke, die mir durch meine berufliche Ausbildung angelegt worden war, zu befreien.

Anthony Sutich und Abraham Maslow, die beiden Hauptinitiatoren und Begründer der humanistischen und der transpersonalen Psychologie, waren mir wichtige Quellen der Inspiration und verliehen manchen meiner Träume und Hoffnungen in bezug auf die Zukunft der Psychologie konkrete Form. Es war ein unvergeßliches Erlebnis für mich, als ich mit ihnen zusammen das Fundament für die transpersonale Psychologie legte.

Arthur Youngs Prozeßtheorie stellt eines der faszinierendsten Konzepte dar, denen ich jemals in meinem Leben begegnet bin. Je mehr ich mich mit ihr vertraut mache, desto stärker sehe ich in ihr ein wissenschaftliches Metaparadigma der Zukunft.

Die Entdeckung der Prinzipien der Holographie eröffnete mir eine vollkommen neue Welt von Möglichkeiten für die theoretische Spekulation und die praktische Anwendung. Mein besonderer Dank gebührt hier David Bohm, Karl Pribram und Hugo Zucarelli.

Meine klinische Arbeit mit psychedelischen Drogen war ein entscheidender Antrieb für meine lebenslange Beschäftigung mit der Erforschung des Bewußt-

414

seins und trug auch die wichtigsten Daten, die in diesem Buch erörtert werden, bei. Ohne die epochemachenden Entdeckungen von Albert Hofmann wäre es nicht möglich gewesen. Ich möchte ihm hiermit meine tiefe Dankbarkeit für den gewaltigen Einfluß ausdrücken, den seine Arbeit auf mein berufliches und persönliches Leben ausgeübt hat.

Die stimulierende Atmosphäre des Esalen-Instituts sowie die Schönheit der Küste von Big Sur gaben einen wunderbaren Rahmen für die Arbeit an diesem Buch ab. Ich möchte bei dieser Gelegenheit meinen Esalen-Freunden, Dick und Chris Price, Michael und Dulce Murphy sowie Rick und Heather Tarnas für ihre jahrelange Unterstützung danken. Rick hat mir außerdem vieles über die Beziehungen zwischen astronomischen Prozessen und der Dynamik von Archetypen beigebracht. Kathleen O'Shaughnessy gebührt besonderer Dank für ihre hingebungsvolle und feinfühlige Unterstützung beim Schreiben der Endfassung des Manuskripts.

Mein tiefster Dank geht an meine nächsten Familienangehörigen, an meine Mutter Maria, meinen Bruder Paul und meine Frau Christina. Sie bekamen die unmittelbaren Folgen der intellektuellen, psychischen, philosophischen und spirituellen Berg- und Talbahnfahrt meines jahrelangen unkonventionellen Forschens zu spüren. Insbesondere Christina war mir viele Jahre meine engste Vertraute und Forscherkollegin und teilte mit mir sowohl mein privates als auch mein berufliches Leben. Wir haben gemeinsam die in diesem Buch beschriebene Technik der holotropen Therapie entwickelt und praktiziert. Ich habe an ihrer eigenen dramatischen Reise in ihr Unbewußtes vieles gelernt, was nur das Leben lehren kann. Es war vor allem auch Christina, von der die Anregung zum Spiritual Emergency Network (deutsch etwa: Netzwerk für die Beratung und Behandlung spiritueller Krisen), das wir gemeinsam in Big Sur, Kalifornien, ins Leben gerufen haben, ausging.

Anhang

Anmerkungen

1 Die Beschaffenheit der Realität: Auf dem Weg zu einem neuen Paradigma

[1] In späteren Arbeiten hat Thomas Kuhn angefangen, noch genauer zwischen Bestandteilen und Elementen dessen zu differenzieren, was er ursprünglich mit dem globalen Begriff Paradigma bezeichnete. So unterschied er beispielsweise zwischen *symbolischen Verallgemeinerungen* (bestimmte festgelegte Beziehungen werden in Form von kurzen Gleichungen ausgedrückt, etwa $k = mb$, $I = U/R$, $e = mc^2$ usw.), *Vertrauen auf bestimmte Modelle* (das Planetenmodell des Atoms, das Teilchen- oder Wellenmodell des Lichts, die Vorstellung, daß sich Gas aus winzigen billardballgleichen Materieteilchen zusammensetzt, die sich nach dem Zufallsprinzip bewegen, usw.), *gemeinsamen Werten* (etwa die Anerkennung der Bedeutung von Vorhersagbarkeit, Überprüfbarkeit, Wiederholbarkeit, logischer Stimmigkeit, Plausibilität und Sichtbarkeit von Untersuchungsdaten, die Anerkennung eines akzeptablen Fehlerspielraums), und *Musterbeispielen* (Beispiele für konkrete Problemlösungen, bei denen anerkannte Prinzipien in verschiedenen Bereichen angewandt werden).

[2] Beispiele dafür sind die Grundaxiome der Euklidschen Geometrie (zwei Punkte können nur mit einer geraden Linie verbunden werden, zwei parallele Linien treffen sich nie), Newtons Postulat von der Unzerstörbarkeit der Materie sowie seine Bewegungsgesetze, und Einsteins Prinzipien der Konstanz oder Relativität.

[3] Nach Frank hat die Wissenschaft das Ziel, ein System von Beziehungen zwischen Symbolen und operationalen Definitionen dieser Symbole in einer Weise herzustellen, die gewährleistet, daß logische Schlußfolgerungen aus diesen Sätzen zu Sätzen über beobachtbare Fakten werden, die wiederum durch tatsächliche Beobachtungen bestätigt werden.

[4] Die Diskussion des kartesianisch-Newtonschen Paradigmas folgt streckenweise den Darstellungen Fritjof Capras in seinen Büchern *Das Tao der Physik* und *Wendezeit: Bausteine für ein neues Weltbild*. Ich möchte mit besonderem Dank den Einfluß hervorheben, den er auf mein Denken in diesem Bereich ausübt.

[5] Die griechische Bezeichnung *atomos* leitet sich von dem Verb *temnein* – zerteilen – und der negierenden Vorsilbe *a-* ab; *atomos* heißt demnach unteilbar, etwas, was sich nicht weiter zerteilen läßt.

[6] Diese Theorie wurde in ihrer knappsten Form von den sogenannten »Vulgärmaterialisten« formuliert. Sie widersetzten sich der Annahme, daß sich das Bewußtsein in irgendeiner Hinsicht von anderen physiologischen Funktionen unterscheidet, und behaupteten, daß das Gehirn das Bewußtsein etwa so produziere wie die Nieren den Urin.

[7] Einen ähnlichen Standpunkt hat kürzlich R. D. Laing in seinem prägnanten und reichhaltig dokumentierten Buch *Voice of Experience* (109) eingenommen.

8 Ein gutes Beispiel dafür ist die Vision von Charlotte, die ich in meinem Buch *Realms of the Human Unconscious. Observations from LSD Research* (deutsch *Topographie des Unbewußten*) analysiert habe (67).

9 Eine detaillierte Beschreibung der verschiedenen Arten psychedelischer Erfahrungen mit klinischen Beispielen findet sich in meinem Buch *Topographie des Unbewußten* (67), eine Zusammenfassung des Materials im zweiten Teil dieses Buches unter dem Titel »Dimensionen der menschlichen Psyche: Eine Kartographie des Innenraums«.

10 Der Begriff *perinatal* setzt sich aus dem Griechischen *peri* und dem Lateinischen *natalis* zusammen. *Peri-* bedeutet wörtlich um etwas herum oder bei, *natalis* heißt die Geburt betreffend. Gemeint sind Ereignisse, die der biologischen Geburt unmittelbar vorangehen oder folgen bzw. sie begleiten.

11 Die gelegentlichen Erlebnisse von Ereignissen aus der Zukunft, einzelne präkognitive Wahrnehmungen oder komplexe hellseherische Visionen von Zukünftigem werfen in diesem Zusammenhang ein besonderes Problem auf.

12 Beispiele dafür sind *Das Tao der Physik* (25) und *Wendezeit: Bausteine für ein neues Weltbild* (26) von Fritjof Capra; *The Medium, the Mystic and the Physicist* (114) von Lawrence LeShan; *The Reflexive Universe* (214) und *Geometry of Meaning* (213) von Arthur Young; *Die tanzenden Wu-Li Meister* (216) von Gary Zukav; *Mind Science: A Physics of Consciousness Primer* (78) von Nick Herbert; *Taking the Quantum Leap* (212) von Fred Wolf; *Stalking the Wild Pendulum* (13) von Itzak Bentov, und viele andere.

13 Dieses Konzept des dynamischen Vakuums hat eine verblüffende Ähnlichkeit mit der Vorstellung von der meta- und suprakosmischen Leere, die sich in vielen Systemen der philosophia perennis findet.

14 Die bedeutendsten Aspekte seiner Kritik an der mechanistischen Wissenschaft finden sich in seinen Büchern *Ökologie des Geistes* (10) und *Geist und Natur* (11).

15 Dieser theoretische Konflikt zwischen der mechanistischen Wissenschaft und den modernen revolutionären Entwicklungen ist eine Neuauflage des alten Konflikts zwischen den großen Schulen der griechischen Philosophie. Während für die ionische Schule in Milet – Thales, Anaximenes, Anaximandros u. a. – die grundlegende philosophische Frage lautete: »Woraus besteht die Welt?« oder »Was ist ihre Grundsubstanz?«, glaubten Platon und Pythagoras, daß ihre Form, ihre Strukturierung und ihre Ordnung das Entscheidende sei. Die moderne Wissenschaft bezieht einen eindeutig neo-platonischen und neo-pythagoräischen Standpunkt.

16 Der Begriff »dissipative Strukturen« leitet sich von der Tatsache ab, daß solche Strukturen kontinuierlich Entropie produzieren und die entstehende Entropie durch Austausch mit der Umgebung »dissipieren«, d. h. zerstreuen. Das berühmteste Beispiel ist die sogenannte Belousov-Zhabotin-Skireaktion, bei der Malonsäure durch bromsaures Salz in einer Schwefelsäurelösung, die Zerium-, Eisen- oder Manganionen enthält, oxydiert.

17 In Erich Jantschs Büchern *Design for Evolution* (85) und *Die Selbstorganisation des Universums. Vom Urknall zum menschlichen Geist* (84) finden sich zahlreiche weitere Informationen zum hier besprochenen Thema.

18 Das berühmteste Beispiel ist eine anekdotische Beobachtung, über die Lyall Watson in *Der unbewußte Mensch* (203) berichtet hat und die als das »Phänomen des hundertsten Affen« bezeichnet wird. Als eine junge japanische Äffin (Macaca fuscata)

auf der Insel Koshima ein völlig neues Verhalten lernte – das Waschen von rohen Süßkartoffeln, die mit Sand und Kies bedeckt waren –, übertrug sich dieses Verhalten nicht nur auf die Artgenossen in ihrer unmittelbaren Umgebung, sondern tauchte auch bei Affen auf den benachbarten Inseln auf, und zwar dann, als eine bestimmte kritische Anzahl von Affen dieses Verhalten gelernt hatte.

[19] In den letzten Jahren hat sich die Physik rapide auf den Punkt zubewegt, an dem sie sich eines Tages explizit mit dem Bewußtsein auseinandersetzen muß. Es gibt prominente Physiker, die die Überzeugung vertreten, daß eine künftige umfassende Theorie der Materie das Bewußtsein als einen wesentlichen und entscheidenden Bestandteil einbeziehen muß. Verschiedene Versionen dieser Auffassung stammen von Eugene Wigner (206), David Bohm (18), Geoffrey Chew (28), Fritjof Capra (26), Arthur Young (214), Saul-Paul Siraq und Nick Herbert (78).

[20] Die klinischen Daten, die zu dieser Annahme führten, und die logischen Irrtümer in ihrer Interpretation sind bereits früher in diesem Buch besprochen worden.

[21] Die Weisen der Hwa Yen-Tradition (in Japan: Kegon, im Sanskrit-Buddhismus: Avatamsaka) sahen das alle Universen umfassende Ganze als einen einzigen lebenden Organismus, der durch wechselseitig abhängige und sich gegenseitig durchdringende Prozesse des Werdens und Vergehens gekennzeichnet ist. Hwa Yen brachte dies in der folgenden Formel zum Ausdruck: Eines in Allem, Alles in Einem, Eines in Einem, Alles in Allem.

[22] Das bedeutet, daß eine nähere Betrachtung eines holographischen Bilds aus unterschiedlichen Winkeln Aspekte erkennen läßt, die vorher verborgen waren. Dies ist bei der herkömmlichen Photographie oder Kinematographie nicht der Fall. Hier bewirkt eine Betrachtung aus anderen Winkeln lediglich eine Verzerrung des Bildes.

[23] David Bohms Theorien sind in einer Reihe von Artikeln in wissenschaftlichen Fachzeitschriften und in seinem Buch *Wholeness and the Implicate Order* (18) beschrieben.

[24] Eine einfach verständliche Darstellung dieser neuen Forschungsbereiche findet sich in Paul Pietschs Buch *Shufflebrain: The Quest for the Holographic Mind* (150).

[25] In diesem Zusammenhang ist besonders ein vor kurzem unternommener Versuch des sowjetischen Wissenschaftlers V. V. Nalimov zu erwähnen, eine Theorie des Unbewußten aufzustellen, die auf der Semantik und der Wahrscheinlichkeitstheorie basiert. Diesen Gedanken führt er in seinem Buch *Realms of the Unconscious: The Enchanted Frontier* (140) aus.

2 Dimensionen der menschlichen Psyche: Eine Kartographie des Innenraums

[1] Eine wichtige Aufgabe des Therapeuten in herkömmlichen Formen der Psychotherapie besteht darin, das Relevante vom Irrelevanten zu unterscheiden, psychische Abwehrmechanismen aufzudecken und Interpretationen zu geben. Das Schwierige dabei ist, daß all diese Dinge paradigmagebunden sind. Was relevant ist oder nicht, ist nicht durch allgemeine Übereinkunft festgelegt. Es hängt davon ab, ob man die

Freudsche, Adlersche, Ranksche, Kleinsche, Sullivansche oder irgendeine andere Schule der dynamischen Psychotherapie vertritt. Fügen wir nun noch die Verzerrungen durch die Gegenübertragung hinzu, so wird der Vorteil von Ansätzen, die sich auf das Erleben konzentrieren, unmittelbar deutlich.

[2] Zur Ableitung des Wortes »perinatal« siehe Fußnote S. 418.

[3] Ich-Tod und Wiedergeburt sind kein einmaliges Erlebnis. Im Laufe einer systematischen und intensiven Selbsterfahrung tritt es wiederholt mit verschiedenen Dimensionen und Schwerpunkten auf, bis der Prozeß abgeschlossen ist.

[4] Diese Beschreibung gibt die ideale Situation nach einer normalen und unkomplizierten Geburt wieder. Ein hinausgezögerter und übermäßig strapazierender Verlauf der Geburt, der Einsatz von Geburtszangen, eine Vollnarkose und andere Komplikationen bewirken spezifische Verzerrungen im Erleben dieser Matrix.

[5] Im symbiotischen Zustand der Einheit mit dem mütterlichen Organismus gibt es keine Trennung zwischen Subjekt und Objekt. Störungen des intrauterinen Zustands oder die körperlichen und seelischen Leiden während der Geburt bewirken offenbar eine erste Differenzierung zwischen dem »leidenden Ich« und dem »mir Leiden verursachenden anderen«.

3 Die Welt der Psychotherapie: Auf dem Weg zu einem integrativen Ansatz

[1] Viele Gedanken dieses Kapitels waren Bestandteil eines Hintergrundpapiers, das ich für Fritjof Capra zu dem Zeitpunkt verfaßte, als wir gemeinsam die Beziehungen zwischen der Psychologie und der modernen Physik erforschten. Dadurch erklärt sich eine gewisse inhaltliche Überschneidung mit zwei Kapiteln seines Buches *Wendezeit: Bausteine für eine neues Weltbild* (26).

[2] Die genetische These der Psychoanalyse bezieht sich auf die Psychogenese und darf nicht mit Vererbung in Zusammenhang gebracht werden. Sie erklärt, wie frühere Ereignisse das Leben des einzelnen Menschen bestimmt haben und wie die Vergangenheit in der Gegenwart enthalten ist.

[3] Abwehrmechanismen sind das Resultat eines Kampfes zwischen den vom Es ausgehenden Drängen und den Anforderungen der Außenwelt. Sie stehen in einem bestimmten Zusammenhang mit den einzelnen Phasen der libidinösen Entwicklung und mit der Entstehung verschiedener psychopathologischer Phänomene. Zu den wichtigsten Abwehrmechanismen, die sich in der psychoanalytischen Literatur finden, zählen die Verdrängung, die Ersatzbildung, die Reaktionsbildung, die Isolierung, das Ungeschehenmachen, die Rationalisierung, die Intellektualisierung, die Leugnung, die Regression, kontraphobische Mechanismen, das Sich-Zurückziehen und die Vermeidung, die Introjektion, die Identifikation, das Abreagieren, die Sublimierung und die kreative Verarbeitung. Die beste Quelle für weitere Informationen über Abwehrmechanismen ist Anna Freuds Pionierarbeit *Das Ich und die Abwehrmechanismen* (51).

⁴ Eine brillante und humorvolle Analyse dieser frustrierenden Situation findet sich in Jay Haleys Buch *The Art of Psychoanalysis* (72).

⁵ Nach der Beschreibung Sullivans gibt die »gute Brust« Milch und vermittelt ein Gefühl der Behaglichkeit und Geborgenheit. Die »böse Brust« gibt zwar Nahrung, aber in einem unbefriedigenden emotionalen Kontext wie etwa bei einer ängstlichen, gespannten oder nicht liebenden Mutter. Die »falsche Brust« fühlt sich wie eine Brustwarze an, gibt aber keine Nahrung und vermittelt auch kein Gefühl der Geborgenheit, etwa der eigene Daumen des Kindes.

⁶ Freuds Biograph Ernest Jones (88) gibt eine faszinierende Beschreibung von Freuds Reaktion auf die Veröffentlichung von Ranks Buch *Das Trauma der Geburt* (163). Jones erzählt, daß Freud beim Lesen dieses Buches einen heftigen emotionalen Schock erlebte. Er hatte große Sorge, daß Ranks Entdeckungen seine eigenen Beiträge zur Psychologie überschatten könnten. Dennoch verhielt er sich in dieser Angelegenheit zu Beginn fair. Er bezeichnete Ranks Gedanken als »die wichtigsten Fortschritte seit der Entdeckung der Psychoanalyse« und meinte, daß man ihnen gebührliche wissenschaftliche Beachtung schenken sollte. Was ihn schließlich dennoch bewog, Rank auszuschließen, waren nicht die wissenschaftlichen Meinungsverschiedenheiten, sondern ernste politische Bedenken. Sie wurden durch beunruhigende Briefe aus Berlin ausgelöst, in denen Freud davor gewarnt wurde, daß Ranks ketzerische Ansichten eine unheilbare Spaltung in der psychoanalytischen Bewegung bewirken würden.

⁷ In diesem Zusammenhang ist hervorzuheben, daß Jean Paul Sartres Philosophie und literarische Arbeiten tiefgehend von einem schlecht verarbeiteten Meskalinerlebnis beeinflußt sind, in dem Elemente der zweiten perinatalen Grundmatrix dominierten. Diese Verbindung ist im einzelnen in einer speziellen Arbeit von Thomas Riedlinger (172) untersucht worden.

⁸ Es war kein geringerer als Albert Einstein, der anläßlich einer persönlichen Begegnung Jung dazu ermunterte, seinem Konzept der Synchronizität weiter nachzugehen (94). Besonders eng war Jung mit Wolfgang Pauli befreundet, einem der Begründer der Quantentheorie. Diese Freundschaft fand ihren Ausdruck in einer gemeinsamen Veröffentlichung von Jungs Essay über Synchronizität und Paulis Untersuchung der Archetypen im Werk von Johannes Kepler (143).

4 Der strukturelle Aufbau emotionaler Störungen

¹ Aus dem Zusammenhang dürfte wohl deutlich ersichtlich sein, daß wir unsere Diskussion auf Probleme beschränken, die durch psychische Faktoren bedingt sind. Ausgeklammert sind Fälle mit einer offensichtlichen organischen Ursache, etwa totale Erschöpfung durch eine schwere körperliche Krankheit, Paraplegie oder eine schwere chemische Dysfunktion des autonomen Nervensystems.

² Der lateinische Ausspruch »Inter feces et urinas nascimur« – wir werden zwischen Kot und Urin geboren – ist somit keine philosophische Metapher, sondern die reali-

stische Beschreibung einer menschlichen Entbindung, ausgenommen für den Fall, daß spezielle Maßnahmen zu ihrer Modifizierung getroffen werden.

3 Die regelmäßige Beobachtung, daß die Schmerzen wiedererlebt werden, die mit dem Durchtrennen der Nabelschnur verknüpft sind, widerspricht den Behauptungen der Mediziner, daß diese Maßnahme keine Schmerzen bereiten kann, da die Nabelschnur keinerlei Nerven besitzt. Eine sorgfältige Beobachtung an Neugeborenen während der Nabelschnurdurchtrennung läßt aber deutliche Schmerzreaktionen im Verhalten erkennen.

4 Nach den in diesem Buch genannten CIA-Berichten gehörte dies auch zu den sexuellen Vorlieben Adolf Hitlers. Ein Diktator, der nach der absoluten Herrschaft über die ganze Welt strebte, wollte in seinem privaten Sexualleben gefesselt, gefoltert, gedemütigt und mit Kot besudelt werden.

5 Alle diese Zutaten erscheinen aus der Sicht der modernen Psychopharmakologie sehr sinnvoll. Die Pflanzen aus der Familie der Nachtschattengewächse enthalten hochwirksame psychoaktive Alkaloide, nämlich das *Atropin,* das *Scopolamin* und das *Hyoscyamin,* wohingegen die Krötenhaut das psychedelisch wirksame *Dimethylserotonin* oder *Bufotenin* absondert.

6 Starke irrationale und unverständliche Schuldgefühle können absolut unerträglich sein und den betreffenden Menschen zu einem tatsächlichen Verbrechen verleiten. Kann er die Schuld mit einer konkreten Situation in Verbindung bringen, so empfindet er gewöhnlich eine gewisse Erleichterung. Dieses Phänomen, bei dem die Schuld dem Verbrechen vorausgeht und es eigentlich provoziert, ist in der Psychiatrie als *Pseudodelinquenz* bekannt. Eine typische kriminelle Person leidet in der Regel nicht unter Schuldgefühlen. Ihr Konflikt ist nicht innerlich, sondern bezieht sich auf die Gesellschaft und das Recht.

7 Jane English (36) hat die Nachwirkungen einer Geburt durch geplanten Kaiserschnitt systematisch untersucht. Sie beschreibt einige weitere Charakteristika von Menschen, die auf diese Weise auf die Welt kamen, nämlich eine Bindung an die bei der Geburt behilfliche Person und spätere Probleme in Beziehungen zu Personen des gleichen Geschlechts, abweichende Muster körperlicher Spannungen, eine Abwehrhaltung gegenüber körperlicher Annäherung usw.

8 Die neue Technik der Unterwassergeburt, die von dem am Moskauer Wissenschaftlichen Forschungsinstitut tätigen sowjetischen Arzt Igor Charkovsky eingeführt wurde, verdient in diesem Zusammenhang besondere Beachtung.

9 Die anatomische Struktur der Gebärmutter enthält eine sehr komplexe Anordnung aus Muskelfasern, in denen längliche, runde und spiralenförmige Elemente kombiniert sind. Die Gebärmutterarterien winden sich durch dieses Muskelgewebe. Als Folge davon drückt jede Gebärmutterkontraktion diese Blutgefäße zusammen und unterbricht somit den Kontakt zwischen Mutter und Kind, der über die Blutzufuhr von der Plazenta erfolgt.

10 Ein früherer Kollege von mir, der Selbstmord begangen hat, kann hier als Beispiel angeführt werden. Er war ein prominenter Universitätsprofessor der Psychiatrie und Toxikologie. Während einer seiner periodischen Attacken von Depression tötete er sich in dem Institut, in dem er arbeitete, und zwar indem er sich durch mehrere tiefe Schnitte mit einer Rasierklinge die Kehle weit öffnete. Wenn er lediglich sein Leben hätte beenden wollen, wäre es für ihn als Kenner vieler Gifte ein Leichtes gewesen, dies auf

eine saubere, elegante und schmerzlose Art zu tun. Aber etwas in ihm trieb ihn dazu, den Selbstmord auf eine so drastische und blutige Art zu begehen.

[11] Nach populärer Ansicht und der Beschreibung von Personen, die vor dem Tod in Schnee und Eis gerettet wurden, folgen auf die anfänglichen Qualen des Frierens ein Gefühl von wohltuender Wärme und eines angenehmen Zerschmelzens sowie ein Zustand, der dem Schlaf oder dem Aufenthalt in der Geborgenheit des Mutterleibs ähnelt.

[12] Die Ursprünge dieses Phänomens sind nicht so recht klar. Es scheint Verbindungen zu Geburtspraktiken bestimmter ethnischer Gruppen zu geben, bei denen die Frauen in stehender Position ihre Kinder zur Welt bringen, oder zu phylogenetischen Erinnerungen an die Geburt bei manchen Säugetierarten, die tatsächlich mit Fallen verknüpft ist.

[13] Eine höchst interessante Erörterung über die Beziehungen zwischen Schamanismus und Psychose gibt Julian Silverman in seinem Artikel »Shaman und Acute Schizophrenia« (184). Der Bewußtseinszustand von Schamanen sowie ihre Techniken werden aus moderner Sicht von Michael Harner in seinem hervorragenden Buch *Der Weg des Schamanen* (74) und von Mircea Eliade in ihrer klassischen Untersuchung *Schamanismus und archaische Ekstasetechnik* (34) erforscht.

[14] In diesem Zusammenhang sollte ein reichhaltig dokumentiertes wissenschaftliches Buch von Wasson, Hofmann und Ruck mit dem Titel *Der Weg nach Eleusis* (202) erwähnt werden. Die Autoren bringen glaubwürdige Belege dafür an, daß in den Tod-Wiedergeburt-Mysterien in Eleusis ein Mutterkornpräparat mit Bestandteilen, die in ihrer chemischen Zusammensetzung dem LSD-25 ähneln, als Sakrament verwendet wurde.

[15] Einige Beobachtungen aus der Praxis der holotropen Therapie, auf die ich später noch näher eingehen werde, können in dieser Hinsicht vielleicht nützlich sein. Es bedarf keiner hochwirksamen psychoaktiven Drogen wie LSD, um im Erleben bis zu der perinatalen und der transpersonalen Ebene seiner Psyche vorzudringen. Eine stützende Umgebung, schnelleres Atmen und anregende Musik vermögen innerhalb von Minuten bei einer Gruppe mit Personen, die nach dem Zufallsprinzip ausgewählt worden sind, ungewöhnliche Erlebnisse hervorzurufen, die traditionell als psychotisch gelten würden. Diese Situation ist aber nur von kurzer Dauer, läßt sich voll und ganz wieder rückgängig machen, wirkt sich psychosomatisch heilsam aus und fördert die Persönlichkeitsentfaltung.

5 Dilemmas und Kontroversen der traditionellen Psychiatrie

[1] Der Begriff »Krankheit« oder die »nosologische Einheit« – vom griechischen Wort *nosos* = Krankheit – hat in der Medizin eine sehr spezifische Bedeutung. Er impliziert eine Störung mit einer bestimmten Ursache oder Ätiologie, aus der man die Pathogenese oder Entstehung der Symptome ableiten können sollte. Wird eine Störung in dieser Weise als »Krankheit« konzipiert, dann müßten spezifische therapeutische Strategien und Maßnahmen sowie Vorhersagen über den Krankheitsverlauf möglich sein.

² Das Prinzip der Symptomintensivierung spielt in der psychedelischen Therapie, der holonomen Integration und der Gestalttherapie eine wesentliche Rolle. Es bestimmt auch die Praxis der homöopathischen Medizin und wird in Viktor Frankls Technik der paradoxen Intention angewendet.

³ Die *Lobotomie* ist eine psychochirurgische Maßnahme, die in ihrer gröbsten Form darin besteht, daß die Verbindung zwischen dem Stirnlappen und dem restlichen Gehirn durchtrennt wird. Diese Technik, für die der portugiesische Chirurg Edgar Moniz 1950 den Nobelpreis erhielt, wurde anfangs sehr häufig in Fällen von Schizophrenie und schwerer Zwangsneurose angewendet. Später kam man von ihr ab und ersetzte sie durch feine mikrochirurgische Eingriffe. Welche bedeutende Rolle irrationale Motive in der Psychiatrie spielen, läßt sich an der Tatsache verdeutlichen, daß sich manche Psychiater, die nicht zögerten, bei ihren Patienten diese Operation durchführen zu lassen, später gegen die Benutzung des LSD mit dem Argument wehrten, es könnte eine mit den verfügbaren Methoden nicht festzustellende Hirnschädigung hervorrufen.

⁴ Eine ausführliche Diskussion der Probleme im Zusammenhang mit der psychiatrischen Diagnose, der Definition von Normalität, der Klassifikation, der Bewertung therapeutischer Ergebnisse und weiterer relevanter Fragen ist im Rahmen dieses Buches nicht möglich. Der interessierte Leser sei auf die Arbeiten von Donald Light (119), Thomas Scheff (180), R. L. Spitzer und P. T. Wilson (186), Thomas Szasz (191) u. a. verwiesen.

6 Neue Perspektiven des psychotherapeutischen Prozesses

¹ *Hylotrop* – aus dem Griechischen *hylé* = Materie und *trepein* = sich auf etwas zubewegen – heißt materie-orientiert.

² *Holotrop* – aus dem Griechischen *holos* = ganz und *trepein* = sich auf etwas zubewegen – heißt nach Ganzheit oder Totalität strebend.

³ Karl Pribram hat in einer persönlichen Diskussion über die Anwendung der holonomen Therapie auf psychopathologische Phänomene auf eine sehr interessante Parallele aufmerksam gemacht. Er wies darauf hin, daß der feste Strand oder die Wellen im offenen Meer allein kein Problem und keine Gefahr darstellen und der Mensch mit beiden leicht fertig wird. Genau die Berührungslinie zwischen Meer und festem Boden aber ist der Ort, an dem es zum gefährlichen Aufruhr kommt.

⁴ *Anaklitische Bedürfnisse* – aus dem Griech. *anaklinein* = sich anlehnen – sind primitive Bedürfnisse infantiler Natur, etwa das Verlangen, gehalten, geschaukelt, geknuddelt oder gefüttert zu werden.

⁵ Eine detailliertere Erörterung des Einflusses von COEX-Systemen, perinatalen Grundmatrizen und transpersonalen Steuerungssystemen findet sich in meinem Buch *LSD-Psychotherapie* (69).

⁶ Ein höchst eindrucksvolles klinisches Beispiel für dieses Phänomen findet sich in meinem Buch *LSD-Psychotherapie*.

⁷ Erlebnisse mit perinatalen Elementen besitzen eine therapeutische Wirkung und ein Heilpotential, das die Vorstellungskraft von Therapeuten, die an langwierige und mühsame Arbeit auf der biographischen Ebene gewohnt sind, bei weitem übersteigt. Die Auswirkungen von lebensbedrohlichen Situationen und Sterbeerlebnissen auf die Persönlichkeit lassen sich anhand von David Rosens Untersuchung (176) an 10 Personen verdeutlichen, die sich in selbstmörderischer Absicht von der Golden Gate- oder der Oakland Bay-Brücke in San Francisco gestürzt und überlebt hatten. Bei allen waren Anzeichen einer tiefgreifenden Persönlichkeitswandlung zu erkennen, obwohl der Sturz vom Brückengeländer bis zur Wasseroberfläche nur Sekunden dauerte und die nachfolgende Rettungsaktion eine Sache von Minuten war. Ähnliche Veränderungen lassen sich häufig auch bei Überlebenden von schweren Krankheiten, Unfällen oder Operationen beobachten. Ich habe diese extremen Beispiele erwähnt, um zu verdeutlichen, welche persönlichkeitsverändernden Kräfte bestimmten intensiven Erlebnissen innewohnen. Die Nutzung dieser Heilungsmechanismen in einem sicheren Rahmen und in einer Atmosphäre des Wohlwollens eröffnet der Psychotherapie neue revolutionäre Möglichkeiten.

⁸ Fritjof Capra hat einmal in einem Vortrag über holistische Medizin und moderne Physik ein karikierendes Beispiel aus dem Alltagsleben gebraucht, um das Absurde der symptomatischen Orientierung in der Therapie zu verdeutlichen. Er bat die Zuhörerschaft, sich einen Autofahrer vorzustellen, der auf das Aufblinken eines roten Lämpchens auf dem Armaturenbrett seines Autos, das einen kritischen Ölmangel anzeigt, damit reagiert, daß er die Kabelverbindungen zum Warnsignalsystem unterbricht und dann – guten Glaubens, das Problem erfolgreich gelöst zu haben – weiterfährt.

⁹ Parallelen zu dieser Situation aus der Medizin wären das Unterdrücken von Erbrechen, das den Magen von seinem giftigen Inhalt befreien würde, das störende Eingreifen in einen Entzündungsprozeß, der einen Fremdkörper auszuschalten versucht, oder das Verschreiben von Sedativa gegen sexuelle Spannungen statt zur sexuellen Aktivität zu ermuntern.

7 Neue Perspektiven in der Psychotherapie und der Selbsterforschung

¹ Leser, die am therapeutischen Gebrauch von Psychedelika interessiert sind, finden mehr Informationen in meinen Büchern *Topographie des Unbewußten* (67), *Die Begegnung mit dem Tod* (68), und *LSD-Psychotherapie* (69).

² Interessierte Leser seien auf das Buch *Prometheus The Awakener* (192) von Richard Tarnas verwiesen, das eine Fundgrube an Informationen zum Verständnis der Form von Astrologie ist, die ich meine. Ein hervorragendes grundlegendes Handbuch der Astrologie auf der Basis der Transite ist *Planets in Transit* (73) von Robert Hand.

[1] Die *Psychohistorik* ist eine neue Sozialwissenschaft, die sich mit der Untersuchung der historischen Motivation befaßt. In ihr werden die Methoden der tiefenpsychologischen Analyse auf historische Ereignisse angewendet, wobei der Hauptschwerpunkt auf den Erziehungspraktiken verschiedener geschichtlicher Epochen und der Dynamik der Kindheitserlebnisse bedeutsamer historischer Figuren ruht.

[2] Das faszinierendste und vielversprechendste Erklärungssystem für die Dynamik historischer Ereignisse großen Ausmaßes ist meiner Meinung nach die Astrologie auf der Basis der Transite, die auf archetypischer Symbolik begründet ist. Der Nachweis ihrer gewaltigen logischen Beweiskraft würde den Rahmen dieses Buchs bei weitem überschreiten. Der interessierte Leser sei auf eine gelehrte und extrem gut dokumentierte Diskussion dieses theoretischen Ansatzes in dem Buch *Prometheus The Awakener* (192) von Richard Tarnas verwiesen.

[3] Wenn die maximale statt der optimalen Körpergröße Ziel und Ideal der Evolution wäre, dann würden die Dinosaurier heute noch existieren und die dominierende Spezies sein. Eine höchst interessante Diskussion dieses Themas findet sich in der Fabel vom »polyploiden Pferd« in Gregory Batesons Buch *Geist und Natur* (11). Ein zu hoher und ein zu niedriger Blutdruck, eine zu hohe und eine zu niedrige Körpertemperatur, eine Zunahme oder eine Verringerung in der Anzahl der Blutzellen, ein Mangel oder ein Überschuß an Hormonen – all diese Abweichungen von einem optimalen Wert nach beiden Richtungen bringen spezifische Probleme mit sich. Ähnlich ist ein Mehr an Nahrung, Wasser, Vitaminen und Mineralien für den Organismus nicht unbedingt besser als ein Weniger. Für all diese Dinge gibt es bestimmte optimale Werte.

Literatur

(Verweise auf die hier angegebene Literatur im Text erfolgen jeweils in Klammern entsprechend der fortlaufenden Numerierung)

1. Adler, A.: *Praxis und Theorie der Individualpsychologie*. Frankfurt am Main, Fischer-Taschenbuch-Verlag, 1980.
2. Alexander, F.: Buddhist Training as Artificial Catatonia. *Psychoanalyt. Rev. 18*, 129; 1931.
3. Ardrey, R.: *Adam kam aus Afrika. Auf der Suche nach unseren Vorfahren.* Wien–München, MTV Molden-Taschenbuch-Verlag, Eroica-Verlagsgesellschaft, 1978.
4. Ardrey, R.: *Adam und sein Revier. Der Mensch im Zwang des Territoriums.* München, Deutscher Taschenbuch-Verlag, 1972.
5. Assagioli, R.: *Handbuch der Psychosynthesis. Angewandte transpersonale Psychologie.* Freiburg im Breisgau, Aurum, 1978.
6. Assagioli, R.: Self-Realization and Psychological Disturbances. *Synthesis 3–4,* 1977.
7. Bache, C. M.: A Reappraisal of Teresa of Avila's Hysteria from the Perspective of LSD Psychotherapy. Unveröffentlichtes Manuskript.
8. Bache, C. M.: On the Emergence of Perinatal Symptoms in Buddhist Meditation. Unveröffentlichtes Manuskript.
9. Bastians, A.: Man in the Concentration Camp and the Concentration Camp in Man. Unveröffentlichtes Manuskript.
10. Bateson, G.: *Ökologie des Geistes. Anthropologische, psychologische, biologische und epistemologische Perspektiven.* Frankfurt am Main, Suhrkamp, 1981.
11. Bateson, G.: *Geist und Natur. Eine notwendige Einheit.* Frankfurt am Main, Suhrkamp, 1982.
12. Bell, J. S.: On the Problem of Hidden Variables in Quantum Physics. *Review of Modern Physics 38,* 447; 1966.
13. Bentov, I.: *Stalking the Wild Pendulum.* E. P. Dutton, New York, 1979.
14. Bentov, I. & Bentov, M.: *A Cosmic Book. On the Mechanics of Creation.* E. P. Dutton, New York, 1982.
15. Bindrim, P.: Peak-Oriented Psychotherapy. Rede anläßlich des Jahrestreffens der American Psychological Association in Washington, D. C., am 2. September 1969.
16. Bindrim, P.: Aqua-Energetics. Unveröffentlichtes Manuskript.
17. Blanck, G. & Blanck, R.: *Angewandte Ich-Psychologie.* Stuttgart, Klett-Cotta, 1981.
18. Bohm, D.: *Wholeness and the Implicate Order.* Routledge & Kegan Paul, London, 1980.
19. Bohr, N.: *Atomtheorie und Naturbeschreibung.* Berlin, J. Springer, 1931.
20. Bohr, N.: *Atomphysik und menschliche Erkenntnis.* Braunschweig, Vieweg, 1964.
21. Boisen, A. T.: *The Exploration of the Inner World.* Harper Publ., New York, 1936.
22. Bonaparte, M.: *Edgar Poe: Eine psychoanalytische Studie.* Internationaler Psychoanalytischer Verlag, Wien, 1934.
23. Bonny, H. & Savary, L. M.: *Music and Your Mind.* Harper & Row, New York, 1973.

24. Brun, L.: Über Freuds Hypothese vom Todestrieb. *Psyche 7,* 81; 1953.

25. Capra, F.: *Das Tao der Physik. Die Konvergenz von westlicher Wissenschaft und östlicher Weisheit.* Bern–München–Wien, Scherz/O. W. Barth, 1984.

26. Capra, F.: *Wendezeit, Bausteine für ein neues Weltbild.* Bern–München–Wien, Scherz/O. W. Barth, 1983.

27. Carpenter, W. T., u. a.: The Treatment of Acute Schizophrenia without Drugs. An Investigation of Some Current Assumptions. *Amer. J. Psychiat. 134,* 14, 1977.

28. Chew, G.: »Bootstrap«: A Scientific Idea? *Science 161,* 762, 1968.

29. Croissant, J.: *Aristôte et les mystères.* Faculté de Philosophie et Lettres, Liege, 1932.

30. Dabrowski, K.: *Positive Disintegration.* Little & Brown, Boston, Massachusetts, 1964.

31. Darwin, C.: *Die Entstehung der Arten durch natürliche Zuchtwahl.* Stuttgart, Reclam, 1963.

32. Elgin, D.: *Voluntary Simplicity.* W. Morrow & Co., New York, 1981.

33. Elgin, D.: The First Miracle and the Fifth Dimension. Exploring the Holodynamic View of Reality. Unveröffentlichtes Manuskript.

34. Eliade, M.: *Schamanismus und archaische Ekstasetechnik.* Frankfurt am Main, Suhrkamp, 1975.

35. Eliot, C.: *Japanese Buddhism.* Barnes & Noble, New York, 1969.

36. English, J.: Cesarean Birth and Psychotherapy. *Newsletter of the Association for Transpersonal Psychology, Fall 1982,* S. 5.

37. Eysenck, H. J. & Rachman, S.: *The Causes and Cures of Neurosis.* R. R. Knapp, San Diego, California, 1965.

38. Feher, L.: *The Psychology of Birth.* Souvenir Press, London, 1980.

39. Feldenkrais, M.: *Bewußtheit durch Bewegung. Der aufrechte Gang.* Frankfurt am Main, Suhrkamp, 1978.

40. Fenichel, O.: *Psychoanalytische Neurosenlehre.* Frankfurt–Berlin–Wien, Ullstein, 1983.

41. Ferenczi, S.: *Bausteine zur Psychoanalyse.* Bern–Stuttgart, Hans Huber, 1964.

42. Feyerabend, P.: *Wider den Methodenzwang. Skizze einer anarchistischen Erkenntnistheorie.* Frankfurt am Main, Suhrkamp, 1976.

43. Fodor, N.: *The Search for the Beloved. A Clinical Investigation of the Trauma of Birth and Prenatal Condition.* University Books, New Hyde Park, New York, 1949.

44. Fodor, N.: *Freud, Jung and Occultism.* University Books, New Hyde Park, New York, 1971.

45. Franck, F.: *Book of Angelus Silesius.* Random House, New York, 1976.

46. Frank, P.: *Philosophy of Science. The Link Between Science and Philosophy.* Greenwood Press, Westport, Conn., 1974.

47. Frankl, V. E.: *Theorie und Therapie der Neurosen. Einführung in Logotherapie und Existenzanalyse.* Wien, Urban & Schwarzenberg, 1956.

48. Frankl, V. E.: *Der Mensch vor der Frage nach dem Sinn.* München–Zürich, Piper, 1979.

49. Franz, M.-L. von: *Zahl und Zeit. Psychologische Überlegungen zu einer Annäherung von Tiefenpsychologie und Physik.* Frankfurt am Main, Suhrkamp, 1980.

50. Franz, M.-L. von: *Spiegelungen der Seele. Projektion und innere Sammlung in der Psychologie C. G. Jungs.* Stuttgart–Berlin, Kreuz-Verlag, 1978.

50a. Franz, M.-L. von: *Traum und Tod. Was uns die Träume Sterbender sagen.* München, Kösel, 1984.

51. Freud, A.: *Das Ich und die Abwehrmechanismen.* »Geist und Psyche« – Taschenbuch Nr. 2001, München, Kindler.

52. Freud, S.: *Zwangshandlungen und Religionsübungen.* GW VII. Frankfurt am Main, S. Fischer, 1941.

53. Freud, S.: *Drei Abhandlungen zur Sexualtheorie.* GW V.

54. Freud, S.: *Die Traumdeutung.* GW II und III.

55. Freud, S.: *Einleitung zu »Zur Psychoanalyse der Kriegsneurosen«.* GW XII.

56. Freud, S.: *Massenpsychologie und Ich-Analyse.* GW XIII.

57. Freud, S.: *Das Unbehagen in der Kultur.* GW XIV.

58. Freud, S.: *Abriß der Psychoanalyse.* GW XVII.

59. Freud, S. & Breuer, J.: *Studien über Hysterie.* Frankfurt am Main, Fischer-Taschenbuch Bd. 6001.

60. Fromm, E.: *Jenseits der Illusionen. Die Bedeutung von Marx und Freud.* Stuttgart, Deutsche Verlagsanstalt, 1981.

61. Fromm, E.: *Anatomie der menschlichen Destruktivität.* Stuttgart, Deutsche Verlagsanstalt, 1974.

62. Godfrey, K. D. & Voth, H. M.: LSD As an Adjunct to Psychoanalytically Oriented Psychotherapy. *Zeitschrift für dynamische Psychiatrie,* Sonderheft, Berlin, 1971.

63. Gordon, R.: *Your Healing Hands. The Polarity Experience.* Unity Press, Santa Cruz, California, 1978.

64. Gormsen, K. & Lumbye, J.: A Comparative Study of Stanislav Grof's and L. Ron Hubbard's Models of Consciousness. Rede anläßlich der fünften internationalen transpersonalen Konferenz in Boston, Massachusetts, im November 1979.

65. Grof, S.: Tentative Theoretical Framework for Understanding Dynamics of LSD Psychotherapy. Vordruck für die Europäische Konferenz über LSD-Psychotherapie in Amsterdam, Holland, 1966.

66. Grof, S.: Beyond Psychoanalysis 1. Implications of LSD Research for Understanding Dimensions of Human Personality. *Darshana International 10,* 55; 1970.

67. Grof, S.: *Topographie des Unbewußten. LSD im Dienst der tiefenpsychologischen Forschung.* Stuttgart, Klett-Cotta, 1978.

68. Grof, S. & Halifax, J.: *Die Begegnung mit dem Tod.* Stuttgart, Klett-Cotta, 1980.

69. Grof, S.: *LSD-Psychotherapie.* Stuttgart, Klett-Cotta, 1983.

70. Grof, S. & Grof, C.: *Jenseits des Todes. An den Toren des Bewußtseins.* München, Kösel, 1984.

71. Group for the Advancement in Psychiatry, Committee on Psychiatry and Religion: Mysticism. Spiritual Quest or Psychic Disorder? Washington, D. C., 1976.

72. Haley, J.: The Art of Psychoanalysis. *ETC,* 1958.

73. Hand, R.: *Planets in Transit. Life Cycles for Living.* Para Research, Gloucester, Mass., 1976.

74. Harner, M.: *Der Weg des Schamanen. Ein praktischer Führer zu innerer Heilkraft.* München, Scherz/O. W. Barth, 1983.

75. Hastings, A.: The Oakland Poltergeist. *J. Amer. Soc. for Psychic Res. 72,* 233; 1978.

76. Heidegger, M.: *Sein und Zeit.* Martin Heidegger Gesamtausgabe Bd. 2. Frankfurt am Main, Klostermann, 1975.

77. Heisenberg, W.: *Physik und Philosophie*. Stuttgart, Hirzel, 1978.

78. Herber, N.: *Mind Science. A Physics of Consciousness Primer*. C-Life Institute, Boulder Creek, California, 1979.

79. Hubbard, L. R.: *Dianetik*. Genf, Ariston, 1978.

80. Jammer, M.: *The Philosophy of Quantum Mechanics. The Interpretation of Quantum Mechanics in Historical Perspective*. J. Wiley & Sons, New York, 1974.

81. Janov, A.: *Der Urschrei. Ein neuer Weg der Psychotherapie*. Frankfurt am Main, Fischer, 1974.

82. Janov, A.: *Revolution der Psyche. Anwendungen und Erfolge der Primärtherapie*. Frankfurt am Main, Fischer, 1976.

83. Janov, A.: *Anatomie der Neurose. Die wissenschaftliche Grundlegung der Urschreitherapie*. Frankfurt am Main, Fischer, 1974.

84. Jantsch, E.: *Die Selbstorganisation des menschlichen Universums. Vom Urknall zum menschlichen Geist*. München–Wien, Hanser, 1979.

85. Jantsch, E.: *Design for Evolution. Self-Organization and Planning in the Life of Human Systems*. Braziller Publ., New York, 1975.

86. Janus, S. & Bess, B. & Saltus, C.: *Die Mächtigen und der Sex*. Frankfurt am Main–Berlin–Wien, Ullstein, 1979.

87. Jeans, J.: *The Mysterious Universe*. Macmillan Publ., New York, 1930.

88. Jones, E.: *Das Leben und Werk von Sigmund Freud*. Bern–Stuttgart–Wien, Huber, 1982.

89. Jung, C. G.: *Symbole der Wandlung*. GW V. Olten–Freiburg i. Br., Walter, 1973.

90. Jung, C. G.: *Theoretische Überlegungen zum Wesen des Psychischen*. GW VIII. (1967), Olten–Freiburg i. Br., Walter, 1976.

91. Jung, C. G.: *Synchronizität als ein Prinzip akausaler Zusammenhänge*. GW VIII. (1967), Olten–Freiburg i. Br., Walter, 1976.

92. Jung, C. G.: *Erinnerungen, Träume, Gedanken*. (1962), Olten–Freiburg i. Br., Walter, 1971 (Sonderausg.).

93. Jung, C. G.: *Experimentelle Untersuchungen*. GW II. Olten–Freiburg i. Br., Walter, 1979.

94. Jung, C. G.: *Brief an Carl Seeling vom 25. Februar 1953*. In: C. G. Jung: Briefe. Olten–Freiburg i. Br., Walter, 1972.

95. Kalff, D.: *Sandspiel. Seine therapeutische Wirkung auf die Psyche*. Erlenbach–Zürich, Rentsch, 1979.

96. Ka-Tzetnik 135633: *The House of Dolls*. Pyramid Books, New York, 1955.

97. Ka-Tzetnik 135633: *Sunrise over Hell*. W. A. Allen, London, 1977.

98. Kellog, J.: The Use of the Mandala in Psychological Evaluation and Treatment. *Americ. J. of Art Therapy 16,* 123; 1977.

99. Kellog, J.: *Mandala. The Path of Beauty*. Mandala Assessment & Research Institute, Baltimore, Md., 1978.

100. Keynes, J. M.: Newton the Man. In: *Essays in Biography*. Hart-Davis, London, 1951.

101. Klaus, M. H. & Kennell, J. H.: *Mutter-Kind-Bindung. Über die Folgen einer frühen Trennung*. München, Kösel, 1983.

102. Kornfield, J.: Intensive Insight Meditation. A Phenomenological Study. *J. Transpersonal Psychol. 11,* 11; 1979.

103. Korzybski, A.: *Science and Sanity. An Introduction to Non-Aristotelian Systems and General Semantics*. The Intern. Non-Aristotelian Library Publ. Co., Lakeville, Conn., 1933.
104. Kucera, O.: On Teething. *Dig. Neurol. Psychiat. 27*, 296; 1959.
105. Kuhn, T.: *Die Struktur wissenschaftlicher Revolutionen*. Frankfurt am Main, Suhrkamp, 1975.
106. Laing, R. D.: Metanoia. Some Experiences at Kingsley Hall. In: *Going Crazy. The Radical Therapy of R. D. Laing and Others*. (Hrsg. H. M. Ruitenbeek). Bantam Books, New York, 1972.
107. Laing, R. D.: *Phänomenologie der Erfahrung*. Frankfurt/Main, Suhrkamp, 1969.
108. Laing, R. D.: *Die Tatsachen des Lebens*. Köln, Kiepenheuer & Wietsch, 1978.
109. Laing, R. D.: *Die Stimme der Erfahrung. Erfahrung, Wissenschaft und Psychiatrie*. Köln, Kiepenheuer & Wietsch, 1982.
110. Lashley, K. S.: *Brain Mechanisms and Intelligence*. University of Chicago Press, Chicago, Ill., 1929.
111. Le Bon, G.: *Psychologie der Massen*. Stuttgart, Kröner, 1982.
112. Leboyer, F.: *Geburt ohne Gewalt*. München, Kösel, 1981.
113. Leibniz, G. W.: *Monadologie*. Stuttgart, Reclam, 1982.
114. Le Shan, L.: *The Medium, the Mystic and the Physicist. Toward a General Theory of the Paranormal*. Viking Press, New York, 1974.
115. Leuner, H.: *Psychotherapie mit dem Tagtraum*. Bern–Stuttgart–Wien, Huber, 1982.
116. Leuner, H.: Guided Affective Imagery. An Account of Its Development. *J. of Mental Imagery 1,* 73; 1977.
117. Lietaert Peerbolte: Prenatal Dynamics. In: *Psychic Energy*. Servire Publ., Amsterdam Holland, 1975.
118. Light, D.: *Becoming Psychiatrists*. W. W. Norton & Co., New York, 1980.
119. Lilly, J. C.: *The Human Biocomputer*. ABACUS, London, 1974.
120. Lilly, J. C.: *Das Zentrum des Zyklons. Eine Reise in die inneren Räume*. Frankfurt am Main, Fischer-Taschenbuch-Verlag, 1976.
121. Locke, J.: *Versuch über den menschlichen Verstand*. Hamburg, Meiner, 1981.
122. Lorenz, K.: *Das sogenannte Böse. Zur Naturgeschichte der Aggression*. München, Deutscher Taschenbuch-Verlag, 1984.
123. Lovelock, J.: *Unsere Erde wird überleben. Gaia – eine optimistische Ökologie*. München, Heyne, 1984.
124. Lowen, A.: *Körperausdruck und Persönlichkeit. Grundlagen und Praxis der Bioenergetik*. München, Kösel, 1981.
125. Mann, F.: *Akupunktur. Ein Weg der Heilung für viele Krankheiten*. Heidelberg, Haug, 1976.
126. Maslow, A.: *Psychologie des Seins. Ein Entwurf*. München, Kindler, 1978.
127. Maslow, A.: *Religions, Values and Peak Experiences*. Ohio State University Press, Columbus, Ohio, 1964.
128. Maslow, A.: A Theory of Metamotivation. The Biological Rooting of the Value of Life. In: *Readings in Humanistic Psychology* (Hrsg. A. J. Sutich & M. A. Vich). The Free Press, New York, 1969.
129. de Mause, L.: The Independence of Psychohistory. In: *The New Psychohistory* (Hrsg. L. de Mause). The Psychohistory Press, New York, 1975.

130. de Mause, L.: *Foundations of Psychohistory*. Creative Roots Inc., New York, 1982.
131. May, R. (Hrsg.): *Existence. A New Dimension in Psychology and Psychiatry*. New York, 1958.
132. McCready, W. C. & Greeley, A. M.: *The Ultimate Values of the American Population*. Sage Publ., Beverly Hills, California, 1976.
133. de la Mettrie, J. O.: *Man a Machine*. Open Court, LaSalle, Ill., 1912.
134. Mookerjee, A.: *Kundalini. Die Erweckung der inneren Energie*. Bern, Origo-Verlag, 1984.
135. Morris, D.: *Der nackte Affe*. München–Zürich, Knaur, 1981.
136. Mosher, L. R. & Menn, A. Z.: Community Residential Treatment for Schizophrenia. A Two-Year Follow Up. *Hosp. & Commun. Psychiat. 29*, 715; 1978.
137. Mott, F. J.: *The Universal Design of Birth*. David McKay, Philadelphia, Pa., 1948.
138. Mott, F. J.: *The Nature of the Self*. Allen Wingate, London, 1959.
139. Murphy, M. & White, R. A.: *PSI im Sport. Der Einfluß übernatürlicher Wahrnehmung auf sportliche Spitzenleistungen*. München, Hugendubel, 1983.
140. Nalimov, V. V.: *Realms of the Unconscious. The Enchanted Frontier*. ISI Press, Philadelphia, Pa., 1982.
141. Orr, L. & Ray, S.: *Rebirthing in the New Age*. Celestial Arts, Nillbrae, California, 1977.
142. Pagels, H. R.: *Cosmic Code. Quantenphysik als Sprache der Natur*. Frankfurt am Main–Berlin–Wien, Ullstein, 1983.
143. Pauli, W.: The Influence of Archetypical Ideas on the Scientific Theories of Kepler. In: *The Interpretation of Nature and the Psyche*. Bollingen Series L1., Pantheon Books, New York, 1955.
144. Penfield, W.: *The Mystery of the Mind*. Princeton University Press, Princeton, N. J., 1976.
145. Perls, F. S.: *Gestalt-Therapie in Aktion*. Stuttgart, Klett, 1974.
146. Perls, F. S.: *Grundlagen der Gestalt-Therapie. Einführung und Sitzungsprotokolle*. München, Pfeiffer, 1982.
147. Perry, J.: *Lord of the Four Quarters*. Braziller Publ., New York, 1966.
148. Perry, J.: *The Far Side of Madness*. Prentice-Hall, Englewood Cliffs, N. J., 1974.
149. Perry, J.: *Roots of Renewal in Myth and Madness*. Jossey-Bass Publ., San Francisco, Ca., 1976.
150. Pietsch, P.: *Shuffle Brain. The Quest for the Hologramic Mind*. Houghton Mifflin Co., Boston, Mass., 1981.
151. Planck, M.: *Wissenschaftliche Selbstbiographie*. Leipzig, Barth, 1948.
152. Platon: *Phaidros oder vom Schönen*. Stuttgart, Reclam, 1982.
153. Platon: *Die Gesetze*. München–Zürich, Artemis-Verlag, 1974.
154. Popper, K. R.: *Die Logik der Forschung*. Tübingen, Mohr, 1982.
155. Popper, K. R.: *Conjectures and Refutations. The Growth of Scientific Knowledge*. Harper & Row, New York, 1963.
156. Près, T. des: *The Survivor. An Anatomy of Life in the Death Camp*. Oxford Universitiy Press, Oxford, 1976.
157. Pribram, K.: *Languages of the Brain*. Prentice-Hall, Englewood Cliffs, N. J., 1971.
158. Pribram, K.: Problems Concerning the Structure of Consciousness. In: *Consciousness and the Brain* (Hrsg. G. Globus). Plenum Publ. Co., 1976.

159. Pribram, K.: Holonomy and Structure in the Organization of Perception. Unveröffentlichte Arbeit vom Department of Psychology, Stanford University, Stanford, California.

160. Pribram, K.: Non-Locality and Localization. A Review of the Place of the Holographic Hypothesis of Brain Function in Perception and Memory. Vordruck für die 10. ICUS im November 1981.

161. Prigogine, I.: *Vom Sein zum Werden. Zeit und Komplexität in den Naturwissenschaften.* München–Zürich, Piper, 1982.

162. Quinn, S.: The Competence of Babies. *The Atlantic Monthly,* S. 74 ff., Januar 1982.

163. Rank, O.: *Das Trauma der Geburt und seine Bedeutung für die Psychoanalyse.* Leipzig–Wien–Zürich, Internationaler Psychoanalyt. Verlag, 1924.

164. Rappaport, M. u. a.: *Selective Drug Utilization in the Management of Psychosis.* NIMH Grant Report, MH-16445, März 1974.

165. Rappaport, M. u. a.: Are There Schizophrenics for Whom Drugs May be Unnecessary or Contraindicated? *Internat. Pharmacopsychiat. 13, 100;* 1978.

166. Reich, W.: *Charakteranalyse.* Frankfurt am Main, Fischer-Taschenbuchverlag, 1983.

167. Reich, W.: *Christusmord. Geschrieben Juni–August 1951.* Frankfurt am Main–Berlin–Wien, Ullstein, 1983.

168. Reich, W.: *Die Funktion des Orgasmus. Sexualökonomische Grundprobleme der biologischen Energie.* Frankfurt am Main, Fischer-Taschenbuchverlag, 1983.

169. Reich, W.: *Die Massenpsychologie des Faschismus.* Frankfurt am Main, Fischer-Taschenbuchverlag, 1983.

170. Reich, W.: *Äther, Gott und Teufel.* Frankfurt am Main, Nexus-Verlag, 1983.

171. Reich, W.: *Selected Writings. Introduction to Orgonomy.* Farrar, Strauß & Giroux, New York, 1973.

172. Riedlinger, T.: Trial by Mescaline. Sartre's Rite of Passage. *Journal of Transpersonal Psychol. 14,* 105; 1982.

173. Rogers, C.: *Die klientenzentrierte Gesprächstherapie.* Stuttgart, Klett-Cotta, 1983.

174. Rogers, C.: *Entwicklung der Persönlichkeit. Psychotherapie aus der Sicht eines Therapeuten.* Stuttgart, Klett-Cotta, 1983.

175. Rolf, I.: *Rolfing. The Integration of Human Structures.* Harper & Row, New York, 1977.

176. Rosen, D.: Suicide Survivors. A Follow-Up Study of Persons Who Survived Jumping from the Golden Gate and San Francisco-Oakland Bay Bridges. *West. J. Med. 122,* 289; 1975.

177. Rosenhan, D.: On Being Sane in Insane Places. *Science 179,* 250; 1973.

178. Sagan, C.: *Aufbruch in den Kosmos.* München, Heyne, 1983.

179. Sargant, W.: *Battle for the Mind.* Pan Books, London, 1957.

180. Scheff, T. J.: The Labeling Theory of Mental Illness. *Americ. Sociol. Rev. 39,* 444; 1974.

181. Schrödinger, E.: *Was ist ein Naturgesetz? Beitr. zum wissenschaftlichen Weltbild.* München–Wien, Oldenbourg, 1979.

182. Schutz, W. & Turner, E.: *Body Fantasy.* Irvington Publ., New York, 1982.

183. Sheldrake, R.: *Das schöpferische Universum. Die Theorie des morphogenetischen Feldes.* München, Meyster, 1983.

184. Silverman, J.: Shamans and Acute Schizophrenia. *Amer. Anthropol. 69, 21;* 1967.
185. Singer, J.: *Worunter Menschen leiden. Erfahrungen aus der psychotherapeutischen Praxis.* Olten–Freiburg i. Br., Walter, 1976.
186. Spitzer, R. L. & Wilson, P. T.: Nosology and the Official Psychiatry Nomenclature. In: *Comprehensive Textbook of Psychiatry* (Hrsg. H. I. Kaplan & B. J. Sadock). William & Wilkins, Baltimore, Md., 1975.
187. Stapp, H. P.: S-Matrix Interpretation of Quantum Theory. *Physical Rev. D* vom 15. März 1971.
188. Stapp, H. P.: Whiteheadian Approach to Quantum Theory and the Generalized Bell's Theorem. *Foundation of Physics 9,* 1; 1979.
189. Sullivan, H. S.: *Die interpersonale Theorie der Psychiatrie.* Frankfurt am Main, Fischer-Taschenbuchverlag, 1983.
190. Sutich, A.: The Emergence of the Transpersonal Orientation. A Personal Account. *J. Transpersonal Psychol. 8,* 5; 1976.
191. Szasz, T.: *Geisteskrankheit, ein moderner Mythos? Grundzüge einer Theorie des persönlichen Verhaltens.* München, Kindler, 1975.
192. Tarnas, R.: *Prometheus the Awakener.* Spring Publ., Dallas, Texas (In Vorber.)
193. Tart, C.: *States of Consciousness.* W. P. Dutton, New York, 1975.
194. Tart, C.: *PSI. Scientific Studies of the Psychic Realm.* Dutton, New York, 1977.
195. Tausk, V.: On the Origin of the Influencing Machine in Schizophrenia. *Psychoanalyt. Quart. 11,* 1933.
196. Thom, R.: *Structural Stability and Morphogenesis.* Benjamin, Reading, Mass., 1975.
197. Toben, B.: *Raum-Zeit und erweitertes Bewußtsein. Auf dem Weg zur Erklärung des Unerklärbaren.* Essen, Synthesis-Verlag, 1980.
198. Trager, M.: Psychophysical Integration and Mentastic. *Journal of Holistic Health 7,* 15; 1981.
199. Vaughan, F.: Transpersonal Psychotherapy. Context, Content and Process. In: *Beyond Ego* (Hrsg. R. N. Walsh & F. Vaughan). J. P. Tarcher, Los Angeles, California, 1980.
200. Walsh, R. N. & Vaughan, F. (Hrsg.): *Beyond Ego.* J. P. Tarcher, Los Angeles, California, 1980.
201. Walsh, R. N.: The Consciousness Disciplines and the Behavioral Sciences. Questions of Comparison and Assessment. *Amer. J. Psychiat. 137,* 663; 1980.
202. Wasson, R. G. & Hofman, A., Ruck, C. A. P.: *Der Weg nach Eleusis. Das Geheimnis der Mysterien.* Frankfurt am Main, Insel-Verlag, 1984.
203. Watson, L.: *Der unbewußte Mensch.* Frankfurt am Main, Umschau-Verlag, 1979.
204. Wheeler, J. A.: *Geometrodynamics.* Academic Press, New York, 1962.
205. Whitehead, A. N.: *Prozeß und Realität. Entwurf einer Kosmologie.* Frankfurt am Main, Suhrkamp, 1984.
206. Wigner, E.: *Symmetries and Reflections.* Indiana University Press, Bloomington, Ind., 1967.
207. Wilber, K.: *The Spectrum of Consciousness.* The Theosophical Publ. House, Wheaton, Ill., 1977.
208. Wilber, K.: Physics, Mysticism and the New Holographic Paradigm. A Critical Appraisal. *Re-Vision J. 2,* 43; 1979.

209. Wilber, K.: *The Atman Project. A Transpersonal View of Human Development.* The Theosophical Publ. House, Wheaton, Ill., 1980.
210. Wilber, K.: *Halbzeit der Evolution. Der Mensch auf dem Weg vom animalischen zum kosmischen Bewußtsein. Eine interdisziplinäre Darstellung der Entwicklung des menschlichen Geistes.* München, Scherz/O. W. Barth, 1984.
211. Wilber, K.: *Wege zum Selbst. Östliche und westliche Ansätze zu persönlichem Wachstum.* München, Kösel, 1984.
211a. Wilber, K. (Hrsg.): *The Holographic Paradigm and Other Paradoxes. Exploring the Leading Edge of Science.* Shambala, Boulder, Col., 1982.
212. Wolf, F. A.: *Taking the Quantum Leap.* Harper & Row, San Francisco, California, 1981.
213. Young, A. M.: *The Geometry of Meaning.* Delacorte Press, New York, 1976.
214. Young, A. M.: *The Reflexive Universe. Evolution of Consciousness.* Delacorte Press, New York, 1976. (Dt. Ausg. in Vorber.: Kösel.)
215. Young, M. A. & Meltzer, H. Y.: The Relationship of Demographic, Clinical and Outcome Variables to Neuroleptic Treatment Requirements. *Schizophrenia Bull. 6,* 88; 1980.
216. Zukav, G.: *Die tanzenden Wu Li Meister. Der östliche Pfad zum Verständnis der modernen Physik.* Reinbek bei Hamburg, Rowohlt, 1981.

Register

(Die kursiv gedruckten Seitenzahlen beziehen sich auf die Abbildungen.)

437

Stanislav und Christina Grof

Jenseits des Todes

An den Toren des Bewußtseins
96 Seiten. Großformat.
Mit 158 Abbildungen, davon 17 farbigen. Kartoniert

Was mit uns im Tod geschieht und wie ein Leben »danach« aussehen könnte – das sind Fragen, auf die immer mehr Menschen
Antworten suchen. Stanislav und Christina Grof haben Vorstellungen hierzu aus vielen Religionen und Kulturen zusammengetragen: aus dem christlichen, jüdischen, islamischen,
altgriechischen, persischen, ägyptischen, dem ostindischen, ti-
betischen und präkolumbianisch-amerikanischen Kulturraum,
aus Kulturen verschiedener Naturvölker. Dabei zeigen sich
auffallende Parallelen. Die Darstellungen des Himmels, des
Paradieses, der Hölle und des Fegefeuers sowie der Reise der
Seele nach dem Tod erscheinen daher als archetypisch. Das
heißt, sie entspringen nicht einem bestimmten kulturellen oder
religionsgeschichtlichen Kontext, sondern spiegeln den Prozeß
von Tod und Wiedergeburt, der im Wesen des Menschen angelegt ist. Andererseits ergeben sich erhellende Parallelen zu
Berichten von Menschen, die den klinischen Tod überlebten,
wie auch zu »Tod- und Wiedergeburt«-Episoden von Schizophrenen und von Personen, die in wissenschaftlich-experimen-
tellen Situationen durch psychedelische Zustände gingen.
Mit einem grundsätzlichen Beitrag führen die Autoren in den
Themenbereich ein. Auf einen umfangreichen Mittelteil mit
farbigen Tafeln folgen dann reich illustrierte Darstellungen zu
zwölf Einzelthemen. Damit liegt eine einzigartige Dokumen-
tation vor, die nicht nur Todgeweihten als Wegweiser zu dienen
vermag. Das Buch kommt auch dem Bedürfnis nach Auseinandersetzung mit dem Tod schon angesichts des Lebens ent-
gegen. Daß dadurch unsere Angst vor dem Tod schwinden und
unser Leben tiefer und reicher werden kann, ist eine alte Weisheit, die wir heute wieder neu entdecken.

Kösel-Verlag · München

Marie-Louise von Franz

Traum und Tod

Was uns die Träume Sterbender sagen
221 Seiten. Gebunden

Viele Menschen empfinden heute große Ungewißheit gegenüber dem Tod: bedeutet er das absolute Ende oder gibt es ein Weiterleben der Seele, und was hätten wir uns darunter vorzustellen?
Marie-Louise von Franz greift dieses Thema aus der Sicht der Jungschen Psychologie auf. Erstmals zeigt sie anhand zahlreicher sogenannter »Todesträume«, wie unser Unbewußtes uns auf den Übergang in eine »jenseitige« Existenzweise vorbereitet. Dazu zieht die Autorin reiches ethnologisches, religionsgeschichtliches und alchemistisches sowie vereinzelt parapsychologisches Material heran, das uns die vielfältige Symbolik dieser Träume erschließt.
Die ermutigende Botschaft dieses Buches: Todesträume können als Stimme der Natur in uns ernstgenommen werden. Durch sie will unsere Seele uns den Glauben an ein Weiterleben über den Tod hinaus vermitteln.

Kösel-Verlag · München